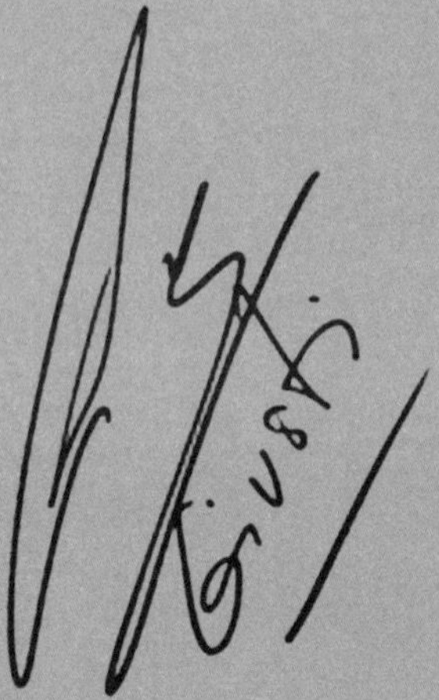

朱斯蒂

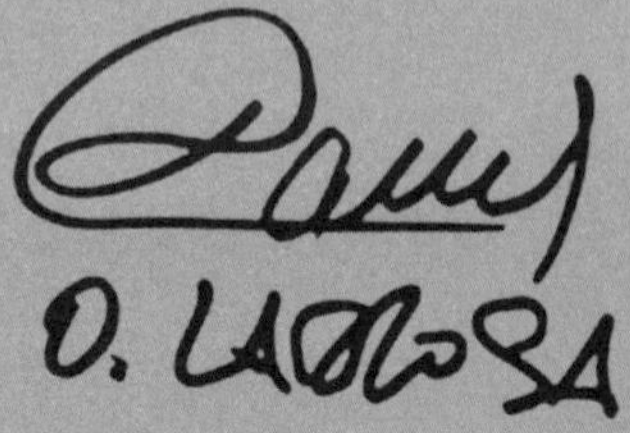

拉罗萨

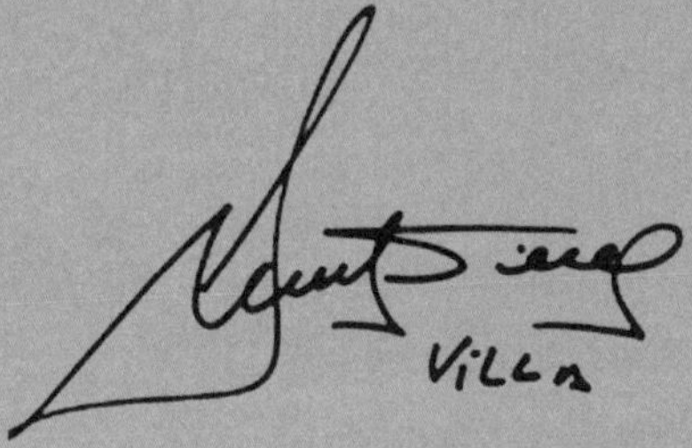

比利亚

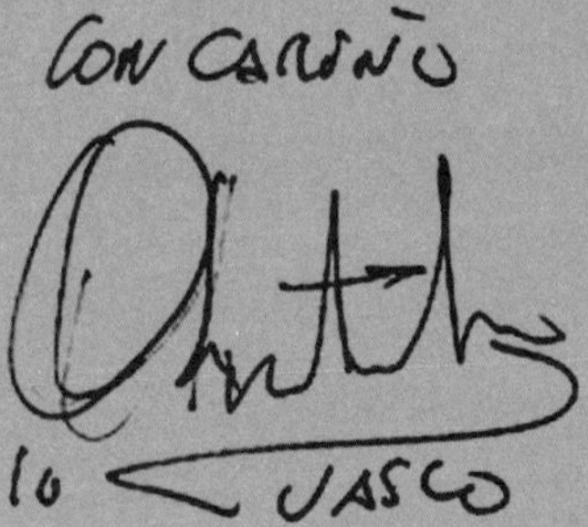

奥拉蒂科埃切亚

鲁杰里

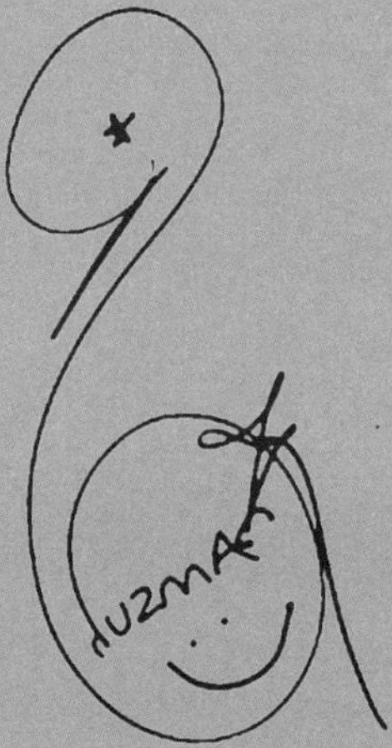

古斯曼

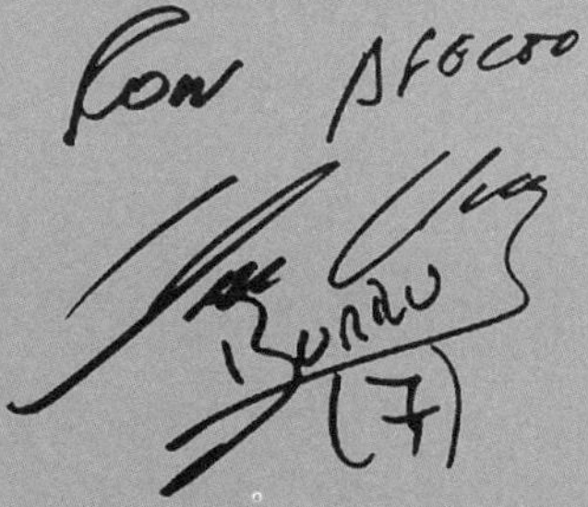

布鲁查加

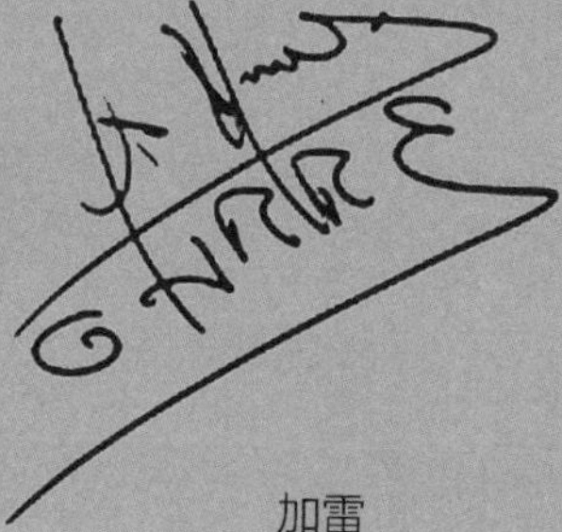

加雷

蓬皮多

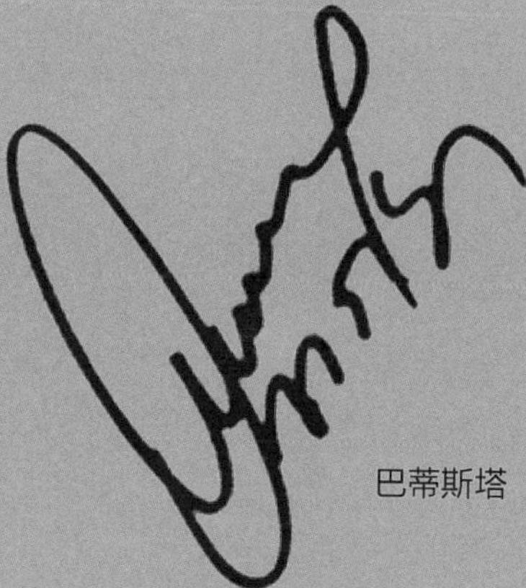

巴蒂斯塔

鸣谢上海阿根廷球迷俱乐部

左：**亚历山大·沃森·赫顿**，出生于苏格兰戈尔巴斯一个杂货店主家庭，后成为阿根廷足球之父。
右：伟大的博卡前锋**潘乔·瓦拉洛**，他在 1930 年的世界杯决赛中曾击中横梁。
左：**吉列尔莫·斯塔维莱**一共只代表阿根廷队出场四次，但在 1930 年世界杯上打进八球，成为大赛的头号射手。
右：**路易斯·蒙蒂**，这位硬汉在 1930 年世界杯决赛中丧失了斗志，但四年后随意大利队夺冠。

上左：**罗伯托·切罗**，马丁·帕勒莫之前博卡的射手王。
上右：**雷纳托·切萨里尼**，照片摄于他在查卡里塔青年队之时，后来他在尤文图斯赢得更大声誉，还成为河床主教
下左：伟大的中场多面手**安东尼奥·萨斯特雷**，曾帮助独立夺得两届联赛冠军。
下右：**曼努埃尔·塞瓦内**（前排左四）在1927年秘鲁美洲杯期间曾入选国家队。

改变了阿根廷中锋风格的巨星**贝尔纳韦·费雷拉**，当初河床以世界第一高价签下了他。

享誉盛名的河床“机器”之队锋线五员大将，本页从上左至下右分别为：阿道夫·佩德内拉、安赫尔·拉布鲁纳、菲利克斯·洛斯陶和胡安·卡洛斯·穆尼奥斯；下页为何塞·曼努埃尔·莫雷诺。

el Gráfico

BUENOS AIRES
29 DICIEMBRE 1937

Nº 964
AÑO 19°

E MARIA MORENO

GRAN FIGURA DE
RIVER PLATE, EN LA
TEMPORADA 1937

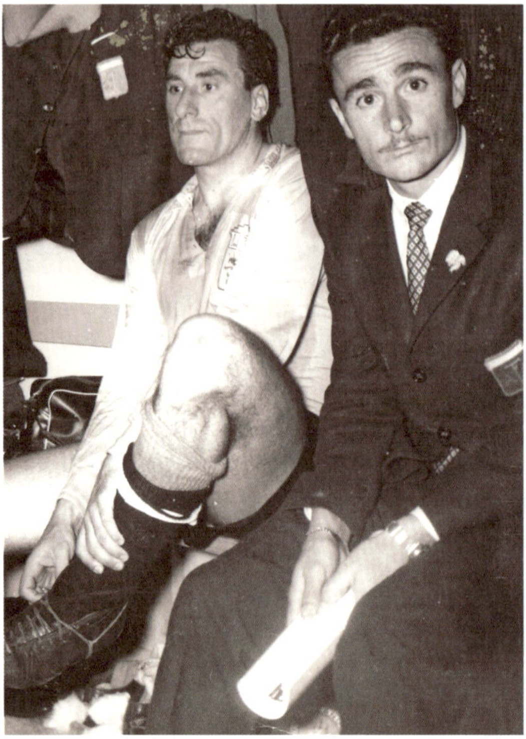

上左：1958年世界杯阿根廷3–1战胜北爱尔兰后，河床的“考迪罗”**“皮波”·罗西**脱下战靴，旁边是诺韦尔托·博吉

上右：河床的**阿马德奥·卡里索**，一般认为是七十年代前阿根廷最好的守门员。

下左：**米格尔·鲁希洛**，温布利大战的英雄门将。

下右：**奥斯瓦尔多·苏韦尔迪亚**，后来“反足球”运动的大祭司，照片摄于他在博卡担任内锋时期。

获得1957年美洲杯冠军的阿根廷队，这是黄金时代最后一支伟大的国家队。后排从左至右：胡安·希门尼斯、吉列尔莫·斯塔维莱、爱德华多·多明格斯、佩德罗·德拉查、内斯托尔·“皮波”·罗西、安赫尔·“波乔”·香德莱恩、费德里科·瓦伊罗、韦尔纳。前排从左至右：奥马尔·奥雷斯特斯·科巴塔、温贝托·马斯基奥、安东尼奥·安杰利洛、奥马尔·西沃里、奥斯瓦尔多·克鲁斯、塔代伊。

上：　1958 年世界杯阿根廷对阵西德，竞技中锋**佩德罗·德拉查**在守门员阿马德奥·卡里索的注视下头球解围（阿根廷队忘带替换队服，所以这场比赛中身穿马尔默 IFK 队的黄色球衣）。

下左：才华横溢但命运不济的竞技边锋**奥马尔·奥雷斯特斯·科巴塔**。

下右：圣洛伦索和博卡前锋**何塞·圣菲利波**，一个进球如麻的射手，但也是个刺头。

上：博卡左后卫，后任俱乐部主教练的“万人迷”**西尔维奥·马尔佐利尼**，在1966年世界杯四分之一决赛中强烈抗议罚下安东尼奥·拉廷。

下左：令人闻风丧胆的5号“考迪罗”**安东尼奥·拉廷**。

下右：**卡洛斯·比拉尔多**庆祝大学生队击败曼联赢得洲际杯。后来他的执教生涯承袭了这支球队的原则。

被玷污的胜利：1978 年世界杯，魏地拉将军在纪念碑球场将大力神杯颁给**丹尼尔·帕萨雷拉**。

上：1978 年世界杯决赛中，本届杯赛最佳射手**马里奥·肯佩斯**庆祝阿根廷 1–0 领先荷兰。

下左：河床守门员**乌瓦尔多·菲略尔**，阿根廷 1978 年世界杯功臣之一。

下右：迭戈·马拉多纳的偶像**里卡多·博奇尼**，独立伟大的中场组织者。

塞萨尔·路易斯·梅诺蒂，他恢复了阿根廷队的进攻精神，并带领他们夺得世界杯。

上：**劳尔·加梅斯**在 1986 年世界杯四分之一决赛中拳打一名英格兰球迷，他后来成为贝莱斯萨斯菲尔德俱乐部的主席。
下：**迭戈·马拉多纳**和**卡洛斯·比拉尔多**庆祝 1990 年世界杯四分之一决赛中战胜南斯拉夫。

迭戈·马拉多纳是 1986 年世界杯的绝对巨星，阿根廷夺冠后，他高高举起大力神杯。

上：加夫列尔·巴蒂斯图塔在1998年世界杯对日本队的比赛中进球后狂奔庆祝。
下：胡安·罗曼·里克尔梅，因在现代足球时期坚守古典前腰风格而饱受困扰。

上左：**卡洛斯·比安奇**，曾带领贝莱斯萨斯菲尔德和博卡夺得解放者杯。
上右：**马塞洛·贝尔萨**，这位性格古怪的战术大师是现代足球的奠基人。
下：**利昂内尔·梅西**在 2010 年世界杯上被韩国球员团团包围。

ANGELS WITH DIRTY FACES

脏脸天使

足球阿根廷史

【英】乔纳森 · 威尔逊 著　蝶歌 童文煦 译　迪生 校

文匯出版社

目 录

一家烟铺像一朵玫瑰熏香了
荒野。暮色已深入昨天，
人们分享着虚幻的过往。
所缺唯有一样：道路的另一边。

——博尔赫斯《布宜诺斯艾利斯神秘的建立》

中文版序

2007年，为了《倒转金字塔》的写作，我第一次踏上阿根廷这片土地。虽然福岛战争已经过去25年，但英阿此后数次足球场上的交锋明示：伤口仍未愈合，因此我去的时候心里不免忐忑不安。

我多虑了。

布宜诺斯艾利斯立刻打动了我，这座城市有一种褪色的辉煌，时刻渴望着能够旧日重来，哪怕魂萦梦绕的往昔大半已被神化。看上去没人在意我是英国人。说起来，当时城里的气氛其实相当亲英。

我享受那里的美酒佳肴，当然还有喧哗骚动的球迷，和球场破败外表下的丰满灵魂，但真正让我兴趣浓厚的是当地人讨论足球的方式。大多数阿根廷人消磨时间的方式似乎就是喝咖啡或饮马黛茶，还喜欢边喝边侃侃而谈，一切都逃不过他们的理论分析：政治、文学、足球……对许多人来说，仅仅取胜是不够的，胜利的方式还必须符合特定的理念。

我的研究越深入，交谈过的人和读过的书越多，就越发意识到这种将万事付诸理论的清谈风气影响深远。20世纪初的阿根廷是一张白纸。这个国家的移民实际上对土著人群实施了种族清洗，以便从零开始建立一个崭新的国度。理想主义的出现因此不可避免，而理想在现实面前的幻灭同样不可避免——阿根廷摇摆于乌托邦主义与犬儒主义这两个极端之间。

但后来我有了另一个深刻的领悟：足球是这一过程的核心，因为长期以来，无论是富人还是穷人，西班牙人还是意大利人，犹太人还是阿拉伯人，左派还是右派，对蓝白间条衫的支持是团结社会各阶层的唯一因素。只要谈到阿根廷民族性，国家队的风格表现便成了无可回避的关键话题。近年来，探讨足球与民族性的书籍和文章层出不穷，有些出色，有些牵强，但我认为，此二者的联系在阿根廷这个国家身上表现得最为紧密。20世纪20年代中期，伟大的体育杂志《图片报》就不断提到两点：足球在阿根廷国民性格成型过程中起到的作用，以及国民性格对阿根廷足球风格的影响。

这正是本书的主题：足球与阿根廷是如何相辅相成、互为因果的。本书基于笔者在布宜诺斯艾利斯球场和咖啡馆中度过的几个月，历经数年方才写成。它既写出了阿根廷足球的历史，也涉及阿根廷国家的历史。同时，尽管书中不乏牢骚与批评，阿根廷仍是一个我爱之至深的国家，因此我希望这也是一封写给这个国家的情书。万语千言如能传播到英语受众之外，哪怕引起的只是部分的共鸣，我也将认为自己已功德圆满。

乔纳森·威尔逊

2018年6月

不离不弃，芳龄永继

所以剧本究竟是“苍天不负有心人”还是“命里无时莫强求”呢？所有人都在问这个价值连城的问题。因为离梅西尘埃落定的时刻已经临近——在参加了四届世界杯，七次获得金球奖，保持巅峰状态长达15年后，进入职业生涯末期的他能否凭借一座大力神杯，名正言顺地受封“G.O.A.T”？

对我这种“伪球迷”来说，这个问题明显超纲。在去卡塔尔之前，我并没有做好功课，连阿根廷队26名队员都认不齐。虽然知道球队挟美洲杯和欧美杯夺冠的余勇，状态不错，士气正高，但世界杯毕竟不同，登顶世界杯需要天时地利人和，赛程、状态、运气缺一不可。梅西和他的队友们会不会拿到C位的剧本，又能不能演个满堂彩呢？

我是看着马拉多纳的足球长大的，梅西是我看着他的足球长大的。在阿根廷球员中，他是我真正意义上看着成长的一个，或许也是唯一的一个。从金童横空出世，到国家队被老大哥们推出来应付球迷，到个人荣誉和青年队荣誉拿得手软，到在球技上已臻化境……梅西一直在成长，让人扼腕叹息的却是他的每一步都伴随着成年国家队失利的阴影。被多少国人与球迷寄予厚望的梅西，始终离那最高荣誉一步之遥，而带着队友以大杀四方的方式夺冠，本来不该是球王分内之事吗？

或许卡塔尔是梅西最后的机会。确实，有些东西似乎与以往不同。这个弹丸小国是否适合举办世界杯暂且不论，这里对阿根廷和梅西无比友好无疑是事实。由于比赛改在冬天进行，欧洲人请不出假，再加上卡塔尔物价高，还禁酒，本届欧洲观众相对稀少，多哈被美洲、中东与北非球迷占领。他们中除了几万名与国家队生死相随的阿根廷人外，其他多数本身就是阿根廷的拥趸。决赛前我在电梯里碰到一个摩洛哥小哥，看见我的阿根廷球衣他哼起了阿根廷球迷歌。我开玩笑地说："现在你可以支持阿根廷了。"他瞪大了双眼："我本来就支持阿根廷啊。摩洛哥第一，阿根廷第二。"更不用说几十万在卡塔尔打工的印度人和孟加拉人，连阿根廷国内都知道他们是狂热阿迷。还有很多人单纯希望梅西圆梦。一个约旦海关工作人员告诉我，他是巴西球迷，但为了梅西支持阿根廷夺冠，因为"梅西值得，他太不容易了"。

随着年龄的增长，有些事情梅西做起来当然是越来越难，比如过人射门得分一条龙，有些事情却又似乎变得容易了。我不想用"王不见王"来解释，这涉及玄学或阴谋论。马拉多纳在2020年去世只是一个巧合，应该是恰恰在那个时间，阿根廷人对足球的集体记忆从马拉多纳身上转移到梅西身上。看着他踢球成长起来的一代人以梅西为偶像，不会要求他复刻马拉多纳。像"文科状元"恩佐一样，他们理解对梅西的苛刻批评只是阿根廷人自身沮丧情绪的投射。在社交媒体上，他们表现出对梅西的宽容和崇拜；在球场上，他们真正愿意"为了梅西去死"，愿意"自己多跑一米，让梅西可以少跑一米"。凝聚他们的不仅是身上的蓝白球衣，还有"帮助梅西举起世界杯"这一目标。他们从精神和身体上解放了梅西，这种解放在决赛前ESPN女记者对梅西的深情寄语中达到顶峰："无论决赛结果如何，你已在每个阿根廷人的生活中都留下了自己的印记，它超越了赢得世界杯本身。为了你带来的无穷快乐，谢谢你，队长。"

连国际足联对此都有所呼应。鉴于"梅老板"的票房号召力，阿根廷的比赛几乎场场安排在卢塞尔主球场，决赛开球前更是增加了一个前所未有的新环节——向2018年后去世的世界杯得主致敬。阿根廷人排在这部短片的最后，压轴当然是马拉多纳在1986年世界杯上的"世纪进球"。FIFA和东道主用告别老球王的方式预祝新球王加冕，这样的剧本梅西敢接吗，又能演好吗？

演出的过程和结局已经载入史册。梅西又创造了一个前无古人的纪录——在35岁"高龄"收获了一届属于自己的世界杯。与过往几届的孤军奋战不同，这次他真正成为球队的进攻核心与大脑。他是赛事当之无愧的MVP，并险些拿下金靴奖，这一战绩和1986年的马拉多纳相仿佛，不同的只是马拉多纳的身体和意识在同时达到巅峰，而对梅西来说，这两者之间有一个时间差。这个时间差是梅西的世界杯之路走得如此艰辛的原因之一，好在他的坚守初心终于让故事以爽文而不是虐文结束。

最后，作为有着36年球龄的老阿迷，在梦圆卡塔尔的时候，我想从球迷的角度思考一下世界杯的意义。就像我的法国朋友在决赛后说的："你永远无法从决赛的失利中恢复，直到下一届世界杯。"对球迷来说，世界杯不仅是四年一度的狂欢，满足了普通人对英雄传奇的渴望，它同时也是一个永不终止的轮回，是变化无常的世界中的一个常数。德国人说：Einmal ist keinmal（只做一次等于没做）。当生命中充满只发生一次的偶然时，世界杯以四年一次的必然帮助人们抵御生命不能承受之轻。

我要感谢生命中遇到的所有可爱的球迷：感谢阿迷Romain转让阿根廷对沙特的球票，让我看满本届世界杯阿根廷队的所有比赛；感谢巴迷Th提供四场阿根廷比赛的球票，让我欲罢不能，最终现场见证阿根廷夺冠；感谢墨西哥球迷Omar赠送我三张球票（包括阿根廷对荷兰的1/4决赛）；感谢法国球迷Jordan决赛前一直和我唇枪舌剑，给我带来无穷的乐趣；感谢德国球迷Max决赛中陪我支持阿根廷。如果因为时间限制，你无法全程观赛的话，我强烈建议观看世界杯小组赛而不是淘汰赛，因为在这个阶段，你可以接触到来自世界各地的球迷，感受到超越胜负的热情和友谊。

球迷的世界没有诸神黄昏，我这个马拉多纳的球迷现在向梅西脱帽致敬，而梅西的球迷可能正等待他的接班人在阿根廷的某个地方出生。让我们球迷们对足球不离不弃，芳龄永继。

蝶　歌

写于卡塔尔世界杯阿根廷夺冠之后

在远近和异同之间

我在翻译《倒转金字塔》一书时跟蝶歌相识。那段经历有得有失，甘苦自知，最遗憾的是跟一个老友翻脸，最难得的是认识了一些朋友。翻译这本《脏脸天使》，没有比蝶歌更好的人选。她英文功底一流，在美国生活多年，而且喜欢阿根廷足球，曾踏上那片土地，在现场观看美洲杯比赛。

完成《倒转金字塔》之后，我感觉自己看见的足球世界更大了，感受到的新大陆更多了。前方和远方还有很多风景，想欣赏的话，需要继续寻找和学习。从亚马逊公布《脏脸天使》的发行时间起，我开始关注这本乔纳森·威尔逊的新作，发行后第一时间买了电子版，打开后首先搜“libero”这个单词。因为我一直很好奇阿根廷足球的防守演变，希望从书中发现史实，好为一些问题找到答案和线索。

抛开具体的史实细节，我相信这本书肯定会成为经典。讲述巴西足球的英文读物中，很早就有了公认的杰作，英国人贝洛斯写出《足球，巴西人的生活方式》一书，在2002年问世后深受好评，此后贝洛斯还执笔了球王贝利的自传。这方面阿根廷足球一度处在下风，没有哪本书能跟贝洛斯那本旗鼓相当。

后来有了这本《脏脸天使》，两本书有一些共同点。贝洛斯在里约生活了约六年，担任英国《卫报》的驻外记者；而乔纳森·威尔逊是为了写作《倒转金字塔》而前往阿根廷，在那里的球场和咖啡馆中度过数月。跟贝洛斯一样，他在采访、阅读、查找资料、观看比赛和亲身游历的基础上，历经数年，完成这部非虚构作品。

虚构和非虚构界限分明，各有其所。有些世界，你知道它们的存在，但无法领略全貌，也无缘感同身受，这时非虚构作品能够成为桥梁和翅膀。非虚构意味着真实、谨慎和不编造，需要解读、逻辑和想象力，从而呈现出它想呈现的那个世界。在《脏脸天使》一书中，乔纳森·威尔逊讲出了故事，也刻画了人性。他将1957年美洲杯作为起点，将足球和民族性格的相互影响作为线索，溯源而上，顺流而下，左右延衍，内外贯通，编织出的历史影像兼有宏大景观和细微时刻。开卷之后，仿佛阿根廷的山川草木纵横纸上，风土人情跃然毫端，生旦净末呼之欲出，内容兼有深度和广度、趣味和知识。

以这本书的内涵和诉求，它能够让读者走近阿根廷足球——因为有了更多了解，不再茫然无措；也会让这段距离更远——因为了解到了另一个世界是多么不同，从马黛茶到大舌音，他们从语言到饮食的方方面面都和我们不一样。

在远近和异同之间，会亮出一道光，照亮我们自己。正如出生在上海的德国人贝蒂娜所说，“各种文化之间，也许大部分都是不同的，但如果非常深入去理解，你会发现，人类的文化其实是相通的。我们都在提出同一个问题，寻找同一个答案。如果你是第一次接触另一种文化，开始可能很陌生，但有趣的是，它也给了你一个机会去审视自己的文化。”

也许，当你读完最后一页后，再去看身边曾习以为常的一切，会发现它们跟从前不一样了。

迪　生

2018年8月

引　言

理想很丰满，现实很骨感

1535—2015

这本不该是场势均力敌的比赛，然而比分却迟迟不能说明场面。阿根廷整场都在蹂躏巴西，创造了一个又一个机会，射门一次接着一次，但直到终场前三分钟，来自竞技俱乐部球风硬朗的右内锋温贝托·马斯基奥才将比分改写为2–0。如释重负后的阿根廷攻势如潮，独立边锋奥斯瓦尔多·克鲁斯又进一球，阿根廷队提前一轮夺得1957年度的美洲杯，这也是他们第十一个美洲冠军头衔。随着终场哨在利马国家体育场吹响，球员们开始欢庆胜利，麦克风被递到河床后卫费德里科·瓦伊罗手里，让他对观众讲几句。作为球队的领袖，瓦伊罗和颜悦色，常常显得忧心忡忡。此刻，他激动得语无伦次。他试图恢复镇定，抓紧了麦克风，颤声开始发言："这……"他的话含糊不清，"多亏了这群*caras sucias*，这五个*sinvergüenza*……"[1]他的声音逐渐消失。瓦伊罗把麦克风又递还给塞给他的官员。尽管他只说了这么一句话，这句话却不仅给了这支球队一个名垂青史的名字，更概括了此前阿根廷足球所表现出来的全部精神气质。

人人都知道瓦伊罗指的是谁。由奥马尔·奥雷斯特斯·科巴塔、温贝托·马斯基奥、安东尼奥·安杰利洛、奥马尔·西沃里和奥斯瓦尔多·克鲁斯组成的前锋线在本次大赛中带给对手毁灭性的打击。他们不但技术纯熟，配合流畅，而且踢得很享受。要给这五名为阿根廷赢得南美冠军头衔的球员起外号的话，还有什么比"*los ángeles con caras sucias*"——"脏脸天使"——更合适的呢？在向吉米·卡格尼和亨弗莱·鲍嘉1938年主演的同名电影致敬之余，这个名头也点出了五前锋肆无忌惮的足球风格、没心没肺的比赛方式和漫不经心的训练态度。左前卫安赫尔·"波乔"·香德莱恩就说：

1 原意是："……这群脏脸坏蛋，这五个无耻恶徒。"

“西沃里把（教练吉列尔莫·）斯塔维莱整惨了。要是大巴8点出发去训练场，那西沃里准不见踪影。到10点他才会坐着出租车赶到。这家伙爱睡懒觉……”

随着时间的流逝，“脏脸天使”这个外号（此时已被缩写成“脏脸”）开始带上象征意味，它象征着阿根廷足球业已丧失的伟大传统——在职责明确、严防死守来临之前曾经有过一个黄金时代，当时球场上的决定因素是技术，是没羞没臊而又妙趣横生的踢法。旧日的形象可能已被赋予浪漫色彩，但对消逝往昔倍感失落的情绪则是确实无疑的；整个阿根廷足球，甚至全体阿根廷人的内心戏，都书写于怀旧之中，怀念那一切尚未定型，理想主义也还未向功利心屈膝投降的虚幻过往。

1535年，唐·佩德罗·德·门多萨，神圣罗马帝国皇帝兼西班牙国王查理五世任命的新安达卢西亚总督，带领十三条船、2 000人马从加的斯省桑卢卡尔德瓦拉梅达出发西渡大西洋。朝廷事先约定：门多萨每打败一个印第安酋长，即可获得酋长一半的财产；每获取一笔赎金，可保留十分之九。无论是门多萨还是皇室，都梦想着大发殖民财。可惜他面对的是一片广袤的草原，草原上的部落民不但对白人满怀敌意，其文明程度比起富饶而开化的墨西哥和秘鲁土著帝国来也显得落后。

远征铩羽而归。门多萨的舰队在巴西外海被风暴吹得七零八落，随后他的副手胡安·德·奥索里奥遇刺。有人说谋杀主谋正是门多萨，因为他怀疑奥索里奥起了二心。虽然门多萨顺拉普拉塔河而上，于1536年在“小溪”（现在叫马坦萨河）入口处建立了布宜诺斯艾利斯，但好景不长。门多萨本人因梅毒长期卧床，与当地盖兰迪人的关系也从早期的合作变为敌对。每逢下雨，围绕定居点建起的厚达三英尺的黄泥土墙就会被冲得稀烂；没有土著的帮助，殖民者连找吃的都费力，他们不得不以老鼠、蛇和靴子充饥，最终落入人吃人的惨境。越来越多的人死于疾病、饥荒和土著人之手。门多萨决定返回西班牙求助朝廷，但在横渡大西洋的航行中一命呜呼。

姗姗来迟的救援杯水车薪。1541年，门多萨远征队的少数幸存者放弃布宜诺斯艾利斯，北上亚松森。不过他们留下七匹公马、五匹母马，这些马匹不断繁殖，每三年数量便翻上一番，成就了三个世纪后叱咤潘帕斯的高乔文化。

白银之地阿根廷从一开始就只存在于传说之中，是现实无法抵达的理想彼岸。

我曾经断断续续在布市住过一阵，寓所就在普埃雷东大道边，雷科莱塔区和巴勒莫区的交界处。如果我出门左转，走过医院，过四条马路，经过熟食店（店主会用英语大声哀叹：只有欧洲人才懂奶酪），然后右转上坡，就会来到（拉雷科莱塔）公墓，这里埋葬着十八位总统，作家莱奥波尔多·卢戈内斯和阿道夫·比奥伊·卡萨雷斯，还有爱娃·庇隆——她或许是阿根廷这个国家最大的传奇。

不过，大多数时候我会出门右转，沿着普埃雷东往南走。穿过繁忙的商业街圣菲大道，我会一径离开中产聚居地，走向翁塞车站——站台上小贩用超过面值的价钱向你兜售硬币，因为硬币短缺，而要乘公交车非得投币不可——此时玻利维亚的影响愈加鲜明。如果需要的话，我会在那里买把香菜，调料类植物在布宜诺斯艾利斯出奇难买。走过汽车站，沿着地铁H线，经过巴尔瓦内拉区，就到了帕特里西奥斯公园区。这里的铁匠铺曾因一曲探戈“南方”而闻名遐迩，现在却成了布市又一个破败凋敝的*barrio*（城区，布宜诺斯艾利斯市的行政单位）。此前，普埃雷东已两度易名，先叫胡胡伊大道，继而变成殖民地街。就在殖民地街上，离我寓所步行一个小时的距离，矗立着托马斯·阿道夫·杜科球场。

杜科球场可能没有（河床的）纪念碑或（博卡的）巧克力盒那么赫赫有名，但这一飓风队的主场有其引人入胜之处。它开放于1947年9月，40年代的风貌至今依然保存在红色混凝土座椅和主看台高耸的尖塔上。尖塔似乎模仿了蒙得维的亚的世纪球场，不过后者规模要大得多。从远处看，杜科球场宛若一艘古旧的邮轮。球场容量近50 000人，对飓风来说显然太大，但正是这种褪色的辉煌让人浮想联翩。电影人无疑被它吸引。胡安·何塞·坎帕内拉2010年的奥斯卡获奖片《谜一样的双眼》中著名的移动长镜头即在这里拍摄。镜头始于布宜诺斯艾利斯的夜景，慢慢逼近灯光耀眼的球场，场内飓风正对阵竞技。紧接着镜头俯拍，掠过一侧球门推向站席区[1]，电影主角之一便站在这里寻找杀人犯的踪影。杜科球场作为背景还出现在埃米利奥·阿里尼奥1971年拍摄的《激情周日》和路易斯·普恩佐1992年的电影《鼠疫》中。

我在布宜诺斯艾利斯常住期间，飓风主要在周五比赛。我习惯漫步至球场，和朋友一起观看比赛，再到巴勒莫区或"小市中心[2]"去吃点东西。球场坐席区顶部斑驳的白墙上用红色油漆书写着飓风队传奇球员的名字：卡洛斯·巴宾顿、勒内·豪斯曼、阿尔菲奥·巴西莱、米格尔·安赫尔·布林迪西……这些名字提醒观众：不要以为这破败但仍不失其美的球场只是布宜诺斯艾利斯又一支没落球队的主场而已；1973年，正是在这里，塞萨尔·路易斯·梅诺蒂与1958年世界杯后已成主流观念的反足球[3]之道大唱反调。梅诺蒂带领的那支飓风不但埋下了阿根廷夺取1978年世界杯的种子，也开启了代表理想主义的梅诺蒂派与代表实用主义的比拉尔多派之争，此后的阿根廷足球便成为这两派争竞的战场。

我很幸运，看飓风比赛的时期球队主教练是安赫尔·卡帕。卡帕鼓吹技术流，正合传统派的口味。对他而言，足球为底层群众提供了上升的机会，这种摆脱贫困的方式，有着现实与象征双重意义：从现实层面看，出色的球员可以日进斗金，并获得普遍的尊重；从象征层面看，任何出身背景的球员都能凭其天赋跻身于卓越艺术家之列。

卡帕后来在河床的失败有玷清名，但当2009年之初，他的复古主张既能振作人心，在阿根廷联赛濒临破产之际对现代功利足球的攻击又能深入人心。当然，他带领飓风踢出如此精彩刺激的足球，这一点更意味深长，毕竟，还有哪家俱乐部比飓风更适合卡帕的浪漫主义风格呢？他的飓风确实带给观众无穷乐趣：中场华丽无比，后防漏洞百出，前锋不断浪费射门机会。

1 阿根廷球场一般分为两个部分：沿着长方形球场两个长边的*platea*（坐席区），和两侧球门后的*popular*（站席区），站票比较便宜。英国90年代前建的体育场也是这样的结构，坐席与站席分别叫stand和end，90年代后改建的球场取消了站席。

2 小市中心指布宜诺斯艾利斯五月广场周围区域，这里集中了政府机构及金融企业等。——译注

3 *Anti-fútbol*，指的是用无效传球和不断犯规拖延时间并扼杀对方进攻的踢法，这种消极丑陋的战术破坏了正常比赛的观赏性。——译注

这支让人胆战心惊的球队，一路跌跌撞撞，到2008—09秋季联赛[1]的最后一轮居然以一分优势爬上积分榜首，排名第二的正是他们末轮的对手贝莱斯萨斯菲尔德。

争冠赛总是富有戏剧色彩，但在萨斯菲尔德队主场进行的这场比赛足以载入史册。萨斯菲尔德外号“小堡垒”，他们的球场不大，位于布市西部的利涅尔斯区。先是飓风前锋爱德华多·多明格斯的进球被误判为越位；第19分钟，大颗冰雹从天而降，严重到比赛不得不中断，观众躲进场外通道暂避。停在球场周围街上的汽车车顶和引擎盖被砸得坑坑洼洼，整个街区警报四起。一小时后比赛重启，不到十分钟，多明格斯的射门打中门框，加斯东·蒙松则扑出了萨斯菲尔德队罗德里戈·洛佩斯的点球。作为榜首球队，飓风踢得比较自如，而萨斯菲尔德进入下半场后愈显慌乱。然而终场前七分钟，眼看飓风就要夺得球队历史上第二个联赛冠军，一个传中球飞向他们门前，蒙松争抢时与对方的华金·拉里维相撞。大多数人认为拉里维冲撞守门员犯规，但裁判不这么看，马克西·莫拉莱斯趁机将球送进空门——旋即因为脱衣庆祝吃到第二张黄牌下场。梦想在最后一刻破灭。照阿根廷足球当前惯例，飓风最好的球员很快转会去了富裕的大俱乐部。两年后飓风降入乙级。

球队虽已跌出顶级行列，球场的象征意义仍颇具魅力。可口可乐在这里拍过广告，由模特玛丽安娜·纳尼斯主演，当时她已是著名前锋克劳迪奥·卡尼吉亚的妻子。据创意总监马克西米利亚诺·安塞尔莫解释，选择此球场的理由是因为它具有“代表性”。除了尖塔以外，杜科不像其他某些球场那样特色分明，却独具布市40年代风情。40年代的阿根廷仍是一个乐观向上的国度，胡安·庇隆提出了“工人政权”的理想，老百姓相信美好的未来正在亲手建设中。杜科球场代表的就是这样一个时代。可以说，杜科历史上两度成为“重生”的舞台：第一次是40年代的建成，第二次是70年代早期

1 阿根廷联赛的结构经常变动，让人费解。不过从1990—91到2011—12赛季，每个赛季分为两个部分，上半部分叫春季联赛（*Apertura*），字面意思是开幕赛，下半部分叫秋季联赛（*Clausura*），字面意思是闭幕赛。参赛队在春季和秋季联赛各循环交手一次。1990—91赛季的春季第一名和秋季第一名以附加赛形式决定联赛冠军归属；此后各届联赛春季和秋季第一名均享有冠军头衔。

在此掀起的复古足球风潮。2011年，克里斯蒂娜·基什内尔谋求连任总统，竞选活动就在杜科拉开序幕，这也是她丧夫之后第一次参加官方集会（她的丈夫是前总统内斯托尔·基什内尔）。克里斯蒂娜和大多数领袖人物一样深谙符号的重要意义，选择杜科自然不是一个巧合。

荣誉褪色，希望落空，这种感觉不仅笼罩着杜科，也笼罩着阿根廷足球。甚至阿根廷这个国家本身，就是一片壮志未酬的土地：梦中的理想国度从未成为现实；在一个又一个高压政权统治下，通货膨胀极度恶化，直到2002年国家经济彻底破产，国民生活水平大跌，久已郁积的失望情绪上便又添了一层。不过，现实再让人失望，总还有过去嘛。

整个布宜诺斯艾利斯弥漫着怀旧的气息。唯一的问题是：怀的是哪个旧？布市市中心富裕的贝尔格拉诺区向东南延伸到落拓不羁的圣特尔莫区，其间散布着巍峨大厦，出人意料的广场、公园和突兀的林荫道，你可以想象出头戴浅顶呢帽的男人一手持伞，一手挽着女伴漫步林荫道上，女士的帽子繁复无比。可如今，连最漂亮的建筑物上都布满污泥和涂鸦，路面则严重失修，坑洼不平，狗屎遍地。在阳光灿烂的春日，盛开着蓝花楹的布宜诺斯艾利斯美得出奇，但你还是禁不住琢磨：要是能打扫一新，修整好道路，再刷上点漆，这城市该有多漂亮？好几任市长曾经这样许诺，但一上台就会发现预算已被用来给教师、清洁工或其他公务员涨工资了，再加上城里反正每天都在上演罢工和抗议，所以很快他们就放弃了这个主张。我一开始还以为街上无休无止的示威说明阿根廷人参与政治活动的热情之高，不过很快就得出另外一个结论：这只是社会运行不良的症状。如果五月广场每天都有人举牌子游行，如果交通经常因为静坐受堵，如果24小时的新闻频道老是播出各种职业的人群与警察发生冲突的画面[1]，很快人们就会对此熟视无睹；每次示威的具体诉求也被淹没在一片异见的海洋中。话说这个国家不久之前还在大肆镇压异议人士，现在民众如此积极行使抗争

1 我见过最搞笑的是警察和招待的冲突，后者穿着一色的白衬衫、黑围裙，整个场面就像英国蒙提·派森剧团演出的荒诞小品。

的权利倒也值得嘉许。

尽管如此，民间仍在回味祖上的阔日子，尤其20世纪初的时候。巴勒莫区有些地方，传统的红色英式邮筒历经风霜，依然留存。老式咖啡馆照旧经营，泛黄的城市老照片哪怕在最预料不到的角落也随处可见，着实令人惊讶，充分说明布市居民对本城历史的自豪。科托超市就是一例。这家不起眼的超市开在法国街上，从普埃雷东大道向东南走两条马路就到。超市一楼和二楼之间的自动扶梯两旁张贴的不是广告和促销单，而是布宜诺斯艾利斯的旧影像。不过，最能说明布市人怀旧心理的还是他们对探戈经久不衰的痴迷。探戈起源于19世纪90年代的布宜诺斯艾利斯和蒙得维的亚，因剧团与演奏手摇风琴的街头艺人的传播而风靡开来。

恋旧可以理解。20世纪初的阿根廷是如此活力四射，以至于尼加拉瓜诗人鲁文·达里奥将阿根廷人称为“南美的扬基[1]”。20世纪20年代，阿根廷政局稳定，经济繁荣，这个蓬勃发展的年轻国家常常被认为比加拿大或澳大利亚更有前途。1928年，阿根廷人均国民生产总值高居世界第八。而到2012年，根据国际货币基金组织的数字，其排名已下降到第六十位。1930年之前，阿根廷的文官统治连续七十年不曾中断。随后发生了第一次军事政变。接下来46年间，先后有十三届政府通过公开的武装政变或隐蔽的军事手段上台。正如1978年《新政治家》[2]的一篇文章指出：“阿根廷这个国家的失败是本世纪最难解的政治之谜。”

然而，它曾如此接近成功。经过整个19世纪对土著人口的屠杀，阿根廷至少在理论家眼里成为一张白纸。一种乌托邦主义应运而生，人们相信在这片土地上可以建立一个更美好的新社会。可惜原则总是在现实和各种既得利益面前败下阵来，这种乌托邦主义最持久的后果不是一个美丽新世界的出现，而是催生了一种追求理想状态和绝对真理的思维模式；由于理想状态显然无法达到，于是又催生了一种近乎虚无主义的信条：万般皆虚，实用至上。阿根廷足球界就明显并存着大量的浪漫派与功利派，有些人似乎还从极

---

1 扬基是对美国北方人的称呼，也可泛指美国人。——译注
2 *New Statesman*，英国著名政治时事杂志。——译注

端的功利主义中看出其浪漫的一面。

门多萨远征失败后，还是有人前仆后继。1580年，胡安·德·加拉伊重建布宜诺斯艾利斯。这也是个追逐神迹的人，接下来两年大部分时间他都在搜寻传说中的凯撒之城，据说这个地方隐匿于巴塔哥尼亚一端的安第斯山脉中，内藏无数财宝。是谁创建了这个城市并无定论，你可以相信是海难后幸存的西班牙人，也可以相信是最后一批印加传人，甚至可以相信是幽灵或巨人。1583年，加拉伊在卡尔卡拉尼亚河畔遭遇盖兰迪人伏击身亡。

早期的定居者发现的是一片事与愿违的土地，可是老家也已经回不去了，于是，在普遍的焦虑不安中他们开始形成一种新的人格：既然没有国家机构，那么个人就只能自求多福。然而，当政府机构开始成形，国家法律也开始实施时，它们又被认为是限制了新大陆应有的个人自由，因此不受欢迎。结果是没人信任法律，法律对民众来说不是可以带来安全秩序的良规，而是需要尽量规避的桎梏。基于这种普遍的不稳定感，任何人有了钱或权或影响后就立刻开始保护自己的地位。而一支没有外敌的军队的存在更增添了老百姓的不安情绪。

学者、历史学家何塞·路易斯·罗梅罗曾经写道："阿根廷的灵魂是个谜。"他认为这个国家是一个神话，一种拼凑而成的怪物，这片土地上的人随意改头换面[1]。追逐梦想几乎注定要失败——而追逐本身也不是没有代价的，若干阿根廷作家都表达过这个意思。例如，杂文家、经济学家恩里科·乌代尼奥在《阿根廷式伪善》中这样写道："阿根廷是一个神经质的社会，其居民由于理想受挫而不得不自暴自弃……这个社会习惯造梦，一旦没有实现，就向外界寻找原因，推卸责任。"[2]

---

1 英国旅行家布鲁斯·查特温1974年出版的游记《巴塔哥尼亚高原上》出色地诠释了这一点：在阿根廷南部旅行期间，他见识了形形色色的怪人、梦想家和与社会格格不入的人，其中很多人对自己的背景做了不小的改动，期望能开始一个全新的人生。为了写作此书，查特温辞去了《星期日泰晤士报》的职位，他的人生从此完全改写。此书也重新定义了"游记"这一文学体裁——后来读者发现，查特温并没有忠实记录笔下人物的原始叙述，在很多地方他做了艺术加工。

2 感谢西班牙足球记者吉列姆·巴拉格向我提起乌代尼奥。

乌代尼奥的观点较为极端，但是阿根廷确实笼罩着一种“本来可以这样阔”的追悔，笼罩着因预期中的荣耀未曾发生而引起的沮丧和悲凉。这也许解释了为什么除纽约以外，全世界要属布宜诺斯艾利斯最能接受弗洛伊德的精神分析学说。事实上，唯有在足球领域，阿根廷早期表现出的潜力才未被辜负，或许这正是阿根廷人嗜球如命的根本原因。

历史传奇与先人理想需要时时重温，这点表现在阿根廷生活的方方面面。阿根廷人时常感叹现在的球迷对球队历史缺乏了解，也许确实如此，不过从报纸和电视上看，没有哪个国家比阿根廷更敬畏历史了。重大比赛前，各大电视频道会无休无止地播放两队过去交手的录像。

对一个只有2 500万人口的国家来说，阿根廷足球底蕴之深几乎无与伦比。他们是两届世界杯冠军、三届亚军，14次美洲杯冠军（比巴西多6次）。他们的俱乐部24次捧起解放者杯（超过巴西7次）。阿根廷的迭戈·马拉多纳是史上最佳球员的两大候选人之一；利昂内尔·梅西则可能是第三个有资格参与这一竞争的人，还有阿尔弗雷多·迪斯蒂法诺，绝大多数人承认他和史上最佳差距不大（当然，既然这是阿根廷，必然还有很多人为电视时代开始前的球员摇旗呐喊，这些球员包括：曼努埃尔·塞瓦内、安东尼奥·萨斯特雷、阿道夫·佩德内拉、奥马尔·西沃里……）。

不过足球不仅仅意味着成功与激情。没有哪个国家像阿根廷那样把足球知识理论化，那样深爱各种有关足球的学说和神话。在阿根廷，足球就是文化，足球就是政治。总统深知它的力量，并试图驾驭它；部分甚至肆无忌惮地发动暴力足球流氓组织（在阿根廷被称为*barras bravas*——悍匪帮）充当他们的后援。同时，理论家们拒不接受冠军头衔，甚至无视几代人的成就，只因为赢球的“方式不对”。

本书很长，写作时间比预期的久得多。有时，我觉得自己就像博尔赫斯短篇小说《论科学精神》里的制图师一样，在绘制一份“大如帝国本身的帝国地图”。我希望写进理论，在社会、经济与政治的大背景下探讨足球；我也希望写进人物——那些像从魔幻现实主义小说中走出来的球员和教练，他们的人生卓越不凡；同时，我又希望将笔墨同样慷慨地分配给足球运动本身，分配给比赛和进球（毕竟这是一开始吸引我们观看的东西），分配给影响了成千上万阿根廷人生活的足球文化。虽然这本书主要写的是足球史，但足球与政治和社会经济，足球与阿根廷人的公共生活有着如此千丝万缕的联系，因此本书也是一部阿根廷史。

第一部

建 国 之 初

1863—1930

第1章
“这项英式运动”

从意大利广场的加里波第塑像出发，沿萨尔米恩托大道往东北方向走，经过一片稀稀拉拉的草地，左边就是荷兰广场。广场中心有湖，环湖小道为照顾慢跑者，每隔100米便设有一个标记。慢跑者一边呼哧呼哧喘气，一边还得躲避溜旱冰的人和鹅，后者要不是在湖里攻击脚踏船，就是到湖边干扰路人。绕小道一圈，穿过树林，眼前便是菲格罗亚·阿尔科塔大道：此时如果沿大道左转，经过赛艇用湖和跑马场，前方就到纪念碑球场。但要是越过阿尔科塔大道，走上天文馆外富有弹性的草坪，你会发现，那里除了标注布市自行车道的绿色木板外，还有一块大约五英尺高的不起眼的灰白石碑。石碑两边涂着乱七八糟的红漆，背部有几个潦草的蓝字“CMB 2011”，蓝字四周又是黑色的涂鸦。

石碑正面可没有涂鸦，只刻了一段碑文，表明这地方是个“*lugar historico*”（历史遗址）。主碑底部还有一块小得多的副碑，副碑上即使曾经有过铭文，也早已泯灭。这块纪念碑由国家博物馆和历史遗址委员会竖立，中间的碑文写道：“*aquí, se instaló el primo campo de deporte del Buenos Aires Cricket Club* 8-XII-1864”（1864年12月8日，布宜诺斯艾利斯板球俱乐部第一块运动场地在此建成）。奇怪的是，虽然布市人显然对足球兴趣更大，碑文中却没有任何地方提到足球。要知道，1867年6月20日，阿根廷国土上第一场正式足球比赛就在这里举行。参赛的十六名商人除了圣卢西亚出生的威廉·博斯凯蒂外，清一色是英侨。

英足总于1863年12月制定的足球比赛规则业已传入布宜诺斯艾利斯，1867年初在英文《旗报》上发表。《旗报》受众到1880年已经增长至四万人，是英国在海外最大的侨民人群（更准确点说是英国和爱尔兰侨民，因为四万人里大多数来自现在的爱尔兰共和国）。英国的影响力之大，以至于阿根廷有时恍若大英帝国的一员，1806年《泰晤士报》的一篇新闻标题便如是宣称。英国人掌控金融业，发展铁路，出口皮革、羊毛和肉制品；当此之时，英国是阿根廷遥遥领先的第一大贸易伙伴。

阿根廷的英国人像在其他地方一样建立学校、医院、教堂和体育俱乐部，总之就是复制祖国的一切。俱乐部最开始集中在板球和网球运动上，同时因为本地出产上好的马匹，马球也受到关注，但俱乐部一些成员想必在大中小学踢过野球。另外，英国水手更是从1840年起就在码头上踢球。这一举动似乎让本地人困惑难解，西语《理性报》的一篇报道含糊其辞地把足球解释为一种"追着球来回跑"的游戏。

要推进并传播这项运动少不了有人组织，这个人叫托马斯·霍格（Thomas Hogg，或西语Tomás Hogg）。霍格的父亲移民布宜诺斯艾利斯之前是约克郡一家纺织厂的老板，到阿根廷后他经商之余，创建了一所英国商务中心、一座英式图书馆、一家英式大学，还在1819年成立了一个板球俱乐部。有其父必有其子，小霍格组建了无畏者游泳俱乐部，并于1863年举办了俱乐部第一场游泳比赛。三年后他又涉足壁球。1867年，他和兄弟詹姆斯建立了布宜诺斯艾利斯运动协会。19世纪60年代某个时期，他还成立了南美第一家高尔夫俱乐部。他几乎开拓了每一项体育运动，不过还是在足球上他的工作吸引了最多追随者，尽管他本人很快放弃足球，转攻橄榄球。

1867年5月6日，霍格在《旗报》上以"足球"为标题发布了一项通知，内容如下："为今冬在板球场举办的足球比赛制定规则的准备会议将于下周四晚7:30召开，地址为神庙街46号对门。所有有兴趣的人士务请出席。"

原定的首场比赛日是5月25日，但因为位于博卡中心火车站的场地严重积水而不得不推迟近一个月。赛前又就在女士面前穿着短裤是否失礼发生争执。稍事拖延后，以霍格为队长的"红帽队"（los Colorados）和以他的朋友威廉·希尔德为队长的"白帽队"（los Blancos）开始比赛，双方各八名球员，每边50分钟。足球就这样在一个清冷的六月午后降临阿根廷。后世的俱乐部大概把这片它最先驻足的土地视为圣地而不敢亲近，现在布市老城区唯有这里孤零零地远离任何足球场馆。

希尔德似乎对此事体验不佳。他在日记[1]中这样写：和霍格乘10点钟的火车到巴勒莫，先用小旗标出场地，然后就是等其他球员到场，等待期间“退入餐厅小憩，用了面包、乳酪和黑啤”。因为参赛球员不足，“比赛非常吃力”，到最后希尔德“筋疲力尽”。此外还有其他恶劣后果：“背痛得我胃口全倒，晚饭几乎一点没碰。”

“红帽队”4–0大胜。很快安排了第二场比赛，希尔德“白帽队”队长之职被H·J·巴奇取代（阿根廷人对败军之将向来缺乏耐心——虽然从希尔德的日记看，他应该没有多大兴趣再次参赛）。第二场“红帽队”赢了个3–0。足球就这样小心翼翼地扎下根来。不出三年，西语报纸《民族报》即预言：“我们不久就会习惯这项英式运动。”

足球经历了短短一段成长期。起初，它只是英裔社区各种竞技项目之一，但到19世纪80年代已经成为主项。足球迅速流行的原因首先在其简单易学——除了球以外它不需要任何其他设备，而球可以用碎布或扎紧的旧报纸临时充数；足球的规则也简单到任何人都能立刻领会。另一个原因是英式学校的大力推广。这些学校和英国本土的学校一样鼓吹基督教强身派[2]美德，认为踢球可以促进纪律、力量和坚毅精神。更有甚者，团体运动还被用来对抗自由散漫，而自由散漫可能导致手淫这种最掏空人身体的恶习——维多利亚时代的学校对手淫可谓严防死守。[3]

足球在阿根廷最伟大的传播者要算亚历山大·沃森·赫顿。1852年，他出生于苏格兰戈尔巴斯一个杂货店主家庭，不到五岁就成了孤儿，由外祖母抚养长大，后来又入爱丁堡丹尼尔·斯图尔特医校[4]受教育。沃森·赫顿也是

---

1 见安德烈斯·坎波马尔所著《好球！》（奎尔库斯出版社2014年版）。

2 基督教强身派是19世纪中叶起源于英国的一种哲学运动与思潮，鼓吹精忠爱国、男子气概、团队合作、遵纪守序和自我牺牲，认为体育运动有其道德与身体上的美感。——译注

3 大卫·温纳的《那些脚：肉欲交错的英国足球史》（布卢姆斯伯里出版社2005年版）中详尽探讨了这个话题。再举个例子，阿宾汉姆学校校长爱德华·思林教士在一次出名的布道中坚称，手淫将使人“耻辱地早夭”。

4 医校并非现在意义上的医学院校，而是一种收留孤儿与贫民儿童的兼顾医院与学校性质的慈善机构。——译注

一个狂热的足球爱好者；从一张1880年左右拍摄的照片看，他瘦而矫健，前额宽大，留着一把丰厚得直往下垂的小胡子。

1880年，布宜诺斯艾利斯的圣安德鲁苏格兰人学校给沃森·赫顿下了聘书。次年他以“良好”的成绩毕业于爱丁堡大学哲学系，年底从利物浦起航履职，但直到1882年2月25日才算抵达阿根廷。他的两个兄弟都死于肺结核，因此对他来说，足球不仅仅是一种消遣，还能够强身健体、益寿延年。

侨民团体大抵同意他的看法，不过更看重橄榄球罢了。《信使报》的一篇文章曾将足球贬为“野蛮运动”。持同样怀疑态度的圣安德鲁校董对足球是否应该成为重点课程也一直存在分歧。沃森·赫顿提出建造体育馆、扩大运动场的要求被否决后，他一气之下辞了职。

换个意志不够坚定的人可能会后悔辞职，或干脆考虑打道回国，但沃森·赫顿对自己的选择毫不动摇，他创建的英国高中于1884年2月2日开门招生，足球成为课程的中心。不到两年，学校就有了50名寄宿生、500名走读生，要搬到更大的校舍才能容纳得下。英国高中不仅服务外籍家庭，也从阿根廷上流社会招生，足球因此开始在本地人中传播。

沃森·赫顿的布宜诺斯艾利斯生活牢牢扎根于他的爱丁堡血统。1885年3月，他与前同事玛格丽特·巴奇在圣安德鲁长老会教堂成婚。一年后，他们三个孩子中的老大阿诺德出生，阿诺德也将是阿根廷足球早期发展史中的一个风云人物。1886年7月，另一位老熟人和他重逢：沃森·赫顿在爱丁堡时的房东有个儿子威廉·沃特斯，他到英国高中来任职，抵达布宜诺斯艾利斯的时候随身带了一麻袋皮制足球。据说放了气的皮球让港口的海关官员大惑不解，起初还以为这是酒袋或皮帽，最后登记在案的名称是“英国疯子的玩意”。沃特斯后来靠进口体育用品到南美发了财，不过他最直接的影响还是在球场上。

就在沃森·赫顿将足球设为课程核心而其他学校也紧步后尘的时候，早已熟悉这项运动的英国铁路工人大量涌入阿根廷。老手和新人的组合有力地推动了足球的快速发展。1888年，布宜诺斯艾利斯的英国人与蒙得维的亚的英国人以一场足球赛庆祝维多利亚女王的生日，这是阿根廷首次尝试国际比赛。此后这项赛事每年举办，直到1894年。到1890年，连布宜诺斯艾利斯西北近200英里外的罗萨里奥也拥有了两支足球队——白领经理的竞技队和蓝领工人的中央队。

翌年，阿根廷的足球组织又向前跃进了一大步：在圣安德鲁的苏格兰教师亚历克·拉蒙特带领下，一群英国移民召集五支球队——老苏格兰人队、布宜诺斯艾利斯与罗萨里奥铁路队、布宜诺斯艾利斯足球俱乐部队、贝尔格拉诺足球俱乐部队及圣安德鲁苏格兰人竞技队——成立了阿根廷足球协会联赛（Argentine Association Football League，AAFL）。这是英国本土外第一个足球联赛，沃特斯作为圣安德鲁的队长兼教练指挥球队夺得首届冠军。冠亚军球队全部由苏格兰人组成，亚军老苏格兰人队的球员大部分是英国鲍陶姆与皮森管道公司的雇员，这家管道公司当时正负责在布宜诺斯艾利斯安装排污系统。

联赛第二年就因为资金缺乏、组织不力而倒闭。救世主又是沃森·赫顿，他挺身而出，在1893年2月21日重组联赛。此后阿根廷足球联赛年年举办，主办机构被公认是南美历史最悠久的足球联合会，全世界排名第八。沃森·赫顿担任AAFL的主席直到1896年，同时依然掌管英国高中，偶尔也兼职联赛的裁判。

五支球队参加了1893年的联赛，由贝德福德学院的英国校友组建的洛马斯队夺冠。一张冠军队的照片中，十二名球员团团围坐在A·莱斯利身边，后者面和气善，留着灰白的小胡子，黑色西装搭配领结，一条手绢神气活现地点缀在胸前口袋上。十三人中除了F·诺比里外，其他名字一望而知不是英国人就是爱尔兰人。

2006年，一本纪念洛马斯俱乐部成立115周年的书中提到，那个赛季洛马斯对弗洛雷斯的比赛观众超过500人。一张当时的照片显示，边线外围着三四排球迷，还有人爬到树上越过人头观战。另一张洛马斯和英国高中队比赛的照片中最吸引眼球的是裁判，他穿着夹克、背心、宽大的白色长裤，戴着平顶帽追赶着球员，弯弯的小胡子在表链上留下清晰的倒影。

洛马斯的优势保持了一阵，在前六届联赛中五次折桂——唯一一次失利还是输给了他们自己的二线队洛马斯学士队。不过下坡路总是走得很快。1908年联赛推出降级制，当年，洛马斯离降级区只差一名，下一个赛季终于跌出甲级，这标志着老牌英国人俱乐部的力量在削弱，足球已经在其他人群中传播开来，阿根廷民族意识也开始在这一运动中冒头。1930年，洛马斯完全放弃了足球。俱乐部至今尚存，但专攻橄榄球，球衣还是1896年就确定下来的绿红金三色间条衫。

洛马斯结束了对联赛的统治，同时，阿根廷足球在其他方面也发生了重大飞跃：1898年4月，司法与公共教育部规定学校必须开设体育课。要知道，政府最初对足球抱有怀疑，再加上19世纪90年代初一篇广为流传的报道宣称：踢球在英国造成400多例伤亡事故，连保险公司都因此推出球员人身险，《旗报》更是警告家长不要让孩子参与这项暴力运动，有鉴于此，教育部关于体育课的规定充分证明，足球到底还是被社会接受了。

坚信足球将在阿根廷扎根的沃森·赫顿在布宜诺斯艾利斯北部购买了一块运动场，为学生、教师和校友成立了英国高中竞技俱乐部。一年后，俱乐部派出一支球队参加AAFL的乙级联赛，最终以一分之差屈居班菲尔德之后获得亚军。两年后，以学校的名字命名球队被当作变相广告而遭禁止，英国高中竞技俱乐部更名为校友俱乐部。校友是20世纪头十年中阿根廷最强大的俱乐部，1900到1911年间曾十次夺得甲级联赛冠军。

沃森·赫顿早已退役，但是他的儿子阿诺德——他的名字此时已西班牙化为阿诺多——1902年15岁的时候就成为校友队左边锋。校友真正的主力还不是赫顿的后裔，而是另一个苏格兰家族的传人，那个家族离开英国比赫顿更早，在阿根廷的根基也更深。1824年，苏格兰罗克斯巴勒郡出生的地主约翰和威廉·帕里什·罗伯逊兄弟获得阿根廷政府许可，在布宜诺斯艾利斯南边的蒙特格兰德建立“实验农庄”；翌年，由他们出资移民的苏格兰农民分乘几条船从利斯和格里诺克出发，前往布宜诺斯艾利斯，其中一条“对称号”上的220名苏格兰人中有一个名叫詹姆斯·布朗的。

实验不到四年便显露败相，不过没有几个定居者打道回府。布朗买下了自己的土地，成为一名成功的农场主。和他同名的小儿子詹姆斯又生了九个儿子，其中七个——豪尔赫·吉布森、埃内斯托、埃利塞奥、阿尔弗雷多、卡洛斯·卡尔、托马斯和迭戈·霍普都曾在校友队踢球。

校友队是阿根廷英裔球队最后的辉煌。他们坚称自己的目标在于弘扬“英国价值观”，在于取胜并“不带情绪地踢出好球”。有过一个著名的例子：

在一场对大学生队的比赛中，他们拒绝接受因为对方手球而获得的点球机会。不过不能说校友只在英国人中受欢迎。他们是冠军，球技高超，粉丝几乎遍布各个人群。因此，政治家们常跟他们套近乎。有一次，何塞·菲格罗亚·阿尔科塔拥抱了阿尔弗雷多·布朗——小说家奥斯瓦尔多·索利亚诺认为，这是“第一次总统利用足球收买人心”。

校友队独占联赛鳌头之际，正是阿根廷社会大环境发生变化之时。布宜诺斯艾利斯发展迅猛，一个原因是城市化，农村人口抛下废旧的农场，在大都会新兴的工厂企业找到工作；另一个原因是欧洲的移民潮，来者大部分是意大利人和西班牙人，从波兰和俄罗斯来的犹太人也不少，还有德国人、大不列颠人和“土耳其人”——后者通指所有中东人。到1914年，阿根廷出生的人口中80%是1860年后抵达的移民后代。

城市的发展带来足球的兴旺发达。1895年联赛扩大到乙级，1899年又增加了丙级——这一级别主要针对17岁以下全日制学校的学生，1902年连丁级都有了：此时足球早已不再是英侨的保留项目。胡利奥·弗里登博格的研究显示，至1907年，官方联赛之外至少还有300家俱乐部。其中部分是行业或社会部门代表队，但大多数来自各大城区——这种现象只会发生在大规模城市化和电气化的情况下：使用电力照明与取暖的房屋可以比使用煤气的建得更高，于是就有了今天布宜诺斯艾利斯林立的公寓楼。这些球队在一定程度上可以看作民众自我意识的觉醒。有一种流传已久的理论认为[1]：任何国家都需要一支军队、一家银行和一个足球队。体育俱乐部不但将本区居民团结起来，还在更广阔的舞台上为全社区乃至居民个人代言。绝大多数阿根廷联赛俱乐部成立于1887至1915年间，恰好是阿根廷民族意识开始形成的时期，这绝不是一个巧合。

第一家组建足球队的阿根廷本土俱乐部是拉普拉塔市的Gymnasia y

1 这句话似乎是弗兰克·扎帕（美国作曲家、歌手、制作人、导演）说的，不过常常被算到亨利·基辛格头上。

Esgrima（体操与击剑）。拉普拉塔距布宜诺斯艾利斯市中心35英里，这家俱乐部1887年成立，1901年开始涉足足球。此外，阿根廷足球的“五巨头”（*grandes*）全都出现在20世纪头十年内：码头区的移民于1901年和1905年分别创立了河床与博卡青年俱乐部；1903年，在阿韦利亚内达[1]工厂工作的法国移民建立了竞技俱乐部；1905年，同样在阿韦利亚内达，伦敦城商店体育俱乐部（这家俱乐部顾名思义由英国人管理）旗下的西语成员创建了独立队；1908年，一名教士在阿尔马格罗区成立圣洛伦索，以便本地的年轻人有个安全的场所踢球。

严格意义上的国际足球赛始于1901年5月，一支主要由洛马斯与校友球员组成的代表队前往蒙得维的亚，以3–2击败了乌拉圭[2]。下一年，乌拉圭在布宜诺斯艾利斯还了一个3–2。1905年的第三届对抗赛已经开始颁发奖杯，茶叶大王托马斯·立普顿捐赠了一个银杯。立普顿1848年出生在戈尔巴斯，离沃森·赫顿的出生地只隔两条街。

到1905年，联赛共有77家俱乐部，每赛季比赛超过500场。举个例子，是年6月1日，52支球队上场厮杀，观众超过5 000人。不多久，四位数的观众人数已经很普遍，英文和西班牙语报纸开始定期报道联赛消息。赛事报道越来越受到重视，1912年，《信使报》坚持要求设置媒体专区，而不只是获得几个正面看台的席位。

最富吸引力的还是外国俱乐部，他们愿意访阿本身就证明了阿根廷联赛名声在外。1904年，安东尼奥·德·马尔基男爵领导的赛马俱乐部，一家面向上流社会的体育协会，组织了第一次巡回比赛，受邀的是英格兰的南安普顿队。首场由南安普顿队对校友队，共和国总统胡利奥·罗加出席观战，说明这即使不算一项重大的体育赛事，至少也是一次重要的社会活动。南安普顿已经完全职业化，虽然还只是南部联赛中的一员，但在1900年和1902年两次打入足总杯决赛。他们3–0轻松战胜校友队，并在接下来的四场比赛中

1 阿韦利亚内达位于马坦萨河口，布宜诺斯艾利斯以南，名义上是一座独立城市，实际上可以算作首都的一个工业区。

2 由于主队有九名球员来自英国人俱乐部，很多人认为这不能算乌拉圭国家队；如果这种说法成立的话，阿根廷国家队第一场正式国际比赛是这一年9月12日他们在蒙得维的亚6–0击败乌拉圭。

大获全胜，进29球，只失4球。之后他们渡过拉普拉塔河，又8–1狂胜乌拉圭联队。南安普顿队的绝对优势让布宜诺斯艾利斯的英国人相信，祖国及其代表的传统价值观依然占据上风。南安普顿留下的印象之深刻，直到1923年，《信使报》仍在对他们“卓越的球技和出色的意识”大唱赞歌。

1905年，诺丁汉森林队接踵而来，打得独立心服口服，把自己的白色球衣都换成了森林队的红色，不过保留了深蓝色的球裤。这个时期的阿根廷球队可能尚不足以匹敌哪怕是实力平平的英国球队（森林队1905年在十八支甲级队中位居第十六，下一个赛季更是惨遭降级），但1906年来访的球队展示了阿根廷与其他国家足球实力的差距：当年来访的南非队只能算是业余，由八名英国人和七名南非本地人组成的球队完全称不上国家队，但他们让人一窥足球在其起源地之外的状况。南非人先以6–0大胜圣马丁队，又以14–0羞辱了一支学生球队。接下来的一场比赛或许在阿根廷足球史上占据了前所未有的重要地位。

比赛在体育协会举行。现场球迷人数可能没有上一年目睹森林队屠杀校友队的多，不过也相差无几；这次他们看到的却是阿诺多·沃森·赫顿[1]领衔的校友队以1–0小胜——这可是阿根廷球队第一次战胜来访的外国球队。《信使报》以其一贯的清醒态度指出：校友队胜得侥幸，但喜庆并没有因此减少半分。进球后观众大声欢呼“直到声嘶力竭；帽子、手杖和纸片在空中飞舞；平日庄重严肃的体面人士不顾自己的便便大腹，高兴得跳起舞来”。终场哨响，人群涌入场内，将校友球员高举出场。尽管南非队接下来八战全胜，尽管1909年埃弗顿与热刺轻松打发阿根廷球队，证明他们与英国顶尖俱乐部之间仍有不小差距，校友队此次胜利仍不失为一个重大突破。与埃弗顿，特别是热刺的比赛也揭示了英阿两国在足球理念上的渐行渐远——阿根廷观众尤其看不惯英国球队的横冲直撞。对足球的不同理解日后带来了严重的后果。

1 1912年，阿根廷板球队战胜来访的板球界巨擘玛丽勒本队。在这场传奇性比赛中，阿诺多·沃森·赫顿担任守门员。

第2章

“听这镣铐被粉碎”

何塞·埃尔南德斯的史诗《马丁·菲耶罗》是阿根廷文学史上第一部杰作。史诗讲述贫苦的高乔人[1]菲耶罗被强征入伍，戍守边境[2]，抵御印第安人的故事（土著人当时还是化外之民）。一个身强力壮的骑手单枪匹马游走在潘帕斯草原上，凭借大无畏的精神战天战地战人，战天战地时从容不迫，与人为敌时也会狼狈失措——对后世读者来说，菲耶罗就是高乔人的化身。然而，这一人物形象远非毫无争议。

诗人莱奥波尔多·卢戈内斯深受其吸引，跟着也写了小说《高乔人的战争》[3]，他将《马丁·菲耶罗》誉为阿根廷的伟大史诗。但是，20世纪上半叶的布宜诺斯艾利斯再留恋高乔骑士，也不得不承认，《马丁·菲耶罗》描述的时代与文化传统已经一去不复返。更有甚者，评论家卡利斯托·奥尤埃拉，这位20世纪初阿根廷文艺繁荣时期的领头人之一认为，《马丁·菲耶罗》从问世起就是在为一种逐渐消失的生活方式唱一曲挽歌。

高乔文化的消失具有深远的政治与社会意义。1810至1816年间，拉普拉塔联合省赢得对西班牙的独立，何塞·德·圣马丁将军成为独立战争中的伟

1 高乔人多为印第安和西班牙混血，分布在阿根廷、乌拉圭、巴拉圭、智利、巴西南部及玻利维亚东部和南部；19世纪的高乔人与北美洲的“牛仔”相仿，主要活动在格兰查科平原、潘帕斯草原和巴塔哥尼亚高原一线，以放牧和狩猎为生，习惯于马上生活，英勇强悍。在阿根廷和乌拉圭，高乔已经成为民族主义的象征。高乔人的神话传说、民俗风情以及文学得到了高度的认可和赞誉，并且成为最重要的区域文化。——译注

2 整个19世纪，殖民地与土著人聚居地之间的界线从布宜诺斯艾利斯不断向西南推进。在《马丁·菲耶罗》故事的年代，边境线大致与今天的布宜诺斯艾利斯省一致。

3 小说出版于1905年，1942年改编成电影，是阿根廷电影史上最成功的作品之一。

大英雄。他于1812年从西班牙军队辞职并返回布宜诺斯艾利斯，其后在那里指挥了一系列重大战役。阿根廷实现独立后，他又带领5 000人的军队翻过安第斯山脉，远征进入智利，并一路北上到秘鲁，继续与西班牙人作战。每个阿根廷城市都有圣马丁塑像，他的肖像至今随处可见，但他留下的政治遗产并不单纯，他的形象被后来的领导人和政治家利用，为他们的一己私利服务：为数众多的总统与觊觎总统宝座的人自说自话地把圣马丁描绘成一个伟大的解放者，把他在秘鲁的战争看作阿根廷军事实力的展现。至于他的军事活动很可能由英国人策划并赞助则常常被选择性遗忘，同样被遗忘的还有他对军队干政的坚决反对。从20世纪阿根廷政治的走向来看，这第二种遗忘的后果更为严重。

19世纪20年代，联邦派与统一派之间冲突不断。前者大多是外省的地主，他们希望阿根廷由自治省份组成联邦，后者则代表城市商人和知识分子利益，主张在布宜诺斯艾利斯建立一个统一的中央政府。最终两派签署建立阿根廷邦联的条约，内战宣告结束。邦联没有确立统一的国家元首，只把一些关键性权力交付给布宜诺斯艾利斯省省长胡安·曼努埃尔·德·罗萨斯。[1]

罗萨斯是一个富有的地主——或者叫牧场主——参加过独立战争。随着势力的增强，他征集高乔人，组成一支实质上是私人军队的武装，成为一个南美典型的“考迪罗”（*caudillo*）——这个词指军阀、强人或独霸一方的割据势力领导者。在阿根廷文化中，考迪罗形象的重要性不亚于高乔人。罗萨斯1829年掌权，其后除了一小段时间外，一直作为独裁者统治阿根廷，直到1852年。他要求绝对的服从，对政治对手实行可谓国家恐怖主义的专政。耶稣会因为拒绝像其他天主教派那样拥护他而遭驱逐出境；官方文件上全部印有口号“处死野蛮的统一派”；国家雇员必须佩戴红色徽章，上面写着“不联邦，毋宁死”；所有男性都要求留“联邦式”浓密的八字胡和大鬓角。罗萨斯理想中的阿根廷有着片片广大的牧场，高乔人在各地考迪罗的带领下经

1 我们今天对罗萨斯的了解大多来自巴托洛梅·米特雷撰写的阿根廷史，这也是第一本关于阿根廷历史的著作。米特雷出身贵族家庭，1862至1868年间任总统，是保守派报纸《国民报》的创始人。他在内战中与罗萨斯为敌，因此显而易见对其持否定态度，但他的历史观直到20世纪50年代依然占据主流地位。后来有历史学家试图为罗萨斯翻案，他们把罗萨斯描述成一个超前于时代的人物，一位19世纪的庇隆，而不是米特雷笔下的暴君。

营这些牧场，他不遗余力地推进这个理想。

罗萨斯之所以偏好牧场经济，倒也不完全基于政治考量：由于土著人时常进犯，农耕和圈养牧业难成气候，放牧才是一直以来最有效的农作方式，对考迪罗式私人武装的依赖也由此而起。但这种生活方式开始受到侵蚀，打击不仅来自政治对手[1]，也来自技术发展。1844年，理查德·牛顿将铁丝网引入阿根廷，19世纪70年代，加倒钩的铁丝网也开始出现，其影响力进一步增强。铁丝网的应用意味着牛只可以被圈养，不需要再由高乔人放牧在草原上，这一翻天覆地的变化堪比16世纪英格兰的圈地运动。传统的马术也不再重要，高乔人从不可或缺的行家里手沦为拿钱出工的雇用劳力。圈养还带来了选择育种，一时间成为公众关注的焦点，一头从英国引进的获奖公牛塔尔坎也因此声名大噪。1876年，冷冻柜的出现意味着牛肉可以用于出口，英国人开始真正对阿根廷畜牧业产生兴趣。

与此同时，欧洲移民逐渐控制了潘帕斯草原，这主要归功于军队对巴塔哥尼亚土著人采取的军事行动。曾经的荒野不断被开发。但阿根廷国家并不稳定——独立不过短短几十年，这几十年间还饱受内战折磨；边境、政府、法律、自我意识……几乎一切都尚未定型而争议不休，这或许解释了为什么19至20世纪初阿根廷人在自我定位上花费了大量的精力。欧洲的传统和美洲的现实如何才能统一起来？

1 1868年成为阿根廷总统的多明戈·福斯蒂诺·萨米恩托在他1845年的著作《法昆多，又名文明与野蛮》中贬斥牧场经济与生活方式为“野蛮不开化”。他鼓吹欧式“文明”，并强调运动是文明的重要一环。1875年他当选为布宜诺斯艾利斯板球俱乐部的名誉会员，在致谢信中提出，正是体育运动带来的组织纪律使英国人得以平定1857年的印度兵变：“我看到牛津与剑桥的学生举办闻名于世的划艇比赛，我看到英国年轻人为了强身健体参加彰显男子气概的板球、田径及其他体育运动，”他写道，“于是我明白了为什么2万名英国文职公务员就足以抵抗20万名哗变的士兵，并力保英帝国对1.5亿印度人的控制，直到（英军）战斗部队抵达增援。”

第3章

新 的 起 点

AAFL于1903年更名为阿根廷足球协会（Argentine Football Association），虽然仍隶属于伦敦英足总，但决定此后以西班牙语作为会议的工作语言，明确标志了足球运动在阿根廷的本土化。1912年，足协再次改名，这次以西语Asociación Argentina de Football（AAF）命名，并开始从属于国际足联。此时英裔球员已经凤毛麟角：据是年6月《旗报》的一篇报道，布宜诺斯艾利斯人队、圣伊西德罗队和河床队各有三名英裔球员，（布宜诺斯艾利斯）体操与击剑和（拉普拉塔）大学生俱乐部各有一名，竞技连一个都没有。

1910年，阿根廷人联队以5–1大胜大不列颠人联队，进一步证明，本地人无论在场上还是场外，实力都越来越强。这也是本地人与英裔社团最后一次举办这项年度对抗赛。足协中止赛事的一个原因固然是双方实力对比已经悬殊，同时也因为他们眼里有了更大的目标。这一年，为了庆祝阿根廷自治一百周年，阿足协试图组织一次南美四国邀请赛。巴西谢绝了邀请，不过乌拉圭和智利组队参加了这项在当时可算英国本土四角锦标赛[1]之外最重大的国际比赛。

首场比赛由阿根廷对阵智利。阿诺多·沃森·赫顿进一球，主队以3–1轻松取胜。但是另外两件小事也值得一提：首先，《信使报》的赛事报道包括一个细节——茶点由G·D·弗格森夫人提供，说明足球比赛明显还是一

1 英国本土四角锦标赛（British Home Championship）是联合王国内四支代表队：英格兰、苏格兰、北爱尔兰（1921—22年前为爱尔兰）及威尔士之间一年一度的足球锦标赛，在1883—84至1983—84年间举行。——译注

种英式社交活动。第二，阿根廷罚丢一个点球；判罚本身有争议，观众中有人喊着让罚球球员把球踢出场。现在已经无法判断球员本人是否真的是有意罚丢，但即使他并无此意，这件事有力地说明了当时主流的道德观——至少部分观众认为出于公平起见他不应该罚进这个点球。

当乌拉圭公布对智利的球员名单时，公平竞争的精神再次受到伤害——名单里居然包括巴克和哈利这两名英国出生的球员。反观阿根廷队，不管姓名听上去英国味多足，人可确实全都出生在阿根廷。阿根廷人与乌拉圭人本就是一河之隔的死敌，这一下敌对情绪更加激化，比赛中他们明确支持智利，当智利的两个进球被判无效时，观众报以厌恶的叫喊。虽然乌拉圭3–1取胜，但智利的守门员才是被欢抬出场的明星。

《信使报》在比赛预告中宣称，决赛将是“本国足协举办过的最重要的比赛”。一万名观众购票入场，另有大约一千人站在阿根廷中央铁路的路堤上观看了这场主队4–1横扫的比赛。阿诺多·沃森·赫顿再次得分，但无论是他的家族还是英裔阿根廷人，影响都在下降。

1911年，校友队最后一次夺得联赛冠军，58岁的亚历山大·沃森·赫顿已经倦于俱乐部繁忙的日常经营。他麾下许多球员年事日高，而且越来越意识到：随着观众人数激增，金钱在足球比赛中的重要性逐渐加强，校友这种形式的球队已无力在此大环境下参与竞争。自觉保持着业余性质的校友队始终没有建立专属球场，经常需要向其他球队租借场地，比赛的收益也每每捐给了慈善机构。指望这样一支球队延续辉煌已不现实，认识到这一点的沃森·赫顿决定退休并解散俱乐部。他仍然定居布宜诺斯艾利斯，直到1936年去世，死后安葬在查卡里塔的英国公墓。但他的功绩并没有被遗忘：阿根廷足协的图书馆以他命名，1950年，电影《冠军学校》(*Escuela de campeones*)讲述了赫顿与校友队的故事。他是阿根廷足球无可争议的奠基人。

校友队解散后，大部分球员转投基尔梅斯。1911年还在九支甲级队中垫底的基尔梅斯次年即一举夺冠。

从某种意义上说，联赛反倒受累于自身的成功。实力足以与外国俱乐部抗衡的球队发现打友谊赛非常有利可图；而实力不足的球队不但得不到这笔收入，比赛当天还要为访问赛让路，以免观众人数分流。金钱的推动力越来越大。那些没来得及投入场地建设的俱乐部此时发现自己腹背受敌：一方面，没有大容量的球场就不会有可观的收入；另一方面，收入不足则更无力负担营造球场的费用。雪上加霜的是地价也随着城市的扩张在上涨。

各方面对AAF的不满终因财务政策的不公而浮出水面，1912年，律师、商人、国际奥委会会员、（布宜诺斯艾利斯）体操与击剑俱乐部主席理查德·阿尔道另起炉灶，成立了阿根廷足球联合会（Federación Argentina de Football，FAF）。结果是一团糟：AAF受到俱乐部退赛和比赛结果被取消的重创，到了7月，两个联赛干脆齐头并进。一边是基尔梅斯在只剩六支球队的AAF联赛中夺冠，一边八支球队开始在FAF联赛中厮杀。叛乱联盟的赛程进行到最后一轮时，独立需要净胜基尔梅斯阿根廷人两球以上，才能凭进球优势压倒布宜诺斯艾利斯人夺冠。位居积分榜中游的阿根廷人无欲无求，排出一个孱弱的阵容，独立最终以5—0取胜；不过独立倒也承认这一点，许诺可以跟布宜诺斯艾利斯人加赛一场，决定冠军归属。另有一种说法：布宜诺斯艾利斯人提出抗议，FAF看出在中立的体操与击剑场地举办附加赛又是一个吸金的好机会，强迫独立同意参赛。究竟哪种说法属实，时过境迁，已难以确定。

无论出于何种原因，附加赛本可以体现俱乐部高贵的姿态，证明绅士精神这一最宝贵的传统并没有随校友队一起消亡，正义感与合理性依然是业界主流，结果却发生了阿根廷足球有史以来最可耻的一幕。佩德罗·里特纳——杰出的守门员胡安·何塞·里特纳的兄弟——为布宜诺斯艾利斯人取得领先，巴托洛梅·略韦拉斯又将比分扳平。终场前三分钟，独立相信他们攻进了制胜球，裁判卡洛斯·阿埃特茨却只判罚角球。独立强烈抗议，招致三名球员被逐出，剩余八名球员拒绝继续比赛。FAF就此判定布宜诺斯艾利斯人取胜并获得联赛桂冠。

一片混乱之中，斯温登俱乐部访阿比赛，让当地人在AAF与FAF争执不休的六月至少还能有球可看。由于没有其他赛事分流，球迷纷纷涌向球场观看斯温登和阿根廷俱乐部的对抗赛，其中两场观众人数超过2万。斯温登俱乐部主教练山姆·艾伦被阿根廷的足球热吓了一跳。他在接受《每日纪事报》采访时说："人们对它的痴迷随处可见。男孩子在街上、海边、巷子里踢球，士兵在营地里踢球——全都着了魔一般。”

群众的狂热只会助长球员间已经开始冒头的情绪。联赛的分裂源于金钱收益上的争端，现在连球员也开始纳闷：为什么买票的观众成千上万，自己却没捞到什么好处。俱乐部用奖金诱惑球员早已不是什么大不了的秘密。早在1906年，布宜诺斯艾利斯的报纸就抱怨乌拉圭籍球员太多了，谁也不相信他们只是因为热爱足球而来。1913年，《国民报》更是明言，联赛是挂着业余羊头的职业足球。

那一年是阿根廷足球第一次产生真正克里奥尔人[1]的冠军，在AAF和FAF联赛中夺冠的俱乐部都和英国侨民大不相干。FAF联赛冠军被拉普拉塔大学生摘得；AAF为了追求刺激、吸引眼球，设计出一套让人摸不着头脑的赛程——复杂的赛程日后也成为阿根廷足球一大传统。

争冠赛安排在圣诞节后三天举行，由竞技对阵圣伊西德罗。右内锋阿尔韦托·奥阿科梅开二度，帮助竞技2–0获胜，他的父亲正是当年创建竞技俱乐部的西班牙工人之一。决赛阵容一望便知阿根廷足球格局的变化：参赛的22名球员只有三名有着英国姓氏：圣伊西德罗的威尔逊、古德费洛和休姆。

对竞技来说，这场胜利开启了联赛七连冠的黄金年代。1914年，AAF联赛总算恢复了直截了当的循环赛，竞技以整个赛季只失一分的战绩夺冠（这一年的FAF冠军则落入布宜诺斯艾利斯人之手）。两个联赛合并成总共25支球队的新赛事后，竞技延续了绝对的优势，甚至因为风格明快、战术巧妙和打法先进而被誉为“学院”。踢球时总是头戴白帽的奥阿科是1912年到1915年四届联赛的最佳射手，到1923年39岁退役时，他总共在278场比赛中踢进244球，至今依然是俱乐部的纪录。《图片报》[2]主编博罗科多后来将奥阿科比喻为“阿根廷足球的单人乐队，因为他可以胜任任何位置”。

本国联赛发展起来后，AAF又向邻居伸出了橄榄枝。和乌拉圭的友谊

1 克里奥尔人（*criollo*），指生于拉丁美洲国家的欧洲人，特别是生于讲西班牙语的美洲国家的西班牙或欧洲其他地方移民，此处意指俱乐部的主体已是出生在阿根廷本土的说西语的二代移民特别是西裔移民。——译注

2 德国也有一家著名的《图片报》，与阿根廷《图片报》刊名相同，创刊的宗旨也相近，但德国《图片报》创刊日期远比阿根廷的晚。——译注

赛已成传统，1914年则是阿根廷国家队第一次对阵巴西，结果他们以3-0取胜。1912年，AAF官员会见罗萨里奥联赛与乌拉圭联赛的代表，商议成立覆盖整个拉普拉塔河流域的足球联盟。此事开始进展缓慢，直到1915年受到埃克托尔·R·戈麦斯的大力推动。这名乌拉圭教师同时还是国会议员和蒙得维的亚流浪者俱乐部主席，他开始游说各方成立南美足联，理由是这样可以防止派系斗争，避免阿根廷联赛分裂这类事再度发生。次年，借AAF组织国际邀请赛纪念阿根廷独立一百周年之机，戈麦斯取得了决定性的进展：7月9日（阿根廷独立日），南美足球联合会（Conmebol）成立，并信心满满地宣布了第1—4届南美足球锦标赛的日程，七天前开始的阿根廷独立纪念赛即为第一届。

成立不到一个星期的南美足联就面临第一次危机。阿根廷和乌拉圭都大胜智利，但阿根廷只打平巴西，而乌拉圭则2-1击败巴西。这意味着最后一场乌拉圭对阿根廷的比赛实际上成了争冠赛，前者只需一个平局就可以赢得首届南美锦标赛的桂冠。

决赛定于7月16日在体操与击剑球场举行，结果却因为门票超售，不堪重负的看台开始塌陷，比赛只打了五分钟即被取消。球员离场时，球迷的愤怒爆发了。有人从停在球场附近的汽车车灯中偷出石脑油，点着了看台。大火烧了四个小时，最后只剩中间看台未受损坏。重赛第二天安排在阿韦利亚内达的竞技球场，两队颗粒无收，波澜不惊地以平局收场，阿根廷人失望地看着乌拉圭夺得荣耀。

乌拉圭将垄断早期的南美锦标赛。1917年，本土作战的他们再次在决赛中击败阿根廷，夺得冠军，阿根廷屈居亚军；虽然1919年巴西凭东道主优势夺冠，但下一年在（智利的）瓦尔帕莱索，熟悉的名次再次回归：乌拉圭第一，阿根廷第二，巴西第三——阿根廷因为未能战胜千年老四智利而痛失桂冠。

此时阿根廷足球又一次闹起了分裂，根源是对比赛管理和规则实施的不满。1918年底，在对西部铁路的比赛中，哥伦比亚人一名场上球员的参赛资格出现争议，问题因而引发。同时，在中级联赛（即乙级联赛）中，萨斯菲尔德因为派上一名停赛球员而被扣掉八分。他们分辩说没有这回事，派上场的是停赛球员的兄弟，AAF接受了这一解释，恢复了萨斯菲尔德的积分。很多球队提出抗议，于是AAF召集了一次特别会议，会议过程中却受到各种阻挠，似乎有人串通好了要出足协的洋相。

次年发生的事情更加混乱。十九支球队中倒有六支遭停赛，到7月，联赛被迫停摆，每支球队都只打了不到八场比赛。包括竞技、河床、圣洛伦索和独立在内的十三家俱乐部退出足协，与萨斯菲尔德一起创建了业余足球协会（Asociación Amateurs de Football，AAmF），留守AAF的只剩博卡、（拉普拉塔）大学生和飓风等六家俱乐部。AAF试图靠这六支球队撑起联赛，但新赛季拖到次年1月21日终于难以为继，这似乎证明脱离AAF的俱乐部抱怨其无能有些道理。AAmF组织的新联赛却正相反，除了最后一轮部分球队退赛外，几乎一路顺风顺水地于1月6日闭幕，没有退赛的球队踢满了十三轮比赛，退赛球队被取消的比赛也都由联赛组委会决定了最终结果。竞技退出AAF前已经取得六胜二平的战绩，在AAmF联赛中更是十三战全胜，以完美的积分结束了联赛七连冠的最后一个赛季，为一个杰出的时代圆满地画上句号。七年里，他们只输了五场比赛，更有四个赛季保持不败。

两家联赛次年各产生一个冠军：在AAmF联赛中，河床终结了竞技的统治；博卡蝉联AAF冠军。接下来六年中，AAmF冠军被圣洛伦索、独立和竞技平分；飓风和博卡则各获得三届AAF联赛的桂冠。阿根廷的强队开始显露霸气。

第4章
国 际 舞 台

1924年奥运会之前乌拉圭还寂寂无名，奥运会之后他们重新定义了足球。几乎从首场比赛开始，金牌已显见是他们囊中之物，决赛便成了一场表演，而他们也确实以前所未有的流畅打法和精神气势3–0轻取瑞士。这对整个南美足球来说都是一大突破。他们赋予诞生于泥泞场地和英国公校曲折回廊的足球运动此前无法想象的精妙与成熟，大多数欧洲国家对他们的精湛技艺心悦诚服——唯有英国例外，这点值得一提。当时的电影胶片经过翻新后可以看出，乌拉圭的踢法先进得惊人：比赛固然不如现在激烈，节奏也比现在慢，但除此之外，21世纪足球两大基本功——一脚传递和空当切入已在他们脚下得到完全的体现。法国著名球星加布里埃尔·阿诺在（当时的）球评中写道："胜方最基本的特点是绝妙的停球、控球与处理球的能力。由于技术完美，他们可以悠闲地观察到同伴与队友的位置，不必停下来等球。他们不断跑动，摆脱盯防者，让队友传球更加轻松。"阿诺此时正处于职业生涯的末期，后来他将出任《队报》编辑。

乌拉圭队的故事确实不同凡响。如果诗人、政治思想家爱德华多·加莱亚诺所言不虚，这支传奇球队由货真价实的业余球员组成，队中包括一名大理石工匠、一家杂货店店主和一个卖冰的。或许传说多少经过了诗意的夸张，但乌拉圭队资金有限却千真万确：他们搭乘统舱来到欧洲，一路食宿均靠打友谊赛筹措；在西班牙赢了九场比赛之后，还得乘坐30小时的火车才最终抵达法国。他们的到来并没有激起多少热情，首场对南斯拉夫的比赛只有区区3 000名观众。

"我们开创足坛乌拉圭流之时，无所谓专家教练、体能训练或运动医学。"翁迪诺·比埃拉如是说。在这位乌拉圭国家队未来主帅看来，拉普拉塔河足球[1]诞生之初，即与组织完善的英国俱乐部有着天壤之别：

> 只有我们自己，在乌拉圭的球场上从早到晚追逐皮球，直至月上中天。我们花上二十年的时间才能成为球员，成就球员应该具备的素质：做皮球绝对的主人……控住球，无论如何不能丢球……我们的足球野性未驯，其风格土生土长，无师自通，经验至上，尚无任何可能以旧大陆足球管理标准来衡量……这就是我们的足球，我们这一流派就是这样形成的，整个新大陆的足球流派莫不如是。

"一场又一场比赛，"加莱亚诺写道，"前推后搡的人群争着看那些灵活如松鼠的男子下棋一般地踢球。英国球队的长传与高球已臻完美，但这群来自遥远的美洲，无权继承祖业的孩子没有步先辈后尘。他们自己发明了一种踢法，靠的是精妙到位的短传、瞬息万变的节奏和高速运球的技术。"

战胜瑞士后，大获全胜的乌拉圭返回故乡。码头上，欢庆人潮等着迎接他们。《图片报》的报道激情四射："在巴黎，一时间售出数百万份地图，大家都想知道这些足球艺术家的家乡小国究竟位于何处。很快，阿根廷和乌拉圭的俱乐部就会去欧洲，正如英国人来南美展示并教导我们如何踢球。阿根廷人一样喜见乌拉圭的胜利，好像这也是他们自己的胜利。从南美去的球迷很少，至多是欧洲观众的三分之一，但是他们声音更大，喝彩比欧洲人更响亮。"

乌拉圭宣布全国放假一天，还发行了纪念邮票；这一竞技上的成绩立刻就被承认具有更深远的意义：它同时也代表了文化上的胜利，证明新大陆有能力与旧大陆一争高低。

不过，乌拉圭人倒是高兴了，阿根廷人却在尊敬与嫉妒之间徘徊。乌拉

1 拉普拉塔河在阿根廷和乌拉圭之间，阿根廷首都布宜诺斯艾利斯位于拉普拉塔河西南岸，乌拉圭首都蒙得维的亚位于东北岸。因此拉普拉塔河流域通常指阿根廷和乌拉圭两国，拉普拉塔河足球即指这两个国家的足球流派、风格和球队。——译注

圭赢得奥运金牌之际，阿根廷正接待来访的普利茅斯阿盖尔俱乐部。这家俱乐部上赛季在丙级联赛南部赛区排名第二，队长摩西·拉塞尔还带来了球队的吉祥物——一头斗牛犬。客队首场比赛1–0战胜阿根廷联队，引出《图片报》一篇冗长乏味的报道。记者强调："按惯例，港口人联队[1]无非是聚集了从各家俱乐部选拔出的优秀球员，但彼此之间缺乏了解，也没有长期共同训练形成的默契。"这句话的意思以后将在阿根廷足球报道中反复出现，每次只稍稍改变一下说法而已。

访问算是成功，虽然普利茅斯主教练鲍勃·杰克因为评论说阿根廷足球缺乏身体对抗而引起了争议。《图片报》的报道也提到这点："有趣的是，他们（杰克和球队经理韦林）批评我们的球员风格过于细腻……拉普拉塔河足球的这个特点算好还是算坏呢？我们尊重杰克先生的良言箴语，但宁愿坚持自己的流派。只要我们赢球，这一流派的优势就不容置疑；它甚至会像乌拉圭人在巴黎那样留下不可磨灭的记忆。技术的成功无须暴力护驾。"

一切兜兜转转总会回到奥运会上，回到一个闷在大家肚子里的假设上：要是另一支拉普拉塔河足球队也参加了盛会，结果又会如何？博卡青年队的门将阿梅里科·泰索列雷说："乌拉圭人在巴黎获得的胜利让阿根廷人开心，感觉这也是我们的胜利。"

其他人则没有那么大度，他们更偏向自家球队，罔顾之前七届南美锦标赛中乌拉圭的排名六次在阿根廷之上这一事实，自信满满的姿态仿佛在说：要不是阿根廷怕麻烦没去参加奥运会，哪里轮得到乌拉圭夺冠？于是阿根廷向乌拉圭提议踢两回合的挑战赛来决定谁才是王者。乌拉圭一方面看到成为奥运冠军后的吸金效应，一方面也根本不像对手那么重视这次比赛，反正答应了。

乌拉圭队包括九名金牌得主，但在蒙得维的亚的首回合中两队打平，阿根廷还占据了上风。《图片报》这样报道："1–1的比分清楚地显示，谁也没有绝对优势，这出乎某些人的预料。"第二回合一周后安排在布宜诺斯艾利斯

1 原文中的*porteño*可以泛指任何港口城市的居民，但经常特指布宜诺斯艾利斯港口区的居民，并因为这一地区被看作布市灵魂中心，因此港口人可以引申指代所有布宜诺斯艾利斯人。

的巴拉卡斯体育俱乐部球场。比赛除了引起极大的兴奋和高涨的期望外，还带来汹涌的人潮与老套的问题。开赛五分钟后，球迷就逐渐侵入场内，球员不得不退场。虽然警察和士兵把球迷赶回看台，但比赛因乌拉圭队罢赛而取消。《信使报》笔下“喧闹的人群”掀翻售票亭，甚至企图拆毁体育场。他们未能得手，而一周后的星期四重赛之前，一道高达四米的铁丝网在球场与看台之间竖起——这是南美洲第一次用物理方式分隔球迷和比赛。很快整个大陆都接受了这一必要措施。

可是就算铁丝网也无法让人群冷静。重赛当天，约35 000名观众涌入球场，另有5 000人被挡在门外——《国民报》估计设法挤上看台的可能多达52 000人。他们看到一场异常激烈的比赛（赛后双方都抗议对方动作粗暴），第15分钟时还看到阿根廷历史上最著名的进球之一：飓风左边锋，满面皱纹的塞萨雷奥·翁扎里从右路罚出的角球像鞭子一样疾速抽进球网，飞行中没有碰到任何人。国际足联理事会刚刚在当年6月14日规定角球可以直接得分，本场比赛的乌拉圭裁判里卡多·巴利亚里诺声称决议的官方文件尚未正式传达到乌拉圭足协，但仍判进球有效。这粒进球就此以“奥林匹克进球”之名载入史册，虽然它与奥运会唯一的联系在于阿根廷人想要强调，他们才该是巴黎奥运会的金牌得主。此后在阿根廷，凡是角球直接入网一律被称为“奥林匹克进球”。

塞亚在30分钟不到的时候将比分扳平，随后比赛变得越发疯狂，阿根廷右后卫阿道夫·切利的腿部两处骨折，卢多维科·比多格里奥替换上场（当时的友谊赛规定，每一方可以在上半场替换一名受伤球员）。下半场第八分钟，博卡中锋多明戈·塔拉斯科尼再次为阿根廷取得领先，迫使乌拉圭采取更具攻击性的战术。这惹火了观众，他们开始向客队投掷石块。裁判中止比赛，但阿根廷队长泰索列雷让球迷平静下来，使比赛可以继续。终场前四分钟，乌拉圭首位黑人球星何塞·安德拉德身后冲撞翁扎里而巴利亚里诺没有做出点球判罚，据《信使报》报道：“一阵石雨落在犯规的黑鬼身上。”乌拉圭球员也以石块回敬，巴利亚里诺让他们住手，他们便走出球场，但仍不断向观众扔石头，导致警方介入。斯卡罗内因为踢了警察一脚而被逮捕，不过后来没有受到任何指控就获释。阿根廷球员坚守在场上，让巴利亚里诺别无选择，只能宣告比赛结束。阿根廷高高兴兴地接受了2–1的本场比分——和总比分3–2的胜利——并因此坚称：如果他们参赛，奥运冠军就是他们的。

《图片报》却看不出这场胜利中有什么光彩的地方。“奥运冠军与公众大打出手，斯卡罗内与警察为敌，这种事在拉普拉塔河足球比赛中还没有先例。怎么会这样？球队和球迷怎么能闹到这个地步？”《图片报》这样发问。

第二天，乌拉圭启航返回蒙得维的亚，一大群人到码头“欢送”，并发生了《信使报》戏称为船舶与河岸间的“煤炭交火”。但是事情还没有结束：十天后，南美锦标赛开始，原定东道主巴拉圭以场馆不足为理由退出，比赛改在乌拉圭举行——虽然理论上巴拉圭仍是此届赛事的主办方。首战阿根廷在中央公园球场遭逢巴拉圭，观众人数不多，但明显支持巴拉圭。在一场0–0的平局后，他们涌入球场，将巴拉圭球员以胜利者的身份抬出场外。乌拉圭则3–1战胜了巴拉圭，由于阿根廷和乌拉圭都赢了智利，两队在11月2日以0–0战平意味着乌拉圭夺得他们第五个南美冠军头衔。

当晚，一群阿根廷球迷聚集在国家队下榻的蒙得维的亚科隆酒店外。球员们走出房间，在阳台上接受球迷的大声欢呼，直到街上一个酒醉的乌拉圭人开始出言不逊。球员向他投掷酒瓶报复，气氛越来越紧张，另一名刚巧路过的乌拉圭人佩德罗·登比脱下外套，向阿根廷球迷摆出动手的架势。据称，人群中一名叫何塞·佩德罗·拉萨罗·罗德里格斯的阿根廷人拔枪击中登比的颈部和咽喉。登比第二天死亡，成为阿根廷足球暴力的第一个死难者。罗德里格斯趁乱消失在夜色中。由于他既是博卡球迷，又是翁扎里的朋友，有报道说第二天他跟球员乘同一条船离开；并且为了摆脱警察追捕，船提前一个小时起航。两天后，乌拉圭警方从阿根廷《评论报》刊登的一张罗德里格斯与阿根廷球员一起进餐的照片中认出了他。罗德里格斯后来被捕，但从未被引渡。

第5章
阿根廷之魂

除了让阿根廷人嫉妒之外，巴黎奥运会的另一个主要作用是引发欧洲对拉普拉塔河足球的需求。1925年，三支南美俱乐部队到欧洲巡回比赛，其中博卡青年主要巡访西班牙，但也在法国和德国斩获五场胜利。这些比赛在阿根廷得到广泛报道；博卡队的成绩燃起显而易见的民族自豪感，每场比赛后阿根廷国歌都会响起便反映了这一点。

爱国主义情绪只是阿根廷人口结构变化带来的大趋势之一。五十年间，克里奥尔人从农村进入城市，从农业劳动转向工业生产，而大批欧洲移民的到来更制造了政治上的压力。1912年，成年男性获得普选权，结束了地主精英的保守统治。后者积极参选，却被城市中产和工人阶级的选票轻易压倒。与此同时，对英国的态度也有了明显的转变。历史学家查尔斯·A·琼斯[1]写道："19世纪最后25年，公众情绪（在阿根廷）突然起了变化，从对英国的积极拥护转为几乎不加掩饰的敌意。"过去，英国资本被认为促进了阿根廷的自由与进步，现在则被视为剥夺了阿根廷的独立与自治。

1916年，民粹主义政党激进公民联盟（UCR）赢得大选，被亲切地称为"穷人之父"的党魁伊波利托·伊里戈延曾用抵制选举的办法促成了1912年的改革。他是一个改良主义者，在他主政下，劳工阶级的生活水平有所提高，但他的权力仍然来自熟悉的源头：他的第一个内阁中，八名部长倒有五名或是牧场主，或从事出口贸易。伊里戈延是个怪人，似乎刻意培养出一种神秘感。很

1 引自其论文：《英国资本在阿根廷的历史：结构、话语与转变》。

长一段时间里，他拒绝公开演讲，只派代表宣读由他事先准备好的内容。他不让拍照，声称照相与他的宗教信仰相抵触[1]，这种做法至少坚持到1916年大选前，当他了解到全国范围的海报广告能收到多大的宣传效果后才告一段落。伊里戈延也是个“性趣”盎然之人，和一连串情妇生了至少十多个私生子，而且常常几个小时不见踪影，只为招待来议会争取国家补助的年轻寡妇。

女性和移民仍然没有公民权，第一次世界大战结束之际的经济也处于动荡之中，伊里戈延面临那些认为他步子还不够大的左派的强烈反对。不满情绪驱使很多人走向极端，走向无政府主义、工联主义[2]和激进的工会主义。1918年的全国总罢工得到广泛的支持。UCR对骚乱感到厌倦，命令警察和军队镇压异议，而他们执行起来常常辅以暴力。社会主义可没那么容易被根除，反而在整个20年代对政府越来越具挑战力。动乱源于两方面：一方面是社会最底层的绝望感，另一方面是工人阶级日益增强的自信心——民主的全部含义及其赋予工人的力量已经彰明较著。这便催生了一种充满活力的文化，其核心是足球。

UCR面临的主要意识形态难题是如何把政见各异的支持者们团结起来，在同一个口号下联合各个阶层，从而避免被极左派胜出。最显而易见的办法是利用全体民众都有的一个共同点：民族认同感。但是，如何定义“民族认同感”却并不容易。

边民与高乔人的古老阿根廷以马丁·菲耶罗为代表，自然有其追随者。当时杰出的诗人莱奥波尔多·卢戈内斯[3]1913年在奥德翁剧院发表了一系列演

1 伊里戈延遵循德国哲学家卡尔·克里斯蒂安·弗里德里希·克劳泽的学派，克劳泽相信上帝即宇宙，知识只能从人的内心及其与上帝的交流中获得，这部分解释了伊里戈延极端内向的性格。

2 Syndicalism，20世纪初社会主义者提出的一种经济模式，主张由工人、行业与社会组织联合起来组成协会或“工会”参与管理甚至拥有企业，争取使企业由资本家主导变成工人主导。——译注

3 卢戈内斯越来越倾向于右翼的政治主张，1924年，他做了题为“拔剑出鞘的时代”的演讲，呼吁回归军国主义。他支持1930年的军事政变，但似乎对其结果感到幻灭，于1938年在旅游胜地蒂格雷吞下加入氰化钾的威士忌自杀。自杀的真正原因始终不明，或许是对政治的厌倦，或许是因为他与听过他课的一个女大学生有染，遭其子波罗破坏，因而绝望厌世。波罗·卢戈内斯后来成为乌里武鲁独裁政权的警察头子，据说他第一个启用了刑具*picana*——电击棒。1971年，他也自杀身亡。其女苏珊娜·“皮丽”·卢戈内斯1978年12月被军政府逮捕后失踪。她的儿子亚历杭德罗与曾外祖父一样在蒂格雷自杀。

讲，明确指出高乔精神与民族意识之间的联系，总统罗克·萨恩斯·培尼亚本人也到场听讲。演讲后来被整理成册，以《对歌诗人[1]》为题发表。卢戈内斯这样说："高乔人是本国民族意识形成过程中最真切的参与者……因此我们全心全意地接受他作为我们的祖先，相信每当微风在潘帕斯草原上低吟，我们都能从中听到高乔人歌声的回荡。"

接下来十年内，对高乔人的认同进一步增强。博尔赫斯与唯美主义同道在20年代出版了一本叫《菲耶罗》的杂志，意大利移民则纷纷建立高乔俱乐部，身穿*bombachos*[2]，举办*asados*[3]，以期与"阿根廷之魂"的传统代言人融为一体。高乔人的传说盛行一时。知识分子中，一部分人热切传播高乔崇拜，一部分如博尔赫斯，虽有保留但不失兴趣，另一部分则公然持蔑视态度。例如，小说家阿道夫·比奥伊·卡萨雷斯就认为，文学作品中的高乔人从来没有真正存在过；他指出，许多复古团体的穿着更像电影明星鲁道夫·瓦伦蒂诺的戏服，而不是19世纪潘帕斯居民的实际着装。

况且，即使是高乔精神忠实的追随者也不得不承认，潘帕斯的浪漫理想与20世纪20年代蓬勃发展的都市现实生活毫无联系。人们需要的是更贴近时代与民众的英雄，是可以代表新的民族精神的典范。只有一种文化类型具有普遍的吸引力，足以填补这一空缺——足球运动员，他们取代了高乔人在19世纪中叶的地位。

从港口人的足球中汲取素材并凭此打造出一个全国性神话的"有机知识分子"[4]，大部分是《图片报》的记者——《图片报》可能是20世纪二三十年代最具影响力的足球杂志，其当时的地位至今无人可敌。《图片报》成立于1919年，最初是一份针对男性读者的综合性新闻周刊，内容涉及政治、犯

1 对歌，*la payada*，最早出现在西班牙，但在南美大陆特别是阿根廷和乌拉圭发扬光大。对歌诗人是一种流浪艺人，参加对歌诗会时在吉他的伴奏下即兴赋诗；诗会通常由两名以上诗人参加，他们用"对歌"——轮流赋诗的方式决出胜负。——译注

2 *Bombacho*是一种膝部蓬起的裤子，类似于一般骑马时穿着的灯笼裤。

3 *Asado*在阿根廷一直很流行。称其为烤肉宴会完全无法说明其重要的社交意义。

4 原文"organic intellectuals"是意大利共产党创始人安东尼奥·葛兰西在他的著作《狱中札记》里提出的概念，指的是自发产生于阶级/组织内部，为本阶级/组织大众成员做理论分析并担任代言的知识分子；与传统知识分子不同的是，这些"有机知识分子"不通过传统教育方式产生，也不从本阶级/组织中独立而进入超阶层的"知识分子"群体。他们始终依附于本阶级/组织，是本阶级/组织中的理论家、创造者、协调人和组织力。——译注

罪、体育和名人八卦，但两年之内便决定专注于体育报道，重点是足球。到1930年，《图片报》的周销量已达10万份，不仅畅销阿根廷，而且覆盖了整个拉丁美洲。

关键是，《图片报》在乌拉圭主编里卡多·洛伦索·罗德里格斯（更出名的是他的笔名：博罗科多）的引导下，并不简单地提供客观的赛事报道或人物专访。大卫·戈德布拉特在《足球是圆的》一书中这样写道："它（《图片报》）经常语带说教，每每发人深省，且自觉地使用新式词语。最重要的是，它形成了一种从历史角度，用比较方式进行体育报道的新闻模式。"由于有着修史的意识，它的行文思路是以伟大球队、杰出球星和著名比赛为基准来考量当代发生的事件应归于哪一档次。此时欧洲的出版物仍倾向于把足球当成"仅仅"是一项在周六或周日下午让大众看个乐子的运动，《图片报》却确立足球为一种充满活力的文化现象：它对待球员和比赛的态度与文学杂志对待作家及其作品的态度一般无二。

既有着这样的想法，博罗科多自然会发展出一套拉普拉塔河足球发展史的理论。他在1928年写道："随着时间的流逝，盎格鲁-撒克逊人在足球界的影响力完全消失，冷漠的黏液气质被更加激动不宁的拉丁气质取代，这是合乎逻辑的……拉丁气质与英国气质不同的地方在于，它不那么一成不变、纪律严明、有条不紊，因为拉丁人不会牺牲个人主义来维护集体价值。"

20世纪40年代那支杰出的河床队被称为"机器"，那时将足球比喻为机器显然具有更加积极的寓意，但对照博罗科多的理论来看，却无论如何具有讽刺意味，因为博罗科多笔下工业化的是英国足球，而克里奥尔足球则明确代表了前工业时代的艺术性。这放到阿根廷的语境中，就和高乔精神建立了联系，特别是在阿根廷被奉为神圣的"盘球过人"，其术语*gambeta*原意为鸵鸟跑动的姿势，本就出自高乔文学，更让两者间的关系板上钉钉。如此说来，足球的发展与社会整体的发展刚好相反：英国的影响力随城市化和工业化减弱，与此同时阿根廷足球中个人因素却越来越多，机械化的因素越来越少。20世纪二三十年代足球在阿根廷的作用或许与大萧条时期好莱坞在美国的作用相仿，都提供了一种逃避（现实）的手段：个人可以借球场这个充满色彩与刺激的造梦之地摆脱一成不变、令人窒息的工厂生活。

20世纪头十年里，对英国足球和克里奥尔足球之间球风差异的认识不断抬头。1929年切尔西访问阿根廷时，两种风格的分歧显而易见。人们很快发现，切尔西不会像之前访阿的英国球队那样所向披靡。第四场对阵首都11人的比赛前，《信使报》警告刚刚在英格兰乙级联赛中排名第九的切尔西说，他们的对手“深谙足球这一简单运动中的复杂套路”。切尔西2–3告负，但因为队长安德鲁·威尔逊[1]的一次铲球造成“混乱局面”，比赛还未结束，球迷就侵入了场内，其中一人还给了威尔逊迎面一拳。使用肩膀的合理冲撞再次被嘘，而路易斯·蒙蒂直接一脚踢中乔治·罗杰裆部，导致后者被担架抬出。切尔西主席查尔斯·克里斯普后来声称，终场哨响后，一名阿根廷球员踢穿了更衣室门板上的玻璃。《信使报》的愤怒可以想见，他们斥责主队球迷欠缺风度，竟然为比赛中暴力与狡诈的一方加油喝彩。并非只有英语报纸认为事态委实过分，《国民报》《时代报》和《日报》都批评了首都球队。比赛结束90分钟后，切尔西终于觉得可以安全撤离更衣室，却发现他们的大巴轮胎被割破。正如《时代报》所说：“*¡Que vergüenza!*”多么可耻！

暴力在阿根廷足球赛中越来越常见。同年，乙级的圣马丁和巴尔加诺镇比赛后，两队球迷发生冲突，继而引发枪战，造成两人丧生，一名老妇受伤。

不过，两个月后轮到费伦茨瓦罗斯队访阿，民众的情绪却又截然不同。诚然，（这是因为）当时很多阿根廷人已对英国人抱有敌意，却没有什么历史原因要对匈牙利人也同样反感；但似乎同时也因为观众对费伦茨瓦罗斯队的风格更加欣赏：比起英国来，匈牙利足球流畅的传接配合更接近阿根廷足球的模式。

英国人和克里奥尔人不但在足球风格上有分歧，两者对待比赛的态度也大相径庭，历史学家胡利奥·弗里登博格对此做过研究。

> 英国体育活动的价值观曾经是一种典范……青年人崇拜校友队那些谦谦君子。但是，现实中的足球成形于大量日常的比赛，在文明竞赛的

1 威尔逊司职中锋，1921年从邓弗姆林转会切尔西。他的手在战时为弹片所伤，此后一直戴手套保护。

> 精神与争强好胜的心理之间始终存在紧张对立，而好胜心迸发起来多多少少会带有暴力因素……新式足球运动员以对立和敌意渲染自己的生涯，公平竞赛的发明者却推崇“第三个半场”这一习俗，意指比赛结束后双方即开始兄弟般联欢。在实际比赛中，广受欢迎的团队很难想象赛后还能与对手发展友好关系。

英国人对克里奥尔人的足球风格与比赛态度都不以为然。《旗报》痛斥曾对来访的热刺与埃弗顿报以嘘声的球迷；1914年，埃克塞特城队主教练阿瑟·查德威克指出，本地人“运球能力强，速度快，但也有弱点：他们是个人主义者，总是试图压倒同伴，自己出风头。除非他们认识到进一个球需要七名球员协同努力，否则他们永远也无法取得真正的成功”。

在《图片报》看来，阿根廷足球实际上有两大基础。其一是英国人的传统，包括彬彬有礼的态度、机械单调的风格、公平竞赛的精神，还有弗格森夫人提供的茶点，另一大基础是克里奥尔人的激情、暴怒、诡诈和1913年竞技夺冠时点燃的那把石脑油之火[1]。校友队球星豪尔赫·布朗1921年在《图片报》上撰文说：“我引导的足球真正体现了技巧和力量。比赛虽然更加直截了当，但充满阳刚之气，兼具力与美。”

20年代中后期，博罗科多越来越急切地鼓吹克里奥尔足球风格的优点。例如，在1926年的一篇文章中，他一边仍然小心翼翼地承认英国人的领先地位，心不甘情不愿地说拉普拉塔河足球与英国足球“相差无几”，一边又写道：“我们相信，我们的足球节奏快，技术更娴熟，配合也更默契。由于我们伟大的球员们热衷个人表演，因此阿根廷足球可能缺乏效率，但却更精彩，更准确，更具艺术性，攻向对方禁区的战术不是快速的长传，而是一系列简短而精确的集体配合——包括熟练的盘带与非常巧妙的传球。乌拉圭足球亦是如此。”

照博罗科多的说法，克里奥尔风格部分也是环境的产物。1928年，他提

1 前文中的“石脑油事件”发生在第一届南美足球锦标赛阿根廷与乌拉圭的首场决赛后，而有关竞技1913年第一次夺冠的记叙中并没有出现石脑油，可能是作者记错了，也可能当时的阿根廷曾多次发生火烧球场事件。——译注

出这一观点：克里奥尔球员是在*potreros*（公地——布宜诺斯艾利斯市区高低不平的闲置土地）上而不是在学校操场上学会踢球的，因此他们的方法更讲求精准的技术动作与灵活的头脑。公地比赛中，空当基本上靠在开阔草地上不断跑动拉出，要想获胜，只能立足于技术与头脑。

但也有人感觉克里奥尔人的足球风格是天生的。另一位作者尚特克莱尔写过同样主题的文章，1928年在《图片报》上分期发表。他的看法是，克里奥尔人的盘带能力源自在混乱街区生存所必需的狡诈。他坚称，英国人“冷漠而精于计算”，他们踢的是“习得的而非自发的足球”，而克里奥尔人踢球更富激情。这种说法或许不无道理，虽然它指出的差别其实是给英国人戴上了循规蹈矩的高帽子，完全无视英国足球糟糕起来常常跟没头苍蝇一样乱作一团。他归纳阿根廷与乌拉圭之间的差异要更准确一些，而且和阿诺1924年看了乌拉圭在奥运会上的比赛后提出的观点不谋而合。尚特克莱尔说，阿根廷人用心踢球，充满热情，而乌拉圭人用脑踢球，更加冷静。

对不同国家足球风格的讨论掩盖了一个尴尬的问题，一个没有简单答案的问题，从某种意义上说，这个问题也决定了足球这种爱国主义的工具是否真的有用，这个问题就是：究竟谁才算阿根廷人？为什么比起意大利移民的后代，英国移民的后代就好像等而下之呢？“克里奥尔人”这个名词部分解释了这一难题——但也只是部分而已。

如果说阿根廷人最好的定义是在足球上支持阿根廷的人，或许有些道理。博罗科多可能已经承认这一点。到1950年，他仍在苦苦为阿根廷足球寻找一种独特的定义，此时他已接受阿根廷是一个（种族）熔炉的观念，并且坚持认为——虽然不那么令人信服——阿根廷足球的特色是环境造成而不是先天带来的。他发问道：如果不是由于环境，那么为什么阿根廷后裔在西班牙和意大利踢球就和阿根廷人不一样呢？（或者也可以这样问：为什么各种不同族裔的阿根廷人踢起球来却都是一样的风格？）他总结说，造就阿根廷足球风格的要素是：潘帕斯、烤肉和马黛茶。

这听起来牵强，却确实表明当时阿根廷人的自我认知与高乔文化之间存在高度的统一，后者又被认为是对英国控制的反抗——虽然历史真相要复杂得多。1919年，儿童杂志《比利肯》[1]刊登在创刊号上的“本赛季冠军”画像，画的不是一个衣着整洁的年轻学子，而是穿着球衣的邋遢*pibe*[2]；根据学者米尔塔·瓦雷拉对这本杂志的研究，前者在未来很长一段时间内仍将充当统治阶级的代表，而后者则是为了吸引不断壮大的城市劳工。

归根到底，阿根廷足球的真核是公地，是20年代迸发出的文化自信与创造力，后者也成就了探戈的兴起，尽管马丁内斯·埃斯特拉达将探戈形容为“（表现）悲观主义和个人哀愁的舞蹈”。加莱亚诺这样说道：“土生土长的足球”发展起来，“一如土生土长的舞蹈也在米隆加[3]俱乐部出现。舞者们在区区一小块地砖上花样百出，而足球运动员同样在方寸之地内选择停球、控球，不轻易出球，他们的双脚（灵活程度）不下于编织皮革的双手，就这样创造出自己的语言。从第一代克里奥尔足球大师脚下诞生了*el toque*——‘一脚出球’：球像吉他一样被轻拨慢捻，发出美妙的乐声。”

博罗科多写道：“足球是克里奥尔人的大众运动。探戈则是他们的主流音乐。其主要部分源自布市城区和小夜总会的审美观……另有一小部分则体现了绝对的多愁善感，甚至有着肉欲的一面。其他音乐风格相对探戈的地位就像其他运动相对足球。它们可以吸引一些追随者，但吸引不了大众，唯有探戈和足球是阿根廷人的热情所在。”血统很重要，克里奥尔足球最迷人的实践者都有着明显的克里奥尔背景，这点便说明了一切。公地足球最好的玩家就出身于公地，传说中他们在粗陋拥挤的胡同游戏中学会踢球。博罗科多于1928年提出，应该为盘带的发明者建一尊塑像，并说塑像应该表现

> 一个*pibe*，脸蛋脏兮兮，满头梳子无法驯服的乱发；眼睛像是会说话，眼神聪慧，狡猾，左顾右盼，注目的时候眼内波光流动，似乎预示着即将发出恶作剧般的大笑，然而唇间却不露笑意，嘴里细碎的牙齿可能已被隔夜（干硬）的面包磨损。他的裤子上粗糙的补丁叠补丁；背心

1 比利肯是日本一种尖头、眯眼、嘴角上扬、婴孩形象的幸运之神，因此被用作儿童杂志的刊名。——译注

2 原意为“小孩”，也有“顽童”“捣蛋鬼”“淘气包”的意思。

3 *Milonga*，是由“对歌”发展而来的一种活泼的2/4拍音乐形式，从19世纪70年代起在阿根廷和乌拉圭流行。随着舞蹈与其他音乐元素的加入，米隆加最终演变为探戈。——译注

则是阿根廷的蓝白间条，领口很低，因为穿得太久，出现无数鼠咬般的小洞。一条绑在腰间的布料像肩带一样穿过胸膛，用作裤子的背带。膝盖上布满结痂的伤口，没有感染全靠老天眷顾；赤着脚，如果有鞋的话，那么脚趾上的破洞证明他穿这双鞋射过太多次门。他站立的姿势必须很特别，看起来好像正在盘带一个破布球——这很重要：不能是别的球。必须是碎布做成的球，最好用一只旧袜子捆起来。如果竖起这座纪念碑，一定会有很多人向它脱帽致敬，好像进入教堂就要脱帽致敬一样。

无论博罗科多对阿根廷民族性的断言有多少不尽可靠之处，他的这个描述像是抓住了阿根廷足球的精髓：一个正处于人生过渡期的“*pibe*”形象顷刻间鲜明起来，这个调皮蛋狡诈精明又魅力十足，即将凭借这两种武器攀上人生巅峰。同时，足球也被确立为一种可以让童年永驻的运动，是对顽童气质的固化，踢球者因此被免除了（成人的）责任——甚至可以说是受到鼓励，永远不要长大成人。

当然，最让人惊叹的是，距阿根廷最伟大（也是最“阿根廷”）的球员登场亮相差不多还有半个世纪之久，博罗科多已经细致入微地画出了他的肖像，他，就是迭戈·马拉多纳。

第6章
金钱的介入

引起各方争议不休的不仅仅是阿根廷足球的灵魂与风格，其联赛的组织结构也成为硝烟弥漫的战场。阿根廷足球协会（AAF）与业余足球协会（AAmF）的第二次分裂持续了八个赛季之久；投奔“叛军”的俱乐部越来越多，到第八年，非官方的AAmF联赛已经拥有26支球队，庞大到难以协调的地步。最终只有在共和国总统马塞洛·托尔夸托·德·阿尔韦亚尔的亲自干预下，双方才再度合并。为了纪念这团结友爱的新气象，合并后的阿根廷业余足球协会（Asociación Amateur Argentina de Fútbol, AAAF）要求两个联赛的第一名——博卡和独立——踢一场附加赛，以确定1926年度的总冠军。结果第一场附加赛由于观众侵入场内而被叫停，第二场0–0不分胜负，最后大家都同意最好还是放眼1927赛季算了。

AAAF主办的第一届统一联赛由34支球队单循环作战，并规定，一家俱乐部必须至少有两个赛季排名积分榜的最后四位才会降级——这是为了确保某些受宠的球队留在甲级；自AAAF开此先河，类似操作后来在阿根廷屡见不鲜。降级规则虽然笨拙，甚至可能不合逻辑，却开启了一个黄金时代：攻势足球就此大行于世，球星们也开始倍受追捧。

1925年修改的越位法则规定，前锋身前只需有两名后卫（或一名后卫加上门将）就不算越位，按以前的规定是三名后卫。英国足球因此发生巨变：不少球队开始尝试将中前卫后撤，变成第三名后卫，到20年代末终于由赫伯特·查普曼在阿森纳开创了W–M阵型。规则的变化在南美却几乎没有造成什么直接的影响，大部分球队仍然保持着联赛发端以来就流行的2–3–5阵型，只不过内锋通常会稍稍后撤，形成一个扁平的W形。

此外还有一个有趣的变种，也许在独立队表现得最为明显。独立锋线共有五名球员：佐伊洛·卡纳瓦里、阿尔韦托·拉林、路易斯·拉瓦斯基诺、曼努埃尔·塞瓦内和莱蒙多·奥尔西，其中边锋最突前，内锋比他们稍稍靠后，中锋则作为“指挥”在V形锋线的底部组织进攻。“指挥”这一角色似乎象征了新世界和旧世界之间足球观念的差别：直截了当的英国人一往无前地冲向对方球门，口味细致的阿根廷人却不喜欢带球直捣禁区这种简单的方法，宁愿在中场鼓捣出花样来。

埃内斯托·萨瓦托在小说《英雄与坟墓记事》（*Sobre héroes y tumbas*）中提到的就是独立队，他借书中人物胡连·达尔坎赫罗之口，叙述了一则发生在拉林与塞瓦内之间的趣事（塞瓦内有两个外号：“黑人”和“母猪”）。“让我给你讲个故事，就当是一个例子。”达尔坎赫罗对男主角马丁说，“一天下午，中场休息时，‘母猪’对拉林说：‘伙计，横传给我，我可以突入禁区破门。’下半场开始，拉林横传，果然‘黑人’得球后突入禁区破门。塞瓦内伸出双臂向拉林边跑边喊：‘瞧，拉林，瞧见了吗？！’拉林回答：‘瞧见了，可我觉得一点也不好玩啊。’你看，这就是阿根廷足球的症结所在。”

用当代人的眼光看，塞瓦内作为一个运动员实在有点太胖——领口的系带紧紧勒住肥厚的胸部，宽阔的脸膛隐隐带着笑意。单凭他的样子，很难想象在任何合作关系中他会是讲究实效的一方。像许多早期阿根廷足球英雄一样，塞瓦内广受爱戴不仅因为其超群的能力，更因为对俱乐部与球迷来说，他具有极强的代表性。塞瓦内的父亲是从加利西亚移民的冶炼工，一开始住在罗萨里奥，后来搬到阿韦利亚内达。塞瓦内的出生时间和地点不甚明了，据官方记录是1902年3月在阿韦利亚内达的皮涅罗区，但塞瓦内本人接受《公正报》采访时却说，他出生在罗萨里奥，时间还要早四个月。他先到帕皮尼玻璃器皿厂当学徒，后来受雇坎波马纺织厂，为他们的工人球队效力。1918年，塞瓦内加入拉莫斯卡区的进步俱乐部并在那里成名，靠的是盘带技巧、强大的头球以及弥补了天生缺乏速度这一弱点的预判力。

独立队1920年12月签下他，第一场比赛代表中间梯队对阵CA学生队，一个帽子戏法马上让他赢得了球迷的热爱。他很容易发胖，但知道如何化劣势为优势：既然跑不过对手，塞瓦内就用大身板倚住对方，施展出摆脱贴身逼防的绝招。最重要的是，他能进球，1922年独立夺冠的赛季，他在40场比赛中狂进55球——比之前的最高纪录多23个，而他之后的射手王最多也不过进了47个。30年代到独立接替塞瓦内的阿塞尼奥·埃里科是除他之外，唯一一名单赛季进球超过40个的球员。

一年后，独立以三分之差屈居圣洛伦索之下，痛失冠军——眼看卫冕的希望一点点消失，主场对河床的时候，四名独立球员围攻裁判，比赛只能叫停，塞瓦内就是其中之一。他遭到禁赛，于是转向AAF联赛，效力希望队，又随博卡青年参加了1925年的欧洲巡回赛，直到1926年才重回独立。那个赛季，他进了29个球，帮助独立再次夺冠，独立整个赛季一共只丢了四分。

此时业余足球时代即将告终，塞瓦内也创下了207个进球的纪录。但他的体重开始作祟，健康又因为一起意外而受损——1931年在智利巡回赛康塞普西翁站，由于天气太热，他把松节油当成橙汁猛灌了一口。连续两天，他徘徊在死亡边缘，最终虽然死里逃生，但是1932年和基尔梅斯比赛时又严重受伤，加速了他能力的下滑。塞瓦内于1933年退役，至今仍是阿根廷联赛史上排名第五的得分王。结束职业生涯后，他回到坎波马纺织厂，在那里做羊毛分级的工作。

*

在黄金时代，形式的重要性不下于实质，因此只要讨论到那一时期，重点往往不是谁赢得了冠军，而是球队以什么样的方式踢球——不单那个时期，在一定程度上只要是关于阿根廷足球的讨论，概莫如是。决定成败的比赛在当时显然也不是无关紧要，否则不会出现那么普遍的球迷骚乱，但是细节很快消失在记忆中，留存的只剩泛泛的印象。黄金时代（包括此前一段时期）在阿根廷足球史上留下的印记，并非夺冠球队的数据，或进球失球的统计，而是一种基于印象的大众记忆，各家俱乐部凭此明确各自的身份。

五名意大利移民建立了博卡，教会他们踢球的是1900年移民到阿根廷的爱尔兰拳击手帕迪·麦卡锡。博卡保留了意大利后裔与工人球队的特色，始终面向大众，坚持在当时的市中心设址，直至今日这家俱乐部依然自夸球迷占阿根廷人口的50%再加一[1]。现在的人很容易被拉博卡区的浪漫色彩吸引，以为卡米尼托步行街上的探戈艺人、意大利酒吧和街道两边五色缤纷的彩绘房屋就能代表这个地区，事实上这范围有限的几条街不过供游客凭吊想象中昔日的良辰美景而已，走出不远，拉博卡区大半凋敝破落，小偷小摸横行。

博卡从1913年开始使用著名的蓝底加黄色横条球衣，此前七年，球衣花样是蓝底加黄色斜条。俱乐部初创的时候穿的则是白底黑色窄条纹，后来变成浅蓝色，然后又回归黑白间条。有这么一个传说：1906年，博卡与阿尔马格罗诺丁汉队比赛，结果发现两队球衣的颜色几乎一模一样，于是约定，获胜的一方可以保留传统球衣，输家则必须换掉。落败的博卡决定采用他们看到的第一艘进港船只上旗帜的颜色：他们看到的是瑞典货轮索菲娅皇后号，悬挂着蓝底黄十字旗。

胸怀壮志的河床离开了码头区，一路向北转移至与中产区巴勒莫和贝尔格拉诺接壤的努涅斯，于是先被贬为暴发户，后来又成了华而不实的贵族老爷，说他们瞧不起博卡人的兢兢业业。独立依然扎根于城南阿韦利亚内达尘灰遍布的工业区；他们或许欠缺竞技的魅力，后者虽然出身相似，却因曾经统治联赛近十年而得以自夸为阿根廷足球之父。

圣洛伦索更难定位一些。一群男孩过去常在墨西哥街与东部三十三人街[2]拐角处踢球，这里往南一条马路便是独立大道。一位名叫洛伦索·马萨的教士看到其中一个男孩踢球时几乎被电车撞倒，考虑到布市车辆日增，他开始担心孩子们的安全，于是以星期天来望弥撒为条件，同意他们用教堂场院做球场。1908年，俱乐部成立大会在阿尔马格罗区举行；这里是市中心向西郊过渡地带，区里劳工与中产、探戈舞厅与手工作坊比肩为邻。俱乐部以圣洛伦索命名是向马萨修士致敬（尽管他自己极力反对），也是为了纪念天主教圣人劳伦斯和阿根廷独立战争关键一役——圣洛伦索之战。

1 意指比半数多一人，构成大多数。

2 东部三十三人是19世纪南美一支军事武装。1825年，他们在当时巴西帝国的东部省发起独立战争，最终迫使巴西帝国承认东部省独立，独立后的东部省即为现在乌拉圭的雏形。东部三十三人中包括阿根廷人，起义过程中也得到拉普拉塔联合省的援助，甚至起义的初始目的就是为了与拉普拉塔联合省合并。布宜诺斯艾利斯的东部三十三人街即以他们命名。——译注

第7章

论剑拉普拉塔

第一次世界大战后，足球运动员与观众的人数持续增长。除了正规联赛及分裂年代的各种分号外，还出现了针对各行各业甚至不同政治派别的小型赛事。观赛人数动辄上万，这意味着足球越来越有利可图——同时其标准也水涨船高。《信使报》1926年5月撰文指出："国内领先的球队中，球员的专业性并不比英格兰某些最讲求效益的大联赛逊色。阿根廷球员冬夏都有比赛，每天还要训练……虽然名义上他们都只是为投资大球会的先生们工作。"

这些先生中还有不少属于政要。从最早的巡回友谊赛开始，政治家们就已经与足球建立了联系，20世纪20年代，他们又开始涉足俱乐部的日常运作。比如说，阿尔多·坎托尼是西部圣胡安市的参议员，也是阿足协与飓风俱乐部的主席，而佩德罗·比德加因则既是圣洛伦索主席，又是激进公民联盟的领军人物。至于共和国总统阿尔韦亚尔认为有必要亲自介入来结束联赛分裂的局面，更说明足球重要的政治意义。

两大联赛组织中的AAmF（业余足球协会）虽然自命"业余"，但当其与AAF（阿根廷足球协会）合并之时，"业余足球"已是明显的假象。1926年，《图片报》发文，虽未指名道姓，但明言很多球员从俱乐部领取报酬。直接的金钱交易可能尚不存在，球员获得的是运动装备、俱乐部会员资格和西装礼服。由于没有正式的合同，权力全在球员这一边，他们可以随意改换门庭。《布宜诺斯艾利斯信使报》以一贯自命不凡的英国派头把阿根廷业余足球这一说法讥为"克里奥尔式笑话"。

已经公开职业化的欧洲俱乐部则对挥舞支票一举日渐着迷；乌拉圭在1924年奥运会上的表现让他们看到了拉普拉塔河足球的潜力，很快他们开始对阿根廷球员也产生了兴趣。1925年，意大利沁扎诺饮料公司和都灵足球俱乐部老板恩里科·马罗尼发现了纽维尔老男孩队24岁的前锋胡利奥·里博纳蒂，说服他成为运动员中第一个*oriund*——回母国效力的南美意大利后裔。里博纳蒂是阿根廷国脚，为国家队出场十五次，打入八球，并获得1921年南美锦标赛的冠军；但在意大利，他的成就更加辉煌。他大背头，弯鼻子，性格活泼，富有魅力，外表浮华，尤其爱穿丝衬衫——花起钱来大手大脚，1938年回阿根廷时，当时的东家里米尼自由队不得不为他的船票买单。但他很快成为都灵人的最爱，被亲昵地称为“斗牛士”。1926—27赛季他踢进21球，帮助都灵夺得联赛冠军；但因为尤文图斯左后卫路易吉·阿勒芒蒂被控受贿在都灵德比中故意输球，都灵的冠军头衔遭褫夺。好在第二年里博纳蒂就成为联赛首席射手，都灵也货真价实地赢得了*scudetto*[1]。

1926年，意大利通过旨在禁止外籍球员的维亚雷焦法令。为了规避这条法令，里博纳蒂获得了意大利国籍，并于1926年10月被召入意大利国家队。此事的意义或许比为意甲球队效力更为重大。

里博纳蒂之后，国门被开启。意大利工资高，文化对阿根廷人来说也不陌生，还有可能赢得国际大赛的荣誉。1928年奥运会上一举成名的前锋莱蒙多·奥尔西被尤文图斯以8 000里拉周薪、10万里拉签约费加一辆菲亚特509汽车拿下。继为独立赢得三个业余联赛（AAmF）冠军后，他又在尤文图斯五次折桂。他也是1934年随意大利举起世界杯的三个原籍阿根廷的球员之一，另两人是前大学生队前锋恩里克·瓜伊塔和被视为阿根廷杰出的队长与领袖的路易斯·蒙蒂；蒙蒂变节带给阿根廷人深重的打击。意大利国家队主教练维托里奥·波佐也饱受批评，因为他居然征召外国人（法西斯政府为这些意大利后裔起了个名字“*rimpatriati*”——“海归”），而他却反驳说：政府可以从这些人里征兵，却不允许他们入选国家队，从逻辑上说不通。“他们

1 意大利语“小盾”的意思，本来是绣在意甲冠军球队球衣前胸的荣誉性装饰，现常被用来指代意甲冠军头衔。——译注

既能为意大利战死沙场，当然也能为意大利驰骋球场。”波佐如是说。但事实上，正因为担心被征兵参加墨索里尼的阿比西尼亚远征，1936年，瓜伊塔与他的阿根廷同胞亚历杭德罗·斯科佩利和安赫洛·索尔马尼还曾试图移居法国。

在拉普拉塔河另一边，球员外流并没有动摇乌拉圭对南美足坛的统治。奥运胜利后四个月，乌拉圭在本土举办的南美锦标赛决赛中与阿根廷0–0战平，第五次举起冠军奖杯。不过，这届锦标赛中阿根廷也产生了一位真正的英雄——博卡青年队门将阿梅里科·泰索列雷；他力保整个赛程球门不失，决赛后被乌拉圭球迷高举着抬出场外。1949年，由博罗科多编剧，卡洛斯·托雷斯·里奥斯导演的影片《同一面旗帜》（*Con los mismos colores*）采用了这一事件。巴勃罗·阿拉巴塞斯在《足球与祖国》[1]一书中指出，影片对泰索列雷的描绘有意识地塑造了一个民族英雄的形象，甚至关键场景的拍摄角度也证明了这一点："中距四分之三侧面，英雄……望向（银幕）右方的未来。”电影距这届美洲杯已有二十年之久，正当庇隆位高权重之时，而博罗科多还在用20年代的素材打造他的民族神话。

阿根廷1925年在本土夺得南美冠军，但只是因为乌拉圭与智利退出，最后只剩三个国家参赛。1926年在圣地亚哥，排名又回归熟悉的模式——乌拉圭冠军，阿根廷亚军。1927年到了利马，阿根廷终于扬眉吐气，决赛中他们凭借第85分钟的一个乌龙球3–2力克蓝衫军团（乌拉圭球衣为浅蓝色），第三次捧起美洲杯。但他们真正觊觎的，还是乌拉圭那块奥运金牌。

为了组织最强阵容去阿姆斯特丹参加1928年奥运会，阿根廷可谓无所不用其极，足协打定主意对偶尔违反规则接受工资和实物报酬的球员网开一面。已开展职业足球近四十年的英国此时却执意要求奥运会保持业余性质。国际足联发现自己成了个尴尬的仲裁者，既要摆平英国和国际奥委会，又不愿意得罪南美与欧洲大陆国家——后者同样认为，要说服球员停职好几个星期，专心打比赛，总得有点酬劳。有鉴于此，国际足联提出“误工费”原

1 这本书以西语出版，书名为《足球与祖国》（*Fútbol y patria*），但引文来自他2001年写于布莱顿大学的博士论文《足球与祖国：记1920—1998年间阿根廷体育、国家历史与国民意识》。

则——球员因为踢国际比赛而耽误工作的话，可以从各国足协领取与误工工资相等的补偿。英国四个足协[1]认为这无非是变相的职业化，于1928年2月退出国际足联以示抗议。

法国足协主席亨利·德劳内早就看出矛盾不可调和。他在1926年的国际足联大会上断言："国际足球竞赛不应该局限于奥运会；目下职业足球已在许多国家被认可，职业组织也已经形成，奥运会已不能代表他们的最高水平。"国际足联于是开始筹划世界杯足球赛，这样就规避了奥运会对参赛者业余性的要求。1928年5月26日，奥运会足球比赛开场前一天，国际足联宣布将于1930年举办第一届世界杯。

1928年奥运会只有十七支参赛足球队，比上一届少了五支，但普遍认为质量更高，其中意大利与西班牙都可能对乌拉圭及阿根廷构成威胁。然而阿根廷一度连能否成行都是个问题。国家队组织混乱，住宿阿姆斯特丹的资金直到开赛前一周才落实。热身赛的表现糟糕透顶：在里斯本收获一场平局，在马德里小胜一场，在巴塞罗那则输了球，那场比赛伟大的探戈歌手卡洛斯·加德尔[2]也现身球场。

一旦抵达阿姆斯特丹城外宁静的布罗门代尔，开始赛前训练，阿根廷人逐渐安定下来，而一场轻松的开场赛意味着他们早早进入了状态：阿根廷11–2击溃美国，进球包括多明戈·塔拉斯科尼的大四喜、罗伯托·切罗的帽子戏法及诺洛·费雷拉和莱蒙多·奥尔西的梅开二度，光是这四个名字就足以说明球队非凡的攻击力。在布宜诺斯艾利斯，球迷们兴奋不已，急切地盼望着每一条消息。报社外安装了大喇叭，播报驻阿姆斯特丹记者从赛场发来的电讯。首场比赛，《新闻报》记者耗资一万法郎发回一份15个字的电报。

---

1 英国共有四个独立足协：英格兰、苏格兰、威尔士和北爱尔兰。——译注

2 加德尔1890年生于图卢兹，是洗衣女工贝尔特·加尔德的私生子。因惧怕未婚生子招来非议，贝尔特远走阿根廷，住在布宜诺斯艾利斯的阿拜斯托，卡洛斯则在阿尔马格罗上学。当他开始为酒吧与私人聚会演唱时，他的音乐天分很快显露。1920年他向布宜诺斯艾利斯的乌拉圭领事申请乌拉圭国籍，声称自己1887年出生在塔夸伦博。他的确切动机始终未明，但最有说服力的解释是：当时他正要去法国演出，但由于一战中他未依法向法国军方登记，此举是为了尽可能避免法国政府找他麻烦。他领到一张阿根廷身份证，上面注明他是乌拉圭人。直到1923年他才入籍阿根廷。1935年他因飞机失事丧生的时候，已经蜚声海内外，阿根廷此前可能从未产生过如此知名的人物。他人生的最后四分之一正是阿根廷国家形态与民族意识奠基之时，此时才真正成为阿根廷人或许是一个暗合了历史进程的选择。

如果《新闻报》以量取胜，那么《国民报》则自夸速度惊人，坚称一条短讯从荷兰跨越大西洋传回国内只需52秒。

乌拉圭的开局比较平静，首战2–0击败荷兰，不过还是有四万多名观众涌入球场观看了这场比赛。四分之一决赛中，阿根廷遭遇比利时，不到十分钟即以3–0领先，其中塔拉斯科尼进两球，费雷拉进一球。比利时或许抓住阿根廷开始轻敌这一弱点，慢慢收复失地，并在下半场第八分钟时由雅克·穆沙尔进球，扳平了比分。不过此后塔拉斯科尼又进两球，阿根廷再次将比分拉开，最终6–3取胜。乌拉圭与德国的四分之一决赛火花四溅：彼得罗内上演帽子戏法，何塞·纳萨兹和两名德国球员被罚下。

阿根廷的半决赛相对轻松，塔拉斯科尼的帽子戏法和费雷拉的梅开二度帮助球队6–0大胜埃及。而乌拉圭与意大利的半决赛堪称经典，意大利此前击败西班牙进入四强，半决赛中他们一度领先，但乌拉圭还是后来居上，以3–2险胜。就这样，阿姆斯特丹迎来了期待中，也是符合大部分中立球迷愿望的决赛：乌拉圭与阿根廷在离家7 000英里之外的对决。超过25万人申请4万张决赛门票；远在布宜诺斯艾利斯，《新闻报》办公室外的人群向四面八方延伸，挤满了整整两条街。《信使报》这样报道当时的景况："在广播的间歇，人群中会爆发激动的评议，可一旦扬声器的声音再度响起，就会传出一片'嘘……嘘'声，此时再敢多说一个字，无异于自寻死路……四处喧嚣中唯有这一小片区域寂静如坟墓，打破沉寂的只有扬声器单调的声音，以及远远传来的一两声汽车喇叭的闷哼。"

彼得罗内在上半场过半时率先进球，下半场第五分钟，费雷拉扳平比分，两队踢成1–1。三天后重赛一场。这次又是乌拉圭先进球，阿根廷扳平。看起来蓝白军团（指穿蓝白间条衫的阿根廷）局面占优，但是纳萨兹和佩德罗·阿里斯佩的防守无懈可击，门将安德烈斯·马扎利更是如有神助；终场前17分钟，埃克托尔·斯卡罗内攻进制胜一球，乌拉圭蝉联奥运金牌。在阿根廷，人们垂头丧气，感叹天不我助。

因为奥运会的缘故，1928年没有举办南美锦标赛。次年在布宜诺斯艾利斯，阿根廷2–0击败乌拉圭捧杯，多少算是个安慰，但比起乌拉圭赢得的荣誉来，蝉联南美冠军还是分量不足，而且很显然，如果阿根廷志在夺取首届世界杯的话，乌拉圭人将是他们的心腹大患。

从足球的角度看，由乌拉圭主办首届世界杯完全合乎逻辑，此外经济上的理由也很充分。蒙得维的亚即使在华尔街股灾爆发之后仍然保持了繁荣，庆祝乌拉圭独立一百周年的活动更提供了把世界杯放到拉普拉塔河北岸的感情因素。最重要的或许是乌拉圭政府同意出资建造一个能容纳93 000名观众的球场，并许诺承担所有参赛国的费用。即便如此还是不足以诱使很多讲求实际的欧洲球队登上横渡大西洋的轮船：匈牙利、奥地利、意大利、德国和西班牙都按兵不发，在“业余足球”定义之争中落败的英格兰与苏格兰对此事仍然耿耿于怀，也拒绝参赛。

最终只有四支欧洲球队远渡重洋。罗马尼亚是去履行卡罗尔国王1928年做出的承诺；不过队中大多数是英国石油公司在普洛耶什蒂雇用的工人，而且多亏国王情妇的亲自斡旋，石油公司才同意放人。法国队被国际足联主席儒勒·雷米特逼着参赛，但主教练加斯东·巴罗和主力前锋曼努埃尔·阿纳托尔并未随行。国际足联的比利时副主席鲁道夫·西德雷耶斯也说服自己的国家队出征，可是他们最著名的球星雷蒙德·布雷纳因为开了一家咖啡馆，不符合比利时对业余球员的规定而不能入选，比利时的实力因此有所削弱[1]。横渡大西洋的似乎唯有南斯拉夫对这项新赛事抱有些许热情。龙套球队或许不能代表足球的最高水平，但反正绝大多数人都深信阿根廷与乌拉圭就是世界上最好的两支球队，而他们会在决赛中相遇像是从抽签那一刻起就已经注定。

阿根廷在世界杯的首次亮相原定于世纪球场，但半年前才匆忙上马的工程因大雨未能按时完工，阿根廷在民族队的中央公园球场迎来了首场比赛。他们的对手法国队竟然已经在两天前赛过一轮，当时4–1击败墨西哥。

由于休息不够，法国队可能已经相当疲劳，而当打进世界杯第一球的吕

---

1 在比利时，球员投资咖啡馆的情况如此普遍，以至于比利时足协专门制定了详细的约束条例，规定球员经营咖啡馆的条件是：其父母曾经拥有咖啡馆五年以上。布雷纳的咖啡馆于1929年12月开张，正好在这条规则推出之前不久。规则推出后，他没有选择脱手，而是开始寻求转会，与克莱普顿东方俱乐部的交易因为无法得到英国工卡而搁浅后，他便去了布拉格斯巴达。

西安·洛朗因与蒙蒂相撞，脚踝严重受伤，早早便瘸着腿下场后，比赛对他们来说就更加艰难。法国队门将亚历克西斯·泰波在首场比赛中受伤，右前卫奥古斯丁·尚特雷尔当时不得不代替他守了整整一小时球门；对阵阿根廷时，泰波伤情复发。90分钟方才过去四分之一，法国队便只剩九名球员没伤没痛了。

但他们一直坚持到第81分钟才缴械。这一方面是因为法国队全力反抗，一方面也怪阿根廷攻击乏力——他们的诺洛·费雷拉在不熟悉的传统中锋位置苦苦寻找感觉，而平时堪称“空霸”的左内锋罗伯托·切罗则受到抗焦虑药的影响。第81分钟，阿根廷获得禁区外一点点的任意球。法国队没有排人墙，却让三名球员站在球门线上，结果只是挡住了泰波的视线，蒙蒂的直射穿过人缝打入球门。三分钟后，法国队绝地反击，企图将比分扳平，巴西裁判吉尔贝托·德·阿尔梅达·雷戈却吹响了终场哨。最终他被说服继续比赛以打完最后六分钟，但法国队气势已消，阿根廷以一场预料之中的胜利开始了世界杯之旅，不过遭到现场23 409名观众中乌拉圭人的耻笑。由于东道主敌意甚浓，阿根廷威胁要退出比赛，最后由乌拉圭总统亲自保证球员人身安全后才同意留下。

下一轮赛前，费雷拉回布宜诺斯艾利斯参加法律考试，身高只有5英尺6英寸（约168厘米）的飓风射手吉列尔莫·斯塔维莱在中锋的位置上得以出头。斯塔维莱留着细细的小胡子，眯起双眼看人的架势活像杀手，好像他对待这世界的态度只当看戏，疏离中又暗藏杀意。他在17分钟内即连进两球，阿根廷队迅速以三球领先；此后尽管费尔南多·帕特诺斯特的点球被奥斯卡·邦菲利奥扑出，阿根廷还是以6–3战胜墨西哥，斯塔维莱也完成了世界杯历史上第二个帽子戏法——第一个完成者是两天前美国队的伯特·帕特瑙德。

对智利的比赛，斯塔维莱又梅开二度，阿根廷3–1获胜，领到一张半决赛的门票。这场比赛双方大打出手——先是蒙蒂对智利右前卫阿图罗·卡斯特罗犯规，后者老实不客气照蒙蒂的鼻子就是一拳，冲突由此而起。当时的照片显示，至少有三十名警察进入场内控制混战的局面。

数千球迷跨过拉普拉塔河观看半决赛美国苦战阿根廷。开场不久，美国队的拉尔夫·特雷西接连错过两次进球机会，但当蒙蒂第20分钟的进球让阿根廷领先后，比赛便毫无悬念了，更何况后来美国队还有两名球员受伤：特雷西扭伤膝盖，中场时被换下，守门员吉姆·道格拉斯下半场又伤到了腿。亚历杭德罗·斯科佩利第56分钟时将比分变成2–0；而美国队的理疗师杰克·科尔打翻一瓶氯仿，让中场球员安迪·奥尔德暂时失明，更令他们雪上加霜。面对已经筋疲力尽的对手，斯塔维莱与卡洛斯·佩乌塞莱分别再进两球。虽然吉姆·布朗在最后一分钟打进一粒运气球，6–1仍然是一个令人信服的结果。

乌拉圭比起阿根廷来倒也毫不逊色，他们同样在半决赛中打了南斯拉夫一个6–1，如此便确保了第一届世界杯将上演一场众望所归的决赛，也是第111次拉普拉塔河德比。

就当时而言，这可算是有史以来最重要的一场足球比赛，其影响至今不歇。“如果有哪场比赛我情愿忘记，那就是乌拉圭与阿根廷的世界杯决赛。”阿根廷右内锋潘乔·瓦拉洛在2010年去世前的几个月依然这么说，“但我总是忘不了，它在我的脑海里盘旋。如果能回到过去，重踢一场，让我做什么都行。”瓦拉洛的职业生涯非常成功，跟随博卡赢得过三次联赛冠军，但即使已至期颐之龄，他依然清晰地记得决赛中阿根廷其实占据了上风，并对此耿耿于怀。他说：“关键是，我们可以轻松取胜，真的非常、非常轻松。半场结束时，比分是我们2–1领先，而且本可以领先更多。我们在牵着他们鼻子走。”

大约15 000名阿根廷人搭乘汽船和开往欧洲但将在蒙得维的亚停靠的大西洋邮轮渡过拉普拉塔河口，远征乌拉圭，邮政总长还为自己和朋友包下一艘货船。恶劣的天气让许多船只滞留在浓雾中，等他们真正抵达，已经是决赛后的第二天。另有数千人排成长队，到布宜诺斯艾利斯码头上欢送远征军，嘴里高喊：“阿根廷赢！乌拉圭输！”办公室下午暂停办公，不过许多工作人员留下收听电台广播。通用汽车关闭了流水线，众议院也取消了下午的例会。街上有人打着横幅游行，横幅上的标语十足彰显信心；差不多有五万人聚集在报社外，静听大喇叭传出的赛况报道。

决赛吸引了众多名流。比赛前一天，卡洛斯·加德尔到阿根廷训练营访问。他喜欢赛马甚于足球，而且至少表面上在他所谓的出生地与他入籍的国家之间谨慎地保持中立，但私底下他无疑希望阿根廷获胜。"'你担心比赛结果吗？'瓦拉洛对他说，'那就来吧，来见识一下我们的热情。'于是我带他去一个两名球员午睡的房间……他们睡觉都穿着阿根廷球衣！常有人说：'我热爱那件球衣，连睡觉都穿着它……'对我们来说，这不是夸张。"

官方记录的决赛观众有68 346人，实际上可能超过八万人，还有更多人聚集在世纪球场周边的大街小巷。球迷进场时需要检查是否携带武器，经验丰富的比利时裁判约翰·兰格努斯甚至制定了一个逃跑计划，以便在比赛结束后迅速上船走人。他后来说当时"着实被吓到"。蒙蒂收到了死亡威胁；最初他拒绝出场，引起了阿根廷队内的恐慌，因为本可替代他的经验丰富的边前卫阿道夫·苏梅尔苏也因伤被排除在名单之外。在一切劝说都告无效之后，球队决定起用此前只踢过三场国际比赛的阿尔韦托·基维迪尼，结果蒙蒂在比赛当天早上宣布他还是准备出场。但是士气毕竟已经大受打击；硬汉居然也会被吓倒，这一点是瓦拉洛直到八十年后都无法原谅的。"乌拉圭人用诡计战胜了我们。"他说。

> 他们利用了东道主的优势。我的一些队友害怕（赢球会带来不利）后果。路易斯·蒙蒂是一个伟大的球员，但那一天他黯然失色。如果乌拉圭人摔倒了，他会跑去帮忙。他应该是收到了威胁信，可我什么也不在乎。有个乌拉圭防守队员对我喊："丢下球，不然我就杀了他。"我毫不在意。然后，另一个乌拉圭球员走过来告诉我："别放在心上，他是个疯子。"

按瓦拉洛的说法是：他绝不会像蒙蒂那样脆弱。

> 我一个表兄弟以前常去乌拉圭为（拉普拉塔）大学生和体操队安排比赛，当天他也来到乌拉圭，并去乌拉圭驻扎的酒店探访。有些乌拉圭球员看到他，便问他去干什么。"我来看我表亲，瓦拉洛。"他答道。"噢，他是我们第一个要踢下场的。"他们说。问题是，这件事我们回阿

根廷他才告诉我！当时他可一点没敢提。其实我是有胆量的人：我才不怕恐吓呢。

也不怕一点点伤痛。

由于有伤在身，我事先并没有料到能打这场决赛。但是当天早晨，我在圣露西娅酒店附近的鸡舍试着踢了几脚，感觉膝盖的反应很不错。几个经验最丰富的队员于是决定我应该进入首发名单。那时候，老球员可以发号施令。我们确实有一个主教练，但他无关紧要：我甚至连他的名字都不记得了[1]。我渴望上场；你无法想象我多想击败那些乌拉圭人。要知道，真正的南美德比是阿乌大战。我们两家拥有最好的球员，当时巴西在我们面前还不成气候。

相传教练弗朗西斯科·奥拉萨尔在更衣室还未干透的水泥墙上解释战术，刻下的线条至今可见。这几乎肯定是杜撰，主要是因为由奥拉萨尔来指挥战术似乎不太可能，但公众普遍选择相信这个故事，正说明本场比赛在拉普拉塔河两岸的传奇地位：人们希望看到它留下可以追寻的痕迹，就像岩层中的沟槽被冒称是龙尾扫过所致，地面的凹陷被当成巨人的脚印那样。

瓦拉洛毫不怀疑这场比赛的重要性，也清楚同胞对球队的期望。“比赛前在更衣室，一名助理递给我一沓祝我好运的电报。”他说，“它们来自家乡拉普拉塔的亲戚、医生和朋友，还有许多我连认都不认识的人。读着这些文字，我们感动得难忍热泪，甚至连精神都无法保持集中。”

裁判兰格努斯照老习惯戴着帽子[2]，穿着灯笼裤，当他带领球队踏上草坪时，场内的情绪越发高涨。“大批观众挤满看台，这一时刻真是非同寻常。”瓦拉洛说，“大多数是对我们口出恶言的乌拉圭人，也有阿根廷人；尽管很

1 阿根廷有两名教练：弗朗西斯科·奥拉萨尔是20世纪20年代那支伟大的竞技队的后卫；年轻的胡安·何塞·特拉穆托拉则是正牌技术指导（阿根廷人将主教练称为技术指导），阿根廷踢第一场与法国队的比赛时，他刚刚27岁零267天，是世界杯历史上最年轻的教练。

2 从当时留下的影相资料看，兰格努斯并没有戴帽子。——译注

多船只因为浓雾无法渡过拉普拉塔河，还是有部分阿根廷人赶到现场。我父亲一开始在看台上，后来却不得不披着乌拉圭国旗，乔装离场，因为一些乌拉圭人发现身边居然有阿根廷人，就想把他们找出来打一顿。我永远不会忘记这件事。最好的时刻和最糟的时刻，都发生在同一天。”残留下来的比赛胶片如今已褪成一种奇怪的颜色，从镜头看，球场像覆盖着沙子或锯屑；不得不说的是观众的敌意并不明显，只能看到许多身着正装的男人在挥舞帽子，不过既然连兰格努斯也有同样的顾虑，阿根廷人的恐惧或许不是没有根据的。

两队的交锋实则在几个小时前已经开始——双方都要求使用自己国家生产的足球。兰格努斯显示出他一贯的明智与决断，裁决说上半场用阿根廷足球，下半场用乌拉圭足球。

首先进球的反倒是乌拉圭。第12分钟，帕特诺斯特挡出斯卡罗内的射门，但球反弹到埃克托尔·卡斯特罗脚下。他把球传向右路，巴勃罗·多拉多快马杀到，一记猛射，球从守门员胡安·博塔索身下砸进球门（博塔索在小组赛后就取代了博西奥）。奇怪的是，失球反倒缓和了阿根廷队的情绪，只有蒙蒂除外——据《图片报》记载：“蒙蒂站在球场中央，完全失魂落魄，那个通常情况下出色的进攻组织者不见了。”冷静下来的阿根廷在八分钟后扳平比分：戴着一顶浅色贝雷帽的胡安·埃瓦里斯托与蒙蒂配合后将球传给诺洛·费雷拉（他参加完法律考试，已在半决赛前返回，此役担任左内锋一职）。费雷拉的换位解放了右边锋佩乌塞莱，此时正是佩乌塞莱跳过对方的阿尔瓦罗·赫斯蒂多，将球高高射入远门柱内。中场休息前八分钟，阿根廷反超：此前在清道夫这个位置的雏形上表现不俗的何塞·纳萨兹误判了蒙蒂的长传，让斯塔维莱打进他在这届世界杯的第八粒入球。

上半场阿根廷似乎控制了局面，下半场却是乌拉圭攻势如潮，他们展现了自己的“利爪”风范——利爪这个词的西语“*garra*”字面意思为“爪子”，但这个词也被用来表示硬朗、坚定、机警等意思，乌拉圭人一直自认这是构成他们国民性格的要素之一。下半场瓦拉洛、博塔索和埃瓦里斯托相继在冲撞中受伤，也让乌拉圭受益。阿根廷本有机会再进两球，但斯塔维莱错过第一个良机，当瓦拉洛错过第二个时，他看出大势已去：

我记得我在反击中拿球，射门，眼看着皮球掠过门将，直奔球门上角……却只击中门柱和横梁的交角……球场一片沉寂。球击中横梁和门柱交角后飞出场外。最糟的是因为射门太用力，我的膝盖彻底完蛋。那球要是进了，结果就会完全两样。从差点3–1领先，突然变成2–2平，而我也废了。我带伤坚持，转移到边路，在边锋的位置上接着踢，但实际上，我应该下场。问题是我们没有替补了，所以我只能忍痛继续。此后情形便如同在地狱中煎熬。

扳平一球出现在下半场第12分钟。乌拉圭中前卫洛伦索·费尔南德斯下半场位置更靠近球门，他向卡斯特罗开出任意球，后者传给球门线附近的斯卡罗内，背对球门的斯卡罗内将球挑过肩膀，皮球划了一道弧线，越过两名阿根廷后卫何塞·德拉托雷和帕特诺斯特，由塞亚轻推破门。

撤到边路的瓦拉洛则完全被埃内斯托·马斯凯罗尼抑制。第68分钟，马斯凯罗尼从瓦拉洛脚下断球，带了几步后轻塞给左边锋桑托斯·伊里亚特，后者的低射似乎完全出乎博塔索预料，等他做出扑救动作时，球早已从他身边滑进球门。"下半场，"瓦拉洛说，"因为丧失了胆量和勇气，我们输了。我队的一些球员真的吓破了胆子。"

然而，胆气也可能导致对形势的错误判断。许多人后来表示，既然瓦拉洛的膝伤有复发的风险，他本就不应该首发。他后来还有一次射门被何塞·安德拉德解围。最后一分钟，独臂大将卡斯特罗[1]抢在德拉托雷之前接巴勃罗·多拉多的传中，头球吊射，博塔索鞭长莫及，乌拉圭锁定胜局。杰出的意大利记者、历史学家詹尼·布雷拉写道："阿根廷队球风优雅，富有想象力，但是技术优势无法弥补战术上的苍白。拉普拉塔河两岸这两支球队中，乌拉圭人是蚂蚁，阿根廷人则是鸣蝉[2]。"

儒勒·雷米特向乌拉圭足协主席劳尔·祖德颁发了冠军奖杯。乌拉圭宣

1 他13岁时因为使用电锯不慎，丢了右上臂。
2 蚂蚁与鸣蝉的故事见伊索寓言：当蚂蚁忙着储存过冬粮食的时候，蝉却在自由自在地唱歌跳舞。——译注

布全国放假，兰格努斯也安然无恙地登船出发。阿尔弗雷多·罗西在发给《图片报》中的报道中对这名裁判却很不以为然。

> 比利时裁判兰格努斯放过了乌拉圭人的野蛮防守，而阿根廷人则严守赛前公约，摒弃暴力犯规，尊重比赛规则。此外还有许多事情让我不满，比如乌拉圭人场外的小动作——他们从阿根廷与法国的比赛开始就用匿名电话和匿名信威胁球员，比如影响蒙蒂斗志的新闻报道，以及代表队本身犯下的错误：他们不应该强迫蒙蒂出场，也不应该选择有伤在身的瓦拉洛，放弃身体健康的斯科佩利。

回到阿根廷国内，公众情绪急转直下。乌拉圭大使馆遭袭，比赛前充满希望的游行人群再次上街，这次低举阿根廷国旗，仿佛在哀悼国丧。据报道，有两人因为拒绝向游行队伍敬礼而遭枪击，一名妇女愚蠢地在俯瞰五月广场的阳台上挥舞乌拉圭国旗，引来路人向她投掷石块。1931年阿根廷足球职业化后一度掌管国家队的阿根廷业余足球联合会任性地中断了与乌拉圭的来往。

《国民报》的一篇社论谴责那些输不起的“粗人”，《新闻报》则把愤怒从乌拉圭人身上转移到在它看来辜负了祖国期望的人身上。“阿根廷派到国外的任何运动队都代表着国家荣誉，他们不应该由‘贵恙’在身的人组成……”《新闻报》大声疾呼，“那种挨一下打就倒地不起的人，那种一遇对抗就要昏倒的人，即使脚下功夫再好，我们也不需要……这些‘娘娘腔’应该被驱逐出队。”

《图片报》则走得更远，其社论干脆质疑了“国际比赛”这一概念。

> 世界杯终于结束了。乌拉圭在欢庆胜利，其他人则觉得谢天谢地，因为必须承认，赛事发展到后来不但令人不快，甚至可以说是惹人生厌。结局更是悲惨得无以复加……足球这一舞台再次上演一幕幕欠缺教养的盛大活剧，充斥了暴力、激怒与人身攻击，而这一幕，我们早已屡见不鲜。世界杯留下的是一个注了水的冠军头衔，和我们心中毁灭性的

悲伤记忆。

让人震惊的是，社论还谴责那些认为足球体现了国家荣誉，而不仅仅是一场比赛的人；鉴于《图片报》本身就常常用足球来承载“阿根廷之魂”的概念，这样说无意间打了自己的脸。“主管足球的大人们未能正确引导球迷，才让他们产生了这样的态度。”社论写道，“好像国家的未来、城区的福祉全靠这22个试图把球踢进对手球门的男人。”

八名在决赛中出场的球员后来再也没有代表阿根廷参加过国际比赛；斯塔维莱在四场比赛中共打进八球，但这也是他唯一一次入选国家队。决赛失利的挫败感只是部分原因。此外还有其他压力；足球的世界在经历巨变，蒙蒂就是一个例子：虽然决赛表现失常，但他仍不失为阿根廷足球最大的偶像之一，而他将离开圣洛伦索，移居意大利，加盟尤文图斯。球员们在变现自己身价的时候认可了其他国家开出的价码。阿根廷俱乐部有了增加收入以防止人才流失的压力，国内足球组织的日益扩大则进一步推动了改革。阿根廷足球将再也不复以往。

第二部

黄 金 时 代

1930—1958

第8章
荣 耀 之 日

20世纪40年代的河床被美誉为“机器”，阿根廷历史上还没有哪支球队像他们那样广受礼敬。历数当年他们锋线的五员大将——胡安·卡洛斯·穆尼奥斯、何塞·莫雷诺、阿道夫·佩德内拉、安赫尔·拉布鲁纳与费利克斯·洛斯陶，便如同唤回一段带有神秘色彩的时光，彼时优美的风格与天赋的技艺是头等大事，而阿根廷球迷也毫不怀疑他们的足球领先于全世界。同时代的人似乎一样视他们为一个浪漫主义的奇迹。博卡青年队的中前卫埃内斯托·拉扎蒂就说：“你跟‘机器’比赛的时候当然一心想着赢球，但是作为一名足球爱好者，有时我宁愿在看台上看他们踢球。”“机器”的传奇地位定义了那支河床队，只要提起河床，必先提起“机器”。传说甚至比现实更具威力，这从锋线五虎将神一般的赫赫威名中即可见一斑，其实这一组合同时登场的次数不过区区19次。

“机器”并不仅仅被推崇为阿根廷足球发展到当时的一个顶峰，也被看作是整个阿根廷文化的体现。“机器”将探戈与足球融于一身，凝聚了克里奥尔人的理想。穆尼奥斯坚称：“跳探戈是最佳训练手段。（舞蹈时，）你先保持一个节奏，然后在向前迈进的一刻变化到另一个节奏。你学会控制侧面，腰腿都得到锻炼。”球员们练习探戈，音乐家也投桃报李，比如胡斯托·巴勃罗·博诺拉的探戈曲“小机器”[1]就是在向球队致敬。

---

1 被称为“机器”的那支河床队在当时还有个昵称“la Máquinita”。后来，la Máquinita（“小机器”）又被用来称呼十年后河床队的阵容，虽然前后两支球队球风相似，但“小机器”的成就无法与真正的“机器”相提并论。

20年代纯粹的个人主义可能已向团队合作的需要做了妥协，“机器”也不乏对传球与控球的要求，但它仍然代表了一种基于能力与技术，无视身体素质与战术协防的古旧的足球风格——不管阿根廷人同不同意，至少在世界其他地方的人看来是如此。大量的有球训练，球员场内场外都可以尽情享受。加莱亚诺写道：“星期天中午，（莫雷诺）会狼吞虎咽地吃一大碗炖鸡，再灌下好几瓶红酒。河床负责人勒令他放弃这种乱哄哄的生活方式……他尽力听命：整整一个星期晚上准时睡觉；除了牛奶外，什么也不喝。一星期后他踢了这辈子最糟的一场球，于是又开始胡吃海喝。俱乐部罚他停赛，他的队友便以罢踢来声援这个无可救药的浪子。”1939年10月，河床在一场关键比赛中2–3负于独立，其后俱乐部搁置了莫雷诺，这可能就是加莱亚诺故事的来源。不过加莱亚诺的叙述常常不尽属实，更像受真实事例启发的短篇小说，这次也不例外。

故事或许经过艺术加工，但它确实道出了那个年代阿根廷足球的精髓：无赖、迷人、才气横溢，并最终发展为故步自封。从1930到1958年，阿根廷没有一名职业球员参加世界杯——有也不是代表阿根廷。1934年阿根廷派出参赛的球队绝对算不上一线队，谁也糊弄不了。不但球员都是业余选手，而且其中只有两人——左边前卫阿尔卡迪奥·洛佩斯和中锋队长阿尔弗雷多·德文森西曾经入选国家队。在对瑞典的首场比赛中，他们两度领先，结果却2–3落败。阿根廷队首轮即遭淘汰，下一次回到世界杯决赛圈已是24年之后。

不过，这支球队也涌现了令人难忘的人物。射进第二粒球的阿尔韦托·加拉泰奥长着一张忧伤的长脸和愁苦的双眼，他可能不算经典的“*pibe*”球员，但是他的风度和盘球过人的能力代表了阿根廷足球创造力中的“头脑流”[1],而他短暂的职业生涯也具有典型的悲剧色彩。他十几岁便效力于圣菲圣洛伦索队，这支球队的实际功能是向圣菲市两大俱乐部中的科隆输送球员。俱乐部职业化后，科隆的死对头圣菲联合向他和他的朋友安东尼奥·里瓦罗拉提供了合同。此事本已足够招人非议，何况加拉泰奥和里瓦罗拉的女朋友

1 “*Pibe*”球员可能凭天赋本能踢球，而“头脑流”则更加深思熟虑，用头脑踢球。——译注

还是圣菲圣洛伦索队创始人，科隆死忠德西蒙先生的女儿，于是情况变得愈发棘手。德西蒙一发现这种背叛行为，就把两人赶出家门。里瓦罗拉归还了联合俱乐部给他的钱，留在科隆，并和女朋友订了婚；加拉泰奥则不然。

加拉泰奥成为当地的球星，世界杯之后，他先转投罗萨里奥民族队，后加盟飓风，终于获得参加布宜诺斯艾利斯联赛的机会。然而他并不开心，酒也喝得越来越凶。1937年，他转会查卡里塔青年队，队友埃内斯托·杜奇尼称他是自己见过的最棒的盘带大师。他的酒瘾不断恶化，退役后，邻居经常报警说听见他与家人争吵。1961年2月26日，他持刀威胁妻子和女儿。儿子大卫冲上前去保护母女俩时掏出一把点38口径的左轮手枪。三声枪响后，加拉泰奥倒地身亡。

缺席世界杯的年代中，阿根廷继续参加并垄断了南美锦标赛。这决定了阿根廷足球的成长环境与世隔绝，由于缺乏天敌而衍生出一种基于个人能力的攻势打法，风格独特但脆弱，伴随而来的全民足球狂热，则可能是古往今来鲜有国度能与之相匹的。在这个阿根廷足球的黄金时代，球迷人数巨大，《图片报》盛况空前，全国上下都热切关注联赛进程，津津有味地仿佛追看一部体育肥皂剧。1954年，当儒勒·雷米特回忆起1930年的布宜诺斯艾利斯之行时，他提到“大大小小的有轨电车和公共汽车，上上下下挂满了乘客：踏脚板上、车厢后的横档上，任何可以容得下两只脚的地方都站着人，一些年轻人干脆爬到电车车顶。他们有时会断开头上的受电线，发出震耳欲聋的噪音，带来交通堵塞——但他们只会在赛后离开球场的时候这样做，赛前就不会”。

足球的兴旺发达源自很多因素。从经济角度看，1929年华尔街爆发股灾，大萧条接踵而至，各国的民族主义也随之抬头，两者都降低了欧洲对阿根廷球员的需求；同时，职业化提高了本土俱乐部的经济收益，意味着最大牌的球星能留在国内效力。出口市场的崩溃令阿根廷人的经济状况恶化，足球提供了一种逃避现实的手段。一切皆可失败，唯有足球常存。

但此外还有更多现实因素。布宜诺斯艾利斯拥有一定数量的社区，其身份定位相当明确，因此部分对足球可能不甚热衷的人也会支持本地区的球队。1913年，布市第一条地铁线（Subte）开通，连接起从五月广场到慈悲广场的东西交通，并于次年穿过阿尔马格罗，延伸到第一议会站[1]（现在的地铁A线保留了这条线路，甚至在2013年前还保留了同样的车厢设计）。1930年，第二条地铁线也告开通，以卡利亚奥站为起点一路往西（今天地铁B线的一部分）；30年代，地铁工程进一步扩展，其中对球市来说最重要的是现在的C线，从距拉博卡区两英里的宪法火车站开始，往北终于北对角线站，1936年2月又延长至雷蒂罗区。也就是说，一个覆盖全市的公共交通网络业已建成，可以方便地将球迷从城市的大部分地区载送到球场。随着球赛越来越吸引眼球，比赛时会有飞机低低掠过球场，放出宣传本地商品的气球；推销员则在场外争着向球迷提供香烟和糖果等免费试用品。

接着又出现了无线电；布宜诺斯艾利斯市能在文化上压倒阿根廷其他新兴城市，无线广播可谓居功至伟。进入30年代后，从最北的亚热带地区到终年冰封的大陆最南端，再到最西的安第斯山脉，无线网络四通八达，传递着来自首都探戈舞厅和足球赛场的电波，令全国的注意力集中于布宜诺斯艾利斯一地。因为电台记者要在赛前最后采访一下球员而推迟开球时间是稀松平常之事，由此可见听众对赛事广播的接受程度。从图库曼省到火地群岛，阿根廷人为埃克托尔·瓦雷拉和奥斯瓦尔多·普格塞的探戈乐队着迷，被足球解说的先驱菲奥拉万蒂吸引。菲奥拉万蒂本名华金·卡瓦略·塞兰特斯，出生于乌拉圭，从小就搬到了圣菲。他的嗓音是阿根廷最容易辨认的声音之一，“注意，菲奥拉万蒂！”这个短语也出现在阿根廷无线广播的第一批流行语中。当同时进行的其他比赛中有要事发生，电台主持人就会用这句话来打断解说员。收听广播的结果是，外省人也开始支持布宜诺斯艾利斯的球队，而布市的大都会魅力更吸引了大量外来人口。世纪之交时跨大西洋的移民潮可能已减弱为涓涓细流，但欧洲移民开启的阿根廷城市化进程，最终由离开乡村这一潭死水的农业人口完成。

1“第一议会”一般指阿根廷第一届独立政府，成立于五月革命后的1810年5月25日。——译注

第9章
职 业 化

伊波利托·伊里戈延因宪法所限，无法连任总统，但当马塞洛·托尔夸托·德·阿尔韦亚尔1928年卸任后，伊里戈延以极大优势再度当选。他在第一任内逐步扩大了劳工权利，经营国有石油公司Yacimientos Petrolíferos Fiscales（YPF）——国家油田——促进了能源自给，并实现了第一次世界大战后极大的经济繁荣，只有高通胀算是抵消了一点繁荣带来的收益。他的第二个任期业绩完全不可同日而语，几乎从一开始就受制于日益加剧的社会动荡。

1928年12月，刚刚当选美国总统的赫伯特·胡佛访问阿根廷，一名无政府主义者在他的列车车厢旁安装了一枚炸弹，胡佛能幸免于难多亏炸弹还没引爆，刺客即被擒获。伊里戈延为保障胡佛的安全，从此与他寸步不离，但事实证明，炸弹只是公众的不满情绪以一种极端形式表现出来而已。伊里戈延被夹在激进的左派和保守的地主之间无路可走，他试图鼓动军队哗变来强迫传统的势力基础低头，结果却无异于自掘坟墓。

伊里戈延一贯个性封闭，不爱与人打交道，到1929年底，他已与外界严重隔绝，对周遭发生的一切茫无所知。伊里戈延的顾问筛选交给他的报告，不让他看报、听广播，因此他根本不了解华尔街股灾造成的全部影响。随着经济形势的恶化，此前拥护激进公民联盟的中产阶级改变了态度，分裂成几个对立的派别，其中部分走上街头，从此开启了一个阿根廷直到半个多世纪后方才走出的暴力政治怪圈。1929年12月24日，伊里戈延躲过一次暗杀，但是针对他的阴谋层出不穷，主要领导者是军队里的法西斯和保守派，此外还有新泽西标准石油公司，这家公司不但与YPF为敌，对伊里戈延打击北部萨尔塔省与玻利维亚之间石油走私的举措也持对抗态度。1930年9月6日，伊里戈延被军事政变推翻，何塞·费利克斯·乌里武鲁将军成为新总统。

伊里戈延1933年去世，人生最后的几年不是被软禁在布宜诺斯艾利斯家中，就是被流放到马丁·加西亚岛。乌里武鲁1932年2月发现患了胃癌而离职，两个月后死去。军人、外交官，曾在阿尔韦亚尔政权中担任国防部长的阿古斯丁·佩德罗·胡斯托继任总统。虽然存在选举舞弊的指控，但胡斯托至少是名义上的民选总统。这就是被称为*década infame*——无耻十年——的肇始，在这十年内，保守派系沆瀣一气，以“爱国”为名，行欺诈之实，串通起来阻止激进分子获取政权。

足球作为工人主导的激进运动的一部分，受到保守派的压制，同时，职业化也是20年代劳工改革的一项要求，除此种种因素外，对联赛已尾大不掉的认识，似乎最终成为推动足坛变革的动力。到1930年，甲级联赛共有36支球队，即使每支球队相互间只交手一次，也足以让人担忧赛季会延续到夏天，球员不得不冒着酷暑踢球。人们害怕的事终于悲剧性地发生了：1930年的联赛一直踢到1931年，拉普拉塔体操队队长埃克托尔·阿里斯佩在3月一场和巴拉卡斯体育队的比赛后中暑身亡。另外，联赛强队与弱队间巨大的水平差异也不容否认：榜首的博卡青年队整个赛季只输了三场，积61分，进133球，榜尾的南方阿根廷人输掉了35场比赛中的32场，失球数高达100个。很显然，关注联赛质量，增加强强对话的场次从经济角度来说势在必行。

1930年的联赛到1931年4月12日终于结束。原计划一个月后开始1931赛季，但形势很快变得明朗：除非联赛做出重大变革，否则新赛季将难以为继。一队球员代表在布宜诺斯艾利斯市游行，借此向共和国总统乌里武鲁陈情，要求获得自由签约的权利——这等于默认自己为职业球员。总统让布宜诺斯艾利斯市长何塞·格里科处理此事，市长于是指出一个早已尽人皆知的事实：真正的问题在于职业化。

1931年5月9日，原定新赛季开始前一天，十二支球队——亚特兰大、博卡、查卡里塔青年、大学生、西部铁路、体操与击剑、拉努斯、普拉滕斯、竞技、圣洛伦索、塔耶雷斯和蒂格雷退出业余足球协会，宣布自己为职业俱乐部。第二天，十七场联赛中四场取消，布宜诺斯艾利斯大学生队与巴勒莫体育俱乐部则宣布他们的比赛只能算友谊赛。河床与独立很快也加入了职业俱乐部之列；5月31日，由十八支球队组成的阿根廷职业足球联赛（Liga Argentina de Football）正式启动，不过球员们还要再等上六十年才能最终获得他们所追求的转会自由。[1]

足球界对新政权并无反对之意。相反，无论球员如何推动提高工资待遇或改善工作条件，俱乐部老板与经理都以实事求是的态度接受了新形势。保守派联盟的触角伸入生活的方方面面，其中也包括足球。直到30年代末，许多中小俱乐部经理的工作动力依然是本地区的荣耀，但是大俱乐部已与政界建立了利益联系。举例而言，胡斯托就公开支持博卡，他的女儿奥蒂莉亚嫁给了1939至1946年间任俱乐部主席的爱德华多·桑切斯·特雷罗。1940年，在特雷罗任内，博卡拿到了用以建造体育场的优惠贷款。最初设计只有两层；1953年加盖第三层后才得到了La Bombonera——“巧克力盒”的外号。拉蒙·卡斯蒂略1942年出任总统时，他的儿子小拉蒙·卡斯蒂略已经担任了一年的AFA主席。足球是一种公认的强大社会力量，政治家们即使不一定需要亲自指点江山，至少也应当被视为此道中人。

可以做一个公平的假设，无论“无耻十年”的领头人自己是否意识到，他们确实得益于足球的麻醉力量。只要每个星期天都有数万人到球场观看比赛，数十万人热切地收听无线广播，咖啡馆和工厂里的谈话就会围绕足球进行，而不是激进的社会主义或无政府主义。大萧条对阿根廷的冲击虽不像美国或西欧那样严重，但出口下降意味着失业率不可避免地上升：1932年的官方统计显示，40万人失业，而真实数字可能高达八倍。另一个数字可以说明国民可支配收入的减少：布宜诺斯艾利斯剧院的上座人次从1925年的690万下降到1935年的340万，这种下降不能单纯地用电影院的出现来解释。唯有足球依然走红，其流行程度丝毫不受影响。

1967年，当博尔赫斯和阿道夫·比奥伊·卡萨雷斯合作短篇小说《存在即是被感知》时，文中提到的足球赛刚好发生于30年代，这应该不是一个巧合：故事的叙述者某天惊觉纪念碑球场消失，因而发现其实没有人再踢球了，

1 指1995年的博斯曼法令。——译注

球员和球赛都不复存在。一位俱乐部主席告诉他："上一次在布宜诺斯艾利斯举行足球赛，还要追溯到1937年6月24日[1]。从那一天起，足球及其他一切体育项目都归入戏剧范畴，要么由一个人在小房间里唱独角戏，要么由一群穿着球衣的演员在电视摄像机前表演。"连太空竞赛，其真相都不过是一个"美苏联合制作"的节目，目的和足球赛一样，是让"人类舒舒服服坐在家中，专心盯着电视屏幕，留神听体育广播员说话，不然他们也就是读读黄色小报"。

职业化时代最明显的变化是，俱乐部可以用提高薪资来公开竞价，因此更容易签下（想要的）球员。其结果是巩固了巨头们的绝对优势：1928年，飓风拿下联赛冠军，1929年则是（拉普拉塔）体操与击剑，但是自职业化以降，36年内，博卡、河床、独立、竞技和圣洛伦索这五家最大的俱乐部从未让冠军旁落。

第一起重大的转会操作——潘乔·瓦拉洛离开体操与击剑加盟博卡青年——正符合这一趋势。瓦拉洛出生在拉普拉塔市郊的洛斯霍诺斯，14岁时已经开始为本地的10月12日队[2]踢球。"我的叔叔们也在队中。"他说，"我是后卫出身。'我来掩护守门员。'我喜欢这样说。对我们来说越位陷阱尚不存在。后来，在体校慢慢进阶的过程中，一个叔叔把我改造成8号。"他开始司职内锋，位置在中锋的右边，由于效率奇高，射门凶狠，很快就获得了"*Cañoncito*"——"小炮"这一绰号。18岁时，瓦拉洛到大学生队试训，大学生有意签下他，但是10月12日俱乐部的主管们是体操与击剑队的球迷，坚持要求他转会去那里。1929年，他随体操与击剑赢得了联赛冠军，翌年入选国家队，萨斯菲尔德队还为本队的泛美巡回赛租借了他，他在这次巡回赛上斩获16粒进球。

再然后，1931年初，博卡发来报价。"他们开价4 000比索。"瓦拉洛说，"你无法想象当时这是多大一笔钱。我父亲以前连100比索的钞票都没见过。但是，体操队的球迷对此非常不满。他们袭击我的房子，往窗户里扔石头。我不得不搬到布宜诺斯艾利斯，因为回拉普拉塔就像做噩梦。有一次，他们看见

1 6月24日也是阿根廷著名球星梅西和里克尔梅的生日，不过这应该是一个巧合。——译注
2 哥伦布发现美洲的纪念日。——译注

我下火车，便躲在路上伏击我。他们拳打脚踢。我到家时已经皮破血流，哭个不停。”瓦拉洛在他布宜诺斯艾利斯新买的房子里一住就是八十年，直到去世。

博卡在职业化时代的第二场比赛就是客场对阵拉普拉塔体操与击剑。结果他们输了个2–3，前两场比赛仅积一分。不过，瓦拉洛与国家队队友罗伯托·塞罗（用意大利语发音的话是切罗——切罗是意大利后裔）并没有磨合多久，就成为一对攻击力强大的搭档。“他看到我在蒙得维的亚世界杯上的表现后对我说：‘来博卡吧，你会称王。’”瓦拉洛说。他俩的合作进球如麻：切罗在305场正式比赛中打进221球，瓦拉洛则在210场比赛中进181球，使他们分别成为博卡历史射手王与职业足球时代的射手王，直到马丁·帕勒莫打破这两项纪录。瓦拉洛的纪录被破后没几个星期他就去世了。

对瓦拉洛来说，当时使用的重球是他的一个优势。“给了‘小炮’最大的威力。”他说，“最好就是球是湿的。它吸足水后就像一块石头。‘潘乔，这是给你的。’我的队友会说。然后我就射门，球入网时水花四溅。那时候守门员对这种球没多大招数。要伸手扑球得有一定的胆子。”

但是经常踢重球也给瓦拉洛造成了伤害。他在1930年世界杯期间遭受的膝伤预兆了后来的一连串问题，尽管他甚至利用对手对自己伤势的了解制造（场上）机会。“他们管这叫狗腿瘸了。”他解释道，“你得用脑子。我会假装膝盖很疼，行走艰难，所以后卫不会离我太近。然后，等切罗拿到球，我会突然全速冲刺，而他则快速将球传来。当你一瘸一拐的时候，后卫怎么都想不到你反应会这样快。我想我所有进球中有150个来自切罗。他懂我的一切；他比我妈还了解我。”

还有些时候，瓦拉洛的腿是真的瘸了，要让他上场得连哄带骗。“我们有个教练叫马里奥·福尔图纳托，这家伙真是不可思议。”他回忆道，“即使在最糟糕的情况下，他也会给我信心。有一次，我的膝盖软骨伤得很重，路都走不了。‘老板，我想我踢不了了。’我对他说，‘我的右膝很痛。我觉得是软骨出了问题。’他对我说：‘潘乔，那你没事的，因为只有左膝才有软骨。’我不但相信了他，还上场进了球。”

但到了1939年，疼痛已经无法忍受。“当我决定退役时，才29岁。”瓦拉洛说，“那个赛季是一场噩梦。每次踢完比赛，我的膝盖就会肿起来，不得不休息整整一个星期，停止训练，这样下个周日才能继续上场。他们把鸡的肥肉敷在我膝盖上，让它好受一些。我的母亲对我说：‘求你别再踢了。看你遭的这份罪。’”

博卡在1934年和1935年两夺联赛冠军，但对瓦拉洛来说还有比冠军更重要的东西，那就是“当时尚存的体育精神，以及队友、朋友与同事间的深厚情谊。我不明白（当今比赛中）他们为什么要如此狠踢对手，每个动作，每次角球或任意球时都会冲突不断。足球已经完全变样了……球员跑动那么多。有时候我奇怪他们为什么用脚跑动那么多，用脑思考却那么少。在三四十年代，每支球队都有八到九名技术出众的球员，如今只有区区两三个……”这是阿根廷人常有的感慨：以前的足球更出色，那时候尽管球场混乱喧嚣，但技术与智慧仍能发扬光大。

切罗抱有同样的观点。1965年，他58岁时因心脏病去世，去世前不久曾说：“我还是喜欢过去的足球。没有战术板，没有十字和圆圈记号，也没有战术，足球是艺术、戏剧和音乐。到我退役时那个时代已经过去了。”切罗1907年出生于马坦萨河边拉博卡西南的巴拉卡斯区。1922年，他的哥哥费利佩把他带到巴拉卡斯体育队，让他在五线队踢球。两年后，他同时成为基尔梅斯和西部铁路两家俱乐部的球员，这在当时是规则允许的。但直到1926年他加盟博卡后，球员生涯才算闯出了名堂。他才华横溢，富有魅力，赢得了“*Apilador*”——“盘带家”和“*Cabecita de oro*”——“黄金小脑瓜”这两个绰号，分别反映了他的技术能力与足球智慧。同时他又身强力壮，照片上他粗壮的身躯似乎随时会挤爆球衣，乌黑卷曲的胸毛长得超过了肌肉遒劲的脖子。虽然体型庞大，但他的满头乌发、皱纹密布的宽阔脸膛，和那像是憋不住马上要咧嘴大笑的神情，却说明切罗是一个经典的“*pibe*”型球员。

对他来说，足球从不曾超越体育范畴：赛前和赛后他都会拥抱对手与队友，在一场对巴拉卡斯体育队的比赛中还坚持放弃左内锋的位置，改打右边锋，这样就不必直接对抗他的哥哥。“他的人生跨越了两个时代——浪漫主义时代与物质主义时代。”他去世时《国民报》的讣闻这样写道，“在前一个时代，踢球是为了爱的荣耀，在后一个时代，踢球是因为对荣耀的爱，而他的职业生涯贯穿了两者。”

第10章
河 床 崛 起

不只博卡一家俱乐部利用新规则来发挥自身的财政优势。河床自1901年创立以来，也一直在发展壮大。用河床粉丝的话说，如果博卡的历史讲述了移民的故事，他们自己的历史则反映了之后发生的事情，即移民如何自我提升。河床由Dársena Sur的圣罗莎和拉罗萨莱斯两家俱乐部合并而成。Dársena Sur字面意思是南码头，位于与拉博卡区交界的马德罗港。

河床这个名字的来源据说是某次一个俱乐部会员看到卡沃内拉斯·威尔逊工厂的建筑工人丢下需要搬走的货箱去踢球，货箱上印着的就是“河床”这个词[1]。俱乐部先是搬到拉博卡区，后来又搬到马坦萨河另一边的萨兰迪，离现在阿森纳队的球场不远。创业初期自有其艰辛。根据AFA规定，体育场必须接通自来水才能通过验收，而河床的新球场一开始还做不到这点。好在基本的管道已经到位，所以当足协视察员查看水龙头的时候，球员阿尔弗雷多·赞尼提着几桶水站在屋顶上，根据事先安排好的信号把水倒进管子里。

后来俱乐部又搬回港口的拉博卡区。河床成长迅速。他们1905年才踢了第一场正式比赛，[2]1908年只有100个*socios*——会员，但到1911年，这个数字已经增长至4 000，与博卡的德比大战也很快变得你死我活。

1923年，河床再次搬家，这次搬到了富裕的雷科莱塔区。新球场由贝

1 河床原文“River Plate”是拉普拉塔河的英语写法，准确地说，河床俱乐部应该翻译为拉普拉塔河足球俱乐部。——译注

2 对手布宜诺斯艾利斯大学医学院队中包括贝尔纳多·奥赛，他将因发现脑垂体激素在哺乳动物糖代谢中的作用而获得1947年的诺贝尔奖。

尔纳多·梅西纳设计，他其实是一名中场组织者，也是俱乐部首任队长兼主席。为了建立与历史的联系，新球场边象征性地种上了由卡沃内拉斯·威尔逊工厂培植的棕榈树。虽然河床以这种方式承认俱乐部的历史，却封不住博卡球迷的嘴。在博卡人看来，河床已经下定决心要抛下自己的移民出身，不顾一切地往上爬。

这一印象在河床备战职业化后的第一个赛季时就得到证实：他们耗费一万比索巨资从布宜诺斯艾利斯体育队签下了右边锋卡洛斯·佩乌塞莱，一名参加过1929年南美锦标赛和1930年世界杯的老将。

1931年河床排名第四，落后博卡六分，下一赛季再次打破转会纪录，花费3.5万比索从蒂格雷引进中锋贝尔纳韦·费雷拉，这个天价转会数字二十年内将无可望其项背者：河床当之无愧地获得"百万富翁"的外号，此时会员已经超过1.5万人。

费雷拉球风硬朗，脾气暴躁；照片里的他有着宽阔得几近夸张的胸膛，一团乱糟糟的中分黑发下是一个平坦的大脑门，永远面带怒容。20年代的阿根廷中锋通常担任组织进攻的指挥，他却更接近英式强力中锋，头球出色，势大力沉的射门是孩提时代在圣菲鲁菲诺市勤练不辍的产物。"我的兄弟们反复告诫我，非得有城里最强劲的射门不可。"他说，"他们让我从早到晚踢球，天天如此。他们总是喊着给我鼓气：'用力一点，再用力一点！'"练习奏效了：他很快就因自己的大力射门获得"*el mortero de Rufino*"——"鲁菲诺的迫击炮"这一外号。1930年，萨斯菲尔德队租借他参加巡回赛，总共访问了智利、秘鲁、墨西哥、古巴和美国五国。他在25场比赛中打入38球，同样值得一提的是还收获了一连串传奇故事。比如说，在秘鲁的一场友谊赛中，他的射门直接打晕了一名门将；事后他去医院探伤，门将说如果他们再在赛场相见，费雷拉射门前得事先警告他，让他避开来球。果然，从北美返回途中，他俩再度狭路相逢。这一次，费雷拉事先指出射门的方向，守门员及时避开，并在球入网后向他道谢。另一次，一名裁判让他重罚了三次点球。据说当第四个球与前三个一样应声入网后他说道："接着来啊！我可以连着进一个星期。"

费雷拉在联赛中首次代表河床出战就梅开二度，河床最后以3–1击败查卡里塔。据说比赛结束后,《评论报》的记者乌戈·马里尼离场时听到一个小男孩问一位老人对新中锋的看法。“他简直不是人。”老人回答,“他就是头野兽。”费雷拉的第二个绰号“*Fiera*”——“野兽”就此诞生。他成为一个现象,每周都破门得分,《评论报》于是为第一个面对费雷拉能大门不失的门将提出悬赏。最终由飓风的坎迪多·德尼古拉赢得这笔奖金,但此时费雷拉已在12场比赛中打进19球,而且那场比赛飓风也只能1–1逼平河床。

进入1932赛季的最后一轮,河床只落后独立一分。当时,观众在体育场通过《校友》杂志架设的大公告牌了解其他比赛的战局实况。虽然独立主场落后于竞技,但他们的球员知道河床对圣洛伦索也丢了球。公告牌一直显示圣洛伦索1–0领先河床,独立球员认为冠军已经到手,便没有尽全力去追平比分。问题是操作公告牌的是一个河床球迷,河床扳平后,他迟迟没有修改比分,直到终场哨响,独立队员和球迷开始庆祝的时候才发现这个可怕的真相:他们面临一场争夺冠军的附加赛。

附加赛只设一场,在中立的圣洛伦索球场进行。中场休息前胜负已见分晓:两名花了大价钱买入的球员——费雷拉和佩乌塞莱上半场还未过半就攻进两球,第38分钟,左内锋里卡多·扎泰利再下一城。比赛最终以3–0结束,河床夺得他们的第一个联赛冠军,费雷拉也以43粒进球成为最佳射手,俱乐部的投资被证明物有所值。

像瓦拉洛一样,下雨球湿的时候费雷拉的作用特别明显。有人说,为了尽可能增加球的重量,赛前河床会把两只皮球的外壳缝在一起,再放到水里浸泡长达48个小时,以求充分发挥费雷拉凶猛射门的威力。守门员因此遭了大罪:1932年,博卡门将胡安·尤斯特里什在扑救河床一次射门时被球打到肚子,不但球门失守,人也昏了过去;1935年,独立门将费尔南多·贝洛成为第一个扑出费雷拉点球的人,代价是双手手腕齐齐折断。

然而重球对身体机能的损耗让费雷拉像瓦拉洛一样伤病缠身。1939年他才30岁就被迫退役,此时已为河床在185场比赛中打进187球。他可能是阿根廷足球史上第一位超级巨星。举例而言,河床如果在国内踢巡回赛,票价会根据他是否上场而浮动。探戈曲中唱到他,他还出演过四部电影,1972

年他去世后，鲁菲诺和胡宁市以他的名字命名了街道。“不会再有像贝尔纳韦这样的英雄了。”探戈明星阿尼瓦尔·特罗伊洛说，“有些球员或许更加出色，但都不是他这样的偶像。”

对河床来说，大幕刚刚拉开。

第11章

现代化与布达佩斯的屠夫

将河床与阿根廷足球整体带入现代战术时代的人叫伊姆雷·希施尔，这似乎是他出生时的名字。伊姆雷后来在德语中演变为埃默里希，在西班牙语中又变成埃梅里科，但因为围绕此人谜团重重，其变幻莫测的教名也就不值一提了。

1925年越位法则的修改促使W-M阵型在英国发展起来，欧洲足球也为之改观。中欧虽然对让第三名后卫担任阻截者这一打法不那么感冒，但整个20年代，中前卫的位置也在不断后撤，尽管比起同一位置的英国球员来，他保留了更多进攻组织的责任；到30年代初，整个欧洲大陆流行的是M防线（通常被称为W阵型，很容易与W-M阵型混淆）[1]。当时，最复杂的战术辩论集中在奥地利与匈牙利的咖啡馆，知识分子运用他们讨论政治、音乐和文学的辨析力来剖解足球。足球的第二波先驱者从多瑙河心脏地带出发，横渡大西洋，推进了南美足坛的革新，为这项源自英国，后又融入当地色彩的运动引进了新的战术标准。如果说第一波浪潮的主流是做着冒险与发财梦的年轻英国男子，这第二波则大部分是犹太人，他们移民的目的主要是为了逃离欧洲愈演愈烈的反犹风潮。

将M防线引入阿根廷的是匈牙利犹太人伊姆雷·希施尔，1932年，这名

---

1 M防线与W-M阵型的区别主要在于后撤这名中前卫的功能，在W-M阵型中，他完全承担防守任务，是中场阻截者，在M防线中，后撤中前卫除了防守外，主要职责是从球场纵深地带发起进攻组织。下文中对此有一定的解释。中前卫现在几乎已经被“后腰”这个术语取代。——译注

没有任何顶级联赛执教背景的神秘人物被任命为拉普拉塔体操与击剑队的主教练。普遍的看法是，他参加了费伦茨瓦罗斯1929年的访阿友谊赛，那支球队当时在阿根廷广受赞誉；不少阿根廷媒体还深信不疑地断言，他在费伦茨瓦罗斯的处子秀是1916年，退役时29岁，正是访阿之后不久，但是费伦茨瓦罗斯俱乐部博物馆中没有任何文件提到他，说明他从未在这里踢过任何正式比赛。2014年，当时92岁的费伦茨・鲁达斯是所有尚存人世的费伦茨瓦罗斯球员中年龄最大的一位，当人们向他问起伊姆雷・希施尔的时候，他也完全想不起这个人来。希施尔是个不知打哪儿冒出来的人物，如果阿根廷是历史学家何塞・路易斯・罗梅罗所说的"一个可以改头换面的地方"，那么很少有人像希施尔一样乐此不疲。

希施尔1900年7月11日出生于布达佩斯以南约60英里处的小镇奥波什陶格，这点看起来确实不假，但他让阿根廷人信以为真的其他事情就几乎全是谎言了。他有个女儿加芙列拉，至今仍在布宜诺斯艾利斯市做心理分析师。据她说，父亲很少提及过去，只说自己一战期间跟随兄弟去了巴勒斯坦，在那里隐瞒年龄，签约加入了一个英国人指挥的军事分队。战争结束后，他留在巴勒斯坦，与犹太民族主义者一起反抗奥斯曼帝国。一次手榴弹袭击给他的髋部留下了伤疤，手腕也曾经中弹。

加芙列拉保存了大量与她父亲有关的剪报，包括阿根廷、巴西和乌拉圭的报纸。有些报纸说他曾效力于费伦茨瓦罗斯，也有些说他曾效力布达佩斯竞技俱乐部，还有些说他曾经在维也纳哈科亚赫或纽约哈科亚赫队踢过球，另一些则把他与巴黎竞赛俱乐部联系起来。1949年，他在佩那罗尔执教期间，一本乌拉圭杂志甚至说他曾是"世界最佳球员之一"。加芙列拉说，父亲告诉她，他在捷克斯洛伐克踢过球，但唯一找得到他球员记录的俱乐部是匈牙利的胡索斯[1]，一家代表肉制品行业的半职业俱乐部，当时参加匈牙利乙级联赛，1925年还因为打假球被停赛一年。这似乎证实了另一位匈牙利犹太人贝洛・古特曼[2]提供的细节——希施尔的主业是屠夫。古特曼自己在足球

1 胡索斯原文Húsos在匈牙利语中是"肉类"的意思。——译注
2 见蒂博尔・哈莫里编辑的哲尔治・奥尔特与贝洛・古特曼回忆录《旧日的进球与教练的命运》（*Régi gólok, edzősorsok*）。

史上的地位很牢固，他是一位脾气乖张但才华横溢的教练，职业生涯漂泊不定，亮点是带领本菲卡两度夺得欧洲冠军杯。加芙列拉虽然承认父亲深谙解牛之道，并擅长制作香肠，但表示这在他那个时代不算稀奇。她认为父亲来自一个富裕家庭，不是什么职业屠夫。

根据传说，希施尔1929年在巴黎申请前往纽约的签证时偶遇巴西首富马泰拉佐伯爵，伯爵同时还是意大利体操体育俱乐部的主席——这家俱乐部是圣保罗帕尔梅拉斯的前身。希施尔说服伯爵聘用自己为教练。

看起来，希施尔在圣保罗与古特曼接触，表示自己需要工作时，是1930年的6月底或7月初。古特曼当时效力的维也纳哈科亚赫队正在美洲打巡回赛，履行俱乐部宣传强身派犹太教[1]的职责。“他说自己双手强壮有力，如果能成为球队的按摩师，将不胜感激。”古特曼解释道，“我当场测试了他，告诉你吧，他按得我舒服极了。”

哈科亚赫队给了希施尔按摩师的工作，他随队旅行了一个月左右，跟着他们南下阿根廷。至少古特曼是这么说的。希施尔的版本——或者说希施尔的各种版本，因为他前后两次的说辞似乎从来没有统一过——则有很大差别。“我在布达佩斯大学上学，为学校的一线队踢球，但是发现其实我喜欢做教练。”1939年他对《论坛报》如是说，“我是布达佩斯竞技俱乐部的一员，作为球员访问了捷克斯洛伐克、印度、非洲（原文如此）、英格兰、法国和德国等国家，退役后我从巴黎竞赛俱乐部获得了第一份教练工作。后来我搬到美国，继续在纽约哈科亚赫队干足球这一行。”

“巡回赛结束的时候，球队的钱也已经用完，所以我们在布宜诺斯艾利斯跟他分了手。[2]”古特曼说，“我们离开布宜诺斯艾利斯，他则留在那里，开始散布传言说他曾经是哈科亚赫队的助理教练。由于人们看到他经常跟着球队，因此听信了他的故事，他很快找到了工作。”

1 强身派犹太教是犹太复国主义领袖马克斯·诺尔道在1898年提出的概念，目的是反对传统观念中精于书面与案头工作而身体孱弱的犹太人形象，主张同时锻炼身心两方面的能力，培养强壮、灵敏、富有纪律性的犹太人，为复国做准备。强身派犹太教似受当时已广泛流行的强身派基督教的影响。——译注

2 参考贡纳尔·佩尔松撰写的哈科亚赫队史《群星在途》（*Stjärnor på flykt*），推测此事可能发生于1930年8月10日。

问题是，古特曼是个信口开河的人，惯于满嘴跑火车，而且跟所有人都会闹翻，闹翻后就在故事中肆意夹带私货以发泄怨气。“他最初的计划是尽快让自己被解雇。”古特曼接着说，“好拿到一笔分手费，支付妻子和孩子从布达佩斯到南美的旅费。[1]一个教练要怎样做才能很快丢饭碗呢？他决定给全队来个大洗牌。没想到球迷却赞他为伟大的教练，于是他更弦易辙，开始像一个‘真正的教练’那样把心思放到足球上。”

尽管体操队在1932赛季伊始就连输三场——前十六场比赛中总共也只赢了三场——但是到赛季结束时，他们排名第七，已经是一个相当不错的成绩。新赛季中他们继续一鼓作气，前锋阿图罗・纳翁也状态神勇，前五场比赛五战五胜，直到赛季过半依然高居积分榜首。希施尔似乎不想从一开始就显山露水，反正要做到这点并不难，因为媒体都把焦点放在五巨头身上，对其他球队则习惯性忽视。

“体操队变化惊人。”1933年5月《图片报》一篇关于希施尔的人物志中指出，“球员发生这样的巨变不可能仅仅出于偶然。他的影响显而易见。”不过希施尔本人还是很谦逊。“开宗明义：我不是教人踢球的。”他说，“假装在足球踢得最好的国家教人踢球是件荒谬的事。阿根廷球员举世无双。克里奥尔人有的是潜力：我所做的一切就是挖掘利用这种潜力。”

据这篇文章说，希施尔在接受任命前一共看了体操队三场比赛，然后告诉董事会他可以用俱乐部已有的球员打造一支像模像样的球队，不需要任何转会预算。他承诺，如果让他执教，到1933年，体操队就有争冠的实力。董事会给了他这份工作，但是由于希施尔从预备队上调大量球员替换一线队员，双方很快出现了摩擦。“董事会提出抗议，因为他们认为这些（预备队）球员不堪大用……”人物志中写道，“但是合同规定他有绝对的权力，因此这些球员得以保留。今天看来很明显，他打进争冠行列的承诺即将实现。”

那些“不堪大用的”球员包括：至今依然保持着体操队进球纪录的中锋阿图罗・纳翁、右内锋阿尔韦托・帕洛米诺、右前卫奥斯卡・蒙塔涅斯和守

---

1 希施尔第一个妻子与孩子的命运不详。加芙列拉相信他们可能在希施尔离开匈牙利前就已死于肺结核，也有可能她去世前夫妻已经分居。

门员阿蒂略·埃雷拉，他们都进入了球队的首发阵容，整支体操队则被冠以"快车"美名。不过，球队最耀眼的明星还是何塞·玛丽亚·"佩佩"·米内拉。他最早踢中锋，1925年，为了欢迎当时的威尔士王子，后来的爱德华八世访问阿根廷，米内拉的家乡马德普拉塔举办了一场足球赛，对阵双方是当地联赛选拔队与英国"反击号"战列巡洋舰上的水手，年方16岁的米内拉就在这场比赛中崭露头角，最后马德普拉塔联队1–0战胜水手队。1928年，米内拉加盟体操队。1930—31年，俱乐部组织了一次漫长的季后巡回赛，由于佩德罗·查鲁受伤，米内拉被临时拉去踢5号的位置。他在27场比赛中打进11球，从此再也没有回到锋线。米内拉赋予中前卫这个位置以崭新的涵义，当时最重要的战术评论家、记者胡维纳尔曾经写道："历史将以米内拉为分界线。"由米内拉居中，左右分别辅以安赫尔·米根斯和蒙塔涅斯，体操队组成了被称为"三M"[1]的中场阵容。

"我愿意成为每个人的朋友。"希施尔继续说道，"这样我们可以更加明确各自的职责。只要我看到一切按部就班，便没有必要显示教练的权威。一开始我不得不罚一些人的款，后来就用不着了。有大约六个月的时间，队里连五比索罚款都没有。克里奥尔人表面上看自由散漫，其实很容易听从指挥。"

听了古特曼的说法，再来听希施尔的话，每一句都会让人情不自禁地打个问号——天才的深言奥义与骗子的陈腔滥调之间就是这样一线之隔。希施尔曾说："一切都建立在把话说开的基础上，建立在对球员的款款深情上。只要话说得好听，打交道就方便多了。"如果认为古特曼所言字字属实，那么希施尔这段话简直像在诠释诈骗之道。但这样说也许不太公平：也许他只是一个具有朴素智慧的屠夫，突然意识到自己能让球员相信梦想的力量。当然他也确实魅力非凡：在每一张和球员的合影中，都能清楚地看出他是人群的中心，球员专心致志地聆听他的教诲——原因不仅仅是他1米96的身高。加芙列拉回忆说，不管是在银行、商店还是火车站，只要他开口，就能引起注意，聚集听众。

然而恶意的揣测必须告一段落了。无论希施尔接受教职时动机何在——

1 三人的姓氏皆以M开头。——译注

其实也只有古特曼一个人说他存心不良——他很快就成为一名灵思泉涌的教练。“我的第一个任务是从体能的角度组织球队。”他说，“他们必须保持良好的状态。要达到这个目的，我必须考虑每个球员需要什么样的训练，以及训练的强度。你不能以同样的强度要求十一个人，因为对一些人来说强度刚刚好，对另外一些人来说不够，对还有的人来说就过头了。”他引进了“瑞典体能训练与美国体能训练的结合体”，坚持训练项目包括冲刺跑、长跑、篮球和足球。他认为德洛沃和纳翁不需要训练，所以他们的赛前准备不过是“热水澡加按摩”。“训练强度也取决于不同的训练时段。”希施尔接着说，“赛季前强度更大，一旦赛季开始，比赛之间的训练就要轻松一些。”这一观点听起来惊人地符合现代理念，效果也很明显。《图片报》注意到，“快车”队在战胜独立和圣洛伦索的比赛中是如何用更充沛的体力拖垮对手的。

关于克里奥尔人的足球风格及其精湛的技艺，希施尔说的可能完全不错，但是他给球队带来了一种更加直接的打法，侧重于传接配合而不是个人技术，这与古特曼后来在圣保罗卓有成效的做法如出一辙。

希施尔的另一个伟大创举是把全队的工资调整到同一水平，“以示大家的贡献是一致的”。这不但体现了他精于财务，同时也似乎表明，他并不像古特曼说的那样，只想利用体操队短期过渡。在基本工资之上，首发11人还能得到门票分成：结果主力球员的月收入从120—300比索涨到700多比索——希施尔自己也是一样。

一切都进展顺利，直到9月底，体操队客场挑战博卡，这是总共34轮联赛中的第26轮，他们已经占据榜首之位，领先对手两分。上半场他们以2–1领先，但下半场主队获得一个充满疑问的点球，并进球得分。几分钟后，博卡又进了一个有越位之嫌的球。体操队非常愤怒，联赛组委会似乎也有同情之意，停了本场当值裁判的职，但结果无法更改。

重整旗鼓的体操队下一轮击败了独立，但一周后在圣洛伦索，情况更加糟糕。体操队1–2落后的时候可能应该获得一个点球机会，裁判阿尔韦托·罗霍·米罗却判定犯规地点在禁区外。过了不久，圣洛伦索一次射门看上去已被体操门将挡出球门线，米罗却判进球有效。忍无可忍的体操球员开始静坐抗议，圣洛伦索踱着步又进四球，裁判这才终止比赛。倒数第四、第五轮连续负于河床与竞技意味着体操队失去了夺冠的机会，体操队却认为冠军是被两名裁判抢走的。

1933赛季，体操与击剑队的攻势足球赢得了赞誉，他们总共打进90个球，比进球榜上排名第二的博卡多4个，虽然失球也高达55个，是前七名中最多的。同时他们也收获了普遍的同情，很多人承认五巨头势力太大，他们的球迷人数既多，气焰又嚣张，还有他们的政治影响力，这一切都迫使裁判做出有利于他们的判罚。第二年一整年，裁判只吹了34个点球，清楚地证明，他们常常怯于做出重大的决定。但是古特曼指出，希施尔和体操队也并非完全清白无辜。“他有一个著名的把戏，也可以说是臭名昭著。”古特曼说，“希施尔让他的球员用重球训练，类似于在英格兰用的那种球。当时南美的习惯是上半场用主队提供的球，下半场用客队提供的球。但是，希施尔想出了一个法子，他给守门员一个带刺的戒指，让他找机会刺破皮球，这样就可以使用他们那种特制的重球——反正自己球队已经在训练中习惯了这种球。我告诉你，他就是个如假包换的骗子。”难道说这就是希施尔转投河床后出现在贝尔纳韦·费雷拉传奇中泡了水的双层重球？

河床继续着他们的投资计划，由于受到希施尔攻势足球风格的吸引，他们也想找一位专业的足球教练。1934年，他们聘用了希施尔。他开始慢慢地推行M防线，让中前卫后撤，不过不是变成英格兰那种纯粹的后卫，而是根据多瑙河流派对这个位置的定义，成为一名站位非常靠后的中场，既有防守任务，又能从后场开始组织进攻——他是否确实如此重组了阵型，现在已经很难找到佐证，但他自己是这样说的。一年后，他从体操队签来米内拉打这个新的位置。

无论他是否真的以虚张声势开始其执教生涯，希施尔作为教练的成就无可辩驳。1936年，阿根廷联赛在又一次令人眼花缭乱的重组后更名为冠军杯赛（本质上还是联赛，只不过改为单循环），希施尔带领河床夺冠，整个过程中狂进49球，赢下了17场比赛中的13场。

希施尔对年轻人抱有极大的信心，1935年，他给了当时才16岁的伟大球星阿道夫·佩德内拉处子秀的机会，同一年还提拔18岁的何塞·曼努埃尔·莫雷诺为主力左前锋，后来莫雷诺成为左右皆可胜任的内锋。他在拉博卡长大，一直支持博卡青年队，一心想为他们踢球，但试训后被他们拒绝。他发誓要让博卡后悔对他的冷遇，在一次打破鼻子后放弃颇有前途的拳击生涯，加盟了河床。他的机遇来自1934年访问巴西的友谊赛，当时他表现出神乎其神的自信心。“放松，孩子们。”在对瓦斯科达伽马的比赛之前，他这样说，“我们会进这伙人五个球。看看那个盯防我的人就知道了。他丑死了。我要让他团团转。”果不其然，河床5–1大胜。

在阿韦利亚内达长大的佩德内拉是竞技球迷，但他父亲曾经效力河床，他四岁的时候是他父亲第一次扔给他一个足球。他像莫雷诺一样从中锋费雷拉那里受益良多。例如，1938年，他在球队还立足未稳之时，费雷拉曾让他去主罚任意球。他想踢出一个香蕉球，但触球的脚法不对，被守门员轻松扑出。费雷拉把他叫到一边。“我让你踢任意球，”他说，“你就好好地给我用力踢，不要扭扭捏捏，明白?”“当然，理解了。”佩德内拉说。“之后每次站在球门前罚任意球，我都会记起贝尔纳韦的忠告。”

另一次，佩德内拉记得，费雷拉回到更衣室的时候双腿伤痕累累，因为被盯防他的人踢了一脚而感叹岁月不饶人。“都怪沃森·赫顿。”他呻吟道，“就是他发明了足球……”从此以后，费雷拉越来越往后撤，离对方的防线越来越远，以便拿球的时候能有更大的空间。佩德内拉也正是在这个纵深位置大显身手，最终发挥了类似20年代球场上指挥的作用。他是“Adolfo Divino”——“神人阿道夫”，“机器”的驾驶员，能以极小的甩腿幅度踢出势大力沉的远射；能与莫雷诺二过一配合；能将球不失毫厘地传到跑动中的拉布鲁纳脚下；还能佯装传球，实际却挑射破门——这方面一个著名的例子发生在一场对圣洛伦索的比赛中。

莫雷诺和费雷拉组成了神挡杀神、佛挡杀佛的搭档。1936年，费雷拉是河床队的冠军杯最佳射手，17场比赛轰进15球，但在荣誉杯[1]中，莫雷诺以13粒进球排名球队榜首。第二年，联赛恢复到比较传统的形式，莫雷诺进32球，费雷拉进25球，河床轻松卫冕，总进球数达到106个，34场比赛只

1 1936年的阿根廷联赛形式相当诡异，分为两个单循环赛事，前一个叫荣誉杯，冠军是圣洛伦索；后一个叫冠军杯，河床夺冠。2013年，阿足协正式承认圣洛伦索与河床在1936年获得的这两个头衔均可计为联赛冠军。——译注

输了三场，领先亚军独立六分；要知道，那年的独立在伟大的巴拉圭前锋阿塞尼奥·埃里科激发下同样进球如麻。“河床的赛前准备独一无二。”这是《图片报》对希施尔成绩的认可，“没有任何其他球队的体能训练能与之匹敌。”

河床倒数第二轮对阵博卡青年，虽然冠军已经到手，但是此前他们在联赛和友谊赛中两度负于对手，因此还不到松气的时候：他们太想终结博卡对自己的“老子”地位了——在阿根廷，如果甲队总是占乙队的上风，人们就会戏称甲队为乙队的“老子”。河床最终3–2取胜，但比赛场面火爆，丑陋不堪，球员和观众都剑拔弩张，险些大打出手。说起来，本场比赛的主裁判艾萨克·卡斯韦尔还是足协特意从英国请来控制赛场冲突的，而这是他在阿根廷主吹的头几场比赛之一。

联赛可能已于1931年实现了职业化，裁判员却没有，整个30年代，裁判越来越成为攻击的对象。比如说，1932年，大学生在对榜首球队河床的比赛中0–1落后，裁判比森特·德安杰利斯此时吹掉了他们的一个进球，愤怒的球员向他冲去，把他逼回更衣室。15分钟后，他从更衣室出来，重新开始比赛，并改判进球有效，促使流言四起，都说他被大学生主席举着枪威胁。这个进球也因此被称为“*el gol de la casilla*”——“更衣室进球”。

阿足协一贯的亲英倾向再次暴露（或者也可以说是文化上的卑躬屈膝，取决于你看待此事的角度），他们确定的解决方案是去英国请一位英国裁判来制定标准并培训本地执法人员。卡斯韦尔是布莱克本的工党议员，最近刚刚从裁判的职位上退休。他于1937年10月抵达布宜诺斯艾利斯，同船乘客警告他说他“将承担一项危险的任务”，但他不为所动；一开始的三周他花在看比赛、打探情况及了解阿根廷裁判的工作方法上。

他描绘出的是一番令人不安的景象。

> 所有大型体育场都围绕着高墙……球场四周则是高达十尺的铁丝网……顶部带着刺。骑警在场外执勤，某些场合下连场内都有骑警，普通警察则随时待命，有时候待命的包括消防队……比赛打法粗野，裁判不断吹哨，伤停频繁（经常还有十数人借伤停冲进场内给球员水喝），

球员与裁判时有争执，还在球场上斗殴，引来警方的干预。观众之间也常常发生争斗，有些人等着在赛后威胁裁判或向他们投掷石块。有六个月的时间，我的工作举步维艰。

球迷骚乱很早就是阿根廷足球的一个大问题。1905年，由于球迷侵入场内，贝尔格拉诺和基尔梅斯的比赛被迫叫停。五年后，在博卡与西部铁路的一场乙级联赛中，一名博卡球员袭击了边裁，另一人则袭击了主裁，于是博卡球迷开始发动，比赛也不得不取消。1923年，在一场苏格兰11人联队与布省选拔队的比赛中，球迷相信苏格兰人获得的一个角球是误判，于是挡住主罚球员，不让他开球，后者只能将角球踢出边线，变成一个球门球。不过当时这些事件虽然听上去令人不安，基本上都还是孤立的。当球迷开始组织并武装起来时，事态就要严重得多。小说家兼记者罗伯托·阿尔特1929年为西班牙《世界报》撰写的文章《昨天，我目睹了阿根廷人的胜利》（*Ayer vi ganar los Argentinos*）中这样记述：他看到球迷带着柑橘和瓶子来砸对手，还有男孩贩卖砖块，其目的可想而知。1939年，卡斯韦尔对球场安全的忧惧成为现实：博卡与拉努斯球员比赛中发生争斗，当愤怒的博卡球迷威胁要冲入场内时，一名警察拔枪射向人群，两人丧生，成为发生在阿根廷足球场内的暴力事件中最早的冤死者。

卡斯韦尔清醒地指出，变化需要时间。但他相信，1938年9月发生的一件事是一个转折点——在博卡与竞技的一场比赛中，他因罗伯托·切罗不服判决而将他罚出场外。尽管比赛结束后卡斯韦尔迎受了球迷的石块袭击，但切罗被禁赛一个月。卡斯韦尔说："我在这场比赛中的坚定态度，以及我为了维护纪律，不惧任何球星或俱乐部的声名这一事实留下了印象，局势因此发生了转变。"看上去，当卡斯韦尔1940年回国的时候，他已经广受敬重。

下一赛季，1938年，河床在32场比赛中打入105球，可惜还是不够。独立的埃里科再次状态神勇，独立总进球数达到115粒，并在最后一轮以8–2大胜拉努斯，锁定了联赛桂冠。埃里科可能是独立的进球机器，但队内真正的球星却是安东尼奥·萨斯特雷，他是塞萨尔·路易斯·梅诺蒂心目中最伟大的球员，1980年被球迷评选为阿根廷足球史上五名最佳之一。他能踢各种位置，这是让他如此危险的一个原因：当对手忙于应付埃里科与他的锋线搭档比森特·德拉马塔时，萨斯特雷可以打破传统的阵型设置，后撤到纵深地带拿球并组织进攻。

萨斯特雷1911年在洛马斯德萨莫拉出生，成名于阿韦利亚内达市拉莫斯卡区的进步俱乐部，这是一个球星辈出的俱乐部。1931年，他第一次代表独立队出场，似乎是受塞瓦内的怂恿，替补受伤的左内锋拉林，但最终他将取代的是塞瓦内自己的位置。又高又壮的萨斯特雷满可以成为一名传统的中锋，但在独立签下伟大的乌拉圭前锋罗伯托·波尔塔后，他转移到左路——多面手的特性是他最大的优势。他总共为独立踢了340场比赛，进了112个球，夺得1938年和1939年的联赛冠军，直到1941年转会圣保罗。他助圣保罗拿到三次圣保罗州联赛冠军，并收获荣誉雕像一座。“如果世界上有诺贝尔足球奖，”俱乐部主席德西奥·帕谢科·佩德罗索说，“毫无疑问，全巴西都会投票给萨斯特雷。”

1938年，河床获得联赛亚军，希施尔赛季结束后离队，先返回体操，短暂任职后又去了罗萨里奥中央。1939年，他们做客河床时0–6惨败，希施尔认识到他是在“自食其果”。“我亲自来收获自己的执教成果。”他说，“这六个进球都是我的孩子们打进的。”

此后他辗转于圣洛伦索、班菲尔德和圣洛伦索之间，直到1944年，他在阿根廷的教练生涯戛然而止。根据当年1月13日AFA纪律委员会第七期议程的会议记录，班菲尔德主席弗洛伦西奥·索拉[1]在1943年9月班菲尔德与西部铁路的比赛前企图贿赂铁路队门将塞瓦斯蒂安·瓜尔科[2]（比赛结果是1–1，瓜尔科并没有上场）。还有其他人被列为这起假球事件的同谋，包括希施尔，他“参与了向球员瓜尔科行贿2 000比索的勾当”。希施尔与其他八人[3]被判定“*amoralidad deportiva*”——“违反体育道德”，并被永久禁止在AFA及其附属俱乐部从事任何直接或间接的活动。同年5月10日，阿根廷司法检查总

1 班菲尔德的体育场即以他命名。
2 此人有个很不贴切的中间名——Inocencio，意为“无辜的”。
3 其中包括前博卡中锋多明戈·塔拉斯科尼，业余足球时代的传奇人物之一。

署[1]推翻了该禁令，但污点已难以洗净。

二十年前，希施尔正是在胡索斯被牵连进一场假球丑闻后离开了匈牙利，这至少可被视为一个有趣的巧合，虽然凭此就得出确定的结论并不保险。在阿根廷被禁后，希施尔先去巴西执教克鲁塞罗，然后又到乌拉圭，带领佩那罗尔两夺联赛冠军，1950年，乌拉圭出人意料地获得巴西世界杯的冠军，也被归功于希施尔到来后灌输的战术思想。

不管怎么说，对他的才华并无争议，同样无可争议的是，在阿根廷足坛，他领先了时代好几年。希施尔的战术创新，他取得成功的关键，直到1939年才真正被承认。正如古特曼所说，希施尔是个骗子，这点似乎毋庸置疑，但他的骗局设置在哪里却让人不明就里：是实施新战术的时间并不像他声称的那样早，他只是事后虚张声势呢，还是战术确已实施，不过被他掩饰了四年之久？但无论如何，他都是推动阿根廷足球战术走向现代化之人。

1 这是司法与人权部下属的一个分支，主要功能是对商业公司进行登记和监督。——译注

第12章
焦虑骑士

河床在寻找希施尔继任者上缺乏令人信服的进展，他们的下一个大举措是营造了纪念碑球场——阿根廷第一座现代化体育场。守门员阿马德奥·卡里索坚称是费雷拉吸引了更多观众，带来的门票收入成为球场的资金来源。这座钢筋水泥建筑物于1938年5月25日举办开幕赛，总统罗伯托·玛丽亚·奥尔蒂斯亲自到场，观看了一场河床大胜佩那罗尔的比赛。但是体育场本身具有更重要的意义。它包括一所学校，一家医疗机构，以及供会员使用的体育设施。设计考虑到了体育场在比赛日外还能实现哪些功能，这一点可说是开时代之先河。1939年才首次代表一线队出场的安赫尔·拉布鲁纳像许多会员一样，业余时间大多在这里打发。他踢足球，打乒乓，打网球，参加俱乐部提供的一切体育活动，除了游泳以外——因为照他说："我还不想死。"在此，他还遇到了后来成为他妻子的女人。纪念碑的社会效益被用来证明河床得到优惠得不可思议的政府贷款是取之有理，但事实上，这一交易不过再次昭显了足球与政治的相互勾结，及精英阶层对草根球迷的公开拉拢。

1939年，河床又获得联赛第二——这次只进了100个球，冠军独立的进球数是103个，积分领先河床六分。1940年，河床找来另一位匈牙利人，前巴塞罗那门将费伦茨·普洛特科。他尝试引进M防线，但结果惨淡，河床在那个赛季的头十二场比赛中输了七场，7月便解雇了他；他执教的时间虽短，却可能代表了一个必要的过渡期。20世纪30年代伟大的右边锋，后来成为河床主教练的卡洛斯·佩乌塞莱说："他之所以失败，最大的根源是对体育环境的一无所知，而非其他原因。"

同时，佩乌塞莱也承认，普洛特科在俱乐部的短暂逗留有其重要性，他让希施尔留下的想法生根发芽。“他的实践无法奏效，但播下了变革的种子。”佩乌塞莱说。这个种子将由雷纳托·切萨里尼培育成功，他是1936和1937赛季希施尔带领的那支冠军球队的主力，但他接受欧洲战术教育远早于此。

切萨里尼1906年出生于意大利东海岸安科纳附近的塞尼加利亚，但几个月大的时候就随家人移民到了阿根廷。1929年，尤文图斯说服他离开查卡里塔青年队，加入“海归”返回欧洲的行列。他在意大利非常成功，不但赢得意甲五连冠，还练就了终场前进球的神技，直到现在，意大利人还把绝杀球称为“切萨里尼时段”进球。切萨里尼不光能进球，还曾被特别指令来盯防对方最有创造力的球员。1935年，他把这个概念带回阿根廷——先到查卡里塔，后来又去了河床，在河床，他发现希施尔的理论与他从意大利学来的如出一辙。

“他是河床风格的奠基人。”博卡后卫，曾是切萨里尼国家队麾下一员的西尔维奥·马尔佐利尼说，“切萨里尼还带球员去钓鱼。钓鱼！[1]他非常聪明，总能与球员建立这类特殊的情谊。但是他也很烦人，要是他看到你的动作里哪怕只有一个与他设想的不符，他都会向你指出。”

切萨里尼开始使用他在意大利学到的盯人战术，他把诺韦尔托·亚科诺改造成防守任务很重的右前卫，并最终变成事实上的右后卫。这深刻地影响到阿根廷足球中球衣号码与场上位置的对应。30年代，当球衣号码刚引入阿根廷时，它们一般按英国惯例以2–3–5阵型排序：球场上从右到左分别是——门将1号，右后卫2号，左后卫3号，右边前卫4号，中前卫5号，左边前卫6号，右边锋7号，右内锋8号，中锋9号，左内锋10号和左边锋11

1 60年代的博卡球员似乎对钓鱼有一种奇怪的心理障碍，好像他们觉得这一活动有失身份。“我有一艘游艇，也喜欢出海。”安东尼奥·拉廷说，“你知道，就是驶出去两三天，再驶回来。不过请注意，我只出海，不钓鱼。要是在船上过夜，我会从船舷边撒一些鱼饵，第二天再去看是否有鱼上钩。”如果要提供一种解释的话，这可能和阿根廷饮食习惯有关：尽管阿根廷有着漫长的海岸线和丰富的鱼类资源，奇怪的是，阿根廷菜却几乎完全以牛肉为主；而博卡球迷大多来自意大利移民家庭，这些人定居阿根廷前在老家从事的就是捕鱼的工作，因此在博卡人的意识中，钓鱼似乎与贫困有着潜在的联系。既然到了新世界，牛肉这一富人的食品已如此充裕，何必再回过头去吃鱼呢？当然，这种解释只是一个假设而已。

号。到了“机器”时代，4号亚科诺从右边前卫变成右后卫，同时两名内锋也已退至中场，实际阵型变为3–2–2–3（形状和查普曼在英格兰发明的W–M阵型一样），号码从右后卫到左边锋分别是：4，2，3；5，6；8，10；7，9，11，这就是为什么即便是今天，5号球员在阿根廷也仍是控制型中场，而且常常是场上的“考迪罗”，球队的领导者。反观英格兰，当W–M阵型中的三后卫初创之时，拖后到两名边后卫之间的是中前卫5号，因此英格兰的5号传统上是中后卫，centre-half（中前卫）这个词在英国也常常与centre-back（中后卫）通用。

“机器”的诞生可以回溯到1941年10月19日，赛季倒数第二轮。上一轮，河床2–0击败蒂格雷，他们的争冠对手圣洛伦索1–2负于卫冕冠军博卡，河床得以以两分优势登上积分榜首。博卡没有夺冠的机会，但他们前往纪念碑的时候，至少想着要搅一下老对手的冠军局。上半场，河床已经3–0领先，最终5–1大胜。《图片报》花了14页的篇幅大书特书这场胜利。

接下来的赛季他们更加强大。6月7日客场挑战查卡里塔青年之时，他们已经在前七轮中六胜一平。博卡此轮11–1狂胜蒂格雷，但河床6–2战胜查卡里塔的比赛才真正让人热血沸腾。《图片报》编辑博罗科多将他们比拟为“机器”，这一美名就此流传。20年代，他的杂志曾经批评英国足球呆板机械；现在却又赞誉河床如机器般运转流畅，如此之多的零件相互之间严丝合缝，配合默契，宛若奇迹。球迷也充分领会到球队有序运作的美妙之处，吟唱出这样的歌词：“*Sale el sol, sale la luna, centro de Muñoz, gol de Labruna*”——“太阳升，月亮升，穆尼奥斯传中，拉布鲁纳得分。”

莫雷诺是5–1击溃博卡一战的明星，就技术而言，历史可能已经判定他为河床这条锋线中天赋最高的球员。他显然具有那个时代的典型色彩：蓄着一把流里流气的小胡子，夜夜流连于酒吧与米隆加舞会，并像穆尼奥斯一样坚称，探戈是足球运动员最好的训练方式。伟大的博卡前锋潘乔·瓦拉洛认为，如果莫雷诺训练得法，不自我放纵，他甚至可能超越马拉多纳——当一名球员被认为比马拉多纳还荒唐，说他的社交生活极度活跃一定并不为过。他在河床的队友洛斯陶讲述过一个与竞技比赛的故事：赛前莫雷诺彻夜狂欢，医生警告他说，哪怕只上场踢20分钟，他都会没命；当然，他不仅上了场，还成为全场最佳。这个故事真实吗？严格地说并不真实，但正如另一个故事一样，蕴含着一个更高级别的真理。那个故事发生在一场图库曼省的友谊赛中，现场人山人海，警戒极严，洛斯陶正带球冲向对方球门，一名骑警突然挡在身前，洛斯陶不管他，将球从马腿间踢出，自己则低头钻过马肚子，继续直捣球门。“机器”不仅仅是一支伟大的球队，更像一面镜子，阿根廷人从这面镜子中看到自己理想化了的形象：技术娴熟、头脑灵活，肆无忌惮、胆大妄为，风度潇洒、才华横溢，无拘无束、不守成规到不负责任的地步。“莫雷诺是最伟大的，超过了贝利。”1950年加盟河床的乌拉圭前锋瓦尔特·戈麦斯说，“多么出色的控球，多么强大的力量，多么精准的传射，多么优美的风度！贝利踢球手忙脚乱，而莫雷诺踢球像穿着燕尾服。”

但在艺术性的背后，他也有争强好斗的一面。例如，1947年，一群大学生球迷冲进场内挑衅裁判，他拿出以前当拳击手的架势挺身迎敌。同一年晚些时候，他头上被蒂格雷球迷的石块砸中，河床的医护人员跑过来提供救护，被他愤怒地斥退。“我干吗要接受治疗？”他怒吼道，“让那群人可以感觉良好地四处吹嘘他们击中了莫雷诺？不，先生们！只有在需要被抬下场的时候，我才接受治疗。”

“机器”的传奇五前锋其实跑位非常灵动，这主要因为名义上的中锋安赫尔·拉布鲁纳的活动范围靠左，为莫雷诺从右内锋的位置突前，及穆尼奥斯在侧翼的包抄创造了空间。“这不是哪个技术指导[1]想出来的。”佩乌塞莱说，“这是球员自己的创造。”拉布鲁纳是一个钟表匠的儿子，因为在踢球上浪费了太多时间而被父亲严加笞挞。1939年，一线队员支持莫雷诺的罢赛给了他首秀的机会，此后大部分时间他都牢牢占据着主力位置，足有二十年之久，并以315个进球创造了俱乐部纪录。左翼的费利克斯·洛斯陶起着“*ventilador*”——“风扇”的作用，他的跑动给了中场喘息的机会，减轻了佩德内拉的负担。“我们踢的不是现代足球，而是老式足球。”拉布鲁纳坚持说，“如果一支球队中的球员都只会一种职能，他们走不远。”

“机器”能赢球，但也并非常胜将军。他们获得1941年和1942年的联赛

1 在阿根廷，主教练的正式称谓是*director técnico*（技术指导）。——译注

冠军，1943年和1944年则两次排名博卡之后，屈居亚军——这是因为“热那亚人”[1]在前中锋阿尔弗雷多·加拉西尼执教下，也启用了M防线并卓见成效。直到1945年，河床才再度夺冠。“我们被称为‘焦虑骑士’，因为我们从不刻意追求进球。”穆尼奥斯说，“不能进球这种事，我们连想都不去想。一旦上场，我们就按自己的方式踢球：控住球，传给我，过几个人，这样那样鼓捣一番，进球自然就来了。”

卡里索于1945年首次登场，不过长期担任秘鲁籍门将何塞·索利亚诺的替补，后者在2011年以93岁高龄去世时，已是“机器”阵容中硕果仅存之人。卡里索记忆中的“机器”是一支尽可能遵从本能踢球的球队。“球员毕恭毕敬地聆听教练的指导。”他说，“莫雷诺或佩德内拉并非不听指挥，正相反，有时候教练会用到战术板，而每个人都听得很认真。但当我们到达球员通道时，就会有人说：‘好吧，伙计们，让我们照*la nuestra*[2]去踢。*La nuestra*才是最重要的，不是吗？”“*La nuestra*”这个词经常被人们挂在嘴边。

1 原文“Xeneizes”是博卡的外号之一，这个词最早出自利古里亚（意大利西北部大区，位于利古里亚海沿岸，热那亚是该区首府——译注）语中的“zeneiz”，意为“热那亚人”，在热那亚方言中转变为“Xeneizes”。博卡俱乐部的早期球迷大多为热那亚移民。

2 这个词的字面意思是“我们的”“自己的”；其确切来源尚有争议，但普遍用来指一种基于个人技术与自由发挥的足球风格。

第13章

庇 隆 上 位

“无耻十年”毕竟不是久长之计。它造成的低效几乎让政府停摆。例如，1937年全年，国会只通过了三项议案，一项批准自己增加开销，另两项则准许总统离开布宜诺斯艾利斯去度假。到1943年，保守派维持集权的手段已招致普遍不满，究其主要原因，是大萧条摧毁了成千上万小地主的生计，而政府重建经济的尝试一败涂地。反对力量集中在一群陆军军官身上，即所谓的“军官联合体”（GOU），这群人对第二次世界大战期间阿根廷外交政策的摇摆不定及执政者的目光短浅深感失望。

GOU与阿图罗·罗森将军联系，要求他提供部队。1943年6月4日，罗森带领10 000人开进布宜诺斯艾利斯，驱逐了拉蒙·卡斯蒂略，后者在1940年8月罗伯托·奥尔蒂斯病倒之后担任代总统，1942年6月正式出任总统。总统遭到驱逐后，国会也被解散，官员被赶出政府部门，政党遭禁。罗森宣布自己是总统，并任命了一个几乎肯定会在二战中支持盟军的内阁。GOU其他领导人却希望保持中立，于是强迫罗森于6月7日辞职。取代他的是佩德罗·巴勃罗·拉米雷斯。

拉米雷斯做了八个半月总统，即被他的副总统埃德尔米罗·法雷利接替。然而，新政府中最重要的人物却是劳工部长胡安·多明戈·庇隆。1939年，庇隆在意大利境内的阿尔卑斯山中研究山地战时，对社会民主主义的前途颇为看好。他用两年时间铺开了一项宏伟的社会与工业改革计划，并凭此积累了巨大的声望。阿根廷反正正在迅速走向工业化，经济也日益城市化。

识字率的提高，连同经济复苏带来的可支配收入，不但催生了40年代初的文化繁荣，也造就了一个新兴的知识阶层，对政治跃跃欲试，随时随地可被鼓动。在庇隆身上，他们找到了自己的领袖。有着正规教育与军事训练背景的庇隆，祖上能一直追溯到某个印第安土著妇女。当他从军校毕业的时候，他的父亲给了他三本书，其中一本是《马丁·菲耶罗》。在书上，父亲这样题写："希望你永远不会忘记，你首先是一个克里奥尔人。"[1]

高级将领们担心他的个人魅力过大，决定将他逮捕，但这只证实了他们的恐惧并非毫无根据。1945年10月17日，成千上万名被称为"*descamisados*"[2]——"无衫党"——的抗议民众从布市南郊的工业区出发，穿过马坦萨河，聚集在五月广场，要求释放庇隆。小说家埃内斯托·萨瓦托形容此事如同"发动了一股巨大而沉默，几乎是隐蔽的力量"：庇隆主义就此诞生，尽管对这一个人崇拜现象的定义模糊不清。

1946年，随着民主政治回归阿根廷，庇隆以超出对手几乎11%的票数当选总统，这也是女性获得公民权之前的最后一届总统选举。工人阶级首次执掌政权，昔日的自由主义共识已被扫除一清，但美国历史学家罗伯特·D·克拉斯韦勒却认为[3]，庇隆的上位意味着"（阿根廷）断绝了与欧洲在精神上的亲属关系，开始呼唤真正的本土意识，呼唤克里奥尔人的现实与克里奥尔人的神话，呼唤《马丁·菲耶罗》精神"；考迪罗又回来了。

同时，庇隆的领导风格也改变了阿根廷人对总统的态度。虽然他由民选产生，但他穿军装的习惯或许让阿根廷人对文官民主的概念变得淡薄，这一点将在此后三十年内造成严重的后果。

最初，庇隆的两项基本原则，社会公平与经济独立，让他在冷战期间走上了一条中间道路。政府倾向于支持工会罢工，导致工资的上涨大大超过通货膨胀率，而主要消费品——包括足球——的价格则持续走低。政府还实现了重点工业的国有化，从英国公司手中收回铁路，从法国人手中收回码头，

1 另两本是普鲁塔克的《希腊罗马名人传》与切斯特菲尔德勋爵的《致儿家书》。

2 关于这个词众说纷纭。它出自维克多·雨果1861年出版的小说《悲惨世界》。小说中，法国波旁家族给了西班牙社会革命党人这一蔑称，并将他们与法国大革命时期的"无套裤党"并论。在阿根廷，这个词最早也是中产阶级用来讥笑劳工阶层的，但很快就被他们嘲讽的对象占为己用。1945年10月17日出现在五月广场的人群究竟是因为天气炎热才脱去上衣，还是因为买不起衬衫而赤膊，并无定论。庇隆本人将他后来竞选时使用的火车命名为"无衫党"。

3 见《庇隆与阿根廷之谜》。

从美国手中收回电话网络。对汇率与外贸的控制意味着财政储备可用于社会再分配。工业总产值在1941至1948年间上升了60%，庇隆也履行了他关于劳工权利的承诺：带薪假期和圣诞奖金得到推行，解雇员工必须提供补偿。从1943年到1951年，工资实际上增长了40%。学校与医院纷纷建立，大学得到补贴，结核病被根除。阿根廷俨然成为社会福利国家的典范，只要没人发问在这阵基础建设与财政津贴的浪潮背后，钱从哪里来。

随着战后西欧的重建，阿根廷经济也因出口复兴而蓬勃发展。国债的清偿，让庇隆可以宣称国家经济已实现独立。但这只是自欺欺人而已：第二次世界大战期间，阿根廷保持中立，更在珍珠港事件后拒绝了美国的恳求，不愿断绝与轴心势力的关系，招致了同盟国的经济制裁，而制裁反过来又激发了孤立主义的态度。接二连三的领导人断言，阿根廷可以自力更生，也一定要自力更生。

与此类似的是，阿根廷足球也活在自己美丽的肥皂泡中，陷入一种虚假的岁月静好感。庇隆当选前两个星期，阿根廷在南美锦标赛一场决定冠军归属的比赛中面对巴西（这是一届附加赛事，虽为官方正赛，但是不颁发奖杯）。两个月前巴西举办了1945年的胡利奥·罗加杯，当时双方就产生了嫌隙。那届杯赛一共三场比赛，阿根廷在圣保罗先以4–3赢了首场，在里约热内卢则2–6大败——主队的埃莱诺·德弗雷塔斯[1]正是当打之年。三天后的最后一场比赛，阿代米尔上半场踢断了何塞·佩德罗·巴塔列罗的腿，巴西最终3–1获胜。看起来这是个偶然事件，但阿根廷此次再度遭遇巴西，球迷仍一心想要报复，街头小贩出售半生的梨，就为了砸巴西人。上一年在智利赢得南美冠军的阿根廷只需一个平局就能卫冕，而他们20分钟内就以2–0领先，两个进球都来自飓风前锋诺韦尔托·“图乔”·门德斯[2]——留着油光锃亮

1 埃莱诺可能是他那个时代最伟大的前锋，但第二次世界大战让他无缘在1942年与1946年的世界杯上证明自己，而到了1950年，荒唐的生活方式已经透支了他的天赋。他酗酒、抽烟、滥赌，对乙醚上瘾，时不时需要从一块浸透乙醚的手帕里吸一口；他还有着寻花问柳的癖好，效力博卡期间甚至曾与爱娃·庇隆传出绯闻（不过这个传说并不可信），而他在博卡的短暂逗留也是霉运连连。39岁时，他因梅毒死于救济所。

2 门德斯是1949年的电影《同一面旗帜》中三个主人公之一。这部电影记叙了门德斯、马里奥·博耶与阿尔弗雷多·迪斯蒂法诺从草根球员成长为甲级队明星的经历，其中有一点让人禁不住浮想联翩：当此三人共同为国家队效力时，影片从未明确指出他们的比赛对手是谁。阿根廷足球与世隔绝，因此对手是谁无关紧要——只要一方是阿根廷，另一方可以是全世界。

的大背头和一丝不乱的八字胡的门德斯后来成为南美锦标赛史上最佳射手。但当比赛进入30分钟时，阿根廷队长何塞·萨洛蒙试图阻挡雅尔的射门。两人并腿后萨洛蒙的腓骨和胫骨齐断，倒地不起。他的队友对巴西人动起手来，球迷也冲入场内乘机报复对手。警方不分青红皂白地打人，比赛一个多小时后才得以继续。裁判只是象征性地将双方各罚下一名球员——巴西的希科和阿根廷的比森特·德拉马塔。两队强压怒气，踢完了比赛。2–0的胜利带给阿根廷冠军，可是萨洛蒙再未能出现在国际赛场。赛后阿根廷主教练吉列尔莫·斯塔维莱看到雅尔时说："你踢断了阿根廷最佳后卫的腿。""胡说。"据传这位前锋回答道，"最好的阿根廷后卫是德佐尔齐和巴卢西。"

关于国家队战绩对竞选的影响，最著名的一例或许是1970年英国大选中哈罗德·威尔逊的意外失利，据称部分原因就是英格兰五天前在世界杯四分之一决赛中负于西德，让选民们倍感郁闷。问题是，这方面的讨论尽管丰富，真正得到确证的其实很少。战胜巴西是否促成了庇隆当选已不可考，让民众感受一下爱国的幸福却肯定没有害处。

一年后的南美锦标赛上，阿根廷云集了莫雷诺、门德斯、洛斯陶、迪斯蒂法诺和绰号"原子弹"的马里奥·博耶等诸多好手，以六胜一平的战绩轻松卫冕，只可惜这届赛事巴西缺席。看起来，当时的阿根廷人不但在足球上自信爆棚，在其他方面也充满自豪，1948年上映的一部电影《破布球》（*Pelota de trapo*）反映了这一点。这部关于阿根廷足球的经典之作讲述了爱德华多·迪亚斯的故事，编剧之一是——还能有谁呢？——博罗科多。绰号"*Comeuñas*"（"啃指甲者"）的迪亚斯是一个在城区公地踢着破布缝成的足球长大的*pibe*。他后来成为一流的球星，观众心目中的英雄。可是到了情节的高潮处，在一场与巴西的国际足球决赛前（当时巴西已经取代乌拉圭成为阿根廷的死敌），他被告知患有慢性心脏病，上场就可能会死。教练让他不要踢，但观众坚持非他不可，甚至将他抬上场地。在生死关头，"啃指甲者"凝视着阿根廷国旗，决定上场。"为国捐躯的方法很多。"他说，"这是其中一种。"他穿上蓝白间条衫，打入制胜一球。虽然"啃指甲者"的胸部仍在疼痛，他还是活到了片尾。影片既是对阿根廷足球中的"*pibe*"与"*la nuestra*"的浪漫化处理，也是一种公开的民族主义呼唤，号召布宜诺斯艾利斯人超越对城区和俱乐部的忠诚，放眼阿根廷与国家队。

然而现实中的“啃指甲者”根本没有为祖国冒死出战的机会。影片推出后不到一年，阿根廷以行政手续太复杂为理由，缺席了1949年的南美锦标赛，第二年又退出了1950年世界杯。不需要太多想象力就可以看出，这只是保护主义再次作祟：对庇隆而言，阿根廷人的优越感不受挑战是至关重要的。在胡利奥·科塔萨尔1946年的短篇小说《被占的宅子》中，一个资产阶级家庭的住宅被不可知、不可解的力量慢慢占据，屋主虽然心不甘情不愿，却也只能默认，从未尝试抵抗——这是对庇隆时代阿根廷的一个相当明显的比喻。故事的叙述者谈到去各家书店闲逛，“徒劳地询问他们是否有新的法国文学作品。但是自1939年以来，阿根廷就再未进过什么值得一读的书了”。足球可以说也处于同样的境地：一旦隔离主义关上了窗，本来可以将阿根廷从自我满足中拯救出来的思想交流就此吃了闭门羹。

体育不仅仅是庇隆在制造一个自信、进取的阿根廷形象时仰仗的要素之一，而且也成为他个人神话的一部分。他合并了阿根廷奥委会与阿根廷体育联合会，将它们置于国家管控之下，并任命自己为新机构的主席。新机构的诞生伴随着一场宣传攻势，主旨是“庇隆倡导运动”，并赞誉他为“国家首席运动员”。庇隆自己喜欢狩猎，也是一名击剑好手，但是他很清楚足球对建立国家意识的重要性，而这就意味着不能支持任何有失败风险的活动。庇隆与前任的一个关键差异在于，他承认体育运动是——借用阿拉巴塞斯的话——“一种新的（及合理的）爱国主义象征”。

然而这也意味有些历史将被重写。拉尔夫·帕皮耶1950年执导的亚历山大·沃森·赫顿传记片《冠军学校》，似乎就不知该拿足球的英国渊源如何是好。沃森·赫顿在电影中老是戴着猎鹿帽，大概是基于这样一个逻辑：如果福尔摩斯戴猎鹿帽，那么那个年代的英国男人肯定都戴。但是除了老一套的表现手法外，电影里赫顿那支攻无不克的校友队最后从英国人的球队转变成阿根廷人的球队，这种违反事实的描述意味深长。

与此同时，对足球也存在着过度的保护，生怕阿根廷足球并不像看上去那样强大。五巨头曾经险些沦为二人转：博卡与河床轮流坐庄达六年之久。他们的统治终于在1946年被圣洛伦索打破，赛季最后一轮圣洛伦索3–1战胜西部铁路队，而博卡则输给了贝莱斯萨斯菲尔德。

圣洛伦索的攻击力来自其*Terceto de Oro*——黄金三人组：右内锋阿尔曼多·法罗是一名身材细长的组织者，常常后撤至中场创造进攻机会；中锋勒内·蓬托尼有着精心梳理的灰发和修剪得一丝不苟的小胡子，特别能进球；最后是皮肤黝黑的强力左内锋里纳尔多·马蒂诺。

球队则被称为“*El Ciclón*”——“旋风”。那年12月至次年1月，“旋风”对西班牙与葡萄牙进行访问，确立了这支传奇球队的历史地位。尽管“那个冬天天寒地冻，雨雪交加”，《国家报》写道，圣洛伦索“还是引起了轰动”。

然而当局依然战战兢兢，尤其是看到1950年世界杯上巴西遭受的沉重打击之后——一路高歌猛进的巴西最后关头遭遇滑铁卢，在家门口将冠军头衔拱手让给了乌拉圭。田径因为不那么受欢迎，也不太容易激起强烈的情绪，被认为更加安全。政府派出一支庞大的代表队去伦敦参加1948年奥运会，阿根廷最终在奖牌榜上排名第十三，夺得两枚拳击金牌和一枚男子马拉松金牌，算是相当成功。1949年，纪念碑球场举行了一场庆典，那些获得奥运好成绩的人由庇隆再次颁发纪念奖牌。同一年，布宜诺斯艾利斯在争办1956年奥运会时一票惜败于墨尔本。[1]

庇隆政府一边回避国际足球，一边尽其所能地操纵国内比赛。庇隆直接任命了奥斯卡·尼科利尼和巴伦廷·苏亚雷斯为AFA主席，此外，飓风与贝莱斯萨斯菲尔德在1947年与1951年分别步河床后尘，由政府埋单修建了自己的球场。作为回报，政府得到掌控权：每个俱乐部的权力中心左近都出现了一个*padrino*——“教父”，此人连接起俱乐部与庇隆的关系网。

足球在庇隆的社会规划中也占据了重要地位，最著名的一例是1950年开始的爱维塔锦标赛。由于任何青少年球队只要向爱维塔·庇隆基金会报名，即可参赛，这项赛事实质上起到了福利机构的作用，除了给孩子们提供足球用品外，还规定他们必须接受体检、拍X光片并接种疫苗。决赛在布宜诺斯艾利斯市举办，开赛前会演奏国歌，小球员列队绕场向爱娃·庇隆致敬，最

1 是智利代表队投给墨尔本的那一票让阿根廷承办奥运会的希望化为泡影。据传说，因为智利人此前曾多次访问布宜诺斯艾利斯，他们希望能换个地方出差。

后由她本人正式开球。

爱维塔锦标赛给富有天赋的年轻阿根廷球员带来机会，同时又利用足球作为一种促进社会发展的工具，但其重要意义还不仅限于此，它之所以重要，更因为在阿根廷足球的自我定位中，对童年的歌颂是浓墨重彩的一笔。社会学家塞尔希奥·莱温斯基这样写道[1]："博罗科多的'*pibe*'概念不但指出了对象的年轻，也指出了他的天真、率直与无拘无束——这些与童年相关的品质，常常伴随责任在成年后丧失。"从这方面说，由爱娃·庇隆来代言青少年锦标赛似乎恰如其分。这名30年代到布宜诺斯艾利斯闯天下的女演员于1945年[2]与庇隆成婚，婚后几乎为自己创造了一个全新的身份。她让人伪造出生文件，制造出她是双亲婚生女儿的假象，于是1919年出生的爱娃·伊瓦古伦（她母亲的姓）变成了1922年出生的爱娃·杜阿尔特（她父亲的姓）：阿根廷仍然是一个任何人都可以改头换面的地方——即使这样做需要一些*viveza*[3]也在所不惜[4]。爱维塔以惊人的精力工作，每晚只睡两三个小时，主持了许多庇隆的社会与慈善事业，引来大众的顶礼膜拜。20世纪40年代末的她充满活力与青春，好坏暂且不论，这说明她像博罗科多笔下的"*pibe*"一样，身处从幼年到成年的过渡期。"从许多方面来说，爱维塔·庇隆是一个野心勃勃、任性自利的女学生，从来没有长大过。"英国驻阿根廷大使这样写道，"阿根廷……是一个还处于青春期的国家。"

她也永远不会长大。1950年1月9日，爱维塔昏倒在公众面前。三天后她做了手术，尽管对外宣布是切除阑尾，实际的诊断是宫颈癌。1952年，庇隆连任总统，她与丈夫乘车参加了布宜诺斯艾利斯的庆祝游行。那个时期她

1 发表于《暴雪》杂志第十二期。

2 爱维塔是庇隆的第二任妻子。庇隆1929年在父亲死后两个月娶了绰号"波多塔"的第一任妻子奥雷利娅·蒂松。1938年，她36岁时因子宫癌去世。有意思的是，恩里克·帕冯·佩雷拉1952年出版的庇隆传虽然被奉为标杆，却丝毫没有提及波多塔，可能是因为怕她的存在会损害爱维塔的传奇色彩。

3 *Viveza*的西班牙语意思是生气勃勃，常常也可以引申为精明、狡黠、不拘小节、任性妄为、不择手段等。——译注

4 爱维塔伪造出生日期的诡计与后来伟大的阿根廷教练埃莱尼奥·埃雷拉不谋而合。埃雷拉曾在巴塞罗那与国际米兰取得辉煌成就，也是链式防守的创始人。他可能于1910年出生在布宜诺斯艾利斯，但据说将出生证上的日期改成了1916年：由于双亲1914年移民摩洛哥，这样做让他的出生地看起来是卡萨布兰卡。

已经病重得无法站立，只能靠毛皮大衣下用铁丝与石膏制成的支架保持直立姿势。这样做需要相当的意志力，但日后想来，却像是当时经济怪象的一种反映——一具病危的躯体，由看不见的支撑物人为地维系。1952年7月26日，爱维塔去世，阿根廷人悲痛得难以遏制。第二天早上，当遗体被运送到劳工部时，有八人因踩踏身亡，另有2 000人被送进医院治疗。爱维塔热即使在她去世后仍将长存，而这只是初现端倪。[1]

1 爱维塔热的第一个受害者正是她的兄弟胡安·杜阿尔特。他曾任庇隆的私人秘书，1953因被指控受贿而停职，三天后的4月9日，他躺在爱维塔去世的床上，面对着她的一张遗像，朝头上开了一枪。他的尸体被搬到自己床上，这一笨拙的伎俩是为了保护爱维塔身后的名誉，却导致某些人号称他被谋杀。

第14章
黄金联赛

工会的日益壮大也冲击到足坛。职业化推迟了这个问题，但并没有真正解决：整个南美大陆的球员因为工资水平低、安全感不足而愤愤不平。1939年，何塞·纳萨兹领导乌拉圭球员罢工。五年后，墨西哥职业联赛的成立吸引了对国内工作条件感到不满的乌拉圭与阿根廷球员。同年，第一个阿根廷球员工会——阿根廷足球运动员联合会成立。1948年，工会要求得到官方承认，并提出最低工资与签约自由的主张。起初，俱乐部对工会根本置之不理，但工会于1948年4月号召罢工，于是俱乐部给了它正式的名分。这只是暂时搁置了争端，根本问题依然存在，因此工会在7月再次发起罢工。让大多数人根本不敢相信的事发生了，足球真的停摆了。政府做出干预，成立了特别仲裁法庭。虽然足球赛重新启动，但法庭的裁决并不能让工会满意，11月，球员又一次举行罢工。

换到别的时候，俱乐部可能拒不让步，而球员则可能会屈服，但恰巧在罢工的同时，西北方向3 000英里外出了大事。那年4月9日下午1点，哥伦比亚自由党领袖，政治暴力的坚决反对者豪尔赫·埃列塞尔·盖坦律师走出他位于波哥大第七大道的办公室。2点钟，他将与一名年仅21岁，但雄心勃勃的古巴律师菲德尔·卡斯特罗会面，不过，首先他需要吃午饭。他与密友普利尼奥·门多萨·内拉手挽手走向步行只需五分钟的大陆酒店。还没有走到那里，便遇上了刺客，来人对他连开四枪。1点55分，离他与卡斯特罗约定的会面还有五分钟时，盖坦在当地一家医院被宣布死亡。接下来十年内，约有30万哥伦比亚人死于盖坦遇刺的余波。

意识到风雨欲来的哥伦比亚当局拼命找寻解脱之道。“政府在盖坦去世后唯一能想到的，就是利用足球控制与平息群情。”哥伦比亚最受尊敬的足球史家吉列尔莫·鲁伊斯·博尼亚告诉记者卡尔·沃西克，[1]“其他什么都不行……”阿根廷俱乐部没有未卜先知的能力，想不到哥伦比亚职业联赛的建立将震动南美足坛。这项新的赛事很快获名“黄金联赛”[2]，它给意欲摆脱国内俱乐部的阿根廷球员提供了一个可去之处，这里不但薪水丰厚，更兼求贤若渴。

关系恶化的哥伦比亚联赛与足协分了家。足协意在打击联赛，没想到驱逐却变成了解放。这意味着哥伦比亚联赛不再隶属于国际足联，因此俱乐部可以想签谁就签谁，没人有权阻止他们。1949年初，百万富翁俱乐部任命他们的球员，前普拉滕斯和基尔梅斯的后卫卡洛斯·“卡乔”·阿尔达韦兼职教练。阿尔达韦和佩德内拉是好朋友，而佩德内拉此时虽然已从河床转会飓风，仍不失为世界最佳之一，（俱乐部主席）塞尼奥尔了解到两人的关系后，决定派卡乔到布宜诺斯艾利斯去签下佩德内拉。

卡乔将5 000美元现金塞进手提箱，登上了飞机。塞尼奥尔后来承认，他非常害怕卡乔会一去不回。卡乔见到了佩德内拉，后者已经30岁，由于罢工看不出任何停歇的迹象，他担心自己再也没有机会踢球。佩德内拉开出了价码：5 000美元签字费，加200美元月薪。这在当时可是天文数字，卡乔怀疑就算是百万富翁，也不一定能满足这样的要求。他给塞尼奥尔发了一封电报，并立即收到了回复："把他带来。"

没有人想到去通知飓风，更不用说考虑对他们进行补偿。“这下可炸了锅。”1948年加盟圣洛伦索的哥伦比亚门将，绰号“鳄鱼”的埃弗拉因·桑切斯告诉沃西克，“阿根廷人认为在足球上他们独步天下，因此失去自己的球星让他们大受打击”。

一边是阿根廷人火冒三丈，一边是数百名球迷在埃尔多拉多机场迎接佩

---

1 文章发表在《暴雪》第七期。

2 原文El Dorado是早期赴南美洲探险的西班牙人想象中的黄金城（或国），一说在哥伦比亚。1949—1954年，哥伦比亚联赛曾与国际足联决裂，哥俱乐部可以随意以高工资吸引外国球员前往淘金，这一时期的哥伦比亚联赛因而被称为El Dorado——黄金联赛。——译注

德内拉。次日，百万富翁迎战麦德林民族竞技队。由于罢工停赛，佩德内拉的身体状态不足以马上上场，但还是有15 000人前来表示欢迎。塞尼奥尔拿到17 000美元的门票收入——仅此一个下午就收回了佩德内拉整年的工资。佩德内拉的首秀是1949年6月26日对阵卡尔达斯十一人队，他踢满全场，并助百万富翁以3–0大胜。不过很快就能看出，队友的低水平限制了他的发挥，因此塞尼奥尔派佩德内拉回阿根廷招募更多不满现状的球星。他带来了内斯托尔·罗西和阿尔弗雷多·迪斯蒂法诺。百万富翁以平均每场进四球的战绩夺得1949年的联赛冠军。

对迪斯蒂法诺来说，此举有着长远的影响。他的祖父从（意大利）卡普里岛移居阿根廷，而他的母亲则是法国与爱尔兰后裔。他1926年出生于布宜诺斯艾利斯的巴拉卡斯区，19岁零11天时首次代表河床队出场。虽然潜力显而易见，但那个赛季他只为河床踢了这么一场，次年就被租借到飓风。后来他回到河床，在30场比赛中踢进27球，河床屈居独立之后获得亚军；同时他还随国家队参加了厄瓜多尔主办的南美锦标赛，六场比赛独进六球，帮助阿根廷夺得冠军。如果不是由于罢工，他很可能确立河床与国家队双料巨星的地位，结果却去了哥伦比亚，并在那里大获成功。1952年，一场百万富翁4–2击败皇家马德里的友谊赛让西班牙俱乐部注意到他。巴塞罗那与皇马还为他打了一阵官司，1953年，他终于加盟皇马。在皇马，“La Saeta Rubia”——“金箭头”[1]——成为举世公认的史上最佳之一。50年代末，皇马曾五度蝉联欧洲冠军，一共只有三名球员参加了这全部五届冠军杯赛，迪斯蒂法诺是其中之一。他再也没有回阿根廷踢球，尽管后来曾分别执教河床与博卡，但人们总感觉他的天才是在异国他乡绽放的。

球员继续外流，阿根廷人的愤怒情绪也持续上升。由于俱乐部与工会都不愿妥协，球员放弃罢工，转而到哥伦比亚淘金也无可厚非。阿根廷足球举步维艰，到1951年，已有133名阿根廷人在哥伦比亚效力，这给本国联赛的质量造成了毁灭性的打击。

1 更准确地说，是“金发箭头”，迪斯蒂法诺有着满头金发。——译注当年，佩德内拉被任命为百万富翁俱乐部的球员兼主帅。他将在“机器”踢球时学来的技战术应用到手下这支全明星队伍中，效果令人惊叹。百万富翁赢下了总共34场联赛中的28场，但铸就传奇的不仅仅是这一赛绩，更是他们融技术与艺术于一体的风格。这就是*el Ballet Azul*——蓝色芭蕾风格，是阿根廷足球美学在波哥大达到的顶峰。

但1951年也是黄金联赛走向下坡的第一步。那年8月，联赛与国际足联达成协议：对哥伦比亚的禁赛被取消，条件是球员要么在1954年前回归原属俱乐部，要么支付转会费，其他一切转会交易暂停。百万富翁蝉联了1952年与1953年的冠军。随着球员陆续离开，联赛渐渐缩水，内战也可想而知地升级。“形势糟糕透顶——没了足球，暴力一触即发。”历史学家吉列尔莫·鲁伊斯说。

黄金联赛黯然失色，球员回到祖国，阿根廷联赛也开始恢复正常，并再度陷入自己独步天下这一令人安心的信念之中。

第15章
本 土 风 云

1948年，球员罢工威胁持续升级，阿足协却没有想办法解决工资问题，反把关注点放到裁判的身上。鉴于艾萨克·卡斯韦尔的成功经验（也从反面证明阿根廷裁判的水平之低），这一年，AFA招募了八名英国裁判员，负责所有甲级联赛的执法，并为他们每人配了一个翻译，帮他们撰写比赛报告。

这项计划是否成功还有待商榷，英国裁判也不能完全避免争议。在一场竞技对普拉滕斯的比赛中，英国人最后五分钟给了双方各一个点球，赛后观众用石头招呼他，他不得不躲在警车里溜走。为了让自己的观点能晓谕各方，一家当地报纸甚至用蹩脚的英语标题大声疾呼："鲍勃·特纳先生和倒霉（原文如此）[1]滚出去！"

起初，由英国裁判主哨的（甲级队）比赛很大程度上受到罢工的限制。在球员纷纷出走哥伦比亚之际，唯一毫发未损的俱乐部是竞技，盖因其后台是庇隆政府的财政部长拉蒙·塞雷霍，结果竞技从1949到1951年间三度蝉联联赛冠军。甚至有传言说，竞技球员被告知，任何出于移民目的的护照申请都不会被批准。

1958年的世界杯严重损害了吉列尔莫·斯塔维莱作为教练的声誉，但此前十年他在竞技围绕诺韦尔托·"图乔"·门德斯的盘带与射门能力打造了一支令人兴奋的进攻型球队，取得了巨大的成功。门德斯1947年从飓风转会而来。"我有三个生平所爱。"退休后的他曾这样说，"飓风是女朋友，竞技是

1 标题原文"Get out Mr Bob Turner and bad lucky"有明显的语法错误。——译注

妻子，阿根廷则是我的激情所在。”

接下来那个赛季，竞技甚至变得更加强大，因为他们搬进了胡安·多明戈·庇隆总统球场，这一坐落于阿韦利亚内达的巨大碗形水泥建筑有一个更为人熟知的名字——圆筒，至今仍是竞技的主场。前博卡边锋马里奥·博耶已从热那亚返回南美，先去哥伦比亚踢了一个赛季后，回国加盟竞技。他在左路与勤勤恳恳的埃内斯托·古铁雷斯组成了一对效率很高的搭档。虽然整个赛季竞技输了十场之多，但他们最终领先亚军博卡八分，进球数也高达86个——比排在进球榜第二位的圣洛伦索多了9个，比第三名更是多了17个。

第三个赛季的冠军争夺战打得难分难解，竞技与班菲尔德最后积分相同。附加赛第一回合，两队0−0再次战平，第二回合竞技才以马里奥·博耶的进球1−0小胜。赛况就是这样简单，但事情本身可不简单，赛况只不过是冰山一角而已。

围绕这场比赛出现了各种奇闻逸事与小道消息。据说当时癌症已很严重的爱维塔是班菲尔德的球迷，热切期望球队获胜。第二回合比赛的前一天，她在总统府的花园散步，这是她手术后首次公开露面；比赛后第三天则做了接受治疗后的第一次广播讲话。竞技当然被认为是庇隆的球队，虽然并没有什么证据表明他对足球运动本身有多关注。有人说足协修改了规则，不让班菲尔德夺冠，但规则其实一直很明确：如果排名居首的球队积分相同，冠军以附加赛决出——1932年的河床与独立就是一个先例。此外还有其他故事，比如塞雷霍为竞技打点关系，比如有人许诺给班菲尔德发汽车等等，只是这些故事似乎都是后来才冒出来的。

大多数人支持班菲尔德倒是真的。《号角报》的报道这样写道：“一家不起眼的小球会不揣冒昧，出手扰乱五巨头长期垄断联赛的局面，经过34轮比赛，他们已同冠军无异。他们是伟大的失败者，也是伟大的胜利者，桂冠已然加冕，即便他们在昨日惜败，荣耀依然属于他们。”

十五年后，爱维塔已经去世，庇隆身处流放之中，班菲尔德后卫路易斯·巴尼亚托开始暗示当时有幕后黑手的活动。“你能想象对我们来说这意味着什么吗？”他在接受《图片报》采访时说，“我们的希望破灭了，还有许多想看到小球会夺冠的人，他们的希望也破灭了……我不喜欢挑起争端，但我可以向你保证，有些事情在幕后发生。我们只能满足于成为道义上的冠军。”

“爱维塔希望班菲尔德获胜。”前班菲尔德前锋米格尔·孔维尔蒂在2011年证实了这一点，“她对我们抱有同情，而且相对已经蝉联两届冠军的强队竞技，她更支持弱队。说起来庇隆算是竞技的球迷，但从政治因素考虑，低微的小人物获胜对庇隆主义却更有利，借此能打动穷人的心。”

爱维塔可能确实支持班菲尔德，而且看上去总统的新闻秘书劳尔·阿波尔德在班菲尔德赛前准备期间访问过球队，并承诺如果他们获胜，每人都能得到一辆汽车做奖励，但说到真正的阴谋，证据却严重不足。事实上，比赛被操纵的传言从60年代中期方始出现，本身就很说明问题。那时候，数次政变与动荡的政局已给社会带来一种普遍的疑惧不安：政府高层层出不穷的阴谋终于让阿根廷人接受了阴谋无所不在这一观念，阴谋论也应运而生。

第16章
我们的路子

阿根廷足球开始走出封闭的环境。起初他们在一系列国际赛事中战绩骄人，因此对自身的优越性越发深信不疑。其中最重要的是与英格兰的几场比赛——对阵英格兰依然是阿根廷人心目中的终极考验，尽管事实上英格兰足球的国际地位已经衰落。1951年，作为英国节[1]的一项活动，阿根廷被邀请到英格兰踢一场友谊赛，这也是双方的第一场正式国际比赛，同时签订的互惠协议还约定两年后英格兰队将回访布宜诺斯艾利斯。检阅当时的英国媒体报道可知，新闻界并不重视本场比赛，不过将其视为第二次世界大战后两国关系走向正常化的一小步而已。然而，对阿根廷来说，这却是一个向英帝国讨还半殖民地时期旧账的机会，而且使用的是足球这一全民关注的文化形式。《图片报》坚称，阿根廷“已经等了整整五十年”。

布宜诺斯艾利斯的报纸提前几周便开始赛事报道，长篇累牍地发表各种图表，详细解释训练课程，深入剖析球员食谱（以牛肉为主）。《图片报》明确表示，球队确有动力要打败“那些自诩对我们的足球有发明权与控制力的人；那些到我们的土地上来教我们应该如何踢球的人”。这段文字读上去很奇怪，与其说反映了英国人的傲慢姿态，倒不如说反映了阿根廷人内心安全感的缺失。认为英国人因为教会了阿根廷人踢球就对他们格外颐指气使的想法是荒谬的：就现代足球而言，英国人是全世界的老师。确切地说，文章的

1 Festival of Britain，1951年是第一届世博会一百周年纪念，英国因此举办了“英国节”博览会，以示庆祝。——译注

态度与遣词用语都让人回想起《图片报》20世纪20年代的文风，当时它就是以英国为假想敌塑造了阿根廷足球的独特形象——甚至在某种程度上也为阿根廷国家形象定了位。

《国民报》的赛前预告则始终侧重于两国足球文化的差异。文章写道，这场比赛将展示“两种截然不同的比赛风格：一种是英式足球的长传、反击及严格的盯人战术，将与他们眼前的对手形成鲜明对比；另一种是阿根廷人出色的盘带与快速的转移”。不少阿根廷球员对英格兰人预料之中的身体优势很有些担心，门将米格尔·安赫尔·鲁希洛决定扑救时尽量不用手抓球，而是将球击出，以免遭英格兰前锋冲撞而脱手。

尽管阿根廷队在前往英国比赛时并不觉得技不如人，但旅途本身还是让他们像刘姥姥进了大观园，不但他们自己，连报道他们行程的媒体也有大开眼界之感。球员们采购衣服、吸尘器和电冰箱带回国；整场坐替补席的河床前锋圣地亚哥·韦尔纳扎惊叹温布利球场草坪之绿，完全不像本国赛场那样尘土飞扬。

英格兰队的开局比阿根廷好得多，杰基·米尔本的射门引来鲁希洛的精彩扑救，斯坦·莫滕森的头球攻门则从门框上方飞出。第18分钟，他们又赢得一个角球。出击的鲁希洛既没能抓到球，也没能击出球，他根本连球的边都没摸到。还好他运气不错，球飞过球门后滚出禁区，落到洛斯陶脚下，他转身扣球，闪开阿尔夫·拉姆齐，起脚将球大脚开向中场。鲁文·布拉沃不等皮球落地，便用脚后跟轻轻一磕，拉布鲁纳得球杀入禁区，晃过英格兰门将伯特·威廉姆斯后一个吊传，球划过球门，被在后门柱候个正着的马里奥·博耶用头顶入网窝。博耶后来形容这一刻是他人生的巅峰。有那么一瞬间他似乎惊呆了，不敢相信自己居然进了球，根据杰弗里·格林在《泰晤士报》上的撰文，（他）乐不可支，一路蹦蹦跳跳“跑回中场，兴奋得满面红光，仿佛征服了全世界”。

但慢慢地，阿根廷队越来越向后场退缩。留着漆黑的八字胡，球裤短得不像话的鲁希洛化身为全队的救星，他不但守住不少险球，还兴高采烈地为观众表演起来——扑救高球时顺手攀住横梁荡几下，挡出射门后再作势鞠个躬。米尔本两次打中门柱，当比赛还剩11分钟时，英格兰队终于利用他们的第14个角球扳平了比分。无人防守的哈罗德·哈索尔在点球点附近接汤姆·芬尼开出的角球，头球摆渡到后门柱，悄悄到位的莫滕森未受任何干扰地迎球一顶，球改变方向，飞过了球门线。鲁希洛对此只能耸耸肩，他的无奈完全可以理解。

让阿根廷人担心的空战劣势已完全暴露。七分钟后，拉姆齐右路的任意球开入禁区，莫滕森头球助攻到球门另一侧，这次防守球员又漏了米尔本，他的捅射再度破门。鲁希洛十分不爽。

双方似乎对比赛结果都感到满意，从球员退场时的表现可以明显看出他们之间相互尊重。英格兰保持了温布利球场的不败纪录，尽管一直落后到第79分钟，但他们有理由声称自己始终占据上风，而阿根廷离胜利只差11分钟，因此也可以带着荣誉回国。

几天后，阿根廷在爱尔兰1–0获胜，当他们凯旋时，埃塞萨聚集了大批欢迎人群。“英格兰队不凡的备战能力、精确的战术和策划周详的细节，以及他们球员的集体主义精神，都是我们难以匹敌的。”AFA主席巴伦廷·苏亚雷斯说，“现场观看了英式足球后，我依然相信阿根廷足球更具观赏性，如果我们能像刚起步踢球时一样吸取英国人比赛中的一些优点，阿根廷足球将成为全世界效仿的对象。”

英格兰队在1953年的回访包括两场比赛，首场安排的是布宜诺斯艾利斯联赛代表队对英足总代表队，第二场则是双方国家队之间的交手。阿根廷人再次明确表现出对英格兰足球文化的高山仰止，《号角报》称英格兰队为“来自另一个世界的巨人”；但相比阿根廷访问伦敦时受到的热诚接待，这次的气氛却略显紧张。英国人被带去做通常的旅游观光，看了圣伊西德罗跑马赛，向爱娃·庇隆墓敬献花圈，并出席了总统府举办的招待会，但是庇隆为了挑动国内的民族主义情绪，第一次将福克兰群岛[1]问题摆上桌面。

在首场两支代表队的比赛中，上半时主队就打了两次门框，此后他们脆弱的防空能力再次显露无余，半场结束前四分钟，汤米·泰勒接杰克·弗罗加特发出的角球，头球破门。但不到一分钟后，阿根廷就凭借一脚妙射将比分扳平，这粒进球后来被称为“不可思议的进球”。先是卡洛斯·拉卡西亚在中场截下皮球，随即交给身边的卡洛斯·切科纳托，后者一个大脚长传，左

1 英国人称马尔维纳斯群岛为福克兰群岛。——译注

路的埃内斯托·格里略接球后先在禁区外摆脱比利·赖特的防守，又左右腾挪闪开边后卫汤米·加勒特，最后用假动作把马尔科姆·巴拉斯晃翻。当他杀入禁区时，守门员泰德·迪奇伯恩慌忙迎敌，但格里略等他倒地做出封堵动作后，才将球射向球门上方，球从门将身上飞过，钻进网窝。这粒进球至今依然被顶礼膜拜，阿根廷球员工会门厅的墙上就挂着当时拍摄的巨幅照片。

从这一刻起，布宜诺斯艾利斯联队的势头不可阻挡，鲁道夫·米凯利和格里略又分别再下一城，最终主队3–1获胜。英格兰人对输球满不在乎，他们认为这不过是一场热身而已，庇隆却宣布，将每年的5月14日——阿根廷战胜英格兰的日子——命名为足球运动员日[1]。“我们说足球在这一天诞生。”米凯利道。

三天后的周日，迎来了两支正牌国家队之间的交战。英格兰队的阵容做了七处调整，充分说明他们对两场比赛不同的重视程度。阿根廷队仅仅用诺韦尔托·门德斯换下了受伤的切科纳托。空气从清晨起就温暖干燥，比利·赖特因此表示，若能下点雨就好了。下午1点25分，他的愿望实现了。到下午2点，暴雨如注，雷电交加，天地一片昏暗。当比赛于下午3点开哨时，球场已经出现大片积水，下午3点22分，主裁阿瑟·埃利斯决定让球员退场。又过了十来分钟，他正式宣布弃赛。抱着满腔热望前来观战的球迷怒不可遏，连连向裁判和双方球员投掷橘子。

失望之余，阿根廷回头打起了第一场比赛的主意，将之提升到国际正赛的地位，但是国际足联却站在英格兰一边，只承认第二场比赛的正式地位。无论是否载入官方史册，这场胜仗对阿根廷来说都具有重大的象征意义。“我们凭借出色的表现赢得了胜利。”《号角报》写道，“克里奥尔人的翩翩风度永远强于英国人的井井有条。我们知道该如何击败欧洲人的战术；我们的路子最适合我们的个性。我们不需要任何舶来的观念：阿根廷球迷希望看到的是技术、美感和魅力。”克里奥尔风格证明了自己的价值，“*la nuestra*”的荣耀愈加辉煌——“我们的”风格击败了英国佬！

1 阿根廷人热衷于为各种行业指定一个纪念日。比如说，在比萨饼与通心粉饭店工作的人，他们的纪念日是1月12日，啤酒酿造者的节日是1月19日，机场保安警察的节日是2月22日，装潢师和橱窗布置人的节日是4月12日，记者节是6月7日，地图绘制员节是6月26日，历史学家节是7月1日，美发师节在8月25日，裁判与拍卖师的节日则在10月11日。全年总共有150多个表彰各行各业的官方纪念日。

第17章
一览众山小

虽然50年代初期的阿根廷足球形势一片大好，足协却没有派队参加1954年的世界杯。官方的说法是AFA与国际足联存在分歧，但也有人认为是庇隆做出了弃权的决定，因为足协高层承认对成功没有把握。1950年举办世界杯的巴西成为前车之鉴，未能在本土捧杯给他们带来了毁灭性的打击——大规模发生的自杀事件可能不足为信，但决赛输给乌拉圭造成的心理创伤却确实无疑；剧作家内尔松·罗德里格斯称“马拉卡纳惨剧”为巴西国史上第一次重大悲剧。有鉴于此，庇隆的顾虑在当时或许可以理解，但事后看来，却总像是坐失良机。50年代初，庇隆的权力达到顶峰，阿根廷足球也进入全盛时期，博卡主席阿尔韦托·阿尔曼多将球队1954年获得的联赛冠军头衔敬献给国家总统即点明了两者间的内在联系。用阿尔曼多的话说，是“这个人帮助阿根廷体育找到存在的意义与动力，此举带来的国际影响让他成为公认的世界第一运动员”。

1954年的足球赛上座率空前绝后，庇隆政府的经济却失控了。一旦国家货币储备开始枯竭，他的社会再分配计划就不得不放缓。农业生产值下降，1950至1952年间还出现了一连串天灾，摧毁了大量作物。作为回应，拉蒙·塞雷霍将经济重心放回到出口上。1952年，政府开始推行全国性财政紧缩计划，试图回笼资本，但1949年发布的宪法中有禁止利润再出口的条款，阻碍了该计划的实施。到1953年，通货膨胀不断加剧，工资却没有上涨。

与此同时，庇隆的改革热情开始触动阿根廷社会的基石。1953年，庇隆派暴徒攻击了上层阶级的交际中心——阿根廷赛马总会。他们纵火焚烧建筑物，被付之一炬的众多画作中包括戈雅的《唐·安东尼奥·德·波塞尔肖像》，此外还有大约50 000册书籍。有人打电话报告消防队，回答却是："我们没有收到去赛马总会救火的指示。"次年，庇隆的矛头转向已经不再支持他的天主教会，[1]不但无视教会对离婚合法化的反对，还把宗教学校收归国家控制。他拥护者中的极端派又玩起纵火的把戏，这次是火烧大教堂。教皇做出回应，将庇隆与他的内阁成员统统驱逐出教。到1954年，庇隆已经精神不济。他快60岁了，右眼经常出现神经性抽搐，还找了个14岁的女伴内莉·里瓦斯。[2]他对工会的讨好愈加急切，工资的增长也越来越快。其后果是通货膨胀加剧，再加上对教会的数次攻击，终于有人忍无可忍。1955年6月，海军上将萨穆埃尔·托兰索·卡尔德龙发动政变，企图炸毁玫瑰宫[3]，但恶劣的天气推迟了他的行动，当攻击发起时庇隆已经撤离。海军兵士发起巷战，造成大约200人遇难。庇隆对着聚集在五月广场上的支持者发表讲话，现代人一旦了解阿根廷之后25年的历史，再听这番话更会觉得心惊胆寒。"我们将以暴制暴。"他说，"由于此前保持了极大克制，我们已经赢得了暴力镇压他们的权利……任何人在阿根廷任何地方违反法律法规，对抗合法政府，扰乱公共秩序，则人人得而诛之……我们每牺牲一个，就要他们赔上五条命。"

然而，联合起来反对他的势力太过强大，9月20日，军队与工业领袖中的保守派核心向庇隆发出最后通牒：如不辞职，他们将发动政变。有人呼吁庇隆召集工会，反抗到底，但庇隆担心引起流血事件，选择流亡巴拉圭。[4]起初，笃信天主教的民族主义者爱德华多·洛纳尔迪[5]继任，他坚称自己是在领

1 尽管庇隆坚称自己是天主教徒，并说他信仰"基督箴言"，但同时他也表示，反对天主教会各种"人为的仪式"——这么说的目的是为了削弱教会的政治权力，然而庇隆却显然没有意识到，他事实上将自己定义为了新教徒。

2 克拉斯韦勒指出，庇隆与里瓦斯的关系"比起情人来更像父女"，而且他在与女性交往中，似乎一向寻求的是陪伴，而不是性，然而不可否认的是，"庇隆……占了一个没有经验的青春少女的便宜……他们两人的私情中当然也不乏肉体因素。"

3 The Casa Rosada——字面意思为"粉红色的房子"——是阿根廷的行政大厦与总统办公室（但并不是总统居所）。玫瑰宫位于五月广场最东头，1898年在胡利奥·罗加总统任内正式启用。

4 据说有一位将军对庇隆说："如果我是总统，我就不会投降。我会坚持反抗。"对此，庇隆的回答是："如果我只是个将军，我也会那样做。"当然，这段轶闻可能出于杜撰。

5 洛纳尔迪还曾于1938年接任庇隆的驻圣地亚哥大使馆武官一职。庇隆在他任职期间建立了一个小型情报网，设法获取智利为应对与阿根廷之间可能发生的战争而制定的紧急计划。离任之前，他已受到怀疑，但或许他自己并没有意识到这点，或许他意识到了，但没有警告洛纳尔迪，后者在拍摄秘密文件时被当场捉拿，桌上还堂而皇之地放着付给线人的钱，场面极其尴尬。洛纳尔迪随即被驱逐出境，可能因此事对庇隆怀恨在心。

导一场把国家从“暴君”手中“解放”出来的“革命”，并使用了“基督获胜”这一口号——但仅仅两个月后，健康状况恶化的洛纳尔迪就被立场更加强硬的佩德罗·阿兰布鲁将军取而代之。1956年，军队内部的庇隆死忠起事反对政变政府，阿兰布鲁批准了对异议人士的非法拘禁与处决。庇隆创立的正义党遭禁，即使提到胡安·庇隆或爱维塔的名字，也成为一种罪名，一场全方位去庇隆化的运动进一步扩大。习惯了靠“教父”拿到各种低息贷款，一遇国际大赛就谨慎不看好的足球界，面临着深刻的变化。

庇隆不断增强的信心已经带来更多国际交流的机会——最明显的例子就是对英格兰的友谊赛——此外，连续放弃了1949年与1953年两届南美锦标赛后，阿根廷终于在1955年智利举办这项赛事时回归。他们的优越感未受任何挑战：六球大胜乌拉圭，五场比赛总共打进十八球——其中米凯利八球，何塞·博雷洛与安赫尔·拉布鲁纳各三球，只有秘鲁从他们手中拿走一分。碾压对手的表现令他们的胜利无可争议，阿根廷第十次捧得美洲杯，如果不算弃赛那几年的话，已连续四届蝉联桂冠。于是必然会有人提出这个问题：既然阿根廷如此优秀，相比南美大陆其他国家优势如此明显，庇隆为何要怕成那样？他那副谨小慎微的模样，就好像对习惯了赢球的阿根廷来说，胜利纵然能带来回报，失败的潜在风险却更让人胆寒：最好还是接着自命不凡算了，不要贸然出动去经受什么考验。

阿根廷的胜势确曾在一年后的乌拉圭被终结。他们以三连胜开始了本届南美锦标赛，然后遇上巴西，双方上一次交手还是1946年那场断送萨洛蒙职业生涯的南美锦标赛决赛。此役非常关键，路易西尼奥终场前两分钟攻入唯一一球，巴西自1922年以来第一次在这项赛事中战胜阿根廷。阿根廷如能在决赛中拿下东道主，依然可以获得冠军，但他们又以0–1告负。或许此时已有苗头显示阿根廷的霸权不复往昔的稳固。

不过，由于阿根廷在秘鲁又夺回桂冠，上一届的惜败从某种意义上来说只会让这一届的回忆更显甜蜜。脏脸天使“*carasucias*”的胜利是“*la nuestra*”的封神之作：左翼的奥马尔·奥雷斯特斯·科巴塔威风赫赫，“三煞神”温贝托·马斯基奥、安东尼奥·安杰利洛和奥马尔·西沃里频频攻城拔寨，他们的功绩不仅仅在于赢下了又一座奖杯，更在于完美地展示了阿根廷足球的至高理念。河床的运球高手西沃里当时只有21岁，火爆脾气的他长着一个大大的脑袋——因此得名“大头”——和一头乱糟糟的黑发，笑起来嘴歪向一边，露出齿间一条条宽缝：他整个就是“*pibe*”的化身，这些无师自通的街头顽童是阿根廷人尊崇的偶像，被视为本国足球风格的最佳代表。博卡青年队的中锋安杰利洛更是年仅19岁，留着细细的唇髭，大背头梳得纹丝不乱。竞技的马斯基奥绰号“滚球”，[1]虽然也不过24岁，却已是三人中年纪最大的，他的头发靠边侧分，目光坚毅凝重。他们的锋线组合锐不可当。

但正如马斯基奥一直强调的，队中除了锋线“三煞”外，还有许多其他大神。比如他在竞技的队友奥马尔·奥雷斯特斯·科巴塔，一位盘带大师，他的生活终将毁于酒精，不过此时还未受其沾染。另一侧则是独立的奥斯瓦尔多·克鲁斯，他之所以能入选是因为安东尼奥·加拉巴尔离开西部铁路，加盟了西班牙的马德里竞技。而最重要的或许是处于球队中心位置的内斯托尔·“皮波”·罗西，伟大的5号考迪罗。

“脏脸”的丰功伟绩大多依托公众的想象存在，这更增添了他们的神秘色彩：他们踏入神界，化身为虚无缥缈、半真半幻的完美典范。“在阿根廷，没人有机会看到这支球队踢球。”马斯基奥说，“当时没有电视。他们只能从收音机里听到我们（比赛的情况）。现场观看我们的唯一机会是（锦标赛之前）的三场热身。结果非常讨喜：我们8–1战胜了一支国内选拔队，3–1战胜了飓风，然后又6–0战胜了另一支选拔队，这样就给观众留下了深刻的印象。”

正是从这几场热身赛中，主教练吉列尔莫·斯塔维莱（1930年世界杯最佳射手）首次意识到一支非比寻常的球队正在成形。八年后他对《图片报》这样说道：

> 练习赛给大家的感觉是：我们拥有一条异常出色的攻击线。球员之间配合默契，仿佛一向就在一起踢球。他们的强大源于将传统优势融合进现代的节奏。在他们身后，还有一个经验丰富、能力卓越的防守团队……球队的核心皮波·罗西任劳任怨，不但是高效防守的后盾，后场

1 保龄球游戏中用的球——这个绰号指的是他的头形。

分球的好手，还有代替教练发号施令的“喉舌”作用：“跑啊，‘滚球’，别站着不动。左撇子，抬起头来，别老想着耍花活。恩里克，传球啊，让别人也踢踢。科巴蒂塔，你在盯谁？去盯个人啊，你想累死我吗？”

斯塔维莱关注的还不仅仅是足球，这点在秘鲁显露无遗。“他会把女孩带离我们身边。”出了名爱追逐女人的马斯基奥说，“西沃里开始和酒店的接线员约会，我也经常和她的一个朋友外出。当姑娘们打来电话时，他对我们说：‘把电话给我；我想跟她谈谈。’他总想偷走我们的猎物。他长得是真帅。我们根本不是对手。”

在利马，阿根廷延续了赛前训练的出色状态，首场即以8–2痛扁哥伦比亚，接下来又3–0完胜厄瓜多尔，4–0大败乌拉圭。

第四场对智利6–2的大胜意味着只要击败巴西，他们将提前一轮加冕冠军。巴西本是赛前的大热门，凭借迪迪的组织能力与埃瓦里斯托的射术，他们在前五场比赛中收获23球。“这场比赛至关重要。”马斯基奥说。

上半场刚刚过半，安杰利洛的进球就让阿根廷队取得领先。随后，根据《图片报》的报道，“巴西锋芒毕露，竭力试图扳平。阿根廷队在指挥官罗西的尖叫声中固守阵地。科巴塔不断奔跑，分散迪迪的注意力。西沃里左盘右带，马斯基奥则冷静地等待着发起致命反击的那一刻。”终于，在多次错失足以锁定战局的良机后，阿根廷终于等来了那两个最后三分钟的进球[1]。巴西国内对其国家队的抨击丝毫不留情面。“球队无所作为。”剧作家、足球记者内尔松·罗德里格斯说，“束手无策。在技术、战术和心理层面都一无是处，毫无疑问，失球没上天文数字，已经算我们走了大运。”

接下来还有一场比赛——其实是两场。“阿根廷驻秘鲁大使名唤（罗伯托·托马斯·）达尔顿将军。”马斯基奥回忆道。

3–0击败巴西之后，我们已经是事实上的冠军，但周六与秘鲁还有最后一场比赛。星期四，斯塔维莱告诉我们，赛前那几天全体放假。除

1 参见本书引言部分。——译注

了我、德拉查和安杰利洛之外，大家都出去庆祝了。我们仨住一个房间。德拉查就像是我们的父亲：他照顾我们，不放我们出门，只把我们介绍给他在海滩上认识的一些女性朋友。我们1–2输给了秘鲁，把达尔顿惹火了。他认为，既然我们是冠军，那就一场都不能输，于是他安排重赛。斯塔维莱说，想要离队的可以自便，余下众人则开始过修道院一般的日子。我们在酒店吃过早餐，就去左轮手枪俱乐部练球，然后午餐，下午又是训练，接着吃了晚饭就去睡觉。我们以4–1赢下了那场重赛。

尽管发挥如此出色——西班牙裁判、记者佩德罗·埃斯卡廷称阿根廷为1958年世界杯的夺冠大热门——球队回国时却没有任何盛大的欢迎仪式。"我记得只有几个人到机场迎接我们。"马斯基奥说，"换到今天绝不会只有这点人，甚至与竞技赢得洲际杯后到场欢迎的人数都不能比。那天只有少数球迷、记者和我们的家人，没有任何特殊之处。"

不过其特殊之处不久就已昭显：回想起来，"脏脸天使"在秘鲁的胜利是"*la nuestra*"的最后一次怒放。这一精妙绝伦、自由奔放、一攻到底的风格，日后被视为阿根廷足球黄金时代的标志，不到一年时间，便将宣告终结：世界杯惨败于捷克斯洛伐克的赫尔辛堡一役，让阿根廷从此陷入一个反反复复自省、来来回回反思的怪圈之中，直至今日都未曾真正脱身。"*la nuestra*"的理想像许多阿根廷式梦想一样，无力抵挡现实的冲击。

阿根廷是一片愿望落空、梦想幻灭的土地，其足球或许也难以逃脱相同的命运，但至少当此之时，现实与理想的距离并不遥远。这群技术精湛、进攻华丽的球员，比赛时三心二意，脑子里盘算着晚间的娱乐活动，却依然横扫南美大陆其他最优秀的球队。阿根廷足球再也没能达到同样的水准——至少无法兼顾荣耀与信念，在取得辉煌胜绩的同时仍坚守黄金时代的波希米亚理想[1]。

1 波希米亚位于捷克，波希米亚人是法国人对流浪的罗姆人（吉卜赛人）的称呼，波希米亚也用来形容自由自在，不受一般社会习俗约束，放纵自我的生活方式与性格，因此与滥用酒精、毒品等有一定联系。——译注

第18章

最后一位天使

我和温贝托·马斯基奥见面的时候，他已经80岁了。我们约在蔓延无序的工业城市阿韦利亚内达的一家咖啡馆，他建议10点30分碰头，而我担心遇上交通堵塞，9点45分左右就到了。他已经端坐在桌边，面前放着一篮新月面包[1]。无论是招待，还是其他顾客，肯定都认识他，我得出一个印象，此处俨然是他的一个小朝廷，他在这里接受粉丝朝拜，顺便打打情骂骂俏。几个小时后，当我终于离开咖啡馆，试图找到回布宜诺斯艾利斯市的公交车时，一个招待飞奔出来。他说马斯基奥要我回去见一个人，原来他在竞技的队友胡安·卡洛斯·鲁利也刚刚到。泡泡咖啡馆，谈谈足球，就是他现在的人生。“每次阿韦利亚内达有球赛，赛后我们都会到这家酒吧来吃比萨饼。”他说。与马斯基奥的巅峰时期相比，不只竞技，整个阿根廷国内联赛的水平都已下降得有目共睹，他与圈内的朋友却仍然对足球怀着拳拳之心，想起来自有其令人心酸之处。但是，他们远非异类。

马斯基奥本可以跳出阿韦利亚内达。他虽然在这里长大，但要是抓住去意大利踢球的机会做个了断并不是难事；等他以新晋富人的身份回来，再选择去布市定居，没几个人会责怪他。但他没有这样做。“我离不开这里。”他说，“除非是去科尔多瓦探望家人。”阿韦利亚内达是他的根。

“我在这里出生。”他一边说，一边朝窗外一指，一阵狂风正掠过街上停满的汽车，“但是，要知道，我今天能坐在这儿，实在是个奇迹。我的祖父

1 新月形面包卷，基本上是一种稍小、更甜的牛角面包。

先（从意大利）来阿根廷，我的父亲必须把他的姐妹送到布宜诺斯艾利斯，否则她们就得自己坐船。但因为他要为桑普多利亚踢球，只能托朋友带姑娘们乘上了玛法尔达号。结果船在巴西海岸沉没，三个女孩中两个获救，最小的却因心脏病发作去世。我的父亲后来才到，所以我能出生完全是个奇迹。”

“我开始在街上踢球。那个时代不像现在车流如潮。有轨电车是这里唯一的交通工具。我家就像是我和朋友的更衣室，附近的一块公地有四五片球场。晚上，我们会就着路灯踢一场*cabeza*（对抗赛）。”

1954年，马斯基奥加盟竞技，但当时球队主要还是依靠1949至1951年间夺得联赛三连冠的那拨人，因此一开始他难以脱颖而出。不过不出一年，胡安·何塞·皮祖蒂转会去了博卡，马斯基奥终于跻身主力阵容。

一年后，换成安杰利洛去博卡，皮祖蒂回归。皮祖蒂26岁时便已成熟得像队内其他球员的父辈，现在他与马斯基奥组成了一对令人生畏的搭档——马斯基奥从攻击性中场的位置出球，准确地传递到跑动中的老前锋脚下。“我记得科巴塔。”他说，“他对每个人都很慷慨，心地非常善良。不幸的是，很多人利用了他，最终他沉迷于酒精之中。”

科巴塔境遇凄惨，他的故事典型得让人悲伤。最糟的是，他的苦难不是因为受到命运无常的捉弄——没有车祸或谋杀，也不能归咎于某次重大背叛，或一时的时乖运蹇：他只是一介凡夫，被天赋异禀推入一个自身能力不足以应对的人生境地。在足球方面，他是个天才；在生活中，却是灾难一场。

他出生的潘帕斯小城代罗位于布宜诺斯艾利斯西南，离首都差不多300英里。他很小的时候父亲就去世了，后来随家人搬到拉普拉塔市。他从来没有学会读书写字，并引以为耻：后来他曾提起，当队友们讨论从报纸杂志上读到的消息时，他感到多么丢脸，但是当时他设法掩饰住了自己不识字的真相，每次接受采访，总在身边放一张报纸。德拉查最终教会他歪歪扭扭地签名。

科巴塔的足球生涯从大学生俱乐部开始，但14岁时因脚踝受伤而退队，后被查斯科穆斯的胡维兰迪亚队接收。在那里，竞技发现了他的盘带能力和有力的射门，决定与他签约。他成名之后，据说有其他俱乐部的球迷为了看他比赛而特意加入竞技会员；但即便如此，他依然极度害羞，特别是面对女性。他的队友可怜他，把他介绍给一个金发女郎，这个女人被人赤裸裸地描述为“*una chica quehacíala calle*”——“一个站街女”。他们以为科巴塔会和那姑娘寻欢作乐一阵子，就此培养起自信。没想到，他坠入爱河，两人结了婚，搬到班菲尔德的一幢房子里居住。直到1959年的一天，科巴塔回到家中，发现妻子不见了，房子也被扫荡一空。“连只蜘蛛都没留下。”他说。

但他至少克服了对女性的羞涩。著名的竞技俱乐部青年宿舍管理员蒂塔·马蒂乌西讲过一个科巴塔的故事：一天早晨6点钟，胡闹了一晚上的科巴塔翻墙回到*concentración*（封闭营）[1]。马蒂乌西让他浸了三次冷水澡，还是听到他告诉队友说，别传球给他，他头晕得厉害，站都不一定站得起来。“但等他醒过来，他像猛虎下山，连进两球。”马蒂乌西说。这个故事像许多同类传说一样细节模糊，但我们可以认为它基本属实，哪怕在具体情节上要打一些折扣。科巴塔曾被称为“阿根廷的加林查”，自有其道理。

科巴塔的私生活可能一塌糊涂，但到了场上，他如鱼得水，并且带着黄金时代特有的喜庆色彩，制造了一大堆趣闻轶事。某次对独立的*clásico*（德比大赛），科巴塔发现自己被如影随形的阿尔西德斯·西尔韦拉盯得一筹莫展，于是他冲出球场，暂时躲到了环绕看台站立的警察背后。1956年国家队对阵乌拉圭时，他花样百出，终于激怒了对方前锋佩佩·萨西亚，萨西亚等他被侵犯倒地时，跑过来往他脸上踹了一脚。这一脚踹掉了科巴塔两颗牙齿；而他也就任凭它们这么缺着。

科巴塔享有点球专家的盛誉，以擅长让守门员扑错方向闻名。他在职业生涯中总共罚球68次，罚进64粒。“谁也扑不出我的点球。”他在一次《图片报》的专访中说，“我站得离球很近，让守门员无暇反应。我从不站在球的正后方——永远偏向一侧。我用右脚的内脚背触球，总是一脚抽向球的正中央。我起脚的时候会低下头，这样守门员就不知道我将射向哪个方向，而当我看到他的动作，却可以及时改向。所以要是他移动的话，他就死定了。”

---

1 从40年代开始，阿根廷俱乐部会在比赛前一晚将球员关到“封闭营”中，以确保他们专心踢球。“封闭营”可能是训练基地，也可能是酒店。

1963年，博卡花1 200万比索买下了科巴塔，竞技把这笔钱投在球场扩容和建造训练基地上。但是，酒精的危害已经开始显现。一次球队去欧洲踢巡回赛，后卫卡梅洛·西梅奥内被派去盯着科巴塔。西梅奥内相信自己已让科巴塔远离酒精，直到某一天他在后者的床底下看见一堆空啤酒瓶。

科巴塔只为博卡踢了18场联赛，就转会去麦德林独立队，但当时黄金联赛已呈日薄西山之势。在哥伦比亚，第二任妻子也离他而去，他的钱都花光了，酒瘾越来越大。

当他34岁回到阿根廷时，早已不复当年之勇。他先在乙级的圣特尔莫效力，后来又去了更低级别的意大利联盟和内格罗河省联邦子弹队。缺钱、缺技能，他只能尽量推迟退役那一天的到来。“足球圈里没有朋友。”他说，“尤其当你境况不好时，他们都消失了。”很多人会说他也不想求助于人。他一文不名，只能住在菲奥里托医院附近的一家酒吧，睡觉的地方是柜台下面两个拼在一起的抽屉。“我姐姐来接我。”他说，“但我不想回拉普拉塔。晚上我会拿起一本杂志，看看上面的图片，分散一下注意力，帮助睡眠。我花光了所有财物。我送给别人很多东西，也不看看给的是谁。”

38岁那年，他终于退出职业比赛，搬到首都南部的小城贝尼托胡亚雷斯，住在一个小棚屋里，偶尔为两支本地球队踢踢球。有过四次失败婚姻的科巴塔身无分文，无家可归，烂醉如泥，最终沦落到借宿于“圆筒”球场的更衣室，靠为青年队打工支付他的床铺费。他的事例警醒世人：球员荣耀转瞬即逝。1991年他去世的时候年仅55岁。两年后，通往体育场的街道以他的名字命名。

1955年，竞技只获得亚军，位居河床之后，1956年排名第四，差再次夺冠的河床四分。那时的马斯基奥已是一名咄咄逼人的中场组织者，表现积极，进球如麻；他成了名副其实的大球星，还入选了国家队。就在那个赛季传出他与尤文图斯签约的消息。“我是阿根廷最好的足球运动员。”他说。

马斯基奥又为竞技效力了一年，但1957年初，意大利球探再次出动，他、安杰利洛和西沃里决定在南美锦标赛之后离开。3月，俱乐部主席圣地亚哥·萨科尔告诉马斯基奥，谈判已进入最后阶段，他将加盟博洛尼亚。

“主席的助理，一个乌拉圭人，告诉我，我会喜欢那里。”马斯基奥说，“这座城市在二战中被夷为平地，但居民非常友好。他们生性快乐，男人只谈论三件事情：政治、足球和女人。那里的女人稍嫌丰满，不过很漂亮。”

“在意大利的第一年非常艰难，因为我真的很想念家人。电话要花四五个小时才能拨通，所以通话是不可能的。我母亲一周给我写两次信，周一一次，周五一次。”

马斯基奥签约博洛尼亚的同时，安杰利洛加入了国际米兰，而西沃里则去了尤文图斯。第一年，马斯基奥就发现，作为一名射手，他与南斯拉夫前锋伯纳德·武卡斯的合作很“艰难”，两个赛季后，他便转会亚特兰大。“我在季前准备时加入球队，每天上午和下午都要训练很久，累得几乎死掉。晚饭后，教练会给我们一小时自由时间，队友们都外出了，而我就是睡觉。”这件事其实预示了第二年阿根廷在世界杯上的遭遇。

“我的速度较慢，所以后卫用盯人战术防我。费鲁乔·瓦尔卡雷吉（亚特兰大教练，1966—1974年间曾任意大利国家队主教练）便告诉我，我需要改变打法，才能有所提高。我原来总在球门口活动，他告诉我该撤远一点，这样更容易观察其他球员的移动。我果然变得更加出色，全场飞奔，跑位明确。我的速度并没有变快，但已经可以避开盯防者，就像里克尔梅那样。我被评为亚特兰大有史以来最好的球员。”

马斯基奥并不是唯一一位经历了一段适应期的天使。“西沃里在意大利最初的日子也不好过。”马斯基奥说，“他像我一样非常想家，于是尤文图斯主席翁贝托·阿涅利给了他一个惊喜——一顿特殊的晚餐，在一个满是阿根廷人的地方，还有一支演奏探戈的乐队。”

与此同时，安杰利洛却在1958—59赛季打入了33球，这一意甲数据至今无人超越[1]。但是那个赛季国际米兰仍然只排名第三，随着时间的推移，他欠缺稳定的发挥开始让球队不满。“安杰利洛像个演员。”国际米兰主席安杰洛·莫拉蒂说，“只要他愿意，他就是最棒的；但要是他不想干，他就消失

1 本书原著出版时贡萨洛·伊瓜因还未打破这个纪录。2015—16赛季，“小烟枪”为那不勒斯进了36个球。但1958—59赛季意甲总共只有34场比赛，而2015—16赛季有38场，因此如果按场均算，安杰利洛这个数据依然超过了伊瓜因。——译注

不见了。”与他这一代的许多阿根廷人一样，他的生活方式意味着他从未全身心投入足球。“安杰利洛在国际米兰的表现虎头蛇尾。”马斯基奥说，“因为他开始和一个比他大十岁的女孩约会。我记得我们经常一起玩，我也开始和她的一个朋友约会，开车在博洛尼亚与贝尔加莫[1]之间往返。”其他人则认为是与一位意大利著名歌唱演员的恋情毁了他。但无论交往的是谁，他的唐璜作风都很难得到清教徒式主教练埃莱尼奥·埃雷拉的赏识，后者自1960年入主国际米兰，1961年夏天，安杰利洛就被卖到罗马。他在那里踢了四年，此后先去AC米兰，再到莱科，然后又回米兰，状态每况愈下，直到最后一个赛季在热那亚夕阳返照，旋即于1969年退役。接下来的二十年间，他执教于意大利的低级联赛，还曾任摩洛哥队主教练，但再也未能归国，普遍认可的原因是他没有履行服兵役的义务。

在亚特兰大重拾状态的马斯基奥终于适应了意大利的生活。他甚至还为意大利国家队效过力——被阿根廷抛弃的三位天使为了寻求国际比赛的机会，把眼光投向了其他国家。安杰利洛和西沃里随意大利参加了1962年世界杯预选赛，正赛开始前不久，马斯基奥也因为詹皮耶罗·博尼佩尔蒂受伤而被征召。首场0–0平西德的比赛他没有上场，但第二场对智利时他是首发，这就是那场臭名昭著的圣地亚哥之战，比赛中两名意大利人被罚下。“我吃够了苦头。”马斯基奥说，“他们在头二十分钟内就打断了我的鼻梁，然后又踢伤我的脚踝。因为没人可换，我拖着残躯打完整场比赛。”智利2–0获胜，虽然意大利队第三场击败了瑞士，还是被淘汰出局。

度过亚特兰大的两个成功赛季后，马斯基奥于1962年被卖到埃雷拉执教的国际米兰。埃雷拉出生在布宜诺斯艾利斯，父母是西班牙移民，他还是个孩子时便移居卡萨布兰卡。马斯基奥一直对他没好感，虽然他加盟的第一个赛季国际米兰就赢得了意甲冠军，他还是被转卖给佛罗伦萨。他为佛罗伦萨效力三年，最终于1966年33岁的时候回到阿根廷，重返竞技。他回归的那个世界与他离开时完全不同，阿根廷足球的优越感已因1958年的世界杯而荡然无存。

---

1 亚特兰大俱乐部在贝尔加莫。——译注

第三部

徘徊在低谷

1958—1973

第19章

告 别 纯 真

阿根廷在秘鲁举办的1957年南美锦标赛上取得辉煌胜利，让他们本已爆棚的自信愈加高涨。第二年参加瑞典世界杯时，他们轻飘飘地以为成功唾手可得，然而，警示其实早已出现，只是人人都选择视而不见罢了。

最明确的打击莫过于锋线“三煞神”的出走——转会意大利意味着他们都将无缘国家队。吉列尔莫·斯塔维莱当即认识到这一损失有多么巨大。“因为几百万比索，我们就失去了在利马收获的一切。”他说。1958年是阿根廷阔别世界杯二十四年后首次回归，阿根廷人普遍的乐观心态在预选赛阶段几乎未受任何冲击。虽然已有三名“脏脸天使”离队，魔法并没有彻底消散。即使首场在拉巴斯0–2负于玻利维亚，当地的海拔高度永远是一个借口；而当诺韦尔托·梅嫩德斯和诺韦尔托·孔德的进球让阿根廷客场2–0击败智利时，他们又走上了正轨。回到主场，他们4–0大胜智利，科巴塔梅开二度，其中第二球在阿根廷历史上极负盛名：当时阿根廷队已经2–0领先，科巴塔先摆脱了盯防他的球员，再带球绕开守门员，然后过掉另一名向他逼近的智利人，此时观众齐声催促他赶紧射门，门将与两名后卫也在快速退防，他却虚晃一枪，等三人一起齐刷刷倒地，才将球轻推入网。《图片报》称这粒进球为“足球史上难度最大的杰作”。最后一场，科巴塔和梅嫩德斯又分别进球，阿根廷主场4–0轻松击败玻利维亚，确认了进军瑞典的资格。

公众既陶醉于本国联赛有目共睹的强大，又被各种宣传洗脑一再告知这就是世界足球至高境界，因此普遍相信国家队以夺冠大热门的身份驾临世界杯。有那么半个小时，球队的表现完全当得起这份自信。他们在马尔默举行的揭幕赛上面对31 000名观众挑战卫冕冠军西德，仅三分钟后就取得领先：右翼奔袭的科巴塔小角度射门，攻破了门将弗里茨·赫肯拉特的十指关。但西德队很快显示出更强大的实力与更充沛的体能。第32分钟，赫尔穆特·拉恩左脚25码外的抽射扳平了比分，中场休息前三分钟，乌韦·泽勒的铲射让西德队反超；下半场，又是拉恩在禁区外起右脚射门，球划了一道弧线，飞进网窝，西德队功德圆满地以3–1告捷。拉恩虽是四年前那场世界杯决赛的关键人物，也需要戒酒之后才能再次入选国家队，这一点好像值得阿根廷借鉴。“我们不习惯踢这样暴烈的足球。”斯塔维莱说，他的这一评论似乎不单指德国人蓄意的犯规，也与比赛的快节奏有关。

斯塔维莱对“暴烈足球”的回应却是把业已39岁的安赫尔·拉布鲁纳放进第二场对北爱尔兰的首发，让他担任左内锋。这场比赛在哈尔姆斯塔德进行。对方的中场球员吉米·麦基尔罗伊形容阿根廷队员是“一伙挺着肚子的矮胖男人，对我们笑脸相迎，对人群中的姑娘们则指指点点，并挥手致意”，此外，阿根廷球员松松垮垮的态度也让大多数人困惑不解，开球前他们又吹口哨又唱歌。北爱尔兰率先进球，丹尼·布兰奇弗劳尔的脚后跟传球骗过了防守队员，无人盯防的比利·宾厄姆接球后横传门前，彼得·麦克帕兰头球破门。

但阿根廷队慢慢找回了比赛状态，虽然他们在第37分钟扳平的一球带有运气成分——卢多维科·阿维奥的横传打中迪克·基思的大腿后又弹到他手上，瑞典裁判斯滕·阿尔纳判处极刑，科巴塔主罚命中。北爱尔兰也有不少进球机会，其中一次本该让他们夺回领先优势：当时威尔伯·库什假意争抢麦基尔罗伊的传中，引开了后卫对费伊·科伊尔的盯防，后者却在六码之外将球打飞，此后科伊尔又连续错失两次良机，结果这场比赛成为他在国家队的绝唱。梅嫩德斯接阿维奥的直传球射门得分后，阿根廷队将比分反超；不到五分钟，阿维奥头球再下一城，阿根廷领先得如此轻松，以至于剩下的比赛中他们开始杂耍般地将球传来传去，照麦基尔罗伊的说法，就是“在戏弄我们”。但事实是，比赛远不如看起来那么容易，双方之间也不存在许多阿根廷人预想的那道实力鸿沟。

阿根廷足球的弱点在哥伦比亚的黄金联赛中已暴露无遗。当尼尔·富兰克林结束了在圣菲独立队不愉快的经历，回到英国时，他坚持说自己遭到一个阿根廷小集团的排挤，这群人担心英国人的“入侵”。“他们嫉妒得要发狂。”他说，“因为他们意识到英国球员会坚持训练，刻苦训练。训练可不是阿根廷人的强项。他们控球非常出色，也擅长于表演各种技巧，但训练中却懒得不可思议。”

由于忽视了这一警示，阿根廷足球的黄金时代在赫尔辛堡落下了帷幕，这一结局令人既震惊，又痛心，因为对手捷克斯洛伐克后来在附加赛中负于北爱尔兰，甚至未能从小组出线。“我们习惯慢悠悠地踢球，而他们速度极快。”进入大名单，但没有正式上场的何塞·拉莫斯·德尔加多说，“我们离开国际赛场[1]多年，所以当我们走出国门时，自以为很有天赋，结果却发现已经跟不上趟了。我们落后了。欧洲球队踢得简洁明了。阿根廷球员善于控球，却缺乏向前推进的能力。”

第八分钟，米兰·德沃夏克一脚禁区外的斜斜低射首开纪录，随后阿根廷防守上的低级失误又白白送给对方一分；半场结束前，射进第二球的兹德涅克·齐坎利用卡里索扑球脱手的机会再次破门。虽然科巴塔的点球扳回一分，但当比赛进行到四分之三时，阿根廷已经溃不成军。伊日·福伊尔艾斯尔把比分变为4–1，瓦茨拉夫·霍沃尔卡在最后十分钟内两度出击，首先过掉卡里索后踢进第五球，之后又将一个低平的传中球捅入空门；捷克斯洛伐克最终6–1大胜，这也是当时阿根廷遭遇过最大比分的失利。[2]从守门员阿马德奥·卡里索的叙述中可以看出，全队上下对此结果普遍感到困惑难解。

> 如果非得为这样糟糕的表现寻找一个解释，我会用一个词来概括：混乱。我们飞了将近四十个小时才到瑞典。这可不是开始世界杯之旅的最佳方式。对比一下巴西，他们先打了一组热身赛，并相应地调整了战术，然后包了一架专机到达。在足球层面我们也同样混乱无章，对对手可谓一无所知。捷克人四次攻破我的大门，用的都是同一个套路：一个

1 他指的是与非南美球队的比赛。虽然阿根廷退出了1949年与1953年两届南美足球锦标赛，但他们于1955年重返该项赛事，并在1956年再次参赛。

2 2010年世界杯预选赛中，阿根廷在拉巴斯1–6输给玻利维亚，追平了这个净负球纪录。

传中到门前，球进了；再一个传中到门前，球又进了。他们这样进球都进腻了。我们下飞机的时候以为对手都将不堪一击。我们回来的时候却证明了不堪一击的其实是我们自己。

球员们回到埃塞萨机场，愤怒的球迷向他们投掷水果和硬币。“情况很糟。”拉莫斯·德尔加多回忆道，“我们在各个球场被观众辱骂；就连根本没有上场的人也未能幸免。国家队必须重组，教练开始寻找另一种类型的球员，较之球技而言，现在他们更看重球员的牺牲精神。从那以后，足球的艺术性降低了。”

兵败瑞典令阿根廷人晕头转向，几乎不知该如何理解此中意味。三年前，兵变推翻了庇隆政府，三年后，人生中又一件确定无疑的大事也轰然倾塌——原以为阿根廷足球天下无敌，现在这种盲目乐观被击得粉碎，人们既震惊，又愤怒。当然，如果说这一场比赛便改变了整个阿根廷足球的进程，那肯定是把问题简单化了，但当时却确有此感。自1–6大败之后，一切都面目全非。“说来可惜！”《图片报》感叹道，“（在利马）被蓝白风暴横扫的巴西能浴火重生，一举赢得瑞典世界杯，而我们作为奖杯有力的争夺者，获胜后却立即着手瓦解球队，驱逐‘脏脸’，丢失了球迷深爱的欢乐足球，最终跌入历史的暗夜之中。”

阿根廷国内反应之激烈可以想见。国家队遭受的羞辱正是庇隆所担心的，而为了避免这种羞辱所制定的政策——体育上的孤立主义——反过来又助长了自以为是的情绪与故步自封的心态，对惨剧的最终酿成来说，此二者负有重要责任。而且，由于失败来得如此出人意料，它引起的震惊和愤怒也就愈加强烈。球迷在埃塞萨向球员投掷水果和硬币，足协炒了斯塔维莱鱿鱼，国民则开始质疑每一项曾被他们奉若至宝的足球原则。如果*la nuestra*不是答案，那么答案是什么？如果对阿根廷足球独步天下的信仰只是谎言，那还有什么不是谎言？

三名效力意甲的“脏脸天使”全部被国家队拒之门外，这一自毁长城的做法也在一定程度上体现了足协官员的自满情绪。有一种说法是：因为马斯基奥、西沃里和安杰利洛已经移居意大利，他们没有资格再代表阿根廷出战，但这是无稽之谈，他们是因为阿根廷不要他们才改换门庭的。

在足协看来，把那些自愿出国的球员一脚踢开算不上什么损失，反正阿根廷足球的实力无比强大，阿根廷联赛的人才储备也取之不竭；类似的心态还催生了另一种观念，即相信阿根廷只要踢好自己的球就行，对手如何无须挂怀。刺探军情这种事就算有，也处于最原始的状态。

一开始出局带来的是愤怒与痛苦，但除此之外还有一个更深层次的问题待人思考。自20世纪20年代开始，阿根廷就有意识地将他们踢球的方式与民族的特性画上了等号：国家的身份定位、声誉威望都与国家队的战绩休戚相关。如果阿根廷队受到羞辱，如果他们风格的缺陷暴露于众目睽睽之下，对阿根廷这个国家来说又意味着什么?

庇隆主义可能为未来埋下了隐患，但在足球上却做了不少好事。新政权停止了向俱乐部发放优惠贷款的做法，实际上等于终止了国家对足球的补贴。与此同时，中产阶级的成长——这本身也要归功于庇隆的经济政策——以及足球赛开始电视转播，都导致去现场观看比赛的人数减少，赫尔辛堡惨败带来的幻灭感进一步打击了体育场的上座率。门票收入越低，比赛的经济风险就越高，相对观赏性来说，胜负变得越来越重要。美感也好，正当的踢法也好，对它们的重视都被抛到了脑后；阿根廷再一次发现——同样的事在这个国家已反复上演——一旦梦想凋零，功利主义之花便在原地盛开。黄金时代终结之后，“反足球”时代接踵而至，部分原因是兵败瑞典引起的厌恶愤恨以及与之相伴的自我怀疑，然而经济因素也不容忽视。“欧洲的纪律性在那时出现。”哲学家托马斯·阿夫拉姆说，“阿根廷足球就这样进入了现代纪元，它要求纪律、体格、体能训练、卫生条件、职业素养、牺牲精神等一切福特制[1]元素。体能备战被引进，而且提高了防守的地位——以前有谁在乎过防守？此事与巴西的世界杯大捷同时发生实在有些奇怪，巴西人的胜利本该是我们本土足球竞争力的明证。”

1 Fordism，指的是以美国企业家福特命名的一套基于工业化和标准化的经济与社会体系，福特制将经济、社会甚至个人性格置于以技术合理性为标准的严格控制之下，因此被认为是用效率抹杀了个性。——译注

第20章

非主流与反足球的兴起

当然，无中不能生有：“反足球”也不是一下子就羽翼全丰地从赫尔辛堡的冲击波中蹦了出来。倒不如说，其时正逢阿根廷社会的其他领域纷纷进入一个反思期，而兵败瑞典让人们开始质疑足球界某些已成定见的主流观念，致使这项运动的领军人物把眼光放到新的踢法上，不再像以往那样只关注技术与花活，也不像*la nuestra*那样一味强调进攻。

阿根廷足坛向来不乏反对派，其中一位急先锋维多利奥·斯皮内托1958年世界杯后与何塞·德拉托雷及何塞·巴雷罗一起临危受命，指挥国家队征战1959年的南美锦标赛。坐镇主场的阿根廷斗志旺盛，亟欲为瑞典的失败平反昭雪。首场迎战智利，阵容中只有科巴塔和独立中场何塞·巴拉卡参加了那场惨败给捷克斯洛伐克的比赛。面对纪念碑球场的7万名观众，阿根廷6–1大胜，佩德罗·曼弗雷迪尼与经验丰富的胡安·何塞·皮祖蒂双双梅开二度。接着，玻利维亚、秘鲁和巴拉圭都以两球之差败下阵来，阿根廷将碰撞赛前被看好的三大夺冠热门之一——乌拉圭。但这支乌拉圭队其实混乱不堪，内部纷争不断，与其他球队关系也很紧张，阿根廷4–1打发了他们，两名来自竞技的球员劳尔·贝伦与鲁文·埃克托尔·索萨平分了四粒进球。

这意味着在最后一场比赛中只要战平巴西，即可确保冠军头衔：皮祖蒂为阿根廷队首开纪录，虽然年仅18岁的贝利随后打入他在本届锦标赛的第八粒进球，将比分追平，但东道主还是获得了他们需要的平局。阿根廷是冠军；赫尔辛堡带来的痛苦有所缓解，却并未根除，人们仍然感到，阿根廷队的风格很成问题。

斯皮内托被描绘成一名极端的实用派，内里却像所有的阿根廷足球人一样浪漫，只不过他表达浪漫主义的方式与大多数同时代人不同而已。他不在乎观赏性，也不把足球视为某种艺术或审美价值的体现：他只关心他的萨斯菲尔德队——只关心胜利。他质疑*la nuestra*的价值观，人家就说他“反足球”，但相比后来以“反足球”著称的其他球队，他的足球观其实远没有那么暴力，也没有那么功利。

斯皮内托不是混迹公地的野孩子——也可以说他是，但并非生来如此，而是他自己愿意。他1911年6月出生于布市的中产区弗洛雷斯，并在那里长大，还进了名校布宜诺斯艾利斯国立学院。“我是好人家出身的孩子，来自上流社会。”1971年他这样告诉《图片报》。虽然祖父母一直很富有，但他的父亲性喜奢华，花掉了许多本来该由斯皮内托继承的财产。

父母可能为了他的教育花费不赀，但斯皮内托的心思总是不在书本上。“就我的年纪而言，我发育得很好，而且我喜欢能展示力量与胆气的活动。”他说。每天下午他都会去贝尔格拉诺火车站前的停车场与一群报童碰头。“我是那个得到他们允许，参加他们野球比赛的富家子——或许因为我有踢球的本事，或许因为碰上打架我从不躲开。”他说。

钱花得差不多了，斯皮内托家也不断搬迁。他们从弗洛雷斯搬到基尔梅斯，在那里，斯皮内托签约贝纳尔的荣誉与家园俱乐部，第一次正式加盟一支球队。不久之后，斯皮内托家又搬回布宜诺斯艾利斯西部的拉帕特纳尔。他先为当地的一支乙级队效力，随后在职业化启动的次年加入了普拉滕斯。司职中前卫的斯皮内托很有潜力，但他发现另两名优秀的中场球员罗伯托·德沃托和曼努埃尔·弗莱塔斯·索利奇[1]是他通向一线队道路上的两座大山。六个月后，他另谋出路，转会贝莱斯萨斯菲尔德——日后被他称为“我的生命”的俱乐部。

萨斯菲尔德的正式成立日期是1910年1月1日。几周前，大雨打断了在贝莱斯萨斯菲尔德火车站（现在的弗洛雷斯塔站）附近举行的一场非正式比

1 巴拉圭人索利奇后来成为一名富有影响力的成功教练，多次出任弗拉门戈队主帅，并在那里发展了四后卫阵型，1959—60年间还曾短暂执教皇马。

赛。球员躲进车站避雨时，其中三位——胡利奥·古列尔莫内、马丁·波蒂略和尼古拉斯·马林·莫雷诺——决定成立一家俱乐部，这样才能踢正规的足球。他们最初身着白色球衣，因为在球场上比较醒目，但1912年改穿海军蓝，1916年又因为球员大多为意大利后裔而改成红白绿三色间条。斯皮内托加入后一年，他们再次改换球衣，这次是白底加蓝色V形条纹，制造商原为橄榄球联盟的一家俱乐部生产了这套球衣，但橄榄球队没有接受，因此厂商又把它们给了萨斯菲尔德。

在萨斯菲尔德，斯皮内托很快成名，他能恰到好处地从后场插上射门得分，而他的决断力尤其引人注目。他体格既健壮，头脑又发达，是典型的考迪罗式后腰，球队无可争议的领袖。

斯皮内托为萨斯菲尔德效力六个赛季后转会独立，但只待了一年，就又返回老东家。30年代的萨斯菲尔德一直位居积分榜中游，1940年却惨遭降级。萨斯菲尔德不是河床、博卡那样的巨头，但他们属于第一批实现职业化的俱乐部，因此自视精英。他们之前从来没有降过级，对斯皮内托来说，这次的耻辱是一个可怕的打击，他虽然才30岁，但已经伤病缠身，于是决定退役，此后只在1942年为阿卡苏索踢过几场乙级比赛。2006年的一次萨斯菲尔德历史研讨会上，俱乐部会员巴勃罗·波利卡斯特罗曾做发言，他回忆说，降级当天看到斯皮内托。“那年我才八岁，但此事至今仍让我心里难过。”他说，“我在埃斯卡拉达街上看到他，发现他边走边哭。”

斯皮内托觉得他辜负了俱乐部，于是发誓要加以弥补，最终兑现了这个诺言，充分显示了他的钢铁个性。1941年何塞·阿马尔菲塔尼[1]回萨斯菲尔德担任主席，他向斯皮内托发出执教邀请，后者便离开了阿卡苏索。“他们告诉我，我只有手头这些球员和这点钱，我必须物尽其用。”斯皮内托说。

既然无法引进新援，斯皮内托便转而发掘新人，在他执教的第一个赛季首秀的有：善于表演的门将米格尔·鲁希洛，后来获得“温布利之狮”的美誉；前锋胡安·何塞·费拉罗，将成为俱乐部历史第二的射手王；以及边锋

1 尽管萨斯菲尔德的主场常常被称为“小堡垒”，其正式名称却是阿马尔菲塔尼体育场。此外，为表彰他的成就，AFA在他去世后宣布，他的忌日——5月14日为足球经理人日。巧的是，他去世的那天是阿根廷3–1战胜英格兰的16周年纪念日，因此也是足球运动员日。

阿尔弗雷多·贝穆德斯。那个赛季萨斯菲尔德只输了三场，以领先亚军圣菲联合七分的优势拿下了乙级联赛的冠军。

斯皮内托带领萨斯菲尔德冲回了甲级，并在1953年成为继班菲尔德之后第二支登顶联赛前二的非豪门球队。[1]然而，从某种意义上来说，他执掌教鞭的这十四年取得的联赛排名还在其次，更重要的是奠定了萨斯菲尔德作为一支足球队的风格打法，赋予了他们截然不同于布宜诺斯艾利斯其他俱乐部的个性特征。阿马尔菲塔尼将球队搬到比弗洛雷斯塔更靠西的利涅尔斯，这一商业区邋遢氛围下暗含的粗莽气质与俱乐部的形象可谓绝配：萨斯菲尔德人争强好胜，虽然不像五巨头那样具有天生的优势，却随时准备与他们出手一搏。斯皮内托给萨斯菲尔德带来了自尊自强的心态，并向球队灌输“利爪”文化，用他自己喜欢的字眼来说，不是*garra*，而是*fibra*——字面意思为“力量”，他用来指代耐力、持久力和决断力。六十年后，他们的地位已与竞技和圣洛伦索平起平坐，唯一的差异只在传统，而非任何实质性的不足。

萨斯菲尔德闻名遐迩的硬汉气质直接来源于他们的主教练。斯皮内托对比赛的投入程度远胜之前所有的阿根廷教练：他总是身穿田径训练服——后来则是一件蓝色的外套，口袋上贴着写有T的布条，代表*tecnic*（技术指导）——肩头挂着毛巾；站在陷入地下的教练席内，伸出右腿将脚搁在球场边缘，右手肘撑着右膝盖，手则托住头。虽然当时很少将教练员罚出场外，但斯皮内托会冲己方球员、对方球员和裁判员大吼大叫，因此经常被从边线请出。“球员们非常爱他，但也被他累得够呛。”在亚特兰大和国家队都曾与斯皮内托共事的阿道夫·莫吉列夫斯基说，“他出了名的难对付，但总是很热情，会强调每个人的价值。”

“要是输了球，你母亲将怎么看你？”他会在中场休息时质问队员。“一个球员站上球场，如果害怕丢脸就不敢去捍卫自己的位置，那就不配上场。”他会说，“足球是男人的游戏。”在2006年的大会上，另一名终身会员安东尼奥·塞蒂诺回忆起一次做客拉努斯的经历，半场时萨斯菲尔德还0–2落

1 1939年，飓风与河床积分相同，并列第二。1941年11月，一场确定最终排名的附加赛终于在查卡里塔球场进行，踢到加时结束后比分仍是3–3。后来没有再踢第二场附加赛，这是阿根廷甲级联赛历史上唯一一次两队分享同一排名。

后。“唐·何塞·阿马尔菲塔尼走进更衣室，对队员说：‘孩子们，小心你们的腿，球员可值钱啦。’他希望他们别太拼命。唐·何塞还没走远，斯皮内托便高喊：‘你们这群娘们！我们必须拿下这场比赛！’结果萨斯菲尔德赢了，球员们却不得不等到晚上10点才离开球场，因为拉努斯球迷要揍扁他们。是唐·维多利奥赢得了这场比赛，他展示了自己的硬气，和对萨斯菲尔德的热爱。”

这种态度几乎是有意与*la nuestra*的理想背道而驰，后者的浪漫主义倾向从未打动过斯皮内托。“当然，球员是否有技术天赋很重要。”他说，“但如果他缺乏力量，就谈不上伟大。”

尽管“反足球”这一术语后来常特指大学生队野蛮的踢法和各种场上花招，但用在斯皮内托身上，则指的是他更关注团队协作与献身精神，而不是个人技能。“他花了很多时间进行球员的心理建设，因为球员必须带一点狠劲。”攻击型中场诺韦尔托·孔德说，“如果一名球员很冷淡，反应很慢，或者不尽其所能，他就不如别人有用。”

他以让人捉摸不透为乐。“好多次，我踢得并不好，他反而会赞扬我，好像我做得很棒。”前锋埃内斯托·桑索内回忆道，“但是当我踢得很好，自己也明知如此时，他却会敲打我，好像我踢得很烂。”

斯皮内托的影响远远超出了萨斯菲尔德的范围。称他为战术革命家可能有所夸张，因为同时正在巴西与欧洲试验并实施的其他理论远比他的激进，但他开始思考战术，甚至挑战*la nuestra*的原则，本身就已让他在阿根廷卓尔不群。

斯皮内托最离经叛道的地方或许在于他不把进攻当成只是前锋的事。他要求每个人都是场上的多面手。他最得意的门徒是奥斯瓦尔多·苏韦尔迪亚，一名随时准备打破传统定位的10号。1953年，萨斯菲尔德获得联赛亚军的那个赛季，斯皮内托让苏韦尔迪亚后撤，像现代中场球员一样前后飞奔。时至今日，这究竟是斯皮内托的想法还是苏韦尔迪亚的主意已不得而知。或许最明智的解释是：球员的智慧与教练尝试不同打法的意愿正好相辅相成。日后，当上教练的苏韦尔迪亚将成为全球公认的“反足球”运动的大祭司。

第21章
老 鼠 洞

我在布市地理中心卡巴利托的一家咖啡馆和何塞·圣菲利波见面，结果他却拒喝咖啡，坚持只点果汁。“过了中午，我就不喝咖啡了。”他说，语气清楚地表明，这决定不仅出于健康考虑，同时也基于道德原则。他对保持体形孜孜以求，并毫不留情地批评那些喝酒或抽烟的足球运动员。严苛有序是指导他一切行为的信条。“我不吃糕饼，并小心护肝。”他说，“当我还是一名球员时，便很看重饮食，但那时没人听我的。我是个自带程序的人，每天都做同样的事——就像英国人……英国的公交车……而且非这样不可。我的队友不理解这一点。训练结束后，他们都走光了，我则会留下。”

圣菲利波以为人别扭、难以通融著称，担任电视评论嘉宾时言辞锋利之极。说他把自己的意见看得很重并不为过。我们坐定时，他问我从事足球写作多久了，我告诉了他答案，他表现出的愤慨似乎不完全是伪装的。“十四年了，你一直在研究足球史，却到现在才来见我？”他愤愤道。

他会分辩说，他只是对每个人都高标准，对自己更严要求。由于坚持自我提升，他成为阿根廷历史排名第五的射手，在圣洛伦索的纪录是出场260次，打入200球，在国家队则29场比赛进21球。“是我发明了‘圣菲球门’训练法。”他说。

> 一个大大的笼子，一面墙和球门的尺寸一样，分成80厘米见方的一个个格子，我就对着这面墙练习。最重要的是左右两个下角，*la ratonera*，老鼠洞。每天练习是要道。击中两个下角比上角更安全，但

> 你需要磨炼射门的精度，因为你让渡给守门员6.5米。所以我需要知道如何从不同位置瞄准并击中那两个下角。
>
> 无论在哪里，只要找到一点空间，我都会架设起我的圣菲球门来提高技术，完善各方面的能力。如果你不知道如何双腿并用，也不会头球攻门，那你等于放弃了70%的得分机会。我还会让队友喂我不同类型的横传，因为如果你只用静止球，在比赛中可不会有这等好事。今天有些球员会将球完全踢飞，不要说我练习用的80厘米的格子，就连球门都瞄不准。

我见到他时，他已经79岁了，显然因为看上去远小于这个年龄而倍感自豪。有一次，他开玩笑地扼住了我的脖子，当他的手紧掐气管，不见放松时，我顿时慌了神，担心他会不会越掐越紧，如果他真这样做，我不一定打得过他。他的头发明显染过，手上戴的图章戒指用钻石镶出姓名缩写，气势颇像斯科塞斯电影中走向暮年的黑帮大佬。不过，他外表最引人注目的地方是指甲，磨得锃亮，指甲尖又长又白，边缘呈方形。他这一代阿根廷人中有此风尚的并不少见，他们出身劳工阶层，但已功成名就：修剪整齐的指甲说明他们不再需要从事手工劳动。

圣菲利波在工人区伯多长大，那里离圣洛伦索的“煤气包”球场22条马路，因为两点而出名：一、对探戈的发展深具影响；二、20世纪20年代，一群阿根廷与乌拉圭的左翼作家曾聚居于此。他是（圣洛伦索的）球迷，梦想为球队效力，尽管对他而言，荣誉只是部分原因。“我小时候家境贫寒。”他说，“我知道自己是唯一能带家人走出这一境地的人，为此，我必须变得更加出色。”所以甚至在发明“圣菲球门”之前他就训练不辍了。“如果你没有让人生畏的块头，就得培养其他技能。我开始练习的时候，用的是一个塑料和橡胶制成的球，比网球大一点。我会就着街沿练习踢墙配合。从6岁开始，我坚持练到20岁。”如今，他要求身边其他人也一样心无旁骛。他自豪地说，他的一个儿子是整形外科医生，另一个是会计师，儿媳刚刚通过法律考试。“在圣菲利波家，没有人偷懒。”他说。

1953年，他与圣洛伦索签订了生平第一份职业合同，当时18岁，此前已经随队训练了好几年。球队被誉为“旋风”的好时光可能已成为历史，但他们仍然经常位居联赛前六。“圣洛伦索风格已定型。”圣菲利波说，“但我完成了许多别人做不到的事。我16岁就和成年队一起踢球了。”

甚至早在赫尔辛堡大辱之前，圣菲利波就开始鼓吹清心寡欲与自我提升，这套原则完全背离了黄金时代的波希米亚理念。“我遇到的教练都没有教给我任何东西。”他强调。

> 我自学了一切，只需要场地和球。我唯一的要求是：横传或直传，但别给我起高球——我知道我的优势所在。
>
> 对每个运动员来说，首要任务是休息：从午夜睡到早上8点，而不是早上6点到下午2点，对不对？第二件事是饮食：保持肝脏健康，这样在球场上才有活力。第三是体能训练。如果你休息充分，饮食合理，再辅以训练，就会焕然一新。然后，你的性生活习惯要好。你年方十八，欲望无限，精力充沛，于是你便纵欲无度，可要是你在这方面不加控制，前三步就是白费功夫，因为你的精神全消耗在床上，而不是球场上。这正是我聪明的地方。一个球员最有用的时间是19到29岁的十年间，有人早些，有人晚些，但绝不能浪费。余生你尽可以去吃猪肉、薯条，喜欢什么吃什么。我在甲级球队征战二十年，这并不常见，但就是因为我爱护自己的身体。骗子和醉汉……我不想和他们来往。

起初，圣洛伦索并无争冠实力，但到50年代后期，他们越来越强。1958至1961年，圣菲利波连续四个赛季荣膺最佳射手称号；继1957、1958年两度屈居亚军后，圣洛伦索终于在1959年夺得职业足球时代的第四个冠军，那个赛季圣菲利波斩获31球。

此时他已经把自己在场上的活动精简到极致。“许多人想知道为什么我从来不受伤。”他说，“这是因为我从不尝试拿球过人。我的工作是射门，在找到空当接球前就要想好该怎么射。对同一种情况，我头脑里总会备有两套不同的解决方案，这样就不必（等事到临头再）思考。只有当你感觉被对手包围了，才需要用到盘带。”

圣菲利波永远自信满满。1962年10月，位居积分榜首的博卡做客“煤气包”。

> “这些人害怕了。”我对队友说，但让每个人都能听到。“他们不敢离开通道（走上球场）。”
>
> 于是（门将安东尼奥·）罗马对我说：“小矮子，你一靠近我，我就把你干掉。”
>
> “意大利佬，”我说，“我梦见我会打进两球。第一球在一开场，你给我准备好。”
>
> 我们走上球场，球已摆在开球位置。“来吧，伙计们。”裁判说。但我们都站着不动。“等等，裁判。”我说，“我正在研究如何踢进这个球。”（博卡前锋）梅嫩德斯和瓦伦廷在我面前笑了起来。我对队友（埃尔维奥·）卡德维拉说：“朝（博卡巴西后卫）奥兰多的方向踢一脚长传，但别让球进禁区。”他这样做了，传得很棒。我等他踢出球，就向前猛冲，比球稍稍抢先了一点，所以我唯一的机会是用脚后跟，好在我的触球完美之极，球凌空飞进球门上角。一个世界波！梅嫩德斯和瓦伦廷这下笑不出来了。于是我抓起球，跑回去，他们还在那里等着开球呢。我对他们说：“圣菲利波言出必践！”

他连进第二个球的诺言都一并实现，罚进一粒点球将比分扳为2–2平。

但是到了1962赛季的最后几场比赛，圣菲利波遭到禁赛，结果赛季结束后他仅获进球榜第二，射手王的桂冠被河床的路易斯·阿蒂梅夺去，圣洛伦索也令人失望地只排在第十一名。圣菲利波决定离开，加入博卡。

第22章
开放的市场

赢得1958年大选的是阿图罗·弗朗迪西。他曾担任里卡多·巴尔文的副总统候选人，在1951年选举中与之携手对抗庇隆，但败选后即与巴尔文分道扬镳，建立了激进公民联盟（UCR）中的“不妥协”派。UCR因此分裂，但同时分裂的还有社会党，保守党更是一分为三。阿根廷陷入宗派主义的混乱之中。不过，弗朗迪西筹备1958年大选时，通过他最亲密的支持者，商人罗赫略·弗里赫里奥获得了庇隆的支持，因此他能执掌大权，那些虽然被禁却没有将选票一毁了之的正义党人功不可没。但是弗朗迪西的地位很不牢固，而且整个总统任期都饱受保守势力的掣肘。1959年，随着通货膨胀飙升，他被迫实施不受欢迎的紧缩政策，这让庇隆放弃了对他的支持。

禁止人们提起庇隆的名字并不能根除庇隆主义，工会成为事实上的庇隆党，保持着庇隆的理想不灭。军队认识到坚守庇隆主义的工人阶级可能再次结成联盟，并为庇隆的回归铺平道路，决心不惜一切代价避免此事发生，他们不但频繁上街展示武力，也越来越多地参与到政治活动中。

庇隆失势后，工人阶级的领导地位下降，取而代之的是一个新兴的城市中产阶级，其中许多人受雇于不断扩大的服务行业和文化部门。历史学家约翰·金这样描述1958至1965年间的情形：“这一时期，商家在广告上投入海量资金，造访精神分析师成为布市中产阶级生活中不可或缺的部分，人们蜂拥至影院观看英格玛·伯格曼的电影，并大量购买文学作品，促进了拉丁美洲小说的蓬勃发展。”

与此同时，阿根廷足球却不再自命为一种艺术形式。科学理论和技术专家的地位得以确立，这也是工业与经济领域的现代化在足球上的反映：各种反足球观念流行起来，这一运动的重心渐渐脱离了球场上的发挥，开始走向唯结果论。此外，至少与以往相比，阿根廷人在公共场所的活动减少了。伯格曼可能广受赞誉，但电视却取代电影成为最受欢迎的娱乐形式；1953年阿根廷只有5 000台电视机，1960年有80万台，到1973年已经有370万台。也许更重要的是，自60年代中期第一次电视转播足球赛开始，许多阿根廷人就倾向于在家而不是去体育场观看比赛。从1954年开始，十年间阿根廷联赛的平均上座率下降了40%。

公众对足球普遍抱怀疑态度。何塞·马丁内斯·苏亚雷斯1960年的影片《好家伙》[1]，在处理足球这一角色时态度暧昧，丝毫不像十二年前上映的《破布球》之类的作品旗帜鲜明。足球被描绘成一个冷酷无情、金钱至上的行业。第二年，勒内·穆希卡导演了根据阿古斯丁·库扎尼六年前的剧作改编的电影《中锋在黎明前死去》（*El centroforward murióal amanecer*）。这是一部奇怪的，带有部分寓言性质的作品。故事的主人公是一个百万富翁，他买进艺术家和科学家作为育种工具，以期改善人类这一物种。标题中的足球运动员与一位芭蕾舞演员配对，但对她萌生了爱意，因此拒绝成为种马，他杀死百万富翁并被判处死刑。许多人将其解读为批判庇隆主义，这或许不错；然而，这部作品很显然是在拷问社会，一个艺术家与科学家——还有足球运动员——像牛马一样被商品化的社会。重要的是，此剧写于赫尔辛堡惨败之前三年；可见，对足球运动发展方向的不安不仅仅由那次耻辱引起。

上座率下降本身就已足够糟糕，何况阿根廷足球还失去了国家财政的支持，因此在全球市场也倍受挑战。各家俱乐部勉力维持收支相抵，其中博卡与河床两队更是从乌拉圭、秘鲁和巴西引进了一众球员与教练，试图用异国情调吸引观众回到球场。比如，1961年，博卡任命曾率巴西夺得1958年世界杯的维森特·费奥拉为主教练。费奥拉做球员时水平中不溜秋，却在1949年就指挥圣保罗队获得圣保罗州足球联赛冠军，卸任主教练一职后又成为伟大的匈牙利人贝洛·古特曼的助手。费奥拉很胖，敦实的小腿上顶着个大肚

1 影片原名“*El crack*”，其中“crack”的意思是“体育明星”。

皮，是个食不厌精的老饕，据说比赛时会坐着坐着就睡着。不过鲁伊·卡斯特罗在他写的加林查传中却辩称，费奥拉是因为体重超标，冠状动脉出了问题，偶尔会感到胸口刺痛。他发现最好的应对方法是闭上眼，低下头，等待阵痛过去，结果被狗仔队拍到照片，而癫狂的新闻界则指着照片说他是在睡觉。但据安东尼奥·拉廷的说法，至少有一次他确实打过瞌睡。“每次训练的最后部分我们都会踢一场比赛。”他说，“有一天，天非常热，我们开始比赛，踢了很久。我们等着他吹中场哨，可他只是坐着不动。我们一直朝他看，等他采取行动。最后我走到他身边，听见他的鼾声。整场比赛他都在睡觉。”

外表毫不起眼的费奥拉其实是一位战术革命家。是他看出50年代在巴西发展起来的四后卫的威力，并将其带到瑞典，让巴西国家队一炮打响。自然，他也想在博卡如法炮制：使用两名中后卫，同时鼓励边后卫进攻。但是问题来了，而且是一个剪不断理还乱的悖论。如果真如哲学家托马斯·阿夫拉姆所说，一边是巴西的成功似乎已为“传统”南美风格正名，一边赫尔辛堡却让阿根廷足球背弃了这种踢法，既然如此，博卡这支历史上一直以“利爪”作风自豪的球队何以反去延请巴西胜绩的始作俑者？也许最令人信服的答案就是混乱：赫尔辛堡发生的事粉碎了关于足球应该怎么踢的共识，却没有指出任何明确的替代之道。博卡的1960赛季令人失望，他们在何塞·达米科带领下只拿到第五名，落后冠军独立四分，极度渴望成功的俱乐部便盯上了新科世界冠军队的主教练，却唯独没有好好思忖他将如何着手带队。除此之外，认为费奥拉只是一个胖乎乎的逗乐大师的想法也具有误导性。他与带去瑞典的球员可能如此相处，但到了博卡，他入乡随俗。“他话不多，可是说的完全有道理。”伟大的左后卫西尔维奥·马尔佐利尼说，“他创建了一个团队；向我们灌输团队精神。他打造了现代意义上的博卡——一支基于严密防守的强队，只要我们踢进一球，比赛就算拿下了。”

博卡又一次名列第五，这次比冠军竞技队落后12分之多。费奥拉打道回府，达米科复职。“费奥拉运气不好。”拉廷坚称，“他做教练的时候，我们不是打在门杠上，就是罚失点球，然后达米科带领同一套阵容赢得了冠军。”

除了冠军头衔外，那支博卡还出品了阿根廷足球史上首位真正的人气明星。西尔维奥·马尔佐利尼是他那个时代的万人迷，第一位充分利用了自己商业潜力的阿根廷足球运动员。接受了我们的采访后，他坚持要为我在一张当年的广告照片上签名（除我以外，他还为同行另一位记者的祖母签了一张，老人家听说孙女要来见他激动得难以自已）。照片中的马尔佐利尼身着国家队球衣，金色的头发整齐地侧分，湛蓝双眸含情脉脉地盯着镜头，只有左下角一个小小的红蓝标志暴露了这是为一种帆布草跟鞋做的广告。虽然身材发福，马尔佐利尼依然保有那对蓝色的眼眸，以及灰白头发中的一丝金色光泽，并仍不失其平易近人的魅力与慷慨大度的精神。我见到他时，他刚刚把1966年世界杯四分之一决赛后与博比·查尔顿交换的球衣送回英国，放到一家博物馆中展览——这件球衣他一直当睡衣穿。我和他在他贝尔格拉诺的公寓长谈了一个半小时，三天后，我去巧克力盒采访安东尼奥·拉廷，他也来了，一边帮着补充一些奇闻逸事，一边无伤大雅地打趣在博卡和国家队都曾是他队长的拉廷。

马尔佐利尼1940年10月出生于布宜诺斯艾利斯东南部的巴拉卡斯区，19世纪时这里住着许多富裕家庭，但到20世纪中叶，它已经变成厂房林立的工人区，意大利移民尤其喜欢聚居此地。他一开始加入的是本地意大利社区组建的意大利人竞技俱乐部，并随队夺得了1952年的爱维塔杯。那次获得的奖杯仍然陈列在马尔佐利尼起居室的一个架子上。

十几岁的时候，马尔佐利尼找到港口的一份工作，为一家菲亚特分包公司制图，同时，1955年他还进入了西部铁路的足球学校。

马尔佐利尼曾代表菲亚特参加一项比赛，这项赛事专为移民阿根廷的意大利人所设，菲亚特队获胜后，尤文图斯的足球学校邀请他加盟。但西部铁路拒绝放人，并搁置了他三年。不过，等球队升回甲级，发现他们迫切需要一名左后卫时，对马尔佐利尼的处置就被抛到了脑后。“我的薪水很不错，公司告诉我，就制图这一行来说，我前景看好，因此他们不明白为什么我还要去足球界白手起家。”马尔佐利尼回忆道，“但是我的试训进行得很顺利，于是我告诉他们我想走。‘你会后悔的。’他们对我说。”

马尔佐利尼出色到足以入选国家队，参加1960年在哥斯达黎加举行的泛美锦标赛；结果阿根廷摘下桂冠，他也得以签约博卡。费奥拉改打四后卫之举鼓励了马尔佐利尼向前推进，但直到1962年博卡引进阿尔韦托·冈萨雷斯后，他的角色才确确实实发生了变化。“球队买他是因为需要一名11号队员。”马尔佐利尼说，“阿根廷仍处于1958年瑞典惨败的阴影下，而冈萨雷斯那时所在的亚特兰大球风硬朗，跑动积极，全队上下构成一个非常完整的战术体系。冈萨雷斯身背11号，事实上却是一名中场球员。所以当他开始效力博卡时，踢的并不是真正的11号位，我发现左边的通道永远开放，空无一人，这让我更经常地前插。1962年的智利世界杯和1966年的英格兰世界杯，我都是这种踢法，这要感谢胡安·卡洛斯·洛伦索，他是对我职业生涯来说非常重要的一位教练。”

马尔佐利尼成为当时最出色的三大助攻型左后卫之一——另两人是巴西的尼尔顿·桑托斯和意大利的贾钦托·法切蒂（与法切蒂在国际米兰一样，马尔佐利尼也因为球队整体侧重防守而得到解放）。另一位对他的成长影响极大的人物是贝尔纳多·甘杜利亚[1]，1957至1958年间，他曾任博卡主教练，整个60年代一直是教练组成员。“我记得我犯了一个没人察觉的错误。”马尔佐利尼说，“如果被边锋甩开，我会停在那里想：‘哦，靠！现在只要他一传中，对方就进球了。’但甘杜利亚告诉我：‘你不应该袖手旁观：如果球不在你这一边，你得跑进禁区，看看能否抢到无人控制的球。’他说得对：有错必纠。”

1 甘杜利亚曾经在西部铁路和博卡俱乐部担任前锋，但作为球员，现在大家记得最牢的可能还是他效力巴西俱乐部瓦斯科达伽马的时候。他很少首发，比赛中几乎都在前后奔跑捡球；巴西人口中的球童一词“*gandula*”就是他姓氏的变体。

第23章

登上神坛的实用主义

俱乐部要维持收益就必须赢球，输球则伴随着惨重的后果，在此背景下阿根廷足球变得更重对抗，更不择手段，更倾向于防守。这反过来促成了第一波对黄金时代真切而痛楚的缅怀与追忆，阿尔曼多·博1963年的电影《皮革球》（*Pelota de cuero*）或许就再清晰不过地表达了这一情绪。它仍由博罗科多编剧，标题明确呼应了十五年前出品的《破布球》，两者应被视为姐妹篇，虽然现在破布球已让位于更加专业的皮革球。影片中，球星马尔科·费雷蒂因一名后起之秀（由博卡中场安东尼奥·拉廷客串）的出现而被俱乐部一脚踢开。他强调自己不愿为另一支球队效力，终于自杀身亡，此时他被弃用后的第一场比赛——一场博卡对河床的超级德比正在进行中[1]。电影的主题是忠诚心与归属感——它感叹本应是这两种感情源泉的足球已经蜕化变质，但同时也在更宽泛的意义上攻击了现代化本身。影片接近尾声处，一名欧洲请来的教练用黑板讲解战术，遭到费雷蒂愤怒的反抗。这是一种典型的怀旧情绪，怀念（球员可以自由发挥的）黄金时代，而且，正如阿拉巴塞斯所指出的那样，大步跨向现代化的进程中难免会有牺牲品。

无论阿根廷足球的某些人和事对现代化多么抵触，现代化已在路上，第一支实现现代化的球队毫无疑问是独立。萨斯特雷与埃里科分别于1941年和

1 这部电影的情节大致取材于乌拉圭作家奥拉西奥·基罗加的短篇小说《前卫胡安·波尔蒂》，该小说本身根据阿夫东·波特的真实事件创作。阿夫东·波特是民族队球员，1918年，他被球队弃用后在球场自杀身亡。爱德华多·加莱亚诺将他的故事以典型的浪漫主义风格写成《死于球场》，收入《阳光与阴影下的足球》一书。

1942年离开俱乐部，此后独立的联赛表现一成不变。他们的角色似乎就是在积分榜上游浮沉，偶尔收获一场重大胜利，但极少赢得任何奖项。直到曼努埃尔·朱迪切取代阿尔曼多·伦加内斯基成为主教练之后，革命方才开始。

球员时期的朱迪切便热衷于对足球做深入的思考，并以此出名，向教练一职转型时更是积累了大量技战术方面的理论书籍与文章。他的教练生涯始于秘鲁，曾带领中央伊卡人夺得联赛冠军，随后又到乌拉圭，协助罗伯托·斯卡罗内为佩那罗尔实现了联赛三连冠及解放者杯的二度折桂，之后于1963年回阿根廷执教独立。当时他已经建立起自己的风格，与“机器”行云流水般的进攻节奏迥然有异：他的球队坐拥后场，集结在皮球之后，伺机反击，是一种“链式防守”[1]的阿根廷版。1964年，他接受《图片报》采访时曾这样说：“球员必须适应球队，而不是反过来。”或许对现代人来说这种观点平平无奇，但在当时的阿根廷，却不啻为离经叛道的妄语。他说他的目标是一种“联合足球”：“这一风格有一点确定无疑：没有人单打独斗。遵从这种团结精神的足球，其组织形式必然是球员间的相互尊重。一支球队中的球员固然各有特点，但他们都不让自身特点逾越队友的巧妙发挥。”换言之，他理想中的球队是一个统一体，但并非队中每人都照同一个脚本行事，而是为了实现集体利益，对个人特性加以约束。

朱迪切的球队在体能储备上总是极其充足，这主要归功于体能教练奥拉西奥·冈萨雷斯·加西亚开创性的工作，他是阿根廷运动科学的先行者。他们也是一支气势夺人的球队，习惯出场时用整齐划一的动作向观众高举双臂。队长豪尔赫·阿尔韦托·马尔多纳多设计出这一标志性的手势，这位球风硬朗的控球中场留着一把山羊胡子，因此得名“*Chivita*”（“小山羊”）。

1963年是独立夺冠的赛季，他们在26场比赛中仅失25球，赛季后半程更是保持不败。赛季结束后他们打了几场巡回赛，又以5–1和5–0的大比分横扫桑托斯与佩那罗尔，接下来的赛季他们将不败战绩扩大到40场，直至负

1 链式防守是五六十年代在意大利发展起来的一种足球风尚，其特点是防线后安排一名清道夫。链式防守的基础是卡尔·拉潘在日内瓦塞尔维特俱乐部首先实施的“门栓”战术，首创则是萨勒尼塔纳主教练吉波·维亚尼——据说他看到渔船用后备网捕捞从主网漏出的鱼，因此得到启发——后来AC米兰的内雷奥·罗科和国际米兰的埃莱尼奥·埃雷拉先后将这一体系发扬光大。

于最后的冠军博卡青年。但那时解放者杯显然已经成了球队的首要任务。

解放者杯启动于1960年，并迅速赢得了声誉。在南美洲建立国际俱乐部比赛的尝试从1913年就开始了，当时阿根廷足球联合会（FAF）从阿足协（AFA）分裂，FAF联赛冠军由大学生队获得，他们原定应与乌拉圭冠军蒙得维的亚河床队比拼一场。这场比赛最后究竟有没有踢尚且存疑，此项对抗赛后来只是不定期地举办，1955年的最后一届距前一届已相隔八年之久，那一年（阿根廷）河床击败乌拉圭民族队，追平了后者六次获胜的纪录。

1948年，有人提议增加参赛球队，成立一项冠军杯[1]，由阿根廷、玻利维亚、巴西、智利、厄瓜多尔、秘鲁和乌拉圭各出一支球队，在圣地亚哥循环厮杀，为期六周。但是，这一提议只尝试了一次便再无下文。

最终，南美足联于1959年通过了解放者杯的计划，投反对票的只有乌拉圭——因为担心又一项国际赛事可能影响到南美锦标赛，虽然前者参与球队是俱乐部，而后者是国家队。解放者杯并没有立即引起阿根廷公众的关注。佩那罗尔与圣洛伦索的半决赛第一回合在乌拉圭1–1打平，当他们去布宜诺斯艾利斯踢第二回合时，发现大多数市民根本不知道还有这场比赛。只有15 000人到场观看，比赛仍是平局，双方都没有进球，只能在蒙得维的亚再打一场附加赛，这次佩那罗尔2–1获胜。他们第二年成功卫冕，阿根廷冠军独立则在四分之一决赛中败给了帕尔梅拉斯。

然而，唯有伟大的球队才能给一项赛事注入活力，而佩那罗尔天赋再高，作风再顽强，比起1962年的解放者杯冠军来，魅力仍是远远不足。拥有贝利、基尔马、齐托和科蒂尼奥的桑托斯在小组赛中即傲视群雄，四场比赛狂进20球。日后他们将成为世界上最著名的俱乐部——1967年他们访问尼日利亚，正逢比亚法拉战争[2]期间，交战双方为了观看他们的友谊赛，曾宣布停火两天，桑托斯受欢迎的程度由此可见一斑。

一直到第四届解放者杯，才真正有一家阿根廷俱乐部全力以赴。博卡主

1 这项赛事被称为“南美冠军锦标赛”，直接启发了欧足联举办欧洲冠军杯赛。——译注
2 尼日利亚内战，亦称比夫拉战争，是1967年至1970年间尼日利亚政府和自行宣布独立的比亚法拉共和国之间的一场内战。——译注

席阿尔韦托·阿尔曼多下决心要让自己的球队代表阿根廷拿下首座解放者杯。“他将（解放者杯）视为重中之重。”马尔佐利尼说，“因此，1963年，我们几乎无暇顾及联赛，一直在东奔西跑打解放者杯。我们的阵容不够双线作战。”

尽管已经有了一名颇受欢迎的巴西射手保罗·瓦伦廷，他们还是从圣洛伦索签下了何塞·圣菲利波。这意味着圣菲利波要往回撤一些，和诺韦尔托·梅嫩德斯一起为巴西人制造机会。结果，他在20场联赛中只打入七球，博卡当年仅获第三。不过，赛季倒数第二轮，是他射入制胜一球，帮助博卡1–0击败河床，把冠军头衔给了独立。博卡主席阿尔曼多因此说道："今天，我们提取了一张三十年前签署的期票。"——他指的是1933赛季的最后一场比赛，当时河床打败博卡，为圣洛伦索夺冠送上了大礼。

圣菲利波的联赛表现可能令人失望，但他在解放者杯中却斩获频频，客场对智利大学队的帽子戏法帮助球队小组出线，半决赛主场又进一球，博卡顺利淘汰了佩那罗尔。

决赛由博卡对阵卫冕冠军桑托斯，后者曾在半决赛中以1–0和4–1碾压博塔弗戈。“我们反正赢不了，因为他们是当时最好的球队。”马尔佐利尼说，“就好像马拉卡纳体育场长达200米，宽达100米。这已经是两支最强球队的交锋，而最出色的还是贝利的桑托斯。”圣菲利波捕捉战机的能力让他两个回合收获了三球，但仍然不够，桑托斯在圣保罗3–2获胜，在巧克力盒则赢了个2–1。

赛季结束时博卡与竞技并列第三。在赛场上，特别是解放者杯中，有迹象表明圣菲利波开始接受球队安排他的角色。然而，他效力俱乐部的日子也已到尽头。1964年3月，博卡在季前热身赛豪尔赫·纽伯里杯[1]中遭遇圣洛伦索。可以理解，圣菲利波极度渴望与他的前东家交手，但教练阿里斯托伏洛·德安布罗西（河床“机器”时代的前锋之一）却把他放到替补席上。根据规则，只有上半场有球员受伤的情况下才能换人（当然如果需要，受伤很容易伪装）。“我是球队的射手，射穿过解放者杯所有强队的大门。”圣菲利

1 豪尔赫·纽伯里是拉丁美洲首批飞行员之一，被认为是阿根廷空军的创始人。——译注

波说，“圣洛伦索排在榜首，但只领先一分，因此如果我们打败他们，我们就是冠军了。”

圣菲利波觉得自己应该上场，中场前不久，他意识到要想上场就得赶紧了，于是问德安布罗西上半场还有多久。

> “四分钟。”他说。我想：“这人真操蛋。”整个球场都在高喊我的名字。
>
> 我仍然以为自己会上场。然而没有。上半场结束，什么也没发生。他开始向球场中心走去，我跑着追上他。
>
> “你为什么这么干？”我问。
>
> “因为主教练想干啥就干啥。”
>
> 真是够了。砰！我把他打倒了。他躺在地上，我对他说：“你可以夸口自己弃用了伟大的射手圣菲利波，但你也少不了要为这一拳做个解释。”这就是为什么我不得不出走蒙得维的亚民族队。

不仅如此，他还辱骂了当时担任德安布罗西助理的阿道夫·佩德内拉，并将不让他上场的决定斥为“任性妄为”。当阿尔曼多支持教练组并决定出售圣菲利波时，他的队友中几乎没人感到失望。连一向与人为善的马尔佐利尼都说：“在足球史上，有三位真正伟大的球员——贝利、马拉多纳和梅西——但只有一个*hijo de puta*（狗娘养的）：圣菲利波。”

圣菲利波的射术再高明，不可否认的是，博卡没了他反而越战越勇。博卡夺得1964年的联赛冠军，虽然30场比赛仅进35球，但失球数也只有15个——最后25场一共只丢了6球。第二年，博卡的踢法稍稍冒进了一些——最后以进55球、失30球的成绩卫冕。

当年5月，阿根廷在利马的国家体育场挑战秘鲁，这是一场为下半年的奥运会进行的资格赛。比赛快结束时，主队踢进一个扳平比分的球，但被裁判吹掉，于是两名球迷爬上环绕球场的铁丝网，意图攻击裁判。他们被警察抓住并痛打，引发了看台上的骚乱。观众一边放火，一边向场内投掷砖块，警察则往看台上发射催泪弹。球迷奔跑着退场，却发现大门上了锁，结果是一片慌乱。拥挤中共有312名球迷丧生，500多人受伤，其中大多数是在楼梯上遭到踩踏。骚乱还蔓延到场外，三名警察因此遇害。

秘鲁国内暂停一切足球赛事，本应由独立客场对阵利马联盟的比赛因此被转移到阿韦利亚内达。而南美足联与哥伦比亚足协发生争执，意味着他们也不需要到客场去打百万富翁，这样直到半决赛，独立都坐镇主场“双凉棚”[1]，以逸待劳。半决赛中独立面临最严峻的挑战：有可能三连冠的桑托斯。

在马拉卡纳主场，桑托斯34分钟内便已两球领先。但是四分钟后，马里奥·罗德里格斯接劳尔·萨沃伊的传中，头球破门；面对体能远远胜过自己的对手，桑托斯开始力不从心，上半场结束前一分钟，劳尔·贝尔瑙从右路一脚似传似射，攻破了主队大门。下半场开始后，桑托斯卷土重来，但独立球员有体能优势，而且知道平局让他们在两回合的比赛中占有先机，因此他们可以坐守后场，消解对方进攻的压力，并伺机发动快攻——这本来就是他们喜欢的比赛模式。然而他们收获了比平局更好的结果。最后一分钟，萨沃伊又送出一个危险的传中，这一次路易斯·苏亚雷斯射门得分，独立成为第一支在马拉卡纳获胜的外国球队。第二回合的比赛固然仍不免让人焦虑，但独立确实状态比桑托斯好得多。

独立与蒙得维的亚民族队的两回合决赛被视为朱迪切足球理念的完美体现。做客世纪球场的独立逼平了对手。回到“双凉棚”，在现场八万名观众面前，独立凭借无懈可击的防守纪律1-0小胜，唯一的进球是罗德里格斯上半场结束前十分钟的一个吊射。阿根廷的第一个解放者杯冠军诞生了。次年，他们又成功卫冕：重要的是，他们的取胜之道将成为公认的阿根廷足球新风范。

1 独立在阿韦利亚内达的球场距竞技的“圆筒”仅两百码，1928年初建的时候是南美第一座水泥体育场。“双凉棚”这个名字来自于两面屋顶上的两扇遮阳板。

第24章
再 战 江 湖

朱迪切作为先驱在阿根廷推广的足球风格，或可宽泛地定名为意大利风格；但除他以外还有一位先驱——胡安·卡洛斯·“托托”·洛伦索，后者与意大利的联系更加明确。球员时期的洛伦索颇有天赋，踢过中场与前锋，先后效力于查卡里塔和博卡。1947年，24岁的他转会桑普多利亚，此后曾经加盟过南锡、马德里竞技、巴列卡诺闪电和马略卡等俱乐部。1958年，他被当时在西丙联赛的马略卡任命为教练，于是决定结束球员生涯。洛伦索深受埃莱尼奥·埃雷拉理念的影响。50年代后期的埃雷拉可能还不像后来那样谨小慎微，但他的风格若放到阿根廷，仍会被归入“反足球”范畴。洛伦索接受了这种踢法，凭此让马略卡连升两级。1961年，他回阿根廷执教圣洛伦索，并于次年成为国家队主教练。“洛伦索让我们睁眼看世界。”马尔佐利尼说，前者在国家队及后来的博卡都是他的恩师，“不仅仅是我们可以从报上读到的优秀球员的报道，他还向我们描述这些球员的踢法，以及他们各种踢法背后的战术基础。”

他就像一剂现代药，许多人认为正是阿根廷足球所迫切需要的。1962年世界杯渐渐逼近，国家队的表现依然遭人诟病。预选赛足够容易，1960年12月他们以6–3和5–0两次击败厄瓜多尔，但同一年他们也与巴西五度交手，虽然阿根廷五战二胜，最后一场比赛却输了个1–5。次年1月，贝利在接受《图片报》采访时，对阿根廷的评价异常坦率。“速度太慢。”他说，“边路传球太多，没有任何纵深……使用一名速度缓慢的中前卫，然后却去打‘边路’，已经犯了战术上的错误，尤其是你还指望这名中前卫去盯防对方的快马。”他对阿根廷队的体能也提出尖锐的批评：“你能想象他们在泥泞场地上的样子吗？绝对要遭殃。”换一个时代，他这番话可能引起轩然大波；但当时阿根廷国内的看法与他本就不谋而合。采访刊出三周后，《图片报》呼吁在战术与组织结构上彻底改革国内联赛。“很长一段时间以来，人们都说我们踢的不是同一种球，说我们需要适应‘那里的足球’。”《图片报》的社论悲叹道，“有许多像这样我们说要做，却从来不曾真正去做的事情。正是这些事后来让我们哭泣。”

1961年6月，阿根廷赴欧热身，备战世界杯。他们在里斯本2–0击败葡萄牙，但随后0–2输给西班牙，归化西班牙的阿尔弗雷多·迪斯蒂法诺打进第二球。接下来他们1–4负于意大利，对捷克斯洛伐克和苏联的两战都打平。

球队惴惴不安地踏上1962年世界杯赛场。1958年的旧伤未愈，这意味着他们的踢法有意识地比以往更实用，更保守。从首场比赛就可以清楚地看出，赫尔辛堡之辱后，阿根廷的球风已向硬朗演化：这场在兰卡瓜对阵保加利亚的比赛，洛伦索选择的球员平均身高超过6英尺（约1.83米）。令人不解的是，比赛前一周他就宣布，除非场地干燥，否则拉廷不会上场；结果那天下雨，于是拉廷被排除在外，这表明两人之间关系紧张，可能削弱球队士气。拉廷毫不客气地批评了洛伦索，他后来称1962年这支国家队是他参加过的最差的球队。

马尔佐利尼第四分钟时突破传中，中路的马塞洛·帕加尼轻轻一磕，右路埃克托尔·法昆多射门得分。之后阿根廷队退守后场，不断化解对方攻势，实施破坏与犯规战术。保加利亚左边锋伊万·科列夫多次被放倒，而赫里斯托·伊利耶夫与托多尔·迪耶夫更是严重受伤，整届赛事完全报销。“这种胜利回味苦涩。”《图片报》表示不满地说。

英格兰首战负于匈牙利，看到阿根廷的彪悍球风，他们决定硬碰硬。沃尔特·温特博特姆，一位严谨认真，带队如同办学校的主教练，这次抛开了战术黑板和引自色诺芬的比喻，只告诉球队，要“咬住不放，寸土必争”。

由于拉廷本场回归，洛伦索采用了一种奇怪的4–2–2–2阵型，结果每个人都踢得很别扭。他的想法是让拉廷盯防约翰尼·海恩斯，让弗拉迪斯劳·卡普盯防查尔顿，但这个计划没有成功，英格兰队很快领先，最终3–1获胜。《号角报》把失利归因于英格兰的“力量与速度”，或许暗示阿根廷足球必须朝此方向继续努力。

阿根廷队要在这届世界杯上晋级第二阶段，最后一场对匈牙利的小组赛，战绩必须超过他们的竞争对手英格兰对保加利亚的战绩。（已经出线的）匈牙利队三名前锋轮休，亚诺什·格勒奇也因阿根廷一次粗野的铲球受伤，在场上一瘸一拐；面对实际只剩下十人的匈牙利，阿根廷依然难求一胜。比赛以0–0告终，由于英格兰同样0–0战平保加利亚（博比·穆尔称之为“有史以来最糟糕的国际比赛之一”），阿根廷出局了。他们抗议说自己是被欧洲国家的阴谋做掉的，说保加利亚对英格兰放水，但抗议也只是徒劳。

第25章 考迪罗

如今，七十多岁的拉廷还在卖着保险，这个平淡无奇的职业与他似乎并不相称，要知道他始终是博卡人心目中的伟大偶像之一，而对某一年龄段的英格兰球迷来说，他更代表着阿根廷足球的阴暗面。博比·查尔顿曾经告诉他和马尔佐利尼，英国妈妈们用拉廷的名字恐吓小孩吃下蔬菜，说如果不吃，拉廷就会来抓他们；拉廷和马尔佐利尼都向我转述了这个故事。查尔顿也许做了些诗意的夸张，但步态佝偻、五官粗犷、表情沉郁的拉廷确实很容易被妖魔化。当然，这只是拉廷人生经历中的一个小插曲而已，毕竟他一度可算是世界上最好的防守型中场。

拉廷1937年5月出生于蒂格雷，这个小镇建在布宜诺斯艾利斯以北17英里处巴拉那河口的一个岛上。拉廷的父亲是开渡船的。“我家老头子从来不去体育场看我比赛。”他说，“他总说足球是懒人干的事。他要我读书。读什么无所谓；他就是要我读书。”

但他自己心意已决，那就是为博卡而战，虽然他的偶像是河床的5号皮波·罗西。“我真的很钦佩他。”他说，“那时候我什么都要模仿他。”罗西住在离蒂格雷不远的贝卡尔，所以拉廷时常碰到他，只是从不敢与他攀谈。“某个周六，我首次代表博卡第五梯队上场的那天，”拉廷说，“我坐在火车后座上，车到贝卡尔站，他上来了，走进同一节车厢。我一看见他，就站起来走近他，不是要和他说话，而是为了靠近他。我坐在他后面。我们到了雷蒂罗站，又一起换乘地铁。他在五月大道下车，我一直乘到拉努斯，比赛就在那里进行——我有生以来第一次身穿博卡球衣，参加正式比赛。这次偶遇很棒，我可以看着他，算算他有多高[1]，观察他走路的样子，等等。”

拉廷到了球场才发现球衣管理员那里没有他这个号码的球靴，所以他代表博卡的首秀其实穿着普通的鞋子。

1956年9月，拉廷获得了职业生涯的一次重大机缘，他被召入一线队踢比赛，对手是河床，这意味着要去位于布市卫星城唐托尔夸托的印度俱乐部[2]集训，博卡的封闭营设在那里。俱乐部主席米格尔·德里格洛斯开车带他过去。“我们在我家停了一下，拿我的训练包和衣服。”拉廷回忆道，“问题是主席要借用卫生间。他必须穿过树林里一条狭窄的走廊，才能走到卫生间。卫生间的墙刚砌好，但管道和其他一应设施都还没有。他从那里出来后对我说：‘装修卫生间要多少钱，你把预算给我。’

“‘好的，先生。’

“二十天后，我给他了预算：32 000比索。他为那些瓷砖啊、热水器啊、浴缸啊、坐浴盆啊什么的都付了钱……我得整整踢一个赛季才能挣到那么多钱。”

河床后来获得当年的冠军[3]，但拉廷拿定主意，不能被对手吓倒。开球前，他走到罗西面前，问他是否可以合影。“我还保留着它（照片）。”他说，“我真的很想和他合影。皮波后来成了我的教练。他是我的偶像，真正的偶像。他的声音粗嘎刺耳，在场上像比赛解说员一样不停地叫喊咆哮，发号施令。”

开赛不久，拉廷就给了安赫尔·拉布鲁纳一记飞铲，为后面的比赛时间——也为自己的职业生涯——定下了基调。“第五分钟时，我踢了*el Feo*（丑八怪）[4]一脚，重得要命，是他妈一脚毫不留情的铲球。他躺在地上说：‘小子，悠着点，你又不是只踢这一场甲级赛。’于是我回答（说到这里拉廷憋细了嗓门，模仿当时假惺惺道歉的声调）：‘哎呀呀呀，我很抱歉，安赫尔，我不是故意的。’”博卡最终以2–1获胜。“为这场比赛，俱乐部付给我4卢卡

---

1 他身高6英尺1英寸（约1.85米）。拉廷比他高2英寸（约1.90米）。

2 印度俱乐部1919年由拉萨勒学院的校友创立，因该学院的戏剧俱乐部被称为“印度斯坦”而得名，现在是一个以橄榄球队闻名的综合性体育俱乐部。

3 这即是有“小机器”美名的那支河床。——译注

4 拉布鲁纳的绰号。——译注

（4 000比索）[1]。”拉廷说，“2 000现金，2 000直接打入银行账户。就因为打败了河床。”

1964年，由斯皮内托执教，以拉廷为核心的阿根廷队去巴西参加庆祝巴西足协成立五十周年的“国家杯”锦标赛，这是阿根廷新球风第一次真正在国家队层面上取得积极的效果。巴西队的首场比赛就在马拉卡纳踢了英格兰一个5–1。

英格兰给了贝利空间，但阿根廷用何塞·梅夏诺盯防他，限制了他的发挥。虽然对这种战术早应习惯，贝利的反应却很糟糕，他异常失落，踢了半个小时后，忍不住用头撞破了梅夏诺的鼻子。裁判没有看到这一幕，贝利逃过了处罚，但他被自己的行为扰乱了心神，在剩下的一个小时里几乎完全魂游场外。

> 我告诉斯皮内托：“派上（罗伯托·）特尔科，我来盯死贝利。”当时特尔科正在吃热狗，还没穿球鞋。他把热狗递给别人，上了场。很快他们得到一个角球。我走近贝利，他对我说：“拉廷，我拿球的时候，你来；没拿球的时候，别来。”
>
> “没问题。”我说，“如果我踢你，我会连球带人一起踢。你顾着比赛就行。”我紧紧盯着他，寸步不离。特尔科进了两球。此后，我们开始遛他们：当我们把球传来传去时，巴西球迷都在高喊：“奥莱，奥莱，奥莱。”实在太尴尬了。这是一种羞辱，他们对自己人真是苛刻。贝利？他闭上眼睛，再也没睁开过。他可能为撞了梅夏诺而感到难过。

阿根廷队坐守后场，凭借三次快速反击进了三球。参赛队返回里约（踢最后一轮）。阿根廷知道一场平局就足以让他们夺冠，于是退守到皮球后方，满足于用控制和破坏来拖延时间。德斯蒙德·哈克特在《每日快报》上形容英格兰队“就像一群摸索着试图走出迷宫的乡下佬”，完全不知所措。

---

1 卢卡（*luca*）在阿根廷俚语里指1 000比索。——译注

《每日邮报》的布赖恩·詹姆斯则恹恹地承认阿根廷的战术确实有效。“如果你对场面毫不在意，并做好把娱乐性留给音乐厅的准备，你就能赢得任何比赛。”他写道，“阿根廷只是遵从逻辑而已，虽然走了极端。他们定下策略:‘只要对方不进球，我方就不会输’……只有在他们最疯狂鲁莽的时刻，完全丧失头脑的情况下，才会大举进攻。”

“*La nuestra*”的时代早已远去，阿根廷队员对此并不挂怀。“第二天，我们应邀参加了一个盛大的晚宴。”拉廷说，“每个巴西人都得到一块金表。而我们，这次该死的赛事的冠军，只收到一支刻着‘国家杯’字样的可怜的钢笔。真他妈见鬼!”

第26章
虽 败 犹 荣

尽管在经济上举步维艰，弗朗迪西作为总统最终垮台却源于外交——他会晤了切·格瓦拉还不算，又试图居中调停约翰·F·肯尼迪和菲德尔·卡斯特罗的关系。此外，他还决定在1962年的中期选举前解除对庇隆派政党的禁令。一切的一切都引起军方的警觉。3月29日，陆军参谋长劳尔·波吉将军发动政变。参议院议长何塞·玛丽亚·吉多被提名为弗朗迪西的继任者。他最初以忠于前总统为理由拒绝就任，但当弗朗迪西自己也要求他这么做时，他接受了，从而成为阿根廷历史上唯一一位通过军事政变晋升为总统的文官。

吉多执政期间，军队内部发生了权力斗争，温和派（由波吉领导的蓝党）和强硬派（由骑兵总司令恩里克·劳奇将军领导的红党）针锋相对。斗争于1963年4月达到高潮，海军在陆军和空军部分派系的支持下发动政变，企图阻止定于当年7月举行的大选。经过两天的战斗，死了24人后，政变失败。

激进公民联盟的阿图罗·伊利亚在7月的选举中获胜，此后三年，他小心翼翼地逢源于右派的将军、实业家与左派的工会和庇隆党残余之间。伊利亚从任期一开始就陷入困境，他的党派在参议院占有多数席位，在众议院却缺乏支持，两者的鲜明对比说明了政府分裂之实质。

军方的怀疑还没有消失，价格管制，特别是制药行业的价格管制，又引起商界领袖对他的不满。起初工会还支持伊利亚的通货膨胀政策，但随着迎接庇隆从流亡中归国的秘密计划越来越确定，工会也开始反对他。早在1964年5月就举行过一次总罢工，次年，劳工联合总会（CGT）的领导人暗示他们会支持政变。当时民主选举仅仅过去18个月，而且经济复苏明显，他们却已经盘算着走这一步，说明阿根廷的民主体制有多么支离破碎。

新闻杂志《证实》公开呼吁军事政变，并刊登了一项据称反映公众支持政变的民意调查。军方向来一说就动。1966年6月28日清晨5点，陆军第一师总司令胡利奥·阿尔索加赖将军在军队、部分媒体和众多政界人士（包括弗朗迪西）的支持下现身伊利亚的办公室，请他辞职。伊利亚最初予以拒绝，但当武装人员接管他的办公室后，他于7点20分屈服。第二天，胡安·卡洛斯·翁加尼亚将军被提名为新总统。

但是这次政变异乎寻常。此前的军事接管都还是短期行为，一俟国家局势稳定，便会恢复文官统治，1966年的政变则目标相当长远。翁加尼亚中止了政党活动，转而实行一种参政制度，由各个代表不同利益集团的委员会向他咨政——当然，委员是他自己任命的。他意在指出，只有依附他的知识分子才是积极的力量；其他人都值得怀疑。1966年7月，所有大学校长一律被解职。布宜诺斯艾利斯大学的抵抗活动引来了“长棍夜袭”：手持警棍的警察驱逐教学楼中的示威者；随后政府又开始迫害科学家和学者。许多人去国远逃。

政变发生时，国家队已在欧洲备战将于7月11日开战的世界杯。筹备工作混乱不堪，这点倒怪不到政治背景上。尽管阿根廷队在主教练何塞·玛丽亚·米内拉的带领下，1964、1965两年中十三场比赛只输了一场，但开赛前六周，他还是被二进宫的洛伦索取代，这令拉廷深恶痛绝。洛伦索曾执教意大利的拉齐奥和罗马，见识过链式防守的威力，因此也想设一名清道夫，但训练中当他试图解释这一战术体系时，却只引起球员的困惑不解，哪怕他让自由人穿不同颜色的球衣都没有用。球员们发问：为什么大赛前夕才让他们适应一套全新的体系？他们这么问完全可以理解。“世界杯前，我们踢球的时候，还以为使用的是正赛用球的复制品。”马尔佐利尼回忆道，“球是阿根廷人生产的。但等我们到达赛地，才发现（真正的）球完全不同，质量好得多。”国家队去意大利打热身赛时，情况糟得无以复加。不但组织混乱，而且矛盾不断：球员和足协代表吵架——好几家阿根廷报纸指出，代表团人数庞大——代表和教练争执，拉廷还打了替补中场何塞·帕斯托里萨。“到了都灵，”拉廷说，“我们要求足协给我们换一个教练，但他们说不行。”

听说球队纷争四起，AFA主席巴伦丁·苏亚雷斯忧心忡忡，他飞到欧洲试图平息事态；当阿根廷队抵达英格兰时，拉廷坚称一切都已解决，他心满意足。然而，只要离开布宜诺斯艾利斯，他多少总会郁郁不乐，为了克服乡愁，他带去妻子和两个孩子讲话的录音。他曾在接受《理性报》采访时说："如果这一档次的足球合同也能由我自己做主的话，我保证会加入一个条款，说我只需要在布宜诺斯艾利斯踢球，再也不用出国。"这样的多愁善感似乎与拉廷的形象格格不入，但离乡带来的心绪不宁，加上他对AFA混乱组织的不满，或许解释了为什么整个世界杯期间，他一直处于一触即发的状态。

即使到了英国，准备工作也未见改善。阿根廷驻扎在伯明翰附近，想去利勒肖尔进行秘密训练，结果大巴中途迷路，花了两个小时才走完30英里左右的路程，到达之后又发现忘带训练器材，球员们只能去当地的健身房借到什么是什么。虽然拉廷自己表示不记得了，但据马尔佐利尼说，回程中队长带领球队唱了一些针对洛伦索的歌。不过，AFA官员最大的失职可能发生在四分之一决赛前不久。

阿根廷从小组赛中杀出一条血路。2–1战胜西班牙后，《每日镜报》赞他们为"战斗民族"；比赛中西班牙中场组织者路易斯·苏亚雷斯[1]步履蹒跚，毫无表现。这后来成为指控阿根廷（球风野蛮）的证据，但他似乎只是旧伤复发，而不是因为犯规所致。

舆论风向大变始于第二场在维拉公园对西德的比赛。这场比赛双方都没有进球，但过程紧张，激烈，值得铭记的主要是下半场20分钟发生的事：拉斐尔·阿尔布雷赫特对沃尔夫冈·韦伯的犯规铿然有声，被南斯拉夫裁判康斯坦丁·泽切维奇驱逐出场。判罚无疑是正确的[2]，其后医疗人员和教练纷纷进入场内，秩序一时大乱，阿尔布雷赫特因此磨蹭了好一会儿才终于离场，更让人对他同情不起来。但如果阿根廷要问，为什么在这场充斥了类似犯规的比赛中，只有这一次受到处罚，同样也可以理解。而且犯规后躺在地上的

1 他曾效力国际米兰，在1964年洲际杯决赛的附加赛中战胜了独立，后者阵中也有一名叫路易斯·苏亚雷斯的球员。

2 国际足联拍摄的1966年世界杯官方纪录片《进球！》选错了镜头，影片中阿尔布雷赫特被人从身后猛地撞了一下，失去平衡，摔到韦伯身上，似乎因此碰撞而遭到罚出场外的严惩。其实，这不是导致他下场的那次犯规。

阿尔布雷赫特貌似挨了踢，为什么无人过问？“为什么单单把阿根廷拿出来说事？”洛伦索问，“为什么把我们当成替罪羊？”大部分是英国人的观众报以嘘声，国际足联则警告阿根廷，他们的踢法“不道德”。

希尔斯堡的最后一场小组赛，阿根廷2–0战胜瑞士。此时他们在英国已经声名扫地，嘘声从他们踏上赛场开始，比赛中每一次犯规、每一脚回传以及任何可以算作拖延时间的行为都遭到嘲笑。大卫·唐宁记录英阿足球敌对史的书中这样写道：“阿根廷人明白了……英国人不喜欢他们。”

然而，阿根廷队在小组赛阶段的犯规次数少于英格兰队，若干报纸未做任何评论地公布了统计数据。这更激怒了阿根廷：为什么反而是他们被视为肮脏的球队？诺比·斯泰尔斯因为对法国人雅基·西蒙一次特别严重的犯规而受到英足总批评，这又怎么说呢？阿根廷人得出了结论：这只能说明北欧人存心要和他们过不去。或许当你来自一个政治阴谋层出不穷，军事政变两年一次的国度时，变得偏执多疑是可以理解的。

裁判人选的确定更加重了对黑哨和比赛结果可能受操纵的怀疑。国际足联在肯辛顿的皇家花园酒店开会，商议四分之一决赛的裁判与巡边员人选，两名阿根廷代表还未到场，决议便已做出。马尔佐利尼认为，他们就是迟到了，但AFA代表团团长胡安·圣地亚哥却坚持说，他得到的会议开始时间是错的。德国人鲁道夫·克赖特莱因被任命为英格兰对阿根廷的主裁，而英国人吉姆·芬尼则将主吹西德对乌拉圭的比赛。国际足联这样分配裁判可能只是欠缺考虑，并非用心险恶，但是很容易理解为什么某些国家会从中嗅出阴谋的气味。即使没有明显串通的嫌疑，由于欧洲裁判倾向于放过激烈的身体冲撞，欧洲球队就更占便宜。纵观整届赛事，对规则的不同理解始终是欧洲与南美球队发生冲突的根源之一。

比赛前一天，阿根廷队本有权在温布利体育场适应20分钟，球场职员却加以拒绝，理由是训练会干扰晚上的跑狗赛，这更让阿根廷人感觉事事都和他们作对。如果情况果真如此，那确实令人既迷惑又愤慨，因为预定的训练结束时间离第一场比赛尚有两个多小时；不过阿根廷当时的受害者心态是如此强烈，很容易想象，哪怕是最细微的误会都可能上升为口舌交锋。

事后回想，这场比赛蜕变为双方的恶意敌对似乎早已注定，赛前的一切都在奇妙地向激化矛盾的方向发展。比赛前一天，苏亚雷斯警告球员不要对场上的事情反应过度，他还告诉拉廷，如果需要和克赖特莱因讨论任何问题，他有权请翻译上场——事后证明这一说法大错特错。洛伦索在最后一次新闻发布会上说："我们真正希望的，是裁判不会受温布利球迷压力的影响。"

这不是一场值得传颂的激烈对战；比赛本身时断时续，缺乏连贯性，很大程度上要怪克赖特莱因小题大做，但它从未堕落到像阿根廷对西德的小组赛那样暴力。令它臭名昭著的事件发生在开赛35分钟后，拉廷被罚出场，虽然他究竟做了什么还是一笔糊涂账。几分钟前，他因为从背后绊住博比·查尔顿的脚跟受到警告，几分钟后，他又阻挡杰夫·赫斯特犯规，随即投向克赖特莱因一个焦灼的眼神，说明他意识到自己处境不妙，但让人大为吃惊的是，他最终栽在一个无关紧要的死球上，当时球滑出底线，本应是一个球门球。[1]"突然，人们看到拉廷被勒令离开赛场。"《泰晤士报》上杰弗里·格林的报道是这样写的，"此时他离球很远，但离德国裁判很近。"换言之，即便给了英国最重要的足球记者之一整整一个周日的时间去获取事件真相，他仍然说不清到底发生了什么。《星期日电讯报》的大卫·米勒则坚称，拉廷因"争论不休与阻挠比赛"而被罚下，这可能是真的，但单看录像，还是很难解释为什么克赖特莱因会有此反应。

拉廷无疑是60年代的牢骚大王之一，在场上各种向裁判恳求、解释、抗议……边说边撮拢手指，双手举到胸前，通常还伴随着弓腰曲背，以便视线能与总比他矮的裁判齐平。但这一次他看上去始终相当克制，要不然就是他的牢骚大多发生在镜头外。甚至当他被罚下时，他的反应似乎也只是：难以置信。拉斐尔·阿尔布雷赫特、罗伯托·佩尔富莫和厄尔明多·奥内加都冲着裁判发火，佩尔富莫还一把抓住他的手臂，而拉廷只是站着不动，双手叉臂，神情迷惑，缓缓地摇头。队友抗议的时候，他走到教练席上的洛伦索面前，似乎在征求他的意见。"赛前队里聊天，有人告诉我，如果出现问题，作为队长，我有权要求翻译到场，于是我照着做了。"他说，"裁判却恶意曲解了我的态度。我第一次问他，他装聋作哑，第二次他直接向我指出去更衣室

1 奇怪的是，当比赛重新开始时，是由英格兰在中圈开任意球。

的路。”英国人写的历史一般都讥笑这个借口太拙劣——现在听起来也确实荒谬——但这反倒和他当时的行为合得拢。“他们想让我离开球场，我拒绝了。”拉廷说，“他们他妈的到底想干什么？我既没有骂人，也没有踢人，所以他妈的为什么要我离开球场？就因为我要找个翻译，好和那个德国傻×说话？是因为一切都安排好了，哦，没错，这边上个德国人，那边派个英国人。”

由于拉廷拒绝离场，裁判委员会主席肯·阿斯顿走上边线支援克赖特莱因。当天晚上，阿斯顿开车回家，在红绿灯前停车的时候，突然灵光一现，想出用红黄牌帮助裁判与球员交流的主意。不过，就英阿这场比赛来说，即使用了红黄牌也无济于事：拉廷不是不清楚他已被罚下，他只是不敢相信而已。尽管他的委屈源于受人误导，他的情绪却是真诚的，不管听上去有多奇怪，对他的行为最合理的解释是：他不信任本国足协，但确定有人阴谋针对阿根廷，他想保证自己球队不会吃亏的心情过于急切，结果却引起那个大权在握之人的反感，于是，在拉廷看来，此人自然也成了同谋之一。

有那么片刻，洛伦索似乎会坚持让他的球员全体退场，但被罚下八分钟后，拉廷终于慢慢向球员通道走去。那时候通道不在球门后，而是面对皇家包厢。本届大赛的官方纪录片《进球！》跟踪拍摄了他的长途跋涉：比赛本身变成前景中的一片模糊，费里尼式的配乐让他的离去带上一种怪异的尊严感。他走过角旗杆，角旗是一面缩小的英国国旗，正中印有世界杯会徽，拉廷右手捏起角旗，手指从上面划过。这一幕引来各种各样的解释，有人说他是在用布擦手，以示对英国国徽的污辱，也有人说他想暗示这是一届英国的世界杯，因此英国人必须获胜。“我不太清楚那一刻他想要表达什么。”博比·查尔顿说，他把这一动作视为遗憾的表示，“但我怀疑他必然意识到，他职业生涯中最刺激的一次经历已告终结——而苦果由他亲手酿成。”

途中拉廷稍作停留，手叉腰间，注视球场，或许他在寻思还能做些什么抗议的手势，或许只是思考着自己梦想的破灭。当他到达通道时，一路陪同的阿根廷足协官员开始向空中挥舞拳头，似乎是回应英国球迷的讥嘲。拉廷看上去浑然不觉。走下通道的他与一匹小马擦身而过，小马是英国军队的吉祥物，披着带有金徽的栗色马衣。他没看一眼就消失在黑暗中。以他当时纷乱的心绪，根本不曾注意到小马。现在被问及此事，他只觉得迷惑。

比赛暂停了二十多分钟。我和我们的足协官员交谈了一下，最后他们告诉我："不能这样下去。你必须离场。"

"可我啥也没干。"

但决定已下。我被罚下。于是我无意间跑去坐到女王座席前的红毯上。虽然女王没来，红毯还在。红毯六米长，四米宽，非常漂亮，对吗？我坐着看了六七分钟比赛。然后，我站起来，开始沿着边线走。观众向我扔东西，不过只是巧克力，膨化巧克力。我捡起两块，打开尝了尝。膨化巧克力对我来说是个新鲜玩意儿：以前从没听说过。我吃了一块，又吃第二块，等我终于到达角旗处时，出于报复，我拧了一下旗帜，以示侮辱。（他做了一个拧旗的手势，虽然不清楚为什么这代表了侮辱。）然后一满杯啤酒差点打中我。所以我得快点走。

正如这场比赛的许多场景一样，吃巧克力、角旗旁的手势以及飞掷而下的啤酒从录像看都不明显。

博比·查尔顿相信罚下拉廷是正确的决定。"在我看来，毫无疑问，最终他唯一的选择就是让拉廷下场。"他在自传中写道，"短短几分钟之内，拉廷就两次对我犯规，第二次更是相当明目张胆地绊倒了我。裁判警告拉廷的时候，我离他很近，从他脸上的表情我可以看出，他快要憋不住了，当裁判紧接着又警告了他的队友阿尔韦托·冈萨雷斯时，他果然爆发了。到那一刻，拉廷似乎已经完全不在乎比赛的流畅性了。"

大多数人还是更有同情心。布赖恩·格兰维尔很快就开始质疑克赖特莱因。第二天，他为《星期日泰晤士报》的撰文中称克赖特莱因是"一个自命不凡的小个子，在场上趾高气扬地走来走去，头已经秃了，棕色的头皮被阳光照得熠熠发亮，（他）把一个又一个阿根廷人的名字登记在册，让人想起收集火车头号码的小学生。最后，也许是因为记录册已经写满，他突如其来地，不明就里地命令拉廷下场"。甚至连他的记录册也是个不解之谜：博比·查尔顿说，第二天他发现他和哥哥（杰克·查尔顿）都被警告了，然而提交给国际足联的官方报告里只有三个警告登记：索拉里、拉廷和阿蒂梅。

不管克赖特莱因在笔记本上写了什么，反正不是被他警告过的球员名字——如果当时有阿斯顿的红黄牌方案，倒很可以消除这种混乱。

此事之所以存疑，部分原因是没人真正知道拉廷为何被罚下。比赛第二天，记者在肯辛顿花园露台的一张躺椅上找到克赖特莱因，但连他的解释也不怎么说明问题。“拉廷脸上的表情足以让我猜到他说的是什么，意思又是什么。”他说，“我不会说西班牙语，但那表情告诉了我一切。他满场跟着我，惹我生气。我别无选择，只好罚他下场。”至于拉廷本人，蒙羞受辱后的第二天就开始游览观光，开开心心地拍摄白金汉宫门外警卫的照片——至少根据《镜报》刊登的一张照片看是这样，如果照片真实可信的话。他自己记得去了哈罗兹百货商店。“酒店的出租车司机没有收我钱。”他说，“在哈罗兹，人们向我要签名，并说他们很遗憾。可惜他们说啥，我屁也不懂，但你可以感觉到，发生这样的事情让他们很不好意思。”

比赛继续后，阿根廷队重组队形，防守得很出色，他们像两年前在里约那样龟缩后场，一次次挫败英格兰队的进攻，直到第78分钟，赫斯特接雷·威尔逊的传中，用一个头球攻门终结了他们。然而，留驻记忆的并非比赛的技术细节。“我从未踢过如此彻头彻尾贬低足球真正意义的比赛……”博比·查尔顿说，“我被阻挡过，踢过，吐过唾沫，但此前还未曾见识过如此密集的犯规战术，一波一波，没完没了。”边后卫乔治·科恩也说：“（他们）拍拍你的肩膀，顺势拧一下你的耳朵；抓住你脖子上的体毛，再一口唾到你脸上。”现在光看录像，很难确定这些说法是事实呢，还是随着时间的流逝被放大了，或因为知道后来两国关系会恶化而有意夸张。上半场有一个瞬间，斯泰尔斯阻挡奥内加犯规后，举起一只手致歉，然后可以看到他用手指擦脸，厌恶地拂去脸上的东西，就像是镜头外有人吐了他一口唾沫，但这是此类事件留下的唯一凭证。当然，话说回来，吐口水这种事即便用现代的高清摄像机也很难捕捉，更别说五十年前的电影了。

拉姆齐在他最得意的时刻却犯下了最严重的错误。作为赢家，他本可以表现得大度有礼，但这一次，他被他的情绪，被他对阿根廷比赛态度的不满冲昏了头脑。首先，他试图阻止双方交换球衣；经历了场上种种不快之后，交换球衣本来多少还象征了一点体育精神，结果却被他的粗鲁行为破坏。在那张臭名昭著的照片中，边后卫科恩想把球衣递给冈萨雷斯，他却拉着科恩的球衣不放，此时的他看上去很小气，甚至有点幼稚。“拍摄这张著名的终场照片时，我正要和那人交换球衣。”科恩说，“他坚持要交换。阿尔夫看到了，急忙跑过来。他说：‘你别和他交换。’或诸如此类的话。那时球衣的袖子一定被拽了有三英尺长。”但拉姆齐不可能处处兼顾，所以还是有人换到了球衣，比如马尔佐利尼和博比·查尔顿。

拉姆齐还将进一步出言不逊，在一次电视采访中，有人问英格兰是不是有打法消极之嫌，他控制不住自己，发起火来。“面对正确的对手——一支来踢球而不是实施兽行的球队，我们自然能踢出最好的足球。”他说。众所周知，拉姆齐站在话筒前就会不自在，但说出这种愚蠢又失礼的话仍然不可原谅；同样，一句随口的评论也不应被用来为既往事实辩护，或成为此后几十年针锋相对的基础——阿根廷足协官员与记者后来却正是这样做的。

拉姆齐并不是唯一一个终场后失控的人。记忆已经淡薄，各方的叙述也含糊不清，但当克赖特莱因离场的时候，似乎有一群阿根廷球员和足协官员对他滔滔不绝地大声责骂。其中一个——虽然没人清楚是谁——还推搡了他，不过被警察制服，而国际足联的北爱尔兰代表哈里·卡文声称被吐了口水。一名阿根廷球员在通道里小便的报道未经证实，但阿根廷更衣室的大门肯定遭到了破坏。博比·查尔顿说有人重重敲击英格兰更衣室的门，并称他哥哥和威尔逊敦促工作人员“让他们进来”。可来者是谁呢？显然他认为是来挑衅的球员，马尔佐利尼和安东尼奥·罗马却断然否认，此二人所做的其他陈述听起来都很可靠。尼尔·克拉克在《动物！》中提出的解释可能最为合理：他认为或许是急于进行赛后采访的阿根廷记者，而这在当时的英国足球文化里闻所未闻。

可想而知，不同国家的报纸态度泾渭分明。《号角报》总结说，英格兰“被其主教练拖入了肮脏猥琐的泥潭，这个人惯于散布谎言，而且吓破了胆子——如果他的球队不能夺冠，他会丢掉饭碗。英国人也意识到这一点，因此心虚胆怯地庆祝胜利……真正的英格兰则羞愧难当，公众的庆典中带着苦味”。这家报纸还派了一架飞机到福克兰群岛边缘的一个小岛上，让记者在那里象征性地插上一面国旗。

阿足协高官费尔南多·梅嫩德斯坚称，克赖特莱因“绝对偏向英格兰”，认为他和“那些选用他的人”——即斯坦利·劳斯与国际足联委员会——需要“为赛场上的纠纷负责”。国际足联不为所动，并对AFA处以最高罚款——85英镑。费雷罗和奥内加被禁赛三场，拉廷禁赛四场，国际足联还告知AFA，除非他们保证能控制自己的球员，否则将禁止阿根廷参加1970年世界杯。南美足联Conmebol立即提出上诉，国际足联也就将此事悄悄丢过不提。

欢呼的人群在埃塞萨迎接国家队归国。拉廷国旗加身，有人挥舞地球仪以代表阿根廷取得的某种道义胜利；随后，球队被匆匆送往翁加尼亚亲自出席的招待会，会上他赞扬了球员们“出色的表现及勇气和斗志”。或许，此届世界杯阿根廷的精气神比起1958年来说是一种进步，确实值得鼓励。胡安·萨斯图拉因在他的《阿根廷世界杯战史》中写道：“这支球队前所未有，它不放弃抗争，像迎击暴雨的飞行员，像几十年如一日的乌拉圭一般逆境顽抗，甚至打断比赛节奏，隐藏比赛用球。”

将近半个世纪后，拉廷仍毫不怀疑1966年的世界杯被操纵。

> 说到世界杯，你必须先明白一点，有两种世界杯——卫星电视之前与卫星电视之后。卫星转播比赛之前，主办国的成绩总是很好，因为国际足联赚钱的唯一途径就是出售球票。我记得在1966年那场比赛中，球场没有一点广告（他说得很对，当时温布利的看台前就是一堵堵白墙）。所以主队必须出成绩。直到1970年，主办世界杯的国家非冠即亚。连瑞典都进入了决赛。瑞典在足球上算个屁？智利获得了季军。意大利，冠军。那时一切都不一样，没有替补，没有电视，什么也没有。除了东道国的比赛，体育场空空荡荡。有了卫星后，他们可以通过电视转播赚钱，东道国表现如何就不重要了。

东道主过去表现更好，也可能是因为以前旅行远比现在艰难，因此客场球队更不容易适应环境。

第27章
奇葩的荣耀

竞技几乎是无声无息地冒了出来，1965赛季的最后十四场比赛他们保持不败，最终获得联赛第五。胡安·何塞·皮祖蒂两年前退役，1965年回俱乐部担任主教练；温贝托·马斯基奥在国际米兰与埃雷拉吵翻后，去佛罗伦萨踢了三年，1966赛季前也回归竞技。他发现，与九年前离开的时候相比，阿根廷足球的风格已经非常接近意大利。“我注意到两国球员的身体条件有巨大差异，但战术差不多。”他说。

马斯基奥对在前队友手下踢球有过疑虑，不过很快就打消了。“他考虑问题很有整体观念。”他说，“用这里的说法就是：不搞特殊化。他是我朋友，但他对待我和普通一员没什么两样。他很严格。我不知道现在他的规矩是否还行得通。比如，如果我们说脏话或骂人，他会罚我们款。”

大多数人以为，33岁的马斯基奥回来只是为了再踢一两年感情球，然后就可以退役了，但他们很快发现，阔别冠军五年之后，一些不同寻常的东西在阿韦利亚内达的竞技营内升腾复苏。“一开始，他们完全没把我们放在眼里。”1966赛季初才20岁的前锋胡安·卡洛斯·卡德纳斯说，“我们被视为一支青黄不接的队伍，老的老，小的小，什么成绩也拿不到。那时候，30岁的球员就像恐龙一样老了。他们说我们是老帮菜，说竞技已经完了。你不得不接受现实，因为到头来竞技的球员确实年纪大，经验丰富。鲁利在博卡踢过，罗德里格斯曾效力民族队，马斯基奥从欧洲回来……小的有我、迪亚斯、巴西莱、塞哈斯和佩尔富莫。”

如今，卡德纳斯在布市中心城区弗洛雷斯塔的一间办公室经营房地产，这里曾是阿根廷无线广播的发祥地，办公室离他执教过的全男孩俱乐部球场不过五分钟路程。和许多北方人一样，他也有“昌戈”[1]这个绰号，直到现在还广为人知。他的头发已经花白，脸上布满皱纹，神情有些倦怠，但回想起当年在皮祖蒂麾下的日子，还是禁不住笑出声来。“我们看到伟大的马斯基奥，就拿他开涮：‘跑啊，老人家，和我们赛跑。’我们都才十八九岁……所以自信耐力比他强。我们开始绕着球场跑——全速跑五圈：一圈，没问题，两圈，还行，三圈、四圈，我们都累抽了，那个吓人的老东西还在跑。我们受不了，只能停下来对他喊：‘你，老头！找个姑娘！你一定几年没见过姑娘了……’”他笑得说不出话来，马斯基奥会缺女人这个念头荒谬得难以想象。

赛季第一天竞技就以2–0击败亚特兰大，第二轮客场战平贝莱斯萨斯菲尔德后，又连胜老男孩和基尔梅斯。当他们在客场1–0战胜查卡里塔青年队时，不败战绩已经达到20场。“我们只是开始比赛，赢了几场球，突然间就创造了不败纪录。”卡德纳斯说，“中立球迷和广大足球爱好者对竞技，对何塞的这支球队越来越好奇。‘这些家伙怎么回事？他们怎么不会输？’所以连其他俱乐部的球迷都支持我们：这在今天是不可能的。”

胜利主要归功于皮祖蒂。“他不会放过球员的任何长处，也不曾看走过眼。”马斯基奥这样说道。

“这支球队彻底改变了阿根廷足球。”卡德纳斯说。

> 我们的主教练是领军人物，有在博卡与河床踢球的经验，并且已经随竞技拿过联赛冠军。因此他无所畏惧，希望我们能主动进攻。“这才是我想要的球队。”他告诉我们。当时有些球队名气很大，但主导的理念却是：“别太冒险。”
>
> 于是他制定了一个全新的战术计划，与当时的常规完全不同。博卡在1965年靠各种1–0和0–0拿下了联赛冠军：他们不让别人进球，但是场面很乏味。此时我们出现了。我是9号，典型的禁区内中锋，我的心态是“如果我进球，说明我踢得好，如果我没有进球，说明我踢得很

1 Chango，西语中猴子的意思，在阿根廷北部，Chango常用做年轻人的外号。——译注

糟”。但是皮祖蒂把我从那个位置拉出来，让我不固定地在锋线游弋。“我不想再看到你在禁区等球。”他说。这就是球队的一个关键方面。7号或11号也可能进入禁区。三名前锋轮番进攻，让对手防不胜防。

球员灌下两三瓶酒后摇摇晃晃走上赛场的波希米亚时代可能已经过去，1967年的洲际杯决赛也显示，竞技可以像当时任何球队一样顽强务实，但马斯基奥坚信，旧日的精神尚有留存。“我们连续39场不败，最后输给河床。”他说，“我们从不考虑结果，反而踢得更开心。唯一一次去想可能出现的比分就是对阵河床，结果我们输了。我们有点害怕，所以踢得很糟糕。”

不过，那场比赛是赛季的第26轮，此时竞技已经独居榜首。虽然他们最终凭借一场0—0锁定冠军，但总的统计数据揭示了真相：那个赛季竞技在38场比赛中进了70球；上一赛季博卡34场比赛打进55球便夺冠了，再上个赛季冠军仍是博卡，30场比赛只打入35球。竞技启动了阿根廷攻势足球复苏的进程。

联赛在接下来的赛季做出了自1937年以来的第一次重大重组。翁加尼亚致力于平衡开支，减少了政府补贴，这对外省的打击比首都严重得多。例如，图库曼省的甘蔗种植园就垮了。失业加剧，引发不满，于是翁加尼亚要求阿足协收编外省的俱乐部——毕竟，没有比足球更好的麻醉剂了。联赛被一分为二：一项称为大都会锦标赛，参赛队伍为布宜诺斯艾利斯、拉普拉塔、圣菲和罗萨里奥四省的俱乐部，第一阶段分成两个小组，每组11支球队打循环赛，每个小组的前两名进入半决赛；另一项叫全国联赛，由来自全国各地的16支球队以单循环形式决出名次。[1]

---

1 从1967年到1984年，阿根廷联赛的组织形式十分复杂多变，每年的联赛分为两项赛事，每项赛事的第一名都享有联赛冠军的头衔。第一项称为Campeonato Metropolitano（大都会冠军赛），由四大省直属阿足协的俱乐部参加，第二项称为Campeonato Nacional（全国冠军赛），参与球队来自全国各地，包括直属AFA与分属各地足协分支的俱乐部；一开始大都会冠军赛在前，全国冠军赛在后，但到最后三个赛季，变成全国冠军赛在前，大都会冠军赛在后；前一项赛事一般也作为后一项的预选赛。两项赛事不但时间、参加球队的数量多有变化，连比赛形式也几乎每年都不一样，有时候是循环制，有时候是赛会制。为示区别，循环制的大都会冠军赛或全国冠军赛译为联赛，赛会制的大都会冠军赛或全国冠军赛译为锦标赛，但两者的本质都是阿根廷顶级联赛。——译注

那一赛季竞技开局很好。他们在大都会锦标赛预赛中排名小组第一，半决赛又击败了独立，只是决赛输给了初露峥嵘的大学生队。解放者杯第一轮，竞技高歌猛进，十场比赛八胜一平一负，顺利进入半决赛组，同组的有河床和两支智利球队——科洛科洛与体育大学。皮祖蒂此时已深谙解放者杯之道，开始安排四十名拳击手担任随队保镖。“到达智利时，何塞把他们当摄影师介绍给大家，但他们中没有哪个人的鼻子是正的，而且个个脸大脖子粗。”卡德纳斯说，想到这荒唐事又忍不住咯咯发笑，“我们正下飞机，一名记者跑上前来提问，只听得‘砰’的一声，他脸上挨了一拳。‘我没有恶意……’他说。‘不好意思。’‘摄影师’回答，‘我太冲动了。’现场一片混乱，但解放者杯就是这样：你做好了最坏的打算。”

竞技与利马的体育大学队并列半决赛小组第一，两队因此在圣地亚哥踢了一场附加赛，结果竞技击败体育大学，进军决赛，对手是蒙得维的亚民族队。第一回合竞技主场，双方都没有进球。第二回合，世纪球场的气氛十分紧张。“对民族队的比赛，队长（奥斯卡·）马丁带领所有队员举着一面乌拉圭国旗上场，记者给我们拍了张照。”马斯基奥说，“拍完后，国旗掉到地上。一个警察叫马丁去捡起来，但他不干，那警察就用警棍揍他，马丁朝他冲去。”虽然他最终被劝服，但比赛还是演化成一场丑陋的闹剧。

“与民族队比赛实在可怕。”卡德纳斯说。

> 他们有（路易斯·）“佩塔”·乌维尼亚，他就像条猎狗。比赛中有一刻，我向球门突破，边跑边往身后看，就怕他要来踢我。最后，总算没让他踢到，但全场都在惊叫：“哦哦哦哦啊啊啊”，因为他那一下飞踹就是冲着断我腿去的，好在我跳了起来，轻轻向右触球，他像飞机一样从我身边掠过，摔到地上，转个不停。尽管没能进球，我总算逃过一劫。“你这个畜生！”我高喊着冲向他。“你是傻帽。”他尖叫，“我会宰了你，下次就宰了你。”这就是现实。有些拦截者与杀手无异。“我们是同行。”你说，而他们会回答：“你赚你的钱，我赚我的。”

竞技能以一个0-0脱身，已经很满意，虽然这意味着又一场在圣地亚哥的附加赛。这次有了进球。第14分钟，若昂·卡多佐俯下身子，脑袋灵巧地向后一蹭，将一个踢向近门柱的低平任意球蹭进球门；半场结束前，诺韦尔托·拉福闪过蒙特罗·卡斯蒂略，又一次射穿民族队大门。米尔顿·比埃拉在比赛还剩11分钟时扳回一球。场上仍有暴力行为：为了迅速开球，罗伯托·索萨到球网里捞球，竞技后卫鲁文·迪亚斯上前阻拦，挨了索萨一拳；不过竞技终于将胜局维持到终场。

受双线作战的疲劳影响，竞技等于放弃了全国联赛，十五场比赛只赢了两场。他们的全部注意力都集中到与欧洲冠军凯尔特人队的洲际杯决赛上，意欲成为第一支拿下世界冠军头衔的阿根廷球队。

第一回合在凯尔特人的主场——格拉斯哥汉普顿公园进行，那是十月里的一天。竞技的飞机先去里约热内卢加油，再飞越大西洋，最后到伦敦转机。“在伦敦，肖恩·康纳利，就是演詹姆斯·邦德的，也上了飞机。”卡德纳斯说，“作为流浪者队的球迷，他不想看到凯尔特人获胜，因此支持我们。”康纳利并不是英国名流中唯一一位临时加入竞技阵营的，另一位更出人意料。约翰·列侬很少表现出对足球的强烈兴趣[1]，但在阿根廷，他希望竞技获胜却是一个广为人知的事实。“我记得约翰·列侬接受采访时说，他更为竞技的进球开心，”卡德纳斯说，“因为这意味着苏格兰人还不是世界冠军。”

对比后来发生的事情，首回合的气氛似乎相当轻松，完全没有围绕着解放者杯的那种紧张与疑虑——在解放者杯中，长期以来的一条基本原则是：不要从打开过的瓶子里喝水，以防水里加了东西。卡德纳斯解释道：

---

1 话虽如此说，列侬的父亲是利物浦球迷，他在“Dig It”的歌词中提到马特·巴斯比，专辑《佩珀中士》（*Sergeant Pepper*）的封面上出现艾伯特·斯塔宾斯显然是他的主张，1974年，他还在个人专辑《墙与桥》（*Walls and Bridges*）的封面上放了一张他本人画于1952年6月的足球比赛图片，当时列侬11岁，所以他可能不像人们普遍认为的那样对足球不感兴趣，至少早年的他应该颇感兴趣。这场比赛很明显是1952年纽卡斯尔联队与阿森纳的足总杯决赛，那也是离他作画时间最近的一场电视转播的足球赛；他非常细致地照顾到了球衣上的一些小细节，比如阿森纳球衣那两个长得出奇的领尖。“这幅画对成年后的列侬之所以意义重大，恐怕在于这位背对我们的纽卡斯尔球员穿的是9号球衣。”2008年一篇发表于runofplay.com上的文章说，“列侬对九这个数字有一种执念：他的歌有‘Revolution 9’、‘The One After 909’，还有《墙与桥》里的‘#9 Dream’。”根据此话，我们可以看出，面对球门的球员是9号杰基·米尔本，而守门员是乔治·斯温丁；事实上，不需要在谷歌图片搜索上花太多时间，就能找到一张可能是此画基础的照片，列侬只不过给双方都增加了一名球员。

南美有不同的文化。不仅仅是解放者杯。哪怕你去圣菲参加阿根廷联赛，机场的人送你糖浆饼干[1]，你吃了可能就会拉肚子，因为那狗娘养的放了泻药。

我永远也忘不了，（在格拉斯哥，）全场观众对我们的国歌起哄吹口哨。几分钟前，我们还在换衣服，肖恩·康纳利来到更衣室。我们一直和他说说笑笑——想不到吧？不过全队一起比独自一人更不容易拘束。他看上去那么高大健壮。"上场和我们一起踢吧。"我们都说。

除了奏国歌时的口哨声，卡德纳斯觉得汉普顿公园的气氛不算太吓人。"当然，他们齐声唱歌的时候，"他说，"我们盯着他们喃喃自语：'揍扁这帮狗娘养的。'但这是正常的赛前反应，目的是激励士气。我们感觉自己代表的是阿根廷，而不仅仅是一家俱乐部。"虽然竞技阵中只有佩尔富莫一人参加了1966年的世界杯，但经过上一年夏天的温布利事件后，在英国代表阿根廷出战自然就有了更深的含义；至于英格兰与苏格兰之间的严格区别，如果你从小到大听到的就是竞技如何颠覆英国人的球场霸权，那实在不值一提。

凯尔特人在比赛中明显占据上风，并于第69分钟时取得领先——比利·麦克尼尔力压巴西莱，顶进了约翰·休斯开出的角球。"他们的整体配合比我们强得多，胜得理所当然。"卡德纳斯说。进球后的麦克尼尔对巴西莱说了几句伤口撒盐的话，显示出他对竞技的球风已经非常恼怒。此前马丁曾用后脑勺猛撞伯迪·奥尔德的鼻子，事后匆忙逃离现场的举动说明他是有意为之，而吉米·约翰斯顿则成了胡安·卡洛斯·鲁利一次骇人犯规的受害者。奥尔德和卡德纳斯一样长了个低低的额头，后者戴上眼镜后两人越发相像。

两周之后在"圆筒"的第二回合比赛，现场气氛要紧张得多，尤其是乌拉圭球迷的出现，更是火上浇油。开球前凯尔特人门将罗尼·辛普森被飞掷而下的异物击中，点燃了双方的敌对情绪。击中他的到底是什么还没有定

---

1 一种传统的南美甜点，通常是两块饼干夹一层甜酱，据说由阿拉伯将军穆萨·伊本·努塞尔于712年引入西班牙。

论——阿根廷方面的记述说是一枚硬币，罗伯特·凯利爵士写于1971年的凯尔特人队史则称异物为“一块扁铁盘”，并认为它不是扔下来的，而是用弹弓发射的。

辛普森不得不退出比赛，替补门将约翰·法伦代他上场，他本是球队的正选，直到辛普森两年前从希伯尼安转会而来才沦为替补。不过卡德纳斯对辛普森伤势的严重性表示怀疑。

> 有个笨蛋把东西扔进了球场，这种事在阿根廷司空见惯。但那又不是块砖头，对吗？硬币碰到他的脸，算他运气不好。我觉得不能说是劈头砸中了他，不过硬币不小，而且因为速度快，所以在他眼睛下面划了一道口子。我过去查看过，就我看来，似乎也没那么严重。我不是说这事子虚乌有，但他决定下场，让我有点惊讶。我想也许他害怕了，问自己：“下面还会出什么幺蛾子？”但我们（阿根廷人）的心态完全不同。我们可不是吃素的：即使脸上被缝了五针，也不能让我错过一场决赛。比赛就是我的命。这件事被夸大得离谱。他甚至不需要缝针。

由于是主场作战，竞技可以踢得比较自如，恢复他们更具攻击性的风格。“比赛就像在镜子里踢。”卡德纳斯说，“两支冠军球队，都喜欢进攻，不喜欢防守。”上半场进行到一半时，凯尔特人甚至率先进球，跑进禁区左侧的约翰斯顿被塞哈斯放倒，汤米·格默尔的点球擦着立柱轰进大门。“（落后）很可怕。”卡德纳斯说，“但是此时球迷立功了：他们像是在给你灌输这样的想法：‘胜利并非不可能，让我们拿下这场比赛。’”中场休息前十分钟，诺韦尔托·拉福突破凯尔特人的四名后卫，接右路传中后头球攻破法伦把守的大门。麦克尼尔坚持说他越位了，但从视频中无法得出结论。

下半场开始才三分钟，竞技的直传撕开对手防线，卡德纳斯的妙射叩开了法伦的十指关，竞技2–1领先。“我们领先后，他们打了一次门柱。”卡德纳斯说，“如果那球进了，我们肯定完蛋。还好没进。这一场我们赢得理所应当；上一场则他们该当获胜。”由于两回合总比分打平，这次决赛像前三届洲际杯一样进入附加赛，时间是三天后，地点在蒙得维的亚的世纪球场。

凯尔特人对附加赛兴趣不大。“他们上场是为了杀人。”麦克尼尔说，“真的，他们的场上表现就是犯罪。他们才不在乎取胜的方式呢。”凯尔特人队离开“圆筒”的时候，球迷包围了他们，把他们的大巴推得左右摇晃，警察则袖手旁观。吉姆·克雷格记得车厢后座不知谁喊了一声：“头，看在上帝份上，给他们奖杯吧。”约翰斯顿也同意：如果他们这么想拿这个奖杯，他说，他很乐意拱手相让。凯尔特人的董事会担心会发生暴力事件——后来也确实发生了，似乎认真考虑过弃赛，但主教练乔克·斯坦态度很坚定：他要踢这场比赛，让凯尔特人成为第一支赢得洲际杯的英国球队。

其实，竞技面对附加赛也未始没有怯意，不知自己在乌拉圭会受到何等“礼遇”；如果说竞技球员完全不懂英格兰人与苏格兰人之间的区别，那么凯尔特人队似乎对阿乌争锋也一无所知。竞技的忧虑在他们抵达蒙得维的亚时成为现实——乌拉圭球迷用“坎东贝”[1]迎接他们。卡德纳斯回忆道：

> 乌拉圭人凌晨2点带着烟花爆竹到酒店，燃放了整整一晚上，我们不得不挪到较高的楼层。但我猜他们（凯尔特人）犯了一个大错，他们上了现场气氛的当。八万名球迷中，只有二万五千人支持我们，剩下的都是他们的人。但是他们放弃了惯常的踢法，决定使用破坏战术。他们踏上球场的时候，想的不是自己怎么好好踢，而是确保我们不能好好踢；在这一较量中，他们输了。我们早就知道如何让对手失去理智。我们可精明了。
>
> 他们举着乌拉圭国旗入场，全场掌声雷动。我们也举着乌拉圭国旗入场——虽然大家都拿得不情不愿——观众却报以嘘声。因此我们知道我们得同时对付凯尔特人和球迷。

凯尔特人球员的记忆却正好相反，他们相信竞技抬进场的乌拉圭国旗比他们的大，因此对观众来说分量更重。马斯基奥的回忆印证了卡德纳斯的

1 见诸南美各地的一种歌舞形式（对探戈有影响），但以乌拉圭的最出名。它的基础是有节奏的击鼓，最初起源于非洲奴隶，是每年蒙得维的亚狂欢节上的主要活动。

说法。“尽管现场有一万五千到两万名竞技球迷，大部分人还是支持凯尔特人。”他说，“我们（在解放者杯决赛中）击败民族队，把他们气坏了。”

然而，就在比赛之前，皮祖蒂证明了他不但善于激励队员，对人性也深有洞察。卡德纳斯描述道：

> 我们都记得他说的话。“我们必须做这几个月来自己最拿手的事情。那是我们赢得解放者杯并踏上这片赛场的原因：不要忘记进攻。还有，他们可能会使用犯规战术，请千万,千万别被他们牵着鼻子走。他们会先动干戈，我们一定得放聪明，置身事外。”事实正如他所料。他们不踢球，倒开始踢人。唯一没有依计行事的是巴西莱，他有一次严重犯规。他力度掌握得不好，狠狠地放倒了对方那家伙。裁判向他跑去，要将他罚下，我们都对他大叫：“带一个！狗娘养的，带一个他们的人下去！”于是他向另一名球员挑衅，对方回击，结果双双被驱逐。他要是没能带走一个的话，麻烦就大了。

录像和凯尔特人球员的证词却显示，事实比卡德纳斯描述的更为复杂。在比赛初期的一连串小摩擦之后，巴拉圭裁判鲁道夫·奥索里奥感觉形势开始失控，于是告诉两位队长，下一次双方再发生冲突，不管是谁，他都要请巴西莱和伦诺克斯下场。巴西莱是个刺头没错，但裁判不知道为什么会卯上伦诺克斯这个脾气温和的内锋。不管怎么说，当巴西莱的犯规在中圈引发混战时，奥索里奥果然将两人同时罚下。伦诺克斯一脸懵懂地走下赛场，不料斯坦把他推回场内。奥索里奥再次将他罚下，斯坦又把他推回去。奥索里奥第三次打发他离场，这次，一名长剑出鞘的警察拦住了他，不让他返回。

下一个很快就轮到吉米·约翰斯顿，原因是球衣被拽后他挥手还击。“他从比赛一开始就不断受到各种侵犯，现在又成了另一个人的受害者，而这个人的作用本应是保护球员免受欺诈与犯规的伤害。”弗朗索瓦·泰博在法国《体育镜报》上这样写道，“就我而言，还从未见过如此令人咋舌的判罚。”

此后中锋约翰·休斯又因殴打塞哈斯被罚下。“最疯狂的是，当我靠近守门员时，面对八万名观众和满场的电视摄像机，脑子里想的却是：‘如果我揍这家伙一顿，别人不会看到。'”休斯说，于是他对塞哈斯拳打脚踢，“大乔克后来走到我跟前问：‘你在想什么呀？'”休斯继续说道，“我愚蠢到把心里的念头说给他听。你可以想象他怎么回答我。”

格默尔则非常走运，他在又一场群殴中踢了马斯基奥的“蛋蛋”——据他自己说是因为被人啐了一口——却没有被罚下，但最终奥尔德和鲁利也被双双驱逐，不过奥尔德拒绝离开，居然也就留在场上，打完了剩下的比赛。正如他自己后来指出的，这迹象显示奥索里奥对比赛已经全然失控。“中场休息的时候，我们确信制住了他们。”卡德纳斯说，“皮祖蒂常告诉我说，我的射术精妙。‘你要多射门啊。’他会说，‘你很有准头。’我已经错过两次机会，我相信任何人在那场比赛中想要得分，唯一的办法就是远射。”

于是便有了那粒成为卡德纳斯代表作的进球，这粒进球的风头不但盖过了他十六年球员生涯中所做的其他一切，而且恐怕就是1976年退役之后，他也再未取得过可以与之相匹的成就。卡德纳斯的办公室布置极为简洁，但办公桌前的墙上挂了一幅当时的照片，以便他一抬头就能看到自己名垂青史的一刻。照片旁还有两张镶在镜框里的剪报。其中之一是《图片报》一篇讨论这粒进球及其重大意义的文章，并附有一张展现进球全过程的路线图。另一张照片是1967年《人物》杂志评选的阿根廷年度风云人物。照片里的卡德纳斯穿着竞技球衣，拘谨地坐在椅子上。他的右边站着身穿淡蓝色泳衣，肩披选美冠军绶带，头戴冠冕的米尔塔·马萨，这个22岁的姑娘刚刚成为阿根廷第一位国际小姐[1]。位于他身后的是合抱双臂的喜剧演员阿尔韦托·奥尔梅多，左边的矮胖男人是实验派演员爱德华多·贝尔加拉·莱乌曼，他身着象征天使的长袍，装饰着滑稽的光环与翅膀。这张照片现在看当然显得古旧，但却代表了卡德纳斯的人生巅峰。连他描述进球的时候，都像一台自动驾驶仪进入了一个无比熟悉的程序。“进攻由一次界外球发起，射门完全是自然而然的反应。”卡德纳斯说。他穿过凯尔特人的半场向前推进，干硬的草皮上，

1 国际小姐首次举办于1960年，与世界小姐（始于1951年）、环球小姐（始于1962年）和地球小姐（始于2001年）并列全球四大选美大赛。国际小姐旨在促进“世界和平、亲善与理解”，并坚称选拔标准不仅仅基于外表，更要求参赛者担任“和平与美丽的大使”，表现出“温柔、仁慈、友谊、美丽、智慧、行动力及对国际事务的高度敏感”。截至2015年，四大选美比赛中只有国际小姐从未选出过非裔冠军。

足球不规则地跳动着，直到在离球门30码的地方停住，给了他起左脚射门的良机。马斯基奥说："很多人相信，当时是我叫他‘射门，射门！’然而并没有。射门是他自己的决定。"

"能当上职业球员的都不错。"卡德纳斯说，"有些强一点，有些差一点，但都是好球员。因此，任何球员都必须能够做出决断。我也可以选择传球，但当时防守队员不断后退，防备我要传球，于是我决定射门。我瞄准的是球门顶角。"他也确实射中了球门顶角，球划着弧线从法伦右手边飞过，正好打在横梁下方，门柱之内。"这是一个梦之进球，"卡德纳斯说，"是我人生中最美妙的事情。"

不过，这种美妙也真是别开生面。竞技球员的绕场庆祝被球迷投掷的异物打断，他们被迫退到球场中心。赛后球迷们包围了更衣室的出口，直到被警察冲散，竞技球员才得以离开。球场周围的公园里，乌拉圭人和阿根廷人的打斗则持续不休。

"你们的表现不同凡响，我很满意。"翁加尼亚将军说，"这是阿根廷的胜利。"《理性报》坚称："竞技将我国足球带回其荣耀之日。"乌拉圭报纸一如预料地站在相反的立场上。"这不是足球。"《晨报》的一篇报道这样写道，"这是丢人现眼……比赛不啻为一场闹剧加骗局。"

但卡德纳斯这粒进球的质量终究不可否认，它对阿根廷，特别是竞技球迷的重要性也不容置疑。"我们国家最幸福的时光，几乎全由如竞技此番的伟业带来。"《图片报》主编卡洛斯·丰塔纳罗萨回顾道，"在一个灾难深重的国家，体育是最大的欢乐源泉。"足球曾是唯一能凝聚起阿根廷人的力量；到1967年，它已成为民众寥寥无几的慰藉所在。

"此后多年竞技一无所获。"卡德纳斯说，"以至于人们对我说，如果广大竞技球迷再这样反复观看我的进球，说不定有一天会看见那球击中了门柱。"[1]但此事并未发生，而随着一年又一年的颗粒无收，卡德纳斯这粒制胜球只会变得越来越重要。竞技欢庆洲际杯胜利的时候，独立球迷闯进他们的球

1 这句话的意思是，由于竞技长期不走运，他们的球迷变得神经质，总担心看到射门被门柱挡出。——译注

场，埋下七只黑猫，诅咒俱乐部将霉运连连。1968年，三支球队并列全国联赛积分榜首位，竞技在三方淘汰赛中不敌朱迪切率领的贝莱斯萨斯菲尔德，痛失冠军；1969年的大都会锦标赛，竞技闯入半决赛后方才负于查卡里塔青年队，但下滑的趋势已经开始。皮祖蒂于1969年离开竞技，他待了四年零四个月，至今仍是这家俱乐部执教时间最长的教练。他走后，1970年竞技试用了四名不同的教练，1971年又一口气换了三个，充分显示出俱乐部的混乱动荡。1972年是竞技沉沦前的最后一次挣扎，他们在大都会联赛中仅次于圣洛伦索，排名第二，随后卡德纳斯转会墨西哥的普埃布拉。竞技继续着冠军荒，甚至还耻辱地降了一次级，变得越来越绝望。他们举行驱魔仪式，试图破除诅咒，并在球场掘地三尺，寻找黑猫的尸骸，但只找到六具，第七具是2001年体育场翻修时才发现的。那个赛季，竞技终于获得联赛冠军，此时距他们上一次夺冠已经整整34年了。

1976年，卡德纳斯从墨西哥归国，回竞技踢了最后一个赛季后开始教练生涯。虽然他带领拉马德里将军队夺得过丁级联赛的冠军，还曾执教阿梅尼奥体育与全男孩俱乐部，但很快就淡出足球圈，进军房地产。不过，对竞技球迷来说，击败凯尔特人将是他永远的功绩。

第28章

去他的“鲜花铺路”

1965年，前萨斯菲尔德前锋奥斯瓦尔多·苏韦尔迪亚来到拉普拉塔郊外一处狂风肆虐的球场，这里是大学生俱乐部的训练基地；那年他38岁，声名未定。虽然作为亚特兰大的主教练，他曾带队获得1961至1963年间甲级联赛的第四、第七和第五名，给人留下深刻印象，但执教国家队的短暂经历却并不成功。在亚特兰大，苏韦尔迪亚以训练要求严格出名，以一天两训、无休止的定位球练习、越位陷阱和压迫战术出名，但没人确知这些方法换到更出色的球员身上，是否能同样奏效。可以毫不夸张地说，如果苏韦尔迪亚在大学生队失败，他的事业可能再无翻身机会。

若以他的球队后来落得的名声为依据，很容易将苏韦尔迪亚想象成一个不择手段的人，一个为获胜不顾一切的人，或许这确实是他蜕变的方向——对足球的无上挚爱终于堕落到只求一胜，但一开始他却也曾天真无邪，和所有人一样为足球的激情所感染。1927年6月，苏韦尔迪亚在布宜诺斯艾利斯西边160英里的胡宁市出生。从小他就梦想成为一名足球运动员，当他的母亲终于存够钱，给他买了一双球鞋后，他坚持要穿着上床睡觉。他是河床的球迷，但被河床召去试训时，他看到莫雷诺、佩德内拉和洛斯陶就惊慌失措，转身径直回了家。最终他加盟萨斯菲尔德，成为维多利奥·斯皮内托麾下一名勤奋而成功的内锋。1949年9月，他的帽子戏法帮助萨斯菲尔德5–3战胜了自己心爱的河床，这是他在萨斯菲尔德最辉煌的时刻。

苏韦尔迪亚1956年从萨斯菲尔德转会博卡青年，和他曾是队友的拉廷这样说他：“还是球员的时候，他就善于阅读比赛。他会研究规则，然后大打擦边球。”苏韦尔迪亚有一张博卡时代的照片曾经上过《图片报》封面，照片中的他临窗远眺，瘦弱的胳膊搁在窗台上，浓密的额发向上梳起，眼神狐疑，鼻子精致得有些不协调。要不是身上的蓝黄间条衫，如果有人告诉你，这是个敏感的青年诗人，而不是个足球运动员，你不会感到惊讶。毫无疑问，照片中找不出任何迹象显示，他将带出一支哪怕在国内也因球风粗野而饱受诟詈的队伍。但从某种意义上说，他后来信奉的足球风格骨子里正源于他本人体格上的不足。他习惯于靠头脑生活：作为一名球员，他的优势不在速度，也不在力量或技术，而在对比赛的理解。“他带球很慢，但出球很快。”卡洛斯·格里戈尔说。职业生涯刚起步时的格里戈尔曾和苏韦尔迪亚在亚特兰大并肩作战。

而且，他的聪明并不仅限于对场上球员位置的洞察入微。苏韦尔迪亚工作努力，任劳任怨，但他最大的天赋是预见各种可能性。“他会把守门员的鞋带系在一起，以分散他的注意力。”马尔佐利尼说。只要有便宜可占，苏韦尔迪亚一定不会放过。

苏韦尔迪亚本质上是个腼腆的人。“他的生活圈子很小，生活习惯简朴。”记者奥斯瓦尔多·阿尔迪佐内说，“他从不冲动，也不会大喊大叫或骂脏话……奥斯瓦尔多是……那种缺乏激情的人，无法激励别人去追梦。同时，因为他也不擅长演讲，他的羞怯与低调就在思考、学习和分析中找到了容身之处……这是他对待足球的态度，他试图理解而不是热爱足球。比起唯美主义的理想来，他更热衷于寻找答案。”

1964年，大学生队排名倒数第三，因此苏韦尔迪亚一到，首要任务就是保级。“他在赛季开始前一个月抵达俱乐部。”胡安·拉蒙·贝隆说。他是胡安·塞瓦斯蒂安·贝隆的父亲，被普遍认为是那支大学生队中最具天赋的球员——“他对我们就像贝利对桑托斯一样重要。”苏韦尔迪亚曾说。老贝隆有一种沉静的气度，举止之温文与他所在球队的野蛮声誉形成鲜明对照。

“苏韦尔迪亚看了看一线队，又看了看三线队。”贝隆说，“发现三线队踢得更好，于是自问，留下老队员的意义何在。”他认为年轻的头脑更容易接受自己的方法与观念，因此除了四个人以外，其他的一线队员都被他打发掉。

苏韦尔迪亚执教的第一个赛季，大学生队排名第六。第二个赛季，第七。“这里的球迷更有耐心，所以苏韦尔迪亚可以连续工作三年，而没有夺冠的压力，在其他俱乐部，比如博卡，这是不可能的。”贝隆说，“我们真的很年轻，因此确实不曾留心。一切只是慢慢成长，直到某天我们意识到已经拥有一支伟大的队伍。”

次年，即1967年，联赛一分为二，他们在大都会锦标赛的小组赛阶段仅以净胜球之差位居竞技之后，排名第二，进入了半决赛。

他们的训练较此前任何一支阿根廷球队都更加努力与细致。“比赛中可能出现的一切情况都被预见，并成为训练的一部分。”中场卡洛斯·比拉尔多说，“角球、任意球、界外球都得到最大程度的利用，我们还有暗号和暗语，可以让对手上当。”对苏韦尔迪亚来说，谦逊和勤奋密不可分。“我们中没几个人有车，都是坐火车去训练。”中场卡洛斯·帕查梅说，“但是当苏韦尔迪亚想激励我们时，他会带我们早上6点去雷蒂罗火车站看通勤的人流。‘你们以为自己是劳动者。’他会对我们说，‘你们不是。他们才是！千万别忘了这点。’他说得没错。”

苏韦尔迪亚真正的战术创新是大胆造越位，这在当时的阿根廷足球比赛中几乎闻所未闻。贝隆记得教练用“某支东欧球队”的录像解释压迫这一概念，尽管详情他已大半忘怀。虽然无从确定，但这支球队很像是维克托·马斯洛夫领军的基辅迪纳摩队。确切的细节无关紧要，重要的是苏韦尔迪亚为了寻求场上优势居然会如此不辞辛劳，研习的球队遍布世界各地，甚至包括铁幕的那一边。“他们是最先使用它（造越位）的人，而且不光用在定位球上。”胡安·卡洛斯·鲁利说，“更有甚者，因为裁判对此还不熟悉，所以总是判给他们任意球，哪怕有时候他们的时机掌握得不对，对方球员并没有越位，但只要没有把握，裁判就会做出有利于他们的判罚。”

大学生队在大都会锦标赛半决赛中先以0–3落后，最后4–3逆转普拉滕斯，杀入决赛，决赛的对手是竞技，地点是圣洛伦索的“煤气包”球场。当着近六万名球迷，劳尔·马德罗、贝隆和费利佩·里包多在下半场20分钟内连入三球，让大学生成为布宜诺斯艾利斯市外第一支登顶阿根廷甲级联赛的球队。

体育与政治上的相通之处不难察觉：大学生队的努力进取折射出翁加尼亚政府的尚武精神，人们意识到一个务实的新世界正在形成。传统观念持有者对此可能抱怀疑的态度，但不管是将关注点转向意志和凝聚力，还是苏韦尔迪亚在阿根廷开创的压迫与前移越位线的战术，本身都并不邪恶。不过黑暗面也不是没有，而正是这一黑暗面让"反足球"声名扫地。"苏韦尔迪亚从亚特兰大起家，那是一支非常硬朗的球队，他们的体能训练极其出色，在阿根廷无人能及。"马尔佐利尼说，"可是大学生队也有一群很难对付的球员：他们做的事情，有些还真欠揍。"大学生队员的体格和偶尔的暴力行为倒还在其次，虽然这让他们在洲际杯中的欧洲对手们震惊——颠覆了通常认为南美人难以应付欧洲足球中习以为常的蛮力对抗这一观念，但真正"欠揍"的是他们不仅愿意容忍，而且还积极鼓励各种肮脏的计谋。正如苏韦尔迪亚所说："荣耀之路不是由玫瑰花铺成的。"

此话或许不假，但你也不必故意用刺去扎对手。据说，比拉尔多——可能还有别人——会带着大头针去戳他们盯防的球员。贝隆坚持说这"纯属杜撰"，但比拉尔多似乎在2011年的一个广告中自己招认了。拉廷确信此事不虚，尽管他承认从未亲眼目睹比拉尔多用针戳人。"比拉尔多很狡猾。"拉廷说，"他总有鬼花招，诡计多端：扯你的球衣，假装被打，无所不为。"比拉尔多确实从不掩饰自己讲求实际的态度。"比赛总要赢下，别的废话少说。"这是他的说法。

出于可以理解的原因，贝隆对苏韦尔迪亚究竟允许或指示他的球员做了些什么讳莫如深，但他承认，大学生队会"尽可能挖掘对手中每个人的信息——他们的习惯、性格、弱点，甚至他们私生活的秘密，以便我们在场上激怒他们，让他们冒着被罚下的风险反击"。

"他们对心理学的运用再恶劣不过了。"历史学家胡安·普雷斯塔说，"有个独立的球员在打猎时误杀了一个朋友——当他和大学生队比赛的时候，整场他们一直喊他'杀人犯'。还有一个竞技的守门员，他和母亲的关系非常亲密。她不想他结婚，但他还是结了，六个月后他母亲去世。比拉尔多走到他面前说：'恭喜你，终于干掉了令堂。'"

有人甚至说，由于比拉尔多不仅是一名职业球员，还是拥有执照的妇科医生（并曾打理过他父母的家具生意），因此动用了他在医疗界的人脉。例如，竞技的罗伯托·佩尔富莫曾因脚踹比拉尔多的肚子而被罚下，人们普遍认为——虽然未经证实——是因为比拉尔多嘲笑他妻子刚刚从某私密部位切除了一个囊肿。

拉蒙·阿吉雷·苏亚雷斯在一次网络民意调查中被评为阿根廷历史上最暴力的球员，他说："我们对比赛规则了然于心，连一个逗号都不放过，我们知道如何利用规则。我们那时候会雇请裁判给我们讲课。例如，阿根廷新闻界曾认为造越位是'反足球'的。后来，大家都学会了。"

他们跳梁小丑般的行径是如此令人反感，以至于直到现在，许多当初与他们交过手的人仍无法原谅他们。鲁利也是个极端顽强的球员，从不惮于正面迎击飞铲，或与对手口舌交锋，但连他也觉得大学生队太过分了——尽管他自己曾在那里效力。"辱骂、冲撞、拳打脚踢……这些都可以接受。"他说，"但有些事情不能。我和大学生队的队友依然保持联系，不过来往不多。"

鉴于大学生队因种种恶劣的手段而臭名远扬，人们就很容易忽略这样一个事实：他们实际上踢得不错。何塞·拉莫斯·德尔加多在转会桑托斯后曾与他们交手，他说："他们的队形真的很好。除了盯人防守外，他们也知道如何组织进攻。贝隆是球队核心。他保证攻势的流畅。两个中场球员——帕查梅和比拉尔多——并不是很有天赋。帕查梅完全是防守型的，比拉尔多没有天赋，但是真的非常，非常聪明。比拉尔多是他们中天赋最差的。"

大学生队在解放者杯的两回合决赛中与帕尔梅拉斯不分胜负，通过附加赛成为阿根廷第三支赢得这一奖杯的球队。正是从此时开始，"反足球"一词被加诸他们头上，《图片报》虽然总的来说持支持的态度，但也指出，他们的踢法"稳固多于美妙"。几周后，该杂志刊登了一篇特写，想象由大学生队与河床的"机器"踢一场比赛，并断言"机器"会胜出。"*La nuestra*"的传说显然仍有相当的影响力。

那年晚些时候，大学生与曼彻斯特联队在洲际杯中相遇，重启竞技与凯尔特人留下的英阿之争。苏韦尔迪亚甚至比往常更加小心翼翼，赛前十五天就把队员集中到俱乐部位于贝尔城总部的封闭营。总是强调以身作则的他与球员同吃同住。球员每天只能打一个电话，即使通话时，苏韦尔迪亚也禁止他们的妻子告诉他们生活中遇到的麻烦。"不能让我的球员知道他们的儿子发烧了，或是电费上涨了。"他说，"为这些事情操心毫无必要，他们必须集中注意力，别人在贝尔城，心却飞走了。”

第一回合安排在巧克力盒，而不是拉普拉塔。尽管双方似乎做出了重修旧好的真诚努力，比赛还是很快就变味了。全场共有53次犯规，36次出自大学生队。丹尼斯·劳抱怨说头发被扯掉，乔治·贝斯特肚子上吃了一拳，比拉尔多对博比·查尔顿的犯规导致后者需要缝针。不过，诺比·斯泰尔斯才是暴力行为的中心。曼联17次犯规中他一个人就占了10次，其中8次针对比拉尔多。斯泰尔斯自1966年世界杯以来一直被视为害群之马，就算人们已经淡忘他的恶名，为本场比赛制作的电视节目中有一段对本菲卡巴西籍主教练奥托·格洛利亚的采访，足以再度唤起公众的记忆——格洛利亚称这名中场球员为“杀手”，说他“野蛮、恶毒，缺乏体育精神”。本菲卡正在阿根廷与博卡踢友谊赛，大学生队借机邀请他们吃烤肉。“我们向他们了解曼联的情况。”比拉尔多说，“尤西比奥告诉我，1966年世界杯上他曾与斯泰尔斯交手。然后他给我看他的膝盖：上面伤痕累累。‘这就是斯泰尔斯干的好事。’他对我说。他深受其害。而尤西比奥强壮得像台拖拉机。最后，他警告我：‘当心斯泰尔斯。他能杀了防守球员。你知道谁去盯他吗？’我说：‘知道。我得去防他。’我的体重只有65公斤。”

斯泰尔斯整场比赛不断受到骚扰，眼眶还因为对手的一次头击裂开一道口子，终场前11分钟时，他终于爆发，向巡边员做了一个V字手势。他已经因为对比拉尔多犯规而遭警告，此时被罚下也算合情合理。“在布宜诺斯艾利斯，我和斯泰尔斯真是针锋相对。”比拉尔多说，“有一次，我转过身，他踢了我屁股一脚。这是他踢的好多脚之一。但我的宗旨始终是有来有往。（对方的冒犯）再厉害，你也得忍着。赛后就不要再提，也不要向裁判哭诉。一次我俩对抗中，他摔倒了，后来说掉了一片隐形眼镜，跟半拉瞎子似的。”

唯一的进球出现在第26分钟：马科斯·科尼利亚罗将贝隆的角球顶进球门。“我们在定位球方面很强，因为每天都有大量的定位球练习。”科尼利亚罗说，“角球跑位是向英国足球学来的。”

当时普遍的预测是，主场1–0小胜是不够的。但据帕查梅回忆，比拉尔多有不同的看法。

> 对大多数人来说，（1–0）没什么了不起的，起不了任何作用。他们

以为我们第二回合必死无疑。甚至曼联也觉得这结果不错。我记得他们的板凳队员上场庆祝一球小负，那个高兴劲让警察还以为是他们赢了。我们在球队大巴上听广播，所有的记者都为我们惋惜。“真遗憾，这个……”“真遗憾，那个……”我们静静地坐着，直到比拉尔多突然喊道：“放点音乐吧。我们赢了这场比赛，我们该庆祝。那些可怜我们的人对我们一无所知！”

第二回合，大学生住在利姆，那里曾是两年前巴西的世界杯驻营地。想到足球运动员也会游览观光总觉得有点奇怪，拉廷那张与卫兵在白金汉宫外的合影就给人这样的感觉。比拉尔多抱怨雨下个不停，而奥斯卡·马尔贝纳特则提到去了一趟利物浦：“不光是为了看看披头士的家乡，也因为曼联在那里比赛。”

乔治·贝斯特登上电视，恳请公众让对手感到宾至如归，但比赛前两天的夜里，一块砖头从窗户飞进后卫拉蒙·阿吉雷·苏亚雷斯的房间。他说：“早上，警察和记者出现时，有人问苏韦尔迪亚他打算怎么办。‘好吧，’他回答，‘我们打算遮住那个洞，这样我的孩子们就不会感冒了。’他从来不失控。”但这支大有马基雅维利之风的球队实在与各种阴谋诡计联系太深，而且一贯会将计就计，因此甚至有传言，说是比拉尔多为了激励队友自己扔的砖头；他否认了这一说法。

“第二回合前，苏韦尔迪亚的准备工作非常出色。”贝隆说，“他对一切都做了精确的计算：他们的场上跑位，每个球员的特点，谁去盯谁。比赛过程和他预料的完全一样。事实上，他甚至在一张餐巾纸上写下了‘1–1’……而且，他知道（解放者杯）决赛对帕尔梅拉斯时，圣保罗帕卡恩布体育场的气氛吓到了我们，所以这次开球前一小时，他让我们绕老特拉福德走一圈，好适应一下现场氛围。”

大学生队显然适应得很好，他们在第七分钟时取得领先，贝隆接劳尔·马德罗从左路开出的任意球，头球攻门得分。之后比赛又变成了激战：贝斯特和何塞·乌戈·梅迪纳因为大打出手，双双被罚下，看上去梅迪纳是用一连串的犯规与争执让贝斯特忍无可忍。摄像机没有捕捉到两人交战最酣的一幕，但梅迪纳似乎伤得更重，当他慢慢离开球场，走下隧道时，一边冒着观众的如雨硬币，一边摸了摸嘴巴，看是否有血。

第90分钟，大学生队终于出现一次造越位失误，无人盯防的威利·摩根悄悄杀向后门柱，扳平了当晚的比分。此后，曼联还差一点将对手逼入附加赛。“终场前一分钟，”比拉尔多说，“我跟着某人（摩根）跑，试图阻止他传球，但他还是把球传入禁区，然后我俩都摔倒在地。突然我看到皮球入网了……但是（守门员阿尔韦托·）波莱蒂却在中圈庆祝。原来裁判已经吹响终场哨，我竟完全没有注意。”[1]

“这是（球队的）巅峰时刻。”贝隆说，但英国人的反应是厌恶和愤怒。曼联中场球员帕迪·克雷兰德称大学生队是“我踢过的最肮脏的球队”，而《星期日泰晤士报》的布赖恩·格兰维尔则感到绝望。“他们的某些战术……”他写道，“令我们再度质疑，足球这项运动在最高水平的对抗中还能如何继续。今晚的大学生队，去年的竞技，以及1966年温布利球场的阿根廷队，他们的战术犯规让比赛完全无法正常进行。”

在所有的夸张感叹中——比如，第一回合后，《每日镜报》就曾大声疾呼：“今晚他们狠狠打了体育精神的脸”——格兰维尔的评论还算最理性的：阿根廷足球的功利性确实越来越成问题。对手是英国可能让这种情况更为严重，因为他们渴望击败半殖民时期统治过他们的老爷，同时又深信不疑，英国人会以某种方式操纵比赛结果；而英国球员以暴力回应对方的战术犯规及赛场花招，英国评论员对此却视而不见，也有双重标准之嫌，但无论如何，阿根廷足球从骨子里走向消极这一基本结论无法动摇，要知道只不过十年前，阿根廷人还在吃着砂锅鸡，喝着葡萄酒，兴高采烈地大打攻势足球呢。

目的是否真的能证明手段正确？这一怀疑折射出当时一种更普遍意义上的不满情绪：对大学生队的功利主义越来越厌恶，对翁加尼亚既没有带来稳定，也没有带来繁荣的官僚独裁统治则越来越失望，两者相互呼应。接下来便兴起了青年运动，始作俑者是1968年巴黎发生的群体事件。对很多人来

1 这场比赛曼联在伤停补时阶段还有一个进球，但球入网前裁判已经鸣哨，因此此球不算。比拉尔多说的就是这个进球，只是比拉尔多也记错了，摩根并没有摔倒，或许比拉尔多盯防的另有其人。——译注

说，反叛止步于长发与超短裙，这点阿根廷人和其他地方的人没什么两样，只不过在阿根廷，翁加尼亚为恢复“西方基督教传统”而实施的天主教保守派纲领甚至连这类日常行为都要禁止；但运动中同时有一股兼具社会主义与理想主义的思潮，因受到切·格瓦拉的影响而倾向于革命。学生运动人数众多，足以成为一支重要的力量。反抗政府的行为日益公开，最明显的例子就是科尔多瓦大暴动，后被称为“科尔多瓦佐”[1]。

1969年初，科尔多瓦正快速走向城市化，就在此时，学生与工人团体发起了一系列抗议活动。到5月，也就是大学生队赢得解放者杯之际，运动变得更加深入。金工、运输与其他行业的工会呼吁罢工。离开会场的工会成员遭政府武装袭击，他们出手反击，引起一场激烈的交战。与此同时，全国各地的学生都在抗议大学食堂私有化。北部城市科连特斯的一名学生胡安·何塞·卡夫拉尔遇害。大学被关闭，引发大规模的示威。

5月29日，又发生一次罢工与抗议活动，政府一律予以镇压。机械师工会的马克西莫·梅纳被杀，消息传出后，民众袭击了警察。

抗议被平息，但并非毫无成果：这是平民首次显示出他们已准备好在必要时用暴力挑战国家机器；抗议还分裂了军队，导致政治团体渐趋激进。足球反映了正在进行中的社会斗争：与其他问题一样，此事也关乎新旧交替——旧的统治集团与保守的行为模式因青年文化的兴起而土崩瓦解，以享乐主义及定义模糊的平权主义为诉求的青年运动正是1968年欧洲各项反抗斗争的基础。

除了国民对功利主义越来越不愿意容忍外，大学生队遭到抵制也不乏单纯的足球因素。据贝隆说，媒体对一支“草根”球队获胜而表现出的欣喜很快演变为来自首都俱乐部与新闻界的恨意，正巧此时一支新的，不那么功利，更受欢迎的弱队——查卡里塔青年队崛起了。这支球队来自布宜诺斯艾利斯市郊的穷人区圣马丁，在1969年大都会锦标赛决赛中4–1击败河床。“那些令阿根廷足球变得伟大的价值观，因查卡里塔的胜利而得以正名……”胡维纳尔为《图片报》的撰文中写道，他的矛头显然直指大学生，“许多球队、球员和教练似乎已经遗忘了这些价值观……因为查卡里塔不是一支‘膨

1 *Cordobazo*，西语后缀-azo在这里指“大的”“大规模的”。——译注

胀了的小'球队，他们队史上最伟大的胜利也不通过跑动、撕咬、打斗、流汗、粗野的行为——没完没了的粗野行为赢得。查卡里塔跑动、撕咬、流汗、奉献、牺牲，但他们也踢球。确切地说：他们的目的是踢球，在球场各处小心地处理皮球，只不过同时也能拼命。"

但是，守门员波莱蒂却坚持认为，大学生队真正的罪行是挑战有权有势的大俱乐部，甚至对后者构成了严重的威胁，而不仅仅以童话故事中的弱者姿态取得一些昙花一现的成绩[1]：

> 的确，我们声誉不佳，但只要你出身卑微，一朝获得权势，这种名声便少不了。我们起步的时候只是一支志在保级的球队，第三年就拿到了联赛冠军。我们统治了阿根廷足球，是五巨头之外第一支赢得大赛冠军的球队。我们的成就依靠牺牲与纪律。我们知道环境并不宽容。媒体对我们口诛笔伐。我们踢的是与众不同的现代足球。我们知道该怎么做。我们奔跑，我们战斗。每个人都恨我们的团结。他们巴不得自己俱乐部也拥有一支这样的队伍。

接下来就是乱糟糟的世界杯预选赛，加深了人们已有的认知，即阿根廷足球从根子上走入了歧途。阿根廷参加过的每一届世界杯都以这样或那样的方式令人失望，但至少在1966年，他们还可以带着一种强烈的受害感回国，觉得要不是英国与国际足联串通一气，他们可能会赢。1970年到了墨西哥，欧洲裁判少了，谁知道结果会怎样呢？

问题是，他们得先去得了墨西哥。阿根廷的主教练向来干不长，但60年代后期的国家队特别动荡。1966年世界杯后，洛伦索被吉姆·洛佩斯[2]取代，后者

1 大学生队显然有成为大俱乐部的潜力。事实上，30年代早期，就在职业化开始后的最初几年，对到底哪几个俱乐部算得上"巨头"并无定论，有些记者把大学生算作第六大俱乐部。

2 洛佩斯1912年出生于布宜诺斯艾利斯帕特里西奥斯公园区，本名叫亚历杭德罗·加兰，年纪轻轻就成为著名拳击手，但因与父亲发生冲突，1928年逃往圣保罗，并使用假名"吉姆·洛佩斯"以逃避追踪。因巴西冠军迪唐在与意大利选手厄尔米尼奥·斯帕拉比赛后中风，政府禁止了拳击赛，洛佩斯开始到当地的足球俱乐部任教。他很成功，1947年起执教葡萄牙人队，1952年率领该队夺得里约-圣保罗州联赛冠军。随后他在巴西和阿根廷多家俱乐部任教。1967年是他第二次出任阿根廷国家队主教练，1962年他曾短暂担任此职。

被卡梅洛·法劳内取代，后者又被雷纳托·切萨里尼取代。切萨里尼离开后，何塞·玛丽亚·米内拉暂时看管了一阵。随着世界杯预选赛的临近，AFA的审计官[1]，竞技球迷拉莫斯·鲁伊斯求助于刚刚退役，才36岁的温贝托·马斯基奥。

马斯基奥带队的前四场比赛三胜一平，一切似乎都进展顺利，此时翁加尼亚却逼迫鲁伊斯辞职，同时，整个教练组也被赶下台——“大错特错。”马斯基奥说。预选赛开始前两周，阿道夫·佩德内拉接手球队。从表面上看，阿根廷的任务似乎很简单：他们与秘鲁和玻利维亚分在一组，小组头名从预选赛出线。现在回顾，可以看出秘鲁即将进入本国足球的第二个黄金时代，但当时他们被人忽视了：他们在1963年的南美锦标赛中排名第五，1967年没有参赛——前一年的大地震让他们不得不退出了本届赛事的资格赛。

打玻利维亚，困难的主要是后勤。马斯基奥组建了一支24人的球队，计划在海拔12 000英尺的拉巴斯用一套阵容，在海拔5 000英尺的利马用第二套完全不同的阵容。佩德内拉却来不及做这样的安排。一周之内，阿根廷队先后以1–3与0–1负于玻利维亚和秘鲁，尽管回到布宜诺斯艾利斯主场，他们战胜了玻利维亚，但8月底，奥斯瓦尔多·拉米雷斯的两粒进球为秘鲁争得一个平局，他们，而不是阿根廷，获得了世界杯的资格。此前阿根廷球迷已向停在十字路口的玻利维亚大巴投掷过石块，现在则瞄准了球场上的秘鲁人。又是一个耻辱的日子。“这根本不是一支球队，就是把大部分阿根廷最优秀的球员聚集起来拉倒。”《图片报》的阿尔迪佐内大发雷霆，说的却不过是老生常谈，“球队在一起谈三四次话，踢两三脚球，再加上一两次造越位的尝试，靠这些能赢得什么？”有些事情必须改变了。“阿根廷球员已经完全失去了踢球的乐趣。”后卫罗伯托·佩尔富莫说，“再说，那些加入国家队的人知道，他们只有一种命运：被当成傻瓜。”

十一年前的赫尔辛堡之辱引发了阿根廷足球的大变革，十一年后，变革走向了其对立面，《图片报》的一篇社论称“阿根廷足球流派”在那届世界杯后成为“最大的受害者”，受到“歇斯底里的迫害”。“由于渴望消除捷克

1 一个令人费解的职衔，可译为“审计员”，有一段时间阿足协不设主席，拥有此头衔的人是足协事实上的领导人。

斯洛伐克这六个进球造成的记忆，我们被驱使着走向更重防守的风格，走向对失利的无尽恐惧，忘记了取胜就需要比对手进更多的球，忘记了进球的乐趣。”社论说，“面对欧洲人，我们渴望克服速度与体力的不足，这种渴望让我们盲目地模仿欧洲，看不起技术与头脑。”

大学生也没能自救。国家队从世界杯预选赛出局后六个星期，他们去意大利卫冕洲际杯，对手是AC米兰，结果这第一回合以0–3告负。在巧克力盒球场进行的第二回合成了一场角斗。大学生队2–1获胜，但与赛场发生的暴力相比，结果已无关紧要。拉蒙·阿吉雷·苏亚雷斯肘击内斯托尔·孔班，打破了他的鼻子，波莱蒂拳打詹尼·里韦拉，爱德华多·马内拉随即又补上一脚，将对手踹翻。搞笑的是，阿根廷出生的孔班虽然十几岁就移民法国，但当他被血淋淋地抬出球场时，却以逃避兵役的罪名遭到逮捕。孔班甚至还蹲了几天警局，直到阿根廷迫于越来越大的国际压力，不得不释放他。

公众对此感到厌恶。“电视拍下了这些丑陋不堪的画面，把一场城市游击战般的比赛传送到全世界观众眼前。”《图片报》的报道写道。而观看比赛的总统也同样不以为然。“这种可耻的行为污损了阿根廷的国际声誉，激起全国上下的反感。”翁加尼亚说。苏亚雷斯、波莱蒂和马内拉因在公共场合行为不端被判处30天监禁，波莱蒂还遭终身禁赛，苏亚雷斯的处罚则是五年内不得参加国际比赛。

苏韦尔迪亚大遭贬抑，尽管维护他的人称他只布置了压迫和造越位战术，与场上的其他诡计花招无涉。要为他辩护，更现实的说法可能是：当时的阿根廷球队几乎都对耍手段乐在其中。

1970年的解放者杯是大学生队最后的反击。作为卫冕冠军，他们直接进入半决赛，在纪念碑球场1–0击败河床后，主场又以3–1胜出，晋级决赛，对手是佩那罗尔。决赛艰难而严酷，冲突不断，在拉普拉塔主场，终场前三分钟，内斯托尔·托涅里打入了唯一一粒进球；蒙得维的亚一场0–0的平局让大学生队连续第三次登上南美冠军宝座。洲际杯中，他们不敌费耶诺德，上一年的耻辱场面没有再现，但舆情却仍对他们不利。“我们曾敬佩、赞赏与捍卫的是一支截然不同的大学生队。”《图片报》的另一篇社论称，“当他们一开始夺冠时，他们踢的不是‘反足球’，而是真正的足球，充满了活力、进取心与牺牲精神。”

苏韦尔迪亚从大学生队辞职，短暂执教圣洛伦索和竞技后，于1976年移居哥伦比亚，出任民族竞技队的主教练。他带队赢得两届联赛冠军，1982年，在安第斯赛马场下注时突发心脏病。他没能挺过来，去世时才54岁。

不管大学生队最终如何蜕变，苏韦尔迪亚都不失为一位（战术）革新家，而且大学生也绝不是唯一一支将实用主义推向极致的阿根廷球队，只不过当足球界对60年代无度的暴力终于产生恶感时，很容易把脏水都泼向他一个人或者他的俱乐部。当时的阿根廷赛场上，打架斗殴与暗箭伤人的例子数不胜数，对阵外国球队时更是如此。也许其中最臭名昭著的一例是1971年解放者杯中博卡主场迎战秘鲁水晶体育俱乐部。博卡2–0领先后被追至2–2，终场前几分钟，罗伯托·罗赫尔在水晶体育的禁区内摔倒，乌拉圭主裁判没有判罚点球。接下来的比赛中，鲁文·苏涅对水晶体育的后卫阿尔韦托·加利亚多犯规，加利亚多施以报复，苏涅就用角旗杆打他，他直接飞起一脚，踹向苏涅的头部。苏涅予以还击，最后被警察制住，头上缝了七针。费尔南多·梅兰躺在地上时，安赫尔·罗哈斯乘机踢了他一脚，令他颅骨骨折。水晶体育的后卫埃洛伊·坎波斯的鼻子也被打破。奥兰多·德拉托雷的母亲从电视里看到儿子被三名博卡球员围攻，当场心脏病发作去世。裁判最后罚下十九名球员，只有两队的门将和水晶体育后卫胡利奥·梅伦德斯侥幸逃脱。遭罚的球员又都被判处30天监禁，经过匆忙的外交干涉，判决才由上诉推翻。博卡被驱逐出本届赛事，他们在小组赛中剩下的两场比赛判对手获胜。Conmebol的秘鲁籍主席特奥菲洛·萨利纳提出警告：“如果阿根廷不能，或不愿管好自己的球员，南美足联将不得不提议把1978年世界杯足球赛移交给一个更讲荣誉的国家主办。”

在阿根廷，荣誉正迅速屈服于暴力。60年代末，学生运动的一个分支受到科尔多瓦佐的激励，开始拥护庇隆主义，原因恐怕不过是遭军政府驱逐的庇隆被视为代表了激进的自由主义力量。结果，年轻的庇隆支持者们试图将一场总体上是民粹主义的运动改头换面，变成公开的左翼活动。庇隆本人鼓励这种做法，他操纵左派的目的是创造一个能让自己回国的大环境。许多激进组织由此而来，最著名的是Ejército Revolucionario del Pueblo（ERP）——人民革命军，最初在城市打游击，后来退守北部图库曼省的丛林与山丘，试图复制菲德尔·卡斯特罗和切·格瓦拉领导的古巴革命，还有蒙托内罗斯[1]。蒙托内罗斯是年轻激进的左翼庇隆主义者，意识形态介于纯粹的马克思主义与庇隆主义之间，有点不伦不类，他们同样受到格瓦拉的启示，开始发动恐怖袭击。1970年5月29日，他们绑架了前总统阿兰布鲁将军，并自行审判了他，举出的罪名包括“1956年在庇隆党一次失败的叛乱后杀害了27名阿根廷人”——鲁道夫·沃尔什的《屠杀行动》首次披露了这一事件。6月1日，阿兰布鲁将军遭枪决。

几天后，翁加尼亚被陆军另一派系推翻，取而代之的是鲜为人知的罗伯托·莱温斯顿将军，当时驻华盛顿，出任美洲国际防务委员会的阿根廷代表，被认为是一个各方势力都可以一用的折中人选。事实上，由于人们对他知之甚少，所以他上台时发出的新闻稿里附有详细的履历。然而，莱温斯顿只执政了九个月，就被亚历杭德罗·拉努塞将军取代，后者领导的武装正是针对翁加尼亚那次政变的幕后推手。

庇隆党人继续鼓动民众，争取让他们流亡中的领袖返回家园，为此，已经秘密安葬于意大利的爱维塔遗体又被挖掘出来，空运到马德里，安放在庇隆与其第三任妻子伊莎贝丽塔[2]卧室上方的一个房间里，这个病态的细节似乎完美象征了阿根廷人对过往传奇的本能依恋。

1971年9月，拉努塞承诺两年内将进行民主选举；庇隆的回归已成为必然。接下来又是一轮暴力行动：抢劫银行，暗杀警察和军官，绑架外国与本地企业高管……左翼激进分子与右翼团体展开斗争，整个社会结构似乎正在土崩瓦解。蒙托内罗斯绑架阿兰布鲁的时候，只有十几名成员；到1973年，人数已经远远超过一千。小说家V·S·奈保尔说，他看到街头涂鸦里有这样的宣言“*Rosas vuelve*”——罗萨斯，阿根廷的第一个独裁者，又回来了；新的恐怖即将来临。

1 Montoneros，全称为蒙托内罗庇隆主义运动，是20世纪六七十年代活跃在阿根廷的左翼恐怖分子和民兵组织。——译注
2 伊莎贝尔的昵称。——译注

第四部

重生与冲突

1973—1978

第29章

被玷污的胜利

蓝白的旗帜像一片海洋，汹涌在纪念碑球场的看台上，塞萨尔·路易斯·梅诺蒂拉了拉衣领，裹住头颈。从他脸上看不出任何喜悦的流露：他完成了任务，完成得非常出色，但同时肯定也清晰地意识到赢得1978年世界杯所必然带来的后果。这一刻他既登上了足球生涯的巅峰，这一刻也最接近于背叛自己的政治理念，此时此刻，他的内心深处在想些什么，又有谁能知道呢？他的成功，阿根廷队的成功，也必然代表着军政府的成功。球场上，蓄着八字胡，头发梳得油光锃亮的阿根廷统治者豪尔赫·魏地拉将军笑容满面地站在聚光灯下，将大力神杯颁给阿根廷队长丹尼尔·帕萨雷拉。伴随着洋溢爱国热情的震耳欢呼，帕萨雷拉高高举起奖杯，魏地拉将军则侧转身子，喜不自禁地伸出两个大拇指。

梅诺蒂在自传《纯粹足球》（*Fútbol sin trampa*）中明确表示，自己极为厌恶赢得世界杯带给军政府的宣传机会。在当时，他宣称“胜利归于历史悠久而又充满荣耀的阿根廷足球”，这个说法四平八稳，既取悦了军政府的保守主义倾向，也没有背叛梅诺蒂自己信奉的浪漫主义，却依然不足以禁绝道义上的争议。

魏地拉2013年5月死于狱中，死因是淋浴时滑倒导致的内出血。此时，他因绑架罪而被判处的五十年徒刑只执行了不到一年：在他当政期间，多达400名婴儿被从关在拘留所的母亲身边带走，交给没有子女的军人家庭收养。绑架只是他生前最后一项被定罪的罪名。此前，魏地拉还于1985年因多项杀人、绑架、酷刑罪名成立而获刑；1990年被赦免后，2010年，他再次因侵犯人权罪入狱：自1976年凭政变上台以来，与他直接相关的平民死于军事拘禁的事件就有31起。而军政府造成的遇难平民总数高达15 000至30 000人。谁也无法断言，如果当年阿根廷队没有夺得世界杯冠军，军政府会不会提前垮台，但举办世界杯本身即是为了煽动民族主义情绪却是不争的事实，而军政府也确实无情、狡诈且成功地利用了这一情绪。

无论魏地拉将大力神杯递给帕萨雷拉的那一幕看起来多么喜气洋洋，无论彼时的阿根廷队多么天赋超凡、激动人心，我们今天回顾这个时刻，终不免有不寒而栗之感。这么说或许对梅诺蒂和他的队员们不太公平，但此届赛事与政权的关系的确无法完全切割。步出纪念碑球场，右转走上解放者大道，再步行十分钟，就到了Esma——la Escuela de Mecánica de la Armada，海军机械学院。这里有修剪整洁的草坪，刷得雪白的高墙及四根气派石柱构成的大门，但自1976年至1983年，5 000名人犯曾被关押于此，遭受酷刑的折磨。他们中只有150人活下来。它是肮脏战争期间最繁忙、最臭名昭著的拘禁场所。

整个世界杯期间，即使夹杂着走廊深处传来的受害者的惨叫，囚犯们依然能够听到庆祝人群的欢呼，这一景象充斥于无数小说与电影之中，具有可怕的象征意义。许多关押者被允许收听决赛的实况广播，虽然他们憎恶统治着这个国家的政府，却依然支持自己的祖国。人类学家爱德华多·阿尔凯蒂讲述过这样一个故事：囚犯们在狱室中高叫："我们赢了！我们赢了！"与他们一起庆祝的还有绰号"老虎"的豪尔赫·阿科斯塔上校，后者是最声名狼藉的施刑者之一。他随即从囚室里叫出几名囚犯，自己开车载着他们出去见证街上欢乐的人群，让他们明白大多数民众并不关心反政府的抗议。一名囚犯请他打开车顶，以便能看得更清楚一些。上校照办后，她想要大声呼喊自己就是失踪者之一，最后却放弃了，因为她意识到人们只会以为她是在疯狂庆祝胜利。正如十一年前竞技战胜凯尔特人后卡洛斯·丰塔纳罗萨所言："在一个灾难深重的国家，体育是最大的欢乐源泉。"

只不过与1967年相比，此时的灾难要深重得多。巴托洛梅·德贝迪亚2003年发表在《国民报》上的文章中写道：

这段历史绝对是阿根廷的悲剧：一个国家被一分为二，狂喜与悲伤将它撕裂成两半，而足球与死亡就在这一无比荒谬的赛场上竞技……1978年的阿根廷充斥着痛苦与死亡，另一方面，又满是足球与欢乐。生活总是以这种方式前行，有光明，也有阴影……以这种方式，国家写下自己的历史，欢庆的灵魂与崩溃的灵魂共存……让我们暂时忘掉从墙角裂缝渗入体育场的死亡阴影，尽兴踢球吧；也让我们以未被任何欢乐冲淡的苦痛来哀悼那些逝去的生命。

这种对比痛苦与艰难得无以复加，他所提议的分割即便让人期许，也不是人人都能做到。当民众了解到肮脏战争的深度与广度之后，那些参与庆祝的人——几乎是整个国家，所有人——怎么能够不意识到，自己也曾经在浑然不觉的情况下为这个政权欢呼？仅在世界杯期间，就有29人失踪。里卡多·比利亚后来说，如果当时知道事实真相，他就不会参赛。飓风队的后卫豪尔赫·卡拉斯科萨曾在1974年的西德世界杯上出场两次，他就拒绝加入阿根廷队参加本届比赛，只是没有说明缘由。早在1986年《星期日泰晤士报》披露（但从未被证实）的假球指控之前，这届世界杯就已经被玷污了，球员们不得不面对两难选择。“批评者们将我们与独裁政权联系起来，其实我们与他们毫不相干。”后卫鲁文·帕尼亚尼尼说，“我认为记者从未给予我们球队应有的敬意，而普通人又深受新闻界的影响。”

从足球比赛的角度看，他们的沮丧可以理解：毕竟，他们还能怎么做？“因为军政府的因素，我们倒成了受害者。”守门员乌瓦尔多·菲略尔说，“对许多人来说，1978年世界杯代表的是30 000人的失踪。但我们队员没有折磨或杀死过任何人。我们只是为自己国家带来了一些欢乐，并以勇气捍卫了阿根廷国旗的荣誉。我并不认为自己该为此感到羞愧。”

这种两难或许永远无法解决：国家与政府的界线在哪里？普通人在此过程中负有什么样的责任？国家队能在多大程度上代表国家？毕竟，因为球员们尽力参加比赛而责怪他们全然不合逻辑，而且许多反对军政府的人也一样积极支持*la selección*（国家队）。“国家队进球之后，施刑者与受刑者相互拥抱，这是什么样的体育魅力啊？”克劳迪奥·坦布里尼问道，他是低级联赛球队阿尔马格罗的一名守门员，也是哲学系学生，作为政治活动分子（事实上他并不是）被投入监狱，直到1978年3月才逃脱。[1]“在1978年世界杯期间，阿根廷人——包括我自己——用体育运动带来的欢欣代替了政治上的批判……去支持并赞美一个独裁国家的国家队是一种代价沉重的荒谬行为。”

梅诺蒂位于这场冲突的中心，留着长发的他名声并不太好，他曾经是共产主义者，宣扬个性解放，招摇地过着自由左派的生活，但不管内心多么不情愿，他毕竟在事实上成为军政府的代理人。人们常常认定，一个国家在足球上的意识形态与其政府的意识形态是一致的。有些时候的确如此——比如说，20世纪30年代维多利奥·波佐执教的意大利队显然反映了墨索里尼政府蛮横的军国主义——但这种关系很少如此简单。1958年后阿根廷足坛向反足球的转变可被视为对理想主义的弃绝，转而拥抱在政变、经济动荡和军人干政背景下出现的实用主义（某些情形下甚至是极端的实用主义）。类似的，对唯结果论的背弃，也伴随着青年运动带来的乐观精神，以及认定无趣的技术挂帅已然失败的信念。到梅诺蒂赢得世界杯的时代，他对历史的浪漫追寻——即便是最后不得不与现实妥协的形式——与军政府实行的血腥实用主义已经完全对立。

1 坦布里尼在他的《虎口余生：逃离塞拉公馆》（*Pase libre－la fuga de la Mansion Seré*）一书中讲述了自己被绑架、折磨和最终逃亡的故事，后来成为2006年以色列·亚德里安·卡泰诺执导的电影《逃亡纪事》的原型。

第30章

吉卜赛人、汽车推销员与老办法

有些人主张，“反足球”趋势的逆转始于60年代中期皮祖蒂执教的竞技，问题是，他们虽然崇尚进攻，但看到他们与凯尔特人比赛中表现出来的暴力和不择手段，我们很难将他们与浪漫主义理想的重建者联系起来——当然，即便是在黄金时代，唯结果论也并非全无市场。整个60年代，河床都以令人喜爱的方式踢球，依然信奉着“机器”的理念。然而，“*la nuestra*”真正有意识的回归始于罗萨里奥，那里有米格尔·安东尼奥·胡亚雷斯和塞萨尔·路易斯·梅诺蒂的纽维尔老男孩队。

绰号为“吉卜赛人”（*Gitano*）的胡亚雷斯出生于萨尔塔省的艾尔塔拉，那是阿根廷西北部安第斯山脉中的一个小村子。虽然从小他就展现出非凡的足球天赋，父母依然强迫他完成了学业，因此起初他一直为北方的几个中小球会踢球，直到进入科尔多瓦市的贝尔格拉诺竞技队，随后，又从1956年起加盟罗萨里奥中央。他在那里效力八年，最后一个赛季帮助球队获得联赛季军。胡亚雷斯颇有才华，入选了国家队，但1957年的南美足球锦标赛中他只是替补，没有上场；第二年在与巴西争夺罗加杯的比赛中，他射入制胜一球。他还帮助圣菲联合于1966年升入甲级。1968年从罗萨里奥的科尔多瓦中央退役后，他被任命为该队教练。[1]虽然他们没能升入乙级，但胡亚雷斯的作为已足以赢得普拉滕斯的注意，他带领普拉滕斯闯入了全国锦标赛。最终他们仅排名第十四，不过做客纪念碑球场时4–0重创河床。1969赛季结束后，

1 胡亚雷斯似在圣菲联合队退役，这里可能作者的资料有误。——译注

胡亚雷斯离开了普拉滕斯。

胡亚雷斯接下来的经历使他成为阿根廷足球演化史上的重要人物。他曾经与梅诺蒂同场踢球，高大瘦削的梅诺蒂是当时中央队的中锋。1970年，胡亚雷斯被任命为中央队同城对手纽维尔老男孩的教练——前老男孩中场核心马里奥·扎纳布里亚认为，这样的事放到今天绝不可能发生。扎纳布里亚很爱说话，口若悬河，充满热情，谈话中总是突然跳起来，表演那些重要的瞬间，而且与其他足球运动员迥异的是，他对细节有着精确的记忆：谁进的球，在哪儿进的球，此球的意义……他都记得。“当时还没有助理教练一说。”他回忆道，“但因为梅诺蒂热爱足球，而且已经退役，他依然会来训练场，与我们交谈，坐在足球上，给我们建议。他在奥罗尼奥大道上开了一家车行，却对那里从来不感兴趣。大多数时间他都和我们在一起。几个月后，中央、老男孩、河床和博卡在罗萨里奥打友谊赛，我得了肝炎，无法上场。胡亚雷斯有慢性肺病，因为他烟抽得太凶。比赛期间，他又病倒了，于是梅诺蒂来训练球队。最后老男孩战胜了中央与河床，赢得冠军。胡亚雷斯没法训练我们时，梅诺蒂就是临时教练。”从此以后，他们开始了事实上的联合执教。

胡亚雷斯与梅诺蒂大打攻势足球，让老男孩在大都会锦标赛中排名第五，第一次获得进入全国锦标赛的资格。那年冬天，他们一起去墨西哥观看世界杯。梅诺蒂曾短暂效力于桑托斯队，也认识贝利，但还是对巴西在那届世界杯上的表现惊若天人，巴西的成功进一步坚定了他恢复心目中阿根廷足球传统风格的决心。

第31章
小 鸽 子

黑白胶片的分辨率低到几乎看不清。一团亮光一直在屏幕中间向上移动，从底部移到顶部，然后又跳到底部，周而复始。你只有仔细盯着屏幕，才能勉强辨认出一个黑色人影从左边进入视野，渐渐靠近一大片阴影。有那么片刻，图像变得清晰了一些，你看到一个球员右脚停球，然后将球向右边路传去，球飞出了视野。在那个只存在于回忆与想象的世界中，豪尔赫·冈萨雷斯控住球，再卸到右脚。你看到左后卫迟疑了片刻，然后往后退。屏幕上又出现一个黑点，迅速穿过被灯光照得惨白的中央部位。左边开始一团模糊，然后慢慢分开，就像正在打开的剪刀的两条刀锋。往下运行的刀锋截住了刚才那个黑点，然后在电光石火的一瞬，影像又变得清晰起来。我们能够看到球门，以及几个球员转过身去，背对摄影机，面向球门。还有一个守门员，弓着腰，右臂下垂，耷拉着的肩膀显露出内心的沮丧和失望。有个球弹进球门。最后是阿尔多·佩德罗·波伊，正从地上起身，膝盖尚未离开草地，就已高举双臂，摆出庆祝的姿势，庆祝自己射入了罗萨里奥足球史上最重要的一球。

静态的照片更能清晰地反映出到底发生了什么：波伊身穿蓝黄相间的中央队球衣，抢在纽维尔老男孩盯防自己的里卡多·德里恩佐之前鱼跃冲顶，将一个传中球向下顶入球门，这是1971年全国锦标赛半决赛中的制胜一球。在阿根廷，鱼跃冲顶被称为*palomitas*，小鸽子的意思，但这个球，是所有小鸽子中最经典的一个，几乎像一个莫测的神迹。从这个角度看，模糊不清的影像如同在佐证：与信仰相关的事件不应以太清晰的姿态出现在凡人眼前。

在罗萨里奥足球史上，这是一个划时代的进球。每年的这一天，波伊都会重复这个进球，他跑动着，足球从右侧飞来，他身体前冲，双脚离地，将球顶入球门，然后站起身来，接受球迷的拥抱。“比赛之后两个月，一些球迷要我重演那次进球。”波伊回忆道，“我们就在酒吧外表演了一下。很有趣，但我从未想到此事后来会变得如此郑重。1972年12月他们又打来电话要我参加周年庆。每次重演往往都伴随着朋友间的聚餐、追忆和欢笑。这是一种重逢，与发生鱼跃冲顶的那个特殊瞬间的重逢。自此以后，我们每年都疯狂一次。”有时他在罗萨里奥重演进球，有时在其他地方。如果他在重演时把控不当，球没进门怎么办？虽然这个问题似乎有些无礼，我还是问了。“有时候我也有这种担心。”波伊回答，“幸运的是，至今为止，每一次我都能把球顶进门。我无法想象如果球没进会怎么样。”

他在迈阿密表演过他的“小鸽子”，还希望在苏格兰高地的丁沃尔表演一次，那里是中央队第一任主席科林·贝因·考尔德的出生地。

这个“小鸽子”标志着联邦首都区球队一统天下的格局被打破。虽然他们将继续称霸阿根廷足坛，但至少在这一刻，1971年12月，全国锦标赛的冠军第一次花落外省。回顾起来，略显奇怪的是，这场关键比赛并非决赛，而是半决赛，且是一场发生在纪念碑球场的罗萨里奥德比；前一天，圣洛伦索通过点球大战击败独立，已经进入决赛。

“罗萨里奥是一个热爱足球的城市，这个城市被一分为二。”当时才23岁，担任老男孩攻击型前卫的扎纳布里亚说。

> 不同于布宜诺斯艾利斯，那里除了博卡、河床这两个老对手外，还有许多别的俱乐部与德比大战，罗萨里奥只有这两支球队。每次赛前赛后的氛围和我在其他地方经历过的全然不同。在罗萨里奥，你只有赢了，才能出去。我说的出去指的是离开家门，上街去。要是你输了，你就得待在家里，不能出门。因为如果你去超市、饭店或停车场，你遇到的收银员、服务生或停车工会因为比赛而变得或喜或悲。要逃离这一切非常困难，几乎不可能。而在布宜诺斯艾利斯，却有着足够的中立空间，让

你可以正常生活。罗萨里奥没有这种空间。作为职业球员，你知道每当罗萨里奥两队相争，你的生活就会受到影响。每时每刻，你都是这种竞争的一部分，深陷其中，无法挣脱。

所有的罗萨里奥德比都与众不同，但这场比赛是所有与众不同的比赛中最与众不同的一场。“找对角度看问题非常重要。”波伊说。

那个下午之前，两支罗萨里奥球队从未在淘汰赛中相遇过，这场比赛意味着只有赢的一方才能进入下一轮比赛，而另一队则将出局。比赛的结果决定了等待着球迷的是悲剧还是荣耀。人们心头充满巨大的恐惧，或者逃离城市，或者紧锁家门，假装已经离开，以避免自己支持的球队输球的结果以及随之而来的嘲讽。更何况直觉告诉他们，这场球的胜者很可能赢得决赛，成为阿根廷历史上第一支来自外省的冠军队。[1]我们这两支伟大的球队，在离家300公里的地方，踢一场至关重要的比赛。

上半场结束了，0—0。下半时的一次角球中，我试图让对方的防守队员紧张。角球发出前，我对摄影师喊道：“准备好你的相机，我要进球了。”对方守门员抢到了球，迅速行动，准备发起反击。但我们抢回了球，在一个短传配合后，拉开了右翼的空当，从那里冈萨雷斯将球横传到门前。但球离我太远，不可能踢到。我唯一的机会是鱼跃冲顶。

幸运的是，波伊对此驾轻就熟，这得感谢在拉布鲁纳之前担任中央队主教练的卡洛斯·格里戈尔，是他提出了这种战术。“格里戈尔当教练时，我们会练习这类技术。”波伊说，“有些特别类型的传中，通常情况你会试图用脚去踢，但其实用头会更容易，也更有效。格里戈尔鼓励我们使用‘小鸽子’。并非因为它很花哨，而是因为防守球员对此可以说是束手无策。”

剩下的比赛中，中央队一直保持着这一球的优势，顺利进入三天后在老

1 当然，大学生队四年前就获得过联赛冠军，但位于布宜诺斯艾利斯东南35英里外的拉普拉塔市是布宜诺斯艾利斯省的省会。

男孩球场举行的决赛，并以2–1战胜圣洛伦索。但成为传说的反倒是这场半决赛。赛后采访时，波伊就这样宣称："他们将终生铭记这一进球。"他说对了：人们对此球的赞美并未随时间的流逝而消退。"有时候我觉得自己已不会再感受惊喜，我指发生在罗萨里奥这些（庆祝的）事。"他说，"可是其中一次庆祝仍让我汗毛直竖。我知道人们在我家门外等我，但当我打开房门时，看到的是2 000个波伊欢呼着舞动双手。我不敢相信，但他们的确都戴着专门按我的形象制作的面具。"

面具、下垂的略显忧郁的橡皮制小胡子，这些已经成为庆祝活动的标配，因为波伊虽被奉若神明，毕竟不能像神一般无处不在，无法参加所有中央球迷组织的周年庆。"在世界的各个角落，每年12月19日，都会有一群人聚在一起，其中的一个拿出波伊的面具戴上，然后他们就重演（小鸽子）。"波伊说。12月19日这一天，任何人都可以说："*Hoy soy Poy*"——"今天，我是波伊"。

对波伊那个进球的各种纪念方式中，面具还算不上是最古怪的。

> 一天，对方当时负责盯防我的里卡多·德里恩佐感觉不适，被送进医院。他得的是阑尾炎，直接进了手术室。外科医生们一眼就认出了他。手术结束后，他们没有丢掉他被割下的阑尾，而是用酒精保存在一个罐子里，并捐给了Ocal[1]，因为这是在那场与纽维尔老男孩的比赛中，当阿尔多·佩德罗·波伊"小鸽子"鱼跃冲顶时离他最近的阑尾，经过测算，该距离为20厘米……
>
> 我从来不觉得自己是球员，倒更像是一名为自己喜爱的球队踢球的球迷。我就出生在离球场三个街区的地方，可以说从小到大中央队就是我血管里流动的一部分。

现在的波伊已经成为中央队的历史偶像，但1969年他曾差一点离队，那

1 Organización Canalla Anti-Lepra，反麻风流匪帮，成立于1966年9月，是罗萨里奥中央队的一个秘密球迷组织（麻风指他们的同城对手纽维尔老男孩队），他们戏谑地把自己比作共济会（共济会是出现在18世纪的一个神秘主义社团——译注）。

年他24岁。“我父亲以前会带我去一些非常漂亮的荒岛钓鱼。”他解释道，“只有四个渔夫住在那里。有一天我听到传言说球队要卖掉我，我见到了其中一个渔夫，就让他开船载我出海。我躲在那个岛上，一星期后才回球队，转会的事早已烟消云散。”

因为在罗萨里奥实在太出名，波伊不得不对自己重演进球的地点保密，以防太多人加入，这并不是没有缘由的，1974年他的婚礼就是一个教训。“教堂外聚集的人群足有600米之厚。”他说，“如果我不走出教堂大门，我觉得他们会把教堂给烧了。神父告诉我他将在五分钟内完成整个仪式，因为人们已经开始跳上告解室顶，偷取天使像当作纪念品。”

经历了这一切，他还是坚持自己并没有被崇拜吞没，他不是电影《土拨鼠之日》中比尔·默里的足球版，被迫日复一日地生活在1971年12月19日这一天。“不，不，我没被困在时间陷阱里。”他说，“我很乐意回忆那一天，因为我们真的是一支伟大的球队，有一名伟大的教练。一天，一位非常严肃的人带着一个七岁的小女孩在散步，他们看见我，就停了下来：‘女儿，你知道这是谁吗？’他问女孩。那个女孩看上去很害怕，不敢说自己不知道。父亲接着说：‘这个人是阿尔多·佩德罗·波伊，他……’女孩的表情立刻放松了。‘哦，对啊，就是他进了那个小鸽子。’她说道。我无法相信，但的确如此。这样的事每天都在发生。”

第32章

飓风奇迹

输给罗萨里奥中央与波伊的“小鸽子”后，胡亚雷斯和梅诺蒂离开了老男孩，胡亚雷斯回萨尔塔省，带领安托尼亚那青年队进入全国锦标赛，而梅诺蒂则去飓风当主教练。当他板着鹰隼般的脸，一支连一支地抽着烟，像知识分子一样宣扬自己的浪漫主义信条时，看上去活脱脱是波希米亚生活方式在阿根廷的代言人。他认为，如果没有美感，足球就毫无意义。“对那些信奉赢球就是一切的人，我总是提醒他们，总有人是最后的赢家。”他说，“因此，如果个联赛有30支球队，就会有29支球队需要自问：我能给这家俱乐部留下什么，我能为球员们做些什么，我能给他们带来怎样的成长空间？……我并不认为战术是通向胜利的唯一途径，我更愿意相信实效与美感并未分道扬镳……”

梅诺蒂证明了这点：他带领飓风队夺得1973年大都会联赛的冠军，采用的就是惊人的进攻战术，连其他俱乐部的球迷都为此着迷，纷纷到托马斯·阿道夫·杜科球场去观看飓风的比赛。“梅诺蒂总是坚持小范围配合的理念。”中场奥马尔·拉罗萨解释道，“例如（卡洛斯·）巴宾顿和我、鲁索和巴宾顿以及卡拉斯科萨和鲁索。”那时的飓风队里满是大神级别的组织者，有了那套以巴西莱为中心的完善的防守策略，他们可以自由自在地释放创造力——孔武有力、气焰压人的巴西莱是1970年离开竞技加入飓风的。

巴宾顿1974年转会西德的瓦滕沙伊德09俱乐部，在此之前，他曾认真考虑过斯托克城队，因为那里是他祖先居住的地方：他的绰号是英国佬，1973年，《图片报》登载了一幅出色的漫画，其中巴宾顿被塑造成一个维多利亚时代绅士的形象，戴着大礼帽，穿着斗篷，眼眶里夹着单边眼镜。而有着宽脸颊，似乎永远眯着眼的米格尔·安赫尔·布林迪西，他的潜力直到后来在博卡与迭戈·马拉多纳搭档后才被充分认识，其实他是一名技术细腻的球员，这点从他粗犷的外表完全看不出。

勒内·豪斯曼将成为阿根廷足坛伟大的波希米亚球星之一。他出身贫寒，在下贝尔格拉诺的*villa*（贫民区）长大，在街头学会踢球，被社区青年足球俱乐部Los Intocables（不可触犯队）招募之前还上着夜班，负责送肉。1971年，他加入贝尔格拉诺防卫者队，两年后又转入飓风。俱乐部董事们担心他传说中的酗酒问题，单独替他租了公寓，以便让他脱离周围的所谓坏影响。可是豪斯曼很快搬回自己家，酒也没戒掉。他承认已经酗酒成瘾，而且酒精依赖程度极深，他说自己曾在酩酊大醉的情况下踢了一场与河床队的比赛。“前一晚是我儿子生日。”在接受电子杂志“体育”采访时，他解释道，“我的队友们给我冲了大约二十次冷水澡，还灌了我许多咖啡，但一点用都没有。我没法作为首发上场，只能等到下半场才上，比分还是0–0。我拿到球，晃过对方三名防守队员加上守门员，将球射入球门。队友们告诉我，当时我倒地哈哈大笑。接下来我假装受伤，被替换下场，随后回家睡觉。我对这一切都毫无印象。”

这是一个有趣的故事，符合黄金时代酗酒成性的探戈舞者最光辉的传统，可惜其真实性经不起推敲。豪斯曼儿子的生日是10月3日。唯一一场发生在10月初的飓风对河床的比赛——如果他没记错对手的话——是在1978年10月6日，但那次飓风0–1告负。豪斯曼效力期间，飓风只在1980年7月2日以1–0战胜过河床。如果此故事有任何真实的地方，那么这一进球要么发生在1975年6月22日，飓风1–1战平河床，豪斯曼首开纪录，要么就是1977年11月6日飓风1–2负于河床的比赛中他的半凌空抽射[1]。第一个进球更接近他自己的描述：跑动过人，晃开守门员，射门得分。但是，至少从当时拍到的电视镜头看，这两个进球后都没有出现他所说的躺倒在地的事情，而且两场比赛他都不是从替补席换上场的，更没有被换下来。1975年6月的那场比赛看起来可能性最大，但除进球的方式外，其他细节似乎都源自后来的加工。

1 Half-hit volley，或者half volley，指的是球弹起后不等升空立刻被踢出，比一般的凌空球更贴近地面。——译注尽管这个传说可能被美化，但豪斯曼的天赋与速度却毋庸置疑，同样毋庸置疑的是他的酒瘾。他总共代表阿根廷参加了55场国际比赛，并被誉为自科巴塔之后阿根廷最出色的边锋，当然，科巴塔也是一个与酒精战斗多年的球星。不同于科巴塔的是，豪斯曼最终寻求帮助，在杜兰德医院住了三个星期，并声称自己自37岁后就滴酒不沾。无论之后又发生了什么，无论酒精给他带来多大的影响，因为1973年他在球队的出色表现，他永远被飓风队视为最爱。

“阿根廷足球界很快就意识到这支飓风是最伟大的球队之一。”当时担任新芝加哥守门员的乌戈·托卡利说，“自1966年的竞技之后，阿根廷就再没有过出类拔萃的足球队。飓风是第一支这样的球队。经历了大学生流，是飓风队的魅力让足球起死回生。”

“看他们比赛是一件乐事。”《号角报》的一篇评论这样说，“他们以探戈的翩翩舞步，让足球渗入到阿根廷的每一座球场，并在45年之后，再次让（球队所属）社区居民的脸上浮现微笑。”他们的感染力如此强大，当他们5–0击败罗萨里奥中央时，对方的球迷也一样为他们欢呼鼓掌。“飓风队的风格正合阿根廷人的口味。”巴宾顿说，“他们能在这里看到盘带、穿裆、二过一、挑球过顶、一脚出球、套边插上等技战术。”

1973赛季一开始，飓风就以6–1大胜阿根廷青年人队，然后客场2–0胜老男孩，主场5–2胜亚特兰大，客场3–1胜科隆，主场5–0胜竞技及客场1–0胜萨斯菲尔德，直到随后主场迎战大学生时才因3–3平而丢分。“开局如此出色，特别是客场那些大胜之后，我们意识到自己有挑战冠军的实力。”拉罗萨说，“但梅诺蒂总是让我们专注于下一场比赛，而非冠军，不停地在细节方面加以调整，以期取得更好的表现。踢好每一场球，这是最有用的目标。我一直在想赢得冠军，因为我来自博卡，而冠军就是博卡的思维。每一场比赛前我们都会紧张，但到了场上我们却能乐在其中，每一脚传球都是一种享受，我们踢得开开心心。”

只有当他们在第17轮1–4负于博卡时，才真正对能否夺冠产生怀疑。“我们认为这只是一次偶然，我们不应该因此改变自己的打法。”拉罗萨说，“我们必须关注下一场比赛，忘掉这次偶然，继续前进。我们的确也是这么做的。”他们失去了六名队员——一开始是豪斯曼、布林迪西和阿瓦莱，后来又有巴宾顿、控球中场鲁索和左后卫卡拉斯科萨，他们都被选去国家队备战世界杯——这导致飓风在赛季后期战绩不稳，所幸其战术框架仍足够稳固，承受住了减员的影响。那个赛季飓风进62球，虽然博卡的进球数还要多7个，但战术风格显然更重要；而且在黄金时代我们不是一向很宽容吗？谁会在意到底哪支球队效率更高？飓风踢得漂亮，而且赢了。拉罗萨终场前的一个点球让飓风2–1战胜拉普拉塔体操，提前两轮锁定了大都会联赛冠军的头衔。

下一个赛季更证实了梅诺蒂方法的完善。老男孩那个时候由胡安·卡洛斯·蒙特斯执教，就是两年前输给罗萨里奥中央那场半决赛中的5号，但整支球队的布局还是依据梅诺蒂留下的基础。他们大开大合，配合流畅，在大都会锦标赛的一个小组中排名第一，另一组的第一是中央队。除了他们，进入下一轮的四支球队还包括两个小组第二——飓风和博卡青年。老男孩赢了头两场比赛，中央赢了博卡，但输给了飓风。这意味着老男孩只要在最后一场比赛中踢平中央，就能赢得冠军。可惜，半场结束前不久，加夫列尔·阿里亚斯点球得分，中央队一球领先，下半场进行到一半时，卡洛斯·艾马尔又下一城。中央队如果赢下这场比赛，迎接两队的将是72小时后的一场附加赛。“想想看，如果我们输了，士气会受到怎样的打击！”扎纳布里亚说。艾马尔进球后才几秒钟，阿尔曼多·卡普罗追回一球。“这给了我们力量。”扎纳布里亚继续说道，“想象一下，如果能在最后关头扳平比分，在他们的球场赢得冠军……”

这次的影像不像波伊的小鸽子那么神秘，但摄影机位于球门柱与角球旗之间，而且位置很低，因此要从影片中看清射门依然不容易。足球落入一群交缠在一起的球员中间，扎纳布里亚瘦长的身影突围而出。他抬腿射门，脚看起来只是轻拂了一下皮球，并没有用足全力，但这一脚禁区外的远射纯粹坚实，球呼啸着从门框下方钻入网内。“我以前曾在这个距离射过门。”扎纳布里亚说，“这并不是我第一次这样踢，但有时候球会飞上看台，而有时候，你知道，并不是你在瞄准，你在大脑里瞄准，脚却会自行其是。这是一粒极其精彩的进球。”

这的确是一粒极其精彩的进球，而且发生在比赛结束前两分钟，引起了人群的骚动，导致比赛中断。但比分仍然有效，老男孩夺得了他们第一个冠军头衔。

第33章
庇隆的回归

拉努塞将军遵守了自己的承诺，1973年3月，总统选举如期举行。赢得第一轮选举的埃克托尔・坎波拉是庇隆多年的盟友，自1971年起就担任他的“个人代表”，虽然他并未获得绝对多数的选票，但激进公民联盟党魁里卡多・巴尔文退出选举，坎波拉因此未经第二轮投票就当选为阿根廷总统。坎波拉大赦了在独裁时期因政治暴力而被定罪的人，并与菲德尔・卡斯特罗的古巴建立了外交关系。在他的统治下，虽然罢工与劳资争端依然时有发生，但主张革命的左派至少暂时停止了抗争。庇隆返回阿根廷的条件已经成熟。与梅诺蒂一样，他也希望能光复往日的荣耀，结束50年代后期开始的混乱局面，回到以实用主义为指导的政治生态之前，但不同于梅诺蒂的是，庇隆的努力以灾难收场。

庇隆一回来就发生了流血事件，再一次显示了左派与右派之间的不可调和，哪怕是在庇隆自己的支持者中也是如此。6月20日这天，警察估计多达350万人聚集在埃塞萨，等待庇隆的飞机从马德里飞回。人群大致可以分为三派：一派是劳工阶级，他们还记得他当年为提高工资、改善生活水平所做的努力；另一派是名为“革命趋势”的左翼青年运动团体和蒙托内罗斯民兵，后者组织了盛大的游行去聆听庇隆演讲；再有就是极右翼人士，他们认为人民需要自上而下的领导，因而与蒙托内罗斯的看法背道而驰。从庇隆即将发表讲话的看台后，隐蔽着的枪手向左翼人群开火，25人遇难，还有365人受伤。

屠杀的目的是逼迫坎波拉辞职，实际上也粉碎了庇隆的两派支持者之间结成联盟的希望。7月13日，坎波拉下台，随后在9月23日，智利发生政变，萨尔瓦多·阿连德被推翻。十二天之后，阿根廷再次举行总统选举，获得62%选票的庇隆顺利当选。

1974年五一国际劳动节，十万人聚集在五月广场上，其中超过一半来自蒙托内罗斯的组织，他们视这次集会为与庇隆沟通并恳请他终止暴力镇压本派别的最后机会。组织者只允许出席者呼喊两句口号："庇隆，庇隆"和"阿根廷，阿根廷"——但当庇隆出现在玫瑰宫阳台上时，蒙托内罗斯成员却发问："*¿Qué pasa, qué pasa, qué pasa, General? Está lleno de gorilas el gobierno popular*'——"怎么会这样？怎么会这样？将军，怎么会这样？民选政府里怎么都是军头？（军头——*gorilas*——这个词自1955年起就专指军队中反对庇隆的人。[1]）"庇隆大发雷霆，冲着麦克风吼道："那些高声喊叫的嘴上没毛的笨蛋们，你们给我闭嘴！"然后他宣称这些人是被外国政府收买的雇佣军。听闻此言，蒙托内罗斯成员退出了广场，只剩下庇隆对着越来越稀稀拉拉的人群高谈阔论。

两个月后，77岁的庇隆因心脏病发作离世。由于防腐处理匆忙而草率，他的遗体在供公众瞻仰时便开始肿胀，腐烂已经清晰可见，正如整个国家的写照。作家V·S·奈保尔在当时写道：

> 他出身于军队，却背弃了这一阶层的行为准则，动摇了阿根廷殖民与农耕社会的旧根基；他认准了穷人的敌人；他组织起工会。对这片野蛮土地上的牧场主、马球（指代贵族）、妓院和廉价雇佣制度，他毫不留情。作为一个独树一帜的革命家，他的传奇不会因他早期统治时的力不从心与巧取豪夺而消亡；不会因他在1955年被推翻，随后又经历了十七年的流亡生涯而被忘怀；不会因去年他胜利回归那天发生的大屠杀而褪色；也不会因他生命最后几个月中政策的失败而被埋葬。

庇隆的神话之所以流传不息，或许因为此人本身就变化多端：每一个对现

---

1 *Gorilas*原意为大猩猩。——译注

实不满者都能追随其后，因为总有一些他说过的话、做过的事可以用来支持他们的诉求。最终，他变成一个如同马丁·菲耶罗一样的空瓶子，每个人都能把自己的成见与欲望倾入其中。奈保尔接着写道：庇隆与军队和教会的和解，使他的回归最终成为一种个人的洗心革面。但他无法解决自己发现的任何问题，尽管，如同奈保尔所说："或许，解构重建的任务超出了所有领导人的能力范围，无论他多具创造性。阿根廷是一块被劫掠而来的土地，一个全新的国家，基本上所有居民都在这一百年中移入。它现今依然是一块任人劫掠的土地；它的政治只能是劫掠的政治。"将阿根廷塑造成一个民族国家终究是一种乌托邦式的想法，崇高的理想无法对抗这块土地最早的开拓者们所代表的逐利动机，比如追求真金白银的门多萨，和劳而无功地寻找凯撒之城的加拉伊。

奈保尔的看法十分悲观，但鉴于此后十年间发生的种种惨剧，他完全有理由悲观[1]。庇隆死后，他的夫人伊莎贝丽塔继任总统。他俩于1956年在巴拿马城结识，当时庇隆正处于流放状态，而比他年轻35岁的伊莎贝丽塔是当地快乐之乡酒吧的舞女。庇隆已经两度丧偶，且正被自己亲手革命改造的祖国流放，每晚，他都会坐在舞台边一个昏暗的座位上看伊莎贝丽塔跳舞。从那个夜总会走出的未来的阿根廷总统可不止他们两个。酒吧经理劳尔·拉斯蒂里与伊莎贝丽塔交情匪浅，后来成为众议院议长，1973年坎波拉下台后担任过四个月的总统之职。

拉斯蒂里的岳父何塞·洛佩斯·雷加曾是阿根廷警察部队的一名下士，1960年辞职去写神秘学的书[2]，他声称其中一本还是与大天使加百列合著的。后来他破了产，逃到巴西，又摇身一变，成为"众神之舞教"[3]的大师，随后，

1 即便如此，他关于阿根廷社会的大男子主义特性，特别是他认为阿根廷人热衷于肛交的观点，现在读起来让人非常费解。

2 按照奈保尔的说法，神秘学在20世纪70年代突然风行起来。例如，1972年5月，布宜诺斯艾利斯的一家教堂公告，将针对*el mal de ojo*（邪眼）举行特别弥撒，结果吸引了超过5 000会众。"这一新的唯灵论狂热席卷了整个国家。"奈保尔写道，"它是一种混合了灵媒、群体招魂与治病神迹的大杂烩，完全源自本土，却声称获得耶稣基督和圣雄甘地的庇佑。"或许正是这个暴力愈演愈烈的世界，才让和平主义的运动变得更具吸引力。唯灵论者宣扬轮回和灵魂的至善至美，相信炼狱与地狱正是现时现刻的尘世生活，唯一的解脱就是重生到一个更发达的星球上。

3 *Candomblé*，是一种南美洲的宗教，最早流行在黑奴中，由他们从非洲带来的原始宗教融合了天主教因素后于19世纪形成，信徒主要集中在巴西。——译注

他充分利用拉斯蒂里与伊莎贝丽塔的关系，去马德里拜访了流亡中的庇隆，开始担任他的随员。他变得很有影响力，有一次伊莎贝丽塔与庇隆夫妻不和，是他说服她回到丈夫身边，还有一次，一家由阿根廷信用合作社经营的银行发生丑闻，他带着一只装满现金的箱子现身，成功地化解了危机。等庇隆结束流亡回到阿根廷时，他负责老迈的总统的医疗护理。有传闻说他和伊莎贝丽塔串通起来，用拒绝让庇隆食用牛奶焦糖酱[1]的方法操纵他，以此威逼总统在他们送去的文件上签名。成立右翼AAA[2]死刑队的罪魁祸首就是洛佩斯·雷加，而他手下的社会福利部副部长奥辛德上校则直接导演了针对蒙托内罗斯的埃塞萨大屠杀。

蒙托内罗斯派对庇隆个人魅力的尊崇哪怕在1974年劳动节大游行后也没有消失殆尽，庇隆的死给了他们解脱，现在他们终于能够无所顾虑地反对政府了。起初，蒙托内罗斯的行为还颇有罗宾汉之风：他们谨慎地选择目标，尽最大可能避免平民伤亡，还向穷人分发食品，但随着理想渐渐破灭，他们终于走向极端。绑架活动带来的巨额财富让他们的胃口越来越大。例如在1974年9月，他们绑架了阿根廷最大的实业公司——邦吉与玻恩的老板豪尔赫和胡安·玻恩两兄弟，勒索了前所未闻的巨额赎金：6 000万美元。至此，他们已经公开与政府为敌。他们的盟友，人民革命军还在图库曼省的丛林里活动，但他们希望复制古巴革命的道路却行不通，因为比起富尔亨西奥·巴蒂斯塔的部队来，阿根廷军队装备更精良，也更训练有素。随着人民革命军遭受到一次次挫败，蒙托内罗斯成为左翼抗争的先锋，也进一步成为政府军镇压叛乱的焦点。

阿根廷此时已经变成一个无法无天的国家，对毫无执政经验，又被一个神神道道的顾问左右着的伊莎贝丽塔·庇隆来说更是如此。

---

1 牛奶焦糖酱是一种在拉丁美洲很受欢迎的甜食，将加了糖的牛奶小火烘制而成。据说它发明于1829年的卡纽埃拉斯地区，当时拉瓦莱将军来到曼努埃尔·德·罗萨斯将军的营地，商讨结束布宜诺斯艾利斯省内战的条约。罗萨斯不在，筋疲力尽的拉瓦莱将军就在帐篷里倒头大睡。一个正为营地里的士兵热甜牛奶的妇人发现了拉瓦莱将军。她不知道将军受邀而来，看到营地中出现敌人便大惊失色，赶快跑出去寻找士兵。正在此时，罗萨斯将军回来了，慌忙之中的妇人忘了还在炉子上加热的牛奶与糖。等她想起来时，她发现牛奶已经凝结成一块棕色的糊糊：这就是牛奶焦糖酱。

2 *Alianza Anticomunista Argentina*，阿根廷反共同盟。——译注

第34章
英雄与小鸡的故事

我和昵称“韦托”的诺韦尔托·阿隆索约在纪念碑球场边一家咖啡馆里见面，事后想来，这或许不是一个好主意。他是河床最著名的球星之一，经典的10号球员，结果我们的谈话不断被想要与他握手或交谈的球迷打断。我见到阿隆索时他已经60岁了，身材清瘦，精神焕发，大大的眼睛当年曾在黑色乱发下闪闪发光，如今依然闪动着热情与骄傲，似乎一点都没有改变。近来他的头发已经剪短，而且泛着银白色，正符合一位保险公司高管的形象，他在离开球场后就从事这一行业。

根据阿根廷传统，所有伟大的10号球员都应该在公地学会踢球，阿隆索自不例外。“我在布宜诺斯艾利斯城郊的穷人区洛斯坡沃琳内斯长大。”他告诉我，“那里只有三栋房子，剩下的全是公地。我们为了钱踢球，为了实物踢球，或者什么也不为，仅仅是踢球，我在那个时期学会了许多。”

他很快就成长为一名进攻组织者，永远高昂着头挺直身板的风姿令他看起来比实际上的5英尺10英寸（178厘米）要高。

> 10号球衣如磁石般吸引着足球大众，尤其是那些公地出身的球员——虽然在那里踢球并不用号码；左撇子10号则更受追捧。我父亲总说：“看那些左脚将，他们多么引人注目！技艺多么精湛！”他说得对，一部分原因是用右脚踢球的人占了绝大多数，另一部分原因是左撇子姿态更优美。他们有一种独特的魅力，好像总能变出戏法来。我并不是天生左撇子，但*mi viejo*（我家老头子；指他老爸）硬要我用左脚踢球。我

常常以右脚为支撑，等他将球传来，然后用左脚凌空抽射。

九岁时，阿隆索进入河床足球学校，但在那里他总是穿11号球衣。他的偶像是厄尔明多·奥内加，奥内加在1957至1968年间代表河床出场222次，还是1966年世界杯时阿根廷的组织核心。[1]“他是河床一手栽培的。”阿隆索说，“极具天赋，但可能就是运气不太好：在他踢球的那几年河床总是不能夺冠。”

1944年，雷纳托·切萨里尼从河床挂冠，接替他的是曾任后腰的何塞·玛丽亚·米内拉，米内拉当时35岁，正准备退役，此前他在乌拉圭佩那罗尔队踢过两个赛季，又在智利绿十字队待了一个赛季。米内拉接受过希施尔和切萨里尼的调教，在米内拉执掌下，他老师们的理念成为河床的足球哲学。自此之后，再无争议：河床的比赛就是攻势足球，就是行云流水般地向前。“我不喜欢打无准备之战。”米内拉说，“河床有战术计划，有自己的风格，很棒的风格，所以我们才赢了那么多场比赛，获得那么多冠军。我凭什么要改变它？”

赢得1947年的冠军之后，河床走了一小段下坡路，1948和1949两个赛季都只拿到第二名，球员出走哥伦比亚对河床影响很大，他们在1950和1951赛季分别只拿到第四与第三，虽然1951年离冠军只有一分之差。到1952年，河床卷土重来。此后的六年间，他们五次夺冠。1958年的阿根廷国家队中有十三名河床球员：连后备队员都入选了。

但从1957年开始，河床掉头直下。首先，西沃里被卖给了尤文图斯——其转会收入用来扩大纪念碑球场的坐席——随后，1958年圣诞节那天，河床又做出了不再续签拉布鲁纳的决定。河床开始噩运缠身，看起来像是完全失去了自信。大家对他们的评价是永远只差五分钱而凑不满一比索——离冠军总差那么一口气。在重拾冠军运之前，他们憋屈地过了十八年。

长时间无缘冠军给阿隆索在河床青年队的日子投下了阴影。其实河床的

1 他后来效力佩那罗尔、贝莱斯萨斯菲尔德和智利的拉塞雷纳队，39岁时死于车祸。

能力并没有衰退，但就是无法赢得最终的胜利：在这十八年里，河床十一次屈居亚军。[1]“机器”被称为“焦虑骑士”，正是因为他们一次次浪掷良机，未能充分利用自己的才华，而眼下甚至比“机器”时代更糟——说不通的坏运气，无法理喻的低级失误，足以写成一部长篇史诗。1966年他们在与佩那罗尔争夺解放者杯的附加赛中浪费了2–0的领先优势，最后以2–4告负。结果那个星期班菲尔德的球迷往球场里扔进一只鸡来嘲笑河床。这一形象留下了深深的烙印，从此河床被称为“*las gallinas*”——“小鸡队”。

功亏一篑成为河床挥之不去的梦魇。在无缘冠军的十八年里，河床累计积分最高（788），进球数最多（1112），防守也是第二强（685个失球）。博卡、圣洛伦索和独立的统计数据都不如河床，却各自赢得了五次冠军。尽管阿根廷的所有其他球队在赫尔辛堡惨败后都已改弦易辙，河床却坚持着传统的打法，誓不辜负“机器”的理想。在阿隆索看来，自己是幸运的，虽然他第一次参加一线队比赛是1970年，当时才17岁，但直到1972年，他才成为一线队主力，所以他只经历了三年的夺冠挫折。就在那个赛季，他射入了第一粒足以让他跻身河床名人堂的进球——再现了两年前世界杯上巴西与乌拉圭之战贝利差一点就要成功的花活：虚晃一枪，当对手独立的守门员佩佩·桑托罗扑向一边之后，再把球带往另一边。当年贝利的射门打偏，这次阿隆索则顺利地将球推入空门。这个进球的影像资料似乎没有留存下来，虽然那场比赛的其他进球都在：70年代出现了一些“幽灵进球”，它们的影像资料消失无踪，为此《图片报》还在2013年发起过一次调查。看起来它们中的大多数被从原始胶片中剪去，用于其他电视节目，最有可能使用的就是新闻快报。

当时32岁的罗伯托·佩尔富莫于1975年初从克鲁塞罗俱乐部转会来到河床，与队长丹尼尔·帕萨雷拉一起构成完美的防守组合。中卫帕萨雷拉是一名硬汉，天生的领导者，其作用超出了对后卫的传统定义，由于身高只有5英尺8英寸（173厘米），他能轻松地从后防线突破到中场，甚至更前。他

1 1967年，阿根廷联赛被分为全国联赛/锦标赛与大都会联赛/锦标赛，此前七个赛季里，河床获得五次亚军，1967年后又获得六次亚军。

还是一位无与伦比的点球手，在罗纳德·科曼打破他的纪录之前，帕萨雷拉是历史上进球最多的后卫球员。帕萨雷拉为期十八年的职业生涯始于萨米恩托，除了中间去意大利短暂效力外，他为河床踢了超过250场比赛，赢得六次联赛冠军。他一直留着干净利落的分头，外表似乎反映了他对纪律与秩序的执着。

乌瓦尔多·菲略尔在前一年加入河床，中场“J·J”胡安·何塞·洛佩斯与“芥末”雷纳尔多·梅洛[1]都只有24岁，正走向各自的状态巅峰。或许河床最关键的招募是让安赫尔·拉布鲁纳第三次出任主教练。他给了阿隆索期待已久的10号球衣，并进一步确保了球队精神的延续，他说服球员们相信，“机器”的信条并没有过时。作为“俱乐部的象征”，阿隆索回忆道，拉布鲁纳“了解河床的风格”：

> 这是一个进程，从未被放弃的进程……除了河床青训人才外，他还从其他球队招来那些能起到额外辅助作用的球员，两者共同搭建起一支伟大的球队。
>
> 我们认真踢球，但更注重从中得到乐趣。足球是一种游戏，始终如此，我相信如果球员不能在赛场上感受乐趣，就无法让看台上的观众享受球赛。这对我们很重要，因为事关河床队的风格。我们从来不像博卡那样踢球：他们的风格完全不同。同样的胜利在纪念碑球场和巧克力盒球场可能收获完全不同的待遇。博卡的足球充满力度，强调铲断，我们则讲究持球与传球，有些能在巧克力盒赢得掌声的胜利在纪念碑会招来嘘声。
>
> 我从来不管教练说些什么，在场上我总是按自己的意愿踢球，因为如果连我自己都感受不到乐趣，就不可能用足球让观众微笑。只有一次，奥斯瓦尔多·迭斯（他曾在1972年短暂地执教过河床）试图告诉我奔跑的方向，以及我应该如何盯防对方5号队员，并用跑动来压制他。在这场训练比赛中，我感到力不从心，非常不快，而且表现糟糕，连球

1 这个绰号的缘由是他亮黄色（“芥末色”）的头发。

都拿不好，我觉得自己像个可笑的小丑，结果我回到家，告诉他还是派一个更适合这一角色的球员上场。

河床在大都会联赛的第一场与大学生队0—0战平，然后连胜九场，他们的优势看上去不可逆转，直到赛季后期的一次挫折。阿隆索因为攻击边裁被禁赛六场，虽然河床赢了他缺席的前两场比赛，接下来却三战皆负，最后一场与坦珀利战平。“看起来历史又重演了。”阿隆索说道，“幸运的是，当我回到赛场后，在与圣洛伦索的比赛中连进两球。由于博卡输给飓风，我们离冠军只有一步之遥。”

他们还需要在倒数第二轮战胜阿根廷青年人队，才能真正锁定桂冠。这场比赛安排在萨斯菲尔德球场，就在此时，一切都突然变得错综复杂起来。球员工会组织了一次罢工，目的有二：一是谈成一份集体劳动合同，二是取消足协对班菲尔德球员胡安·塔韦尔纳的兴奋剂禁赛[1]。比赛照常进行，但球队只能让18岁以下年龄组的球员上场，结果是出现了一些怪异的比分：博卡7—0战胜老男孩，亚特兰大6—0战胜体操，罗萨里奥中央10—0战胜竞技。河床的青年队顺利完成任务，以1—0领先，直到观众起了骚乱，令比赛在只剩四分钟时中止。工会领导甚至禁止罢工中的一线球员绕场一周庆祝胜利，一切都只能等下个星期他们复工之后再说。

河床的冠军运随着阿根廷足球风格的变迁而起落，两者之间有着不容忽视的联系。阿根廷在1958年世界杯上丢盔弃甲，这次屈辱让他们改变了比赛策略，进入“反足球”时代，河床也开始颗粒无收。随后，在另一届世界杯上再次颜面尽失之后，阿根廷又一次改变策略，回归到更传统的打法，河床也开始赢球，好像他们不得不等待足球回归到适合他们的风格时，才有可能夺冠。阿隆索记得拉布鲁纳对他的球员说：“如果我们能从这场瘟疫中幸存下来，坚持到赢得本赛季的冠军，那么其他头衔就会接踵而至，跟做香肠一样容易。”事实的确如此。河床随后拿下了1975年下半年的全国锦标赛冠军，

1 塔韦尔纳是阿根廷第一个因使用毒品被禁赛的球员。第二例发生于1980年，曾经效力独立与博卡的杰出后卫潘乔·萨麻黄碱检测呈阳性，受到禁赛三个月的处罚。

1977年又赢得大都会联赛冠军，1979年更是再次成为大都会与全国锦标赛的双料冠军。

不过被人永远铭记的是第一个冠军头衔，部分原因是它打破了魔咒，也因为它证实，“反足球”已被历史抛弃。阿隆索回忆说，他当时就感觉到比赛节奏多变，战术也丰富多彩起来。

> 一旦你失去自己的风格，就好像放弃了自己的灵魂。我们的旗帜就是*la nuestra*的旗帜，是经典阿根廷足球与河床流派的旗帜。阿根廷风格与人们的喜好有关，而人们喜欢的一直是穿裆、盘带、挑球过顶、直传穿透等华丽动作。究竟应该是我们效仿欧洲，还是让欧洲来效仿我们——这样的争论永远不会休止，只不过有时候激烈，有时候平静而已。但两种风格都能让你出类拔萃。你只要拥有球员并尊重他们就行。如果为了某种战术风格而弃用你最好的球员，显然出发点就不对。任何风格都能让你表现良好，但我们阿根廷人只有用一种风格——*la nuestra*——才能踢出好球。

问题是，即便赢得了国内联赛的双料冠军，“小鸡队”的标签依然难以抹去。他们进入了1976年解放者杯决赛，对阵克鲁塞罗，附加赛中，对方的内利尼奥[1]发挥神勇，虽然河床在0−2落后的劣势下顽强扳平比分，却死于最后一分钟若昂西尼奥的任意球破门。看起来，解放者杯将是河床永远的痛。

1 Nelinho，或译内林霍。——译注

第35章
红魔的年代

如今，弗朗西斯科·“潘乔”·萨为阿根廷足协在纪念碑球场举办的教练课程授课。他身材高瘦，顶着一头细细的白色短发，戴一副金属架眼镜，说话轻声细气，我们面对面坐在球场教室的课桌两边，外面大厅里不时传来五人制球赛发出的喊叫与移动声，他的讲述有时变得难以听清。萨出生于阿根廷最北部与巴拉圭接壤的福尔摩莎省拉斯洛米塔斯市，但他却一直是独立队的球迷，从小就与父母兄弟姐妹一起围着收音机，收听比赛实况。

那时候他在中央戈雅的青年队踢球。第二年，他正式加入该俱乐部，成为职业球员，1968年，又转入位于科连特斯省首府科连特斯市的飓风队。23岁时，他才取得了重大突破，转会到布宜诺斯艾利斯，但在效力河床的两个赛季中，他只上场两次。25岁时，他转入独立，总算真正开始了甲级队生涯，而到1982年退役时，萨已经是解放者杯历史上最成功的球星。

萨加盟时，执教独立的是前竞技队的杰出球员佩德罗·德拉查，而且独立刚刚荣获上一赛季的大都会联赛冠军。在独立前两次解放者杯夺冠时担任门将的米格尔·安赫尔·桑托罗年仅28岁，正值当打之年，而球队的组织核心则是绰号为“鸭子”，容貌粗犷但球风优雅的何塞·奥马尔·帕斯托里萨。[1]

1 帕斯托里萨就是1966年访问意大利时挨拉廷揍的球员，他是独立俱乐部地位极高的传奇名将，2004年因心脏病去世后，前锋杰罗·卡斯蒂略为了向他致敬，进球后就脱去上衣，露出印有他头像的T恤，并因此反复吃到黄牌，为了解决这个难题，帕斯托里萨的名字被绣到球衣上，就在茵宝标志的正下方。

他们蝉联了大都会联赛冠军，之后德拉查被他前国家队室友，一直担任球队体能教练的温贝托·马斯基奥取代。马斯基奥不仅幸运地继承了一支冠军球队，还补充到一大批极具天赋的年轻球员，其中最出色的是里卡多·博奇尼。虽然记者乌戈·阿施对博奇尼的评价是“小矮子、丑八怪，射门软绵绵、头球不着力，死气沉沉、毫无魅力”，但他却成为独立历史上最受欢迎的球星。事实上，博奇尼在身体条件或球星光芒上的欠缺反而让他更具吸引力：他那显而易见的平凡气质，正符合人们想象中阿根廷足球天才的形象——来自街头的野孩子终成正果，依靠的并非家教或体格，而是无师自通的球技。

“我给了博奇尼首次上场的机会。”马斯基奥说，“他踢了30分钟，表现很好。如果我让他坐板凳，观众会吹口哨嘘我，大家从他还在第三梯队和预备队的时候就开始了解他，因此很喜欢他。每个与他合作的9号球员都成为最佳射手。”

博奇尼不喜欢被采访，在来来回回多次沟通之后，他终于答应与我见面，时间定在我离开布宜诺斯艾利斯前的那个晚上。他让我9点半到巴勒莫区的某个街角等他，但直到9点50分他仍未出现。我给他打电话，却无人接听。就在我等到将近10点，准备放弃的当口，他打来了电话，给了我几个街区之外的一个新地址。两分钟后，他打开大门，将我迎进自己的公寓，我终于见到了这位独立历史上最伟大的传奇，迭戈·马拉多纳的偶像。

虽然这里是布宜诺斯艾利斯最富有的住宅区之一，博奇尼的公寓看上去却毫不起眼，消除了房间主人崇高的地位本可能带来的拘束不安。进门后就是客厅，几乎没有什么装饰，一头有一张小沙发和两把椅子，围绕在电视机边上，电视里正放着南美俱乐部杯的比赛，另一头是餐桌，上面摊着完成了一半的学校作业。现在已经谢顶的博奇尼局促地坐在沙发上，采访时一直穿着的大棉袄令他看起来更加矮小。他的右手不停地摆弄着自己的车钥匙，似乎随时准备结束采访，逃之夭夭。他的语气干巴巴的，毫无起伏：严格说来，他并没有不耐烦，也不算无礼，而且他显然仔细地思考我提出的问题，但45分钟后，当我觉得再也无法从这块顽石中榨出任何水分而决定结束采访时，他还是明显松了一口气。我觉得，他就是非常害羞而已，作为一个天生在球场上游走自如的球星，面对采访时表现出来的手足无措实在令人难以置信。

博奇尼1954年出生在布宜诺斯艾利斯以北65英里外巴拉那河西岸的萨拉特。他很早就表现出足球天赋，加入了家乡的球队贝尔格拉诺。年满15岁时，父亲带他去圣洛伦索和博卡青年面试，但两支球队都没有特别看好他，他只能再去别处碰碰运气，这次是独立的足球学校。“尼托·韦加[1]是当时负责那里的教练。”博奇尼说，“他看我踢球后，相信我有潜力，就让我升入预备队，我依然记得作为替补的第一场比赛，独立对图库曼圣马丁俱乐部，是在竞技的体育场踢的，因为独立自己的球场当时正大修。所以可以说我第一次穿独立队的球衣踢球是在竞技队的球场。”

第二年，萨拉特贝尔格拉诺队将他租借给独立，跟随预备队参加阿根廷联赛第七梯级的比赛。博奇尼当时依然住在萨拉特，这意味着每周二和周四，他都得长途南下去接受训练，周六也一样，因为那是他与队友们参加比赛的日子。“我必须早上6点离家。”他回忆道，“首先，我要在我家街角坐公交车，然后下车换第二辆公交车去萨拉特火车站，坐火车去宪法站，再从那里坐公交车去阿韦利亚内达。从我离家到抵达独立队的训练场需要四到五个小时。我大概在中午左右到达，下午2点或3点开始训练，然后我回家，又是四到五个小时。一整天就这样过去了。幸运的是，每个星期只需要训练两天，要是每天都这样，我肯定坚持不下来。”

即便如此，这段旅途还是过于折腾，博奇尼打算放弃。“我小时候家境贫寒。”他说，“我们没有很多钱去支付这么多公交车与火车票，还有吃的，都很费钱。俱乐部并不报销这些费用，所以有一天我决定不再这么来回奔波，我在萨拉特待了大约两个月。然后他们说服我，告诉我他们对我很感兴趣，认为我有前途，我又开始训练。第二年，他们买下了我，因此我搬到了俱乐部内部为孩子们提供的宿舍。我们就住在那里，长途旅行终于结束了。”

1 韦加是一个值得称道的青年队教练，也是1948年球员罢工时帮助独立赢得联赛冠军的功臣之一。

作为卫冕冠军，独立直接进入了1973年解放者杯的半决赛组，[1]但他们必须在最后一场小组赛中战胜圣洛伦索才能进入下一轮，这次他们凭借米格尔·安赫尔·贾凯洛唯一的进球晋级。决赛由独立迎战科洛科洛，在阿韦利亚内达的第一回合比赛中，第71分钟萨进了一个乌龙球，让智利人取得领先，但四分钟后，左边锋马里奥·门多萨扳回一球，比赛以1–1结束。

第二回合气氛之狂热，萨想不出还有能与之相比的。“当时智利的政局很微妙。”他说，“阿连德总统非常弱势，几周之后他就被推翻。因此气氛极具敌意，从我们踏出机舱开始，到酒店、球场，所有地方，都是如此。”萨回忆道，“他们朝我们的大巴扔瓶子，我们不得不绕道几英里，从城市的另外一边进入球场，这样做的目的是让我们更紧张。更衣室和走道的电力都被切断：真是非常典型的解放者杯决赛。多年以后，我撞见（罗穆阿尔多·）阿尔皮·菲柳[2]，他是那场比赛的裁判。我问他哪场比赛最难吹。他的回答正是这场——科洛科洛对独立。”面对客场的敌意，独立还是坚守阵地，取得了0–0的平局。

这意味着一场在蒙得维的亚世纪球场的附加赛。门多萨的进球让独立队领先，但上半场结束前六分钟，那个赛季解放者杯的最佳射手卡洛斯·卡泽利也射入一球，将比分扳平。比赛进入加时，加时赛下半场第二分钟，贾凯洛的挑射攻破了科洛科洛门将阿道夫·内夫把守的大门，帮助独立捧杯。

那场胜利后，马斯基奥离开了独立，继任者罗伯托·费雷拉是60年代独立两次赢得解放者杯时的右后卫。他只干了一年主教练就让位给回归的德拉查。走马灯似的换教练并没有动摇独立在南美大陆的霸主地位，这些教练对球队风格的影响还没有博奇尼和丹尼尔·贝尔托尼大，前者正在崛起，后者刚从基尔梅斯转会而来。贝尔托尼踢边锋的位置，擅长内切，快速、直接，是博奇尼的完美助力，他俩的名字总是被相提并论。“我们本就是一支铁血强队，这两名关键人物则丰富了我们的打法。”萨如是说，“博奇

1 那年的解放者赛制是：五个小组头名加上卫冕冠军分成两个半决赛组，再由两个半决赛组的第一名进行决赛。这种赛制一直延续到1987年。——译注

2 这位来自巴西的裁判广受尊敬，是1986年世界杯决赛的主哨。

尼是一个杰出的球员，贝尔托尼是出色的前锋。不大有人认可这点，但他快速而强壮，善于运球，左右脚都能射门，踢进了大量关键球。而博奇尼是伊涅斯塔那类球员，头脑聪明，天赋过人。”

博奇尼成为*la pausa*（休止）的大师，那是阿根廷足球中最受尊敬的现象——在电光石火的一瞬间，10号球员先作势欲传，再故意一顿，等待他喂球的对象跑到理想位置。[1]博奇尼对这一技巧的解释展现出他过人的足球智慧，那种能够预判其他球员行为的能力，令人想起进化生物学家斯蒂芬·J·古尔德的断言：大多数顶级运动员具有极其快速的计算力，运用到任何其他领域，都一样会被赞为天才。博奇尼说：

> 在我看来，“休止”有两种，或者说两种不同的休止法：看球是在慢速行进，还是在快速行进。有时候，你必须快速前进，带着球，等待另一名球员到达合适的位置。例如（1984年解放者杯小组赛）对阵奥林匹亚的那场比赛，（亚历杭德罗·）巴伯龙把球传给我后开始跑动，我必须一边带球快速移动，一边等他。如果我持球等在原地，就不可能给他到位的助攻，所以，我必须快速带球跑动，同时知道自己必须等他进入最佳位置后才能将球传回给他。我做到了这点，他（得球后）横传禁区，我们进了一球。
>
> 另一次，我们在阿雷格里港对阵格雷米奥（1984年解放者杯决赛第一回合），我脚下控着球，但必须等待时机出球，因为对方聚集在后场，防守得非常严密，几乎没有空间，因此我不得不带着球应付盯防我的球员，知道自己必须等已经开始跑动的（豪尔赫·）布鲁查加突破防线。我们已经接近禁区，所以空间已很有限，传球必须极具穿透性。我等了半拍后将球传给了他，我们顺利得分。
>
> 这是对“休止”的经典释义——控住球，等队友到位。第一个球，在快速运动中的急停，不说穿的话无人意识到这点（说到此处他咯咯一

1 胡安·罗曼·里克尔梅精于此技，但最著名的例子，对阿根廷人来说或许有些难堪，应该是巴西球星贝利在1970年世界杯决赛时助攻卡洛斯·阿尔贝托为巴西射入的第四球，当时他等待卡洛斯·阿尔贝托套边插上。

笑，让人微微有点胆寒），也没人成功做到过。如果我待在中场不动，他会离我三十米远，而且就算他拿到球，没人会在禁区接他的横传后射门，所以我必须快速跑动，同时耐心等待，因为当时我们在中场，虽有足够的空间调度，但也有一大段距离要跑。

博奇尼相信这种外科手术般精准的运动能力是天生的。

所有这些都是教不会的。我相信它来自一瞬间的感觉，取决于球员之间的心有灵犀。你必须知道如何休止，而接球方也必须知道你正在休止的过程中，同时你也注意观察，看谁能做出恰当的移动，让对方猝不及防。没有队友配合的休止只是让你长时间地持球，直到，或许对方犯规，浪费一些时间，如果你需要浪费时间的话。

有能够理解你的队友非常重要。如果你没有像巴伯龙和布鲁查加那样速度快并擅长直线跑动的球员，休止就毫无用处。不过技术能够，也应该通过训练提高。我也是在公地踢着球长大的，但到了场上——与训练相比，我更相信比赛——技术会进步，因为你面对的是赛场上的真实场景，你不得不以最快的速度解决问题，因此你的脚法越精妙，你对球队的作用就越大。

博奇尼与贝尔托尼的亲密关系对他们的对手来说是毁灭性的，两人之间的合作浑然天成。“我和贝尔托尼从第一次一起踢球起就互相了解对方的心思，甚至不用说出口。”博奇尼说，“一切都自然发生，真的像我们生下来就在一起踢球那样，而且这种默契基于我俩不同的特点：我快速而有技术，他强壮又善于二过一，也就是我们阿根廷人所说的*pared*（踢墙）。”

两人的合作还影响了全队的打法。“博奇尼和贝尔托尼配对之后，我们的队形略有改变，不大，但的确改变了。”萨说道，“我们试图保留原有的战术：前方的几个队员是进攻的重点，以保持平衡，不至变弱。另外我们永远有一个‘大脑’。最初是帕斯托里萨，全队都找机会把球传给他，然后博奇尼取代他成为‘大脑’。他是个很有创造力的小伙子，他能改变战局，我们都是他的配角。”

如果对博奇尼的能力还有什么怀疑的话，那个赛季的洲际杯决赛之后，这些疑虑就彻底烟消云散了。1972年的洲际杯中，独立在阿韦利亚内达1–1逼平斯特凡·科瓦奇领军的大阿贾克斯，但到了阿姆斯特丹却被彻底击垮，约翰·内斯肯斯进了一球，替补上场的约翰尼·雷普进了两球，荷兰球队3–0大胜。1973年，阿贾克斯谢绝参赛，代表欧洲的是冠军杯亚军尤文图斯，这场比赛一局决胜负，主办地是罗马的奥林匹克球场。

“很自然，”博奇尼承认，“我们怀疑自己是否会在面对欧洲最强球队之一时溃不成军，但上了赛场，我们很快就意识到双方实力相当，我们能够对他们施展盘带技术，而且速度与他们一样快，甚至更快。”下半场开始后不久，尤文的安东内洛·库库雷杜踢飞了一个点球，然而，终场前十分钟，独立的一个进球首次确立了博奇尼——以及博奇尼—贝尔托尼组合——在队史上的传奇地位。贝尔托尼从球场半路杀出，用自己的右脚外脚背将球传给大约35码外的博奇尼，虽然没有什么空间，博奇尼还是用右脚控制住了球，同时转了个身，在对方的克劳迪奥·詹蒂莱快速逼近前向左急闪。忽然之间，他前面出现一条通道，于是他加速进入。此时，桑德罗·萨尔瓦多雷转去封堵博奇尼，而贝尔托尼已经越过博奇尼，进入中路，博奇尼将球推向右边，与贝尔托尼做了一个完美的踢墙配合，后者在禁区边缘将球推回到博奇尼的前进方向，萨尔瓦多雷和西尔维奥·隆戈布科向博奇尼夹击过来，他似乎要把球停下，但顺势一挑，球飞过门将迪诺·佐夫头顶，钻进网内。这是全场比赛唯一一粒进球，独立成为第三支赢得洲际杯的阿根廷球队。

这一进球在阿根廷电视台的录像带遗失之后带上了神秘色彩。球迷们称它为“看不见的进球”，直到2009年，独立的球迷团体“独立探秘”想到一个绝妙的主意：去意大利向他们的国家广播电视公司Rai索取一份拷贝。就算没有这个小插曲，此粒进球也足以确立独立世界强队的地位，并让博奇尼真正跻身球星之列。

博奇尼在次年对圣保罗的解放者杯决赛中又一次起到关键作用，踢进了第二回合的第一球，最后独立以2–0获胜，逼得了附加赛的机会。这场附加赛由两粒点球定胜负。

第一粒点球发生在中场休息前八分钟，巴勃罗·弗兰[1]争抢博奇尼发出的角球时手球，给了独立一个点球的机会，由博奇尼的乌拉圭队友里卡多·帕沃尼主罚，后者是参加过1965年解放者杯决赛的老将。直到现在，这名前左后卫依然留着漂亮的八字胡，虽然已经有些灰白，透出经验与权威，当时，这撇胡子可是一片浓黑，并且向下弯曲，垂到下巴处，让他看上去像个悲伤的流浪诗人。“我准备罚球，因为这是事先分配给我的任务，显然，当我走向球门时，它看起来像是变小了。”帕沃尼说，“要知道，就在你准备罚球时，你满耳都是球迷们的歌声‘乌拉圭人！乌拉圭人……’，但这个‘乌拉圭人！乌拉圭人……’的另一个意思是……得分！你可不能罚丢。”他用力把球踢向球门中央，而对方门将瓦尔迪尔·佩雷斯扑向了左边。接下来到下半场，卡洛斯·加伊又扑出泽·卡洛斯主罚的点球，独立第三次蝉联解放者杯冠军。“这场胜利给了我们连续四届捧回解放者杯的可能。”萨说，“这可不简单，因为还没有球队做到过。”

他们面临的最大障碍不是来自球场，而是博奇尼那一年必须去部队服役。“也没有想象中那么糟。”他说，“最初两个月，我几乎全部时间都待在（部队），然后他们会让我早点离开，去踢比赛，直到最后只需要每十五天去报到一次。管我的上司是竞技的球迷，但我们之间从未有过争论或什么不快，而且随着时间流逝，我们成为好朋友，还会共进晚餐。我记得只有一次，军事训练非常艰苦，强度太大，我回到家都累趴下了。那个晚上我还要去为独立比赛，但我实在动掸不得。我真的觉得自己的肌肉像木头一样不听指挥。”

在半决赛组的最后一场比赛中，他们必须净胜克鲁塞罗三球以上才能进入决赛。他们做到了，贝尔托尼的奥林匹克进球立了大功。到了决赛，他们又通过附加赛击败（智利的）西班牙联合队，史无前例地四度蝉联解放者杯冠军，也是球队历史上第六次捧杯。

---

1 迭戈·弗兰的父亲。巴勃罗的岳父、迭戈的外祖父胡安·卡洛斯·科拉佐也是乌拉圭国脚：三代人都入选过国家队，并赢得过美洲杯。

独立在南美大陆的连续称霸只是足球大环境的一个缩影。从1968到1980年，阿根廷球队没有缺席任何一场解放者杯决赛。虽然阿根廷在俱乐部层面上称王称霸，但国家队却花了很长时间才从1970世界杯预选赛未能出线的阴影中恢复。1972年，奥马尔·西沃里取代了胡安·何塞·皮祖蒂，成为国家队主教练。他决心吸取四年前的教训，拨乱反正，因此与阿足协采纳了马斯基奥的建议，以应对做客玻利维亚时面临的高原挑战。他们挑选了一支二线队，包括马里奥·肯佩斯和里卡多·博奇尼，把他们送到阿根廷北部胡胡伊省的蒂尔卡拉进行适应性及其他特殊训练，那里的海拔有8 000英尺（2 438米）。他们被称为*la Selección Fantasma*——鬼影国家队，那些入选的人感觉自己被遗忘了。肯佩斯后来抱怨说，他们所住的酒店很差，而且替球员们准备的给养不足，不得不把原先安排的两场友谊赛增加到七场，以筹措足够的资金在当地超市购买食物。即便如此，他估计自己的体重还是减轻了“八到九公斤”。然而，这个计划成功了：阿根廷在布宜诺斯艾利斯4–0战胜玻利维亚，客场战平巴拉圭之后，又在拉巴斯取得了1–0的胜利，最后3–1战胜巴拉圭，顺利出线。

获得参赛资格是一回事，在世界杯决赛阶段有所发挥又是另一回事。不管如何吹嘘自己应该是1966年世界杯真正的冠军，冷冰冰的现实是，阿根廷表现最好的世界杯还是他们第一次参赛的1930年，那次他们进入决赛，却败给乌拉圭。考虑到八年前的积怨，当1974年阿根廷重回世界杯，去斯图加特对阵波兰时，指派一个英国裁判显得有些恶作剧——而且还不是别人，偏偏是来自威尔士的克莱夫·托马斯，他对规则的怪异解释注定了他的判决常常充满争议。然而阿根廷2–3输掉那场比赛还真怪不到托马斯头上。他们一开场就表现糟糕，七分钟时，门将丹尼尔·卡尔内瓦利因手滑漏过一个角球，波兰队的格热戈日·拉托首先得分。中场休息前，罗伯托·佩尔富莫的一个糟糕传球让拉托助攻安杰伊·沙马赫，把比分变成2–0，下半场开始后不久，阿根廷的防守失误还给了对方中锋一脚踢中门柱的机会。虽然拉蒙·埃雷迪亚射入漂亮的一球，扳回一分，卡尔内瓦利一个糟糕的手抛球又让拉托把比分拉开到3–1。勒内·豪斯曼最终虽再追回一球，但阿根廷自己低级失误造成的伤害已无法弥补。

他们第二场比赛的对手是意大利，结果却又一次自作孽。开场20分钟后，巴宾顿的直传球撕开了对手防线，豪斯曼接球后一脚射入球门上方，但15分钟后，罗密欧·贝内蒂头球攻门，佩尔富莫解围时反把球送进了自家大门。此前一直占上风的阿根廷队这下泄了气，最后比赛以乏味的平局结束。这就意味着要想小组出线，阿根廷必须三球以上净胜海地，还要寄希望于意大利输给波兰。阿根廷完成了自己的任务，4–1赢了海地，接下来只能提心吊胆地看着意大利队比赛。安东尼·希马诺夫斯基在空门前绊倒了彼得罗·阿纳斯塔西，这是一个明显的点球，但裁判没有判罚，意大利队因此以1–2输掉了比赛，他们的霉运将阿根廷送入了下一轮。

不过面对第二轮的对手荷兰、巴西和东德，阿根廷发现自己实在也开心不起来。波兰队的表现已经提醒了他们与欧洲强队的差距有多大，而真正让他们认识到这一点的是荷兰。荷兰在那届世界杯中光芒四射，但其中最精彩的莫过于完胜阿根廷一役。荷兰球员表现得充满想象力，姿态优雅且干净利落，与之相比，阿根廷队则表现笨拙，毫无新意，死气沉沉。最后比分是4–0，但给人的感觉是，如果荷兰人真的愿意，至少还可以让比分翻个倍。

对阿根廷来说，下一场对阵卫冕冠军巴西的比赛几乎是个解脱。与在墨西哥时相比，这届的巴西已退步许多，但依然2–1险胜阿根廷，将后者送回老家。第二天，庇隆去世，于是阿根廷国内甚至都没有转播国家队最后一场1–1战平东德的比赛。尽管拥有豪斯曼和巴宾顿这样的天才球员，阿根廷在世界杯上却未能发挥真正的实力，但此届赛事有着深远的影响。“我相信它让阿根廷足球受益良多。”萨说，“那个时期，我们有非常棒的球员，技术很好，但我想我们的问题是身体素质。我们希望仅凭技术就能赢球，我们过于依赖控球，想用运球来控制场面。其他球队让我们感受到体力上的差距：我们疲于奔命，特别是面对荷兰。”

第36章

洛伦索与博卡圆梦

连夺四届解放者杯之后，萨与其他几名球员一起，在1975年底得到允许离开独立，可以自由转会其他俱乐部。他最初想去哥伦比亚，但就在动身前接到一个电话，来电者是博卡主教练胡安·卡洛斯·洛伦索。“你离开前，与我们的主席唐·阿尔韦托·J·阿尔曼多聊聊。”他告诉萨，“他会等着你。”萨照办了，虽然他们最后没有谈拢，但阿尔曼多找了个摄影师，拍了一张两人握手的照片。“考虑一下吧。”阿尔曼多说，“我等你到今天下午。”萨终于决定自己应该接受博卡的邀请。

那时候萨已经将近30岁，一般来说，大家都认为他巅峰期已过，但在他加入的第一个赛季，博卡就赢得了大都会锦标赛的冠军，比亚军飓风高出三分，而那时的飓风被认为比1973年状态更好。“一个主要的不同在于阿瓦莱受了伤。”拉罗萨说，“因此（奥斯瓦尔多·）阿迪莱斯作为9号队员上场，但这可是阿迪莱斯，所以实际上飓风是把一个10号球员放在前锋用，因此我们比1973年时控球更多，我们有布林迪西在右路，我在左路，以及卡洛斯·莱奥内在5号位。我们四人的菱形站位令全队的控球率高达70%，只是我们缺少1973年时的力量。但就风格来说，我们无可挑剔，甚至比以前更接近瓜迪奥拉带领的巴塞罗那。”

而博卡随后又找到老男孩队，签下了优雅的进攻组织者马里奥·扎纳布里亚。他说：

（洛伦索）知道我需要时间去适应他想要打造的体系，所以我刚到那儿时，他就告诉我："你是来夺取解放者杯的，阿根廷联赛只是你的实验平台，但你之所以来这里是为了解放者杯。我们的主席对此心心念念，博卡从一开始就是帮助设立并推广解放者杯赛事的几大俱乐部之一，但在阿根廷，其他俱乐部，例如竞技和大学生队都得到过它，而博卡还从来没有过。这是我们最迫切的愿望。"

我有1976年六个月的全国锦标赛来调整自己。在老男孩，我的惯常踢法是拿到球后，颠几下，或许先试图自己突破，如果没有机会，我知道队友们都会在我身边，因为我们采用短传风格，互相之间的距离较近。但洛伦索执教下的博卡却不是这样。当10号球员拿到球后，其他队员并不向他靠拢，相反，他们与他拉开距离，等着他传球。所以，我必须学会更快决断，不能浪费一秒钟，因为我必须学会在周围没有队友的情况下一旦丢球，应该如何反应。所以我几乎学会了不假思索地处理脚下的球，因为一秒钟的犹豫就可能让队友处在越位的位置上。我常常在训练结束后独自练习，让人把球传给我，然后在接到球之前，就做出该把球往哪儿传的决定。我曾经担忧，问自己，"我怎么都不会踢球了？"而且我也听到评论家们的话语，你知道的，"他来自内地，一直在小俱乐部里踢球，而这是博卡，并不是谁都能适应博卡的"。凡此种种。所以我努力训练，直到自己了解博卡这个系统。在这个过程中，我自己也获得了很大进步，因为我现在能够两者兼顾——既能像在老男孩时那样，将球控制在自己脚下一段时间，以较慢的节奏进行思考，也能更快地决断。我开始享受洛伦索的体系：他永远能找到适合我的位置。

博卡顺利出线，进入全国锦标赛的四分之一决赛组，先击败了班菲尔德，然后又赢了飓风——这后一场比赛中，扎纳布里亚从替补席上场，表现优异——博卡终于进入决赛，在"圆筒"球场对阵河床。"这场超级德比（*superclásico*）[1]是我印象最深刻的比赛。"萨说，"观众席上人山人海。这也是

1 在阿根廷，同城德比被称为"*clásico*"——"经典大赛"，但只有河床和博卡的德比能称得上"*superclásico*"——"超级经典"。——译注

我见过的最棒的观众之一，虽然独立球场的座位很少，大多是露台，因此球迷气氛也很好。我不是第一次见识这种氛围，但还是感到吃惊。”

鲁文·苏涅踢进了全场比赛唯一的进球，这是一个充满争议的任意球。当时河床门将菲略尔正站在一侧门柱边指挥自己的队友构建人墙，苏涅望向裁判阿图罗·伊图拉尔德，后者举起双手，示意这名中场球员可以随时开球。一张照片显示，伊图拉尔德当时将手举过头顶，河床的队员们散乱地排在禁区边缘，准备构筑人墙，而苏涅的脚刚刚伸出，踢到皮球，身体后仰，看着球飞进球门无人把守的那侧。这场比赛前面一部分的视频资料尚存，在YouTube上就能轻易找到，但这个进球的瞬间却没有，引起了许多阴谋论的猜测，为什么这段影片会凭空消失？有人声称是河床在军队里的球迷毁掉了录像带，另一些人则说是摄像师被一场争吵分了心，根本没有拍下这一幕，还有种说法是一场大火烧毁了这部分胶卷。2013年，《图片报》对“幽灵进球”进行调查时访问过苏涅，他表示自己也没有见过这个进球的录像，但他知道谁拥有这段影片，然后就拒绝再透露下去了。对此最可能的解释与韦托·阿隆索的那个骗过门将的进球一样：这段胶片被剪下来用于另一个节目。

“这是我第一次被博卡球迷真正感动到。”扎纳布里亚说道，“真的难以置信，看到他们在那里，挤满看台，从头到尾一刻不停地歌唱。比赛结束的哨声已经吹过半个小时，他们依然留在现场，挥舞双臂。他们让我产生幻觉：觉得整个球场都在移动，感觉球场是用橡胶搭建而非水泥构筑。”或许这并不全是幻觉。巧克力盒的结构是：看台较低，两条长边中一边之上是行政包厢，与其他三面看台构成一个浅浅的马掌形状。当全体观众一起欢呼雀跃时，整个建筑可能会产生明显的震动。

在洛伦索看来，战术与队形意识是制胜的法宝，扎纳布里亚回顾道：

> 我们称他为“鬼魂”。“今天我们与鬼魂一起踢球。”我们这么说，因为安排给我们十一名主力队员的对手是空气。没有锥形标，没有球员。什么都没有。十一人对空气。我们对阵鬼魂。他会用手把球从地上捡起，然后拿着它跑动，模仿对手的战术。“当我们到达这里时，你，扎纳布里亚，会在这里，而盯防你的队员，冈萨雷斯，则在这个位置，向你跑

来，所以你必须内切，而你，（他又指向另一名球员，）则自由跑动、拿球，在这个区域制造一个二对一。”这就是洛伦索。他所说的大多数场景都发生了。当时这是最先进的训练方法。

那时候最令博卡与众不同的是他们的门将乌戈·加蒂。“我们有个独门武器。”萨说，“一个自由人背后的自由人。那第二个清道夫就是乌戈·加蒂，他的绰号是‘狂人’，时刻准备着在需要的时候离开禁区，用脚控球，或大脚解围。”加蒂与菲略尔，博卡与河床，代表着阿根廷门将的两种不同传统：一端是内向的菲略尔，更愿意坚守后方，在球门线前应对挑战；而另一端，则是外向的加蒂，他更喜欢离开禁区主动出击，在威胁出现前就将其扼杀。“菲略尔继承的是阿根廷的传统风格，但能力出众。”曾任基尔梅斯门将，后来非常成功的教练乌戈·托卡利这样评价，“我没见过比赛中的卡里索（通常被认为是70年代前阿根廷最好的守门员），但我相信菲略尔是阿根廷有史以来最好的门将，至少在我见过的那些门将里是这样。加蒂则以一种全然不同的风格崛起。多年以来，一直存在着争论：到底哪种风格更好。这就是阿根廷！就像比拉尔多与梅诺蒂之争一样。但聪明的人，比如菲略尔，知道自己想要进步，就必须融合加蒂的打法，譬如学会用脚踢球，因为菲略尔以前只会用手。”

在这个方面，托卡利是对的：这是一个阿根廷人的典型特征，他们很愿意将世界一分为二并理论化——菲略尔派或加蒂派——似乎两者之间的中间地带不存在。正如恩里科·乌代尼奥在他的人类学著作《阿根廷式伪善》中所说，有时候阿根廷人觉得自己身处一片非黑即白的土地。“我们代表两种完全不同的风格。”加蒂解释道，“菲略尔是那种害怕离球门太远的门将。他靠的是本能的反应，而我则参与到球赛中去。我是比赛的一部分，我会跑很远去破解对方的进攻。肯定有些我失掉的球在菲略尔那里绝对能被守住，也同样有许多我防住的进攻他守不住。孰优孰劣的争论毫无意义；我们只是按各自的风格行事而已。”

*

在同一赛季中连续荣登大都会与全国锦标赛冠军宝座，追平前一年河床获得的荣耀，当然值得庆祝，但重要得多的是，它打开了通往解放者杯的道路，这是博卡一直梦寐以求的奖杯。“压力巨大。”萨说，“因为博卡这家豪门还从来没有夺得过解放者杯，而其他像独立、大学生和竞技却都拿到过。”

博卡在前十场比赛中只输了两场，自1963年以来首次打入解放者杯决赛，对手是卫冕冠军克鲁塞罗队。球迷们意识到，克鲁塞罗上赛季正是力压河床夺冠的。于是博卡球迷第一次编出后来有名的口号：“*Vamos a traer la Copa a la Argentina, la Copa que perdieron las gallinas*”——“我们会为阿根廷带回奖杯，那个被小鸡队输掉的奖杯。”

可以理解，赛前舆论集中在攻击型右后卫内利尼奥身上，就是他前一年摧毁了河床的夺冠希望。“他是一个不可思议的球员。”扎纳布里亚这样评价，“他几乎可以在任何位置射门，包括角球点。所以洛伦索整天想的就是如何防住内利尼奥进攻，不让他有机会射门。我们不能在球场的后四分之一犯规。”

卡洛斯·韦利奥干净利落的射门足以令博卡在主场取得胜利，但根据扎纳布里亚的回忆，贝洛奥里藏特完全是另外一个世界。

> 我们表现得一直挺好，即便他们有左边锋若昂西尼奥这样的致命杀手，而且他回到自己主场杀伤力又增加了十五倍！在米内罗球场，你真的会觉得那里是他们的世界，而且比赛时天还没黑，热得要命。
>
> 我拿到了球，那个防守我的巴西球员伸出他的腿，我绕过他，但球滚得远了点，突然之间，又有一个人冲过来，所以我伸腿出去，没够到球，却把他绊倒了。当时我就想：“靠！我就在禁区边上，洛伦索会杀了我。”但当我回头望去，发现其实球门离我还挺远，所以我又略微放了一点心。大概距离有25到30米，的确，这还是在内利尼奥的最佳射程内，但至少看起来够远了。
>
> 可忽然之间，整个球场就像被施了巫术一样。我们排成人墙准备着，对方的主教练来到球场上，挥舞着双臂，跪到地上，然后内利尼奥走过来，向他致意，他们拥抱在一起，球迷们像疯了一样歌唱和庆祝，10万名观众一起挥舞旗帜，而我们还排着人墙，等待着，难以置信地看着眼

前发生的一切，我们都说："他在施行马库姆巴[1]啊，这个狗娘养的胖子。"他们的教练依然跪在地上，不知是在祷告还是什么，内利尼奥还流着泪拥抱着他。我们的人墙由六名球员构成，想象着他的经典射门。球从我身边掠过，离我只有几英寸，意味着它将落在离球门很远的地方，但刹那之间，皮球戏剧性地改变了方向，飞进加蒂防守的大门。狗娘养的！整个仪式持续了四到五分钟。

克鲁塞罗以1–0获胜，因此必须去世纪球场踢一场附加赛。

洛伦索气得发疯，他从一个房间跳到另一个房间，发现每间房里的话题都是内利尼奥：内利尼奥这样，内利尼奥那样。蒙得维的亚正处于一场暴风雨之中，我们能够安全降落已属幸运。这场附加赛必须在贝洛奥里藏特那场比赛结束48小时之后开球，所以我们周一出发，周二比赛。但雨太大了，机场都会关闭，所以他们最后决定将比赛延后24小时。洛伦索对我们每个人都大发雷霆。"我受不了了。"他说，"我每时每刻都听到内利尼奥。你们是解放者杯的决赛队员。想想我们为了来这里所做的每一分努力，你们还在谈论内利尼奥。我们很强。我们能击败他们。"

当他们开始最后的训练准备时，扎纳布里亚回忆道，一个记者告诉球队，内利尼奥受伤了。球员们怀疑这是不是洛伦索为了提升他们的信心而故布疑阵，然后洛伦索开始讲述两套战术方案，一套是当内利尼奥上场时，另一套则针对他缺席的情况，直到此时球员们才相信，这个传言并非洛伦索的把戏。

世纪球场就像一个沼泽地，到处都是水。洛伦索告诉我们："如果内

1 扎纳布里亚所说的马库姆巴或许是指现代带有贬义的"巫术"，但在19世纪时马库姆巴一词最初被用来泛指流行于巴西的一切非亚伯拉罕的宗教（亚伯拉罕诸教又称天启教，指犹太教、基督教和伊斯兰教——译注）。

> 利尼奥上场，你们就都传球给（达里奥·）费尔曼。”最终，内利尼奥还是上场了。所以我在开赛拿球后就传给了费尔曼。他正对着内利尼奥，带球绕过了他。我们的计划是利用费尔曼的速度与体能来拖垮内利尼奥。一次，两次，三次，费尔曼就像一道闪电。面对内利尼奥时，他会接球，刹车，加速，再刹车。我们知道自己必须紧跟在费尔曼周围，但那只是做做样子，因为比赛中没有我们的位置：面对内利尼奥的是他，这才是我们的战术计划。五分钟后，内利尼奥朝教练席做了个手势，他被替换下场了。难以置信！这个计划成功了。费尔曼终结了他。

双方都无法进球，比赛进入点球大战环节。博卡赛前没有训练点球，扎纳布里亚虽然通常在队内发角球，却很少主罚点球。他是第二个走向点球点的博卡球员。“我很幸运，”他说，“因为我滑了一下，球踢得比我原先瞄准的略高，这让我战胜了门将，他的手指碰到了球，但已无力扑救。他们第五个点球没进，是帕利尼亚。如果内利尼奥在场上，可能结果会不一样，但如果我们没有洛伦索，结果可能也会不同。”

布宜诺斯艾利斯对此的反应是欣喜若狂。“阿根廷的欢迎仪式令人吃惊。”扎纳布里亚说，“那天又是狂风暴雨，但球迷们一路护送我们到拉坎德拉（的训练基地）。这段路我们走了几个小时。”

这次胜利给了博卡在洲际杯比赛中获得更大荣耀的机会，他们将迎战欧洲冠军——利物浦。但就像70年代许多欧洲冠军球队一样，考虑到先前比赛中曾经出现的冲突，鲍勃·佩斯利执教的利物浦谢绝了邀请，所以亚军门兴格拉德巴赫接受了挑战。

在巧克力盒进行的第一回合以2–2战平，门兴格拉德巴赫看起来占有优势。但到了德国，洛伦索写出了大概是他职业生涯中最伟大的一笔。“一些有着光辉历史的球员落选了。”萨说，他自己就是其中一员，“事实上我几乎就要入选，但那时我膝后有伤。我什么都没对他说，但他每天都来问我的状态，一切都逃不过他的眼睛。”

开场两分钟，费尔曼就首进一球，让博卡占据先机，但真正赢得比赛的是上半场结束前两个连续的进球。埃内斯托·马斯特兰杰洛在第33分钟时打进一个左翼的传中球，这个球能进或许是因为他方寸已乱，或许是他展露出无比的镇定，如何解读取决于你的立场。四分钟后，卡洛斯·奥拉西奥·萨利纳斯又射入第三球，博卡成为洲际杯冠军。

第37章

迈向荣耀的第一步

从某种意义上说，1974年由荷兰带来的屈辱对阿根廷足球风格影响之深，可与1958年惨败给捷克斯洛伐克相比。不同的是，这次整个南美大陆都深受其苦：荷兰同样赢了乌拉圭四个球，并以2–0战胜巴西。被广泛接受的结论就是南美足球在整体上已经落伍了；1970年，巴西能夺冠，缘于他们设法躲过了已经在欧洲被广泛采用并达到巅峰的体系足球的攻击，但这或许只是偶然，如果不是墨西哥的高海拔和高温限制了欧洲球员的跑动与压迫战术，巴西绝无胜算。

在巴西和乌拉圭，应对失败的举措是增加比赛中的身体对抗。阿根廷早已将这条道走到了黑，因此，尽管某些俱乐部——最明显的例子就是洛伦索的博卡队——依然极端强调拼抢，国家队层面的反应反而是向传统中更艺术化的足球回归。1974年10月，竞技与河床后卫出身的弗拉迪斯劳·卡普被解除国家队主教练一职，昔日浪漫主义足球的精神领袖梅诺蒂走马上任。他邀请前助理胡亚雷斯与他并肩战斗，因为他没有忘记后者当年的慷慨相助，他与自己相似的观念，以及两人齐心协力解决问题的方式。

梅诺蒂上任仅一周，阿根廷就在一场友谊赛中1–1战平西班牙。“这再次显示了当时的阿根廷队缺乏组织。”梅诺蒂说，“国家队不被重视。俱乐部的官员们把阿根廷扔到一边，所做决定全是为了自己的利益。等世界杯开始前一个月，他们召集状态最好的一批球员，仓促出征。这样做的结果是阿根廷队历史成绩一片空白。因此，我提出一项从1975年开始的计划，看足协是否愿意改变，由零开始设定一个严肃认真的时间表。”

1974年，梅诺蒂在与《图片报》进行的一次长谈中列出六项基本原则：天赋与技术水平优先于体格与力量；身体与大脑的速度应“辩证统一”——不能无思考地跑动，也不能无跑动地思考；球队将灵活运用区域与盯人防守；既然4–4–2阵型盛行一时，此后阿根廷队将采用两名边锋和一名中锋的队形来实现对其的翼侧包抄；丢球后要以最快速度夺回控球权；球员们应意识到自己属于一个涌现出大量英雄的足球传统。

梅诺蒂后来坚持说他并没有任何个人风格，他所做的只是恢复人们对“创造力这一阿根廷球员内在本性”的热爱。与此同时，他也意识到自己球队给足球带来的意识形态上的冲击——这种冲击或许波及足球范畴之外。“如果我们能够以我推崇的方式赢得世界杯，就会激励别人重新考量我们踢球的方式——我们的哲学基础。”他说，“或许也会让我们停止对暴力和实用主义的依赖，因为这是令我们受制于恐惧的工具。”这些话在当时的政治环境下掷地有声。

有趣的是，考虑到梅诺蒂之所以被任命为阿根廷国家队主教练，多少还应感谢荷兰队的成功，他却对全攻全守理论的风靡心存疑虑，坚持认为他们的原则与构成阿根廷足球传统的基础理论一般无二。“人们整天谈论速度与力量。”他在1975年接受《世界足球》采访时说，“但这很愚蠢。足球事关球场上的空间——创造空间与限制空间。我不遵信所谓的‘全攻全守’。”

他将整个国家分成六个区，然后从每个区中选拔出一支球队，让他们互相比赛。“有些人批评我们选那么多球员完全是一种浪费，但最后赢得世界杯的那支国家队，90%出自这些选拔队。”梅诺蒂说，“这很重要，我们有数以百计的档案，都由我的手下或了解足球真谛的人编成。有时候，问足球教练还不如向一个村子里擦鞋的请教，只要你注意到那个擦鞋的对足球有一双敏锐的眼睛。”他是不是真的这么想其实并不重要，重要的是他恢复旧日传统的热情：足球，他总是说，不是技术专家的运动，它属于大众，不管出身如何低贱，只要懂足球，就能参与。

人员的调整是巨大的：梅诺蒂指挥的第一场国家队比赛是对西班牙，他当时使用的十三名球员中只有勒内·豪斯曼一人得以出征四年后的世界杯。梅诺蒂的执教初见成效是在土伦举办的U21青年足球锦标赛，这一赛事声誉卓著，有丹尼尔·帕萨雷拉、阿尔韦托·塔兰蒂尼、阿梅里科·加列戈和何塞·丹尼尔·巴伦西亚参加的阿根廷队赢得了冠军。美洲杯（终止了八年之久的南美锦标赛被重新命名，从那年7月起再次启动，并开始采用一种全新的主客场赛制）却又令人失望，阿根廷队小组都未出线，两次负于巴西让对委内瑞拉的两场大胜也变得徒劳无功。不过大家感觉有些东西正在酝酿之中，而梅诺蒂自己的解释是，他还有三年时间来矫正国家队。

> 我们主要依据技术水平来选拔球员。我已确信，我们没有必要为了取胜就放弃自己的足球风格，放弃自己的精神。但与此同时，我们还是要从欧洲球队那里学习重要的概念：要有活力、有全局观，并成为高度专注的职业选手。
>
> 即使在球场外，球队也永远集合在一起训练、恢复。除此之外，别无良策。如果你不能在比赛结束后保持队伍的团结，就永远不会在比赛时具备战斗力。(1976年3月，）我们在欧洲打巡回赛，这不是一支职业或小资球队对欧洲的巡游。我们是足球工作者。从基辅到莫斯科，整整一天半时间我们没有进食，最后只有一根香肠和一块面包。每个球员分到一片。从莫斯科，我们又出发去华沙，然后在暴雪中坐大巴行进了八个小时到达匈牙利。那些是我们表现最出色的比赛，球员跑动得比任何时候都积极。空气中弥漫着对荣耀无法抑制的饥渴，你能感觉到它。

第38章

恐怖时期的荣耀

1976年初，暴力事件与经济凋敝频发，已变得无法控制。伊莎贝丽塔·庇隆在丈夫去世后成为人们批评的焦点，毫无反击之力。到了3月，月通货膨胀率高达前所未有的56%。庇隆死后，谁都无法将激进派别拉回中间，其后果就是暴力行为集中发生。左翼游击队与受到政府和右翼庇隆派暗中支持的准军事组织冲突不断，布宜诺斯艾利斯街头平均每三个小时就有一颗炸弹被引爆，每五个小时就有一起政治暗杀。

到处都混乱不堪。2月5日，伊莎贝丽塔45岁生日那天，她任命了自己1974年7月上台以来的第六任财政部长。一个星期后，前总统拉努塞将军的儿媳被左翼民兵谋杀，第三世界天主教僧侣运动[1]成员弗朗西斯科·苏亚雷斯神父与他的弟弟一起在蒂格雷死于右翼暗杀小队之手，军队还宣布，图库曼省击毙了数十名游击队员。暗杀受害者的尸体被放置于布宜诺斯艾利斯近郊的街道上展示，以儆效尤，在科尔多瓦，仅1月和2月就发生了32起绑架事件。现在已经不是军政府是否会上台，而是何时会再次上台的问题。

压死骆驼的最后一根稻草是3月15日发生在布宜诺斯艾利斯一个军队司令部停车场的炸弹爆炸事件，死1人，伤29人。当时军队的高级指挥官之一魏地拉将军侥幸逃脱。3月24日，正当河床在解放者杯中2–1战胜委内瑞拉

1 第三世界僧侣运动是20世纪六七十年代阿根廷天主教会的一项运动，旨在将天主教内部的现代化改革思潮与教会对政治和社会的参与结合起来。第三世界僧侣运动主要由活跃在贫民区和工人社区的教士组成，是1967至1976年间社会行动的重要渠道，其思想接近左翼庇隆主义，有时甚至接近马克思主义，与阿根廷总工会也有密切联系。——译注

的葡萄牙联盟之时，军队夺取了政权。伊莎贝丽塔被直升机从玫瑰宫屋顶接走，原该飞去她的官邸，但驾驶员却降落在埃塞萨，她被转移到另一架飞机上，送去位于安第斯山南部的内乌肯省。她指出自己没有御寒衣服——该细节既告诉我们伊莎贝丽塔关注的重点，也显示出政变领导者[1]计划的马虎——她被允许列出一张衣物清单，让她的拘捕者取来给她。

同一天，几百名工会成员被带到停泊在拉普拉塔河的船上枪杀——这种谋杀方式前一年获得伊莎贝丽塔的许可。军政府并未止步于此，而是进一步开始了国家重组进程，将阿根廷定义为一个与共产主义作战的天主教国家。接下来的七年内，30 000人死于这一名义。议会与司法机关被关闭，政党被禁，新闻机构被禁止“报道、评论或提起：与颠覆性事件有关的主题、颠覆分子的死亡或他们的尸体，以及相关的武装及安全力量成员，除非报道来自于担负此职的政府机构”。

与许多其他地方一样，足球看台成为少数异议分子集会之处，在这里可以混迹于大堆人群中而不受注目。例如，一种广为流传的说法是，飓风俱乐部支持蒙托内罗斯，虽然这么说究竟是什么意思很难确定。俱乐部是一个模糊的实体，它们的球迷们常常有着极为广泛的背景与信仰：飓风队的支持者很明显普遍偏左，但并不能因此就说他们所有或哪怕大多数球迷支持游击队，而且，俱乐部肯定从来没有对自己的政治观点做过官方宣示。确实，1976年5月，一场大学生与飓风的比赛之前，蒙托内罗斯在客队球迷区一端挂出了标语，但被迅速取下，中场休息时，警察进入看台，开枪射击。年仅38岁的拍卖师格雷戈里奥·诺亚被杀，当时他正与自己16岁的儿子一起观看比赛。警察嫁祸于“左翼恐怖分子”，由于人们已经对暴力致死熟视无睹，再加上媒体向新政权卑躬屈膝，此事几乎波澜不惊地就成为过眼烟云。

*

1966年7月，国际足联决定由阿根廷主办1978年的世界杯；十年之后，这成为军政府巨大的难题。一项充斥着炸弹与绑架的赛事是不可想象的；世

1 话虽如此，实际上内乌肯3月的平均温度是摄氏18度，只比布宜诺斯艾利斯低4度。

界杯必须被用来证明：政变带来的是稳定，是一个安全的阿根廷。维持国际形象未必是军队选择在此时推翻伊莎贝丽塔政府的直接因素，但军政府确实上台不久就把世界杯当作一个优先事项，并立即控制了世界杯独立经济体（EAM）——东道国的组委会。他们必须雷厉风行地行动起来：阿根廷的准备工作已经一拖再拖，国际足联主席斯坦利·劳斯试探蒙得维的亚和阿雷格里港能否出手援助，甚至考虑将比赛移到西班牙去，但1974年接替劳斯的巴西人若昂·阿维兰热早在1972年就坚持，除非因为——用他的典型说法就是——“内部困扰”导致的经济问题，不然谁都无法阻止阿根廷举办世界杯。即使在阿根廷国内，举办世界杯的决定也受到严重质疑。“我们就不该举办1978年的世界杯。”1975年，《图片报》编辑丹特·潘泽里这样写道，“正如那些连为福特T型车加油都没钱的人不该再给自己买一辆都灵跑车[1]。如果他这么做了，说明他的钱是偷来的。”

大约10%的国家预算，超过7亿美元（虽然官方账面总支出只有521 494美元）用于大兴土木：河床、贝莱斯萨斯菲尔德和罗萨里奥中央三家俱乐部的球场被翻新，新场球在科尔多瓦、马德拉普拉塔和门多萨落成，此外还建成了一个新闻中心，安装了彩色电视转播设施及改善了机场与道路。争议更大的是，为了迎接世界杯，政府整修了布宜诺斯艾利斯，其中最大的丑闻莫过于竖起一堵巨大的水泥墙来遮挡*villas miserias*——贫民窟，以免这一地区在从埃塞萨到市中心的高速路上被一览无余。财政部长胡安·阿莱曼形容世界杯为“当今阿根廷最显而易见也是最无法辩解的非必要支出”。组织者们试图为这种支出寻找理由，其中一个是预期到访的五万名游客带来的收入将填补支出。但就算真来了五万名游客，他们的贡献也还是远远不够，更不要说最后来阿根廷看世界杯的外国游客连一万人都不到。

财政上的争议还只是一个方面。1974年就已确定的世界杯会标是两条垂直上伸的蓝白线条，上部分开，拥抱着一个足球，这是有意模仿庇隆的标志性动作——高举双臂。EAM当然知道这个会标的含义，但最终决定，还是不要重新设计会标了，因为那样（已经印好老会标的）商品和宣传品就不得不

1 当时福特公司生产的新型跑车。——译注

回收，结果只会把注意力更多地引向前总统。

被派去执掌EAM的是奥马尔·阿克蒂斯将军，他曾在40年代为河床的第三梯队踢球。1976年8月，他死于汽车炸弹爆炸。这次袭击被归罪于“颠覆分子”，但疑点重重，其中最有力的指控来自欧亨尼奥·梅嫩德斯的著作《拉科斯特上将，谁杀了阿克蒂斯将军？》，他在这本书中指出，策划暗杀的正是阿克蒂斯的继任者，EAM的新主席卡洛斯·阿尔韦托·拉科斯特上将，这位上将后来被指控从世界杯筹备基金中贪污了上百万美元。

或许，如果当时媒体态度强硬一点，便会展开调查，但军政府压制不同意见，至少那些靠政变上台的力量如此行事。政变的第一个周年纪念日，曾在1957年揭露阿兰布鲁镇压事件的记者鲁道夫·沃尔什给军政府发出一封公开信，询问那些被屠杀、被关押和被失踪的人的命运。第二天，他就遭到暗杀。

但要是认为军政府是铁板一块，那也错了：犯下肮脏战争中各种可怕罪行的有多家官方与半官方机构，陆军、海军、空军、国家宪兵，联邦、城市和省级警察，各个部委，甚至国家石油公司YPF，都在为自己的利益或试图为自己的利益揣摩军政府的意图，并依此行事，未必得到过直接的授权。在这样的政治气候下，恐怖的力量很快就变得无法控制。虽然有组织的绑架、酷刑和谋杀最初可能只针对反政府的政治力量，但很快，选择受害者的缘由就变成了可以没收他们的财产以中饱私囊，或仅仅为了满足抓捕者的变态私欲。约翰·辛普森和哈娜·贝内特的著作《失踪者》中对此就有清晰的描述。在此种氛围下，任何轻微的反抗迹象，都能被情报机构抓住哪怕最微不足道的借口而变得致命。

从这个角度看，世界杯也提供了一个机会：让一个外国人失踪比让阿根廷人失踪难得多。于是，大赦国际鼓励记者们关注各种迫害的蛛丝马迹。魏地拉则还之以标语“*Los argentinos somos derechos y humanos*”——“我们阿根廷人诚实仁爱”。

即便有人冒着极大的风险将肮脏战争暴露在公众眼皮底下，还是有许多阿根廷人根本不相信政府会向自己的公民开战。早在1977年4月，一些失踪孩子的母亲就开始在五月广场上集会，要求公开信息并试图引起公众关注政府机构的罪行。很快，这种母亲们的游行就成为每周一次的仪式，她们高举着自己失踪了的孩子的照片，绕着金字塔[1]悲痛地转圈行进。最初发起这一行动的领导者中有三位——阿祖切纳·比利亚弗洛、埃丝特·卡雷亚加和玛丽亚·欧亨尼娅·比安科自己旋即也消失不见了。这个运动后来分裂，但直到今天，每个星期四，母亲们依然聚集在五月广场。世界杯期间，母亲们的游行成为国际媒体争相报道的热点，连西德门将泽普·迈尔都计划加入其中，最后被警告才算作罢。

当然，足球也确实在军政府的关心之列。军政府认识到胜利能提升爱国情怀和团结精神，因此需要阿根廷队踢一届出色的比赛来鼓舞士气。魏地拉说，球员有义务"显示他们是全国最佳，是阿根廷能敬献给全世界的精英……他们有义务展现阿根廷男人的品质，无论在个人层面或在球队中都能够循着共同目标的指引而成就伟大事业……我在你们身上寻找胜利，你们应该夺取世界杯，你们能够获胜，因为你们将在赛场上展露出勇气……会成为阿根廷人良好特征的最佳体现"。

梅诺蒂显然对包围全队的爱国主义口号深感不安，一直试图摆脱这种他的球队代表政府的说法。"我们只是踢球，不是保疆护国，捍卫国旗。"他在1977年强调说，"爱国主义不会与国家队共存亡。"在他看来，自己并非为国家而战，而是为阿根廷伟大的足球传统而战，最多只能说这一传统对国民精神稍许有些表达。

当然，他获胜的决心不曾因此有丝毫的动摇。梅诺蒂的计划可谓细致入微，1976年10月，他说服阿根廷足协发布禁令，在世界杯结束之前禁止本国球员转会外国俱乐部。最后参加世界杯的22名球员中，只有效力瓦伦西亚的马里奥·肯佩斯常驻国外。

并不是每个人都信服梅诺蒂。胡安·卡洛斯·洛伦索就一直隐在后面，叨叨着梅诺蒂复兴的"*la nuestra*"面对欧洲强队毫无胜算。甚至还有传言说，军政府上台时要不是AFA没钱买断合同，早就让梅诺蒂走人了。

梅诺蒂就是不信这个邪，不信这种认为欧洲球队——如果我们能把那么

1 Pirámide，实际上是五月广场上一座方尖碑形状的纪念塔。——译注

多欧洲球队归为一类的话——只能以欧洲风格来对付的观念。1958年，惨败于一支欧洲球队的阿根廷开始了向欧洲靠拢的足球风格革命；1974年的革命同样源于被欧洲球队打败，但这次的方向是远离欧洲。梅诺蒂告诉《图片报》：

> 我们不能有这种观点，那就是要想赢球，我们必须像欧洲人那样踢。认为我们的体格不足以应付他们是错误的。当我们和他们踢友谊赛时，我注意到我们的防守在他们技术球员的进逼下苦苦挣扎：我们缺的不是速度或力量。而我们盯防的射手即便像坦克一样强壮，如果没有出色的技术，我们一样可以应对自如。
>
> 所以我决心按照自己的想法来塑造球队：控球、轮换和无休止的进攻，并以一名极其聪明的中场指挥家来平衡——阿梅里科·加列戈对我们来说就像1970年巴西队的克洛多瓦尔多。没有进攻意愿的防守毫无难度，你龟缩在后场就是了。但是我们不打算仅仅踢一届世界杯，我们要赢一个世界杯。为了实现这个目标，哪怕在防守时，我们也必须考虑如何进攻。

速度成为梅诺蒂观念的核心，让他放弃矮小的博奇尼，虽然他召来了博奇尼的队友——贝尔托尼、加尔万和拉罗萨，他们曾一起为独立赢得1977和1978两届全国锦标赛冠军。拉罗萨发现，以前自己跟随的梅诺蒂与带领阿根廷队征战世界杯时的梅诺蒂之间最大的区别是对体能的强调。

> 就观念、哲学、控球等方面来说，梅诺蒂一点儿都没变，但在体能、饮食和训练上他完全变了一个人。以往比赛前，我们通常会吃一顿*bife de chorizo*[1]，还带份炸薯条和色拉，我们都习惯了，哪怕有时候你觉得其实挺饱。队医（鲁文·）奥利瓦来了以后说，我们要改吃通心粉，而且最好不要放酱，只加橄榄油或奶油。我们说："不行，通心粉会让你发

1 西冷牛排。

胖。”但与我们之前吃的食物不同，通心粉——当然，不是那种加了馅料的通心粉——给我们更多能量，而且确保在比赛开始前已经消化了，牛排的话，当我们跑上赛场时，可能还在胃里呢。

战术训练也有很大变化。我们花大量时间练习压迫打法。梅诺蒂会让我们在缩小的场地中踢球，二对二，诸如此类，来提升我们的足球意识。有时候我们的场地只有十五米见方，我作为8号，与5号一起对抗对方的5号和8号。在飓风队，我们失球后的任务是退守球后，等待将它抢回的时机，而在国家队，一旦失球，我们必须逼抢夺球，而要想逼抢夺球，我们需要互相靠近，这就是球队的主要概念：*achique*——压缩空间。飓风队是后撤，而阿根廷国家队则是向前推进。

最终，梅诺蒂选择肯佩斯做进攻型中场核心的决定被证明是正确的，但博奇尼甚至没能选入国家队还是导致了一些错愕。实际上取代博奇尼位置的韦托·阿隆索显然也是一名极具天赋的球员——但他在世界杯中只上场两次，就因为伤病退出——有传言说阿隆索之所以入选，是拉科斯特上将对他青眼有加的缘故。

拉罗萨的入选也带来争议，其源头是上赛季全国锦标赛决赛中的一件事。第一回合，独立主场1–1战平塔耶雷斯，接下来的客场，凭借韦托·奥特斯的一个“小鸽子”，独立在上半场一直领先。“这是一场艰难的比赛。”拉罗萨回忆道。一个可疑的点球——因为鲁文·帕尼亚尼尼的手球，但看上去球碰到的是胸部而非手臂——让塔耶雷斯在第60分钟时把比分扳平，随后，当比赛进行到只剩16分钟时，安赫尔·博卡内利又用手打进一球。独立怒气冲冲地大声抗议，拉罗萨、鲁文·加尔万和恩索·特罗塞洛都被罚下场。“我们对裁判各种咒骂，大概把除了‘好人’之外所有能想起来的称谓都用到了他头上。”拉罗萨说。落后，场上只剩下八个人，看起来毫无希望了。“对方又有了两三次有威胁的进攻，那个手球得分的队员因为太自私，浪费了两次机会。然后博奇尼拿到球，与贝尔托尼打了一个二过一，射门，进球！这是一个绝佳进球，一个‘世界波’！我与另外两名被罚下的队友在通道里观看。我们都难以置信。接下来比赛就只剩下五分钟加伤停补时了。那个裁判毫无掩饰地吹着黑哨，我都想冲入球场让比赛终止。”

拉罗萨最终控制住了自己，但还是被禁赛20场。“有些人觉得公平起见，我不应该参加世界杯，因为我当时还在俱乐部比赛的禁赛期间。”

为了淡化政权的军人气息，魏地拉穿着便服而非军装出席世界杯的开幕式与揭幕战，卫冕冠军西德0-0战平了波兰。比赛开始前，他做了简短讲话，其中提到“一届和平的世界杯”。《图片报》与另外几家阿根廷媒体都坚称，第一场比赛的顺利进行就揭穿了阿根廷反对派勾结外国反阿势力针对祖国进行的“谎言战”。

东道主的首次亮相——迎战匈牙利——被安排在第二天。他们进入纪念碑球场的一刻可谓盛况空前，球队穿过暴雪般飘落的碎纸片出现在观众眼前，彩带如瀑布般倾泻而下是1978年世界杯给人留下的最难以磨灭的印象之一。比赛一开始，1974年的历史似乎重演了，匈牙利在九分钟后就取得优势，阿根廷表现得令人担忧：菲略尔挡出尚多尔·宗博里的射门，但回弹的足球被卡罗利·乔波补射中的。好在这次阿根廷队组织了反击。五分钟后，杀气腾腾的加列戈被彼得·托勒克放倒在离禁区不远处。尚多尔·古伊达尔没能化解肯佩斯开出的低平任意球，河床前锋莱奥波尔多·卢克抢到第二落点，将球捅入匈牙利队的球门。随后出现的夸张庆祝说明这个进球缓解了阿根廷队多大的压力。教练席上的梅诺蒂神色未变，只是将脸颊伸出大衣立起的衣领之外，抽了一口烟。比赛只剩下九分钟了，比分还是平局，加列戈将球高高踢起，向前长传给卢克，后者又用胸部停球给韦托·阿隆索。阿隆索离球门20码，或许可以试着射门，但当皮球从地上弹起时，他把球推往卢克前进的方向。佐尔坦·凯赖基伸腿阻截，但他们的门将离开了球门，足球弹回丹尼尔·贝尔托尼脚下，被一脚射入空门。这场比赛充斥了细小的冲突、拦截与阻挡——正是十二年前遭到格兰维尔指责的那种犯规战术——最后一刻，匈牙利队的沮丧终于爆发，先是安德拉什·托勒奇克领到了第二张黄牌，因为他在加列戈从他身后铲球时，一胳膊捅向他的腹部，随后蒂博尔·尼洛希与塔兰蒂尼争抢时脚抬得要命的高，也追随安德拉什·托勒奇克而去。

法国队在首场比赛中输给了意大利，然后意大利又击败了匈牙利，因此法国人知道，如果第二场比赛再负于东道主，就将被淘汰出局。最后阿根廷以2–1获胜，一切归功于一个有争议的点球和卢克从25码外打入的漂亮落叶球。

因为意大利和阿根廷都出了线，他们在小组赛第三轮中的相遇只关系到谁是小组第一，但它却有着意义深远的影响。意大利1–0赢了比赛，罗伯托·贝泰加在接到贾恩卡洛·安托尼奥尼的传球后与保罗·罗西打了一个快速的二过一，射入精彩一球。阿根廷看起来并不像他们在前两场比赛中表现的那么不择手段，多少也要归功于以色列裁判亚伯拉罕·克莱因，他或许是当时世界上最好的裁判之一。克莱因毫不怀疑，阿根廷前两场比赛的裁判，葡萄牙的安东尼奥·加里多与瑞士的让·迪巴克受到了观众情绪的干扰。“你可以去问普拉蒂尼，他怎么看待那场比赛。”克莱因在接受《卫报》2012年的采访时告诉罗布·史密斯，“你也可以问问匈牙利人如何看他们的那场比赛。”

上半场，克莱因两次拒绝了阿根廷的点球申请，中场休息离场时，他遭到了恶毒的攻击。“观众极为愤怒。”他说，“我与球员没有冲突，他们都很尊重我。但观众，你知道，他们付了钱，因为他们付了钱，就觉得自己能够告诉你对你本人和你母上的看法。”他后来形容这种感觉“很糟”，但当他留在球场中央等待球员从通道离去时，还是表现得极度平静。“阿根廷–意大利比赛中场休息时，他站在边裁们中间，轻蔑地面对着看台上气得七窍生烟的人群的鬼哭狼嚎。”布赖恩·格兰维尔在他的世界杯历史回顾中写道，“这是本届世界杯中让人印象最深刻的一幕。”

下半场开始时，克莱因选择跟在阿根廷队后面上场，而非引导球员入场，结果观众对本国球队的爱戴掩盖了对他的不满。“下半场我变得更为坚定，因为我知道自己的每个裁决都是正确的。”他说，“这令我感觉非常好。比赛结束后，有人甚至告诉我：‘别出去，球迷都等着你呢。’我告诉他们：‘我不怕。’在我的职业生涯中，我从未害怕过，我知道比赛结束后观众不会迁怒于我。我不会因为在赛场上尽自己的本分而害怕。那根本不是问题。”克莱因赢得了全世界的交口赞誉。

进入淘汰赛后，克莱因再次完美地裁决了奥地利与西德的比赛，由他主吹决赛几乎已是板上钉钉。贝利、格兰维尔和1974年决赛的主裁杰克·泰勒都这么认为。但裁判委员会显然有不同看法，传说是因为阿根廷的抗议，委员会的意大利主席阿特米奥·弗兰基投出了决定性的一票，弗兰基的同胞塞尔焦·戈内拉被选中，克莱夫·托马斯形容这个决定“极端丢脸”。“说实话，我很失望。”克莱因说，“我觉得那时我完全适合担任决赛的裁判工作。但主裁只能有一个，回过头来看，我对自己这一辈子，和这辈子所从事的工作非常满意。”荷兰人或许就没有这么达观。

不过，在进入决赛之前，还有第二阶段的比赛要打。作为小组第二出线的阿根廷需要离开布宜诺斯艾利斯的纪念碑，移师罗萨里奥的阿罗依托球场，或许这对他们更有利。虽然观众人数少了很多——从7万降到4万——但这个球场的观众席更紧凑，主场气氛更为可怕。卢克的弟弟在阿根廷与意大利比赛的当天因车祸去世，缺席了那场比赛，此时又因为打法国时手肘受伤而再次缺阵，因此，对波兰的比赛，肯佩斯被推到更前线，而天赋变幻莫测的豪斯曼也登场亮相，位于三名前锋之后。终于，肯佩斯不枉梅诺蒂为了他放弃只选本土球员这一原则，在比赛的第16分钟冲到近门柱边，接贝尔托尼的传中头球破门，打入了自己十一场比赛以来的第一个进球。

上半场结束前七分钟，肯佩斯还救出了关键一球，他在球门线上向右跃起，用手击出了拉托的一个头球攻门。现在，这种行为铁定招来一张红牌，但当时，一个点球就足够了。第一百次代表波兰队出征的卡齐米日·德厄纳的点球踢向中路偏右，离菲略尔过近，被他倒地扑出。终场前18分钟，阿迪莱斯突破并传球给肯佩斯，后者又闪过亨里克·马库莱维奇的防守，将球射入，赢下了这场比赛。

对阵巴西是一场残酷的0−0，开场不到十分钟，已经有了17次犯规，为整场比赛定下了基调。由于巴西3−1战胜波兰，阿根廷在半决赛组最后一场对秘鲁时必须至少进四球并净胜三球才能进入决赛。这场比赛如今备受质疑，巴西一直愤愤不平地抱怨说其中有诈，指出秘鲁门将拉蒙·基罗加其实出生在阿根廷。八年后，阿根廷与英格兰相遇于墨西哥世界杯四分之一决赛的当天，《星期日泰晤士报》依据一名匿名公务员的证词，宣称阿根廷政府将35 000吨谷物——可能还有一些军火——运去秘鲁，而且阿根廷中央银行解冻了秘鲁人原先被冻结的5 000万美元。2012年，前秘鲁参议员赫纳罗·莱德斯马向一位布宜诺斯艾利斯的法官提交证据说，秘鲁输球是秃鹰计划的一部分，该计划是70年代几个南美国家的独裁者为了通同一气，对付各自国内的反对派而签订的阴暗条约。莱德斯马称秘鲁军政府领导人弗朗西斯科·莫拉莱斯·贝穆德斯将十三名被拘禁者送去阿根廷上刑，魏地拉接受的条件是阿根廷队得到他们想要的结果。“魏地拉需要世界杯冠军来洗刷阿根廷给全世界留下的恶劣形象。因此他接收那些（犯人）的条件就是秘鲁让阿根廷获胜。”莱德斯马说，他是当时秘鲁一名反对派政治家，并说自己也受到恐吓和酷刑折磨。

更有力的证据来自几名秘鲁球员的证词。“我们有没有受到压力？是的，我们有。”中场球员何塞·贝拉斯克斯告诉第四台记者，“什么样的压力？来自政府的压力。政府对球队管理层施压，球队管理层则对教练施压。”他的指控大多基于这一事实：进入世界杯以来，他的状态一直很好，却在那场比赛的第52分钟被换了下来。“发生了一些奇怪的事。”他说，“我们的球队发生了变化，我在下半场开始十分钟后被换了下来[1]——当时我们已经两球落后。没有任何理由把我换下。我一直是球队的核心球员。我们该怎么想？”这个指控听起来很有理，只是他记错了一个事实，当贝拉斯克斯被换下时，秘鲁队已经0–4落后；如果换下他是让阿根廷队获胜这一庞大阴谋的一部分，那么它发生得太迟了一些，不足以产生任何实质性的差别。

不过还有一个奇怪的细节。就在比赛开始前，魏地拉和亨利·基辛格去更衣室看望秘鲁球员。前一年1月基辛格结束了自己为时八年的美国国务卿任期，他一直喜爱足球，而且务实的政治观让他成为魏地拉的支持者，所以他会出现在那里也有些道理，虽然他的办公室宣称他“不记得”到过秘鲁队的更衣室。不管有没有基辛格陪同，魏地拉的造访让秘鲁球员感到不安。“看上去他们来只是为了向我们表示欢迎和问候。”队长埃克托尔·琼皮塔斯说，“他们还说希望能看到一场精彩的比赛，因为阿根廷民众对此抱有极大的期待。他祝我们好运，就那样。我们面面相觑，觉得奇怪：他们不是应该

1 事实上是第八分钟。

去阿根廷队而不是来我们队吗？这是怎么回事？我指的是，他祝我们好运？为什么？我们百思不得其解……”

要找出阴谋行为的真凭实据却很困难，而且如果事先不知道围绕这场比赛的种种疑点，单看录像，不见得能看出什么不同寻常的地方。拉罗萨对于这是一场假球的说法不屑一顾。如果真的做了手脚，公平地说，要么秘鲁队员并没有全部参与，要么他们中有几个是天才演员。胡安·穆尼安特一开始就踢中了门柱，门将基罗加更是接连做出好几个难度极大的扑救。“他们在开场十分钟内就得到了两次机会：一次打在门柱上，（胡安·卡洛斯·）奥布利塔斯的那脚射门也几乎得分。”拉罗萨说，“他们忘了这些细节，光顾着说：‘啊！6–0，怎么回事？’你想想那个打在门柱上的射门，你去找个最好的球员，把贝利和马拉多纳找来，让他带球突破防守，再存心射到门柱上，他都不可能做到。”

不管假球指控的旁证有多少，从比赛录像本身来看，秘鲁队似乎没有什么可指责的，最多就是没想到自己的球门会被一再洞穿。比赛中——据说就是阿根廷进第四个球的时候——一颗炸弹在胡安·阿勒曼——那个公开质疑世界杯成本的内政部长——家中爆炸。此事，以及要求涨工资的呼声，都暴露出军政府的潜在危机：如果赢得世界杯的胜利带给民众以狂喜，刺激了爱国热情，那么他们能在多大程度上把控局势？罗萨里奥球场的终场哨声吹响之后，布宜诺斯艾利斯约有60%的居民走上街头，开始庆祝。

考虑到阿根廷当年正是败在荷兰脚下，才导致球队改变风格，决赛遭遇荷兰可算是仇人相见。随着民众的期望越来越高，压力如山的肯佩斯觉得自己必须离队一会儿，所以当第三门将埃克托尔·巴莱建议他们去钓鱼放松时，他放下大多数阿根廷球员（对钓鱼）的偏见，接受了邀请。“我不喜欢钓鱼。”肯佩斯说，“从来就没喜欢过，但有时候压力实在太大了。梅诺蒂同意我们去，但要求我们上午10点前赶回来训练。巴莱半夜叫醒我，我们事先已经准备好工具——鱼竿和其他种种。我不知道他是怎么搞到这些的。你没法想象外面有多冷。上午，我们带回四条鱼，交给了厨师。我们午饭吃鲜鱼的时候，其他小伙伴看着羡慕死了。”

对秘鲁的比赛究竟底细如何，或许还有一些怀疑的空间，决赛前发生的事则确切无疑。早几天,《图片报》就开动了笨拙的宣传机器，除了攻击他们的同行——“那些阴险而充满恶意的记者经年累月地编织着关于阿根廷的谎言,”他们还配发了一张吕德·克罗尔写信的照片，整封信上的文字纯属伪造，写的都是军政府统治之下的生活多么和谐美好之类的胡言乱语。

整个世界杯期间,《图片报》一直表现出对其他国家惊人的蔑视。例如，它毫不掩饰地将荷兰与毒品、同性恋及纵欲联系在一起，苏格兰人呢？都是酒鬼。“把啤酒当作备战神物的迷信开始土崩瓦解。”该杂志在苏格兰小组赛输给秘鲁后轻蔑地写道。显然，记者是想以此反衬梅诺蒂严格禁欲的训练营，但这一评论充分说明1978年回归阿根廷足球的“*la nuestra*”与黄金时代用酒精浇灌出来的荣耀有多大的区别。《图片报》并不是唯一一家后来对自己在世界杯狂欢中发表的文章心生悔意的媒体。《理性报》刊登了小说家埃内斯托·萨巴托的文章，他坚称“世界杯是成熟、高贵的证明，是充满了慷慨精神与利他主义的民众运动”。

盘外招并未到此为止：载荷兰队从酒店去球场的大巴存心绕了很大一圈，而且还放纵阿根廷球迷围在车边，敲打车窗，呼喊威胁性的口号——重演了十一年前洲际杯决赛第二回合凯尔特人对阵竞技前的一幕。开场时阿根廷队故意迟到，让荷兰人站在球场上面对满场观众的敌意，当他们终于上场后，又开始抱怨勒内·范德柯尔克霍夫手臂上的石膏。范德柯尔克霍夫从世界杯开赛以来就一直打着石膏，从来没有问题，所以显然阿根廷队的目的只为扰乱对手情绪。而戈内拉居然允许球赛延迟，让范德柯尔克霍夫拆除石膏，从一开始就显示出这名裁判的执法将多么软弱。

尽管耍了这么多花招，两队之间显得更紧张的却是阿根廷。“当我们踏上球场时，观众的热情高涨到不可思议。”拉罗萨说，“我相信球场里有超过8万人。我们甚至都看不到走道和台阶，场内挤满了动弹不得的球迷。”梅诺蒂沿着边线来回踱步，大口吸烟。帕萨雷拉在接应右翼传球时速度稍有不足，进入禁区晚了一步，不过他还是一脚凌空抽射，球将将从门框上方擦过。但荷兰队看起来更具威胁，先是雷普抢到阿里·哈恩开出的任意球，头球攻门偏出门外，随后，阿根廷一次防守失误又让他在离门14码的地方拿到了球，靠着菲略尔的一个神奇扑救——他向左高高跃起，将呼啸而来的皮球托出横梁——才阻止对方进球。“我站在球门口，拉普拉塔河就像我的后盾。”这位门将说，“阿梅里科·加列戈和丹尼尔·帕萨雷拉撞到一起，结果让雷普拿到了球。他停球，然后在点球点附近踢出了一脚精彩的射门，还好我守住了。我直到现在还会回看自己那次扑救，觉得当时居然能守住球门不失，真是一个奇迹。0–1落后于荷兰这样的对手会给我们造成毁灭性的打击。我们在那届世界杯中曾经对阵意大利，当时他们先进球，我们就再也找不回感觉了，最后输了那场比赛。所以这次扑救对我具有非常特殊的意义。这是我一辈子最好的扑救。”

这个扑救显然激励了阿根廷队的士气。帕萨雷拉的一个头球吊射被荷兰门将扬·容布勒德扑出；离上半场结束还有八分钟时，阿根廷队终于凭借一个高质量的进球取得了领先：进攻由阿迪莱斯发动，他从对方两人包夹中穿过，把球交给禁区内的卢克，后者又传给肯佩斯，肯佩斯利用自己的力量挤过两名荷兰后卫，硬生生将球从容布勒德身旁捅入球门。

然而，中场休息前，荷兰就险些扳平比分。维利·范德柯尔克霍夫[1]从左路传中，勒内·范德柯尔克霍夫头球回顶，球划过球门，罗布·伦森布林克此时离门只有六码，看起来这将是一个必进球，却被手忙脚乱的菲略尔在球门口伸腿挡出。

下半场开始后不久，阿根廷又有一次扩大比分的机会：贝尔托尼在右路飞速突进，把球传给卢克，但容布勒德迅速跑出球门，化解了这次危机。随后比赛进入这样一种模式：荷兰队的控球总是被坚定，有时甚至是毫无节操的阿根廷队破坏。如果戈内拉能够警告那些故意手球的球员，这场比赛的结果或许会全然不同。但终场前八分钟，荷兰队终于扳平了比分。勒内·范德柯尔克霍夫摆脱防守，在右路长驱直入，聪明地将球回传到禁区边缘，替补上场的迪尔克·南宁加一个大力头球，球从菲略尔身边飞进球门。荷兰队差点不等正赛结束就赢得胜利：他们的后场任意球似乎被踢得过远，但弯腰驼背的伦森布林克虽然看起来一如既往的羸弱，却追过去将球救起，伸到极限的右脚抢在菲略尔之前触到球，球掠过菲略尔，可惜打在近门柱上弹出，荷

1 维利·范德柯尔克霍夫和勒内·范德柯尔克霍夫是孪生兄弟。——译注

兰队失去了这次机会。约翰·克鲁伊夫曾经这样解释他对美的深刻理解，说与进球相比，他觉得球击门柱的声音更加动听。但即便是他，在阿姆斯特丹观看这场比赛的时候，也决然不会这么认为；仅仅是一根门柱的宽度，就挡住了足球——或许还包括阿根廷——向另一个历史方向发展的机会，影响深远。“接下来的球场变得像墓地一样安静。”拉罗萨说，“但这让我们兴奋起来，如果连这个球都没进，世界杯注定是我们的。梅诺蒂当时对我们说：‘保持镇静，别急，我们还有30分钟。我确信你们都有体力，我们的体力储备比他们好，我们要按自己的节奏进攻。’我们做到了。”

随着世界杯赛程的进行，肯佩斯的速度和果断成为阿根廷战术中越来越重要的一环，到了最后，更是被证明是决定性的。加时赛上半场最后一分钟，帕萨雷拉在本方后场主罚任意球，贝尔托尼得球后，转身突破盯防他的荷兰队员，将球传到正加速跑动的肯佩斯脚下。他的力量让他顺利突破荷兰队两名球员的拦截，虽然容布勒德扑出了第一次射门，但球又弹回肯佩斯的方向，而且越过了守门员，肯佩斯接着往前冲，攻入自己在本届世界杯的第六球，确保金靴到手。肯佩斯还助攻了阿根廷的第三球，又是一次从后场开始的极速飞奔，又一个反弹球，球落到贝尔托尼脚下，被扫射进门。此时比赛只剩五分钟了，荷兰队已回天乏术，他们连续两次输掉了世界杯决赛。

“决赛最好地体现了我对球队的期望。”梅诺蒂说。但第六次报道世界杯的布赖恩·格兰维尔认为阿根廷是他见过的最糟糕的冠军，说这届比赛“被消极防守、球场冲突、糟糕的判罚、恶毒的球员与轻易缴械的秘鲁队玷污”。

对阿根廷人来说，这些指控至少在当时毫无影响。但决赛后第二天，《号角报》登载了一篇表面上吹嘘胜利的文章，不经意间却触及了其矛盾的本质，文章写道：它“掩盖了所有的黑暗瞬间。阿根廷足球是世界上最好的……梅诺蒂的成就是伟大的。他的风格赢了。他的信念赢了。技术细腻的进攻型球员能够赢得世界冠军。阿根廷足球将会因这场胜利被永远铭记”。

文章没有定义“黑暗瞬间”，想起来最直接的指称应该是1974年输给荷兰，以及1970年无缘世界杯决赛圈。但回过头看，或许还有更深的含义，可能间接地指向反足球的那几年。进一步结合上下文来看，这个词或许还带有政治意义，致敬了梅诺蒂在公开场合一次又一次隐晦地提出，决赛前更是对球队直言不讳的观点。“我们就是人民。”开场前他在更衣室对球员说，“我们来自被迫害的阶层，代表着这个国家唯一合法的东西——足球。我们并不是为坐在昂贵席位上的军官们踢球。我们代表的是自由，不是独裁。”在足球，浪漫波希米亚风格的传统足球中，梅诺蒂找到了“阿根廷之魂”，半个世纪前博罗科多和伊波利托·伊里戈延也曾经找到过，只是方式有所区别；梅诺蒂的球队以略经修饰的同一种风格踢球，一种允许战术犯规和无节操手球的风格，从球队的胜利中，他看到了左派的成功。魏地拉坚持说“胜利来自实力、勇气和纪律”——省略掉梅诺蒂所坚持的技术——而梅诺蒂，就像人类学家爱德华多·阿尔凯蒂所指出的，倾向于将胜利献给“人民”而非“国家”。

他应该怎么做呢？梅诺蒂发问：“教他的球队踢得糟糕一些，把一切建立在小把戏上，辜负人民的感情？不，当然不能那样。”相反，他认为，他的足球，更自由，更创新，提醒外界在军政府上台之前，存在着一个自由而创新的阿根廷。虽然这一说法有些过于理想化：梅诺蒂利用政治环境来禁止球员转会国外；选择阿隆索而非博奇尼进入国家队被广泛认为具有政治目的，而且从世界杯的整个赛程中可以看出，阿根廷队不曾放过任何可以占便宜的机会。

第五部

新 的 希 望

1978—1990

第39章

神 童 诞 生

32年前，博罗科多描绘出理想中的*pibe*：一个调皮鬼，顶着一头乱发，眨着淘气的双眼，放肆的一笑露出被隔夜硬面包磨损的牙齿。1960年10月30日，这位偶像在位于布宜诺斯艾利斯市南部工业区拉努斯的爱维塔·庇隆医院投胎下凡，呱呱坠地。[1]

迭戈·“奇托罗”·马拉多纳和他的太太达尔玛·“托塔”·萨尔瓦多拉都来自阿根廷东北部科连特斯省的埃斯基纳，离巴拉圭边境很近。他是个船民，住在河边一个用泥土拌着芦苇做外墙的小棚屋里，靠打鱼为生，除此之外，当退潮时，他就把牛赶到巴拉那河口的小岛上吃草，涨潮时再赶回来。为了改善生活，托塔搬到布宜诺斯艾利斯，找到一份帮佣的工作。两年后，她说服奇托罗去与她团聚。他们最初和一些亲戚一起住在布宜诺斯艾利斯市南郊的菲奥里托镇。奇托罗找到马坦萨河上一家骨粉厂的工作，马坦萨河就是当年佩德罗·门多萨初建布宜诺斯艾利斯的小海湾，对面是1945年成群结队的无衫党们聚集在一起支持庇隆的地方。奇托罗到来时，那里已经成为一个臭气熏天、污染严重的运河，河道正好将城市一分为二，一边是富人区，另一边是贫民窟。马拉多纳一家搬到菲奥里托镇后不久，他们的亲戚就搬走了，于是奇托罗只能用散砖和金属板自己搭建一个小棚居住。

1 奇怪的是，当我2012年3月去那里观看一场（拉努斯）对埃梅莱克队的解放者杯比赛时，从车站到球场，已经变成步行街的主干道上挂满高达三四十英尺的海报，上面印着的却不是马拉多纳，甚至也不是其他出生在拉努斯的阿根廷国脚，例如埃克托尔·恩里克或古斯塔沃·洛佩斯，而是格伦·约翰逊，这肯定是阿迪达斯最让人费解的广告宣传之一。

托塔再次怀孕时，马拉多纳一家已经有了三个女儿。关于她第四个孩子出生的故事至少有十几个版本，异象纷呈，似乎天地都预兆着此事的发生，其中流传最广的说法是当时托塔正在跳舞，突然感到腹痛，几小时后，她的儿子呱呱落地，据说是踢着腿来到人间的。“恭喜你。”有人说这是医生的原话，“你有了一个健康的男孩，绝对的倔驴。”马拉多纳一家以父亲的名字命名孩子：迭戈。

他在一个没有自来水也没有电的窝棚中长大。马拉多纳总是说，是菲奥里托镇教会了自己 *viveza*——这种狡诈与精明被穷人视为美德，因为能让他们从困窘中出头。他确信外省人更诚实，但认为贫民窟出来的人就像一个个部落，把朋友们紧紧团结在一起，将忠诚与义气置于一切之上。他自豪地承认，自己就是一个“*cabecita negra*”——“黑发小个子”——贫穷的意大利与瓜拉尼印第安后裔，是来自社会最底层的劳工。

三岁生日时，马拉多纳的表哥韦托给了他一个足球；那天晚上，马拉多纳抱着足球入睡，从此足球成为他不可或缺的伙伴。“许多人不敢承认自己来自贫民窟。”他说，“但我不是，因为要不是生在贫民窟，我也不会成为马拉多纳。在那里，我能自由自在地踢球。”但他的童年并不像听起来的这么理想化。菲奥里托镇没有警察局，因为害怕自己会成为反对者的袭击目标，警察每天坐着大巴从别处过来执勤。菲奥里托镇的日常生活也充斥着各种风险。蹒跚学步的马拉多纳一天晚上曾经掉进一个开着口的污水坑中。“小迭戈，”他叔叔西里洛一边试着帮他爬出来，一边大声喊，“把脑袋伸到粪水外。”马拉多纳常常讲述这个故事，后来叔叔的话几乎成为一句咒语，他用来度过生命中其他更危难的时刻。

童年时代的马拉多纳想尽办法挣钱——替人拉出租车门、卖废品、收集烟盒中的锡纸。要想生存，就得动足脑筋：虽然他们的生活距庇隆的梦想仍差得远，但奇托罗和托塔的家中挂着庇隆与爱维塔的肖像。他们很快就意识到迭戈的未来在足球上，因此始终支持他往这方面发展。马拉多纳有一张早期照片，看起来才四五岁，站在一面他经常对着踢球的铁丝网前，铁丝网已坑坑洼洼，扭曲变形。平日里他会一路拿个橙子、一团揉起来的报纸或一捆破布颠着上学，哪怕穿过铁路天桥时都能保持“球”不落地。

1968年12月，马拉多纳被带去参加Cebollitas——小洋葱队——的选拔，这是阿根廷青年人俱乐部的儿童队。青年人俱乐部成立于1904年，所在城区叫克雷斯波镇，位于布市市中心，创立者是一群信奉社会主义或无政府主义的朋友，一开始的名字叫芝加哥烈士，以纪念1886年芝加哥干草市场暴动后被处以绞刑或监禁的八名无政府主义者。[1]第二年，随着俱乐部的扩张，他们把名字改成更具包容性的阿根廷青年人队。1909年，他们加入足协，搬过几次家后，1921年终于落脚于拉帕特纳尔区的中心地带，就在他们最早队址的西边不远处。到1930年，该俱乐部已是职业化进程中的领头羊之一，但经费一直是个大问题，1936年降级后，隔了二十年才回到顶级联赛。那时，他们高质量的青训开始享有盛誉，而且其足球风格——虽然不见得成功但颇具娱乐性——也广受喜爱。就在那个时期，他们获得了“*los Bichos Colorados*”（“红虫子”）的绰号。1960年的联赛，青年人队排名第三——夺冠的希望直到倒数第三轮1–5惨败于河床才告破灭——但大多数赛季他们只是为保级而苦苦挣扎，而且知道就算自己真的培养出一两个好球员，很快也会被转卖到更大的球会。

无须多久，青年人队便意识到，马拉多纳与他们通常招募来的新球员大不一样。他身材矮小粗壮，脑袋大得出奇——让人想起西沃里，教练弗朗西斯科·科尔内霍说：“他像个外星人。”马拉多纳天赋惊人，俱乐部起初还以为他的实际年龄比自称的大，只是体形发育较晚，因此坚持要看他的身份证明。确信自己面对的是一个八岁的神童后，科尔内霍带他去见卡乔·帕拉迪诺医生，那人同时为飓风队和一些拳击手工作，他给马拉多纳吃了一个疗程药片，又打了几针，让他长得更结实。从很早开始，马拉多纳就对药物助力习以为常。

他很快出名。青年人队比赛的中场休息期间，马拉多纳会为观众表演自

1 1886年5月4日，芝加哥干草市场广场发生集会，目的是要求八小时工作制，并纪念前一天被警察射杀的抗议人士，集会中有人向警察投掷了一枚炸弹，警察开枪回击，造成七名警察与至少四名平民身亡。尽管没有证据显示他们投掷了炸弹，仍有八名无政府主义者被判阴谋罪成立，其中七人被判死刑。1887年11月，四人被执行绞刑，两人得到减刑，另一人在狱中自杀，他将雷管塞入嘴中引爆，炸飞了半边脸，挣扎了六个小时才断气。六年之后，伊利诺伊州的新州长约翰·彼得·奥尔特盖尔德赦免了剩下三人，并批评审判不当。此事被认为是五一国际劳动节的起源。

己的足球把戏；1970年7月一场对博卡青年的比赛中，他的表演精彩到观众呼叫让他留下踢下半场。他曾在一个周六播出的电视娱乐节目中表演过颠球，先用足球，后用橙子，最后用一个塑料瓶。有一段他早年的访谈录像，里面问到他有什么理想。“赢得联赛冠军和世界杯。”他回答。

1971年9月28日，马拉多纳第一次登上全国性媒体——他在青年人队与独立比赛的中场做了表演，给一名《号角报》的记者留下深刻的印象；美中不足的是记者把他的名字写成了“卡拉多纳”。记者说，这个年仅十岁的孩子显示出“罕见的控球与运球能力”，但看起来更重要的是马拉多纳被迅速认定为阿根廷足球传统中的*pibe*：“球衣对他来说太大了，刘海几乎挡住了他的视线。他看上去就像是从公地逃出来的。他能把球停得死死的，再轻而易举地将它搓起，两只脚都行。他一举一动就像个天生的足球运动员。表面上看他似乎不属于这个时代，实际上他完全契合现代风格；他对足球的喜爱非常阿根廷化，有了他，我们的足球又涌现出一代巨星，可望实现持续的繁荣。”

对这个年纪的人来说，如此盛名实在是一种巨大的负担，但看起来没有人怀疑马拉多纳将前程似锦。当然，接下来发生的事突破了我们的认知，其中某些放在其他人身上会被遗忘，但到了马拉多纳身上则被赋予传奇色彩，从非常年幼的时候起，他就被认为与常人殊异，注定会成就一番伟业。他被偷偷放入高年龄组的球队中，同样表现出色；因为球技让校长如痴如醉，他在学校的各种麻烦都有人摆平，即便不去考试，也会得到及格的成绩——或许，他早年学到的经验之一就是：规则对他来说不管用。天赋，马拉多纳很快发现，能为自己打开各种大门。他第一次旅行是去乌拉圭比赛，在那里，他住没有自来水的窝棚，而其他大多数队员则住进舒适的民宅。但很快，他就被当成自己人。去智利比赛时，球队住五星级宾馆，他坚持要把早餐叫进房间，因为自己忽然具备了巨大的权力而陶醉：那个下午，他进了四个球。

马拉多纳开始自我放纵。他无法面对失败。小洋葱队在全国联赛的决赛中输球后，他伏地号啕。小说家阿莉西亚·杜霍夫内·奥尔蒂斯将此事变为马拉多纳传奇的一部分：她说当时一位不知名的人士走到马拉多纳身旁，劝他停止哭泣，告诉他将来会成为世界上最伟大的球星。1972年的另一场比赛中，他因侵犯裁判而被罚下。马拉多纳拥有极大的，或许是绝无仅有的天赋，但他也喜怒无常，看起来，在他生涯的早期，没有人有能力或愿望来纠正他性格上的缺陷。

马拉多纳15岁时，青年人队给了他一间公园镇的公寓，他的父亲终于不用再去骨粉厂上班。搬家后不久，有一次托塔到当地超市购物，发现身上现金不够，排在她身后的一个十几岁的女孩借了一点给她。当天晚上，父母让马拉多纳去还钱。这个女孩就是克劳迪娅·比利亚法涅，很快她成为马拉多纳第一个正牌女友，再后来则是他的妻子。

那个时候马拉多纳已经结识了自己的第一个经纪人豪尔赫·希特兹皮莱尔。希特兹皮莱尔比马拉多纳大两岁，身材肥胖，一头卷发。得过小儿麻痹症的他走路一瘸一拐，而且对参加体育运动深恶痛绝。但他却热爱足球，在比自己年长十岁的哥哥胡安·爱德华多为青年人队踢球时，甚至还成为球队的吉祥物。但胡安·爱德华多22岁时被踢中睾丸，引起大出血而死。受此打击的豪尔赫陷入抑郁之中，几乎足不出户，直到听说马拉多纳和他的天才。马拉多纳吸引了他，令他重拾对足球的热爱。希特兹皮莱尔出身于一个小康的中产家庭，他开始邀请马拉多纳去家中做客。两人成为朋友，一起看电影，吃比萨饼，希特兹皮莱尔总是乐于会钞。他一直很有经济头脑，中学时代就在青年人队的办公室打工，后来又去布宜诺斯艾利斯大学主修经济学。马拉多纳非常信任他，邀请他管理自己的商业事务。

1976年10月20日，离他16岁生日还有十天，马拉多纳完成了在青年人一线队的首秀，成为阿根廷甲级联赛历史上最年轻的球员。[1]这场比赛的对手是塔耶雷斯，马拉多纳替补登场时青年人队0–1落后，他没能改写比分，但还是留下了印迹：面对塔耶雷斯后卫胡安·多明戈·卡夫雷拉表演了一个穿裆。

四个月后，梅诺蒂把这名才踢过十一场职业比赛的年轻球员招进国家

1 塞尔希奥·阿圭罗打破了该项纪录，他在2013年7月代表独立队首秀时年仅15岁零35天。后来阿圭罗娶了马拉多纳的女儿为妻。

队，参加在巧克力盒举行的对匈牙利队的友谊赛。球迷们高呼他的名字，下半场，当比分为4–0时，他被派上场。但这次经历并不全然美好。马拉多纳2005年出版的自传里说，就是从那场比赛开始，他感觉到其他球员对自己的嫉妒，而且这种感觉令他无比伤心与困惑，他因此远离人群，哭泣不已。

眼泪对青年时代的马拉多纳来说似乎是个常客，究其原因，或许真的部分是由于别人嫉妒他，或对他的非凡天赋抱有不切实际的期望。与此同时，马拉多纳也习惯了成功，失败或失意成为他难以应对的挑战。例如，没能在1977年的阿根廷年度运动员晚会上获奖，他哭了；1978年，梅诺蒂未将他选入世界杯22人的大名单，他把自己反锁在房间里哭，威胁要退出足球界，并发誓永远不会原谅梅诺蒂对自己的“背叛”。多年之后，他已经和梅诺蒂重归于好，但仍然坚持当年梅诺蒂犯了一个错误，也不管除了马里奥·肯佩斯之外，梅诺蒂还有韦托·阿隆索和里卡多·博奇尼等选择，位置都与他重叠。有些人称梅诺蒂之所以弃用马拉多纳，是害怕他的风头会盖过自己，但既然他作为教练赢得了世界杯，再要说他放弃一名虽然出色但情绪不成熟的17岁球员是一个错误，显然很难出口。希特兹皮莱尔与奇托罗带马拉多纳出去吃比萨饼，让他收回了退出球场的想法。在下一场联赛中，满腔“*bronca*”激励着马拉多纳梅开二度，并助攻两球，青年人队以5–0大胜查卡里塔——“*bronca*”这一布宜诺斯艾利斯土话是把*cabrón*（杂种）的两个音节颠倒一下，马拉多纳经常用这个词来形容被愤怒与失望激起的暗能量。

“上帝啊，多棒的球员！”1977年曾与他同队效力的青年人门将乌戈·托卡利说，“除了超强的能力和漂亮的脚法之外，每次训练结束，他都会让我多留半小时到一个小时，用各种技术练习射门和任意球。他在球场上的表现令我难以置信。太神奇了。他拿来十个球，计算人墙会怎么排，我们想象着可能的场景，然后他宣布他要往哪个方向踢，但即使你知道球会飞向哪里，仍然无法扑出。我生气了，让他再踢一次，结果依然如此。不过他需要被挑战，这样才能在周末的比赛中表现更好。”

当时阿根廷青年人俱乐部的主席普罗斯佩罗·孔索利是阿根廷军队里的下士裁缝。他任命吉列尔莫·苏亚雷斯·马松将军为俱乐部荣誉会员兼遗产传承委员会委员长[1]，马松同时还是国家石油公司YPF和国家航空公司Austral的董事会成员。马松很乐意将自己在YPF的直升机用于足球事务，可见当时足球依然是政治活动的一个重要组成；他还从国家航空公司挪用了25万美元，帮助阿根廷青年人队留住马拉多纳，回报是让马拉多纳穿戴航空公司的T恤和帽子拍照，使交易看上去合理合法：青年人队这个小庙已经无法容纳马拉多纳的天才以及希特兹皮莱尔的巧妙经营，此事是最早的迹象之一。马松的做法实际上等于用国家资金补贴足球，遭到广受欢迎的日报《纪事报》的抨击，但早在三四十年代就有为建造球场发放低息贷款的行为，因此此类操作已是惯例。马拉多纳当然也尽到了为军政府发声的义务，他说足球是士兵为祖国作战的另一种形式。

青年人队的钱花得物有所值。他们在1979年大都会锦标赛的小组赛中获得并列第二的成绩，但因附加赛不敌贝莱斯萨斯菲尔德而无缘四强——马拉多纳在此前的一场友谊赛中吃到红牌，无法参加这场比赛。"有个裁判不喜欢我。"他这么说：没有什么事是他自己的错，这个主题贯穿了他的一生。我们禁不住要想，如果他不是那样长时间地被各种骄纵，是否会建立起更多的个人责任感？但早在马拉多纳教于1998年他38岁生日那天成立之前很久[2]，他就已经被视为救世主了——而救世主们的道德水准或许确与肉体凡胎不同。

1 马松本人是青年人队的狂热球迷，曾在俱乐部的低级梯队担任守门员。1999年，阿根廷青年人俱乐部董事会一致决定，剥夺马松的会员资格。——译注

2 表面上看，这个教会最恰当的定义或许是天主教与追星族的融合，但始终带着一些恶搞的意味（"我们的迭戈，在球场上奔跑，/神圣的左手……"），可见不管其组织者如何坚持说本教应被严肃对待，它更多的只是以幽默的方式表达对马拉多纳的敬意。"我有一种合理的宗教信仰，那就是罗马天主教。"马拉多纳教的发起人之一亚历杭德罗·贝隆说，"但我还有一种宗教信仰，源于心灵与激情，那就是迭戈·马拉多纳。"马拉多纳教清楚地显示，对*pibe*的敬意可以无缝对接历史悠久的天主教教义与其偶像崇拜。

第40章

出人意料的冠军

世界杯决赛一星期之后，联赛战火重起。总共四十轮[1]的大都会联赛踢完十五轮后曾经告一段落，为世界杯让路，此时博卡排名榜首，领先河床一分。基尔梅斯落后博卡三分，但没什么人关注他们。毕竟，自1912年由一群原校友球员组队赢得联赛冠军后，他们的曲棍球队比足球队成功得多。基尔梅斯是前英裔俱乐部中硕果仅存的一支在职业足球项目上依然接近顶级水平的球队。

1978赛季开始时，基尔梅斯的表现不佳，最初七场比赛只积六分，联袂执教的毛里西奥·洛佩斯和鲁文·卡瓦列罗辞职。前一年，何塞·尤迪卡曾帮助球队顺利保级，所以俱乐部再次向他求助。尤迪卡的球员生涯不算引人注目，但稳扎稳打，最初效力于老男孩队，接着先后加入博卡、萨斯菲尔德和大学生。在大学生队，他曾有一小段时间是苏韦尔迪亚麾下一员，他形容苏韦尔迪亚是一个“非常诚实的人”。“我不同意他的足球理念，但他领先于自己的时代，不断学习进步。他传授的东西在当时是有用的，但阿根廷足球的真正变革应该归功于梅诺蒂。”再后来尤迪卡一直辗转于中小俱乐部，最后去哥伦比亚加入卡利体育会，还拿过一次冠军。

当他回到基尔梅斯时，已经42岁了。“尤迪卡出身于纽维尔老男孩俱乐部，是贝尔萨和马蒂诺们的祖师，将性感足球与舍身精神结合在一起。”1977年底从青年人队转会到基尔梅斯的托卡利说，“1977年，我曾有幸与马拉多

1 那一年的大都会联赛一共有21支球队参加，所以每支球队踢四十场比赛，另有两周轮空。

纳一起踢球，梅西第一次入选国家队（青年队）时，我是他的教练，但我们在基尔梅斯也有一名出色的球星，人们似乎很少提起，他就是‘印第安人’戈麦斯，他帮三名9号队员成为最佳射手，让他们顺利转会到国外踢球。可惜他自己的个人生活是一团糟。”

奥马尔·戈麦斯是个天才，脸颊宽阔，刘海厚重，笑起来总是向一边歪着嘴，显得很顽皮。“我们知道洛佩斯和卡瓦列罗可以打他们那种足球，但他们过于严肃。”他说，“我一直认真训练，努力工作，不过在这种高强度训练中一定要有乐趣相伴。他们却无法提供。他们压制乐趣，那就注定球员不喜欢他们。”

尤迪卡把乐趣带回球队。“我们知道前一赛季他从降级的危险中挽救了我们，我们也知道他是个什么样的人。”戈麦斯说，“接下来的比赛显示，在他的带领下我们实力有所增强。”虽然训练变得更有趣，但敬业精神并未懈怠。“1978年的世界杯对所有俱乐部来说都是一个假期，但尤迪卡告诉我们，如果我们趁着其他球队放假而抓紧训练，就会在赛季重新开始后占有巨大优势。至于那些不愿随队参加训练的球员，他也不加以惩罚或指责，只强调训练的好处。我们相信了他，结果没有人选择度假。他很有说服力，在讨论下一场比赛时他也同样如此——他会说：如果我们这么做，就能战胜他们，而我们按着他说的去做，确实会取胜。”

与独立队的那场比赛是关键，这是那一赛季的倒数第六轮，基尔梅斯顶住了狂轰滥炸，最后以1−0力克对手。“直到此时，大家才终于确信我们具备冠军运。”戈麦斯说，“这是一场艰苦的比赛。独立是一支出色的球队，而且那个时候，打败五巨头俱乐部并不是一件易事。当替补登场的（胡安·卡洛斯·）梅洛破门得分时，我们意识到自己的球队有多棒。我们组织严密，从不言败，能战胜任何对手，此外运气也不错。自此以后，我们越来越觉得自己有机会（夺冠）。”

由于博卡状态出现起伏，基尔梅斯只需在赛季的最后一轮客场战胜卡洛斯·格里戈尔带领的罗萨里奥中央即能夺冠。“上场前，尤迪卡告诉大家，现在我们离亲手触摸天堂只有一步之遥。”戈麦斯说，“登上巅峰，触摸荣耀是每个球员内心的梦想。我们对奖金或其他经济上的好处并没有太大兴趣，我们关心的就是冠军这个称号。”

球员们自己似乎也难以置信，居然到达了一个可能问鼎冠军的位置：从未有一家像基尔梅斯这样小的俱乐部离成功如此之近。他们有一种值得赞赏的初生牛犊之气：在尤迪卡灌输给球队的所有观念中，最重要的或许就是自信了。“他让球员表现得更好，并且让我们相信自己能赢。”托卡利说，“我们对奖金之事不甚了了，比如说，我想夺冠后我的奖金大概是3 000美元。我不是每场都踢，但那些每场都上的人可能也没拿到10 000美元。在与罗萨里奥中央那场关键比赛之前，我们都不知道有奖金或别的什么。”

基尔梅斯踢得非常紧张，两度落后对手，但每一次，路易斯·安德烈乌齐都以点球追回比分。随后，豪尔赫·加斯帕里第52分钟的进球让球队在五分钟内实现了从1–2到3–2的逆转，并锁定了队史上唯一一次职业联赛冠军。“你无法表达自己的感受。”戈麦斯说，“只有亲身经历过才会明白。是的，你想到了你的父母、妻儿、朋友以及冠军带给他们的幸福……但你内心的感觉无法言传。你不知道该与谁拥抱，该做些什么，是否应该欢呼雀跃，是倒地不起还是要在草皮上滑翔。”

这次成功未能成为长远发展的基础：冠军称号只是昙花一现的荣耀，并非通向美好未来的平台。几周之后，戈麦斯便离开了。基尔梅斯预算很小，事实上不得不接受任何合理的转会报价；对阿根廷俱乐部来说，这样的做法越来越习以为常。当北美足球联赛的达拉斯龙卷风队为戈麦斯开价时，俱乐部除了接受之外几乎别无选择。托卡利认为，戈麦斯未能得到他理应享有的声誉，或许对此的解释就是：他的当打之年在美国度过。

然而，人们会永远记得戈麦斯对基尔梅斯的贡献。可能在阿根廷历史上还没有哪支球队的胜利如此出人意料，但它其实是一个大趋势的一部分。设立与大都会联赛并存的全国联赛，其目的之一就是削弱五巨头的压倒性优势，显然这个目标已经实现，即便最终的获益者并不是当初设想的外省俱乐部，而是两支罗萨里奥球队及几家布宜诺斯艾利斯的小球会。“那些大球队不再令人生畏。”扎纳布里亚说，他的进球曾为老男孩赢得队史上第一个冠军，后来又转会博卡，因此他同时具有两方面的视角。“在那之前，五巨头能从其他俱乐部买来最好的球员。要抢到他们很容易。但到了70年代，大家的策略是尽可能留住他们，另外国外的球队也对这些人感兴趣，所以大俱乐部要抢到好球员不再像以前那么简单。”

除了经济因素外，还有战术考虑：虽然大学生队已被避之唯恐不及，但他们实际上开创了一种新的比赛方式，让小俱乐部也可以获胜。“这是当时阿根廷足球好的一面，努力开始带来回报。”托卡利说，“以前，大俱乐部把最好的球员买去，就能保证赢球。但教练们仔细研究，发现还有一种踢法能够赢球，同时也改变了心态：河床队有菲略尔、帕萨雷拉、卢克，是一支无比强大的球队，但并不是说我们就不能在纪念碑球场打败他们。我们做到了。肯定会有办法的。教练们研究这些方法。老男孩、塔耶雷斯、基尔梅斯、西部铁路……这是进步的表现，是好事。”

第41章
国家的骄傲

赢得世界杯之后，梅诺蒂把目光投向未来，重点备战1979年在东京举办的U20世青赛；此前还没有国家队主教练如此关注过青年赛事。那时候阿根廷足协有了一个新主席：胡利奥·格隆多纳，他能上任全仗拉科斯特上将的游说。格隆多纳体格粗壮，身形笨重，1933年出生于阿韦利亚内达。此地与探戈舞中挥舞刀子的黑帮分子的形象密不可分，据说在那里，你往空中抛一个土豆，掉回地面时已经被削了皮。格隆多纳和十个兄弟姐妹合住一间俯瞰公墓的房间。当时正属“无耻十年”，许多他从窗口俯视的墓地，其主人依然被登记在选民名单上。

17岁时，格隆多纳加入河床，但他只为青年队踢过球，随后便转去级别较低的贝尔格拉诺防卫者队，同时还到他父亲的铁器店帮忙。1956年，他在阿韦利亚内达市马坦萨河边一个叫萨兰迪的地方（那里以皮革制品出名）买了一块地，成为阿森纳俱乐部的创始人之一。俱乐部结合了阿韦利亚内达两支最大的球队——竞技与独立的球衣颜色，设计出淡蓝色与红色相间的条纹球衣。一开始格隆多纳是俱乐部董事兼球员，1957年，他出任主席，1962年起还兼任独立的董事，最后于1976年离开阿森纳，成为独立这家更大的俱乐部的主席。如果不是因为1970年在阿森纳时曾因攻击裁判而被阿足协禁止参选一年，或许他能更早当上独立主席。格隆多纳是一个极具争议的人物，后来从1988年开始担任国际足联副主席，并一直身兼国际足联副主席与阿足协主席的职位，直到2014年去世。那段时间里他可算阿根廷足球最具影响力的场外人物。

美洲杯小组赛结束后的第三天便是世青赛开赛之日，赛程冲突无可避免。阿根廷需要在美洲杯小组赛的最后一场战胜巴西，才能进入四强。上一轮小组赛中，马拉多纳破门得分，阿根廷3–0战胜玻利维亚，但因为他将担任日本世青赛的队长，不得不缺席最后那场关键战役。没了马拉多纳的阿根廷最后只能以2–2战平巴西。

如果说阿根廷连续两届被挡在美洲杯四强之外令人失望，这种失落感很快就因世青赛捷报频传而迅速消散。对这支阿根廷国青队的实力，大家直到1978年11月一场在图库曼的友谊赛中才充分领略。友谊赛的对手是纽约宇宙队，上场的有卡洛斯·阿尔贝托、乔治·基纳利亚和弗朗茨·贝肯鲍尔。马拉多纳当时刚刚加入球队，不过引起更大轰动的却是另一名新人——身高仅5英尺3英寸（约160厘米）的查卡里塔前锋奥斯瓦尔多·“皮齐”·埃斯库德罗[1]。负责国青队的埃内斯托·杜奇尼赛前一周才把他介绍给其他球员，但到了训练中，“他那魔鬼般的带球步法让我们所有人都围着他转。”后卫胡安·西蒙如此形容。对宇宙队的比赛，他被安排上场，“比赛的前30分钟就像在球场上演奏管弦乐。25分钟内我们就2–0领先了。”西蒙说，“这场比赛成为这支球队的里程碑。”最后阿根廷国青队2–1获胜。

接下来国青队保留了实力，以南美U20青年锦标赛亚军的身份获得了世青赛的入场券。他们在世青赛的第一场比赛中5–0大胜印度尼西亚，但真正令他们焕然一新的是第二场中场休息时梅诺蒂的训话，当时阿根廷与南斯拉夫0–0不分胜负。“他问我们：‘你们到底来这里干吗？’”西蒙回忆道，“‘如果你们想像现在这样踢球，就该待在家里。你们来这里，是担当某种足球理念的大使，这才是你们来这里的原因，你们必须在球场上把它展现出来，哪怕我们0–10输球。’足球就是我们的女朋友，他会这么对我们说。你必须像对待自己的女朋友一样对待足球。”

下半场开始后十分钟，埃斯库德罗就射入了制胜一球。随后阿根廷又横扫波兰、阿尔及利亚和乌拉圭，最终在决赛中3–1战胜苏联；六场比赛，阿根廷队狂进20球。拉蒙·迪亚斯成为最佳射手，而马拉多纳毫无疑问是整届

1 埃斯库德罗于1979年离开查卡里塔，加入萨斯菲尔德队，但他成年后的职业生涯相对平凡。他为圣菲联合与罗萨里奥中央踢了超过100场球，却从来没有入选过成年国家队。

赛事中最耀眼的明星。军政府对日本世青赛既宣传利用，又严加审查。他们宣传说，比赛无可争议地证明了阿根廷青年的优越性；同时，他们对电视转播进行审查，将观众中的抗议者或反对标语抹去。

就在决赛前不久，美洲国家组织派出代表团抵达布宜诺斯艾利斯，调查（政府）侵犯人权的指控。他们进驻五月广场，鼓励任何持有证据的人站出来揭发。但来自东京的捷报让民众的欢庆情绪渐趋歇斯底里；里瓦达维亚广播电台的评论员何塞·玛丽亚·穆尼奥斯鼓动他的听众，“让那些来自人权委员会的人看看真正的阿根廷是什么样的。”成千上万人涌入五月广场，扛着穆尼奥斯游行。而排了一整天队，等着提交证据的广场母亲们却被挤到一边，淹没在人潮里。

马拉多纳回国后，成为军政府的珍宝。他被征召入伍，只理了个发，就又退了役，军政府鼓励他继续担任全国青年人的榜样。然而，此时人们已经渐渐了解马拉多纳其人，知道他绝非池中之物，但同时又是个以自我为中心，对周围人疑心重重的天才。四分之一决赛中，由于比分已经是5–0，教练换下他休息，结果他大哭不已，怀疑1978年世界杯梅诺蒂因为嫉妒而拒绝征召他的流言确有其事。他在自传中写道，自己曾做梦抱着奖杯下飞机，但非常担心梅诺蒂会把他支开，让他去踢成年队。他的担心如此强烈，简直“想要去死”。幸亏他需要回国服兵役，虽然为时极短，但还是在最后关头“救了”他。

第二年，大都会联赛更名为冠军赛，青年人队获得亚军，但这座小庙已经不能久容马拉多纳。1979年，巴塞罗那俱乐部开出了第一份报价，阿根廷足协不得不为青年人队准备了40万美元来涨马拉多纳的工资，好把他留在阿根廷。1981年初，青年人队在一场夏季友谊赛中负于河床，马拉多纳受到球迷的侮辱，他决意离开：他不愿待在一个不受尊重的地方。从此开始了一连串类似事件，他与效力的每家俱乐部几乎都以撕破脸皮结束关系。他才12岁时，河床就接触过他，但他一直坚称自己心属博卡。据说青年人俱乐部的主席苏亚雷斯·马松将军曾被身为河床球迷的拉科斯特上将威胁，后者因为帮助格隆多纳坐稳阿根廷足协主席的宝座，所以在足协的势力一直延续到世界杯夺冠之后。但河床从来就没有为马拉多纳认真地报过价，因此，1981赛季，在为青年人队踢了166场比赛，进了116个球后，马拉多纳被租借到博卡，他的新老板支付给青年人队400万美元，并承担下后者110万美元的债务。

马拉多纳加入时，博卡早已从70年代后期的巅峰状态跌落。1977年，博卡终于得圆解放者杯之梦，之后很快再度捧杯，决赛中击败的是卡洛斯·比拉尔多麾下的卡利体育。对萨来说，这是难得的第六个解放者杯冠军头衔。“或许我只是运气好，或许我自己就是球队的幸运星。”他说，“现在回顾，可以说：我在中央戈雅时是第五梯队的冠军，在科连特斯飓风是第一梯队冠军，到了独立是冠军，到了博卡又是冠军，踢职业赛前是社区的冠军，职业生涯结束后，不但依然是社区冠军，而且就算参加退役球员赛，也能拿到冠军。我想说的是：我不知道这是运气还是命中注定，是不是上帝给了我赢得冠军的天赋，但我知道自己没有辜负上帝的厚爱。”

不但国内联赛成绩下滑，博卡还在第二年的解放者杯决赛中负于巴拉圭的奥林匹亚队——第二回合他们不但败给了对方如有神助的门将埃韦尔·阿尔梅达，也败给了自己松弛的纪律：三名己方球员因犯规被罚下，对方只有一人。同一年，政府开始因体育城的荒谬乱象向博卡施压。1965年，博卡俱乐部得到拉普拉塔河内一个人工岛上的四十公顷土地，用于建造一座能容纳14万人的体育场以及其他运动设施。十四年后，项目几乎没有动工，因此政府收回土地所有权，但允许博卡俱乐部继续施工，双方的谅解是等工程完成后，土地所有权依然属于博卡。最后到1982年，尽管工程仍没有任何要完工的迹象，政府还是将土地还给了博卡。但这是后话，1979年的时候，此事确实给了俱乐部经济压力。1980年的成绩更差：博卡在冠军赛中排名第七，在全国赛中排名小组第五。他们的财务危机重重，极需利用签约马拉多纳来刺激收入。

加入博卡后不久，马拉多纳就带着克劳迪娅和几个亲戚去纪念碑球场观看一场青年赛事的决赛。但河床只给了他和克劳迪娅两人高管包厢的席位，此时马拉多纳已经感到愤愤不平，随后河床球迷对他的冒犯更让他火冒三丈，与对方拔拳相向，因此被赶出包厢。这本身是一件小事，但它恰当地预示出两个将在马拉多纳职业生涯中占据中心地位的主题：他永远是别人攻击的目标；他很容易被刺激，动不动就发脾气。他是一个被大多数阿根廷人爱戴的球星，但这种爱戴和由此带来的对立让他几乎不可能久居国内。

鉴于阿根廷的经济风雨飘摇，博卡花大价钱请来马拉多纳的做法影响深远。虽然政府已经开始紧缩开支，但随着产出崩塌，失业率升高，生活水平下降，通货膨胀再度攀升。反对力量开始以各种形式重现，包括秘密工会、旧政党残余和类似广场母亲这样的社会运动。足球再度成为国情的晴雨表，既反映出经济状况的混乱，又为持不同政见者们提供了一个聚会场所。

1981年的河床虽然也免费拿到一块地，却背上了3 000万美元的债务。70年代博卡发行的债券等级比垃圾债还低。竞技赤字惊人，他们试图按时归还利息，结果窟窿越来越大。但与陷入绝境的圣洛伦索相比，其他俱乐部的情况还算好的。1979年，布宜诺斯艾利斯事实上当政的是一位名叫奥斯瓦尔多·卡恰托雷的空军准将，他以激进的手段推进市政建设，建造了九条高速公路，并开始清理贫民窟；他觉得市内足球场太多，这些土地可以有更好的用途。据说他看过圣洛伦索、萨斯菲尔德和飓风队的球场，认为木结构的“煤气包”显得比较陈旧（它开放于1916年），而且位于一个交通不便的社区，于是决定这个球场应该被拆除。债务缠身的圣洛伦索顶不住压力，只能将“煤气包”卖给政府，1979年12月2日，在那里举行了最后一场比赛，现场催人泪下，结果圣洛伦索0–0与博卡战平。随后政府将这块地卖给家乐福超市集团，赚了一大笔钱。圣洛伦索一时无家可归，悲惨地在一个又一个摇摇欲坠的小球场中寻找临时的栖身之地，直到1993年才落脚于破败的下弗洛雷斯区，他们的球场被称为“新煤气包”。80年代初期，圣洛伦索的财政一度紧张到连为球员购买毛巾和肥皂都不得不发起募捐。

随着经济的下滑，多年来第一次在球场中听到反政府的声音。例如，查卡里塔球场出现了50年代庇隆主义的口号，在飓风球场，蒙托内罗斯的旗帜会被迅速展开，然后又快速藏起。魏地拉遵守了他五年任期的原则，于1981年3月下台。虽然军队里强硬的民族主义者反对，他还是任命罗伯托·比奥拉将军为自己的继任者。比奥拉开始与反对派对话——严格说来，反对派在当时还是非法组织——讨论恢复民选政府的可能。虽然他此举部分是因为经济的惨状而不得不为之，保守力量还是聚集到莱奥波尔多·加尔铁里将军周围。1981年12月，加尔铁里发动政变，推翻了比奥拉。拉科斯特领导了十一天的过渡政府后，加尔铁里正式就任总统。

不管怎么看，马拉多纳400万美元的转会费都是一笔巨款，再加上博卡以美元而非比索支付，就变得更加庞大。1981年6月，第一份协议签署四个月后，作为控制通货膨胀的最后手段，比索一下子贬值了30%。已经深陷债务之中的博卡队不堪重负。按马拉多纳的说法，他应该获得几套公寓，这是合同的一部分，但他从来就没收到过房契：他们“干脆用硬纸板搭些房子算了”，他说。

虽然博卡与阿根廷都身处困境，希特兹皮莱尔在列支敦士登设立的管理马拉多纳资产的“马拉多纳工作室”却欣欣向荣。为了把马拉多纳留在阿根廷，他拉来了许多赞助：马拉多纳为彪马与可口可乐代言，并做了牙刷、肥皂、健身自行车和玩偶的广告，不过他拒绝与烟酒扯上关系，因为他视这些为污染物。

1981年时，马拉多纳的月薪是65 000美元，奖金另算，他还有高达150万美元的“其他”收入。他花100万美元为自己和家人在城市西北部的上流社区德沃托镇购买了一栋巨大的房子。此时，从他首次登上国际舞台就一直害怕的后院着火真的发生了。1979年12月，马拉多纳接受了一次采访，他抱怨自己一直处于别人关注的中心，以及公众如何向自己索求无度。他说有人问他要太阳眼镜、要房子，还要他做孩子的教父。媒体报道了他一连串的情人，有些真实，有些虚构，而坚守家中的克劳迪娅仍忠贞不渝。在为青年人踢的最后一场比赛中，一名15岁的孩子索要签名时撞到马拉多纳身上，被他一把推开。他因此被判两个月的缓刑，不过这次惩罚后来没有登记在案：他的天赋永远能给他带来宽容和谅解。

时不时有人指责金钱冲昏了他的头脑，虽然许多故事是夸大其词，但马拉多纳与他的家人显然难以适应新的身份。搬去德沃托镇后不久，托塔就对自己与新邻居的关系忧虑不已，一次紧张得晕倒在家门口的人行道上。毫无间隙的比赛，要求马拉多纳始终保持最完美的状态，哪怕是友谊赛也一样，这一切都损害了他的健康。1981年2月，青年人队与博卡踢了一场友谊赛，以庆祝马拉多纳的转会；马拉多纳代表双方各踢45分钟。上半场他踢青年人这一边，第17分钟时，他因左腿抽筋下场。注射止疼药后，他步履蹒跚地代表博卡队踢完了下半场，但比赛的反应极差，为此他三夜无眠。令马拉多纳怒火中烧的是，充满怀疑的公众认为，他在代表自己即将作别的球队时未尽全力。

但对自己即将加入的新俱乐部，他确实全力以赴。从孩提时代开始，马拉多纳就渴望为博卡效力。在博卡苦苦挣扎，连续四年没有拿到冠军的时候加盟更加强了他的决心：这是自己成为博卡救星的机会。

他的态度换来了不同的反应。当时博卡主教练是伟大的左后卫西尔维奥·马尔佐利尼。马尔佐利尼提醒马拉多纳必须记住自己是球队的一员，出去比赛时应该与球队而非家人一起行动，但马拉多纳认为这些话是严重的侮辱："他对我说这些话是个错误。"不过，激起马拉多纳的*bronca*倒也不坏，他的回答就是在赛季首轮与塔耶雷斯的比赛中独中三元，并为经验丰富的搭档，射手米格尔·安赫尔·布林迪西助攻一球。布林迪西于1981赛季之初从飓风转会博卡，曾是右路攻击型前卫的他逐渐转型为中锋。"博卡教练都知道，如果丢了联赛，那么拜拜，他就出局了。"马尔佐利尼说，"博卡招来马拉多纳和布林迪西，我们知道两人都必须上场，因为他们是制胜的关键。对我来说，我只当马拉多纳是普通一员，与其他球员一样。我不会区别对待，因为那样是不对的。他知道自己是最棒的，我也知道他是最棒的，但我们的关系比较冷淡，因为我没有给他任何特权。他是一个了不起的人，也一直全力以赴。"

博卡在大都会联赛的前九场比赛中七胜二平，接下来主场迎战只输过一场的河床。马拉多纳上演了帽子戏法，其中一个进球是从他从后场一路带球突破得分。博卡3–0获胜。当马拉多纳庆祝自己过关闯将式的进球时，马尔佐利尼也张开双臂，来到边线与他拥抱。无论两人有过什么争执，此刻看起来都被彻底抛诸脑后。"马拉多纳就是加德尔"——一条引人注目的新闻标题将他比作半个世纪前伟大的探戈歌王。比赛结束后才几个小时，马尔佐利尼心脏病发作。"博卡主教练的压力可不容易应对。"他说，"第一次执教期间[1]，我一天抽60支烟，胆固醇水平也高得破了纪录。发病后，他们不得不替我的心脏搭了桥。"

接下来那个星期，博卡输了球，但看起来冠军还不至于旁落。5月初，他们客场挑战排名第二的竞争对手——西部铁路俱乐部，最后以0–0结束了一场血战。据马拉多纳称，自他出道以来这是挨踢最惨的一次，而且他有点想

1 马尔佐利尼曾在1981和1995年两度入主博卡。——译注

不通为什么，因为西部铁路队的实力并不弱。在一张广为流传的照片里，用马拉多纳自己的话说，他因为卡洛斯·阿雷吉的犯规而飞起“足有两米高”。

“上半赛季结束时，布林迪西的进球数超过马拉多纳。”马尔佐利尼回忆道，“因此迭戈对我说：‘西尔维奥，要么让他踢前锋，要么让我踢，但总有一个人在前面，一个人在后面。’我告诉他：‘不是这样的，迭戈，别担心，我们踢得很好，而且这样对方就不知道该盯防谁，因为我们没有固定的位置。’最后，马拉多纳的进球数超过了布林迪西，但他同时也是个天生的领袖。”博卡保持领先到7月，接下来却因为紧张而连平了四场。博卡“悍匪帮”[1]看到球队夺冠的希望日益渺茫，怒火冲天地闯入了拉坎德拉的封闭营。

马拉多纳正等着左边锋乌戈·佩罗蒂挂电话，亲眼目睹他被打翻在地。袭击者是绰号“祖父”的何塞·巴里塔和他带领的两千球迷，有些人还拿着武器。他们占领了乒乓球室，威胁“意大利人”佩尼亚、何塞·里博尔齐和潘乔·萨，说这次来是为了告诉球员，球迷有多生气。“我们被有意遗弃在那里，现场没有一个董事会成员，或保安，或任何其他人。”马尔佐利尼说，“他们想要抓住有过几次传球失误的（前卫豪尔赫·）贝尼特斯，但他那天不在。因为我们没有战胜萨斯菲尔德，他们就指控我们不想赢球。这是一件可怕的事。”

有人告诉马拉多纳，没人责怪他；他回答说如果球迷不离开，他将拒绝在第二天的比赛中上场。如果马拉多纳的叙述可信的话，此时“匪帮”向他透露，他的一些队友不愿意传球给他，或跑动配合他，这进一步加深了他的疑心。据马拉多纳说，当时马尔佐利尼躲了起来，留下他自己独自面对巴里塔，正告他这样闹下去，球队无法继续比赛。

最后，“匪帮”终于被劝说离开。“我们正在输掉冠军，必须有所行动，因此我们减少了友谊赛，把注意力集中到联赛上。”马尔佐利尼说。一项更迅速的回应是在第二天对大学生的比赛中让敢于冒险的乌戈·加蒂重回首发。官方的说辞是他先前受了伤，但真相更为微妙。“我与加蒂一起服过兵役，还是国家队的队友。”马尔佐利尼说，“他假装受伤，但我知道实情。我

---

1 “*Barra brava*” 是阿根廷有组织的球迷团体。

把他拿下是因为他觉得我们夺冠无望。代替他的卡洛斯·罗德里格斯有几场表现很好。加蒂回归后，他在半场拿球，然后协助队友，（让佩罗蒂）进了（唯一）一球。但加蒂性格很古怪，必须时不时地坐几场板凳。”

接下来那周，博卡去科隆比赛，一开始2–0领先。当比赛只剩12分钟时，主队队员群起离场，抗议裁判。然后他们迎战铁路队，加蒂好几次扑出对方的射门，马拉多纳助攻佩罗蒂打进一球，博卡1–0获胜，几乎已将冠军置于囊中，只需在倒数第二轮客场逼平罗萨里奥中央，就能提前夺冠，但马拉多纳的点球击中门柱弹出，他们0–1输掉了比赛。一个星期后，马拉多纳罚进点球，博卡1–1逼平竞技，终于拿到了所需的积分。这场比赛总共产生了五张红牌，开场15分钟内两队就各吃到两张。

这是马拉多纳在博卡取得的最好成绩。确定冠军三个星期之后，博卡承认无法支付他的下一笔转会费。青年人队发起诉讼，与此同时，中央银行因为一系列跳票冻结了博卡的资产——其中一张支票还是付给马拉多纳工作室的。马拉多纳前途未卜，此时圣保罗俱乐部开价700万美元购买他。

那段时间马拉多纳正一肚子怨气地参加博卡为期三周的巡回友谊赛。回来后发现自己要为俱乐部的财政危机背黑锅，有些人认为正是他索求无度才让博卡陷入困境。这种指责有其真实的一面，但谈不上是马拉多纳的错，因此他深感受伤也就毫不奇怪了。不管怎么说，他依然只是一个20岁的青年，却已经踢了200多场联赛，大腿伤痛难愈，需要经常打止疼针。问题的真正根源在另一方：博卡——甚至整个阿根廷足球——对马拉多纳的经济依赖让他必须出场，这才是拖垮一切的原因。10月19日，马拉多纳接受《号角报》的采访时乞求休息的机会，说他想“享受比赛，而不是感到比赛已成为磨人的负担”。他在职业生涯中将以不同的形式一再重复这一请求；对马拉多纳来说，足球似已成为一种令人悲伤的东西——同样，对阿根廷来说，或许也是如此。足球依然是他热爱的运动，但它同时也带来无法承受的特殊压力。前一年，马拉多纳在赛季结束后去埃斯基纳度假，他钓鱼（显然他没有其他许多球员对钓鱼的心理障碍），与父母的朋友们随意踢球取乐。这年夏天，他去了拉斯维加斯。

马拉多纳回来后，梅诺蒂以逃避训练为由禁止他归队。虽然他们重归于好，但在备战世界杯的那几个月，马拉多纳又以刺头的形象出现，不断批评赛事背后的力量。不过对军政府来说，马拉多纳依然是国人的偶像。

1982年2月，加尔铁里到世界杯训练营造访国家队，并在镜头前拥抱了马拉多纳。此时，梅诺蒂已公开发声反对军政府，而马拉多纳则与政治保持着距离，这点完全可以理解。一个月前，他被问到对政府的看法，他的回答是“我不知道……我只希望我的国家成为世界最佳”。就足球来说，这也是军政府的全部希望。加尔铁里见过四年前的胜利造成的反响，迫切希望这次能在西班牙重现辉煌，尤其是当时一些限制言论的禁令已被取消，呼吁民主的抗议活动此起彼伏，日益频发。3月底，上千人聚集在五月广场，出现了第一次有组织的反政府示威。加尔铁里召来防暴警察，用军刀、警棍、催泪弹与实弹驱散人群。在《失去英雄的土地》一书中，吉米·伯恩斯描写自己看到一名老妇，一手提着购物袋，一手拄着拐棍，被全副武装的警察打倒在地。“此事反映了一个政府绝望的负隅顽抗。”他写道。

国家队的表现让再现1978年胜利的希望变得渺茫。与西德的友谊赛，双方1–1战平，马拉多纳表现不佳，即使对方给他一连串重铲，也只能部分解释他的失常。军政府决定，有必要采取激进手段。加尔铁里确信，战争会比足球更有效地实现团结国民这一目标。他考虑过利用国土最南端的边境争议挑起与智利的冲突，但最终决定还是入侵福克兰群岛。他估计英国会抱怨几句，然后忍气吞声地接受阿根廷占领该岛的事实，毕竟对大多数英国人来说，福克兰群岛只是几块远在大西洋中几乎从没听说过的岩石。事实证明他的判断大错特错。阿根廷军队在4月2日登岛，三天之后，英国就派出127艘战舰组成的特遣部队来收复失地，而阿根廷原先以为会置身事外的美国人居然也支持英国的行动。

1978年世界杯后，奥斯瓦尔多·阿迪莱斯和里卡多·比利亚都加盟了托特纳姆热刺，并是热刺1981年夺得足总杯的首要功臣，在与曼城队决赛的重赛中，比利亚还射入了FA史上最出名的进球之一；阿根廷的入侵令他们的处境尤其尴尬。阿根廷占领福克兰群岛的第二天，热刺就在足总杯半决赛中迎战莱斯特城队。“媒体大惊小怪。”阿迪莱斯回忆道，“闹出了很大动静。这确实是一场重要的比赛，但来我们酒店的记者较平时多了三倍。”

热刺2–0获胜。星期一，阿迪莱斯回阿根廷与国家队会合，比利亚则留在伦敦。“我的队友们都很棒。”他告诉《图片报》，“与其说处境‘艰难’，我更愿意将其形容为‘不舒服’。通常情况下，英国人见惯了这种冲突。他们历史上经常控制本不属于他们的土地，所以与我们相比，他们应对此类问题更有经验。新闻里报道了，但没有人想到事情会发展到后来这般地步。”

阿迪莱斯离队去踢世界杯，然后被租借到巴黎圣日耳曼，比利亚则留在热刺——但没有参加1982年的足总杯决赛。“如果只考虑足球因素，他毫无疑问应该上场。”阿迪莱斯说，“可是当时冲突达到了顶峰，迫于各种压力，他没能上场——我觉得这是一件可悲的事。因为像英国这样的国家，也让政治战胜了足球，这种事或许在世界其他地方不算稀奇，但在英国就不同寻常了。”

总的说来，两人都记得俱乐部和球迷对他们的保护，也记得公众大多并无敌意。“或许，唯一的压力来自某些英国士兵的家属。”比利亚说，“你得明白他们失去了自己的孩子，因此他们不喜欢阿根廷人。如果你曾踏上战场，与阿根廷为敌，此时遇见阿根廷人，你的内心自然会有些不舒服。但这种事不多。反过来说，我相信那个时候英国人在阿根廷是无法立足的。”

对那个被毫无保留地塑造为阿根廷化身的球员来说，日子也同样不好过。足总杯半决赛后第二天，也即是英国派遣军队参战的前一天，阿根廷在另一场友谊赛中与苏联1–1战平。马拉多纳又一次表现欠佳，看上去完全不在状态。面对来自四面八方的批评声，他逃到埃斯基纳，躲了起来，最后接受了《图片报》的采访。“大家必须理解，马拉多纳不是一部能让所有人开心的机器。”他说，“不是整天送出亲吻与微笑的机器。我是一个普通人，平平常常，实实在在，只不过碰巧有时候能让大家开心，当然，那样也会让马拉多纳开心。但现在变成了如果马拉多纳有时候不能把事情做好，或者在一场或十场比赛中表现不好，大家就态度大变。他们为什么就不能原谅马拉多纳呢？有时候马拉多纳只是没有踢好一场球，或者没有进球，天就像塌了似的。”

马拉多纳继续代表博卡出战全国锦标赛，但尽管在12场比赛中进了11球，他仍然不开心。输给科尔多瓦学院队后，博卡经理巴勃罗·阿巴坦杰洛责怪队员没有全力以赴。马拉多纳上了电视节目《60分钟》，表示只有“蠢人”才会这么说。四分之一决赛中，博卡遭遇萨斯菲尔德。首回合是博卡主场，比分胶着在0–0，马拉多纳无法忍受阿韦尔·莫拉莱霍如影随形的盯防，暴揍了对方，被红牌罚下。博卡队员没有放弃，最终2–1获胜，但由于马拉多纳的禁赛，他们在利涅尔斯1–3败北，被淘汰出局，马拉多纳的第一段博卡生涯至此终结。

如果马拉多纳去国外踢球，不仅挣钱更多，而且还能避开国内已变得难以承受的压力。合同最后给了巴塞罗那，他们为此总共支付了730万美元——510万给了青年人队，220万给了博卡。马拉多纳自己的工资是每月7万美元。

福岛战争中，布宜诺斯艾利斯的公众情绪极度脱离实际。电视台轮番播报战事新闻与1978年世界杯的比赛，五月广场和球场上的球迷齐声高唱："不跳的都是英国人。"由情报机关资助并散发的传单上印着马拉多纳接受英国雄狮投降的漫画，将足球与战争赤裸裸地联系起来。世界杯和福岛之争都让阿根廷人沉湎于盲目的爱国热情之中，不顾经济已摇摇欲坠，也无视政府既未获民众授权，又对局势日益失控的现实。

4月10日，美国国务卿亚历山大·黑格前往阿根廷总统府，递交一份和平建议，他发现道路两边站满了阿根廷人。超过30万人聚集于五月广场，是自庇隆时代以来最大的群众集会。他们焚烧英国与美国的国旗，把现场变成一片蓝白的海洋。对军政府而言，这是民心所向的明证，在旁观者看来，这种政治病至少可以回溯到庇隆时代。用吉米·伯恩斯的说法，这一迹象是"用近乎仇外的极端国家主义来填充压抑个性和否定历史后留下的真空。从政治角度说，它象征着极权主义战胜了民主政治"。说到底，如果独树一帜意味着威胁，而威胁又意味着失踪，人们怎么可能坚持自己的个性呢？

与1978年一样，即便是反对政府的人，也几乎不可能不支持自己的国家。小说家埃内斯托·萨瓦托曾激烈反对庇隆，也从一开始就准备批评军政府，但在他身上也体现出许多阿根廷人感受到的矛盾情绪。他接受了西班牙电台的采访，采访中几乎泣不成声："在阿根廷，参加作战的并非军事独裁者，而是全体民众，妇女、老人、孩子……无论他们属于哪个政治派别。即便像我这样反对政府的人一样为我们的尊严而战，为拔除殖民主义留下的最后痕迹而战。不要弄错，欧洲，并不是独裁者为马尔维纳斯[1]而战，是整个国家。”

阿根廷海军的贝尔格拉诺将军号巡洋舰被英国核潜艇击沉[2]，造成超过300名士兵阵亡，马拉多纳离开博卡正式加盟巴塞罗那，战争灾难与转会新闻同时成为媒体热点。动身前往西班牙世界杯前，阿根廷国家队举着写有“马尔维纳斯属于阿根廷”的条幅游行。在光鲜亮丽的外表下，偶尔也会冒出自省的火花，最明显的莫过于开赛前十天《国民报》刊出的大字标题“知道如何输”。虽然当时的全民情绪高涨，这篇评论还是精准地揭穿了将足球与战争联系在一起的可笑之处：“阿根廷人的乐观精神正一步步走向崩溃，整个国家陷入恐惧之中，在某些社会现象中尤为明显，例如对1978年世界杯的强迫性关注，因为那是一次击败其他强队的胜利，它重建了公众本已失去的信念，即自己也可以成为世界最佳。这种来自于角斗场的荣耀……给饱受创伤的国家灵魂施以虚假的慰藉，只因为阿根廷在其他更有意义的国际竞争中再也没有什么拿得出手的成就。”

梅诺蒂虽然难以调和他的左派信仰与军政府厚颜无耻至极的国家主义行径之间的冲突，但是就连他也试图将这种投机式的武力恫吓看作阿根廷一直以来为争取独立自主而进行的斗争的一部分，并将1982年的世界杯与军事行动相提并论。“每个人都参与到这场斗争中去。”他说，“在这一时刻，我们作为一个民族团结起来，反抗英国殖民主义与帝国主义。我们为战舰上的同胞们悲痛万分，但我们被委派了参赛的任务，就应该高贵地完成我们的使命。”

大多数时候，阿根廷媒体都像报道足球比赛一样轻松地进行着战争宣传，哪怕形势已经变得明朗，任何一个持中立立场的人都能看出，阿根廷军

1 福克兰群岛的阿根廷名字。

2 贝尔格拉诺将军号原名美国海军凤凰号，是1941年珍珠港事件中幸存下来的舰艇之一，于1951年购自美国。该舰被击沉在阿根廷与英国国内都引起巨大争议，很多批评者指出，当时它与福克兰群岛的距离超过了200英里，位于专属区之外。阿根廷海军承认，军舰沉没九天前的4月23日，按照英国政府发往阿根廷驻瑞士大使馆的电报警告，整个南大西洋都已被双方视为交战区。贝尔格拉诺将军号的舰长埃克托尔·邦佐从来都承认该袭击的合法性，说自己当时正向西移动，企图进入南部海区一个战术上更有利的位置。袭击发生前14个小时，秘鲁总统确曾提出一项和平计划，但撒切尔政府一直坚称他们在袭击发生后才得知此事。

队落后的装备和训练不足的义务兵没有任何获胜的希望。当参加世界杯比赛的阿根廷国家队抵达西班牙时，他们接触到同样使用西班牙语，而且没有理由偏袒任何一方的报纸，看到完全不同的说法，惊得目瞪口呆。“我们一直深信会赢得战争。就像所有爱国者一样，我忠于国旗。”马拉多纳说，“真相对于队里的每个人都是一个巨大的打击。”

作为上届冠军，阿根廷参加了世界杯揭幕战，在诺坎普体育场对阵比利时。马拉多纳承认，遍布布宜诺斯艾利斯的乐观情绪让他们满怀着必须胜利的决心，和必定胜利的信心。虽然首发十一人中有九人参加过1978年世界杯，但他们并未展现出本土作战时的流畅和魄力。63分钟后，阿根廷落后了：弗兰基·韦科特朗左路的长传越过后卫，落到埃尔温·范登堡脚下，面对花了很长时间才把球停住的范登堡，菲略尔犹豫不决，而后卫则干脆放弃了回追的意图，让对方轻松破门。尽管肌腱受伤的马拉多纳第十分钟有一脚任意球打中了门框，阿根廷还是成为1950年以来第一支输掉揭幕战的卫冕冠军，上一次输球的冠军是意大利。“在足球世界，士气是有传染性的。”马拉多纳说，“如果球队状态好，就算最蠢的蠢驴也能成为球星，但同样道理，无趣和平庸也会传染。”

第二天上午出版的《号角报》头版被两个标题一分为二：“英国军队的狂轰滥炸”和“世界杯开局不利”。那天晚些时候，英国在斯坦利港接受了阿根廷的投降。似乎为了再次证实这场战争与足球之间诡异的联系，BBC中断了巴西2–1战胜苏联那场比赛的直播，插播了受降的新闻。[1]

军政府的末日将至；而赛场上的阿根廷队虽然一息尚存，却留给世人作风散漫的印象。梅诺蒂好几次被拍到拥着一名德国模特离开房间。他对女人的性趣几乎已经众所周知，但在一届处境如此堪忧的世界杯赛期间依然如此，难免招人非议。阿尔韦托·塔兰蒂尼的太太在沙滩上与这位边后卫争吵，威胁说要找其他男人上床，西班牙媒体乐不可支地报道了两人反目的消

1 BBC中断了球赛的实况转播，切回演播室播报这一突发新闻，南安普顿主教练，前近卫团士兵劳里·麦克梅尼米作为现场嘉宾只能信口发挥，胡乱点评。因为很难精确地跟踪当时每个频道都在播放些什么内容，所以我们无法百分百确定他就是最早对停火发表评论的人，但他无疑是其中之一。

息。西班牙的其他记者毫不掩饰对马拉多纳的质疑，而贝利则为《号角报》撰写专栏说："我最大的怀疑是，他的人格是否也足够伟大，担得起全球观众对他的推崇。"三年前，马拉多纳曾飞去里约热内卢拜见贝利，现在，他视贝利的批评为一种背叛。

对匈牙利的比赛，拉蒙·迪亚斯没有上场，肯佩斯前移，给了马拉多纳更大的自由。匈牙利的第一场比赛曾以10–1狂胜萨尔瓦多。本场比赛第26分钟，肯佩斯开出任意球，帕萨雷拉头球点下，贝尔托尼的扫射首开纪录。一分钟后，贝尔托尼的射门被扑出，马拉多纳拍马赶到，近距离头球冲顶破门，将领先优势扩大到2–0。马拉多纳的第二个进球就像是预演了四年后那精彩的一幕：他与肯佩斯一边高速推进，一边多次踢墙配合，最后用一脚低平的弧线球得分。此后，豪尔赫·奥尔京的射门先后击中门柱与门将的脑袋，阿迪莱斯则打入了阿根廷队的第四个进球。虽然加博尔·珀勒什凯伊扳回一球，4–1的结果保证了阿根廷只要战胜萨尔瓦多就能从小组中出线。他们做到了这点，虽然赢得并不让人信服：帕萨雷拉罚入一个有争议的点球，贝尔托尼又进一球，阿根廷2–0获胜。

没能获得小组第一带来极为严重的后果，阿根廷发现自己第二阶段面对的将是意大利和巴西。第一场比赛在巴塞罗那的萨里亚举行，马拉多纳被克劳迪奥·詹蒂莱盯防得毫无建树——有一台摄像机整场比赛都跟拍这名后卫，它录制下的画面显示，詹蒂莱是躲在裁判视线盲区犯规与破坏的大师；意大利后卫的粗野防守甚至撕坏了阿迪莱斯的球衣。意大利在第一轮小组赛中三战皆平，只因为比喀麦隆队多一个进球才从小组出线，引来意大利媒体的恶评，反倒令他们众志成城，士气大振。另一个关键是，到了第二阶段，意大利队终于找回了射门靴。首场对阿根廷，第56分钟时，他们打出一个经典的快速反击，最后由贾恩卡洛·安托尼奥尼助攻马尔科·塔尔代利以一脚贴地的斜射破门。十分钟后又一个防守反击带给意大利队第二个进球，安东尼奥·卡布里尼在禁区边缘接布鲁诺·孔蒂的底线回传后将球轰进球门。马拉多纳和帕萨雷拉都射中了门框。比赛接近尾声时，帕萨雷拉打入一个任意球，不过迪诺·佐夫抗议说当时罚球的哨声尚未吹响。而当加列戈铲倒塔尔代利，吃到红牌时，阿根廷败局已定。

现在，他们必须大比分击败巴西，才有可能进入半决赛，而这个奢望几乎在开赛不久就变得遥不可及：第12分钟，菲略尔扑出埃德主罚的任意球，球打到门框上弹回，被济科一脚射入球门，巴西取得领先。随着下半场塞尔吉尼奥头球攻入第二球，儒尼奥尔的推射将比分变为3–0，所有的希望都已破灭。马拉多纳此前曾有一个明显的点球被裁判漏判，耿耿于怀的他终于失去了理智，当巴蒂斯塔与胡安·巴尔瓦斯撞到一起时，他抬起钉鞋，一脚踢向巴西人的腹部，被红牌罚下，此时距比赛结束只有三分钟了。马拉多纳后来说他想踢的是法尔考，因为后者坐镇中场后方，不断用妙传折磨阿根廷队，只是头脑一热，认错了人。虽然拉蒙·迪亚斯扳回一分，但1–3失利，加上自己的最佳球员吃到红牌，对卫冕冠军来说实在是一种不光彩的出局方式。这场比赛也成为阵中九名球员在国家队的绝唱。

*

福克兰战败之后，海军与空军放弃了对军政府的支持，只剩下陆军统治阿根廷。加尔铁里被雷纳尔多·比尼奥内将军取代，后者承诺第二年将还政于民。年度通货膨胀率接近200%——后来更高达900%——经济以每年10%的速度萎缩，外债达到390亿美元，阿根廷已陷入绝境，只能向国际货币基金组织求援。

1983年10月，阿根廷举行了大选，参选的主要政党有两个：伊塔洛·卢德尔领导的正义党和劳尔·阿方辛领导的激进公民联盟。1975年伊莎贝丽塔·庇隆生病期间，卢德尔曾担任过一个月的代总统，而阿方辛则是一名律师，在庇隆第一届总统任期的最后阶段坐过牢。他一直为争取失踪者权利而斗争，并公开反对入侵福克兰群岛。[1]正义党在其领袖（指庇隆）死去九年之后依然推动对他的个人崇拜，在全国各地用高音喇叭铺天盖地地播放他的著名演讲，并生产装饰有爱维塔肖像的巧克力。但整个阿根廷政治被分裂为庇隆主义者与反庇隆主义者的日子已经一去不复返，阿方辛获得了一边倒的胜利。

1 他的外祖母就是福克兰群岛的原住民，后来嫁给了一个威尔士移民。

第42章
卷土重来的反足球

世界杯结束后，梅诺蒂辞去了国家队主教练的职位，但照阿根廷惯例，没有简单的权力交接，也看不出政策将如何延续下去。1978年的胜利并没有让阿根廷足球风尚全面回归“*la nuestra*”。“反足球”的观念一旦出现，就不可能被根除。1958年在赫尔辛堡发生的事意味着两大学派——80年代分别被命名为“梅诺蒂派”和“比拉尔多派”——将永远并存，互相竞争。中小俱乐部沉迷于“反足球”，或许可以理解，这是他们赖以挑战强队、保持竞争力的方式。比如托卡利提到基尔梅斯的成功时就说：那是一个勤奋能带来回报的年代。

阿足协急于清算梅诺蒂和他的足球哲学，找来一位与他观念截然相反的教练：卡洛斯·比拉尔多。比拉尔多1970年结束了自己的球员生涯，并在第二年接替苏韦尔迪亚担任大学生队的教练。他一边执教，一边还帮助父亲打理家具店的生意，并作为妇科医生行医，直到1976年搬去哥伦比亚，加盟卡利体育时才放弃医生的业务。后来他先后到圣洛伦索、哥伦比亚国家队和大学生队任职，并于1982年带领大学生队夺得大都会联赛的冠军。

最初，比拉尔多对阿根廷夺取1978年世界杯时的表现赞不绝口，1983年3月，他还到塞维利亚的角斗场酒店拜见了梅诺蒂。梅诺蒂告诉他，大学生队让阿根廷足球的发展落后了十年，但至少双方那时还能礼貌道别。但当比拉尔多指挥自己的第一场比赛——对智利的友谊赛时，全然不顾前任的建议，弃用了阿尔韦托·塔兰蒂尼和乌戈·加蒂，梅诺蒂在《号角报》上发表了一篇措辞严厉的评论。相安无事的缓和期已经过去，两人成为势不两立的仇敌。阿根廷在美洲杯小组赛阶段就被淘汰出局，让比拉尔多也处境艰难。

最后一场客场对巴西的比赛，他们必须获胜才能小组出线，结果两队打了个0－0平。

双方的争论日益清晰。梅诺蒂的浪漫理想是回归“*la nuestra*”——他的立场如此坚定，有时似乎是用事后诸葛的方式解释1978年的胜利。而比拉尔多只在乎赢球：

> 我喜欢争第一。你必须力争第一，因为第二毫无意义，第二就是失败……对我来说，输了球感到难受，这样才对。如果你愿意，可以大哭，也可以自己躲到一边，承受痛苦……因为你不能让别人失望，他们包括球迷，所有人，你的老板。如果我们输球的当晚有人看到我在外面平静地用餐，我才会感到非常难过，我做不到这点。足球的目的就是获胜……表演应该发生在电影院、剧场里……足球有所不同。有些人头脑很不清楚。

整个国家都忙于扫除军政府极权统治下的实用主义，以一种理想主义的态度拥抱民主政治，国家足球队却改弦易辙，从梅诺蒂（公开承认）的浪漫主义，转向一个一贯只顾结果、不择手段的人。从各方面看，比拉尔多上任后的八年都是阿根廷足球苦苦挣扎的八年。国家队历史上还没有哪个十年的胜率像1981—1990年间那么低——但就在这十年内，阿根廷两次打入世界杯决赛，一次夺冠。“后来，你回过头去看结果，一切好像都轻而易举，事实上当时却很艰难。”比拉尔多说，“我的房子两次遭袭。某些关键比赛前夕，我不得不让妻子在门前放上‘已售’标志，以防万一。”

大学生队的成功延续了60年代奥斯瓦尔多·苏韦尔迪亚建立的“反足球”流派——虽然形式已经比较温和，而到了80年代，还出现了一种攻击性和功利心都比较弱的“反足球”运动，曾带领罗萨里奥中央夺得1973年全国锦标赛冠军的卡洛斯·格里戈尔在西部铁路队展示的就是这种风格。至少从精神上说，他是斯皮内托的继承人。

铁路队是一家典型的社区俱乐部。他们成立于1904年，创建者是布宜诺斯艾利斯西部铁路公司[1]的一百名工人，公司的管理者出资建造了俱乐部办公室和一座球场。1907年，铁路队加入乙级联赛，五年后升入甲级。此后他们的历史基本上就是平平庸庸，球队自己对此也不怎么上心。俱乐部位于林木茂盛的卡巴利托区，球场几乎就在布宜诺斯艾利斯市的地理中心。它的球迷算是首都各俱乐部球迷中心态最平和的一群。铁路俱乐部的篮球、曲棍球和排球队都很强，还有一个对会员开放的网球场，它家的餐厅是当地人周日午餐的好去处。

丹尼尔·科拉西莫内在《暴雪》中写道，80年代铁路队的崛起归功于两个因素：军政府末期五巨头因财政危机而衰微，及拥有一名才华出众的主教练。离开罗萨里奥后，格里戈尔先去墨西哥的美洲队执教，然后又回到阿根廷马德普拉塔的金伯利队。他只带金伯利队踢了没几场球，就在1979年被铁路队主席圣地亚哥·莱登网罗，接替前一年将球队带入甲级的卡梅洛·法劳内。他发现这支球队几乎没有任何挑战冠军的野心。“我刚接手铁路队时，每场比赛后所有人都在打听那些保级队的战绩。”格里戈尔告诉《图片报》，“这种心态直到一年之后才改变。”

格里戈尔还是像在中央队时一样，拍打球员的脸颊来动员他们，并且从青年队中提拔人才——他挑选的不是球星，而总是那些接受他的工作方式，愿意为他出力的人。他喜欢戴一顶贝雷帽或棒球帽来遮盖光秃秃的脑袋，脸上皮笑肉不笑，又或多或少地透出对周遭不甚满意的表情，因此照片中的他常常让人觉得此人刚刚听到一个带点颜色的笑话，但实际上他却坚定而又富有创造力，相信小球会一样可以赢得冠军。到1981年，铁路队跑动积极、组织良好、以控球为基础的风格开始结出硕果，他们在冠军赛中仅次于博卡，排名第二，随后又进入全国锦标赛的决赛，惜败于河床。第二年，他们终于完成梦想。

随着军政府逐渐丧失对政权的控制，赛场上的暴力行为也开始增加，上座率走低，传统大俱乐部的优势变小。另一个不利因素是梅诺蒂提出，他需

1 西部铁路是阿根廷的第一条铁路，1857年8月29日在布宜诺斯艾利斯市开始建设，初始长度为10公里，始于公园广场站，终于弗洛雷斯塔站。——译注

要几个月时间来备战1982年的西班牙世界杯，五巨头因此失去了最好的球员，去现场观战的球迷进一步减少，给那些已经陷入财务危机的俱乐部带来更大的压力。不仅是博卡卖掉了马拉多纳，河床也在无力支付租金的情况下将马里奥·肯佩斯还给了瓦伦西亚，并不得不把丹尼尔·帕萨雷拉卖到佛罗伦萨俱乐部。

这一趋势影响深远，十五年前就已开始的去中心化现在走向了极致：1982年五巨头居然集体缺席全国锦标赛四分之一决赛。铁路队在四分之一决赛中的对手是门多萨里瓦达维亚独立队——后者的主场那年更名为阿根廷的马尔维纳斯体育场。铁路以两回合总比分1–0获胜，进入了半决赛，与科尔多瓦的塔耶雷斯队相遇，第一回合4–0大胜，但第二回合注意力涣散，双方4–4战平。

如果把铁路队的成功全部归因于对手的弱小是不公平的。整个80年代初，铁路队都是一支出色的球队。到1982年，后来在大半个80年代撑起球队的核心球员都已就位。卡洛斯·巴里肖是一名冷静而有决断的门将，1981年曾创造了1 075分钟大门不失的纪录，为他护驾的还有两名顶尖的中后卫——令人望而生畏的“考迪罗”胡安·多明戈·罗基亚和埃克托尔·库珀，后者从青年队中被发掘出来，传得一脚好球，以后将作为主教练带领瓦伦西亚连续两次打入欧冠决赛。踢右后卫的是稳扎稳打的罗伯托·戈麦斯，而进攻型左后卫则是后来参加了1986年世界杯的奥斯卡·加雷。

三名中场球员既勤奋又聪明：右边的卡洛斯·阿雷吉与中间的赫罗尼莫·萨卡尔迪也都是俱乐部的青训产品。坚定沉着，能够回撤成第三名后卫的萨卡尔迪是一个老队员了，曾在斯皮内托带领下竞争1974年的联赛冠军。左路的阿道菲诺·卡涅特来自巴拉圭，他为这支本来几乎毫无想象力的队伍增添了智谋与诡计。三名前锋的构成则是：右路的克劳迪奥·克罗科，他擅长带球，速度很快；左前锋米格尔·安赫尔·胡亚雷斯是得分手；中间不是胡利奥·塞萨尔·希门尼斯，就是阿尔韦托·“韦托”·马西科，两人都能拖后接应中场，并为边路球员创造空间，类似后来的伪9号。“我们的团队非常强大，彬彬有礼且充满热忱。”格里戈尔说，“对我们来说，飞奔九十分钟是常事。对其他队来说，和我们踢球则是一个苦差。另外，当对手专注于某个边路地带，沿着侧翼上下跑动，我们就转移到中路。如果你加强边路，我们就中路突破，反过来也一样。”

第一回合客场0-0踢平基尔梅斯，让铁路队在全国锦标赛的决赛中占据了上风。回到卡巴利托主场，他们终结了对手。先是罗伯托·戈麦斯开出任意球，那个赛季联赛的首席射手胡亚雷斯连续两次头球攻门，第二次终于入网，随后，一番激烈的争抢让好几名球员躺倒在禁区内，克罗科将球吊过球门区，罗基亚伸腿抽射成功，锁定了冠军。《图片报》说他们“是一台维护良好的机器，凭借着自己的代表特性：简简单单，攀上了巅峰……确定无疑地展示出信心与团结是怎样送一支队伍登顶的”。

格里戈尔是阿根廷区域盯人的先驱，与铁路俱乐部的篮球教练莱昂·奈努德尔合作开发出压迫战术的最优体系。他们会录下各自的比赛，然后进行分析。“在他们的区域盯防概念里，拉人和胸部顶人生死攸关。”马尔佐利尼说，语气中透露着不以为然。格里戈尔的铁路队在整个球场实施压迫，其结果是队员们常常交换位置。他们体力惊人，这得归功于体能教练路易斯·玛丽亚·博尼尼，后来他将与马塞洛·贝尔萨共事。

铁路队因为特别注重苦干，被广泛认为是反足球，但他们一旦重新控球，依然喜欢用紧密的三角短传方式组织进攻，这又通常被看作是梅诺蒂派的特征，由此可见，非此即彼的比拉尔多–梅诺蒂二分法有多么简单粗暴。

第二年，即1983年，对铁路队来说是个令人失望的赛季，他们在全国锦标赛十六强赛中输给大学生，在冠军赛中名列第三，在解放者杯中则被分到一个死亡之组，最后小组垫底。似乎因为受到打法保守的批评，他们开始不必要地冒险，结果是一次又一次地白白丢掉领先优势，被对手绝地扳平。

不过1984年他们又卷土重来，在全国锦标赛的小组赛中保持不败，淘汰赛更是一场一场地啃了下来。八分之一决赛中，他们与飓风战成1–1平，凭点球获胜，四分之一决赛和半决赛中分别以两个2–1的总比分战胜独立与塔耶雷斯。面对决赛对手河床，他们大开杀戒。卡涅特近门柱的头球首开纪录；乌戈·马里奥·诺勒姆贝格单刀赴会，再下一城；后来将这场比赛视为职业生涯最佳的马西科点球破门，第一回合铁路队3–0大胜。第二回合开始不久，卡涅特从禁区边缘顶出一个漂亮的头球，飞入球门上角，铁路队以总比分4—0领先，但因为河床球迷在看台上纵火，比赛没有真正踢完，铁路队被判定为胜方，并加冕全国锦标赛的冠军。

然而，阿根廷足球界对铁路队的评价犹疑不定。“铁路是一支无趣的球队吗?”1984年,《图片报》的纳塔略·高林提出这个问题。他展示了一张传球线路图，图中铁路队的四名后卫将球传来传去，最后又回传给守门员。高林小心翼翼地在各种已成定规的对“反足球”的描述中寻找证据，奇怪的是，他还觉得有必要做出解释，即“反足球”的球队也有不同的表现，一支球队可以小心谨慎，努力拼抢，同时又避免陷入60年代后期大学生的暴力与丑陋之中。“这不是一支以伤害对手为目标的球队。”高林写道，“他们积极拼抢，但遵守规则。”的确，铁路队擅长在领先后就拖死比赛，这就是后来被称为“无效控球”的战术，但最终，高林总结说:“足球有史以来，总是踢得更好的球队获胜。”

第43章
马拉多纳在欧洲

巴塞罗那签下马拉多纳并非只为了他的足球天赋。俱乐部主席何塞普·路易·努涅斯相信，在佛朗哥去世后的新局面里，巴塞罗那能够成为一个国际品牌。当时已经享誉世界的马拉多纳是他宏大战略的核心构件——这也就意味着更多友谊赛的重压。马拉多纳自己同样雄心勃勃。照边锋洛沃·卡拉斯科的说法，初抵巴塞罗那的“他天真又饥渴……想吞下整个世界，让我害怕”。

他在巴塞罗那甫一登场就给人留下深刻印象——客场4-2战胜贝尔格莱德红星队，他的非凡球技让主队球迷为他鼓掌欢呼——但矛盾的种子也从一开始就已种下。马拉多纳雇佣了自己的私人医生鲁文·奥利瓦，他曾经是阿根廷国家队的队医，但当时已去米兰工作；他还有自己的体能教练费尔南多·西尼奥里尼，一个在当地工作的阿根廷人，巴塞罗那的医疗小组对这种安排大为不满。马拉多纳将自己的家人和大量朋友——所谓的马拉多纳族人——接来巴塞罗那，住在俱乐部为他提供的房子里，也惹起不小的风波。此外还有一些关于吸毒与派对的传闻，以及一场夜总会中的争斗；总的来说，他表现出的形象是自由散漫、放纵无度。十年后，马拉多纳终于承认，就是在巴塞罗那，他开始吸食可卡因。“当你身陷其中时，实际上你是想说‘不’的，结果却不停地听到自己说‘还要’。”他后来解释道，“因为你相信自己能够控制，不会有问题……然后就变得越发复杂起来。”那个时候，他其实还担任着一场禁毒运动的代言人。

在球场上，马拉多纳承认自己难以适应西班牙足球的“怒火”特性[1]。其他球员显然体力比他好很多，他却无法调整自己，进行教练乌多·拉特克所坚持的负重跑训练——而且比赛越激烈，负重就越多。到巴塞罗那的头六个月，马拉多纳只进了六个球。那年12月，他染上了肝炎。他发现自己无法度过人生中第一个远离家乡的圣诞节。“面对孤独，我怕得要死。”他告诉《马卡报》。在一场与巴黎圣日耳曼的友谊赛获胜后，马拉多纳带全队去巴黎的一家酒吧，遭到努涅斯的批评，他与俱乐部主席的关系从此再也没能恢复，然而俱乐部还是不遗余力地满足他。当巴塞罗那决定换掉拉特克时，他们找来了梅诺蒂，看起来多少有让这位超级球星开心的意思。梅诺蒂到来后的第一个变革就是将上午的训练挪到下午3点，因为这样更符合他自己与马拉多纳的生活习惯。

对巴塞罗那来说，那个赛季很糟糕，他们最后排名联赛第四，差了冠军毕尔巴鄂竞技十五分之多，还在欧洲超级杯中负于阿斯顿维拉，在优胜者杯中被名不见经传的奥地利维也纳队淘汰。幸好有西班牙国王杯为他们挽回了一点面子，巴萨进入了决赛，但赛前争议再起。马拉多纳和贝恩德·舒斯特都被邀请参加西德著名球星保罗·布赖特纳的退役纪念赛，这场比赛恰巧被安排在国王杯决赛前四天。虽然布赖特纳派了自己的私人飞机去接马拉多纳，努涅斯却不放他去慕尼黑。马拉多纳计划无论如何都要去，但俱乐部拒绝给他护照（与其他所有球员一样，马拉多纳的护照由俱乐部保管）。马拉多纳将此视为对其人身自由的过分约束，不仅措辞强硬地提出抗议，还砸坏了俱乐部陈列室中的几座奖杯。第二天，马拉多纳结束训练，开车离去时，遭到一群巴塞罗那球迷的攻击。最后巴萨还是在决赛中2–1击败了皇家马德里，马拉多纳助攻维克多射入比赛的第一个进球。

但马拉多纳依旧不满。他批评西班牙的裁判没有为技术流球员提供足够的保护，暗示电视台摄像机的角度不好，让那些毫无节操的球员能在拍不到的死角故意犯规。但也有相当多的批评者认为马拉多纳假摔并夸大了对方的

1 “La furia”，“怒火”和阿根廷的“la nuestra”、乌拉圭的“la garra”一样，是西班牙足球引以为傲的民族特性，吉米·伯恩斯将其定义为“一种特别讲究好斗和强壮体格的足球风格，被赋予了高贵的意愿和行动”。详见《倒转金字塔》。——译注

冲撞。与此同时，梅诺蒂与毕尔巴鄂主教练哈维尔·克莱门特公开争吵，当巴萨在赛季第四轮面对毕尔巴鄂时，双方已经剑拔弩张了。

比赛当天上午，马拉多纳去医院看望一个被车撞倒的孩子。离开时，孩子对他说："迭戈，请提高警惕，现在你成了他们的目标。"一向迷信的马拉多纳有一种不祥的预感。比赛看起来进行得很顺利，巴萨很快取得了3–0的领先优势，但不安的暗潮却在涌动。上个赛季，舒斯特因安多尼·戈伊科切亚的铲球受伤，本场比赛中，为了报复，他一直粗暴对待这名中后卫，全场观众开始高呼他的名字。马拉多纳看到戈伊科切亚被激怒，便警告对方冷静一点，但几分钟后，戈伊科切亚一脚踹向马拉多纳，踢断了他的左踝。[1]"艺术家遭扼杀。"《马卡报》的头条以此为题。

最初的诊断显示马拉多纳整个赛季报废，但经过奥利瓦的治疗，仅用了三个月他就痊愈了。每次回归，马拉多纳都会有令人耳目一新的表现，这次在与塞维利亚的比赛中他梅开二度，帮助球队3–2获胜。三轮过后，巴萨又一次遭逢毕尔巴鄂，结果2–1取胜，马拉多纳独进两球：*bronca*再度出击。但这还不足以让巴萨获得西甲冠军，最终他们名列第三。那年3月，巴萨在优胜者杯四分之一决赛中与曼联相遇。马拉多纳的背部需要注射止痛药才能上场，但因为表现不佳，比赛结束前20分钟就被替换离场。球迷们嘘声相送，他坐在更衣室中哭泣。环境变了，但公众对他的需索一点都没变。

努涅斯要求马拉多纳拒绝接受记者何塞·玛丽亚·加西亚的采访，因为这名记者对主席不敬，马拉多纳没有听从，让两人的关系雪上加霜。作为报复，努涅斯向新闻界暗示，马拉多纳染上肝炎是因为他的生活方式，这让巴塞罗那的球迷更加疑心。马拉多纳觉得自己必须离开，希特兹皮莱尔则乐意效劳。除了其他种种因素，还有一个原因：马拉多纳缺钱。

马拉多纳为巴塞罗那效力的后期，马拉多纳工作室（此时已更名为第一冠军工作室）正在亏损。受伤和无缘冠军降低了马拉多纳的市场价值——在麦当劳的一个广告中，马拉多纳只能半身出镜，以避免露出脚上的石膏——

1 毫无悔改之意的戈伊科切亚很喜欢自己"毕尔巴鄂屠夫"的绰号，还在起居室的一个有机玻璃盒里展示踢伤马拉多纳时所穿的球鞋。

而投资100万美元拍摄的马拉多纳生平纪录片几乎颗粒无收。[1]再加上马拉多纳的生活方式非常奢华：他买车就像买白菜，而且不但自己花钱，连整个马拉多纳族人都靠他开销。令事情变得更糟的是一张支付给奥利瓦的支票跳票，努涅斯拒绝为此买单。希特兹皮莱尔开始蠢蠢欲动，琢磨换个地方，于是存心激怒努涅斯。压垮骆驼的最后一根稻草是西班牙国王杯决赛，他们的对手又是毕尔巴鄂队。

克莱门特和马拉多纳在赛前的记者会上就吵了一架；另外还发生了一件事，两名巴塞罗那的球迷前往观看比赛时遭遇车祸丧生，所以赛前举行了一分钟的默哀仪式，但毕尔巴鄂球迷却在默哀时发出嘘声，令气氛变得更为紧张。最后毕尔巴鄂队1–0赢下了这场怒气冲冲的比赛，随着终场哨声吹响，马拉多纳再也无法控制自己。他说是毕尔巴鄂的后卫何塞·努涅斯比出的"V"字手势激怒了自己，在比赛中，马拉多纳曾与他额头相撞。但即便如此，马拉多纳也没有理由狂暴地偷袭对方都没有上场的替补队员米格尔·安赫尔·索拉。索拉正跪在地上庆祝，马拉多纳走过他身边，抬起穿着球鞋的脚踹向他面部，把他踢晕了过去。这个举动将所有人带入混战，球员们开始飞腿相向，替补队员、防暴警察、记者和球迷涌进场内。马拉多纳等六人被禁赛三个月，两个队各三名。"最后我迁怒于所有人。"马拉多纳在他的自传中写道，"因为他们击败了我们，还嘲笑我们，直到一名毕尔巴鄂的球员冲我伸出两根手指，这引爆了整个火药桶。我们在赛场中圈互相把对方往死里揍……感谢上帝，（后卫）米格尔和其他小伙冲过来保护我，否则我会被对方打死。"

梅诺蒂辞了职，泰里·维纳布尔斯被任命为新的主教练。马拉多纳以1 300万美元转会那不勒斯，成为唯一两次打破转会费世界纪录的球员。然而，他在那不勒斯面临的压力一点都没少，只会更大。1984年7月，马拉多纳抵达意大利，他在卡普里岛使用了替身，然后又沿后门小路离开机场来摆脱人群，最后坐直升机降落到圣保罗体育场，就像救星从天而降，数以万计的球迷狂热地欢迎他的到来。巴塞罗那要求60万美元的预付款，据说成千上

1 电影虽然拍了几个小时，胶片却离奇地消失了，再也没能找到。

万的那不勒斯居民到当地的一家建筑公会，每人捐了一小笔钱来凑齐这一巨款。或许这从侧面展示了那不勒斯球迷对马拉多纳寄予的巨大期望——或许仅仅显示了那不勒斯俱乐部和这个城市受卡莫拉[1]控制之深。我们不可能百分之百确认，但很多人质疑捐款有多少出于自愿，吉米·伯恩斯在他所作的马拉多纳传记中就曾提出这一疑问。

希特兹皮莱尔很快发现，那不勒斯的商业规矩与别处不同。街头售卖的马拉多纳产品一下子多了起来，从磁带到香烟都有。希特兹皮莱尔想加以控制，坚持说所有有关马拉多纳的商品都应该获得官方授权，但卡莫拉的警告让他改变主意：这些小贩都在他们的保护之下（支付了相应的保护费）。最后，双方达成协议：第一冠军工作室继续负责推广和广告，但地方商品销售则由卡莫拉控制。

与巴塞罗那相比，马拉多纳和他的族人对那不勒斯生活的适应显得容易得多。虽然也并非事事如意。马拉多纳的状态过得去，但谈不上有多出色，等他的第一个赛季进行到圣诞节时，那不勒斯在十三场比赛中只积九分，联赛排名倒数第三。马拉多纳与克劳迪娅的关系也开始出现危机，1985年1月，他与希瑟·帕里西，一名加州出生的电视节目主持人的关系被媒体炒得沸沸扬扬。

那不勒斯在赛季后半段的表现还算不错，最后离入围欧洲联盟杯只差两分，马拉多纳自己获得了意甲铜靴。他告诉球队上下说俱乐部需要再签三四名球员，指定要桑普多利亚的后卫亚历山德罗·雷尼卡。俱乐部照办了，还一并买来维罗纳守门员克劳迪奥·加雷拉和拉齐奥前锋布鲁诺·焦尔达诺，后者至关重要。以前在科莫队的奥塔维奥·比安基接替了里诺·马尔凯西的主教练位置。马拉多纳从一开始就不喜欢他，认为他太“德国化”。

1985—86赛季开始后，马拉多纳与希特兹皮莱尔的关系破裂了：第一冠军工作室处境艰难。马拉多纳似乎认定自己儿时的玩伴一直在中饱私囊，虽然实际情况是由于卡莫拉的干预，工作室的收入日益减少。马拉多纳把经纪人换成阿根廷商人吉列尔莫·科波拉，除了马拉多纳，他还代理超过200名

1 Camorra，意大利三大黑手党势力之一。——译注

其他球员。在球场上，这个赛季相当不错，那不勒斯继续进步，最后获得联赛季军。但球场外，有关马拉多纳社交生活的传说和报道持续不断，大多与派对或毒品有关。1986年1月，朱利亚诺家族的两名使者找到正在训练的马拉多纳，告诉他朱利亚诺家族有意与他来往。马拉多纳不可能拒绝这样的邀请，所以他参加了一个由卡尔米内·朱利亚诺举办的聚会。聚会留下了一些照片，后来成为他的梦魇，不过考虑到此后马拉多纳又多次出席类似的聚会，我们很难认为他完全无辜，纯受利用。他不可能不知道与自己厮混在一起的是谁，而且他本人也从中获益——他与朱利亚诺的关系意味着没有哪个记者敢真正批评他场上或场下的表现。

1985年12月，马拉多纳开始了与克里斯蒂安娜·西纳格拉的关系。在他俩交往期间，马拉多纳似乎改邪归正，他戒除了可卡因，酒也喝得少了，但1986年4月，西纳格拉怀孕了，马拉多纳与她分手。墨西哥世界杯开始前不久，马拉多纳的姐夫——就是他的妹妹介绍马拉多纳与西纳格拉认识的——发现西纳格拉想要公开自己与马拉多纳的关系。看起来这是最糟糕的赛前准备了。

第44章
乐观情绪与解放者杯

民主政治或已重返阿根廷，随之而来的还有积极变化的气氛，只是经济仍停留在愁云惨雾之中。阿方辛总统就任时，通货膨胀率已高达400%。尽管如此，他还是一上台就大受欢迎，因为他为最贫穷的国民发放食品，又撤回了1983年4月比尼奥内颁下的大赦令，这项赦令赦免了所有在独裁统治时期犯下侵犯人权罪的犯人。同时，他也对从事暴力活动的左派团体提起诉讼，让蒙托内罗斯的领导人马里奥·菲尔梅尼奇进了监狱。

受阿方辛当选的鼓舞，许多军政府时期出逃的艺术家和科学家返回阿根廷，尤其是在他任命剧作家卡洛斯·戈罗斯蒂萨出任文化部长，计算机科学家曼努埃尔·萨多斯基出任科技部长之后。戈罗斯蒂萨撤销了审查各种文艺作品的国家电影分级委员会，结果在他任内，阿根廷的电影与戏剧作品数量翻了一番。路易斯·普恩佐的电影《官方说法》(*La historia official*)讲述一对夫妇收养了一个女孩，后来发现她可能是一名失踪者的孩子。影片于1985年4月公映，在揭露军政府罪行的过程中起到重要作用，[1]并成为第一部获得奥斯卡奖的阿根廷电影。官方甚至还开始了清算肮脏战争的努力，阿方辛成立了寻找失踪者全国委员会，负责人是小说家埃内斯托·萨瓦托。委员会登记了8 960名失踪者，虽然少于其他统计给出的人数，但

1 那些被军政府杀害的母亲们，她们遗下孩子的真实身份直到现在仍在辨别当中。例如，2014年8月，83岁的埃斯特拉·卡洛托通过DNA证据发现，36岁的钢琴家、作曲家伊格纳西奥·乌尔班是自己女儿劳拉的儿子。劳拉1977年11月被拘捕并送往拉卡查监狱，当时已怀有两个月身孕。她后来被杀害。估计有多达500名婴儿被从异见者父母身边带走，交给军人家庭收养。乌尔班为了找到亲生父母，提供了血样，他是第114名与自己亲人团聚的孩子。

至少表明官方对这一国家罪行的承认。与此同时，他又不得不借助政治游戏，向庇隆主义者示好，赦免了伊莎贝尔·庇隆任内迫害异己、贪污公款等罪行。

民主政治的回归和文化上的繁荣带来了国家蒸蒸日上的感觉，再次获得解放者杯的胜利则进一步加强了民族自豪感——祖国正在新生，并重新登上国际舞台。自1979年博卡被奥林匹亚击败以后，已经过去了整整五年，才又有一支阿根廷球队进入解放者杯决赛。对一个自信心如此依赖足球的国家来说，那些年解放者杯的失利肯定加剧了国家发展停滞的痛苦感，哪怕这种苦痛只存在于被深深掩盖的潜意识里。

打破失败梦魇的是独立，不愧他们“解放者杯之王”的名声。60年代末至70年代初伟大的中场球员何塞·帕斯托里萨接过独立教鞭，带领俱乐部夺得1983年大都会联赛的冠军。1975年赢得该队历史上第六座解放者杯的球员中只剩下逐渐秃顶的中场组织者博奇尼，但豪尔赫·布鲁查加开始崭露头角，成为一个不知疲倦的攻城利器，他后来在1986年的世界杯赛上居功至伟。联赛休战期间，亚历杭德罗·巴伯龙从哥伦比亚的百万富翁俱乐部回到独立。他是那种能从左路内切的前锋，与博奇尼的配合几乎就像当年的丹尼尔·贝尔托尼一样天衣无缝。虽然在解放者杯中一开始的表现不佳，但出色的主场发挥最终还是把独立送进了决赛，对手是巴西的格雷米奥。

决赛第一回合在阿雷格里港，或许是天才博奇尼的最后一次伟大表演，他的妙传让奔跑不停的布鲁查加射进了本场比赛的唯一进球——他形容这个进球是经典的“休止”：他控制着球等队友从后方跑来，然后在最佳时机将球传出。

回到（独立的）双凉棚球场，一场0-0的平局结束了阿根廷俱乐部六年无缘解放者杯的历史，独立也第七次捧起奖杯，成为这项赛事中夺冠次数最多的球队。其后他们在东京战胜利物浦，又赢得了自己的第三座洲际杯。这场比赛进行到第七分钟时，19岁的前锋小将何塞·阿尔韦托·佩尔库达尼接克劳迪奥·马兰戈尼的过顶传球，突入禁区射进全场唯一一球。不过，独立一向有“外战内行”的赫赫威名，因此他们的胜利虽然可喜可贺，却未必能完全解读为整个阿根廷的重生。在这方面，第二年发生的事意义才更为重大，凸显了阿根廷足球的强力回归，虽然此时民众对阿方辛领导下的改革已开始丧失信心。

经济问题和清算军政府的罪行成为阿方辛总统任期的两个重点。虽然1984年的GDP增长了2%，但阿根廷的联邦预算依然面临高达100亿美元的赤字，等于GDP的13%。政府的对策就是印钱，结果进一步加剧了通货膨胀。1985年6月，月通胀率达到30%。政府冻结了物价，并发行一种新的货币，名叫奥斯特拉尔，面值为原比索的千分之一，同时全面削减公共开支，尤其是军费开支，预算降至1983年的一半。短期来看，该政策起到了作用，1985年下半年，月通胀率下降到2%，财政赤字缩小了三分之二。

但这样做并非毫无代价。不受控制的通胀带来的实际工资下降触怒了工会；各种自由主义政策，比如离婚合法化，引起天主教会的反对，他们一度甚至命令教士拒绝让投票支持该法案的议员领圣餐；最大的麻烦则是军队中逐渐滋长的不满情绪。军事基地中发生了多起蓄意破坏事件，1985年10月，一张拘捕阿根廷青年人队前主席苏亚雷斯·马松将军的逮捕令因此发出，他随即逃往迈阿密。此前，由于军队拒绝让那些在肮脏战争中犯有罪行的军官上军事法庭，已经造成了摩擦，阿方辛只能自己领导"审判军政府"行动。1985年4月，第一场听证会在最高法院开庭。那年12月，魏地拉和前海军总司令埃米利奥·马塞拉被判处无期徒刑，另外三名军官被判入狱十七年，其他四名被告，包括加尔铁里在内，则被无罪释放，不过后来又有军事法庭裁决加尔铁里在福克兰群岛战争中犯有渎职罪，判处他十二年监禁。

除了小洋葱队，阿根廷青年人俱乐部对阿根廷足球的贡献一度可以忽略不计，但马拉多纳的出现改变了一切。他一个人就足以让青年人队在1980年的冠军赛中获得亚军，第二年他的离去带给球队的影响也同样巨大。博卡夺得了冠军赛的冠军，青年人队却大幅度退步。赛季最后一轮，他们排名积分榜倒数第二，只有客场赢下领先一分的圣洛伦索才能保级。由于圣洛伦索失去了自己的球场，比赛在铁路队的主场进行，观众人数打破了纪录。第17分钟，青年人队的乌拉圭门将马里奥·阿列斯扑出了爱德华多·德尔加多主罚的点球，随后，上半场结束前，作为马拉多纳租借协议的一部分交换而来的卡洛斯·奥拉西奥·萨利纳斯罚进一个点球。青年人队顶住了对方的狂攻，将比分保持到终场，终于保级成功，圣洛伦索则成为五巨头中第一支降级的球队。

对圣洛伦索来说，自卖掉“煤气包”球场后，他们就走上了下坡路，降级只是这条路上迈出的又一步，不过打击并未因在意料之中而减轻半分。“我悲伤的心情与我父亲故世的那天一模一样……就像一个被暗夜包围的女人一般孤独无助。”当时正流亡欧洲的小说家，圣洛伦索球迷奥斯瓦尔多·索利亚诺[1]如是说。十年前，五巨头之外的其他俱乐部开始赢得冠军，现在，他们连甲级的位置都岌岌可危。圣洛伦索在下一个赛季就又升回甲级，1983赛季离夺得冠军赛冠军只差一分。但这次降级带来的震惊同时又是一个警告：甲级联赛缺了五巨头不行：他们代表了足球传统，或许更要紧的是，他们带来了球迷，以及随球迷而来的金钱。从1983年开始，降级标准做出了修改，依据前两个赛季中每场比赛的*promedio*——平均得分来算。新规则拯救了当时积分榜上的副班长河床，却牺牲了竞技。于是从1984年开始，降级标准又变成前三年的平均，其背后的逻辑是五巨头不至于差劲得三年都缓不过来。事实证明没那么简单。

1982赛季结束时将马拉多纳卖给巴塞罗那带给青年人队580万美元收入，但董事会或许认为青年人队本身水平不低，因此最初的反应是将这笔钱用在场馆而非球队建设上。其结果是又一年的苦苦挣扎，青年人队离降级只有一分之差——这至关重要的一分来自赛季最后一轮0−0战平新芝加哥队，而且还是因为比赛进行到中场时就被打断而提前结束。此时俱乐部才决定投资球队，任命安赫尔·拉布鲁纳为主教练，并新签下四名重要球员，包括门将乌瓦尔多·菲略尔和来自河床的中场J·J·洛佩斯。他们的加盟令球队表现面目一新，但那年9月，拉布鲁纳入院做胆囊手术，他的儿子奥马尔和菲略尔去医院探望他时，他突发心脏病去世，享年64岁。

青年人队找来前大学生和塔耶雷斯的主教练罗伯托·萨波里蒂接替拉布

1 索利亚诺在自己的作品中常常提到足球。他的短篇小说《史上最漫长的点球》（*El penal más largo del mundo*）出版于1995年，他去世前两年。小说讲述了一个决定1958年冠军得主的点球被拖延多时的故事。详情参见我的《局外人》一书。

鲁纳。在他带领下，青年人队踢出了明朗生动的足球，每场几乎都能攻入二球。整个赛季，青年人队和全国锦标赛冠军铁路队交替占据积分榜首位，直到最后一轮，两队积分持平。最后一场比赛中，铁路队客场战平大学生，而青年人队则凭借上半场奥尔京罚入的点球1–0战胜坦珀利，赢得球队历史上第一个冠军头衔。巧的是，这场比赛在铁路队的主场进行。

这还只是开始，接下来何塞·尤迪卡接替萨波里蒂担任教练，尤迪卡曾带领基尔梅斯夺得1978年度的冠军，后来又把圣洛伦索带回甲级。基尔梅斯的条件让尤迪卡不敢完全放开手脚，但他发现青年人队正适合自己喜欢的大开大合的风格。

1985年全国锦标赛的形式比往年更令人费解，尽管阿根廷甲级联赛以结构复杂出名，这一年也算是历史之最，谢天谢地它马上就被弃置不用。青年人队靠点球大战战胜萨斯菲尔德，进入决赛，然后在决赛中再次击败他们，获得冠军。下一个目标是解放者杯。

“当时青年人队是阿根廷最强大的球队之一。”尤迪卡在接受《图片报》采访时说，“部分原因是我们每个位置都有完美的人选。”真正的问题是，阿根廷正试图重建自己的国际地位，这样一个国家的最强队之一到了美洲赛场上是否也具有足够的竞争力呢?

青年人队在解放者杯半决赛组最后一场比赛的对手是卫冕冠军独立，只有取胜方能进入决赛。他们以2–1领先，但终场前两分钟，对方获得一个点球。如果克劳迪奥·马兰戈尼能够破门得分，独立将进入决赛，但门将恩里克·比达列如有神助般地扑向自己的左下方，将球挡在门外，青年人队得以晋级。决赛两回合踢平后，附加赛又战成平局，最后青年人队以点球击败哥伦比亚的卡利美洲，比达列扑出了安东尼·德阿维拉的射门，为夺冠立下汗马功劳。

对尤迪卡来说，重要的不仅仅是胜利本身，还有青年人队获胜的方式。

> 我们一直全力进攻，不管结果如何。我们这么做是对职业的尊重，对比赛观赏性的尊重，也是对坚信我们风格的球迷的尊重。我不会花很多时间来讨论我们的对手，分析对方每个球员的能力和弱点。我只会放

一下录像，给大家一个宽泛的印象，因为我的球员们更喜欢考虑他们自己，而非对手。足球中唯一的定数是球员自己，没时间去多想，也容不下自卑的心态。比赛就是十一对十一，对方是不是更高，穿得更好看，有没有更多球迷支持或公关是不是做得更好都没有意义。

那年年末的洲际杯赛中，青年人队两度领先，但两度被尤文图斯追平，在随后进行的点球大战中，青年人队败北。几个星期后，尤迪卡因与国脚塞尔希奥·巴蒂斯塔和克劳迪奥·博尔吉发生龃龉而离队。“或许董事会觉得一个便宜些的教练一样可以维持俱乐部现状。”他说，“记者们总说我与球员有了正面冲突，但我们还是不断赢得比赛，拿下冠军。”

青年人队作为强队的历史结束了，但他们无可辩驳地证明了这一点：阿根廷足球再次称雄南美洲，而且，其中小俱乐部不但可与国内的巨头抗衡，还能跻身美洲甚至世界强队之林：小球会的崛起部分归功于阿根廷足球整体水平的提高，并非——或至少不全是——因为巨头们的衰退。

第45章
巅峰一小时

1986年世界杯赛前，阿根廷队的备战可谓一塌糊涂，不仅仅是因为马拉多纳正忙于应付他被曝光的地下恋情。比拉尔多接受教练职位的那一刻就清楚，阿根廷要想在这届比赛中有所作为，马拉多纳的支持是必不可少的，因此，1983年1月，他去布拉瓦海岸的滨海略雷特拜访正从肝炎中恢复的马拉多纳。比拉尔多向马拉多纳借了一件田径上衣，两人一起沿着海滩慢跑。他们讨论阿根廷国家队，虽然从1982年世界杯后到1985年对巴拉圭和智利的两场友谊赛，三年间马拉多纳不曾代表国家队踢过一场球，比拉尔多还是提出让他担任队长。可以理解，整个1984年，关于马拉多纳处境的传言越来越多，而比拉尔多却始终保证，他是唯一肯定会在墨西哥世界杯中首发的球员。

"我们在踢法和球员选择上饱受批评……有些人甚至反对我任命马拉多纳做队长。"比拉尔多说，"我坚信他具有领导能力，我也知道他很特别，但直到世界杯开始前，民意调查问到谁会成为这届比赛最大的球星时，他的名字依然排在（米歇尔·）普拉蒂尼和济科等人的后面。而我们，作为阿根廷队，甚至都不算夺冠热门。但我们利用了这一点，我们知道这正好可以证明所有人都看走了眼。"

1984年9月的欧洲巡回赛成为球队成长的关键。"我们正在机场准备登机，里瓦达维亚广播电台的评论员何塞·玛丽亚·穆尼奥斯找到我。"比拉尔多回忆道，"他对我说：'别担心，如果我们能赢下这三场比赛，一切批评都会销声匿迹。'"

就在这三场比赛中，比拉尔多展示出自己的战术蓝图：一个非常罕见的3–5–2阵型。他一直宣称这是自己的发明，理由是如果没人再用边锋了，就没必要墨守成规地使用传统的边后卫。事实是3–5–2体系的鼻祖很多，萨格勒布迪纳摩的契罗·布拉热维奇和丹麦国家队的塞普·皮翁特克也在差不多时间得出了相近的结论，即便如此，比拉尔多战术上的想象力及其挑战正统的勇气依然伟大。"我们对阵瑞士、比利时和德国时采用了一种新的战术体系：三名后卫、五名中场和两名前锋，奠定了整个备战进程的基石。"比拉尔多说，"建立这个体系相当不易，但我确信这是最适合我们的队形。不过，从球迷到记者到球员，人人都反复向我询问：'谁是右边锋？谁是左后卫？'要向他们解释固定位置的踢法已经不再适用非常困难。所以我说：'现在，我希望自己只被30名队员，而非3 000万阿根廷人理解。'"阿根廷2–0战胜瑞士和比利时，又以3–1击败西德，在这场比赛中，比拉尔多把新阵型藏了起来，不想向全世界泄露自己的行动。

1978年世界杯时，梅诺蒂能够挑选出一个除肯佩斯外全部是本土球员的班底，但以阿迪莱斯和比利亚加盟热刺开始的新一轮球员外流到1986年已不可遏制，比拉尔多最后确定的22人大名单中，有六人在欧洲踢球，此外还有在哥伦比亚的何塞·路易斯·布朗和在墨西哥的埃克托尔·塞拉达。到1990年，比拉尔多指出，国家队中只有八名队员效力于阿根廷国内俱乐部。

> 这种状态下很难弄。这就是为什么我说："要想训练，布鲁查加得在南特开出任意球，而（奥斯卡·）鲁杰里在马德里将它顶进球门。"[1]我尽可能多地与球员交流，如果需要，就通过电话解释他们应该如何跑动，这样才能更好地利用工作时间。
>
> 在埃塞萨训练基地，我有一部大哥大，当时阿根廷只有我有。它就像一个大手提箱，我在训练中用它给国外的球员打电话，每个人都难以置信地看着我。如果我去欧洲，就会请求俱乐部教练批准，让我的球员

1 事实上鲁杰里直到1989年才转会皇家马德里，1986年阿根廷备战世界杯时他还在河床。到1990年世界杯时，阿根廷国家队22名球员中有14名在国外踢球。

> 在结束俱乐部上午的训练后，下午参加我的训练。我会说：“好吧，布鲁查加，现在想象这个橙色标志是巴蒂斯塔，那个是巴尔达诺。”我还会通过会面与共进晚餐谈论战术，永远随身携带战术板和箭头来解释跑位。还有录像，大量的录像，因为真人录像是最好的教材：“你明白我的意思吗？这里。向这里跑动，到那里保护。就像这样内切。”

阿根廷在预选赛上一开始的表现相当出色，主客场分别战胜了委内瑞拉和哥伦比亚。但客场负于秘鲁意味着回纪念碑球场后，他们至少不能输给对手才能自动获得出线权，否则就要参加四支球队争夺南美足联最后一个名额的附加赛。他们完成了任务，但只是刚好完成：比赛结束前九分钟，阿根廷开出角球，对方防守队员解围不够远，球又被传回禁区，混战中丹尼尔·帕萨雷拉一脚破门，将比分追成2–2平。“预选赛非常艰难。”比拉尔多说，“但我们早就知道，预选赛比真正的世界杯更难打。然而，媒体还是吵着要我下课。没有人相信我们。我们出发那天，机场几乎是空的。而当我们凯旋归来时，50万人在那里庆祝。”

不光是球迷对阿根廷队的前景不乐观。世界杯前最后一场友谊赛中7–2战胜以色列是他们最近七场比赛中的唯一胜绩，而一到驻地，队内就出了乱子。马拉多纳、巴勃罗·帕斯库利、塞尔希奥·巴蒂斯塔和路易斯·伊斯拉斯在全队会议上迟到了15分钟，引来帕萨雷拉对自己队长的训斥，他可能觉得这四位队友迟到的原因是吸毒。马拉多纳当着全队的面承认有时会吸可卡因，但坚持说世界杯期间自己可绝没有碰过毒品。接着他反守为攻，指责帕萨雷拉在酒店里打了2 000比索的电话，而全队成员将一起为此埋单，还揭发帕萨雷拉与一名摩纳哥球员的老婆私通。举止优雅的中锋豪尔赫·巴尔达诺一开始站在帕萨雷拉一边，现在也开始反对他，前队长于是声称自己身体不适，离开了球队。

马拉多纳在自传中说，球迷们“半闭着眼睛”观看他们第一场与韩国队的比赛，害怕受到羞辱（他们恐惧的事四年后还是由喀麦隆施加到了阿根廷头上）。“他们甚至不知道上场的是谁。”他接着写道，“帕萨雷拉已经离队，布朗、（何塞·路易斯·）库丘福和（埃克托尔·）恩里克加入了球队。我们只是坚信，坚信，但没有任何正面的战果可以依靠……突然，比拉尔多所有缜密的计划，他的全部战术，他对站位的执着，都变得顺理成章。”

从现在的视角看，马拉多纳受到的犯规之多令人惊讶，有些是对方故意针对他，有些则是因为他速度太快，变向时身体太灵活，令原本正常的拼抢也显得穷凶极恶。阿根廷队的第一场比赛是在墨西哥城的奥林匹克球场对阵韩国，比赛才进行了六分钟，金平锡争抢中腿抬得老高，狠狠地踢到了马拉多纳，接下来他还将被侵犯达十次之多。马拉多纳开出的任意球从人墙上反弹回来，他把球顶给禁区中的巴尔达诺，后者瞄准球门远角一脚中的。对一支信心不足的球队来说，这是一个完美的开端。

十二分钟后，金平锡再次拉倒马拉多纳，又是马拉多纳主罚任意球，球越过人墙，飞向远门柱，鲁杰里头球破门。阿根廷的第三个进球也是马拉多纳创造的机会：队友截下内里·蓬皮多的大脚解围后，头球摆渡给马拉多纳，他带球快速推进到球门线处，横传巴尔达诺，后者推射得分。随后，朴昌善大力射入一粒安慰球，但因为保加利亚和意大利首场战平，阿根廷惊喜之余，也松了口气——自己已经掌握小组出线的主动权。“首场获胜很关键。”比拉尔多说，“我们看了韩国队不下十场比赛的录像，对他们了如指掌，也知道他们在比赛中的拼劲。获得一个良好的开局至关重要，因为一旦输了第一场，第二场比赛的压力将非常可怕。我们在1990年体验到了这种感觉。”

面对意大利，阿根廷没有必要猛攻，因此比拉尔多让鲁杰里盯防对方中锋亚历山德罗·阿尔托贝利。意大利还是先进一球，奥斯卡·加雷的手球给了他们一个点球，阿尔托贝利罚进。对方也派出萨尔瓦托雷·巴尼盯防马拉多纳，但第33分钟，巴尔达诺背对球门接里卡多·朱斯蒂的传球，他侧转身将球挑入禁区，心领神会的马拉多纳拍马杀到，此时协防马拉多纳的却是意大利队长加埃塔诺·希雷亚，马拉多纳让球在地上弹了一下，摆脱希雷亚后起脚射门，球划过门线入网。下半场平淡无奇，布鲁诺·孔蒂一脚中柱，但随着比赛的火药味越来越浓，双方对各得一分都算满意。

这也意味着阿根廷接下来只要战平保加利亚，就有很大可能获得小组第一，而保加利亚知道，除非大比分失利，否则自己还是会以成绩最好的小组第三身份出线。何塞·路易斯·库丘福右路突破后将球传给巴尔达诺，后者头球破门，阿根廷队在三分钟时就取得领先，接下来的比赛看起来已毫无悬念。终场前11分钟，马拉多纳对安德烈·热利亚兹科夫来了个人球分过，助攻布鲁查加得分，锁定了胜局。

虽然赢得小组第一，球队在其他方面还是一团糟。比拉尔多就像以前的苏韦尔迪亚一样纪律严明，严格执行宵禁，有一次，来自大学生队的替补门将路易斯·伊斯拉斯打破了这个规矩。第二天一早，比拉尔多将全队召集到一起，对球员们大发雷霆，说自己知道他们中有人昨晚超时归队，不管他是谁，都要送回国去。他让那个违规的人自己站出来。伊斯拉斯一言不发地坐着，队友们则不安地面面相觑。比拉尔多越发怒不可遏，他说违规者是个胆小鬼，正在毁坏阿根廷队的这届世界杯，并再次要求队员坦白。伊斯拉斯依然沉默不语，此时比拉尔多已气得口沫横飞。他第三次要求犯规者坦白，于是马拉多纳举手说："头，是我。"

"好吧。"比拉尔多拍了下手，朝门口走去，"下午老时间接着训练。"队友对马拉多纳的忠心有时会以奇怪的方式表现，但他愿意担当罪责或许解释了为什么那支球队里后来有那么多球员死心塌地地追随他。

阿根廷队在十六强中面对的是老冤家乌拉圭。乌拉圭因其小组赛的（粗野）表现被国际足联罚款并警告——他们的何塞·巴蒂斯塔领到了世界杯历史上最快发出的红牌，他在与苏格兰的比赛中开赛第55秒就被罚下，最后两队0—0踢平。这或许让乌拉圭面对马拉多纳时不得不束手束脚，结果马拉多纳有一脚任意球踢到门框上，一个进球被取消，还为巴尔达诺和帕斯库利创造了好几个机会。但只有一个机会转换为得分，而马拉多纳在这个进球中的贡献却几乎可以忽略：是他在中场后方转身传球给插上的巴蒂斯塔，巴蒂斯塔面对防守球员将球强行传向远端的布鲁查加，后者给巴尔达诺的传中被后卫拦截，但球恰到好处地弹到帕斯库利脚下，被他一脚扫入大门。

进球没能保住帕斯库利的位置。"你不能用一名纯粹的中锋去对付英格兰。"比拉尔多解释道，"他们会吃了他，增加一名中场却能给马拉多纳制造出更多空间。"青年人队的前锋帕斯库利于是被换成河床的埃克托尔·恩里克，后者是一名可靠的进攻型中场，终于，比拉尔多亮出3—5—2这个撒手锏，正是它让阿根廷队最终赢得了世界杯。何塞·路易斯·布朗是个球风简洁的自由人，鲁杰里与库丘福在他前面担纲盯人中卫，再前面是既能抢断又能出球的巴蒂斯塔，胡利奥·奥拉蒂科埃切亚替代了更偏防守的加雷，他和里卡多·朱斯蒂拉边，布鲁查加担任中场与前锋之间的衔接，马拉多纳则是巴尔达诺身后的二前锋，但有权在全场自由活动。

当然，比赛中阿根廷队还有一个优势，就是四年前打过的那场福克兰群岛之战。战争对球员的影响程度尚存争议。“赛前我们肯定都说足球与马尔维纳斯战争无关。”十四年后，马拉多纳在自传中写道，“但我们知道许多阿根廷孩子战死在那里，就像小鸟一样被射杀。这是复仇……我们将一切阿根廷人民遭受的苦难都归咎于英格兰球员。”但是马拉多纳的理论经不起仔细推敲，他的回忆也常常不怎么可靠，这并非第一次。或许阿根廷球员有这样的看法，但在当时，两边都对不断被提起的英阿冲突感到厌烦。“看，阿根廷队没有扛着枪，没有武器，也没有弹药。”世界杯时的马拉多纳厉声作答，“我们来这里只是踢球。上个月，三万名热刺球迷还在奥西·阿迪莱斯的告别赛中向我欢呼，我怎么可能再谈论那场战争？”

开赛51分钟后，马拉多纳打进了第一个球，那个臭名昭著的进球，一个*viveza*走向其恶劣极端的范例：斯蒂夫·霍奇的解围球不幸飞向自家球门，面对步履迟缓的希尔顿，马拉多纳一拳将球打进。在跑向角旗的同时，马拉多纳还紧张地回头看了一眼，似乎不相信裁判会判进球有效。“我等着队友们的拥抱，但没有一个过来……”他说，“我告诉他们：‘过来拥抱我，不然裁判就不会判进球。’”赛后他回答提问的时候，说这个进球“一部分要感谢马拉多纳的脑袋，一部分归功于上帝之手”。

此事引发了许多高论，但对突尼斯裁判阿里·本·纳赛尔的批评大多立足于非足球强国的裁判不应该执法重要赛事这一荒谬的逻辑，不要忘了即便是英国的解说员巴里·戴维斯也花了近两分钟才意识到，英格兰球员抗议的是手球而非越位。这个手球现在已为人熟知，又有各种静态照片，因此才显得一望而知，当时却绝非如此。况且，即使英格兰试图占据道德高地，也因为他们对马拉多纳的粗暴犯规而失去了立场。斯科特·默里2014年在《卫报》上就指出，认真说起来，那场比赛中泰里·芬威克有四次理应被红牌罚下的犯规，实际上却只拿了一张黄牌作为警告。

四分钟后，马拉多纳又攻进第二个球，这个球可谓惊心动魄，一下子超越了大众心目中1957年科巴塔对智利的经典射门，成为阿根廷国家队新的最佳进球。马拉多纳在阿根廷半场离中线十来码的地方接到中场球员恩里克的传球——“这个传球位置极佳，他想丢球都不可能。”恩里克开玩笑说——马拉多纳拿球后转身甩开彼得·比尔兹利和彼得·里德，里德追了一段，但跟不上马拉多纳的速度，马拉多纳带球一路狂奔，从内侧越过泰里·布彻，又轻松晃开芬威克，虽然布彻终于赶到，并在最后关头做出飞铲动作，依然阻止不了马拉多纳过掉希尔顿，将球推入空门。阿根廷电视台评论员维克多·乌戈·莫拉莱斯的解说后来成为经典：

> 球往迭戈那里去了，现在马拉多纳拿球，两个人防守他，马拉多纳用脚停住球，这个世界足球奇才向右跑去，甩开了那两名防守队员，他要传球给布鲁查加……球还在马拉多纳这里！天才，天才，天才！啧啧啧啧啧啧……进……球！进……球！我要哭了！我的上帝，足球万岁！多么伟大的进球！迭……戈！马拉多纳！对不起，他让你流泪。马拉多纳，一次令人难忘的带球，流芳百世的跑动……你这粗壮身材的旷世奇才……你来自哪个星球？把那么多英国人抛在身后，让全国上下捏紧了拳头，争相为阿根廷欢呼！阿根廷2，英格兰0。迭戈·阿尔曼多·马拉多纳，谢谢你，上帝，你给了我们足球、马拉多纳、热泪，和阿根廷2，英格兰，0！

或者，就像BBC戴维斯的解说：“你不得不说，这真是精彩极了。”

五年前在温布利球场举行的一场友谊赛中，马拉多纳有过一个类似的机会，但用脚侧射门时却射偏。他的一个绰号“土耳其人”的弟弟看到这个失误后打电话给他，说他是个“白痴”，不去骗过守门员，然后用右脚射门，却试图用左脚将球打进一个极小的空当。这个故事越传越神，说马拉多纳冲向希尔顿时清晰地想起了这段对话，但马拉多纳的自传坦承，就算此事真有什么影响，也完全发生在潜意识中，而且之所以能进球是因为英国球员的诚实。“如果我面对的是其他球队，我不觉得自己能够成功，因为他们绝对会把你放倒。”马拉多纳说，“英格兰队的球员们或许是世界上最高尚的。”

九年之后，马拉多纳的态度再次转变，在一次与《图片报》的访谈中，他又坚称这场比赛是为了福克兰群岛。“我觉得——一直都是，我不否认——我们赢下的不仅仅是一场足球赛。我们打败了一个国家。我们为此作出了贡献，用我们的方式……我的进球——两个进球——都有着特殊意义：第一个就像是把我的手伸入英国人的衣兜，拿走了本不该属于他们的钱；第二个……则超越了一切。”

马拉多纳进了第二个球之后，博比·罗布森用克里斯·沃德尔和约翰·巴恩斯替下了里德和特雷弗·史蒂文，阿根廷队终于需要面对边路进攻，显得有些应接不暇。“我至今还记得，巴恩斯在左路攻势凌厉。”比拉尔多说，“队员们对我大叫：‘让朱斯蒂下去。’（里卡多·）朱斯蒂担任的是中场加边后卫的新位置，我不想换下他。‘不，他要坚持住。他会很辛苦，但他得学会应付。’我大声回答。我们训练过很多次，他必须顶住。我一直想要进步，变得更好，这已是我的座右铭，生活与足球，都如此。”这是一场豪赌，但比拉尔多运气不错。巴恩斯的一脚传中助攻莱因克尔射门得分，那时离比赛结束只剩九分钟了。六分钟后，这两人差点把比分追平。奥拉蒂科埃切亚在最后关头勉强碰到了球，让莱因克尔的头球没有顶上。阿根廷队死里逃生，突然之间，他们完全有了自信。“战胜英格兰之后，我意识到我们真的可能夺冠。”比拉尔多说，“整届世界杯中，这场比赛对我们来说是决定性的。”

比利时在四分之一决赛中通过点球大战淘汰了西班牙，他们没有吸取教训，放弃了边路，将球员堆积到中场。与英格兰一样，他们的抵抗只能坚持半场。布鲁查加从右侧游弋到中路，将球传给正向禁区冲刺的马拉多纳。门将让-玛丽·普法夫离开了球门线，马拉多纳冷静地用左脚外脚背打门，球掠过普法夫，钻入球门。12分钟后，他又进了让人眼花缭乱的一球。他在离球门约40码处拿球，面前密不透风地围了三名防守队员，他们身后十码处还有另一名对方球员埃里克·格雷茨。马拉多纳穿过前三人，又突然从左边绕过格雷茨，一脚挑射，球飞入普法夫身后的空门。他用劲过猛，几乎令自己摔倒，但表现出超人的平衡能力，靠着飞舞双臂稳住了脚步，并转身跑开，接受队友的祝贺。

比赛只剩五分钟了，当时32岁的里卡多·博奇尼换下布鲁查加，获得了职业生涯中唯一一次在世界杯正赛中上场的机会。马拉多纳坚持让比拉尔多将自己的这位偶像选入国家队，前两届世界杯梅诺蒂都没有带他，或许是觉得他速度不够。当博奇尼拖着脚步走上赛场时，马拉多纳跑向他，“大师，我们一直等着你。”他说。博奇尼说自己记不清当时的对话，但据信他对这一姿态并不特别感激，觉得整件事就像是对自己的示怜。

决赛的对手是西德，随着赛事的进行他们也转向三中卫阵型。西德的边后卫汉斯–彼得·布里格尔和安德烈亚斯·布雷默比阿根廷队的边后卫更偏防守，但就位置来说，他们的队形基本上与阿根廷的一模一样，其中洛塔尔·马特乌斯主盯马拉多纳。在比赛的大部分时间里，两人的作用相互抵消。

阿根廷的首粒进球与战术无关，全赖托尼·舒马赫尔的低级失误，在此之前，他算得上是本届世界杯的最佳门将。上半场比赛进行到一半时，马特乌斯对马拉多纳犯规，布鲁查加从右侧开出任意球，舒马赫尔跑出球门，但差了相当距离没有拿到球，让何塞·路易斯·布朗头球顶入自己唯一的一个国家队进球。下半场第八分钟，阿根廷队攻入第二球，马拉多纳喂球给埃克托尔·恩里克，后者又助攻巴尔达诺，由于舒马赫尔犹豫着不敢出击——他在自传中说，是队友强令他按兵不动，巴尔达诺轻松地将球射进大门。

至此比赛看来胜负已定，但随后西德队用迪特尔·赫内斯换下毫无建树的费利克斯·马加特，又将马特乌斯从盯防马拉多纳的角色中解放出来，这些变化带给他们新的生机。赛前准备时，比拉尔多就苦苦思索如何应对西德队防不胜防的定位球。他紧张到决赛当天凌晨4点钟冲进鲁杰里的房间，扑向这名半梦半醒、晕晕乎乎的后卫，问他“对方角球你防谁”。鲁杰里不假思索地回答“鲁梅尼格”，比拉尔多这才稍稍放下心来。但是由于布朗肩胛骨折，下场治疗，阿根廷队防守定位球的盯人体系崩塌。比赛只剩16分钟时，布雷默开出角球，鲁迪·沃勒尔头球摆渡，卡尔·海因茨·鲁梅尼格高高跃起，在球门区内伸长头颈将球顶入大门。八分钟后，布雷默又从同一侧发出一个角球，托马斯·贝特霍尔德将球朝后顶向前门柱，沃勒尔近距离头球破门。

势头看上去完全转向德国人这边，但仅仅三分钟后，皮球落在中线附近，被马拉多纳凌空传出，舒舒服服地送到跑动中的布鲁查加脚上。舒马赫尔的出击又晚了，布鲁查加大力将球送入球门远角。阿根廷第二次夺得世界杯，马拉多纳终于实现了他本人十几年前就在电视上坦承的梦想。比赛结束后，球员与教练在场上欢庆，比拉尔多热泪盈眶，说自己的一切都师承奥斯瓦尔多·苏韦尔迪亚。

即便是赢得了冠军，比拉尔多仍然没有完全满足。“战胜德国后，我非常生气，无心庆祝。”他说，“有人问我：‘卡洛斯，怎么了？’我回答道：‘他们靠定位球得了两分，我们训练了那么多次，强调了他们的跑位，结果还是被他们两次利用角球得分！’”

他也极不满意这次成功全靠马拉多纳个人才华的说法。“整届世界杯中，马拉多纳表现极其出色，但其他球员同样如此。”比拉尔多说，“并不是只有迭戈一个球星，即便他不可或缺：我们知道如何围绕他，用让他舒服的方法踢球。例如，决赛中巴尔达诺[1]的跑位，他几乎是从左后卫的位置跑到右边锋的位置射门得分，此时你会说：‘这些球员几乎全能。’”

阿根廷队凯旋归国，不出所料，阿方辛允许球队在总统府的阳台上举行庆典，正对人山人海的五月广场。不过他本人没有出席，这符合他一贯的政治作风；他从不轻易抛头露面，也不想利用他人的荣耀来提升自身的形象。

1 除了在这场比赛中的表现，巴尔达诺那个赛季还因帮助皇家马德里夺得联赛冠军而当选西班牙最佳外援。

第46章
誓别小鸡

河床是1979年大都会与全国锦标赛的双料冠军，1980年冠军赛冠军和1981年全国锦标赛冠军，但是“小鸡”的标签依然高悬在他们头上。拥有乌瓦尔多·菲略尔、丹尼尔·帕萨雷拉、J·J·洛佩斯、雷纳托·梅洛、韦托·阿隆索和莱奥波尔多·卢克等球星的河床显然是一支超级强队，或许代表了后“机器”时代最强大的阵容，但解放者杯一直与他们无缘，即便队中天才云集，连中场队员都有两套，一套专踢国内联赛，另一套则负责美洲赛场。

球队的管理却一片混乱——迪斯蒂法诺于1982年离开河床，去皇家马德里执教，之后的两年半时间里，河床换了七名教练——1983年，他们没有入围解放者杯比赛。那一年河床掉到谷底：球员们因为领不到工资而罢工47天，只能让青年队员顶上，结果河床队位居冠军赛积分榜的倒数第二，只是因为规则中引入平均分制度，即统计前三个赛季每场比赛的平均得分，才免于降级。

1984年，乌拉圭主教练路易斯·库维利亚将河床带至冠军赛的第四名，虽然在全国锦标赛决赛中负于铁路队而仅获亚军，但这是球队终于回到正轨的第一个迹象。可惜由于客场1–5惨败于圣菲联合，库维利亚被解职。取代库维利亚的是绰号“小孩子”的埃克托尔·韦拉。1964年，当时效力圣洛伦索的韦拉年仅18岁，就已成为甲级联赛射手王，四年后，又是在他的帮助下，圣洛伦索夺得大都会锦标赛冠军，但普遍认为他后来的球员生涯与早年显露出来的天赋不符。接到河床任命时，他的教练生涯刚刚起步，除了曾短暂执教圣洛伦索和萨斯菲尔德外，只在乙级球队班菲尔德有两个赛季令人印象深刻。但他已经以幽默感出了名，嘴里怪话连篇，许多妙语甚至流传至今。让我们从无数例子中选出三个："孩子，我的工作可比泰坦尼克号上的管道工难多了"；"你见过这家酒店吗？我以为德古拉[1]就死在这里"；还有，"看见那个孩子吗？他来了又走，走了又来……好像一条高速公路"。

"如果我们能够恢复秩序、纪律与谦逊，凭着这支球队我们能创造历史。"他在更衣室的一块黑板上写道。他迈向这个目标的第一步是想办法让伟大的乌拉圭球员恩索·弗朗西斯科利发挥出最大作用。弗朗西斯科利当时才23岁，韦拉将他从一名8号球员打造成中锋。"如果他成不了材，我就不当教练了。"他这样告诉俱乐部主席乌戈·圣蒂利。但弗朗西斯科利并非典型的9号，韦拉把他塑造成介于9号与10号之间的9号半。与此同时，一直踢右边锋的埃克托尔·恩里克成了新的8号，同时在右翼担当10号球员的组织职能。这个改变很合韦拉支持者的胃口：自"机器"时代开始，河床队信奉的就是场上放尽可能多的进攻组织者。

整个赛季他们只输了三场比赛，而且每每以大比分赢球：5–1胜老男孩，4–1胜萨斯菲尔德，5–1胜大学生，5–4胜青年人，4–0胜科尔多瓦竞技……1986年3月9日，他们3–0战胜萨斯菲尔德，提前五轮锁定冠军头衔。最后一轮阿隆索独进两球，河床2–0击败博卡，此时才举行了盛大庆典——看录像一眼就能认出这场比赛，因为赛场上覆盖着太多彩带，比赛不得不用上橙色足球。

联赛冠军对于平复球队的心境固然重要，但真正的梦想是解放者杯，是终结从未赢得这一荣誉的耻辱——当然博卡在解放者杯中的成功也让河床的渴求变得更加迫切。赛程初期河床取得傲人的战绩，意味着到半决赛组的最后一轮，主场作战的他们只要战平青年人队，即能进入决赛。但河床却输了个0–2，他们的敌人马上把这场比赛奉为经典的杀鸡之战。随后青年人队又击败厄瓜多尔的巴塞罗那，争得了与河床再打一场附加赛的机会。不过由于

1 Dracula：爱尔兰小说中罗马尼亚著名吸血鬼。——译注

河床占据净胜球优势，又一次只需打平就能出线。“整场比赛，我们的心都提到了喉咙口。”阿隆索说。终于，他们把0–0的比分保持到终场，历史上第三次打入解放者杯决赛，对手是前一年的亚军卡利美洲。[1]

决赛第一回合，河床做客卡利，上半场进行到一半时，他们的乌拉圭前锋安东尼奥·阿尔萨门迪在右路找到一个空当，他用右脚扣了一下球，起左脚试图传中时滑倒在湿透的草皮上。他传出的球明显比设想的要低，但绰号“大水牛”[2]的胡安·希尔韦托·富内斯表现出与其外号截然相反的灵活，转身射入漂亮的一球。三分钟后，河床做了一个巧妙的任意球配合，阿尔萨门迪停下来自左路的传球，交给了阿隆索，后者在禁区边一脚射门，球反弹了一个奇怪的角度，但还是飞进大门。巴拉圭中场罗伯托·卡瓦尼亚斯下半场开始不久便扳回一分，但河床还是守住了2–1的胜利。

接下来两队移师纪念碑球场再战。下半场开始后七分钟，河床后卫亚历杭德罗·蒙特内格罗与前一年刚从河床转会到卡利美洲的里卡多·加雷卡一起被红牌罚下。但第66分钟时，恩里克传了一个速度很快的低平球给富内斯，后者控住球，漂亮地转过身，一脚低射将球打入球门，卡利美洲的阿根廷门将胡利奥·塞萨尔·法尔乔尼鞭长莫及，只能看着球滚入自己左手边的立柱内。这是整场比赛的唯一进球，河床终于赢得了解放者杯。“人群举着我绕场一周庆祝。”阿隆索说，“作为河床的球迷，同时也是河床队员，这一刻更具特殊意义——尤其是我，因为我可以说是在这里出生的。我为河床所做的一切都发自内心。”

但是，借用加列戈的话，“小鸡（的名声）终于被埋葬”是在将近两个月后的东京，河床1–0战胜了欧洲冠军布加勒斯特星队。阿隆索描述了河床如何惊险地拿下这场至关重要的比赛：

---

1 下一年他们将在决赛的附加赛中负于佩那罗尔，再次与冠军擦肩而过。或许“小鸡”队需要的就是比自己更“小鸡”的对手（小鸡一直跑得很快很活跃，却在最后关头被一击致命。——译注）。

2 富内斯当年从波哥大的百万富翁队转会河床。他在百万富翁的两个赛季是球队的大红人，俱乐部一个极端球迷组织的名字就叫“水牛帮”。离开河床后，富内斯先后效力于奥林匹亚科斯和萨斯菲尔德队，直到1990年因身体不适被迫退役。1992年1月，他心脏病突发去世，年仅28岁。他家乡圣路易斯的球场以他命名。

决赛就像超级德比：你拼命不输，保证对方不攻破自己的球门，因为你知道只要你能踢进一球，1—0的比分就足以让你成为冠军。在洲际杯中就是如此，我们依靠巧妙的跑位赢得了胜利。那是一个任意球，我迅速要来了球，传了个短球，让我的队友能触到它，然后他又传回给我，我看到了阿尔萨门迪，就助攻他得分。

我们这支球队甚至能上场打仗，而且一样有必胜的信心。每个球场都好像是我们的主场，我们都能在那里展开阵型，抓住机会并控制全局。我们迫使对手后撤，看对方如何应对。这是我见过的最后一支伟大的阿根廷球队。它没有100%的河床基因，一开始只有三名队员是河床出身。但后来者快速而高效地适应了球队。我们都想要成功，既谦逊，又饥渴。

阿尔萨门迪第29分钟时的进球确保河床1—0赢下了这场紧张激烈的比赛。“我们没有任何战略或战术上的失误。”韦拉说，“这就叫智慧。我们靠头脑赢球。”

但是，球队的解体也已经开始。弗朗西斯科利甚至在解放者杯之前就已转会，被出售给巴黎竞赛队。阿隆索与加列戈分别于1987年和1988年退役。罗克·阿尔法罗于1987年离队，蓬皮多、内尔松·古铁雷斯、鲁杰里、阿尔萨门迪和富内斯则在1988年离去。

1987年，连韦拉也被卡洛斯·格里戈尔接替。那年10月，一名13岁的男孩指控已去圣洛伦索执教的韦拉性侵，说他向韦拉索要签名时被邀请进入后者的公寓。韦拉始终坚持自己的清白，但还是在1988年4月被判强奸未遂与引诱未成年人两项罪名成立，获刑四年。经过上诉，1991年8月，罪名被变更为强奸，刑期延长到六年。第二年9月，最高法院又将罪名改回强奸未遂，刑期减至三年。由于韦拉被关押的时间已超过刑期的三分之一，他获得假释，这引发了未经证实的传言，说由于卡洛斯·梅内姆总统所属政党在最高法院占据多数，裁决或许受到了他的影响。

第47章

那不勒斯的荣耀

世界杯后，马拉多纳与克劳迪娅度了一个“蜜月”，克劳迪娅似乎是为了回应马拉多纳与克里斯蒂安娜·西纳格拉被曝光的婚外情，做了个鼻子整形，还染了一头金发。他们要传达的信息清晰无误：两人已重归于好，并一致对外。那年9月，西纳格拉生下了马拉多纳的孩子。多年以后，马拉多纳才承认这个也叫迭戈的男孩是自己的儿子。公众对西纳格拉大为同情，但即便舆情艰难，马拉多纳还是将自己在世界杯上的神勇状态带入了新赛季。

在史上最伟大球星的竞争中，马拉多纳的独特成就是几乎以一己之力，将一支中游球队送上重大赛事的冠军宝座，而且当此之时，金钱正逐渐从一种有利因素演变为决定性的力量。并不是说马拉多纳一定比贝利、迪斯蒂法诺、克鲁伊夫、梅西或普什卡什等更厉害，但他与众不同。他不是那种在群星璀璨的球队中发挥穿针引线的作用，发掘出周围球员的优点，并以自己的天才激励他们从优秀迈向杰出的球星，或许马拉多纳需要的是成为球队的核心，需要整支球队围绕自己，依赖自己。他有的不仅仅是技术、过人、射门和任意球等各种能力，同时还是一个球队的灵魂与组织者。在其他伟大球星中，大概只有克鲁伊夫具有不相上下的战术头脑——虽然两者的表现方式不同。

但也不能说那不勒斯就是马拉多纳和他的十个跟班，就像我们不能说1986年的世界杯冠军阿根廷队是马拉多纳加队友。球队中还有其他高水平队员：世界杯后，他们签来了安德烈亚·卡尔内瓦莱，与马拉多纳和布鲁诺·焦尔达诺一起，构成令人生畏的前锋阵容。他们有中后卫奇罗·费拉拉，费尔南多·德纳波利与萨尔瓦托雷·巴尼则担纲中场。他们绝非毫无战斗力，但依然，毋庸置疑的是，没有马拉多纳，他们几乎不可能具备真正的夺冠实力。像在阿根廷国家队一样，他又一次带给队友灵感、创造力与决心，让他们相信非凡之事能够达成。

1986—87赛季，凭借马拉多纳的神勇状态，那不勒斯斩获队史上第一个意甲冠军，而且是1–1战平佛罗伦萨后提前一轮夺冠。那一晚，朱利亚诺家族组织了一场盛大的庆祝活动，向球迷分发食物与香槟，还举行了派对，但警告记者不能报道。按《图片报》当时驻罗马记者布鲁诺·帕萨雷拉的说法，派对地点在那不勒斯城外诺拉小镇上一幢警卫森严的私密豪宅里。参加派对的人没有提起这是谁的房子，也根本不用问。

或许卡莫拉对那不勒斯俱乐部并没有什么险恶的用心，或许这只是当地商人庆祝本地球队的胜利。但下一个赛季，人们开始细致地分析围绕着那不勒斯俱乐部的各种势力。那年夏天他们签下巴西前锋卡雷卡，组建了由马拉多纳、焦尔达诺和卡雷卡构成的马–焦–卡三人组。赛季伊始，那不勒斯战绩骄人，4月10日，当他们1–0战胜国际米兰时，已经位居积分榜首，并甩开第二名四分，但赛季的最后五场比赛他们却一场未胜，被阿里戈·萨基领军的AC米兰后来居上，后者在倒数第三轮曾客场3–2力克那不勒斯。虽然未被真正证实，但有一种说法称：如果那不勒斯再度夺冠，卡莫拉会在赌球上损失惨重，因此他们命令球队放弃争冠。马拉多纳对此不屑一顾："完全是……胡说八道。"他怪罪于裁判和自己的背伤，也责怪队友——输给佛罗伦萨后，队友就要求解雇比安基。马拉多纳一直不怎么服这位教练，他说比安基"开始尝试新打法"，应该为球队的退步负主要责任，但他也认为队友们的抗议过于轻率，反而让比安基带上了殉道者的光环。

不出所料，观众高呼教练的名字，赛季结束时，比安基成功续约。他一口气开除了六名球员。马拉多纳告诉俱乐部主席科拉多·弗莱诺，自己无法忍受在比安基手下踢球，让他做个二选一。弗莱诺不为所动，只指出上一年12月，马拉多纳刚刚签下一份每年500万美元的合同，要到1993年才到期。马拉多纳进一步失去公众的同情。

随着伤病越来越重，马拉多纳的训练量减少了。虽然这样小心并不为过，却无法让球迷安心，他们已经开始怀疑球队的英雄正设法走人。那不勒斯位居积分榜第二，但差第一名国际米兰11分之多，而且始终看不到追上的可能。不过他们在欧洲联盟杯决赛的两个回合中都战胜斯图加特而夺冠——马拉多纳还获得一个奇怪的点球，当时手球的其实是他，而不是对方后卫。但1989年6月，在与比萨队的比赛中，马拉多纳因大腿拉伤不得不一瘸一拐地下场，球迷朝贵宾包厢发出嘘声，那里坐着克劳迪娅和他们的女儿达尔玛，还有经纪人吉列尔莫·科波拉。马拉多纳愤怒至极，痛斥球迷对自己的侮辱。

许多人认为是马拉多纳的夜生活造成了他的状态起伏，虽然报纸对此噤若寒蝉，但他的醉生梦死可谓路人皆知。马拉多纳却认为自己是某种阴谋的牺牲品，他早期在阿根廷受到的压力现在已经发展成一种执念。他利用主持意大利电视节目的机会大肆攻击曾经批评过自己的记者，有一次还将报纸强行塞入一名记者的口中。赛季结束后，他回到埃斯基纳，发誓再也不回意大利了。

尽管所谓的阴谋论基本上属于无稽之谈——而且这已成为马拉多纳与全世界为敌的过程中反复上演的戏码——但的确有一些不同寻常的事情发生。他的车和他姐姐的公寓遭到破坏，有人闯入他自己的公寓，虽然没有什么损失，但物品显然被移动过。是来自卡莫拉的警告吗？马拉多纳认为是。一俟他提出有意留在阿根廷，那不勒斯迅速作出反应。他突然变得像是弃保逃跑的罪犯——球迷和记者对他的出格行为一直睁一眼闭一眼，但前提是他能够俯首贴耳，踢好足球。《(那不勒斯)晨报》发表了马拉多纳与朱利亚诺家族在一起的照片，配文是“谁会想用威胁其偶像的方式来挑战卡莫拉？！”这句话可以有多种解读，吉米·伯恩斯最喜欢的一种是：卡莫拉欲让马拉多纳回头。

虽然不情愿，但既有白纸黑字的合同——以及其他各种不便付诸文字的限制——马拉多纳还是同意回那不勒斯。回归之前，他在布宜诺斯艾利斯大教堂举办豪华的婚礼，迎娶了克劳迪娅。这一举动再次引起公关危机：典礼极尽奢华，据说还向宾客提供可卡因和妓女，而与婚礼同时发生的，是公交系统的大罢工。时间的选择只是不巧，但马拉多纳给人留下的印象是他已忘记了自己的出身，而且对此满不在乎。不过买他面子的也有：总统候选人卡洛斯・梅内姆就费尽心机拉拢他，顺便说说，梅内姆的竞选经理之一是希特兹皮莱尔。

马拉多纳回到那不勒斯时，明显地状态不佳。1989年11月，在一场与韦廷根队的联盟杯比赛开始前一小时，1989年夏天接替比安基担任那不勒斯主教练的阿尔贝托・比贡不得不把马拉多纳从阵容中撤下。照例，马拉多纳坚持说自己成了阴谋的牺牲品。一个月后，马拉多纳又称世界杯赛的抽签被内定。“他不是蠢就是坏。”国际足联秘书长泽普・布拉特说。但那不勒斯在那个赛季的第二轮就登上意甲积分榜首，并一直领先到次年2月被AC米兰超过。随着世界杯的临近，马拉多纳专注训练，体能也逐渐恢复。到了春天，他又找回了巅峰状态。赛季倒数第二轮，那不勒斯在博洛尼亚4–2获胜，AC米兰则客场负于维罗纳，那不勒斯重回积分榜首，最后一场比赛他们主场1–0小胜拉齐奥，拿到了第二个联赛冠军。不管怎样，丑闻缠身、纷扰众多的马拉多纳又一次大发神威。而那不勒斯俱乐部在三年内两度登顶意甲之后，便再也没有接近过这个冠军头衔，这可以看作马拉多纳非凡成就的一个明证。

第48章
又一次道义冠军

1986年世界杯后，许多人力劝比拉尔多辞职，因为实在看不出他还能怎么带领国家队更上一层楼。但他表现出典型的既固执又自信的个性，拒绝了这一请求。“我觉得3–5–2阵型还没有显示其全部潜力。”他说。事实似乎很快证明他错了。世界杯赛一结束，阿根廷队又回到了刚组建时那种温吞水的状态。1987年，阿根廷主办美洲杯——那一年美洲杯恢复了由一个国家主办的传统——虽然他们极度渴望自1959年来再度夺冠，但由于马拉多纳饱受肌腱炎折磨，阿根廷队全无夺冠热门的风采，在半决赛中输给了乌拉圭。

那年12月的一场友谊赛中，阿根廷倒是战胜了西德，但除此之外，直到下一届美洲杯开始之前，他们的唯一胜绩是对沙特阿拉伯。在1989年的巴西美洲杯上，尽管马拉多纳又拉伤了大腿，阿根廷队的战斗力还是有所恢复。但与三年前赢得世界杯时相比，这支阿根廷队开始大打防守牌。或许对他们来说幸运的是，作为卫冕冠军，他们无需参加1990年世界杯的预选赛。

1986年全球农产品价格崩盘，令阿方辛的经济计划落了空。资本外逃愈演愈烈，通货膨胀再度抬头，实际工资水平下降了20%左右，导致了一系列的罢工，越来越多的球员离开阿根廷去欧洲淘金。似曾相识的一幕又令人担忧地出现了：经济前景的黯淡让总统无力对付军队，由阿方辛动议，议会于1986年12月通过了《全面中止法案》，此前共有约600名军官被控与肮脏战争有牵连，现在，民事审判仅限于那些在该法案通过后六十天之内被公诉者。即便如此，1987年的复活节周末，仍有部分陆军军官哗变。阿方辛亲自参与了谈判，叛军接受投诚，但那年6月，议会又通过《正当服从法案》，赦免了与肮脏战争有涉的所有上校以下军官，理由是他们只是执行上级命令，而他们的上级已被定罪。该法案实际上终止了剩下所有对军政府治下侵犯人权案的审理。虽然与军队妥协出于政治上的不得已，但还是让民众对阿方辛的支持率大跌。阿方辛为人谦和正派，他有个习惯——张开双臂合拢手掌，似乎渴望将全体阿根廷人拥入怀中，但时势已令他无路可走。

经济继续恶化。1987年初的一场严重干旱影响了出口，贸易顺差顷刻化为乌有。奥斯特拉尔的币值从6月到10月跌了将近一半，月通货膨胀率从5%猛升到20%，收入受损触发了两次大罢工和一系列较小规模的停产。1987年，华尔街崩盘令国外投资一下子枯竭，政府不得不加税，再考虑到通货膨胀的影响，家庭收入降低到1983年的水平之下。1988年1月又发生了一次叛乱——同样很快平息下去，但公众对阿方辛的支持率更低了，他不得不将原定于1989年10月举行的总统选举提前到5月。1988年整年，阿根廷经济衰退，通货膨胀却还在上升。工资再度被冻结，导致第二次大罢工，这次示威者与警察在五月广场发生了冲突。

阿方辛现在面对的不仅是实际收入的下降，更严重的是人们开始觉得他没有认真对待白领犯罪。1988年，阿特拉斯银行的高管被判从央行骗取了1.1亿美元，但他们在偿还一半金额后获得缓刑。这次起诉原本是为了显示阿方辛打击腐败的决心，判决却让人怀疑他到底有多当真，同样地，人们还发现，对某些企业来说，存在着一套平行关税体系。

阿方辛成功地将青年人俱乐部前主席苏亚雷斯·马松将军以及设立AAA死刑队的神秘主义作家洛佩斯·雷加将军从美国引渡回布宜诺斯艾利斯受审[1]，但这个举动激怒了军方，再加上他们本就对军费一再裁减心怀不满，于是在1988年12月发动了第三次叛乱。次年1月，一个左派组织袭击了拉塔布

---

1 洛佩斯·雷加1989年等待审判期间因糖尿病死于狱中。苏亚雷斯·马松被判犯有43项谋杀和23项绑架（包括绑架婴儿）的罪名。卡洛斯·梅内姆1990年赦免了他。他逃去加利福尼亚，但1995年再次被引渡，接受绑架未成年人的审判。他被软禁在家中——阿根廷对年龄超过70岁的罪犯通常只施以软禁——但2004年因违反软禁条款，被再度投入狱中，第二年去世，时年81岁。另外他还被意大利法院以缺席审判的方式判处终身监禁，罪名是谋杀了八名意大利籍阿根廷人，同时还面对阿根廷另外200起绑架、30起谋杀和出售政治犯的婴儿等罪名的指控。

拉达的驻军，造成39人死亡，空气中充满了噩梦即将重演的恐惧，尤其是此时军方又被控以酷刑对待肇事疑犯。

随着奥斯特拉尔的崩溃（1991年，它最终被比索以1比10 000的兑换率取代）和通货膨胀的急升，阿方辛连任的希望完全破灭。他的竞选对手，正义党代表卡洛斯·梅内姆，一个出身叙利亚移民家庭的花花公子，最终赢下了22个省份中的19个。虽然阿方辛提前进行了选举，但他本想按原定任期留任至1989年12月，可是经济形势越发混乱，人均GDP下降到1964年以来的最低点，再加上罗萨里奥和其他城市发生了暴乱与抢劫，阿方辛不得不在7月就移交政权。这是阿根廷自伊里戈延于1916年上台以后，总统第一次将政权和平移交给反对党。

经济危机深重，政府又准备实行激进的改革，可以想见，掌握政权的人有多需要一届成功的世界杯助力。这种需要或许比不上军政府时期那么强烈，但爱出风头的机会主义者梅内姆仍将自己和国家的命运押宝到国家队身上，全然没有阿方辛的谨慎克制。他甚至曾亲赴纪念碑球场参加训练。[1]

那时候的梅内姆留长发，蓄着浓密的鬓角，常穿高乔人的披风，存心模仿南美最富盛名的考迪罗之一，19世纪对抗欧洲自由主义的法昆多·基罗加。与庇隆一样，他试图唤起关于阿根廷历史的浪漫主义思绪，以此驾驭民众的爱国热情。他称英国人为“世界海盗”，誓言将福克兰群岛之争进行到底，承诺改善穷人和劳工阶级的生活状况，并大肆展示自己对足球和跑车的热爱。他的支持者人数众多，组织的集会每每有成千上万人出席，但他同时却与金融界的要人建立了秘密联系。

梅内姆将自己打扮成庇隆的继承者，但一掌权他就放弃了亲民的形象，拿出总统的架子，开始推行几乎称得上是撒切尔主义的经济改革。他大幅削减国家福利，废除了许多庇隆时代通过的劳工法案，在国有工业内实行私有化，所得收益用来推迟偿还外债，整个过程中腐败丛生。1991年，比索与美元挂钩，算是暂时解决了通货膨胀这一老大难问题，但完全无助于抑制飞速

1 有时候梅内姆似乎利用总统的身份来实现自己的梦想。例如，1998年，他参加了一场五人制足球赛，同时参赛的还有英国体育部长托尼·班克斯和博比·查尔顿。“我发现他球技相当不错。”查尔顿在自传中写道。

增长的失业率。

为了让自己激进的改革得以实施，梅内姆不得不讨好保守势力，因此他在1990年赦免了魏地拉、马塞拉、加尔铁里和其他被“审判军政府”行动定罪的人。阿方辛称这天为“阿根廷历史上最可悲的一天”。此外，还没等民众充分意识到梅内姆的经济计划究竟意味着什么，他们已经有了反对他的其他理由。他的家庭生活是小报津津乐道的话题：他被披露有过多次婚外恋，并且虐待自己的妻子苏莱玛，苏莱玛也被认为为人喜怒无常，他们的两个孩子更是以挥霍无度著称。梅内姆决定寻求阿根廷人恒久不变的偶像——马拉多纳——的支持：世界杯开始前不久，在米兰圣西罗球场举行的一次记者会上，梅内姆任命马拉多纳为体育大使，还发给他外交护照。这一民粹主义做法带有典型的梅内姆式厚颜无耻。

最终，1990年12月，梅内姆也不得不面对军队的暴动。他运用武力平息了叛乱，进一步削减军费，并任命属于温和派的马丁·巴尔萨准将为陆军总参谋长，后者自担任高级军职后，每次军事政变都持反对态度，而且一直公开批评福克兰战争。更难得的是，虽然在竞选宣传中言辞激烈，梅内姆还是有意改善与英国的关系，并为之做出了切实的努力。1994年，征兵制被废除，军队终于不能再控制平民的人生。

对阿根廷队来说，从1989年美洲杯赛的最后四场算起，他们连续十场未胜，直到世界杯前最后一场友谊赛赢了以色列才结束这个噩梦——四年前在同样的情况下也是以色列送上了一场胜利。然而，与四年前不同的是，这届世界杯的揭幕战就给了阿根廷当头一棒。突尼斯在1978年世界杯上击败墨西哥，取得了非洲球队的首场胜利，从此以后，这个大陆上的球队一直稳步前进，但谁也没有看好过喀麦隆。几个月前他们还在非洲国家杯中一败涂地，而且队员看起来被自己的俄罗斯主教练瓦列里·涅波姆尼亚希搞得丈二和尚摸不着头脑。因为奖金没有兑现，他们的球员还曾威胁要罢工。两名超级门将托马斯·恩科诺和约瑟夫–安托万·贝尔的争吵更是令球队四分五裂。

马拉多纳知道自己肯定会受到对方凶猛的飞铲，因此在小腿的两面都垫上了护腿板。他的身体状况本来就不佳，一个大拇指因为趾甲长到肉里而肿胀起来，需要往球鞋内插入碳纤维保护装置。而且圣西罗的球迷还没有忘记他刚刚率领那不勒斯力克AC米兰赢得联赛冠军，对他恨意满满，每次针对马拉多纳的粗暴拼抢，都会激起观众热烈的欢呼。“那天晚上，我治好了意大利人种族歧视的毛病。”马拉多纳讥讽地说，“整个球场都在为喀麦隆加油。”

上半场无人进球。比赛打了一个小时后，安德烈·卡纳–比耶克因对卡尼吉亚犯规，被法国裁判米歇尔·沃特罗红牌罚下，阿根廷看起来将占据绝对上风。虽然这个犯规——在喀麦隆半场内约15码处故意绊人——不道德，但考虑到卡尼吉亚离禁区之远，以及周围至少还有两名防守队员，其中一名在他前方不到五码，红牌显得过于严厉。六分钟后，率先进球的却是喀麦隆。

西里尔·马卡纳基突入左路，制造了一个任意球。主罚球员踢出一个低低的弧线球，马卡纳基接应了一下，球飞到半空中，似乎飘浮了好久才落到门前约十码处。内斯托尔·森西尼稍一迟疑，让弗朗索瓦·奥马姆–比耶克跃起并头球攻门。球虽然直向球门飞去，但速度不快，应该不难防守，内里·蓬皮多看起来只要左跨一步就能接住。他扑倒在地，想将球抱入怀中，却犯了可怕的计算错误，球打到他的膝盖后弹出，飞旋着进入球门。

随着时间的流逝，出现了令这场比赛遗臭万年的时刻。卡尼吉亚成功突破，差点被埃马纽埃尔·孔德撞得失去平衡，他继续飞奔，避开了贝尔坦·埃布维莱踢来的一脚之后，看上去已经快要摔倒，却又遭遇本杰明·马辛一次令人心悸的犯规，终于重重地倒下，马辛这一脚猛得连球鞋都被踢飞。这个大个子中卫已经有一张黄牌在身，现在又领了一张，尽管他犯规的严重程度足以直接吃到红牌。喀麦隆虽然只剩下九个人，却依然坚持到比赛结束，没有丢球。比拉尔多将这次打击形容为“自己职业生涯中最糟糕的一刻”。

马拉多纳大感崩溃。“我们都死了，死于羞愧。”他说。球员们在坐车去机场的路上一言不发。当他们到达机场时，发现航班延误了两个小时。马拉多纳利用这个空当与克劳迪娅通话，终于从绝望中振作起来。上了飞机，比拉尔多给球员们定下目标，让他们打起精神，因为世界杯还没有结束。“要么我们打进决赛，要么就指望带我们回阿根廷的飞机从空中坠落。”

话虽这么说，马拉多纳面对失败还是颇有风度。“我不觉得他们是为了赢球而有意伤害我们。”他说，虽然他一定留下了足够多的淤青，证明事实并非如此，“我不能争辩，也找不到任何借口。喀麦隆赢了，是因为他们表现比我们好。”与此同时，他却批评国际足联和沃特罗的执法，责怪他们不能主持公道。至少在这点上他始终如一：执行规则是裁判的责任，而球员则有权尽可能地钻规则的空子。

随后几天，梅内姆和阿方辛都给比拉尔多打了电话，出谋划策。教练在对阵苏联的比赛中换了四个首发，随后又因为倒霉的蓬皮多开赛十分钟后就断了腿而不得不做出第五项调整，将塞尔希奥·戈耶切亚派上场。最终拯救比拉尔多的是又一次上帝之手——马拉多纳在四年中第三次出手。戈耶切亚上场没多久就遭遇奥列·库兹涅佐夫一个头球，已经倒地的他毫无扑救可能，全靠马拉多纳神不知鬼不觉地用手臂将球击出。缓过来的阿根廷队在第27分钟时取得领先，佩德罗·特罗利奥接奥拉蒂科埃切亚的传中，头球攻破了苏联队的大门。终场前12分钟，阿根廷再下一城，库兹涅佐夫莫名其妙地回传，送给布鲁查加一个进球。对罗马尼亚的比赛中，佩德罗·蒙松第60分钟的头球让阿根廷队先得一分，但仅仅五分钟后，加夫里尔·巴林特就将比分扳平，最后双方战成1–1，阿根廷队作为成绩最好的小组第三之一出线。

阿根廷表现不佳，但比拉尔多已经养成了习惯，让他的球队只在必要的时候达到巅峰，做得不多也不少，结果是他们几乎身不由己地就拿下了一些关键比赛。“我们没有1986年时那种个人发挥。”西蒙说，“战术成为存活下去的依靠。”十六强赛中，他们与巴西狭路相逢，这场比赛至今仍然充满争议。

确定发生的是阿根廷队经受了狂轰滥炸。邓加的头球被门柱弹回，戈耶切亚将一个传中球扑出，球打到球门柱上，他刚爬起来，就又救出了阿莱芒的一记远射，球再次撞到门柱与横梁的交汇处弹出。接下来缪勒接卡雷卡的头球，一脚打高，浪费了一次绝佳的机会。脚趾还在发炎的马拉多纳被频频侵犯，但阿根廷队坚守阵地。最后，比赛只剩九分钟时，马拉多纳在中圈弧内拿到球，开始他带球向左冲向边线，然后突然转向，直奔球门而去。阿莱芒伸腿一挡，没有挡住，马拉多纳又摆脱掉邓加，但他和球门之间还有四名巴西队员——与卡尼吉亚。其实问题不大，只是巴西队全都慌了神，四名球员齐齐扑向马拉多纳，让他抓住机会把球挑传给空当处的卡尼吉亚。这时候里卡多·罗沙和里卡多·戈麦斯又撞作一团，阿根廷前锋稳住步伐，绕过塔法雷尔，将球挑入空门上方。“喀麦隆那场比赛把我们打翻在地。”后卫胡安·西蒙说，“但经过与巴西的这场比赛，我们觉得自己将无往不胜。我们涅槃重生，满血复活。”

除了确定发生的，其他可能发生的就是阿根廷队在水中下药，暗算了巴西。这又是那种不可能被证实的传奇事件之一，但好几位亲历其事者对此确信不疑。某一次伤停时，阿根廷队的理疗师米格尔·迪洛伦索扔了一瓶水给巴西队左后卫布兰科，他后来声称喝了之后就感觉头晕。巴西前锋贝贝托多年之后坚持说自己曾在一次晚餐中听到迪洛伦索坦承一切。“他说他早就在水里做了手脚。”贝贝托称，“从他的语气推断，他可能不仅仅对我们下手。”2005年，有人就这一指控直接向比拉尔多发问，他半真半假地回答：“我没说此事不曾发生过。”这就是*viveza*——巧施手段，不管是真还是假，都值得褒扬，也没必要否认。

四分之一决赛中，阿根廷对阵南斯拉夫。再一次，他们压力巨大，再一次，他们运气奇佳，撑了半个小时后，雷菲克·萨巴纳佐维奇领到第二张黄牌——又是对马拉多纳犯规。南斯拉夫队运气也不错，鲁杰里射中横梁，布鲁查加的一个进球因为有争议的手球而被取消。比赛进入点球大战，尽管马拉多纳和特罗利奥射失，但南斯拉夫那边射失的更多，德拉甘·斯托伊科维奇、德拉戈柳布·布尔诺维奇和法鲁克·哈吉贝吉奇都没有罚中。阿根廷不可思议地进入了半决赛。

这次他们将在那不勒斯对阵意大利。意大利其他地方的人普遍不待见那不勒斯人，让他们相当火大，意大利足协主席安东尼奥·马塔雷塞了解这一点，同时也意识到那不勒斯居民很可能支持自己城市的英雄，因此呼吁意大利人团结对外，但马拉多纳马上抓住了机会。“一年中有364天，你们的祖国不把你们当意大利人看待。”他告诉那些每周日都支持自己的粉丝，“今天，他们倒要求你们必须支持意大利队。相反，一年365天，我天天都是那不勒斯人。”早两年，在马拉多纳与俱乐部和球迷之间的关系尚未紧张之前，这番话或许能有更大的效果。当地球迷对意大利队到底有多忠诚未定，但某些人害怕圣保罗球场拿出主场的热情迎接阿根廷，却绝对没有发生。一条横幅上写着："马拉多纳，我们爱你，但意大利是我们的祖国。"

阿根廷队从一开始就踢得很粗野，但17分钟后还是落后了。戈耶切亚扑出了詹卢卡·维亚利的射门，当时处于越位位置的托托·斯基拉奇补射成功。几乎所有人都认为意大利胜券在握，除了一些最迷信的球迷之外：因为不仅进球发生在第17分钟，这还是那不勒斯举办的第17场国际比赛——而17这个数字对意大利人来说是不吉利的。[1]慢慢地，一丝不安爬上了东道主的心头。几十年传下来的习惯令他们坐拥后场，一成不变地守护着球队的领先优势。与此同时，阿根廷队开始恢复信心，如西蒙所忆：

> 比拉尔多告诉过我们："意大利有两个边前卫：右边的（路易吉·）德阿戈斯蒂尼和左边的（罗伯托·）多纳多尼。所以我们用（加夫列尔·）卡尔德龙和奥拉蒂科埃切亚来防他们。但这两人丢球后不会迅速回防，因此一旦我们拼抢成功，总能在两边获得二对一的优势，而且每侧都有一个空当可以利用。这将是我们在这届世界杯中最好打的比赛。"事实证明确实如此。当你在球场上踢着球，发现他料事如神，你会由衷地说："真有你的！"连他们的进球都靠运气，一个机会球，而且还越位了。我们的控球时间甚至超过他们。

下半场进行到一半时，阿根廷队扳平了比分，奥拉蒂科埃切亚传中，卡尼吉亚头球回蹭，瓦尔特·曾加毫无希望地错误出击，球从他身边飞进球门，这是意大利在本届杯赛上丢的第一球。比赛进入加时，但即使朱斯蒂因放倒罗伯托·巴乔而在离比赛结束只剩11分钟时被红牌罚下，意大利队还是无法打破僵局。

1 据说其根源在于用罗马数字书写的17是XVII，可以重新排列成VIXI——我活过——后者又类似于西塞罗在宣布处死喀提林阴谋者时说的"*vixerunt*"，可以解读为"我的生命已经结束"。这个迷信流传之广让雷诺的R17型号汽车在意大利发布时被重新命名为R177。

点球大战带有一种奇怪的宿命感。前六个球都进了，接下来是意大利队的17号多纳多尼。他向右踢了个齐腰高度的球，正好贴着门柱飞往球门内侧，罚得其实相当不错，但戈耶切亚像是读懂了他的想法，向左全身扑出，用手掌将球击出门外。阿根廷第四个出场的马拉多纳引诱曾加扑向左侧，却把球踢进了另一边的球门，这意味着阿尔多·塞雷纳必须进球，但他失败了，他低而快的点球被戈耶切亚用身体挡出。

阿根廷队虽然跌跌撞撞地进入了决赛，但他们有四名球员被禁赛，其中包括卡尼吉亚，他在半决赛中用手挡下了一个从自己头顶飞过的传中球，领到一张完全没有必要的黄牌。不过，大家依然认为，进入决赛才重要，如何进入则不怎么相干。“此前我还没有见过这种事。”比拉尔多说，“从来没有见过有什么能让整个国家这样团结。政治、音乐，其他任何东西都不能。每个人都观看比赛，并对球队充满希望。当我们回家的时候，他们为我们感到高兴。我们很自豪能进入决赛。”

意大利人则很不高兴，让马拉多纳再次嗅到阴谋的气息。半决赛结束后两天，马拉多纳的弟弟劳尔——绰号“拉洛”——因为开着马拉多纳的法拉利超速被捕。他没有随身携带身份证明，警察就将他带到位于罗马附近的阿根廷封闭营。按马拉多纳的说法，警察到达时“态度极差”，于是双方争执起来，打头阵的是马拉多纳的姐夫加夫列尔·埃斯波西托。第二天早上，封闭营内的阿根廷国旗被人扯下，旗杆上只飘扬着碎布。

与决赛相比，揭幕战让马拉多纳感受到的敌意根本不算个事儿。比拉尔多对球迷的敌对情绪极度不安，甚至想到缩短国歌，以免他和球员在嘘声中煎熬。颇具讽刺意义的是，马拉多纳曾不遗余力地抗议针对阿根廷的所谓全球性大阴谋，但与此同时，过去四年内，他自己却有三个关键场次的手球逃脱惩罚，最终，这场比赛击败阿根廷队的两大因素之一还刚好是裁判——在乌拉圭出生并长大，后来入了墨西哥籍的埃德加多·科德萨尔，另一大因素就要怪他们自己纪律松弛了。

蒙松第65分钟对于尔根·克林斯曼的犯规很严重，但西德前锋也不至于非得以肩膀为支点满地打滚。佝腰弓背的科德萨尔伸直手臂，挥舞着红牌，彰显出一种戏剧效果，不过作为世界杯决赛中出示的首张红牌，这一判罚看起来严厉过头了。同样过严的是他在第85分钟判给西德的一个点球，理由是内斯托尔·洛伦索对鲁迪·沃勒尔犯规，问题是看上去后卫先拿到了球，然后髋部才撞到了德国人。这一来，阿根廷人丧失了最后一丝理智，特罗利奥完全可以因为冲撞裁判而领到红牌；在安德烈亚斯·布雷默罚进点球两分钟后，古斯塔沃·德索蒂又因为掐住于尔根·科勒的脖子被罚下，也不再让人惊奇。阿根廷球员围着科德萨尔抗议时至少推搡了他两次，他满可以再发出几张红牌，但还是克制地只给了马拉多纳黄牌。

阿根廷队又一次带着满腔怒火回国，咒骂着意大利、国际足联和全世界。梅内姆却不这么看。他以迎接英雄凯旋的方式欢迎他们，坚称他们是值得学习的榜样。他毫不掩饰地将球队突出重围的表现与自己的社会经济改革联系起来。“我们在球场上有十一位巨人。”他说，“今天，我们需要3 300万巨人将阿根廷拉出泥淖。”

这种机会主义是如此厚颜无耻，几近对球员的羞辱，但确实反映出足球在阿根廷的巨大影响力，以及几乎全体阿根廷人共同的感觉：他们再一次成为道义上的冠军。或许阿根廷队在决赛中的确不走运，但鉴于他们一路走来，张牙舞爪，遗尸遍地，除了本国以外，很少有人对他们抱以同情。这支一直游走于规则边缘的功利主义球队，最终被自己的不思进取吞噬。

第六部

债务与幻灭

1990—2002

第49章
第 三 条 路

位于阿根廷东北部的圣菲市地势平缓，毫无特色，随着历史慢慢发展成谷物、植物油和肉类的运输中心。尘土飞扬的街角睡着一群群流浪狗，只有忍受不了夏日的炙烤时，它们才会动一动，爬起来去寻找荫凉。一条不起眼的街道上，坐落着一栋不起眼的水泥大厦，这就是征服者酒店。唯一让它与周围建筑有所区别的是伸出墙外的一个人像招牌，穿盔戴甲，大腹便便，人像下有一团乱糟糟的电话线，背面用霓虹灯写就的“宾馆”字样犹疑不定地闪烁着。这无非是市中心又一家普普通通的商务酒店，但1992年，就在这家酒店的客房里，一名足球教练曾苦苦思索，天人交战，最终克服内心的彷徨，闯出了一条介于梅诺蒂派与比拉尔多派这两个极端中间的道路，而他自己也成为足球新战术时代几个主要的先驱之一。

作为教练，马塞洛·贝尔萨或许算不上伟大：职业生涯中他总共获得过三次阿根廷联赛冠军和一枚奥运金牌，并不很拿得出手。但作为足球理论家，他却是最杰出的寥寥数个之一。他有些怪癖——眼镜上总挂着颈链，说话拐弯抹角，在毕尔巴鄂竞技队时坚持用十三步跨过技术区，在马赛时爱坐保温盒，一次在球鞋上画出记号，向队员解释触球的方法，然后好几天都穿着满是粉笔印的鞋走来走去……这些轶事把他变成了个滑稽人物，掩盖了他的非凡之处，其实我们可以毫不夸张地说，自50年代末60年代初四后卫战术从巴西起源以来，还没有哪个南美人对足球运动的贡献可以同贝尔萨相比，21世纪头十年，他的影响遍及全球。

童年的贝尔萨就已经感情强烈、意志坚定且聪明伶俐。同时，他身上似乎一直保持着某种理想主义的特质，在少年时代这让人头疼，成年后又让人恼怒。他被称为“疯子”，足球梦本身便彰显了他特立独行之处。他的家人不是律师就是政治家，或两者皆是：哥哥拉斐尔是内斯托尔·基什内尔总统的外交部长，姐姐玛丽亚·欧亨尼娅是一名建筑师，还担任过圣菲省的副省长。马塞洛成为球员的愿望极为强烈，15岁那年，他离家住进了纽维尔老男孩的宿舍，但他的个性再次作祟，才住了两天就因为拒绝将自己的二冲程彪马摩托车留在室外而被赶了出来。

贝尔萨或许不是家族中一个驯顺的子弟，却无法逃避家教给他留下的烙印。据说他祖父的藏书超过三万册，他自己也养成了对知识与学术的敬意，一度同时订阅四十种以上国际运动杂志，收集了上千场比赛的录像。有故事说，1996年欧洲杯时他在伦敦，总是一大早就离开酒店去不同的报亭寻找不同的杂志，而且外出的时间越来越早。

但是，以贝尔萨的个性，他并不认为自己对足球如此执着有什么不同寻常的地方；相反，发现别人不会找出历史比赛的DVD，一气看上好几天，他还总是稍感讶异。一次，有人问起贝尔萨圣诞节与新年的计划，他面无表情地回答说，准备每天花两个小时锻炼身体，十四个小时看录像。显然，他还有同时观看两场比赛的本事。“我是足球这门学科的学生。”他说，“我看录像、读书、分析。”

贝尔萨1955年7月出生于罗萨里奥市。他的律师父亲拉斐尔是罗萨里奥中央队的球迷，母亲利迪娅则是学校教员。但他决定和哥哥一起支持老男孩队，可能主要是为了让父亲不爽。几乎在学会走路的同时，贝尔萨也学会了踢球，而且很小就开始研究足球，让母亲帮他买来《图片报》，再制作一份目录。就这样，他母亲开始做起足球分类归档的工作，后来又被他自己发挥到极致。“母亲在根本上影响了我的一生。”他说，“对她来说，努力没有止境。”她很强势，工作刻苦，要求孩子们也同样勤奋。足球界对贝尔萨毁誉参半，但无论是支持还是批评他的人都同意，他是一个不折不扣的工作狂，而且期望别人像他一样卖力。“他给你的第一印象是刚硬，那种百折不回，不达目的誓不罢休的坚韧甚至会让你讨厌，但实际上他是个天才。”他执教毕尔巴鄂竞技时麾下中锋费尔南多·略伦特这样说，“他说服你坚持训练与跑动，这从他执教球队的比赛和训练中都看得出来。他比任何人懂的都多，一个杰出的人才。一旦你习惯了他，就会喜欢他。”

但仅靠努力和自律，并不能让贝尔萨成为球星。他是一名后卫，脚下活不错，可惜速度不行，在老男孩队一共只踢了四场球。21岁时，球队和他解约，此后，贝尔萨一边为低级联赛的俱乐部踢球，一边攻读农艺学和体育专业。25岁那年，贝尔萨搬去布宜诺斯艾利斯，担任城市大学足球队的教练。他以自己一贯的细致做法着手工作——考察了3 000名球员，从中选出20名组队；更不同寻常的是，他在训练中带着辞典，并且以正式的“您”来称呼队员。他像对待职业球员那样对待他们，坚持让他们合理地训练。许多当时他手下的球员说，他的训练带有一种全新的“严肃性”；即便在那个时期，他注重直传和快速推进的理念就已经很明显。

在大学干了两年后，贝尔萨回到罗萨里奥，去老男孩的青训基地执教。他相信或许内地有一些球员还未被大俱乐部发掘，于是将阿根廷地图分成七十小块，亲自一个个寻访，期望发现新的苗子。因为害怕坐飞机，他驾驶自己的菲亚特147开了超过5 000英里。

到1990年，贝尔萨已在业内站稳脚跟，足以接替何塞·尤迪卡的教练职位。尤迪卡1987年加入老男孩，第二个赛季就带领球队夺得冠军赛冠军。或许在阿根廷足球向贝尔萨派转化的过程中，尤迪卡也是必不可少的一环，只是他比自己的继任者更实际，也更温和，而且无论是举止还是抱负都更谦抑一些。虽然继承了尤迪卡打下的扎实基础，贝尔萨还是马上令球队面目一新。“马塞洛接手后，带来了巨大的变化。”前中场胡安·曼努埃尔·略普说。

> 我们认识他，因为他执教预备队，显然不是一个陌生人。但他掀起了一场新革命，比尤迪卡带来的革命更彻底。与（赫拉尔多·）马蒂诺和其他老队员一样，我最初对他充满疑虑：变动太多了。但我们很快就意识到，他是老男孩不可多得的人才，于是开始对他言听计从。我们知道他的理念会带给我们胜利，而且后备队中满是出色的球员，都已经习惯了照他的方法踢球。

训练发生了翻天覆地的变化。

现在我们已经见怪不怪了，当时却还是大吃一惊。训练时间都很短，但强度很大，几乎一直在踢球，而且战术训练也贯穿其中。我们分不同时间段开始训练，三到四名球员进行专门的区域练习：例如，5号、4号和8号一起，或5号、3号和11号一起。年轻队员已经习惯了这样的练习，但我们当然不会如此。

大多数比赛都安排在周日，球员们周一放假，然后周二和周三上午进行体能锻炼，这个时候贝尔萨会把自己关在房间里看对手的比赛录像。到周三下午，战术练习开始。“年轻人必须阅读报纸，并准备一份下一个对手的详细资料。”略普说，“这种做法能让他们有参与感，并对足球增加了解。”随后贝尔萨会带着他们看录像，不是整场比赛，而是单独的瞬间或一连串场上活动，以说明关键点。

周四下午，他们会踢一场练习赛。“不长，”略普说，“但与甲级联赛一样激烈。这很奇妙。我们从来没经历过这个。另一队模仿我们的对手，我们的任务就是打败他们，赢下比赛。我们可不能在周四输球。”

星期五则进行针对性的赛前准备：贝尔萨会带着他的球队模拟120种不同的进攻态势和120种不同的防守态势。“赛前准备与跑位有关，全队的协同跑位。”略普说，“球必须传到这里，你得在那里掩护，你必须跑到这里，如果他们造越位，两个人将退出进攻，而另一人则必须采取行动反越位。一切都非常非常细致。”

也很有效，至少有时候很有效。1990—91赛季是阿甲联赛分为春季和秋季两个阶段的第一年，两阶段的赢家再进行总决赛，决出年度冠军。老男孩在春季联赛的初期显得跌跌撞撞，1−0战胜普拉滕斯后，与阿根廷青年人队客场战平，然后主场又负于飓风。第四轮去圣菲迎战联合队之前，俱乐部对贝尔萨疑虑重重。“当时出现了风言风语。”略普说，“我们出师不利，我不知道第四轮赛后，或再过一段时间他是否会被解雇，但糟糕的开局如果无法改进，这肯定会发生。马塞洛被看成一个怪人，人们对他的那一套评头论足，所以每个人都迫不及待地想要看看他的方法到底可不可行。如果我们输了第四轮，贝尔萨或许就待不下去了，谁知道呢。”好在他们没有输，而是3−1赢了。“我们开始发威，再也没有停止。”略普说。整个春季联赛剩下的比赛中，老男孩只再输了一场，积分比亚军河床高两分。圣菲这个地方很快将在贝尔萨事业的腾飞中发挥更重要的作用。

赢得春季联赛意味着老男孩在赛季的下半阶段没有了目标。（这也是为什么从第二年开始，春季联赛和秋季联赛分别设立冠军称号——一个赛季产生两个冠军，不再有年度总决赛。）失去动力的老男孩最终仅获秋季联赛的第八名，冠军落入博卡青年囊中。“这不正常。”略普说，“并不是我们不在乎，或者为迎战博卡而保存实力。事实上，当我们面对博卡时还有些担心，因为知道自己那段时间状态不好。我觉得这让我们更加小心，最后反而成了优势，我们没有狂妄自大。这是我们的机会，我们要在巧克力盒赢得冠军，创造阿根廷足球历史。因为有了这一决心，我们比联赛的其他场次踢得更聪明，也更锐利。”

第一回合，主场作战的老男孩1−0获胜，但距离总冠军称号还有客场的艰难一战。可笑的是，美洲杯在这场冠军总决赛的两回合之间开始，两队都因此损兵折将——老男孩走了费尔南多·甘博亚和达里奥·佛朗哥，博卡则损失了迭戈·拉托雷、布拉斯·琼塔和加夫列尔·巴蒂斯图塔。

博卡占有优势，克里斯蒂安·多米齐和胡安·西蒙被罚下，赫拉尔多·雷诺索在比赛剩下九分钟时攻进一球，帮主队还了个1−0。但老男孩以3−1取得点球大战的胜利。“这是我这辈子踢过的最棒的比赛。”略普说，“我们在满地泥泞中踢球：非常奇幻。”

老男孩胜利凯旋，状态却离他们而去，到1991—92赛季的春季联赛，更是每况愈下。整个1991年，老男孩只赢了九场比赛。根据略普回忆，疲劳是主要原因。

> 这是一种相当累人的方法，不仅是体力上的疲乏，更有精神与情感上的困倦，因为竞技水平太高，坚持一段时间后就跟不上了。人和人不一样，思维与反应也各不相同，但贝尔萨的风格和他的训练方式需要严

格的延续性，而这就很难做到。在他看来，我们是一支完美的球队，但他离开后，1993和1994年我们都为保级而战。那是因为到了每个人都放松下来的时刻。你并没有完全放弃，但的确丢下了一些东西，因为你累垮了。

秋季联赛刚刚开始，压力已逐渐增大。赛季第一轮，主场作战的老男孩尚且能2–0击败基尔梅斯，但随后在解放者杯第一场小组赛中被圣洛伦索6–0屠杀。“这是我们踢过的最难堪的比赛。”略普说，“没有一处对头，哪里都不对。贝尔萨换了个拦截后卫。（毛里西奥·）波切蒂诺是一个出色的拦截手，但他却把我放到那个位置，因为他们确实不断打击我们，给我们制造各种问题，我们不知如何是好。”

就这样，他们去到圣菲。上赛季，他们正是从战胜圣菲联合开始，发起了向联赛冠军的冲击。在征服者酒店，贝尔萨被疑虑折磨着。坚持他的方法需要坚定的信念，但经历了0–6惨败之后，他自己都开始怀疑。“我把自己锁在房间里。”他说，“关上灯，合起窗帘，我们有时会漫不经心地将‘我想去死’挂在嘴边，此时我才意识到这句话的真正含义。我泪流满面，无法理解周围发生的一切。我感受到作为教练的悲伤，也感受到作为球迷的悲伤。”

他打电话给太太劳拉，“提出一个令人无法反驳的理由。”他说，他们的女儿病得很重。整整三个月了，大家都不知道她是否还有救。他知道，这是真正情感上的煎熬。“仅仅因为一场足球赛就希望地狱将自己吞噬，是不是太可笑了？”他问。他知道答案是肯定的，却依然无法释怀。“推理无懈可击。”他说，“但无论如何，我需要马上为自己刚刚经历的痛苦找个合适的理由。”这是他个人的危机，对阵圣洛伦索带来的不只是一场比赛的失利；贝尔萨质疑的也不仅是自己的执教能力。他选择的词语说明了一切：他寻求的不是一个简单的解决办法，而是要找到自己的足球观念乃至生存之道的合理之处。贝尔萨把队员召集到一起。“如果我们不得不全盘重来，就应当共同努力。”他说，“如果我们感到无法达成季前准备时设定的目标，就应该寻找一条新的道路。”

贝尔萨对这条新的道路决心已下。他的结论是，自己所做的一切不是走过了头，而是还不够彻底。“虽然感情上还处于震惊之中，却诞生了对球队战术的全新理解。”他说，“很长一段时间以来，对于球员个人的特性以及它对球队整体表现所做的贡献，我一直有一些想法，但没有在实践中应用，因为它们牵涉到太多球场上的位置轮换。只有经过失败，我们才能重建框架结构，一件看起来非常不幸的事让我们有机会尝试一个全新的整体方案，其方式就是一系列的位置调整。”这是典型的贝尔萨式遣词造句：简单地说，他想要自己的球队掌握对方的战术模式，使用轮换盯人的体系去相应地压迫对方——如果对方的中后卫喜欢出球给右后卫，以此开始反击，贝尔萨的球队就应该攻击对方的中后卫，以及他和右后卫之间的传球路线。

略普记得当时压力很大。“马塞洛试图找到一个合适的战术，整天讲个不停。”老男孩在圣菲0−0战平对手，但这只是个开始。下一轮，他们1−0战胜罗萨里奥中央，比赛在还剩两分钟时因为球迷骚乱而中止。客场挑战竞技，他们1−0小胜；然后又以同样的比分击败体操与击剑。“主要的差别在于体力。”西蒙说，“老男孩队就像坦克，能够碾碎一切抵抗。那支球队让你窒息：那是贝尔萨的手笔，他在老男孩原有的足球风格中加入了疯狂的压迫。跟他们比赛之后，你回到更衣室，会感觉自己快要晕倒了，他们让你跑动之多是前所未有的。”革命的步伐越来越快。那一年，萨尔达尼亚的太太遭遇车祸去世，但他没有缺赛，而是在贝尔萨和团结一致的球队身上找到了力量。

他们的解放者杯战绩也好了起来，不但剩下的小组赛一场未输，还客场1−0战胜圣洛伦索，出了一口气。贝尔萨表现得越好，他的方法就越被仔细研究，也就有越来越多的人发问：这种新风格到底是什么？他是比拉尔多派还是梅诺蒂派？“贝尔萨和比拉尔多或梅诺蒂都有所不同。”略普坚持说，“他是个进攻战术家。战术家常常指主张消极防守的教练，但战术并非只是防守和遏制对方的主要优势。贝尔萨就是明证。他是两者的混合体，融合了这两个学派。”

这显然也是教练本人的看法。1998年，他自己成为国家队主教练后说：“我花了十六年时间倾听他们的意见：八年给了梅诺蒂，他是一个注重灵感的教练，另八年给了比拉尔多，他更注重实用。而我试图从两者中各取所长。”

梅诺蒂和比拉尔多的回应与人们对他们个性的刻板印象分毫不差。“贝尔萨是个爱思考的年轻人。”梅诺蒂说，“他有想法，而且知道如何实现它们。但我们的出发点不同：他认为足球是可以预见的，而我不这么认为。”比拉尔多则声称贝尔萨只是重复自己的做法。“我和他思想一致，因为在我看来，我们1986年就已经这样做了。”他说，“他们用许多录像来研究对手，我当时也一样。”

有些人认为贝尔萨的战术训练——每周五的120次反复模拟——属于比拉尔多派（其实梅诺蒂的训练也不像他的拥趸们描述的那么洒脱不羁），但贝尔萨强调，只要有可能，就一定要进攻，这一观念又更倾向于梅诺蒂派。

贝尔萨定义自己的足球思想时，说它可以被分解为四条原则：“*concentración permanente, movilidad, rotación y repenitización*”——永不涣散的注意力、移动和轮换；第四条原则很难翻译，完全是贝尔萨的调调。在音乐中，*repenitización*指的是未经练习，视谱即弹的训练：它并非即兴弹奏，因为依然需要读谱，但用到足球中，这个词显然有即兴发挥的意思，同时又带有一种紧迫感。这条原则总结了贝尔萨派理论中反直觉的理想主义的一面，他要求球员反复地对不同的情况做出第一反应，这种自相矛盾的说法或许正暗示了他的目标既光辉又虚幻。“可能性已被穷尽。”贝尔萨还在老男孩时曾说，“我们要完成的是不可能的任务。”略普提到过奇幻的比赛，还说老男孩的球员必须具备信仰，他指的就是这个意思：贝尔萨一直给人一种感觉，即他对追求终极之道的兴趣不比赢得比赛的兴趣小——而正是这点让他的追随者对他如痴如狂。

与他同时代的许多南美人一样，贝尔萨深受70年代早期荷兰队的影响，但更直接的影响来自乌拉圭教练奥斯卡·华盛顿·塔瓦雷斯，虽然后者的实用主义与他自己的理想主义似乎格格不入。贝尔萨说：“奥斯卡·塔瓦雷斯总结过，足球有四大根基：（1）防守；（2）进攻；（3）如何由守转攻；（4）如何由攻转守。关键在于让转换的过程尽可能顺畅。”

1991—92赛季的秋季联赛，老男孩总共只输了一场，以两分的优势力压萨斯菲尔德夺冠。在解放者杯十六强赛中，他们击败防卫者体育队。四分之一决赛再遇圣洛伦索，0–6的惨败记忆犹新，但这次他们主场4–0大胜，以总比分5–1淘汰对手。这意味着半决赛将对阵哥伦比亚的卡利美洲队。第一回合1–1战平，第二回合开始后五分钟，波切蒂诺抢到任意球，头球顶穿对方大门，老男孩取得领先。这场比赛拼抢极为凶猛，看台上的观众满含敌意，入场都变成一种苦刑。老男孩队苦苦坚持，但卡利美洲凭借最后一分钟的一个点球将比分追平，比赛被拖入点球大战。卡利美洲两次错失赛点，最终诺韦尔托·斯科波尼扑出了奥兰多·马图拉纳的点球，老男孩11–10涉险过关。不过球员一时还顾不上决赛，由于观众反应激烈，他们先得从球场全身而退。贝里佐被看台上扔下的一块电池击中，头破血流。

与圣保罗队的决赛同样进入了点球大战，后者阵中有拉伊和卡富。但这次，老男孩输了。老男孩是贝尔萨支持的球队，用自己狂热信奉的风格执教这样一支球队带来的精神压力似乎让贝尔萨不堪重负，他提出辞呈。“我们试图说服他留下，但他的道路已到尽头。”略普说，“他早有去意，我和马蒂诺去了他家，说服他多留一段时间，但一两个月后，他还是辞职了。大概他也知道自己的时代已经结束，无法再维持这样的战绩。我希望他留下，我知道他对老男孩的正面影响。他离去后，我们陷入保级的泥沼。非常糟糕。”

第50章
塔瓦雷斯与博卡的重生

马拉多纳为博卡青年拿下了1982年的冠军赛冠军，他的光彩吸引了所有人的目光，但对博卡来说，马拉多纳只是一块暂时的遮羞布。他被转卖给巴塞罗那后，博卡跌入了深渊，历经十年才爬了出来。除了战绩下滑，他们的财务状况更是濒临绝境。1984年底，因为拖欠工资，球员威胁要罢工，1985年，破产已经迫在眉睫。挽救他们的是刚刚当选的俱乐部主席安东尼奥·阿莱格雷和他的副手卡洛斯·埃莱尔，两人自掏腰包为俱乐部注入资金，并出售体育城以偿还183笔到期债务。

1988—89赛季，在绰号“鸭子”的何塞·帕斯托里萨和卡洛斯·艾马尔带领下，博卡获得联赛亚军，差了冠军独立队八分之多；1989年博卡夺得解放者超级杯，1990年又拿下了南美优胜者杯[1]，但直到1991年奥斯卡·华盛顿·塔瓦雷斯的到来，才真正为俱乐部注入活力。塔瓦雷斯的后卫生涯只能算平平，出任乌拉圭贝亚维斯塔队主教练前曾是一名教师——因此被称为“老师”。作为教练，他很快就以严格并能坚守原则而建立了声望，一丝不苟的中分发型和毫不花哨的西装领带组合更加深了这一印象，他的穿着打扮像极了70年代美国警匪片中的警察分局局长。塔瓦雷斯是乌拉圭人，但毫不

1 赢得超级杯和优胜者杯的俱乐部常常自豪地将它们作为国际赛事冠军列于自己名下，但这两个奖杯究竟有多少价值值得商榷。超级杯隶属南美足球联合会，在1988到1997年间举办，后来被南美杯的前身南方共同市场杯取代。超级杯的参赛队伍是前解放者杯冠军，阿根廷俱乐部在超级杯中占据了统治地位，十届比赛中曾六次夺冠。优胜者杯是一项对抗赛，由当年的解放者杯冠军与超级杯冠军争夺，赛制有时候是主客场两回合制，有时候在第三方球场一场定胜负（比如1990年博卡战胜哥伦比亚民族竞技队的比赛就在迈阿密举行）。此项赛事从1988年开始，1998年后曾暂时中断，2003年恢复，成为解放者杯冠军与南美杯冠军之间的角逐。

费力地就融入了典型阿根廷知识分子温和偏左的传统，他对切·格瓦拉的崇拜就是明证。他甚至给女儿起名塔妮娅，这是那位革命者最后一任为人所知的情人的名字。他在蒙得维的亚家里的墙上悬挂着一块铭牌，上面写着："坚强而不失温柔。"这句据说出于格瓦拉的格言也涵盖了塔瓦雷斯的足球哲学：他注重严密的防守，但同时也鼓励自己的球队自信出击。

不过塔瓦雷斯刚入主博卡就迎来了暴力事件。从解放者杯的小组勉强出线后，博卡先后击败科林蒂安队和弗拉门戈队，进入半决赛，对手是科洛科洛。凭借阿尔弗雷多·格拉西亚尼的进球，博卡在巧克力盒1–0取得首胜，然而场外发生的情况却激怒了智利人，他们抱怨说载着球队去球场的大巴离奇地迷了路，开进了一个治安混乱的地区，让他们遭到石块和其他投掷物的袭击，更衣室里又只有热水。一度科洛科洛几乎罢踢，最后他们还是上了场，但球队经理豪尔赫·贝尔加拉警告说，到了智利将还以颜色。

（第二回合，）科洛科洛出发去球场前，克罗地亚籍主教练米尔科·约齐奇[1]将全队带到喜来登酒店的地下室。他看到球员们神情紧张，就关上灯，让他们坐在黑暗中，直到原先焦虑的静默被笑声取代。"科洛科洛是一支伟大的球队，但我们能创造更伟大的传奇。"他说。这可能是科洛科洛历史上最重要的一场比赛，甚至可以说是智利足球俱乐部历史上最重要的一场比赛，因为此前智利人还从未赢得过南美冠军。

64 000名球迷将圣地亚哥的纪念碑球场挤得水泄不通。更大的问题来自1 000名师出有名的记者和摄影师。看台容不下，几百人围在一侧边线外的跑道上，从一开始就呈现出一派漫然无序的样子。上半场双方都没有进球。下半场第19分钟，马塞洛·巴尔蒂乔托从右路迅速推进，甩开后卫后送出

1 约齐奇曾执教南斯拉夫队，在1987年智利举办的U20世青赛中夺冠。当时他们的队长亚历山大·乔尔杰维奇停赛，五名主力受伤，博班·巴本斯基因合同纠纷缺席，西尼沙·米哈伊洛维奇、阿伦·博克西奇和弗拉迪米尔·尤戈维奇的俱乐部不放人，因此几乎没有人看好南斯拉夫，但这支以伊戈尔·什蒂马茨、罗伯特·亚尔尼、罗伯特·普罗辛内茨基、兹沃尼米尔·博班和普雷德拉格·米亚托维奇为主力的球队依然光芒四射，最终捧得奖杯。圣地亚哥的南斯拉夫侨民很多，因此球员在场外也玩得很开心。什蒂马茨开赛不久就邂逅了当时的智利小姐（她也有南斯拉夫血统），并拒绝约齐奇让他控制交际的要求。约齐奇自己也乐在其中，与南斯拉夫青年队的合同到期后，他于1989年回到智利，带领科洛科洛队实现智利联赛的三连冠。

传中，球到了鲁文·马丁内斯脚下，后者一记冷静的外脚背凌空抽射为科洛科洛首开纪录。几十名狂喜的球迷越过广告牌进入场内。两分钟后，加夫列尔·门多萨在右路同一个位置突破成功，他从底线处回传门前，已跑到远门柱外的帕特里西奥·亚涅斯伸长了腿，将球捅进球门。这次庆祝甚至更加热烈，几百名球迷和摄影师冲进了球场。

绰号“猴子”的博卡门将卡洛斯·纳瓦罗·蒙托亚向巴西裁判雷纳托·马尔西利亚抱怨摄影师的闪光灯耀眼，意思是他们故意让他看不清楚。第74分钟，博卡的迭戈·拉托雷用一个漂亮的头球扳回一分。客队球门区后的观众席上敌意变得更浓，纳瓦罗·蒙托亚再次向裁判抗议。“我他妈会被搞死。”他说。当比赛只剩八分钟时，马丁内斯在禁区左侧和亚涅斯踢墙配合后，带球跑了几步，面对倒地的门将轻点皮球，球从蒙托亚身上飞进球门，3–1。

球迷与摄影师冲上赛场，争吵变得无法控制，博卡球员对摄影师、科洛科洛球员和工作人员一律拳脚相向。一名叫罗德里戈·阿兰瓜的法新社摄影师被打得暂时失明。塔瓦雷斯也罕见地失去风度，追打另一名叫米格尔·安赫尔·阿连德斯的摄影师，后者挥舞相机击中塔瓦雷斯面部，在他右脸颊上留下两道深深的口子。有一张塔瓦雷斯当时留下的精彩照片，他穿着无可挑剔的格子西装和白色V领套衫，黑色领带略微歪斜，咬牙切齿，怒气冲冲，血流满面，隔着球衣抓住巴蒂斯图塔的胸口，制止他的发作，而这位前锋则瞪着镜头外的某人，张着嘴，似乎正在高声叫骂。

混战持续了17分钟。“这像战争，像街头打群架，我们怕死了。”被两名同事送去医院的阿兰瓜说。直到一条叫罗恩的警犬咬了纳瓦罗·蒙托亚一口，在他大腿上留下鲜血淋漓的伤口后，暴力行为才告终止。“这不正常。”当地警察中尉吉列尔莫·贝尼特斯承认，“我们为自己的职业骄傲，但这次多亏了狗才让斗殴停止。”

马尔西利亚象征性地罚下亚涅斯和博卡中场布拉斯·琼塔，比赛重新开始。科洛科洛挺过了混乱不堪的最后几分钟，进入决赛，并在决赛中以3–0的总比分击败巴拉圭的奥林匹亚。罗恩成为国家英雄，获得“咬了猴子的狗”这一荣誉称号，但一年后因心脏病离世。对博卡行为的评价是既可耻又英勇——典型的阿根廷式亦邪亦正。虽然赔给阿兰瓜9 800万比索，但经过这场比赛，他们反而更加强大，挫折铸就了球队的凶猛气质。尤其是巴蒂斯图塔，此事似乎让他得到升华。

塔瓦雷斯威信极高，而且对球队的踢法有明确的期待，也让博卡获益匪浅。面对成竹在胸的教练，此前各种影响球队实力的疑虑与困惑几乎完全消失。

塔瓦雷斯的运气很不错，在理顺后防的同时，他的进攻线还因巴蒂斯图塔的突然爆发而增强。年仅21岁的巴蒂斯图塔此前被视为一个有用的前锋，但仅此而已，圣地亚哥混战后，他脱胎换骨。“塔瓦雷斯刚来的时候，尽管队内已经有了巴蒂斯图塔，他还是向俱乐部要一个9号球员。”西蒙说，“巴蒂斯图塔常常错失射门良机，仅仅被当作右边锋使用，但后来他又回到9号位，并大发神威。足球有时候也少不了运气。”

90年代初的博卡进步神速，1991—92赛季的春季与秋季联赛离登顶都仅一步之遥，令痛失冠军的失落更加强烈。1992—93赛季春季联赛的倒数第二场比赛，如果博卡能在主场战胜西班牙体育队，就将赢得冠军，但他们2–3告负。当时因膝部韧带撕裂而不得不作壁上观的胡安·西蒙说：“巧克力盒球场就像一个高压锅。”

最后一轮博卡主场迎战图库曼圣马丁队，只要保平拿到一分，他们仍会是冠军。半场结束时他们还0–1落后，但下半场开始两分钟，克劳迪奥·贝内蒂射入关键一球，确保了冠军头衔。“我不知道中场休息时更衣室里发生了什么。”西蒙说，“但塔瓦雷斯从来不会失去风度：比赛结束后，庆祝陷入疯狂状态，你看到唯有他依然西装革履，稳步穿过球场，走向球员通道。他在更衣室里等着我们。他一贯如此，无论面对失败还是胜利，都非常平静。”

1992—93赛季的秋季联赛令人失望，博卡仅排名第六，塔瓦雷斯回到佩那罗尔。但博卡多年的冠军荒已被打破，虽然财务状况依然朝不保夕，至少又成为一支有争冠实力的球队。

第51章

福克斯堡要命的一泡尿

1990年世界杯后，卡洛斯·比拉尔多终于从阿根廷主教练的职位上退下，接替他的是阿尔菲奥·“科科”·巴西莱。这位前竞技与飓风队的后卫执教已有十五年，先后服务过十三支球队。他身形结实，退出赛场后更是胖了一圈，依然留着当年退役时的披肩长发，用发油从前额往后固定，衬衫最上面至少有两粒扣子永远不扣，漏出一小撮胸毛，粗哑的嗓音低得吓人，整个形象怪异奇特。他带队初期的战绩只能算马马虎虎，七场友谊赛五平二胜，但到了1991年的智利美洲杯，加夫列尔·巴蒂斯图塔和克劳迪奥·卡尼吉亚这两名长发飘飘的前锋一前一后，组成了一对兼具智谋与爆发力的锋线组合，让球队的战斗力大增。虽然马拉多纳缺席，阿根廷还是在小组赛中四战全胜，一共进了11个球。

决赛阶段由四支球队循环作战，阿根廷第一场就遭逢巴西。一年前他们在都灵那次颇具争议的胜利还记忆犹新，这一场比赛双方各有两名队员被罚下，阿根廷最后以3–2险胜。接下来他们与东道主智利队战平，意味着最后一场必须胜哥伦比亚，才能超过巴西，获得冠军。第11分钟，迭戈·西梅奥内[1]头球先得一分。八分钟后，罗德里格斯一脚斜吊穿透哥伦比亚四名后卫组成的防线，巴蒂斯图塔大力射入第二球。安东尼·德阿维拉在下半场追回一球，但阿根廷队终于还是捧起了1959年以来的第一座美洲杯。

1 或译“西蒙尼”。——译注

对于丑闻层出不穷的马拉多纳来说，世界杯只不过让他获得了一个暂时喘息的机会。到1990年秋季，他的身体状况再次成为大问题，11月22日，那不勒斯在意甲联赛中对阵佛罗伦萨，马拉多纳没有上场，《米兰体育报》刊登了记者佛朗哥·埃斯波西托的文章，说马拉多纳被“黑色恶魔”缠身，患上一种“神秘的未知疾病”。不需要太多背景知识就能猜出他暗指的是什么。对卡莫拉的打击让他们无暇顾及马拉多纳，而那不勒斯人已经厌倦了这名不知检点的球星，也不再费力澄清此类传言。警方称马拉多纳拥有并分发可卡因，对他发起调查，这条新闻又带来一连串的曝光，将马拉多纳的私生活展现在公众眼前。与此同时，一名曾经做过马拉多纳专职司机的俱乐部保镖皮耶罗·普列塞（后来发现，此人其实受雇于卡莫拉）告诉警方，马拉多纳曾参与运送2公斤可卡因。马拉多纳从未被起诉，更谈不上定罪，但当他大发雷霆地说这是对他“报私仇”的时候，也没有多少人表示同情。

屋漏更遭连夜雨。1991年3月17日，对巴里的比赛结束后，马拉多纳被抽中药检——这本身就耐人寻味，以前他可以受到保护，免遭此类检查。还有一些时候，他会把一个装着别人尿液的塑料阴茎事先藏在球裤里，检测的时候将“干净”的尿样挤入杯中[1]。但这次做不了手脚，他被测出可卡因阳性。“我毫不怀疑这是公报私仇，”他说，“因为阿根廷在世界杯中淘汰了意大利。”现在他承认经常吸食可卡因，但坚持一直自己做检测，因此确信结果应该是阴性。我们需要分析一下他这次“*viveza*”背后的逻辑：他承认自己违规，但错的是别人。他有罪，可还是受害者。事件的重点不是他有没有错，而是被抓到犯错这一事实——他生气不是因为受了冤枉，是因为躲避检查的妙计没有奏效。

马拉多纳受到禁赛15个月的处罚，因此他于4月1日回到布宜诺斯艾利斯。4月26日，他因拥有可卡因在卡巴利托被捕。那年8月，警方搜查了他的司机在埃尔索尔达迪多的公寓，发现马拉多纳正陷入昏迷，此前整整一天

1 假阴茎曾被展示于布宜诺斯艾利斯一家博物馆中，但在2003年12月的一次全国巡展中丢失，再也没有找回。

他都在无度地酗酒，并吸食了大量可卡因。梅内姆拒绝提供保护，马拉多纳终于承认自己需要帮助。

他开始严格的戒毒治疗，只吃水果和蔬菜，喝的也只有水，同时在健身房按时锻炼，并去荷兰广场慢跑。他还找了心理治疗师，治疗师和家人一起指出他应该远离的各种坏影响，其中之一就是经纪人科波拉。家人联系了希特兹皮莱尔、梅诺蒂和比拉尔多，希望他们向马拉多纳伸出援手。同时，一位阿根廷青年人队的前队员阿德里安·多梅内奇自愿与他同吃同练。塞尔希奥·巴蒂斯塔成为马拉多纳家的常客。豪尔赫·巴尔达诺真心相信阴谋论，声称逮捕马拉多纳只是政府的伎俩之一，目的是为了转移公众对执政失败的不满。马拉多纳定期接受心理治疗，他对医师反复提起童年时跌入污水池的经历，似乎他的整个人生就是不断挣扎着从粪水中冒出头来。

马拉多纳依然得到公众的支持：《号角报》的一次民调显示，71%的阿根廷人相信他的清白；其他人则愿意接受阴谋论的说法。他是博罗科多"*pibe*"理想的化身，阿根廷人身处一个幻灭深重的世界，或许因此无法放弃对他的信仰。弥撒亚还是弥撒亚。

梅内姆对军政府犯罪人员的大赦——事实上从阿方辛时代就已开始——激怒了民众，特别是年轻人。虽然有些人同意执行命令的士兵不应被追责，另一些人视大赦为迫不得已，为了保存民主制度就必须安抚日益不满的军方，但依然有许多人认为这是旧势力逃脱惩罚的又一例证。人们开始用"*Careta*"——字面意思是"面具"——一词来形容主流政客：说他们不是虚假就是伪善。倒向新自由主义的梅内姆活脱脱是一个两面派，就此成为政界人物虚伪的典型。足球与摇滚乐则被视为未受污染的领域，因其远离正统政治，反而变得富有政治色彩。民众把马拉多纳当成反抗精神的代表，他本人也以典型的投机取巧加自由发挥的方式笑纳了这一新的政治角色，"我为那些无法发声的人发声，为视我为代表的大众发声。"他说。记者卡洛斯·阿雷斯甚至将他形容为"90年代的庇隆……后现代的领袖"，或许是能团结起阿根廷的最强大的力量。

社会学家巴勃罗·阿拉巴塞斯认为，马拉多纳在阿根廷被捕，给他的地位带来危机——国外的事则可以用阴谋论轻易地解释过去。博卡球迷一直是马拉多纳主要的支持者，他们最早发出呼声：

在阿根廷
有一帮人
一帮治安联防员
将马拉多纳投入大牢
但卡洛斯·梅内姆一样吸毒。

问题是，用“梅内姆也一样”来挖苦他的伪善纯属捕风捉影。没有任何证据显示梅内姆吸食过毒品；况且，“悍匪帮”大多数成员本身是毒品的常客：他们不仅对吸毒毫无成见，更在许多歌曲中为这种恶习叫好。他们的反应因此变得更为微妙，马拉多纳承认自己吸毒，不仅等于站队到球迷一边，也表现出他不戴“面具”。让整件事变得更诡异的是一个流传甚广的谣言，说政府允许毒品走私并从中分了一杯羹。最后，球迷的愤怒发泄到一个具体的人身上——一个他们眼中戴着“面具”的人：梅内姆的朋友和高尔夫球友，《图片报》主编之一康斯坦西奥·比希尔。他在报纸上攻击马拉多纳，但后来被发现自己也有欺诈行为，曾用残疾人专用牌照进口豪华车。

然而，公众的支持无法拯救马拉多纳，马拉多纳相信心理治疗也不行。他需要的是足球。他被捕三小时后面对的第一个法官阿梅莉亚·贝拉斯·德比达尔问他都嗑了些什么药，马拉多纳回答：“我一生所嗑的药只有足球。”三个月后，他停了心理治疗，又开始踢球，最初在一家当地的业余俱乐部，然后踢了一场慈善赛。

1992年，比拉尔多成为塞维利亚队的主教练，他希望马拉多纳禁赛期满后加入他们。为纪念克里斯托弗·哥伦布横渡大西洋500周年，塞维利亚市举办了世博会，还新建了机场，修缮了公路与铁路系统，希望自己能在经济文化上与西班牙和欧洲其他地方看齐。签约马拉多纳也被认为可以提高人气。但马拉多纳与那不勒斯还有一年合同，后者拒绝了250万英镑的报价。马拉多纳在意大利麻烦多多：因为涉毒被逮捕过，私生子认定官司还未了结，他确信意大利人对他打击报复，因此拒绝回那不勒斯。国际足联秘书长泽普·布拉特出面调停，最终双方以450万英镑的转会费签约。转会被确认后，四天内塞维利亚俱乐部的球票收入就增加了220万英镑。马拉多纳依然是票房保证。

他也依然超重。马拉多纳在塞维利亚共踢了26场比赛，虽然偶有以往的神来之笔，比如对皇家马德里和希洪竞技的时候，但整体来说重返西班牙的尝试令人失望。各种争议还是像从前一样围绕着他，看上去因吸毒所受的禁赛惩罚并未让他学乖。他开着保时捷以200公里的时速行驶，结果被逮捕；穿着运动鞋去夜总会被拒之门外，就和人动起手来。压死骆驼的最后一根稻草是一家杂志曝光了塞维利亚全队一起逛妓院的事，不管主谋是否是马拉多纳，舆论普遍认为他要为球队的胡作非为负责。接下来的那场联赛，即1993年6月对阵布尔戈斯的比赛，比拉尔多将他换下。马拉多纳在自传中称，十分钟前他刚往膝盖里打了三针止疼剂，因此将此事视为比拉尔多对自己的背叛，下场时，他明白无误地骂教练是“狗娘养的”，到了更衣室，更是几乎拳脚相加。虽然两人后来重归于好，马拉多纳再也没为塞维利亚上过场，因为被人教导要咽下这口气，他拂袖而去。

五年来，阿根廷经济腾飞，足球也当仁不让地成为受益者。但这次与庇隆时期的发展模式不同，当时国家对足球积极干预及保护，并且重视基础建设，而在梅内姆时期，足球的繁荣依托的是快速走向全球化的经济大环境，阿根廷与全世界的自由资本市场同进共退。梅内姆有个纪念碑球场的包厢，会穿着国家队的球衣拍照，但政府对足球的参与到此为止：没有补贴，没有庇隆时期的“教父”，更不可能限制将球员出售到国外俱乐部，哪怕国家队需要这种禁令。

短期来看，这些都不成问题。比索升值了，通货膨胀得到抑制。消费在增长，其中一大部分与足球相关。有线电视大受欢迎——流行程度超过收入水平与阿根廷相当甚至更加富裕的国家——其推动力几乎完全就是足球：1997年阿根廷收视率最高的十档电视节目全是足球赛。转播与赞助费都金额巨大。

将赛季分为春季与秋季让联赛的戏剧性翻了一倍，也给媒体提供了更多的料。对中小球队来说，要从38场比赛中脱颖而出几乎毫无希望，但只踢19场的话，就有可能人品爆发，成为黑马。在某些方面，这项举措获得了巨大成功，但缩短的联赛周期最终导致变本加厉的短视行为。

国家队也在90年代初经历了一个短暂的黄金期，各种荣誉纷至沓来。1992年，阿根廷战胜科特迪瓦和沙特阿拉伯，捧得联合会杯的前身——法赫德国王杯。到1993年2月，国家队已经连续23场不败。此时巴西莱决定召回马拉多纳。他接过了鲁杰里的队长袖标，但阿根廷与巴西的比赛令人失望地1–1战平。批评意见认为，球队“过于依赖马拉多纳”，这是马拉多纳的神圣光环开始褪色的第一个迹象。以前不管场外制造了多少话题，至少他在球场上的声名不可撼动。一个星期后，阿根廷与丹麦争夺阿特米奥·弗兰基杯（这项美洲冠军与欧洲冠军之间的对决一共只举办过两届[1]），马拉多纳再次上场。时任塞维利亚教练的比拉尔多警告他最多踢90分钟，但比赛进入加时后，马拉多纳没有下场，这越发损害了他在塞维利亚的地位。阿根廷队的内斯托尔·克拉维奥托先进了一个乌龙，卡尼吉亚随后将比分扳平，加时双方都没有进球，阿根廷最后赢得点球大战，为黄金期再添一座奖杯。

1993年的厄瓜多尔美洲杯接踵而至，这是此项赛事第一次由十二支球队参加——除了南美足联的十个成员国外，墨西哥与美国也受邀参赛。马拉多纳没有入选，阿根廷队在小组赛中表现平平，两场战平，一场1–0小胜玻利维亚，以小组第二的身份出线，将在瓜亚基尔的四分之一决赛中遭遇巴西。

上半场巴西大占上风，卡富先打中一次门柱，接下来缪勒从左路切入后破门得分，巴西取得领先。下半场阿根廷略有进步，但远未占据压倒优势，只靠莱奥纳尔多·罗德里格斯的头球将比分追平。巴西还有过几次得分机会，好在凭借西梅奥内的出色防守，阿根廷队终于坚持到了点球决战。西梅奥内成名于萨斯菲尔德，那是一支看重能力，但也同样强调投入的球队，这造就了他的顽强作风。还在青年队时，维多利奥·斯皮内托就给了他“乔洛”这个绰号。博卡曾有过一名中场球员卡梅洛·西梅奥内（就是那位没能看住奥马尔·科巴塔酗酒恶习的室友，此事发生在1962年博卡去欧洲踢巡回

1 另一届是在1985年，法国2–0战胜乌拉圭。

赛时）[1]，他的绰号也是乔洛，虽然两位西梅奥内并没有血缘关系，但据说萨斯菲尔德的西梅奥内重现了卡梅洛·西梅奥内的风采。[2]

前十个点球全部罚中。轮到巴西的马尔科·安东尼奥·博亚德罗了，他起脚时犹豫了一下，球被扑向左侧的戈耶切亚挡在门外，结果博亚德罗从此无缘巴西国家队。随后豪尔赫·博雷利罚入制胜一球，将阿根廷送入半决赛。半决赛他们又与哥伦比亚队战成平手，双方都没有进球。和四分之一决赛一样，前十轮点球双方五罚五中；这次戈耶切亚又扑出了对方第六个主罚的维克多·阿尔斯蒂萨瓦尔的点球，阿根廷第六个出场的还是博雷利，他再一次顶住压力，用内脚背将球送入右门柱内。

阿根廷在决赛中的对手是墨西哥。第69分钟，巴蒂斯图塔首开纪录。这是一个经典的巴蒂斯图塔式进球，他大步追上一个过顶长传，强行挤开拉蒙·拉米雷斯，不等靠近球门便起右脚大力抽射，球应声入网。四分钟后，墨西哥队将比分追平。戈耶切亚放倒了路易斯·罗伯托·阿尔维斯，本哈明·加林多主罚的地滚球滚进了阿根廷大门。但七分钟后，巴蒂斯图塔再度出击：西梅奥内快速发出界外球，心领神会的巴蒂斯图塔抢个正着，他扣过克劳迪奥·苏亚雷斯，随即起左脚就射，球划了一道弧线飞入门柱内侧，锁定了2–1的胜局，帮助阿根廷队夺得他们的第十四个南美冠军头衔。

国家队战果累累，国家的象征却在苦苦挣扎。马拉多纳离开了塞维利亚，失去足球这一支柱的他再次投入可卡因的怀抱。一天清晨，女儿达尔玛撞见他在浴室吸食整整一条白粉。这下可捅了大娄子，马拉多纳彻底崩溃，好几个小时喋喋不休，却不知道自己到底说了些什么。他回到埃斯基纳与父母同住。

1993年10月，马拉多纳做好了回归球场的准备。他差点就要再度加盟阿根廷青年人队，但青年人队的“匪帮”成员此时登门造访，开口就向他索要5万美元，说是答应给他们的份子。马拉多纳知道“匪帮”的势力一直在扩大，但如此直接面对他们还是第一次。他拒绝付钱，球迷就在他家旁边的一堵墙上乱涂乱画，直到附近另一家俱乐部——贝尔格拉诺防卫者队的球迷出

1 见第18章。——译注
2 “Cholo”这个词颇有争议，用来指原住民与欧洲人的混血。

手把他们赶走。就这样，马拉多纳转而加入了纽维尔老男孩队，后者让他有机会出战解放者杯。

马拉多纳抵达罗萨里奥时，受到热烈的欢迎，并被誉为世界上最伟大的球星。据说他如此回应："最伟大的球星已在这里踢过球：他就是卡洛维奇。"或许马拉多纳只是为了取悦听众，难得一次地施展出精明的手腕，但确实，每当人们谈论起谁是阿根廷最伟大的球星时，卡洛维奇的名字总少不了会被提起。现役的有梅西，退役的有马拉多纳、迪斯蒂法诺、佩德内拉、莫雷诺、萨斯特雷、塞瓦内……还有一个托马斯·费利佩·卡洛维奇，绰号"*El Trinche*"——"叉子"，与其说是真人，倒更像一个神话，因为这名球员唯一的弱点就是几乎没有人见过他踢球。1973年和1982年，他曾两次帮助罗萨里奥市的第三大俱乐部科尔多瓦中央顺利升入乙级，但没有任何有关他的影像资料留传下来。他只踢过两场甲级比赛。照片中的卡洛维奇显得高大纤细，除了身高，他看起来就是个典型的公地球员，毛发蓬松，桀骜不驯。何塞·佩克尔曼形容他是自己见过的最伟大的后腰。

卡洛维奇1948年出生于一个南斯拉夫移民家庭，是家里七个儿子之一。孩童时他就在街上踢球，而且遗憾地表示那些场地再也没有了，现在那么多年轻球员都是完美的人造草皮的产物。"从前，我们有许多场地。"他说，"现在都没有了。告诉你为什么我喜欢踢街球——当球员来到球场，抬头望向看台，那里挤着6万人，10万人，他还怎么享受比赛？他根本无法表现。那些看台上的人，他们要求高，还会出口伤人……"

他速度不快，但动作优雅，15岁时就加入了罗萨里奥中央。20岁时，他代表中央队踢了两场甲级比赛。球队叫他去布宜诺斯艾利斯参加一场客场比赛，卡洛维奇早早地到了球队大巴上，坐在后排等其他球员，大概等了10到15分钟，他失去耐心，下了车，去自己家附近的业余俱乐部内格罗河队踢球。卡洛维奇再也没有回过罗萨里奥中央队。"他是个非凡的球员，但不愿意下苦功。"卡洛斯·格里戈尔说，"所以他在中央队不像我那样成功，他更喜欢打猎和钓鱼。[1]他的技术很独特。"

1 他绝对适应不了博卡这样的球队。

卡洛维奇最后加盟科尔多瓦中央，在那里断断续续地效力了四个时期，总共出场236次。如果说他找到了自己的家，那就是科尔多瓦中央。“关于我有许多传说。”他说，“但事实是我从来不想远离自己的社区，那里有我父母的房子、我常去的酒吧、我的朋友们和巴斯克人阿尔托拉，是他在我小时候教会我踢球。”他一直很害羞，严重到他宁愿去杂物间换衣服，也不愿意与队友共享更衣室。但就算是身不由己，他还是声名鹊起。他的故事开始流传，特别是有一次他响应观众的呼声，大耍花活，朝前穿了对手的裆后又朝后穿了一次，更让人把他说得神乎其神，连续两次穿裆也成为他的经典动作。“要是踢了穿裆球，球队经理们就发给我特别奖金，如果连穿两次，奖金也会翻倍。”他说。一次在门多萨与里瓦达维亚独立俱乐部比赛，上半场即将结束前他故意申请红牌：唯有这样才能赶上汽车，回罗萨里奥过母亲节。

1974年4月，他迎来了奠定自己传奇地位的一场比赛：弗拉迪斯劳·卡普领军的国家队与罗萨里奥11人队踢了一场友谊赛，这场比赛既是为体育记者圈筹款，也是世界杯备战的一部分。罗萨里奥队包括五名老男孩球员、五名中央队球员，加上卡洛维奇。他们从来没有合练过，甚至没有讨论过如何配合，只是在比赛开始前两小时到达球场。开赛不久，卡洛维奇就穿了潘乔·萨的裆，等萨转过身来，他又故伎重演，整个球场爆发出一阵欢呼。一场原先的友谊赛，现在变得认真起来。LT8电台的解说员埃克托尔·比达纳大赞“罗萨里奥人的舞步”。上半场结束时，国家队已0−3落后，卡普要求换下卡洛维奇，但他还是留在场上。下半场的过程中规中矩，最后罗萨里奥队3−1获胜。

1983年，卡洛维奇退役，随后又复出，1986年彻底退役，之后，他还会在本地社区的比赛中上场，送出其经典的斜长传。一度他以砌砖为生，直到骨质疏松症让他的髋部出了问题。为了筹集医疗费，人们举办了一场慈善晚会，晚会上还踢了两场表演赛。观众依然高呼他的名字。当时一名记者问他对自己的职业生涯有没有后悔的地方，是不是希望曾做出不同的选择。“不。”他颤声回答，“这位先生，请不要这样问我。”他咬着自己的下嘴唇，“不要提这样的问题。”然后热泪从他眼中滑落。保留了公地气质的球员逃不过一个诅咒：要想自由自在，便需付出代价。

马拉多纳与卡洛维奇完全不同，但同样，他也被认为缺乏基本的职业精神，并为此付出沉重代价。胡吃海塞、酗酒吸毒伤害了他的身体，让他无法应付90年代高速高能高对抗的足球。要说一支秉承贝尔萨式压迫风格的球队还能轻易容下年纪三十三，腰围一增再增的马拉多纳，不免显得可笑。他成功减掉了一些体重，但即便开场时还能如猛虎下山，也很难坚持到比赛结束。他只踢了七场比赛，最初的兴奋感便烟消云散。

*

阿根廷队将美洲杯中的出色状态延续到了世界杯预选赛，客场分别战胜秘鲁与巴拉圭。虽然在波哥大1–2败给了不断进步的哥伦比亚，也没有人太当一回事。随后他们又主场战胜秘鲁，依然占据着小组第一的位置，但接下来主场被巴拉圭逼平，而哥伦比亚4–0大胜秘鲁，阿根廷队才突然感到了压力。最后一轮他们必须主场战胜哥伦比亚，才能保住小组第一并自动出线，否则，他们将面对一场附加赛，对手或是中北美洲及加勒比海地区的第二名，或是大洋洲第一名——澳大利亚，视这两支球队的交手结果而定。1993年9月5日晚上，在纪念碑球场，阿根廷队遭受到自赫尔辛堡以来最大的惨败，甚至超过了1974年荷兰队带给他们的羞辱。

直到中场休息前四分钟，双方都没有进球，但就在这个时候，哥伦比亚队长，绰号“El Pibe”的卡洛斯·巴尔德拉马——他的球风恰恰体现了阿根廷足球引以为傲的一切——中路突破后将球传给右路的弗雷迪·林孔，后者飞速甩开左后卫里卡多·阿尔塔米拉诺，又过掉出击的戈耶切亚，成功破门。仅仅0–1落后，还有整个下半场的时间，阿根廷队希望仍在，但下半场开始才五分钟，希望已变成绝望。林孔从右路踢出一脚斜穿半场的长传，球落到中后卫豪尔赫·博雷利身后，福斯蒂诺·阿斯普里拉接球后带了几步，一个转身晃过博雷利，面对球门用脚尖一钩，球从戈耶切亚两腿间穿过，钻入球门。此球一失，阿根廷实际上放弃了抵抗。第74分钟，莱昂内尔·阿尔瓦雷斯在左路送出横传，球飞过阿斯普里拉头顶，林孔的凌空抽射没有打正位置，但戈耶切亚站位出了问题，球从他身边弹进网内。一分钟后，阿斯普里拉从博雷利脚下断球后突入禁区，一记完美的挑射令戈耶切亚无计可施。阿根廷队的后防溃不成军，阿斯普里拉又助攻阿道夫·巴伦西亚射入第五球。观众先为哥伦比亚喝彩，然后开始呼唤马拉多纳，后者在VIP包厢已看得大惊失色。“*Vergüenza!*”《图片报》疾呼：“耻辱！”

那一晚，波哥大的庆祝以暴力收场，八十人因此丧生；在卡利，幸亏有先见之明的市长关闭了所有酒吧，才只死了三个。“我再也不想回忆这场比赛。”巴西莱说，“这是反自然的罪行。那天，我真想挖个地洞往里钻。”

失败引起了轩然大波，两天后的时事节目《当下》变成这场比赛的专辑。节目做得引人入胜：戈耶切亚身穿绿色西装[1]，郁闷地坐在那里，两根手指放到唇上，面对何塞·圣菲利波咄咄逼人的指责无地自容，时而将手从嘴边移开，似乎完全下意识地握成拳头。卡洛斯·比拉尔多在家看得怒气冲天，开车来到电视台，要求加入讨论，为三年前曾跟随自己征战世界杯的球员辩护。那天他穿着白底带红蓝菱形格的休闲衬衫，显然没想到会这副打扮上电视。

巴西莱保住了自己的工作，不过1993年11月，与澳大利亚队踢附加赛之前，他召回了马拉多纳。阿根廷队的整体表现并不出色，马拉多纳却如有神助。他突破了对方两名球员，然后被绊倒，又迅速爬起，抢回皮球，抬腿送出一记完美的传中，由近门柱处的阿韦尔·巴尔博头球得分。澳大利亚的奥雷利奥·维德马扳回一球，但客场1–1的比分让阿根廷带着优势回到布宜诺斯艾利斯。他们确实在纪念碑球场1–0小胜，搭上了去美国的末班车，但比赛中的表现则令人不敢恭维，唯一的进球来自巴蒂斯图塔的传中，球打在亚历克斯·托宾身上弹起，越过门将罗伯特·萨比卡后飞入网内。

马拉多纳回归国家队并非易事。加盟老男孩初期的热情很快就已消散，主要是俱乐部换了主席。豪尔赫·卡斯泰利接替了因迪奥·索拉里，此后马拉多纳发现自己的“自由”受到限制。1994年2月1日，他离开了俱乐部。那个月底，马拉多纳与父亲、叔父西里洛和一些朋友到他位于莫雷诺的乡村别墅度假放松，想要了解他究竟有何打算的记者追踪而来。马拉多纳要求记

1 很早他就喜欢穿着华丽的男装出镜，现在更是发展到常常围着丝质围巾上电视担任嘉宾。

者离开，记者说只要马拉多纳能给他们一个简短的声明，他们就走，马拉多纳拒绝了。他的一个朋友用花园的浇水管向记者喷水，另一个做出下流的手势。马拉多纳则拿了一把气枪，倚在一辆轿车的车顶开枪射击，打伤四名记者。记者提起诉讼。其中两人接受赔偿后达成和解，另两人坚持起诉。

案子打到法院，梅内姆敦促法官网开一面。阿根廷足协主席胡利奥·格隆多纳保持沉默，似乎说明了他与马拉多纳的关系。公众情绪仍然倾向于同情这位昔日的救世主。英雄总是英雄，每次犯错似乎只会增加他的魅力；当然，“*pibe*”又淘气了——他怎么会变乖呢？社会学家塞尔希奥·莱温斯基曾说，“*pibe*”崇拜在某种程度上根植于对其永远不会长大的希冀，那怎么能指望一个孩子负起责任来呢？官司还没有了结，马拉多纳就宣布自己愿意在世界杯上出任国家队队长。公众反应是一片欢呼，虽然他们的信心毫无现实基础。自上届世界杯以来，马拉多纳的状态就没有好过，他体力不佳，在两个国家官司缠身，而且还未摆脱毒瘾。这是寄希望于虚幻的梦想，与之相同的还有爱维塔死后将其神化，20世纪20年代阿根廷社会对高乔文化的向往，甚至连门多萨当初为了追寻传说中的银矿而横渡大西洋，说到底也具有同样的性质。不管巴西莱内心如何看待此事，他别无选择，只能招马拉多纳入队：他已经宣布要担任阿根廷在美国世界杯的队长，他就得是队长。

尽管马拉多纳恶行不断，尽管他明显状态不佳，但让他带着世界杯的荣耀退场的梦想已经确立。1994年3月，阿根廷五年来第一次负于巴西，马拉多纳看上去身材笨重，感觉也不好，只踢了上半场就被换下。“马拉多纳的体能完全不行。”巴西莱承认，“我们的目标是让他慢慢调整，为世界杯做好准备。”

三个月后，他的身材瘦了下来，或许速度不复以往，但确实锐利依旧，足以担任一支夺冠热门球队的领军人物。尽管此前惨败于哥伦比亚，公众的期望依然很高——好歹他们也是前两届美洲杯冠军的得主。而且阿根廷队开局顺利，4–0轻松击败希腊。巴蒂斯图塔利用希腊队混乱的后防，开场两分钟就破门得分，随后又凭借一记禁区外的漂亮远射和一粒点球，完成了帽子戏法。但最令人难忘的是马拉多纳射入的第三个进球。就此球本身来说，与马拉多纳琳琅满目的其他神奇进球相比，未必有多么出彩——两次踢墙配合，向左略带以拉开空当，最后在禁区边缘一脚精准的射门，球直挂球门上角。值得一提的反倒是他进球后的表现：冲向摄影镜头，一阵狂吼。这种庆祝方式当时看起来激情洋溢，表现出回归国家队的喜悦，很快却招致更恶毒的解读。

这将是马拉多纳为阿根廷所进的最后一球，但不是最后一场比赛，后面还有一场——在福克斯堡对阵尼日利亚。尼日利亚率先进球，拉希迪·耶基尼将球传给萨姆森·西亚西亚，后者干净利落地晃过后卫，在禁区外起脚远射，出击的路易斯·伊斯拉斯毫无办法。上半场进行到一半时，阿根廷队扳平了比分：马拉多纳用脚后跟将任意球磕给巴蒂斯图塔，后者的低射被门将彼得·鲁法伊挡出，但跟上的卡尼吉亚补射成功。这名前锋曾因吸食可卡因被禁赛一年，一个月前刚刚解禁。六分钟后，又是卡尼吉亚在跑动中接马拉多纳快速开出的任意球，冷静起脚，踢出一个弧线球，正好飞进门柱内侧。

马拉多纳的国家队之路到此为止——伴随着的还有阿根廷的希望。比赛结束后，马拉多纳被抽中进行药检，他看上去毫不担心地提供了尿样。录像中，他跟着一名护士走下赛场，边走还边开心地向观众挥手。检测结果显示，他服用了五种药物混合制成的兴奋剂，用途是降低食欲与增强耐力。马拉多纳被开除出队，并受到15个月的禁赛处罚。“我拼了命训练，现在他们却这样待我！”马拉多纳在记者招待会上抱怨，似乎比起违规的事实来，他的努力分量更重。随后他号啕大哭。

电台的街访显示，公众大多极度悲痛。电视画面里能看到阿根廷人当街哭泣。有些人说当时阿根廷国内的情绪堪比1982年福克兰战败投降或1974年庇隆的葬礼——B尿样同样被测出阳性，新闻公布那天正是庇隆逝世20周年纪念日，进一步强化了两件事之间的联系。这两位许多阿根廷人深信不疑的人物，即便他们的权力与影响早就消退，人们依然选择为他们开脱罪责。

对大多数人来说，马拉多纳还是上帝——而且并非只有阿根廷人这样认为。马拉多纳的国际魅力也完好无损，在孟加拉，两万民众走上首都街头呼叫：“马拉多纳不能停赛，否则就焚烧达卡。”阿根廷人的感受更接近悲伤，而非愤怒，电视频道里都是他精彩进球的集锦，在音乐的伴奏下催人泪下，似乎发生的是他与世长辞而非药检失败。几乎没有人感到羞愧或耻辱。照例，马拉多纳将此归咎于阴谋，坚称这是即将离任的国际足联主席若昂·阿维兰热使出的卑怯手段，这是个巴西人，其目的是确保自己的国家队赢得世界杯。“他们真的砍断了我的腿……”他说，“这实在是一件肮脏的事，我愿意相信阿维兰热和布拉特，但此事之后，好吧……我无话可说。”

真相远没有那么复杂：多年来，他一直在吃药——或许只是一种消遣，未必一定是为了提高运动水平，现在终于被抓了现行。福克斯堡没有塑料阴茎。离开塞维利亚去了老男孩后，马拉多纳的体重从92公斤降到72公斤，他说这是与丹尼尔·切里尼一起努力训练的结果，这位塑身教练已经打入他的私密圈子，此外还有一位中国营养师刘国成（音）。或许，马拉多纳自己也不大清楚吃了些什么，甚至有可能他说的没错，美国出售的某种保健品含有麻黄素，而阿根廷出售的没有，但规则很明确：避免禁药是他的责任，因此他错不容辞。“唯一的真相，是我的私人教练犯了错。”马拉多纳说，“倒大霉的却是我。”

当然，这只是此事的版本之一，或许贝尔纳多·诺伊施塔特所言才道出了隐藏在事件背后的真相。诺伊施塔特是阿根廷记者，国家队惨败给哥伦比亚队后，圣菲利波质问戈耶切亚的那档节目就由他主持，他常常大胆批评马拉多纳，因此显得与其他阿根廷人格格不入。他说：“在我们这个国家，最终获胜的总是投机取巧者，只要高兴，我们连自己的宪法都能违反……阿根廷与马拉多纳一样，成为这种目无法纪的生活方式的牺牲品。”马拉多纳被逐出大赛后留在美国，据说收了130万美元，当上13频道的评论员。

最后一场小组赛，阿根廷0−2负于保加利亚，只能作为成绩最好的四支小组第三之一出线，不得不离开麻省，横穿美国大陆，去加利福尼亚的帕萨迪纳对阵罗马尼亚，这个对手在小组赛中流畅的传接配合令人着迷，他们与阿根廷的这场大战是世界杯史上最佳之一，但对2−3落败的阿根廷来说，比赛再精彩也不能带来多少安慰。阿根廷队黯然离场，马拉多纳身败名裂。失去了自己的天才人物，未来的阿根廷将何去何从？

第52章

萨斯菲尔德的崛起与河床复兴

劳尔·加梅斯似乎打量了几眼皮沙发上散落的松饼碎屑，但事实上他要么视而不见，要么就是看见了也满不在乎。他一屁股坐下，伸左手到膝弯处，将驼色大衣的后襟捋平——那只手上戴着硕大的图章戒指。他很高，尽管已年逾七旬，依然透出一股慑人的活力。脸上皱纹密布，两条深深的沟纹一边一条竖直刻在双颊之上。他是一个见识过暴力的人，眼角处的伤痕见证了一段丰富多彩的生活。1986年，作为萨斯菲尔德“匪帮”的领头人物，他跟随国家队一起去了世界杯。有一张他的照片，拍摄于阿根廷与英格兰的四分之一决赛，他在阿兹特克体育场的下层看台上，光着膀子，T恤捏在手中，握紧拳头，蓄势待发，要向一个胖乎乎的金发男子脸上招呼。那个男人身穿白色背心，上面写着“英格兰万岁”。前景中还有一个男人，也是金发，赤膊，看上去已经感受到了加梅斯老拳的力量，他眼睛半闭，嘴巴缩成一团，似乎正用上唇努力将纤细的小胡子往鼻子上顶。加梅斯后来改过自新，1992年萨斯菲尔德陷入财政危机时被任命为俱乐部的副主席，以后又两次当选主席。

他提议在科连特斯大街的星巴克与我见面，似乎与其身份不怎么相称，但他本就是一个矛盾综合体：出身足球流氓，却不仅当上了俱乐部主席，而且还相当成功。他早已远离暴力，然而暴力一直不肯放过他。我们见面后的第四天，加梅斯被一伙武装匪徒绑架，他们强迫他和一名朋友坐进他自己的汽车后座，开去一栋房子。绑架者们想将他拘禁在那里，直到获得赎金——这在布宜诺斯艾利斯并不罕见，只是加梅斯可不像其他目标那样好对付。当他们经过一个警察测速站时，加梅斯想办法打开车门，跳了出去。医生帮加梅斯治疗头上跌破的伤口，警察则追上歹徒，解救了他的朋友。那天晚上他上了晚间新闻，厚厚的绷带几乎完全盖住了头路，脸上和手上都是瘀青。他说这次袭击与足球无关。

1991年，加梅斯成为俱乐部副主席，还同时出任足球部的主席。他说自己"从零"开始。

他下定决心要按规矩行事。"我会告诉竞技俱乐部的主席，说我就要去敲某位球员的门了。"他回忆说，"我希望自己尊重其他球队。不像博卡，每次想得到奇拉维特了，就在记者会上公布一下，害我为了让他开心，只好再多付他10 000美金。"

1969年的洲际杯由大学生队对阵AC米兰，赛后三名大学生球员被投入监狱[1]，其中一位爱德华多·马内拉后来执教萨斯菲尔德，并带队获得1991—92年度秋季联赛的亚军，在1992—93年度的春季联赛中名列第六。"我们看得出当时球队底子不错。"加梅斯说，"但马内拉觉得压力太大，决定离职。他的助手，罗伯托·马里亚尼临时接手。六场比赛他四胜二平。太棒了。球员们都想留下他，但每次球员们指定要某位教练，我都会有疑问。为什么球员要他当教练？他们成为朋友了吗？他是不是没有尽全力训练他们？"

包括贝尔萨在内的若干教练谢绝了加梅斯的邀请。有"一名药剂师，萨斯菲尔德的球迷，和俱乐部上上下下都是朋友"，他推荐了卡洛斯·比安奇。比安奇本是萨斯菲尔德的传奇球员，1967年7月完成处子秀时才18岁，此后这名精瘦而结实的前锋在324场比赛中踢进206个球，保持着俱乐部的进球纪录。比安奇的父亲在报社做销售，踢球前他曾给父亲打过下手。萨斯菲尔德一直以对抗五巨头的外来力量自居，但俱乐部历史上最大的两位英雄——斯皮内托和比安奇都出身中产阶级家庭，这一事实多少带有一些讽刺意味。首秀后第二年，比安奇收获了九个进球，曼努埃尔·朱迪切带领萨斯菲尔德历经鏖战，终于夺得冠军。

那是比安奇在萨斯菲尔德获得的唯一一个冠军头衔，但他是1970年全国

1 见第28章。——译注

锦标赛和1971年大都会联赛的最佳射手。1973年，比安奇转会法国，杀手本色不改，七个赛季里五次位居射手榜首，其中三次在兰斯队，两次在巴黎圣日耳曼队。退役后他曾担任兰斯和尼斯的主教练，不过1992年12月加梅斯联系他时，他已经赋闲超过两年。

（比安奇到任后，）萨斯菲尔德在前六轮联赛中只丢了一个球，那场他们1–1踢平博卡，但因为球迷闹事，最终足协裁定萨斯菲尔德以1–0获胜。“作为球队，萨斯菲尔德尚没有形成自己的足球风格。”加梅斯说，“有些俱乐部以球风漂亮出名，另一些则以力量和防守为人所知……萨斯菲尔德两者都不是。没有风格。萨斯菲尔德的风格始于比安奇。”

里卡多·加雷卡转会去了独立，获得1991年南美足球先生称号的奥斯卡·鲁杰里被卖到安科纳，结果安科纳“在付款之前破了产”。加梅斯说，“这就是萨斯菲尔德最初的家底。但两年后，我们便战胜AC米兰，获得了洲际杯。”1992—93年度的秋季联赛，萨斯菲尔德在19场比赛中只进了23个球，但更重要的是，失球也只有7个。或许确实是比安奇奠定了球队现在的风格，但“*la nuestra*”的死敌斯皮内托对此肯定会大加赞赏。

登顶秋季联赛让他们打入了1994年的解放者杯，又是一路鏖战后，他们闯进决赛。对手圣保罗队是前两年的解放者杯冠军，眼光已经瞄准了三连冠，但萨斯菲尔德的巴拉圭门将何塞·路易斯·奇拉维特大发神威，两回合双方战成平手，进入最后的点球大战。奇拉维特先挡出了帕利尼亚的点球，自己又罚中一球，萨斯菲尔德就这样夺得了俱乐部历史上第一项国际赛事的冠军。

三个月后，萨斯菲尔德前往东京，与法比奥·卡佩罗执教的AC米兰争夺洲际杯。AC米兰阵中群星荟萃，包括弗朗科·巴雷西、保罗·马尔蒂尼、马塞尔·德萨伊、兹沃尼米尔·博班和德扬·萨维切维奇。第50分钟，萨斯菲尔德先声夺人，特罗塔罚进一个点球。七分钟后，亚历山德罗·科斯塔库塔软绵绵的回传球被阿萨德截下，后者过掉塞巴斯蒂亚诺·罗西后小角度射门，球飞旋着进入球门。18个月之前，萨斯菲尔德在时隔25年后夺得俱乐部历史上第二个联赛冠军，18个月之后，他们又荣登世界冠军的宝座，可能南美人比欧洲人更看重这一头衔，但值得一提的是，萨斯菲尔德的十一名首发球员中有七名是他们自己培养的。

萨斯菲尔德一度成为俱乐部运行的典范。他们控制住花销——在梅内姆经济繁荣的初期，这是一种难得的品质——而且还能不断赢球，获得了1995—96年度春季与秋季联赛的双料冠军。“我们很谦虚。”加梅斯说，“俱乐部不和经纪人打交道，对于董事会来说，这非常难得。做一个诚实的人简单，但要在足球俱乐部里证明这一点，实在太复杂了。特别是现在。”

此时，比安奇的成就已经引来了大牌俱乐部的注意，他迟早会离开。果然，1996年，他接受了罗马俱乐部的邀请，在意甲新赛季开始前移居意大利，当时，1995—96年度的秋季联赛尚未结束。比安奇的助手奥斯瓦尔多·皮亚扎成功地指挥了最后几场比赛（虽然联赛大结局那一场比安奇出乎意料地回来了），不但带队夺取了冠军，还保持了球队坚实的基础，贝尔萨后来继任并获得1998年秋季联赛的冠军，也是他铺平的道路。

比安奇的天分并不在于他有多么了不起的战术眼光，而在于他能利用自己的个人魅力激励球员。虽然坚称主教练永远不应该“成为（球队的）明星”，但他也建议教练们“培养*el liderazgo*”，比安奇所谓的*el liderazgo*显然不仅仅指“领导力”，而是被他外化为某种近乎个人崇拜的东西。比安奇曾为《运动管理》杂志列出成功教练的十条“不成文规则”，里面根本没提场上战略。他的理论全都与激励球员并确保俱乐部上下一心有关：“让自己身处聪明人之中。”他说。

他表达过一种信念，足球应该踢得尽可能简单，这是他唯一一次接近于阐述自己球队的比赛方法。“命令就是命令，命令必须明白无误，但你在发布命令时也要讲究策略。”一名球队经理曾赞赏他能给出简单明了的指令，就像“把马桶放进浴室，把烤箱放入厨房”。他是一名领导者，最伟大的天赋就是领导力。

但这不是一个一种风格统领一切的时代。萨斯菲尔德信奉努力与稳健的足球哲学，河床则坚守着旧日的理念。1988年，35岁的丹尼尔·帕萨雷拉回到河床。他曾效力河床八年，直到1982年转会佛罗伦萨，当时已被公认可能是阿根廷历史上最伟大的中后卫。1989年12月，俱乐部选出新主席后，“芥末”雷纳尔多·梅洛辞去教练一职，尽管缺乏经验，帕萨雷拉还是成为当然的接班人。他将为河床未来十年的统治地位打下基础。“接受任命时，我的态度平静得连自己都惊讶。”他说。

1989—90赛季进行到一半时，河床还落后独立一分，但他们的实力随着赛季的推进不断增强，最终以领先七分的优势夺冠。胡维纳尔在《图片报》上形容他们“像外科医生一样精准、冷静，直截了当”。他们能从中场开始压迫，主要归功于队中两名“吃豆人（Pac-men）”——莱奥纳尔多·阿斯特拉达和古斯塔沃·萨帕塔不遗余力的拦截抢断。

接下来，帕萨雷拉又夺得1991—92和1993—94赛季的春季冠军，1994—95年度的春季联赛，河床在卡洛斯·巴宾顿的带领下再次加冕。他们成功的部分原因是财政相对富裕，而且运用得当，另外也多亏了自己青训系统培养出来的两名前锋。阿列尔·奥尔特加速度快，头脑活，精于盘带，是现代版的10号球员，埃尔南·克雷斯波则强壮有力，拥有出色的爆发力及杀手气质。1994年，绰号“王子”的恩索·弗朗西斯科利也回到了俱乐部，此前，他在欧洲踢了七年球，先后效力于巴黎竞赛队、马赛、卡利亚里和都灵。他已经33岁，比过去慢了一些，但足球智慧依然敏锐绝伦。

三年里连续三次捧杯之后，1995年对河床来说是个失望的年头。他们在1994—95年度的秋季联赛中仅排名第十，解放者杯的半决赛中又点球负于哥伦比亚的民族竞技队，1995—96年度的春季联赛中也只获得第七。前河床前锋拉蒙·迪亚斯取代巴宾顿成为主教练，这是一个大胆的决定，因为他刚从横滨水手队退役，毫无执教经验。

1995—96年度的秋季联赛，河床开局不利，索性全力以赴征战解放者杯。他们与智利大学队的半决赛异常激烈，获胜的河床时隔十载再度打入解放者杯决赛，对手与十年前一样，还是卡利美洲队，后者曾三次进入决赛，但一无所获，急着要避免第四次铩羽而归的命运。首回合，安东尼·德阿维拉面对赫尔曼·布尔戈斯一脚漂亮的小角度挑射，攻入了整场比赛唯一的进球。但回到纪念碑球场，埃尔南·克雷斯波独领风骚。首先，他踏着满场的碎纸飞奔，将阿列尔·奥尔特加的传中射入大门；随后，当奥尔特加的拼抢终于让对方门将铸下大错时，又是他接弗朗西斯科利的传中，头球顶入空门。河床终于举起俱乐部历史上第二座解放者杯，追平了死敌博卡。

克雷斯波在决赛后离队，转会去了帕尔马，作为他的接班人，河床签下了爆发力十足的智利射手马塞洛·萨拉斯。此后18个月中，他们势不可挡，风格越来越注重整体配合而非个人发挥。除了赛季首轮0–0被拉普拉塔体操与击剑逼平外，河床在九轮联赛中射入25个球，进球纪录保持到1996年10月底3–0击败胡胡伊体操与击剑。胡维纳尔为《号角报》撰文，称他们为90年代的“机器”。“这支河床追求古老的价值观，并从格局与战略着手。”他写道，“他们超越了定位球、盯防等战术细节：他们决心要在对方禁区寻找进球机会，并用技术来实现这个目标：不靠推人，不靠拉扯，不靠奔跑，也不靠冲撞对方球员……仅仅依靠球技。”

河床是那年的春季冠军，以及1997年度秋季与春季的双料冠军。1998年萨拉斯转会拉齐奥时，河床已经买入了接替他的哥伦比亚射手胡安·巴勃罗·安赫尔。1999—2000赛季，河床再次蝉联春季与秋季冠军。2000年初，迪亚斯手握四个联赛冠军头衔离开俱乐部。2001—02赛季他回归河床，随即又拿到了第五个。

第53章
新自由主义的失败

开放的市场与高估的币值带来了不可避免的后果：进口产品价格下降，阿根廷的制造业和其他规模较小的工业遭到毁灭性的打击。整个90年代，失业问题越来越严重。权力向重商主义转化，这点在足球中也得到反映。例如，1995年，博卡会员选举土木工程师毛里西奥·马克里为俱乐部主席。马克里家族拥有阿根廷最大的建筑公司，毛里西奥是家中的长子。梅内姆的经济政策，尤其是他推行私有化，让马克里家族获益良多，而且毛里西奥是个有着全球格局的商人。他试图将博卡打造成一个国际品牌，强调解放者杯和洲际杯的重要性；这方面他取得了成功，巧克力盒球场吸引的外国旅游团数目之多就是明证，这些旅游团有的来看比赛，有的来参观球场。

1994年12月，墨西哥比索贬值，引发了被称为“龙舌兰酒效应”的金融危机，整个拉丁美洲为之震荡，阿根廷经济也走入衰退。经济衰退一旦发威，其破坏力巨大，更暴露出前度的欣欣向荣之感不过是一场幻梦，经济只是被暂时打上了补丁，这种典型的短期行为不仅未能解决基本的结构问题，反而促使问题恶化。随着经济开始下滑，工会势力重新冒头，1996年，工会宣布举行总罢工。财政紧缩政策对内地伤害尤为严重，进入1997年后，抗议在全国范围内此起彼伏，示威者设置路障，巴塔哥尼亚和西北部分地区出现骚乱。1997年1月，新闻记者何塞·路易斯·卡韦萨斯被谋杀，当时他正调查梅内姆的私有化计划。腐败与暴力虽然远不像70年代那样泛滥，但也并未销声匿迹。

经济进一步衰退，1997—1998年，亚洲又发生金融危机，余波影响深远，全球利率上升，如山的债务压得阿根廷喘不过气来。但记者鲁道夫·拉瓦纳尔认为，至少从心理上看，最糟糕的不是经济危机的具体表现，而是它揭示的真相。梅内姆的新自由主义应对通货膨胀的方法造成实际工资下跌，劳工权利被削减，让底层民众更加贫困，同时也限制了中产阶级的抱负。移民的上升梦曾支撑阿根廷社会整整一个世纪之久，现在被梅内姆的经济政策从根本上打破。按社会学家哈维尔·奥耶罗的说法，认识到这一点的人相信阿根廷已受到诅咒，贫民窟的居民感到深深的绝望。以前，人们把贫民区看作从农村向美好的城市生活转变的必要阶梯，而从90年代开始，脱离贫民区变成了一种奢望。

除了经济由盛转衰外，梅内姆时期足球的另一大特色是场外暴力行径日盛，“悍匪帮”的势力也越来越大。“匪帮”们占据球门后的位置，组织挥舞旗帜与彩带，领头高唱球迷歌，制造出球场上的活跃气氛，这些举动完全无害，但要是相信他们的所为仅限于此，那就未免有点天真了。为了遏制球场暴力，阿根廷民间成立了*Salvemos al fútbol*（拯救足球组织），该组织的副主席迭戈·穆尔齐说：“他们（悍匪帮）最早出现在电视转播球赛之前。20世纪五六十年代，人们总是怀疑客队会成为黑哨的牺牲品，担心比赛结果被操纵，因此球迷们组织起来，试图形成制衡力量，为维护俱乐部的利益而战。这就是‘悍匪帮’的起源。”博卡的“匪帮”最先成了气候，博卡主教练胡安·卡洛斯·洛伦索的鼓励功不可没。“他一手带出了‘悍匪帮’。”西尔维奥·马尔佐利尼说，“是他把他们组织起来——让他们和我们同坐一架飞机。但他们只是球迷，带着手鼓什么的，不是今天那种足球流氓。”

然而到了90年代末，大多数“匪帮”都与黑社会犯罪有了联系，他们贩毒、走私、敲诈勒索，控制球场周边的停车场和商品销售。阿根廷足球一直不乏愿意为自己球队战斗的球迷，但“匪帮”的角色转变却有着更加邪恶的意味，揭示了这个社会骨子里的败坏。

1986年，阿根廷足球共发生46起官方认定的暴力事件，导致81人受伤，451人被捕。到1990年，此类事件已增长至258起，413人受伤，2 255人被捕。与庇隆时代的对比相当惊人。历史学家大卫·戈德布拉特说，庇隆时代的足球“是联系城市不同社区的纽带，甚至能团结起全国各地的人群，20世纪90年代的足球却只加深了地区、邻里与族群对某一俱乐部的忠诚”。这不但反映，而且进一步加剧了社会的分裂，四五十年代的球迷同根同源，基本由劳工阶层组成，现在则“因阶级、消费习惯和信仰体系”的不同而变成一盘散沙。

在劳尔·加梅斯看来，“悍匪帮”带来的问题始于1978年世界杯。“他们（匪帮）开始对球场进行小修小补，以此赚钱，然后他们（官方）出钱，让他们在比赛日也过来帮忙，还付钱让他们唱歌。”他解释道，“以前球场的气氛就像剧院……后来不同了。我自己就曾经是‘匪帮’的一员，*aguante*帮。*Aguantar*的意思是带着旗帜去客场，并且捍卫它们[1]，同时也保护其他去客场观看比赛的球迷。就是这样。没有什么生意。球员连双袜子都不会给我们！而且他们不喜欢我们，因为我们要求他们为球队牺牲，全力投入比赛。”

为什么暴力事件从80年代后期开始激增，对这个问题或许没有简单的解释。部分原因是当时的社会大背景，比如70年代的政治暴力转入其他领域，比如国家机器不再那么具有压迫性，以及越来越多的人对改革失去希望，但足坛的领头人依然负有责任。“格隆多纳和比拉尔多在这件事上极为愚蠢，是他们将足球流氓带到1986年的世界杯上。”加梅斯说。诚然，加梅斯自己1986年也在墨西哥，但他坚持说他是自费去的——这一点，以及只是用拳头而非武器进行战斗，似乎构成了加梅斯道德法则的核心。在他看来，当足球圈内人开始对“匪帮”公器私用时，问题就出现了。20年代末的伊里戈延也是如此，他利用军队叛乱来达到政治目的，结果却自取灭亡。“肌肉一旦意识到自己的力量，就变得极难控制。”加梅斯如此形容。

> 教练们给他们衣服，董事会成员利用他们逼迫教练辞职，因为他们不想主动解雇教练。[2]部分球员向“匪帮”提供衣服或金钱，其他球员因此成为受害者：球员内部也产生分裂，有些支持“匪帮”，有些则不。这就造成了你今天看到的局面：一切都成为生意，“匪帮”之间因为金

1 *Aguantard*的西班牙语原意为坚持，*aguante*是其名词形式，意为毅力、耐力。——译注
2 解雇教练需要支付违约金。——译注

钱而互相争斗。现在他们变成了黑帮。对一个刚刚离开监狱的流氓来说，加入“悍匪帮”比参加抢劫团伙更有利可图。一样有钱赚，风险却小得多。警察参与其中，董事会成员也一样。他们从球场周围的公共停车场挣钱，没有任何人出面阻止。

加梅斯能够有效应对萨斯菲尔德的“匪帮”，部分原因是他知道自己对付的是什么样的人。

我亲自赶走他们。他们常在大堂沙发上睡觉，但我坚持任何人都不能留宿俱乐部。我也犯过错误：我给他们好处，让他们消失，不再带来麻烦。最后我给他们球票，千真万确。但我是一张张给出去的，因为如果你给一个或两个人200张球票，那两个人就会拥有特殊权力，其他人会追随他们，为了球票对他们言听计从。我不想这样，所以我一个人只给一张票。这样做，你就避免制造出一个控制着200名士兵的将军，因为他能给这些士兵球票，让他们进入球场观看比赛。我的条件是：不许在俱乐部吸大麻，不许带针头进入俱乐部。必须保持一个安全的环境。如果我看到俱乐部里发生反常或危险的事，一切交易将作废。

当我发现他们把球票卖掉，然后试图无票混进球场时，我更改了规则。就像摇滚音乐会一样。“我要一张票给我太太，或女儿或其他谁。”他们会说，然后他们把多余的票卖掉。但我会在球场门口等着，看他们是否出席。

我会告诉球员：“如果你们中任何人给他们钱，我就不发赢球奖金。”这是一种策略。这样球员们就有更好的理由讨价还价：并非他们不愿帮忙，都怪那个坏人加梅斯，如果他们违抗他的命令，他会拿走他们的钱。

你得从问题的实质入手，“匪帮”是一群胆小鬼、流氓，他们永远不愿意在一个废弃的场子里一对一单挑。绝对不会。只有被警察隔开以后，他们才威胁说要杀死对方。不会的。把屏障移开，再看看他们是否真的愿意动手，还是仅仅胆小鬼似的互相叫骂，然后离去，因为他们知道这样才能把生意做下去。

虽然加梅斯坚称“匪帮”绝不愿动手，但自80年代以来，暴力事件愈演愈烈。1991年，因足球导致的死亡屡见不鲜，政府成立了一个委员会对此进行调查。委员会做出报告，提议在球场安装闭路电视，并且进行常规检查，确保设施与环境的安全、卫生。实现这些措施的钱按说应来自全国性足球彩票Prode的收入，以及俱乐部的自有资金，但没人出钱，因此该提议不了了之。与此同时，俱乐部被告知，销售球票时不能不负责任——一个相当明显的警告：不要让“匪帮”免费入场；但同样也被忽视。毕竟，许多俱乐部经理利用“匪帮”做自己的政治打手；两者的关系或许不够健康，但确实对彼此都有利。

次年，又发生了502起暴力事件，660人受伤，6 036人被捕，12人死亡，显示出应对措施多么不到位。1993年，暴力事件减少了，但被捕人数高达10 703人。不同俱乐部之间，甚至同一俱乐部内部的球迷依然斗殴不止，而且开始针对起球队的大巴与记者会。俱乐部缺钱、无能，也没有足够的意愿，在“匪帮”面前毫无反击之力，一种无政府主义的感觉蔓延开来。比如说，1993年，竞技客场挑战萨斯菲尔德，竞技领先后，他们的董事开始奚落主队球迷。球迷中有人把一把椅子从窗口扔进董事包厢，一名董事随即拔枪射击。那时球场内响起枪声已经不怎么令人惊讶。90年代后期有过数不清的反暴力斗争，但都因同一个基本难题败下阵来：俱乐部和警方常常与“匪帮”沆瀣一气，即便相互之间并无勾结，警方自己也很容易激起而非平息暴力事件。

1994年，在一场超级德比之后，博卡球迷坐着平板卡车开枪射击，打死了两名河床球迷。三年后，博卡最大的“匪帮”——“第十二人”的首脑，绰号*el abuelo*（“祖父”）的何塞·巴里塔被控谋杀。虽然谋杀罪名不成立，但他被判定犯有敲诈勒索罪，进了大牢。或许更重要的是，对他的调查揭示，“第十二人”光在银行里就有300万美元，谁知道其他地方是不是还有什么别的资产。

终于，1998年5月13日，离秋季联赛结束只剩两轮的时候，布宜诺斯艾利斯法官维克多·佩罗塔以司法的名义勒令联赛暂停，要求所有球场必须安装闭路电视，焰火与旗帜不许入场，汇集已知足球流氓名单并剥夺他们的观赛资格，只有这些条件都满足后，联赛才能继续进行。俱乐部拒绝出钱购买摄像器材，同意禁止焰火和旗帜，但坚持说执法是警察的责任，引人注目的是，他们很快交出了黑名单——动作之迅速证实了大家一直就有的怀疑：他们清楚地知道“匪帮”是谁，本来就是一条战线的。

中断了两周之后，联赛得以恢复。许多被禁止入场的人寻求律师帮助，声称对自己的禁令违宪——毕竟，他们没有被法院判定任何罪名，于是一切又一如既往。第二年依然暴力频发，联赛再次遭禁，这次持续了三个月。

第54章
天才的凋零

禁赛期间，马拉多纳接手了曼迪尤体育俱乐部的教练工作。这是一家丁级球队，位于阿根廷最北部的科连特斯，他的搭档是阿根廷青年人队的前队友卡洛斯·弗伦。赛季结束时球队降了级，这次马拉多纳怪罪的是裁判的阴谋，特别是其中一人，被他骂做“小偷和骗子”、“没有担当的胆小鬼”。第二年，这对搭档又去竞技执教，乏善可陈的场上表现，引来的关注还不如马拉多纳因酗酒与吸毒造成的缺席多。再一次，马拉多纳责怪裁判。“他们在我身上找茬。”他坚称，“完全针对我。”

科波拉又回来当他的经纪人。禁赛期满后，他与博卡达成协议，让马拉多纳去那里继续踢球，当时西尔维奥·马尔佐利尼第二次出任博卡主教练。交易由美洲电视2频道资助，作为回报，他们获得比赛的独家转播权。他一共踢了30场比赛，进了七个球，一度考虑过就此光辉谢幕。1995—96年度的春季联赛还剩五场比赛未踢，博卡已经高居积分榜首，比第二名贝莱斯萨斯菲尔德高出五分。“我知道他的人生都经历了些什么，但他又一次向我证明，他获得了队友的尊重，因为他没有享受任何特权。”马尔佐利尼说，“我们在多场比赛中未失一球——还能很轻松地以1–0获胜——但因为新规则下胜者拿到三分，平局就相当于战败。”

倒数第五轮，博卡有一个明显的点球机会，但裁判没判，结果与罗萨里奥中央0–0战平。“这轮很关键。”马尔佐利尼说。他们与河床也踢了个0–0，随后又4–6负于竞技，马尔佐利尼说那是一个“糟透了的下午”。“那天毛里西奥·马克里当选俱乐部新主席，但选举结果与比赛失利无关——比赛前选举已经结束。马拉多纳最后踢的是5号位，不断向前送出长传，看我们能否进球，但每次我们进了一球，他们跟着也进一个。在更衣室里，马拉多纳伏地大哭：我永远记得当时的情景。本该属于我们的冠军刚刚从指间滑落。”客场挑战大学生队，对方第88分钟的进球将他们击败，然后他们与西班牙体育队踢平。比安奇的萨斯菲尔德则最后五轮连战连捷，最终夺冠。

1996年秋季联赛前，比拉尔多接任主教练，博卡希望重现1986年的奇迹。焕然一新的比拉尔多-马拉多纳组合以4–0大胜胡胡伊体操与击剑开局，加上卡尼吉亚状态极佳，赛季初期的博卡大有冠军相。但客场对老男孩的比赛中，马拉多纳点球未进，肌肉又再度拉伤，最后博卡0–1败北。失去马拉多纳的博卡战斗力大降，居然在主场0–6惨败于拉普拉塔体操与击剑。马拉多纳过了好久才回到赛场，伤病只是部分原因，另一个原因是他与比拉尔多又闹僵了，导火线似乎是教练不愿意使用前萨斯菲尔德中场球员何塞·巴苏阿尔多。

他终于复出，但再次射失点球，不过这场比赛他们还是2–0战胜了贝尔格拉诺。博卡又开始摩拳擦掌，准备夺冠。随后他们客场挑战萨斯菲尔德。卡尼吉亚首开纪录，但萨斯菲尔德还以颜色，最后5–1大胜博卡，他们的门将何塞·路易斯·奇拉维特进了两个球——一个点球，一个任意球。对马拉多纳来说，这个结果难以接受。“萨斯菲尔德被送了一个进球、一次点球和一个任意球。”他坚持说，“没有一个是正当的。没有一个！”他因不服裁判被罚下场。停赛期满后，他射失了一个对中央队的点球，接着与河床的比赛又点球未进。当他在对阵竞技时连续第五次点球不进时，夺冠的希望已完全破灭。马拉多纳哭着说受到了女巫的诅咒。一个星期后，他代表博卡出战大学生队，当时他以为这将是自己为博卡踢的最后一场球。

事实上，他将连续十一个月无球可踢。对马拉多纳来说，这十一个月内惊魂连连。先是他因为被困在阿利坎特一家酒店的电梯里而惊慌失措，消防队员将他救出来以后很久，他依然大声尖叫并打砸桌椅。他住进瑞士的戒毒中心，试图戒断可卡因；随后科波拉又被捕，罪名是毒品走私，但据说在他公寓发现的可卡因来自警察栽赃，指控因此无法落实。马拉多纳四处游荡，踢了几场表演赛，最后决定静下心来再踢一个赛季，雇了声名扫地的加拿大短跑运动员本·约翰逊当自己的教练。春季联赛开始了，第一场的对手恰好是阿根廷青年人队。马拉多纳被抽中进行赛后药检，或许这早已是意料之内。对老男孩的比赛他也上场了，还与河床踢了半场，博卡最后2–1战胜死敌。此时药检结果公布，他与青年人队比赛后提交的尿样中检出可卡因。他在37岁生日那天宣布退役，并坚称自己清白无辜。

第55章

未来的基石

最伟大的革命可能源自最不起眼的开端。1994年，阿根廷足协任命何塞·佩克尔曼为20岁以下国青队及17岁以下国少队的主教练。佩克尔曼没什么名气，因此这个选择有些出人意料，但后来却证明是神来之笔。1991年世青赛，阿根廷队表现恶劣，被禁止参加第二年的南美锦标赛，而该赛事同时又是1993年世青赛的资格赛。缺席了这一届世青赛后，佩克尔曼上任，他为阿根廷青少年国家队打下的坚实基础，让阿根廷一举成为青年足球历史上表现最稳定、成果最丰硕的球队，在1995至2007年的七届世青赛中五次夺魁。

佩克尔曼曾效力阿根廷青年人队和麦德林独立队，是一名实力平平的中场球员，28岁就因为膝伤退役。此后他一边打零工养家，一边寻找教练的职位，还开过一段时间出租车。最后，查卡里塔足球学校聘用他当教练。1982年，32岁的他回到青年人队，进入青训部门工作。干了十年后，他又搬去智利，成为科洛科洛俱乐部的青年队教练。他经验丰富，但成就不大。

接受足协的任命后，佩克尔曼选择了乌戈·托卡利和体能教练爱德华多·乌尔塔松作为自己的搭档。何塞·尤迪卡出任萨斯菲尔德主教练时，托卡利刚刚从球员生涯退役，尤迪卡邀请托卡利管理俱乐部的足球学校。三年后托卡利离任，当上了基尔梅斯的主教练，但他在萨斯菲尔德的工作已经吸引了佩克尔曼的注意。

不出一年，阿根廷就在南美U20青年锦标赛中获得亚军（冠军为巴西），拿到了1995年卡塔尔世青赛的入场券。现在回顾，当年这支球队其实并不强大，球员中后来代表成年国家队出战超过两次的只有胡安·巴勃罗·索林一人，但到了卡塔尔，阿根廷除了最后一场小组赛输给葡萄牙，不得不以小组第二的身份出线外，在淘汰赛阶段一球未失，先后战胜喀麦隆、西班牙和巴西，成为最终的赢家。这是继1979年以后阿根廷国青队第二次在该项赛事中捧杯，上次那支球队还是由马拉多纳领衔的。

佩克尔曼是获胜的关键，托卡利对此毫不怀疑。“他个性顽强。”他说，“或许外表看不出，但实际上确实是这样。他为足球而生，什么都要研究一番。”

1997年，阿根廷在马来西亚成功卫冕，队中包括瓦尔特·萨穆埃尔、埃斯特万·坎比亚索、胡安·罗曼·里克尔梅和巴勃罗·艾马尔，所有球员后来都蜚声海内外，并成为成年国家队的主力。1999年的尼日利亚世青赛，阿根廷队未能从小组出线，但2001年轮到阿根廷主办世青赛。有着维利·卡瓦列罗、胡利奥·阿尔卡、尼古拉斯·布尔迪索、法夫里西奥·科洛奇尼、哈维尔·萨维奥拉、马克西·罗德里格斯和安德烈斯·达历山德罗的国青队在决赛中战胜加纳，再次举起奖杯。

佩克尔曼给自己的三条狗起名卡塔尔、马来西亚和阿根廷，以纪念这三届世青赛的胜利，然而，奖杯也好，它们带来的欢乐也好，本身都不是目的。“青训最重要的一点是塑造球员，而非组建能赢得比赛和奖杯的球队。”托卡利接着说，“我们必须视自己为培养者，不能让他们像职业球员那样训练或思考，因为他们还不是职业球员。在青年队的比赛中，胜利如果不能为未来做准备，就毫无意义；这与成年队不同：注重表现，而非结果。”

佩克尔曼后来离开青年队，去成年国家队担任技术总监，但阿根廷依然延续着世青赛的成功：弗朗西斯科·费拉罗带队夺得2005年荷兰世青赛冠军，当时队中包括利昂内尔·梅西、巴勃罗·萨瓦莱塔、埃塞基耶尔·加拉伊[1]、费尔南多·加戈、卢卡斯·比格利亚和塞尔希奥·阿圭罗；随后托卡利回归，又带领阿圭罗、塞尔希奥·罗梅罗、费德里科·法西奥与安赫尔·迪马利亚蝉联2007年加拿大世青赛的冠军。

1 或译加雷。——译注

第56章
昔日的魅惑

越来越多的阿根廷人对梅内姆感到失望，幻灭触发了两种情绪：悲叹与怀旧——既感叹阿根廷时运不济，又怀念昔日那个充满乐观精神的年代，和那个曾有志在国际舞台上大展拳脚的国度。到60年代中期，真相慢慢呈现。地方的基础建设放慢，有些领域甚至出现倒退，与此同时，巴西异军突起，成为一个重要的工业国家；一系列军事政变带来的震荡削弱了政府机构的公信力，面对全球市场的开放则暴露了阿根廷经济本身的低效。“阿根廷这个国家的传统已经所剩无几。”文化批评家比阿特丽斯·萨洛1998年世界杯时为《剪影报》撰文说，最后她得出的结论与七十年前《图片报》的主编博罗科多不谋而合。“这个时代人们追求个性，不同的身份定位如雨后春笋般出现，有些人称之为后现代主义。”她写道，“在这一时代，足球成为一种黏合剂：它简单、普及，而且有电视转播。”足球一度同样简单、普及，而且有无线电广播，当时它塑造了阿根廷这个国家；在梅内姆江河日下的第二个任期中，足球是少数几件还能凝聚阿根廷的事物之一。

巴勃罗·阿拉巴塞斯认为，虽然足球在20年代与90年代都起到了团结整个国家的作用，但前后的程度有所差别。他直接指出，梅内姆应为阿根廷社会的分崩离析感负责，“国退”的后果是许多人得不到教育、医疗、饮水、电力、燃气和住房，更不要说失业救济等福利。社会充满戾气，引发大量暴力与犯罪事件：1998年9月，政府宣布，布宜诺斯艾利斯所有监狱都已人满为患，因此，3 700名罪犯将被转移至废弃的厂房中关押，或许这再清晰不过地标志了当时社会的败坏。

*

1994年世界杯后，曾在90年代初带给河床三个联赛冠军的丹尼尔·帕萨雷拉接替了阿尔菲奥·巴西莱，成为国家队主教练。他和马拉多纳关系紧张，相信正是纪律松弛导致了后者的吸毒问题，因此下定决心要革除球队散漫的作风。他禁止留长发、戴耳环和同性恋行为，这些措施令他与相当一部分球员发生了冲突。巴蒂斯图塔被逐出国家队，直到十个月后草草将头发剪短才获准归队，但卡尼吉亚和优雅的中场费尔南多·雷东多都坚持，只要帕萨雷拉担任教练，他们就不会为国家队踢球。

阿根廷卫冕1995年美洲杯的努力化为泡影，首先是因为最后一场小组赛大意失荆州，0–3负于美国，后来又栽在一次糟糕的判罚上。阿根廷拿下了前两场小组赛后已经出线，但第三场让大部分主力休息的决定打乱了球队的节奏，原本作为小组第一,四分之一决赛的对手是墨西哥，输给美国的后果是只能作为小组第二出线，对手变成巴西。比赛开始才九分钟，阿根廷队就先声夺人，阿列尔·奥尔特加与胡安·何塞·博雷利两次快速传球后，由阿韦尔·巴尔博用一脚利落的低射破门。埃德蒙多很快扳平比分。将近30分钟时，巴蒂斯图塔的大力猛射硬生生打穿了塔法雷尔的十指关，阿根廷队再次领先。上半场最后时刻，河床中场莱奥纳尔多·阿斯特拉达领到第二张黄牌下场，场上的形势发生了变化。但阿根廷依然坚守阵地，直到比赛结束前九分钟，图利奥伸出左手，截下若日尼奥的传球。这个犯规极为明显，除了图利奥外，所有球员都呆若木鸡，阿根廷门将埃尔南·克里斯坦特勉强做了个扑救动作，图利奥的射门从他头顶飞入网内，然而秘鲁籍裁判阿尔韦托·特哈达却判此球有效。

随后塞萨尔·桑帕约也被罚下，比赛最终2–2战平，巴西点球获胜，但阿根廷国内关注的只有一件事——“巴西的上帝之手！”这是《新闻报》怒气冲冲的标题。十年后，记者巴勃罗·维尼奥内发表在《第十二页》[1]上的文章中提到，把这个球看作当年马拉多纳对英格兰与苏联那两个手球带来的报

1 *Página/12*，布宜诺斯艾利斯一家报纸名。——译注

应是一叶障目：这种肆无忌惮的行为直接来自*viveza*文化。“如果要追责，”他这样写道，“我们便必须承认，1995年美洲杯中图利奥的手球和墨西哥世界杯上迭戈的手球……都是灵机一动的产物，深深地浸淫着公地的气息，处于规则的法外之地，不过民间传说将这一特性紧密地联系到足球精神上。”

阿根廷争夺1997年美洲杯的希望毁于欧洲俱乐部不肯放人。小组赛第三场，阿根廷凭借马塞洛·加利亚多[1]最后一分钟的点球逼平了巴拉圭，又一次以小组第二出线，随即被四分之一决赛的对手秘鲁淘汰。但一俟阵容齐整，阿根廷在1998世界杯预选赛中如履平地，以南美赛区九支球队中排名第一的成绩进军法兰西（卫冕冠军巴西不需要参加预选赛），帕萨雷拉也因此获得1997年南美最佳教练的称号。人们确有理由对这支即将参加世界杯的阿根廷队充满期待。

抽签结果不错。阿根廷第一场的对手日本虽然队形紧凑，组织良好，但进攻基本不具威胁，最终阿根廷凭借巴蒂斯图塔的灵巧进球1–0取胜：一个禁区边缘的反弹球正好落到他脚下，他一脚吊射，球从门将川口能活头上飞进网内。第二场，阿根廷又5–0击溃牙买加，奥尔特加梅开二度，巴蒂斯图塔上演帽子戏法。随后球队雪藏了多名主力，但仍1–0小胜克罗地亚，以小组第一的身份出线，在十六强赛中迎战英格兰。

虽然1991年两队曾在温布利球场踢过一场气氛极不友好的友谊赛，当时阿根廷从0–2落后追到2–2平，此时赛前的话题却不可避免地仍被1986年世界杯的四分之一决赛所左右，这是双方上一场正式大赛。1998年的这场四分之一决赛一波三折，精彩插曲不断，成为世界杯历史上最扣人心弦的比赛之一。第六分钟，巴蒂斯图塔头球轻敲，西梅奥内接球后向球门跑去，但被大卫·西曼笨手笨脚地拉倒，加里·内维尔举着手跑向裁判金·米尔顿·尼尔森，坚称西梅奥内假摔，问题是西梅奥内虽然摔得有点夸张，西曼的大腿确实碰到了他的脚踝。巴蒂斯图塔的点球罚得并不好，刚劲有余而高度不足，对西曼来说恰到好处，他的右手扑到了皮球，但球向下打到立柱内侧后还是

1 通译“加拉多”。——译注

反弹入网。

阿根廷的领先并不长久。世界杯开始时，迈克尔·欧文还只是一个速度飞快的18岁新人，世界杯结束时他已成为举世公认的巨星，大多数人赞誉他是英格兰的救星。第十分钟，欧文接保罗·斯科尔斯的头球，飞速冲入禁区。罗伯托·阿亚拉挡住他的去路，双方身体稍一接触，欧文便扑倒在地，英格兰队获得点球，希勒的大力射门直挂球门上角。

欧文有没有假摔或许存疑，但他在六分钟后的表现确实令人叹为观止。索尔·坎贝尔半倒地从洛佩斯脚下断球，球飞出后被保罗·因斯在离英格兰禁区不到五码的地方截获，他往前塞给了大卫·贝克汉姆，后者起了一个半高球，落到位于中圈内的欧文脚下。欧文的第一脚触球——右脚外脚背卸下从身后飞来的皮球——就晃过了何塞·查莫特，然后他又用速度与力量倚住这名穷追不舍的后卫。当他在禁区外遭遇阿亚拉时，速度已经完全起来，他向右轻点皮球，绕过阿亚拉，拉开角度用一个完美的半高球射穿了卡洛斯·罗亚把守的大门。[1]这个球或许算得上是英格兰在世界杯上最精彩的个人进球，对那些惯于从几代球员中找出相近模式的人来说，也只有这样进球才合情合理：1986年世界杯上，马拉多纳先施展*viveza*打击了英格兰，然后又报以真正出色的一球，现在欧文同样以这两种不同的方式回击了阿根廷。

斯科尔斯抢到希勒的头球摆渡，差点让英格兰队扩大领先优势，但他的射门稍稍偏出。上半场伤停补时阶段，阿根廷队将比分追平。克劳迪奥·洛佩斯继续发扬本场比赛的主题，被坎贝尔轻轻一碰即摔倒在地，为阿根廷赢得了一个离禁区很近的任意球，英格兰队认为阿根廷球员肯定会直接射门，贝隆却轻轻一推，球从人墙边滚过，到了哈维尔·萨内蒂脚下，后者一脚猛射，西曼鞭长莫及。

下半场开始才两分钟，决定赛局的一刻就来临了。西梅奥内在阿根廷半

1 罗亚是基督复临安息日会（又称“第七日再临团”）的信徒和素食主义者，因此获得绰号“Lechuga”——“生菜”。1999年，他刚刚30岁，但由于相信世界末日马上就要降临，拒绝了与所在的马略卡俱乐部的续约谈判，并退出足坛，开始宗教隐修。“2000年将是困难的一年。”他说，“世上充斥了战争、饥馑、瘟疫、大规模的贫困和洪水，我可以向你保证，那些没有与上帝建立精神联系并按他的意愿生活的人会倒大霉。”不到一年之后，他回到马略卡，但再也没有找回从前的状态。

场边缘冲撞贝克汉姆，为此被黄牌警告。当他走开时，可能摸了——或扯了？——贝克汉姆的头发，这名中场抬脚踢向西梅奥内的膝弯。西梅奥内踉跄了几步，确保尼尔森看见这一幕，裁判确实看见了，并掏出红牌，贝克汉姆为他愚蠢的冲动付出了代价。这个报复动作本身相当温和，但却无法抵赖。即便在英国，贝克汉姆也没有获得多少同情："十头雄狮加一个傻孩子。"第二天《镜报》的头条标题如是说。

英格兰在接下来的比赛中表现得极其顽强，他们的努力压制住了阿根廷，并创造了足够多的机会，避免本队大门太过吃紧。当坎贝尔将队友从右侧发出的角球顶入阿根廷球门时，英格兰甚至一度以为自己取得了领先，但尼尔森判定进球无效，因为希勒对罗亚犯规；其实英格兰本来还应该获得一个点球——查莫特用手挡出了希勒的头球，《国民报》对此赞叹有加，说"受伤的英格兰雄狮送出了记记猛击"。

比赛于是进入点球大战——英格兰在世界杯上的鬼门关。西曼扑出了阿根廷队第二个主罚的克雷斯波的点球，但紧接着，罗亚便扑出了因斯的点球，然后又将英格兰队第五个主罚的大卫·巴蒂的点球挡在门外，阿根廷进入了四分之一决赛，将迎战荷兰。这场比赛甚至比阿英大战更加精彩。

维姆·容克先打了一次门柱。第12分钟时，荷兰队终于取得领先，丹尼斯·博格坎普将罗纳德·德波尔的斜传球巧妙地顶向中路，心领神会的帕特里克·克鲁伊维特立即杀到，用一个轻推攻破了罗亚把守的球门。还不到五分钟，阿根廷就将比分扳平，贝隆华丽丽的直传穿透了荷兰队整条防线，洛佩斯接球后稍作停顿，然后将球从埃德温·范德萨尔的两腿之间滚入球门。这两个进球都很漂亮，但与随后发生的事相比，它们简直不足挂齿。终场前14分钟，刚刚因为飞铲奥尔特加而吃到黄牌的阿图尔·努曼又撞倒了西梅奥内，两黄变成一红，被逐出场外。

但阿根廷的优势只持续了十分钟，奥尔特加在禁区右侧与亚普·斯塔姆一对一的时候，被他伸出的腿绊倒——这种情况下他只要接着跑上几步，而非弯着腰向前扑出，双脚在空中乱蹬，说不定会得到一个点球。来自墨西哥的裁判阿图罗·布里西奥·卡特示意奥尔特加站起来，范德萨尔也跑过来抗议，奥尔特加跳起身，头顶撞向范德萨尔的下巴。红牌怎么也逃不掉了。

两分钟后，弗兰克·德波尔从中后场送出一个长传，稳稳地落在突入禁区的丹尼斯·博格坎普脚下，后者先抬腿将球从空中停下，再转身扣过阿亚拉，最后一脚妙射，球掠过罗亚，飞进了球门。这个进球一剑封喉，大巧不工，精彩到让人目瞪口呆。它不但将阿根廷队送出了局，或许还同时印证了对阿根廷国运的两种不同看法：一方面，阿根廷是自毁长城，毫无必要地让出了多一人的优势；另一方面，阿根廷又时乖命蹇，被世界杯历史上最经典的进球之一淘汰。帕萨雷拉辞去主教练一职，佩克尔曼谢绝了足协让他继任的邀请，转而做起了国家队的总领队，但他建议足协任命马塞洛·贝尔萨，国青队则由托卡利接管。

第57章

博卡的光辉时代

1995年，当毛里西奥·马克里当选俱乐部主席时，博卡正深陷财务危机。马克里有土木工程师执照，曾是塞维尔公司的主席，这家公司拥有在阿根廷生产菲亚特和标致汽车的授权。1991年，他被阿根廷联邦警察中的害群之马绑架并拘禁了十二天，据说直到家人支付赎金后才获得释放。他后来说，正是这次经历让他决心从政。担任博卡主席一职可以看作是他学习竞选技巧的机会，同时也能在布宜诺斯艾利斯营造自己的权力基础。博卡球迷以劳工阶层为主，与马克里中间偏右的政治立场看上去不太和谐，但这并不影响他的大计：2015年，他竞选成功，接替克里斯蒂娜·基什内尔，成为共和国总统。

博卡第一次有了明晰的商业计划，借此摆脱了债务。俱乐部引入许多创举，例如电话服务中心、分散式球票销售系统，并划出看台上一片单独的区域，向各家公司出租包厢：破天荒头一遭，博卡开始尽可能扩大会员带来的收入。

不管球场外的计划多么成功，除非同时获得球场上的胜利，马克里的改革将毫无意义。马克里很早就意识到，阿根廷俱乐部想要生存，就不得不接受自己的地位：为欧洲大俱乐部培养球员的基地，那些大俱乐部的财力要雄厚得多。在他治下，博卡的足球学校成为重中之重，同时他们还在全国各地网罗青少年新秀，并从阿根廷其他俱乐部签下有转卖价值的球员。布宜诺斯艾利斯发家靠的是将阿根廷货物出口到旧大陆，马克里再现了昔日繁华，把博卡变成球员流向欧洲的通道。他获得了巨大成功，在他担任主席的十二年中，博卡通过球员转会获得的收入超过8 000万英镑，还新添了十六座奖杯。

不难理解，政策的成功需要时间。奥斯卡·塔瓦雷斯带队赢得春季联赛冠军后，连续六年博卡一无所获，直到1998年7月，比安奇被任命为主教练。

有些人对比安奇不以为然，他们会说，与他在萨斯菲尔德时一样，他能成功全靠继承了一支已经基本成形的队伍。的确，他加盟时，那些后来被他带出道的球员都已到位，但比起比拉尔多或韦拉来，他更好地发掘出了他们的潜能，或许，部分原因是没有马拉多纳来分他的心。比安奇认为，一套队形紧凑、球员投入性强的阵容很关键，于是他弃用卡尼吉亚，后者最后毁约离开，他卖掉迭戈·拉托雷，此人曾形容博卡更衣室像“夜总会”，并让内斯托尔·法夫里、诺韦尔托·索拉诺和塞尔希奥·卡斯蒂略走人，然后创建了他理想中的阵容。不是每个人都合得来，前锋马丁·帕勒莫和吉列尔莫·巴罗斯·谢洛托就出了名地关系紧张。比安奇的应对方式毫不含糊。“他把我们叫到一起，告诉我们，他知道我们互相之间没有好感。”巴罗斯·谢洛托说，“但这种状态将会改变，因为接下来的十九场联赛中，我们会同时首发。”

这十九场比赛，博卡一场未输，以十三胜六平，领先第二名九分的优势获得冠军。直到秋季联赛的倒数第三轮，他们才负于独立，结束了四十场不败的纪录。但那个周末河床也输了球，博卡再一次提前锁定冠军。

比安奇的球队小心谨慎，难以对付——在那一年的春季与秋季联赛中，他们每场平均失球都低于一个——但他们有一个富于创造力的天才，胡安·罗曼·里克尔梅。里克尔梅年仅二十，大局观极强，心思缜密到近乎迟钝。用豪尔赫·巴尔达诺的话说，他“保存了足球一直以来的记忆……他属于那个节奏很慢的时代，那时我们会把椅子搬到街上，与邻居一起踢球玩”。他的神情哀伤，看上去好像总是受了什么委屈，或许正与他的生不逢时感相称。他速度不快，不像马拉多纳和后来的利昂内尔·梅西，能从站着不动突然加速，而他似乎也醉心于自己的从容不迫。他是休止的大师，自里卡多·博奇尼之后把静止的艺术玩得最溜的人。我们甚至可以探讨一番，他是不是这门艺术的最后一位大师。从50年代开始——对阿根廷来说，是从赫尔辛堡开始——足球越来越向激烈与紧迫发展，连梅诺蒂也要求快速。部分原因是营养与运动科学不断进步，现在的球员具备了前辈们没有的身体条件。但巴尔达诺认为，人们消费足球的方式也是原因之一。“足球不再神秘。”他说，“我们不再按照自己的想象来感知它，因为到处都是摄像机。镜头中的画面与你头脑中的画面无法相比。这影响了我们的比赛方式。”

有些人认为里克尔梅是一个毫无意义的老古董，受到俱乐部和教练的纵容，但同样有很多人为此兴奋不已，因为在某些特定的情景下，一个明显代表了昔日理念的球员依然能够成功。2007年，专栏作家乌戈·阿施在《剪影报》的一篇专栏文章中写道：“经典的前腰[1]是一位艺术家，艺术家从定义上来看就拥有一个难以理解的灵魂。毕竟，如果我们的天才球员想法与普通人无异，才是一件怪事……我们的主角是一位浪漫主义英雄、一名诗人、一个被误解的天才，注定将成为不解之谜……里克尔梅是这一物种的最后一个标本，与博奇尼一样悲哀，并命中注定只能在庇护下，在自己全权掌控的地方，在不受这个世界的罪恶行径伤害的环境中获得成功。”博卡就是这样一个环境，或许，他永远不该离开。

帕勒莫比里克尔梅年长五岁，是一个不知疲倦、横冲直撞的站桩中锋，他擅长的射门方式可以说是连人带球砸入对方大门。美感完全不在他的考虑范围内，对他说来，中锋的职责就是尽可能频繁地将球送入对手的球门，无论采用什么方式。

他打破了博卡的进球纪录，一共射入236个球，其中193个是联赛进球。当前纪录摇摇欲坠时，球迷在巧克力盒球场的一个行政包厢外悬挂了一条横幅，上面列出从180到221之间的每个数字（221是罗伯托·切罗创下的历史纪录，包括了所有的比赛）。帕勒莫每次破门，他们就把横幅收进包厢，划去一个数字。最后，他们的旧条幅不够用，又换了个新的。但帕勒莫最广为人知——特别是广为世界其他地方球迷所知的，还是1999年美洲杯中一场比赛三个点球未进，结果阿根廷0–3负于哥伦比亚，另一幕发生在比利亚雷亚

1 原文*enganche*，意为钩子，在南美足球中指连接中场与前锋的进攻组织者，通常身披10号。——译注

尔，他好容易踢进一球，高兴得跳上墙庆祝，没想到墙塌了，他摔断了腿，不得不养伤六个月。然而不管发生什么，帕勒莫都会重整旗鼓。

博卡在1999年的春季联赛中只输了两场，但仍只排名第三，于是他们将注意力集中到解放者杯上。博卡以小组第一出线，十六强赛中客场逼平了基多民族队，双方都无进球，这已成为博卡在解放者杯中的常事。回到巧克力盒后，里克尔梅首开纪录，他的射门几乎不带摆腿，球绕过后卫，飞入球门，这粒精彩进球开启了屠杀的序幕，上半场博卡就以5–1领先。下半场民族队追回两球，据说博卡当时脑子里想的已经是四分之一决赛，因为那场比赛的对手是快要实现春季与秋季联赛双冠王伟业的河床。这是几十年来最受期待的一场超级德比。

第一回合博卡做客纪念碑球场，主队早早就取得领先，萨维奥拉在守门员奥斯卡·科尔多瓦身前接到传中球，头球回顶给胡安·巴勃罗·安赫尔，后者破门得分。里克尔梅用一个漂亮的任意球还以颜色，但萨维奥拉随后攻进了精彩的制胜一球，他带球前插，在离门22码处起脚抽射，球直挂球门远角。

帕勒莫当时因膝部再次受伤，休养了六个月，但他发誓要在第二回合中上场。河床主教练阿梅里科·加列戈完全不相信他能及时恢复，说如果帕勒莫上场，自己就会派上已经退役三年的39岁的弗朗西斯科利。比安奇把帕勒莫放进了替补席。下半场刚开始时，他手下的另一名巨星——里克尔梅吹响了进攻的号角：他在左路摆脱了两名防守球员后，送出一脚低平的斜穿，由远门柱处的马塞洛·德尔加多将球捅入球门。

然后就轮到帕勒莫了。虽然他明显没有彻底复原，不大愿意用到那条伤腿，比安奇还是派上了他，此时离比赛结束只有15分钟了。塞瓦斯蒂安·巴塔利亚在禁区内被绊倒，里克尔梅罚进了点球。这还没有完。里克尔梅在左边线处戏弄了一名已经显露疲态的河床球员后，将球推给内侧飞速插上的巴塔利亚。后者回传至点球点附近的帕勒莫，球传得有点大，帕勒莫必须跑回去接球，他的第一脚触球略重，却因此让可怜的维克多·萨帕塔失去了平衡，也给了自己足够的时间转身面对球门。他的第二脚将球调整到位，第三脚才起脚射门，球直奔球门下角，这个球后来被称为“*el gol de las muletas*”——

“拐棍进球”。当帕勒莫的进球数达到180个时，球鞋厂商制作了一个系列180双鞋，每双都签上他的大名，并刻有他某一次射门的详情。随后这些球鞋被拿去拍卖，所得捐给慈善机构。竞价最高的第73号就是“拐棍进球”，那晚博卡最终3–0大胜河床，并以总比分4–2胜出。

半决赛第一回合，博卡4–1战胜了墨西哥城的美洲足球俱乐部，但客场他们一度0–3落后，直到比赛快结束时，瓦尔特·萨穆埃尔头球破门，才让他们淘汰了对手。决赛他们面对路易斯·费利佩·斯科拉里执教的帕尔梅拉斯队，两回合都是平局，意味着冠军将由点球决出。奥斯卡·科尔多瓦扑出了弗斯蒂诺·阿斯普里拉和罗克·儒尼奥尔的点球，吉列尔莫·巴罗斯·谢洛托——他的双胞胎兄弟古斯塔沃曾在第一回合中上场——最后罚进点球，带给了博卡22年来的首座解放者杯。

这还不是比安奇麾下这支博卡的巅峰。在巴西举起解放者杯后五个月，博卡去东京参加2000年的洲际杯决赛，对手皇家马德里的“银河战舰”当时刚刚起航。

比安奇知道，如果拉开对攻，自己的球员不是皇家马德里的对手，因此他的目标是破坏欧洲冠军的攻势，这恰好是他最喜欢的那种挑战。他让本方四名后卫退守后场，前面再放上三名中场，主要职能是用跑动来封堵空当。里克尔梅成为唯一的进攻发起者，常常飘移到左路，马塞洛·德尔加多则从右路内切，形成一个不对称的4–3–1–2阵型，后方七名队员与前方三人之间存在严重脱节。这是一个拒敌于一臂之远，等待对方犯错的阵势。

博卡并没有等多久。开场两分钟后，皇马右后卫格雷米将边线球直接掷给了塞尔纳，塞尔纳轻敲给巴苏阿尔多，后者又快速将球传到跑动中的德尔加多脚下，德尔加多甩开费尔南多·耶罗，插入格雷米身后的空当，带球冲向底线，等待中锋到位，等了半天，帕勒莫终于从阿伊托尔·卡兰卡和罗伯托·卡洛斯之间呼啸而至，德尔加多将球横传给帕勒莫，后者一脚破门。

开局已经出乎意料，随后的发展更让人大跌眼镜。三分钟后，皇马在左路掷边线球，罗伯托·卡洛斯将球大力掷向前场的劳尔，后者想用胸部停球给古蒂，但被巴塔利亚偷到球，往前传给了里克尔梅。里克尔梅的任务就是连接球队的前后方并组织反击。他的第一脚触球常常很轻，让自己能够转身并舒展开身体。帕勒莫已经启动，从耶罗和格雷米中间轰然穿过。里克尔梅将球高高踢起，送出一个轻巧、完美的60码长传，这是一个下旋球，因此当它落到帕勒莫身前时，会自动减速，这样他就不用收住脚步或试图停球，而是能够继续跑动。当球第二次从地上弹起时，帕勒莫提脚便射，球从伊凯尔·卡西利亚斯身下扫入大门。帕勒莫跑开去，试图来一个滑行庆祝，却笨拙地肚子朝下摔到草地上。

开场不久便连失两球，深受刺激的皇马向博卡发起了猛攻。罗伯托·卡洛斯的射门击中门框。随后，乌戈·伊瓦拉将路易斯·菲戈的传中球漫无目的地顶到半空中，又是这名来自巴西的边后卫一个凌空抽射，打得科尔多瓦毫无还手之力。此时比赛只进行了11分钟。在皇马的如潮攻势下，博卡似乎随时会屈膝投降，但里克尔梅第20分钟的一个任意球稳定了军心，逼着卡西利亚斯做出神勇的扑救，也提醒大家，博卡对这支欧洲冠军球队依然具有威胁。其后比赛延续了同一个节奏：皇家马德里暴风骤雨般的进攻，里克尔梅则优雅而冷静地组织抵抗，控制足球，给对手足够的骚扰和威胁，牵制他们的进攻，让他们始终无法占据压倒性优势。这是比安奇六年来获得的第二个世界冠军头衔。“很难比较两次夺冠经历。”他说，“两者都很特别，虽然原因不同。但这次胜利不仅仅属于博卡，更属于阿根廷。我们证明了阿根廷足球天下第一。”

或许没有谁会信以为真，但接下来的三年中，博卡证明了自己是南美第一。解放者杯夺冠三个星期后，因为竞争对手河床最后两轮只得了一分，博卡又获得春季联赛冠军。在第二年的解放者杯中，他们凭点球淘汰帕尔梅拉斯，进入决赛，随后再次以点球战胜决赛的对手蓝十字队。

2001年的解放者杯，博卡五胜一平，轻松完成小组赛。十六强赛中，他们以4–3的总比分淘汰哥伦比亚的巴兰基亚青年队，四分之一决赛中又4–0轻松打发瓦斯科达伽马，半决赛面对的正是前一年决赛的手下败将帕尔梅拉斯。同样，第一回合在博卡的主场。帕尔梅拉斯两度领先，但博卡两度追平，与前一年一样，第一回合以2–2终局，由于费尔南多和巴里霍被罚下，比赛结束时两队都只剩十名球员。第二回合到了圣保罗，开场才两分钟，帕尔梅拉斯一系列的防守失误就给了瓦尔特·盖坦可乘之机，博卡取得领先。

15分钟后，里克尔梅带球连续过人，看得观众如痴如醉，最后他将球射入球门下角，把比分扩大到2–0。法比奥·儒尼奥尔追回一分，球场暴力就此开启。两名帕尔梅拉斯球迷冲进场内，一人差点将边裁一拳打倒，另一人则飞腿补上。随后亚历山大因凶猛地冲撞克里斯蒂安·特拉韦尔索而吃到红牌。特拉韦尔索没有断腿全亏他在碰撞发生时身体已部分离地，因此只是翻转着飞了出去。博卡的阿尼瓦尔·马特利安也被罚下场后，一个角球打在贝穆德斯身上，弹入球门。于是第二回合又战成了2–2平。博卡像前一年一样赢得了点球大战——典型的博卡式胜利。下一步是卫冕洲际杯，但面对拜仁慕尼黑队，他们没能再次得手。德尔加多被罚下，萨米·库福尔第109分钟的进球让他们0–1败北。比安奇辞职，说这是为了俱乐部好，但许多人相信他其实是对俱乐部大量出售球员感到不满。奥斯卡·塔瓦雷斯继任，可是博卡的战绩开始滑落。2001—02年度，博卡在春季与秋季联赛中都排名第三，向解放者杯三连冠发起的冲击也止步四分之一决赛，战胜他们的是最后的冠军，巴拉圭的奥林匹亚队。

第58章
崩　　盘

早在1999年大选之前很久，梅内姆的人气已消失殆尽，反正宪法也规定，他不可能连任三届，但选民对他的反感损害了正义党候选人爱德华多·杜阿尔德的机会，最后布宜诺斯艾利斯市市长，激进公民联盟的费尔南多·德拉鲁阿渔翁得利。整个90年代，国债持续上升，既有政府开支居高不下的因素，也因为腐败、洗钱和逃税盛行，影响了国库收入，无法减少赤字。国际货币基金组织一再追加贷款，但问题益发严重。继墨西哥金融危机后，巴西经济也崩溃了，阿根廷的出口进一步下降，美元的重新估值又带来比索对欧元的贬值。

经济问题不可避免地波及足球。2000年3月，竞技宣布破产——成为国家经济崩溃的又一惊人标志：1913年竞技首次夺得冠军，终结了英裔对联赛的控制，阿根廷民族意识开始兴起；如今它的衰亡似乎象征着曲终人散的到来。球迷们照例不依不饶，他们聚集在球场，一首接一首地唱着赞歌，并吹响喇叭，但所有这一切都无法改变俱乐部已山穷水尽的现实。最终，2001年1月，竞技被一家起名为布朗基塞莱斯特[1]的公司接管，成为阿根廷第一家所有权属于合股公司的俱乐部，布朗基塞莱斯特享有十年经营权，代价是偿还俱乐部所欠债务。球迷觉得这场灾难根源于1967年独立施下的毒咒，特地组织了一场有十万人出席的驱魔仪式，但竞技依然毫无起色，直到前河床中场，长着芥末色头发的“芥末”雷纳尔多·梅洛出任主教练，他下令拆除球

1 Blanquiceleste，字面意思是“白色”和“天蓝色”，竞技球衣的颜色。——译注

场周围的水泥壕沟，方才找到独立球迷1967年埋下的第七具黑猫尸骨。不出一年，竞技就在联赛中夺冠，此时距他们上一个重大荣誉——洲际杯已经34年了。但没有人认为这同时也意味着阿根廷的复兴。

2001年3月，阿根廷换了三任财政部长，7月，又将公务员工资和政府雇员的养老金裁减了13%，引发全国性总罢工，很快球员也加入其中，要求支付总数为3 500万英镑的拖欠工资。阿根廷足协提供了一笔短期贷款，才让球员们回到球场，但国家层面的问题依然存在。8月，政府机关中收入最高的雇员拿到的工资是张张欠条。

激进公民联盟在2001年10月举行的中期选举中一败涂地，失去了议会里的多数党地位，但更令人担忧的或许是高达20%的选民投出污损或空白选票以示抗议。[1]到11月底，失业率升至20%，通货膨胀率则接近40%，对货币贬值的恐慌导致了银行挤兑风潮，拥有比索存款的人都急着把它们换成美元，再汇出阿根廷。12月2日，阿根廷政府出台了一系列被称为“小畜栏”的应对措施，将银行账户冻结12个月，每周只允许提取250美元。

“小畜栏”政策激怒了民众，成千上万的人走上各大城市的街头进行抗议。最初他们只是敲打锅碗瓢盆以表达自己的厌恶，但很快，抗议就转化为打砸财物，特别是那些属于银行或欧美公司的财物。12月5日，国际货币基金组织称阿根廷的预算赤字未能降低到双方曾经设定的目标，因此拒绝发放一笔价值13亿美元的贷款，要求阿根廷将联邦预算缩减10%。随着事态进一步恶化，德拉鲁阿宣布国家进入紧急状态。足球比赛暂停——12月27日，竞技客场战平萨斯菲尔德，已稳获冠军，但直到第二年2月赛季才真正踢完。

示威人群与警察的冲突愈演愈烈，12月20日和21日两天，成千上万的抗议者聚集到五月广场，爆发了与警察的激战，警察动用催泪弹、高压水枪和橡皮子弹镇压，最后上了真枪，导致五人丧生。全国范围内共有39人在抗议中死亡。德拉鲁阿孤立无援，束手无策，政府在他眼前垮台，窗外暴力肆虐，他却只能安坐于玫瑰宫中观看电视里的卡通片。最终，他坐上直升机逃出总统府，虽然坚称自己从未授权警方使用此等暴力，但除了辞职外，已别

1 在阿根廷，参加选举是强制性的，不过即便如此，20%的选民比例依然很可观。

无选择。

接替德拉鲁阿的阿道夫·罗德里格斯·萨阿是正义党人，之前担任圣路易斯省的省长。12月23日，阿根廷无力偿还一笔1 320亿美元的债务。罗德里格斯·萨阿政府的应对之策是提议采用第三种货币——阿根廷元，它只以现金方式存在，不可兑换，比起可兑换的比索来，它带来了比索所没有的财政灵活性。批评者说这无非是改头换面的货币贬值，很明显，罗德里格斯·萨阿缺乏推进该方案所需的政治支持，于是他也辞了职，继任的是杜阿尔德。

2002年1月，杜阿尔德终于接受了无可逃避的现实，将比索与美元脱钩，并强迫那些拥有美元账户的人以官方汇率兑换成比索。曾经与美元一比一固定汇率的比索到年底时已降至四比一，由于阿根廷商品高度依赖进口，这造成了物价飞涨。4月，又一波抗议与暴动风潮席卷阿根廷，银行业务再次被冻结。不过，年底时形势已经足够稳定，因此杜阿尔德决定2003年4月举行大选。

1998年，比阿特丽斯·萨洛曾指出，阿根廷国家队是少数能将国人团结在一起的机构之一,四年后更是如此，国家队几乎成为唯一还能激发起民族自豪感的团体。虽然马塞洛·贝尔萨被拖欠了八个月工资，但他带领下的阿根廷队已有将近两年未尝败绩。日韩世界杯开始时，阿亚拉、贝隆、卡尼吉亚、巴蒂斯图塔和阿尔梅达等好几名球员都不在最佳状态，而里克尔梅深思熟虑的风格又与贝尔萨一往无前的战术八字不合，干脆没有入选。尽管如此，阿根廷人依然满怀希望，认为经济危机可以成为团结球队的动力，推动球队走向辉煌。毕竟，贝尔萨在成为国家队主教练之前就曾带领萨斯菲尔德赢得联赛冠军，他是一个令人振奋的激进主义者，是阿根廷足坛获胜把握最大的人选。

他们开局还算顺利，对尼日利亚的比赛虽然沉闷，但保持了优势，最后凭借巴蒂斯图塔在后门柱处的一个头球以1–0赢得比赛。民众欢庆胜利的时候，政府不动声色地推出计划，欲将所有尚存的国民存款转换成价值堪疑的政府债券。骚乱再次发生。

阿根廷的第二个对手是英格兰，比起两队上两次世界杯的相遇，这次英格兰证明自己更加勇猛——也更加走运，他们给阿根廷人的恶劣情绪雪上加霜。迈克尔·欧文先打了一次门柱，上半场最后一分钟，毛里西奥·波切蒂诺对欧文作势欲铲，后者借机摔倒，这个点球来自后卫的粗心大意与前锋的本能反应。主罚点球的大卫·贝克汉姆上届世界杯面对同一对手曾吃到红牌，如今迫不及待要报这一箭之仇，他罚出的低平球势大力沉，几乎正对球门中央，只是稍稍偏右。在球门线上紧张移动的巴勃罗·卡瓦莱罗最终还是猜错了方向，徒劳地伸出左腿，皮球呼啸着从他腿的上方飞入网中。下半场易地再战，英格兰队先声夺人，但卡瓦莱罗表现神勇，先后扑出了保罗·斯科尔斯和泰迪·谢林汉姆的凌空抽射。不过英格兰终究无法将攻势保持到底，欧文在终场前十分钟被韦恩·布里奇换下，是自乱阵脚的一招。波切蒂诺差点把比分扳平，无人盯防的他在六码外的头球击中大卫·西曼后弹出。但正如与尼日利亚的比赛，阿根廷队就是进不了球，最后0−1告负，由于瑞典2−1战胜了尼日利亚，除非英格兰负于超级雄鹰，阿根廷要确保出线，只有击败瑞典一条路。

最后一场比赛依然没有逃脱相同的命运。阿根廷队射门一次接一次，但先进球的是瑞典。第60分钟，安德斯·斯文松打进一个30码开外的任意球。此后，安德烈亚斯·安德松又有一次射门险些命中，多亏卡瓦莱罗奋勇将球托出横梁。终场前两分钟，奥尔特加假摔，换来一个点球。他亲自操刀，球被门将挡出后由埃尔南·克雷斯波补射入网。但对于阿根廷来说，平局还不够。整个小组赛阶段，阿根廷的射门次数和角球次数居所有参赛球队之首，但因为英格兰与尼日利亚那场乏善可陈的比赛以0−0告终，阿根廷还是被淘汰出局。

奇怪的是阿根廷国内反倒没有滔天的怒火。“我们很伤心。”有线电视TyC频道的费尔南多·年博罗说，“但这并没有改变我们的生活。阿根廷人面对与昨天同样的问题，让他们忧心忡忡的依然是找不到工作，依然是可能在街上遭劫。”这真是咄咄怪事：20年代的《图片报》试图用足球定义“阿根廷之魂”，而八十年后，即便阿根廷足球的人设已经崩塌，也无法解释为什么城区与俱乐部之间的纽带还是远比民众与国家队之间的紧密，或许是因为对国家的信心正快速消退。

家家俱乐部囊空如洗。竞技虽然已被布朗基塞莱斯特接管，依然欠着

6 000万美元的巨债。圣洛伦索的债务也相差无几，而博卡、河床和独立各负债4 000万美元左右——这还是在电视转播权与广告收入已经预付的情况下。五大俱乐部都陷入同一个困境：以美元计算的债务随着比索的贬值翻了三倍。科尔多瓦贝尔格拉诺挂牌出售整支球队。博卡的马克里开设了一条高价电话线，动员球迷每人支付2美元来留住里克尔梅。最终他还是被卖到了巴塞罗那。

杜阿尔德意识到足球的麻醉剂效应，给球票收入降了税，俱乐部也不用再支付警察在场外执勤的费用，但这些帮助的作用有限。许多俱乐部放弃了预备队，AFA停用第四裁判，因为不想花钱雇人。发生这样的财务危机着实令人惊讶：事实是，1979年世界杯之后，球员出国的禁令已被废除，此后约有5 500名球员被转售到国外俱乐部，总收入达5.7亿美元，而且绝大多数交易完成于近五年内。俱乐部后来已经无人可卖，幻灭感日益强烈。

2002年的春季联赛接近尾声时，暴力行为愈演愈烈。10月，班菲尔德主场迎战河床，到下半场第十分钟时就以5–0遥遥领先，此时河床球迷冲入球场，中止了这场羞辱。下一轮，河床又在主场1–2负于博卡。当时已经实行了客队球迷先离场这一规定，只有当他们完全散去后，主场球迷才能退场；但“第十二人”球迷组织拒绝离开，留在看台上冒着瓢泼大雨庆祝胜利。一些等得不耐烦的河床球迷推开警察和路障，试图离场，警察用橡皮子弹、警棍与催泪弹还击，有些催泪弹被射向露天看台——考虑到当时的情形，这已经相当危险——更有一些被射进密闭的空间，例如大厅、楼梯和走廊。人群一下子慌乱起来，洗手间里挤满了人，许多完全无辜的人被困在那里，一边洗眼睛，一边呕吐，而“匪帮”则在街上与警察混战，还有一些甚至冲进了赛后的记者会，攻击河床主帅曼努埃尔·佩列格里尼。更衣室里，河床队医从一名球迷的眼中取出一枚橡胶弹头。甚至在西边750英里外的门多萨，河床球迷也开始闹事。

赛季最后一轮，独立客场挑战圣洛伦索，他们需要赢下这场比赛才能获得冠军。当他们3–0领先时，圣洛伦索的球迷绕过栅栏，冲进球场，不给对方赛后庆祝（夺冠）的机会，只有出动高压水枪才把他们挡了回去。暴力已成为通病。

第七部

浮 出 水 面

2002—2016

第59章
神 童 二 世

负责格兰多利俱乐部1986年龄组的萨尔瓦多·里卡多·阿帕里西奥这下子急了。十四名球员中只到了十三个，七人制比赛就少一人。这家俱乐部的体育场位于罗萨里奥市郊区，场内倒是另外还有一个男孩，在飞扬的尘土中玩耍，漫不经心地把球踢向破旧的看台挡板，但他生于1987年，而且个子甚至就其四岁的年龄来说也显得很小。他的两个哥哥是训练队的正式队员，外祖母就坐在看台的硬木长凳上。她已经请求过阿帕里西奥，让最小的那个男孩上场。

接下来发生的事，其确切细节尚有争议。阿帕里西奥说，他没办法，只能派上这个四岁的孩子，但他的母亲或阿姨——他不记得到底是谁——反对，于是他答应如果比赛太激烈就叫停。家里人却坚称，是外婆要求让那孩子上场，阿帕里西奥勉强同意，但说他必须打边路，这样一旦哭起来就能马上被带下场。不管哪种说法属实，反正四岁的孩子开始比赛。球第一次到他面前，他没有理会。阿帕里西奥不怎么惊讶。球又过来了，这次落到他的左脚，他轻推了一下眼前的球，开始跑动，并自然而然地盘带起来，惊人地连过对方三名球员。阿帕里西奥还从未见过像利昂内尔·梅西这样的孩子。

梅西1987年6月24日出生于罗萨里奥市的加里波第医院。当天晚些时候，阿根廷各地共发生15起炸弹爆炸事件，其中罗萨里奥一起，梅西父亲工作的孔斯蒂图西翁，一个离罗萨里奥约30英里的小镇也有一起。爆炸究竟目的何在，至今仍不清楚，但似乎是为了抗议前一天生效的阿方辛政府的《正当服从法案》。

1978年，梅西的父母豪尔赫和西莉亚结成夫妻，婚礼后八天就是世界杯决赛日。在一个历史宛如魔幻现实主义小说的国家，此事颇具象征意义，似乎梅西的降临多少已由上天注定。罗萨里奥市位于巴拉那河之滨，上游约300英里处就是马拉多纳父母的家乡埃斯基纳。他出生的日子——6月24日——是探戈歌手卡洛斯·加德尔逝世52周年忌日。周岁生日那天，阿姨和舅舅们送给他一件纽维尔老男孩的红黑间条衫，马拉多纳后来曾为这家俱乐部效力，可惜不甚成功：而马拉多纳未竟的事业，梅西甚至都不曾开始。

向婴儿赠送球衣是一种具有象征性的行为，后来格雷森·佩里的壁毯“混合格斗士来朝”便表现了这一主题——2012年，他制作了一系列六幅壁毯杰作“于细微处见虚荣”，[1]“混合格斗士来朝”是其中的第一幅。在佩里的作品中，混合格斗士向婴儿提姆·雷克韦尔献上一件桑德兰球衣，那是他家族支持的球队。这件球衣确立了小提姆的身份归属，但也限制了他未来的人生之路。如果梅西在老男孩俱乐部一直待到十几岁，如果后来对俱乐部的财政产生不利影响的足球流氓有意介入他的事务，那么他可能真的会被困住手脚。足球轻而易举地定义了球迷的身份——这是阿拉巴塞斯表达过的悲观看法，他指出：随着人不再只是公民，而成为实际与象征意义上的双重消费者，足球的角色也变了。以前足球是“一个温暖的身份区间，在那里，人们投入一点热情，换回一个自己属于某一团体的说法，现在却成了根本的身份象征；足球不复与其他各种经历相提并论，而成为人生唯一的意义——并因此带上了悲剧色彩”。无疑，阿根廷足球拮据的经济状况与恶劣的比赛环境更加重了这种悲剧色彩：大量阿根廷人从足球中获取自己的身份认同，而现如今阿根廷的足球甚至都谈不上出色。

那件老男孩的球衣标志了梅西的身份。尽管职业生涯中经常遭人非议，说他对阿根廷国家队不上心，其实他却是个坚定不移、彻头彻尾的罗萨里奥

---

1 弗洛伊德在《文明与缺憾》一书中首创了“于细微处见自恋”的说法，佩里的标题借用了这一概念。书中，弗洛伊德这样解释：“于细微处见自恋”指的是一种“社会现象，即两个密切相关的毗邻社区之间，往往会发生无休止的争斗与讥嘲——对一些微不足道的差异敏感万分……”阿根廷社会学家胡安·何塞·塞夫雷利1998年的著作《足球的时代》中使用了同一短语来解释相邻城区球队之间激烈的竞争。

人：他的女朋友和孩子的母亲安东内拉·罗库佐[1]来自罗萨里奥；他最喜欢的演员是主演《谜一样的双眼》和《九王后》的阿根廷影星里卡多·达林；尽管他13岁就移居西班牙，说话仍然是一口浓郁的阿根廷口音。

此外，他最喜欢的食物是米兰炸牛排[2]，一道典型的阿根廷菜，用裹着面包屑的牛里脊肉炸成，梅西的母亲配以番茄酱和奶酪。虽然佩普·瓜迪奥拉担任巴塞罗那主教练后梅西的饮食习惯有所改善，但总的来说口味还是幼稚得出奇。刚到的时候俱乐部不得不警告他，他可乐喝得太多，2014年9月公布的一份清单显示，他最喜欢的赛后大餐是奶酪比萨饼加雪碧。阿根廷的比萨饼往往番茄不多而奶酪极重[3]，就算我们不考虑这一点，照爱尔兰记者肯·厄尔利的说法，梅西的最爱听上去也实在太像儿童套餐里的选项：或许这证明了莱温斯基的观点——“*pibe*”应该有其童稚的一面，公地出身的孩子若要完整保留天分中的顽皮气质，就不能长大。

《晚邮报》[4]对梅西的采访很能说明问题：当记者问到他家族的意大利背景时，他对祖父母移民阿根廷之前的家乡雷卡纳蒂一无所知，既不知道在那里出生的诗人贾科莫·莱奥帕尔迪，也不知道左近的洛雷托圣处女：他的天地就是罗萨里奥，直到13岁搬去巴塞罗那，切断了他与家乡的紧密联系为止。但正如佩里挂毯中的提姆·雷克韦尔之亲身感受，背井离乡自有其难处，尤其是这影响到国人如何看待他。（当然，梅西与雷克韦尔还有着细微的差别：对很多人，尤其是阿根廷人来说，要摆脱不景气的经济，踢球好歹是一个办法，能帮助他们逃离格兰多利那种衰败地区。）

虽然小小年纪就拥有一件球衣，梅西对足球却并未一见钟情。四岁生日时，他收到一个皮球做礼物，但仍然更热衷于打弹珠和收集图片卡，两者他都很有竞争力。终于有一天，他跟着父亲和哥哥们一起到街上踢球。“我们看到他的能力时，都惊呆了。”豪尔赫说，“他以前可从来没踢过球。”此后

1 两人已于2017年6月30日成婚。——译注
2 虽然以“米兰”为名，但这种传自意大利的食品已经充分南美化，成为典型的阿根廷菜式。——译注
3 阿根廷人喜欢的比萨饼奶酪非常重，实际上，在皮奥拉连锁等少数几个意式比萨饼店里，往往挤满来自西欧的侨民和游客，这些人会一面吃，一面以智者的态度点头赞许，坚称“这才是比萨饼”。
4 *Corriere della Sera*，米兰出版的意大利全国性报纸。——译注

不久，他就加入了格兰多利俱乐部，每场比赛都有四五球进账，尽管他个子那么小，足球差不多能到他的膝盖。

豪尔赫·梅西曾为老男孩俱乐部的低级梯队踢球，服兵役后就放弃足球，到钢厂工作，并成为厂里的一名经理。梅西、他的哥哥和堂兄弟们去看望祖母的时候，常到街上踢球，一踢就是几个小时。比赛往往以梅西哭鼻子告终：小利昂内尔讨厌输球。

梅西在格兰多利踢到六岁，进了几十个球。或许本就该让他加入更专业的球队了，但促使梅西一家决意离开的却是下面这件小事：一天，豪尔赫去球场观看两个儿子——利昂内尔和马蒂亚斯的比赛，因为没带2比索的入场费被拒之门外。梅西从此再也没有为这家俱乐部踢过球。

1994年3月21日，纽维尔老男孩接受了只有4英尺（约122厘米）高的梅西，此时他还差三个月才满七岁。三个月前，马拉多纳刚为老男孩踢了他的最后一场比赛。当时，老男孩的青训享有盛名，这主要归功于豪尔赫·格里法在整个80年代所做的工作。梅西早期的教练们发现他天生就是块踢球的料，只需稍加点拨即可，根本不用从头教起。教练和老师记忆中的梅西是一个安静、内敛的孩子，但并不缺乏领袖气质。甚至童年时代最好的朋友钦蒂亚·阿雷利亚诺也用“独来独往”这个词形容他；后来，到了阿根廷国家队，有些老球员相当看不惯他矜持的态度。或许他只是天性如此，但现在人们禁不住要猜测，是否天才本就卓尔不群？是否他自知能力过人，因而与众不同？甚至是否他已经意识到非凡的才华也意味着非凡的责任？

虽然沉默寡言，但能力加持的他自带气场。他在老男孩最早的教练之一基克·多明格斯知道其他球员会听他的话，因此让他负责热身活动。梅西依然痛恨失败；面对失利他有时候表现得垂头丧气，伤心哭泣，但更多的时候，则会憋着一口气，单枪匹马地赢下比赛。例如，有一次在普哈托，开场15分钟老男孩就已0–2落后，此时梅西开始振作精神，用队友赫拉尔多·格里吉尼的说法就是“拉长了脸”，最终他上演帽子戏法，球队反败为胜。他的球技意味着防守队员要阻止他，往往诉诸犯规手段，但是，据曾在老男孩十线队带过他的阿德里安·科里亚说，挨踢只会让梅西越战越勇——十线队也是他效力老男孩的最后一站。

梅西的个子还是很小。十岁时，他只有4英尺2英寸（约127厘米），不但比同龄人矮得多，比起哥哥们在同一年纪的时候也明显要矮，于是他被送去迭戈·施瓦茨施泰因医生处检查，医生发现他体内某种生长激素分泌不足。治疗的方法是每天注射这种激素，但花费高达1 500美元一个月。治疗确实有效：11岁时，梅西的身高是4英尺4英寸（约132厘米），12岁时已经长到4英尺10英寸（约147厘米）。起初，在社保和他就职公司的资助下，豪尔赫还能支付医疗费用，后来他向俱乐部求助。（这里面的细节让人费解；施瓦茨施泰因坚持认为，政府应该可以为这类治疗埋单。）老男孩做出各种许诺，但据豪尔赫说，一共只付了300比索，所以他开始想别的办法。

尽管梅西是老男孩的球迷，他也很喜欢河床，主要原因是他的偶像——如果说他也有偶像的话——巴勃罗·艾马尔是河床的前腰。脚法细腻、才华横溢的艾马尔2001年转会巴伦西亚，2000年，梅西去河床试训。试训延续了熟悉的套路：教练们一看到他的小身板，就怀疑他能否适应，一开始一直把他放在板凳上，直到最后几分钟才派他上场，一上场他便连续两次穿了盯防球员的裆。河床让他回来再踢一场，这次他从头踢起，至少进了十个球。河床想签下他，但问题是他们只为13岁以上的男孩提供住宿。当然，也可以说豪尔赫并不真的希望儿子加入河床，只是借此向老男孩施压，让他们不得不履行承诺，支付医疗费而已。如果这是他的计划，那么他失败了：老男孩许下更多承诺，却没有掏出更多的钱。于是他开始考虑一个更加大胆的计划。

2000年2月，梅西拍摄了一段颠球的录像，他先用橘子颠了113下，又用网球颠了140下。地上还有一个乒乓球，他也捡起试了试，成功地颠了29下。两个月后，这段视频，连同其他梅西踢球的普通录像，经由奥拉西奥·加焦利之手送到了经纪人何塞普·玛丽亚·明格利亚那里。加焦利是罗萨里奥人，但在巴塞罗那拥有大量产业，而明格利亚则与前巴萨球员，后担任教练的卡莱斯·雷克萨奇是朋友，因此在俱乐部颇有影响力。他告诉巴塞罗那，只要他们同意支付梅西的医疗费用，并为豪尔赫找一份工作，他们就可以签下他。于是，2000年9月17日，13岁的梅西第一次坐上飞机，前往西班牙。

就在梅西出发前几天，罗萨里奥市的《首都报》刊登了一篇他的报道，标题是“一名不同寻常的小麻风”[1]。文中梅西除了不甚确定地透露他喜欢鸡肉，以及他最爱读的书是《圣经》之外，还提到想为（老男孩）一线队效力，然后成为一名体育教师。此外，他表示一生中最悲伤的时刻是十岁时外祖母——他的第一位伯乐——去世。

到了巴塞罗那俱乐部，梅西非常紧张，几乎一声不吭，起初他情愿在走廊里换衣服，而不是像塞斯克·法布雷加斯或杰拉德·皮克那样直接走进更衣室，这点倒和卡洛维奇如出一辙。教练担心他的瘦小身材，警告其他球员别“伤到他”。一俟梅西拿球，皮克便如此回应教练的要求："我们怎么能‘伤到他’？我们根本都没法靠近他！”过了不到一周，从澳大利亚回来的雷克萨奇想看看梅西对阵比他大两岁的男孩。这是他第一次见到梅西，绕着球场走了一圈后，雷克萨奇立刻拿定主意，他要签下这个孩子。

其他经理们则没有那么大的信心。巴萨正面临危机，这是路易斯·范加尔第一次执教巴萨的最后一个赛季，球队处境不妙。此前胡安·罗曼·里克尔梅和哈维尔·萨维奥拉都没能在巴萨立足，经理们因此对阿根廷人产生了怀疑，他们也非常担心把这么年轻的一个球员连同他的家人一起从罗萨里奥接到加泰罗尼亚的做法（及其花费）是否明智，特别是梅西需要接受激素治疗，而这笔钱得由他们承担。他们还记得马拉多纳家族及他们干的那些乱七八糟的事。就这样过了十周，他们仍在磨磨唧唧，豪尔赫·梅西与明格利亚等得越来越不耐烦。

一次，明格利亚和雷克萨奇打完网球后一起喝啤酒。明格利亚逼着雷克萨奇做个决断，于是后者在一张餐巾纸上写下一份合同的纲要，并签上名字。明格利亚第二天给餐巾纸做了公证，现在这张餐巾纸已被吹得神乎其神，其实它是否真的具有法律效力还很难说。尽管如此，这一姿态表明了俱乐部的意向，最后双方终于正式签署了合同。一俟尘埃落定，豪尔赫和一个朋友步行五十英里，到布宜诺斯艾利斯省北部圣尼古拉斯市的圣母祠还愿，梅西赤着脚陪他们走了最后八百米。2001年3月15日，他飞回西班牙，开始了新生活。

1 老男孩之所以被称为“麻风病人”，是因为20世纪20年代在一场为麻风病人筹款的慈善比赛中，他们最后一分钟顶替临阵退出的罗萨里奥中央队登场。中央队也因此得名*las canallas*——无赖。

第60章
触 底 反 弹

阿根廷宪法规定，总统任期最多两届，任何人不得第三次参选，但这一细节不足以限制卡洛斯·梅内姆的野心，他相信对宪法做个权宜的解释即可规避此条。他的主要对手是一位来自巴塔哥尼亚南部里奥加耶戈斯市的无名律师——内斯托尔·基什内尔。

基什内尔曾支持流亡中的庇隆归国，1973年埃塞萨大屠杀发生时他就在现场。1976年，他获得法学博士学位，并遇到了六个月后成为他妻子的克里斯蒂娜·费尔南德斯。1983年，阿根廷恢复民主选举，基什内尔开始从政，曾短暂担任里奥加耶戈斯市的社会福利基金主席。到1986年，基什内尔已经很受欢迎，能够代表正义党竞选里奥加耶戈斯市的市长。1991年，他当选圣克鲁斯省省长，克里斯蒂娜此时也已是省议会的议员。基什内尔的名气几乎完全限于当地，但他巧加利用，将自己定位为体制外的新面孔，结果反而成为他的优势；大选第二轮投票前，大势已去的梅内姆承认失败，基什内尔胜利当选。

基什内尔任内确立了两个优先事项。发展经济当然是其一，但他同时也对司法部门与军队动了刀，力图清除保守势力，驱逐所有在肮脏战争中参与暴行的人。

基什内尔还另外成立了一个管理足球的委员会，领头人是退役裁判哈维尔·卡斯特里利。卡斯特里利绰号“警长”，因为严厉正直，在90年代很出名。然而，敌对的“匪帮”之间依然争斗不休。2004年，塔耶雷斯球员承认，他们仍需向自己的球迷缴纳保护费；那年的残奥会上，阿根廷队与巴西队发生冲突。暴力似乎充斥了足球的每个层面。

2002年12月，卡洛斯·比安奇回归博卡，接手的是一支刚刚在春季联赛获得亚军的球队。他带队再获秋季联赛第二名。出售里克尔梅或许让球队损失了一些艺术性，但博卡的优势是速度与直截了当的球风。他们还有卡洛斯·特维斯，尽管他的技术与得分能力都很强大，却似乎常常单靠意志就能赢球。他在贫民区富尔特阿帕奇长大，那是布宜诺斯艾利斯一处臭名昭著的法外之地，因此他作为不折不扣的公地之子广受球迷爱戴。2003年年中是博卡的巅峰期，他们以总比分5-1大胜桑托斯，夺得球队第五个，也是四年中第三个解放者杯，比安奇因为带队第四次夺冠而超越奥斯瓦尔多·苏韦尔迪亚，成为解放者杯历史上最成功的教练。

同时，博卡还是2003—04赛季的春季联赛冠军，他们在最后一轮1-0击败排名第二的圣洛伦索，捧得桂冠。不过，此时球队已决定全力以赴出战解放者杯。2004年的解放者杯中，博卡与秋季联赛冠军河床都以小组第一的战绩出线。第二轮，特维斯主客场皆有斩获，博卡淘汰水晶体育，而河床则在点球大战中战胜桑托斯拉古纳，涉险过关。进入四分之一决赛，轮到博卡凭借点球淘汰圣卡埃塔诺，河床却横扫卡利体育。半决赛因此上演了一场同城死敌间的终极大战。

首回合在巧克力盒球场，博卡的罗兰多·斯基亚维第28分钟以一记头球冲顶攻入整场比赛的唯一进球，随后马塞洛·加利亚多与卡希尼被双双罚下，博卡门将罗伯托·阿邦丹齐耶里一把攫住加利亚多的脖子，他能逃脱红牌实属侥幸之极，同样，吉列尔莫·巴罗斯·谢洛托殴打河床理疗师的行为也逃过了处罚。

第二回合河床主场，下半时刚刚开始，博卡的法比安·巴尔加斯就吃到第二张黄牌下场。第50分钟，卢乔·冈萨雷斯25码外的劲射将比分扳平。河床的鲁文斯·桑布埃萨也被罚下，这一判决激起了河床替补席的强烈不满，以至他们的主帅、前中场球员利奥·阿斯特拉达，他的助理教练和理疗师通通被驱逐出场。当里卡多·罗哈斯因腿伤一瘸一拐地退场时，河床已经用完了三个换人名额，只能以九人应战。还剩六分钟时，特维斯接左路的底线回传，将球轰进大门，博卡总比分2-1领先，看起来已稳操胜券。特维斯脱衣庆祝，然后像小鸡一般拍打双臂——意思显然是说，“小鸡们”又掉了魂。他因此被罚下。最后一分钟，费尔南多·卡维纳吉主罚左路的任意球，位置距球门相当远，但球罚出后被头球摆渡给克里斯蒂安·纳苏蒂，后者在远门柱处以一个低平凌空球破网。比赛进入点球大战。阿邦丹齐耶里扑出马克西·洛佩斯的罚球，随后，博卡的中场好手哈维尔·比利亚雷亚尔打进制胜一球，带领博卡晋级决赛。“这场比赛简直就像电影中发生的事。”比利亚雷亚尔说，“可能要过好多年，才能看到同样的比赛。我从未在赛后如此疯狂地庆祝过。”

博卡与其五年内第四座解放者杯之间的唯一障碍只有卡尔达斯十一人了，这支球队来自哥伦比亚的咖啡生产中心马尼萨莱斯，2003年的联赛冠军只是他们队史上的第二冠。首回合他们客场0–0逼平博卡，双方都有射门打中横梁。第二回合两队在派罗大公体育场战成1–1，卡尔达斯凭点球大战取胜。[1]决赛之后不久，比安奇便离开了博卡，从此再也没有赢得过任何荣誉。但他已居功至伟。阿根廷经济在千禧年（2000年）之际崩溃后，他的博卡几乎成为举国上下唯一还有国际竞争力的团体。

第二支这样的球队很快出现。2001年的美洲杯，阿根廷多名队员受到死亡威胁，出于安全考虑，国家队拒绝前往哥伦比亚参赛，但2004年他们组成一支强大的球队开赴秘鲁，决心一洗韩日世界杯之耻。阿根廷队绰号“兔子”的前锋哈维尔·萨维奥拉身材小巧，快如闪电，他与特维斯配合默契，球队打出了一些精彩的进攻，可惜决赛时在点球大战中惜败巴西。一个月后的奥运会完成了部分救赎。阿根廷队光芒四射，六场比赛狂进17球，一球未失，决赛凭借特维斯的进球1–0战胜巴拉圭，成功夺金，无可争议地证明了自己的强大。没错，这只是奥运会足球赛，但复苏的迹象已比比皆是。

对贝尔萨来说，这却是他的极限。他于2004年底辞职，理由是不再拥有从事国家队主教练工作所需的“精力”，此后直至智利在2007年接触他，他才再度出山。2011年，他重拾俱乐部教鞭，先执教毕尔巴鄂竞技，后来又去马赛，但似乎总是受着同一模式的诅咒：一开始令人迷惑，接着如拨云见日，最后以耗尽潜能告败。

---

1 五个月后，他们的教练费尔南多·蒙托亚遇到持枪抢劫，不幸中弹瘫痪，被迫放弃执教，改行担任记者。

第61章

传奇的养成

梅西在巴塞罗那的最初几个月很艰难，而且还不单单是适应环境的问题。作为外国人，他不能进入青年组A队（17岁以下）踢球，况且，那年A队的阵容也已经确定。同时，老男孩对失去如此珍贵的资产异常恼怒，因此当巴萨试图为梅西在西班牙足协注册时，老男孩拒绝施与援手。于是，梅西开始为B队（16岁以下）踢球，但2001年4月对阵托尔托萨时，对方铲断了他的腿。6月复出后没几天，他就从楼梯上摔下，伤到脚踝韧带，被迫又做了三个星期的壁上观。

14岁那年，他停止了激素治疗，但到15岁时身高才5英尺4英寸（约163厘米），体重只有55公斤。对他来说，要完成全场比赛就已经很吃力，而且他自己也承认，速度慢，对抗力不足。他的队友们戏称他为“*Enano*”（“侏儒”），并非毫无道理。2002年3月，梅西终于注册成功，可以参加青年队的联赛。巴塞罗那夺得当年的锦标，这是这支后来人称“机器87”[1]的冠军球队赢得的第一项荣誉。巴塞罗那和西班牙人之间有过一个默契，巴萨的青年A队和西班牙人的青年B队参加同一级别的联赛，巴萨的青年B队和西班牙人的青年A队一起参加另一级联赛，这样两家A队都有机会夺冠。那一年，“机器87”作为B队赢得了A队联赛的冠军，这在历史上还是第一次。

2002—03赛季，路易斯·范加尔重返巴塞罗那，结果一线队创下十五年

1 根据互联网上的信息，La Maquina del ’87（“机器87”）似指梅西在纽维尔老男孩参加的那支儿童队。——译注

来最差战绩，好容易才爬到了第六名，但由梅西、皮克、法布雷加斯和维克多·巴斯克斯等球员组成的15岁年龄组却表现优异，又一次捧得该级别联赛的桂冠。梅西在30场比赛中打进36球，是队中唯一从未缺阵之人。巴萨青年队主教练亚历克斯·加西亚说，训练课的水平极高，拼抢也很激烈，相比之下比赛简直像放松。

2003年4月，正是争冠的关键阶段，在一场对西班牙人的比赛中，梅西颧骨骨折。八天后，两队又在杯赛的决赛中相遇。梅西极度渴望上场，因此他向卡莱斯·普约尔借了一个面罩。普约尔赛季初受过差不多的伤，当时他用面罩保护伤处。但普约尔的面罩对梅西来说太大了。上半场进行到一半，梅西带球向西班牙人禁区突破，由于视线被面罩遮挡，他一把扯下面罩，扔回替补席，然后继续投入比赛，并很快破门得分。半场结束时，巴萨3–0领先，鉴于比赛已经拿下，加西亚将梅西替换下场。这场比赛被称为“*el partido de la mascara*”（“面罩之战”），它展示了梅西的坚强意志与他对胜利的强烈渴望。

球队奖杯源源不断，球员梅西也飞速成长。加西亚把他放到球场的各个位置上，鼓励他学会扮演不同的角色，可是梅西踢着踢着就跑到前锋身后去了。他还是不爱说话，但和同样来自阿根廷，效力于西班牙人的巴勃罗·萨瓦莱塔成为好朋友。他的队友还记得，如果梅西踢得不好，那他赛后依然会哭鼻子，不过他们认为眼泪更多地证明了梅西不服输的精神，而不是因为他对失利感到失望。这种精神并不止于足球——在PS游戏上梅西也没有对手。

加西亚说，自里纳斯·米歇尔斯和约翰·克鲁伊夫时代起，巴塞罗那便秉承团队配合的宗旨，而梅西则将巴萨的传统精神与阿根廷街头足球的个人主义融合起来。两者产生了一种奇妙的效果：佩普·瓜迪奥拉带领的巴塞罗那处于俱乐部的历史巅峰，而在那支球队中，梅西的变幻莫测丰富了全队的打法。西班牙人的*tiki-taka*结构发达，其基础是保护控球权，并不断用精妙的传接配合消耗对方的体力和耐心。这些也都是巴塞罗那的特点，但他们还有梅西，梅西可以突然施展盘带大法，一个人吸引对方两名球员；梅西是球队中的个人英雄，有了他，巴塞罗那的打法更加灵动，更具观赏性。

2003年11月，梅西被召入一线队，参加波尔图新球场的揭幕赛。诚然，这只是一场友谊赛，而且如果不是很多球员离队参加国际比赛的话，他可能都不会入选，但当他在第75分钟登场亮相时，年仅16岁零145天的梅西就此成为俱乐部一线队历史上首秀时年龄最小的三名球员之一，比他更小的只有1912年的保利诺·阿尔坎塔拉和1998年的哈鲁纳·巴班吉达。[1]从那以后，他每周有一天与一线队一起训练。

下一步是获得国家队的认可。2004年6月，国家队主教练马塞洛·贝尔萨的助手克劳迪奥·比瓦斯将一盘梅西踢球的录像带寄给了乌戈·托卡利，后者当时是U20国青队主教练何塞·佩克尔曼的助教。鉴于西班牙也在努力招募梅西，阿足协当即安排国青队与巴拉圭和乌拉圭踢两场友谊赛，以便阿根廷各级国家队的教练们现场考察梅西的水平。他们一见之下，便拍板决定梅西必须成为阿根廷国脚。

那年10月，在与西班牙人的巴塞罗那德比中，梅西上场替下了德科，当时只有17岁零4个月的他成为代表巴萨一线队参加正式比赛的最年轻的球员，这个纪录后来被博扬·克尔基奇打破。那个赛季他共打了七场西甲联赛，还踢了对顿涅茨克矿工队的欧冠赛。在5月1日的联赛中，当巴萨1—0领先阿尔瓦塞特时，教练用梅西换下萨穆埃尔·埃托奥。罗纳尔迪尼奥的斜吊穿透了对方防线，梅西破门得分，却被误判为越位。两人几乎立刻故伎重演，这一次进球有效，2—0获胜的巴萨差不多已稳获联赛冠军。罗纳尔迪尼奥一路小跑到梅西身边，把他扛上肩头。他俩的关系非常亲密：与阿根廷人第一次合练后，罗纳尔迪尼奥便给一位记者朋友打了电话，说他刚和一个小孩一起踢球，此人将来会比他更出色。以前在队内网式足球赛中，罗纳尔迪尼奥和巴西边后卫西尔维尼奥总是轮流夺冠，梅西加入后，两人就都甘拜下风了。

一个月后，梅西与巴塞罗那签下了他的第一份长约，随后去荷兰加入国青队，参加U20世青赛。尽管阿根廷在此项赛事中战绩辉煌，但由梅西、塞

---

1 他们的命运截然不同：阿尔坎塔拉后来成为俱乐部进球纪录保持者，而巴班吉达从未为巴塞罗那打过任何正式比赛，为尼日利亚国家队也只踢过一场。在2012年退役前，他先后加盟过顿涅茨克冶金工人队、奥林匹亚科斯队、阿波罗利马索尔队、克拉斯诺达尔库班队、美因茨05队、维特斯队与奥地利乙级联赛的卡芬堡队。

尔希奥·阿圭罗、巴勃罗·萨瓦莱塔、费尔南多·加戈、埃塞基耶尔·加拉伊和卢卡斯·比格利亚组成的这支国青队依然极受赞誉，他们在本届杯赛上的表现也被传为佳话。由于贝尔萨夺得奥运金牌后离职，佩克尔曼与托卡利出任成年国家队主教练，留下潘乔·费拉罗掌管青年队。看起来，费拉罗对梅西的瘦弱身躯仍有疑虑，首场对美国的比赛，他把梅西放在板凳上，结果阿根廷0–1失利。小组赛第二轮对埃及，梅西终于首发，并打入第一球，萨瓦莱塔再下一城，阿根廷2–0取胜。一胜一负意味着阿根廷只要击败德国，就能确保晋级十六强，打平也足以让他们作为成绩最好的第三名球队出线。此役梅西表演了他经典的带球突破，助攻内里·卡多索打入比赛的唯一进球。

第二阶段的首场比赛，梅西又有斩获，阿根廷2–1反败为胜，淘汰了哥伦比亚，在四分之一决赛中对阵欧洲冠军西班牙队，后者阵容中包括法布雷加斯、胡安弗兰、何塞·恩里克和大卫·席尔瓦。离终场只剩下19分钟时，比分依然是1–1，梅西送出妙传，古斯塔沃·奥伯曼为阿根廷取得领先。两分钟后，他又挑球过顶，晃开了防守队员，攻入第三球。这是一届属于梅西的比赛，接下来他越战越勇：对巴西的半决赛，是他首开纪录，随后萨瓦莱塔打入制胜一球，阿根廷2–1挺进决赛。决赛中，他罚入两粒点球，帮助阿根廷2–1击败了尼日利亚，其中第一粒点球还是他自己突破制造的。赛后马拉多纳给梅西打了电话，祝贺他夺冠。“你知道接到迭戈的电话意味着什么吗？”梅西问道，“真的非常，非常难忘。”

马拉多纳说：“我最喜欢梅西的地方是，他除了球技高外，还具有领导才能。对西班牙的比赛，他用足球上演了一场音乐会，给我留下了深刻的印象。”

两个月后，阿根廷国家队去匈牙利踢友谊赛，这是梅西在成年国家队的处子秀。然而，他彻底演砸。第64分钟时，阿根廷2–1领先，何塞·佩克尔曼用梅西换下了利桑德罗·洛佩斯。梅西第二次拿球时，做了一个他典型的加速动作，却被后卫维尔莫什·翁察克抓住了球衣。梅西想挣脱，翁察克紧抓不放。梅西用力挥动手臂，打中了这名后卫的胸部。很明显，梅西的目的只是要摆脱对方，因此他实际上是猛推了对方一下，而不是给了他一拳，但翁察克捂着脸倒下，当值裁判，来自凯泽斯劳滕的牙医马库斯·默克向梅西出示了红牌，翁察克也因拉人吃到黄牌。梅西的处子秀只持续了44秒。他像梦游一般在场上踟蹰，终于走到边线时，已经泪流满面。或许可以这样说，正是这次开局不利让梅西的国家队生涯始终笼罩着一层淡淡的阴影。

在俱乐部层面，一切却大有起色。2005年9月，梅西获得了西班牙和阿根廷双重国籍，部分消除了反对他参加联赛的意见。10月，他完成了联赛中的第一次首发，巴塞罗那3–0击败奥萨苏纳。到那年年底，他做的广告几乎和马拉多纳一样多，代言的商品包括汉堡包、软饮料、油、酸奶、薯片、鞋子和信用卡，耐克与阿迪达斯也争相与他签约。他在欧冠的表现充分证明这是一颗冉冉升起的新星。欧冠第二阶段淘汰切尔西的比赛中，梅西担当了重要角色，对方的边后卫阿西尔·德尔奥尔诺因冲撞他而被罚下，但他也因伤错过了球队战胜阿森纳夺冠的决赛。夏天结束前，还会有更多的挫折等着梅西。

第62章
球袜中的秘密

参加2006年世界杯的阿根廷国家队阵容稳定，天才如云。他们在南美区预选赛中仅以净胜球差距排名巴西之后，位列第二。球队集中了一大批技术精湛的攻击手：经典5号后腰哈维尔·马斯切拉诺镇守四名后卫之前，与他并排的有前后穿梭的边前卫马克西·罗德里格斯和埃斯特万·坎比亚索（或卢乔·冈萨雷斯）；胡安·罗曼·里克尔梅重返国家队的前腰位置[1]，为埃尔南·克雷斯波和哈维尔·萨维奥拉输送炮弹。这支国家队以公认的阿根廷方式踢球，而这才是阿根廷公众的关注点。唯一真正让人担忧的是他们抽到了一个死亡之组，对手除了荷兰外，还有潜力很大的科特迪瓦和预选赛中仅失一球的塞黑。科特迪瓦四个月前在非洲国家杯决赛中运气欠佳，点球惜败东道主埃及，而塞黑则是因为国际足联奇怪的排名方式才掉出欧洲球队这一档，沦落到与中北美洲、加勒比海和非洲球队一起参加抽签。

当阿根廷在汉堡的首战中2–1轻松击败科特迪瓦后，忧虑逐渐散去。世界杯正赛开始时的塞黑或许已与抽签时大不相同，他们首场0–1负于荷兰，不过，即便如此，也没有人料到阿根廷将带给他们一场屠杀。

开场不到六分钟，阿根廷队就领先了。萨维奥拉将球传入禁区，罗德里格斯首开纪录。阿根廷的第二个进球或许将作为世界杯历史上最伟大的团队合作而流芳百世——这次配合共有26脚传递，最后由克雷斯波脚后跟助攻禁区边缘的坎比亚索大力施射得分。半场前不久，萨维奥拉射门被挡，罗德里格斯的补射梅

1 原文*enganche*，见第57章译注。——译注

开二度。下半场第20分钟，马泰亚·凯日曼因为双腿飞铲马斯切拉诺而被罚下。接下来发生的事现在看来意味深远。利昂内尔·梅西在比赛还剩15分钟的时候替补登场，三分钟后，他杀入禁区，一脚低传助克雷斯波射门成功。下半场另一名替补球员卡洛斯·特维斯带球突入禁区，再得一分；终场前两分钟，特维斯又妙传梅西，打进全场第六球，这也是后者在世界杯赛上的第一个进球。当时没人能想到，要等整整八年（精确到同一天），他才收获了第二粒世界杯进球。

与荷兰队0-0战平后，阿根廷队以净胜球优势排名小组第一，淘汰赛第一轮遭遇墨西哥。六分钟不到，他们就丢球了，这也是他们在本届杯赛上第一次落后：对科特迪瓦比赛中已隐隐浮现的空中劣势彻底暴露，帕维尔·帕尔多右路的任意球被头球顶到远门柱，无人盯防的拉斐尔·马克斯拍马杀到，伸右脚将球捅进球门。然而，仅仅过了四分钟，阿根廷就扳平了比分。克雷斯波接里克尔梅的角球，抬腿从齐腰处凌空扫射破门。此后，克雷斯波和萨维奥拉分别错失一次单刀，1-1的比分一直胶着到加时赛第八分钟，马克西·罗德里格斯在禁区外用胸部停下队友的半场长传后，凌空抽射出一个落叶球，直飞球门左上死角。凭借这一惊世进球，阿根廷赢下了比赛。

四分之一决赛移师柏林，阿根廷的对手是德国。又是里克尔梅的助攻让他们取得领先，阿亚拉接到他发出的角球后，用一记有力的下压头球将球砸进网窝。此后阿根廷踢得顺风顺水，直到终场前18分钟，佩克尔曼用坎比亚索换下了里克尔梅。在很多人看来，这一刻主教练失去了勇气，随之也失去了世界杯。托卡利却坚持认为胜局毁于伤病。里克尔梅下场前一分钟，门将罗伯托·阿邦丹齐耶里因伤退场，利奥·佛朗哥顶替了他的位置。七分钟后，佩克尔曼又不得不换下受伤的克雷斯波。虽然有梅西、艾马尔和萨维奥拉坐在板凳上，佩克尔曼还是换上了胡利奥·克鲁斯，一个身材高大但行动笨拙的射手。托卡利解释了教练的思路。

> 我们太了解里克尔梅了，从他14岁，还在踢5号位时，我们就开始带他。我们知道，如果他连续三次传球失误，那要么是他累了，要么出了其他问题。我们当时1-0领先，看到里克尔梅多次丢球，跑动减少，传球也开始缺乏纵深。他的灵光不在，看上去已体力不支。

> 替补席上我们有坎比亚索，断球能力强，传球的技术也很出色。就这样，在1–0领先的情况下，我们用坎比亚索换下里克尔梅。我们继续保持攻势，但同时增加断球。克鲁斯也一样。为什么用克鲁斯，而不是梅西？因为我们觉得德国的空中球很凌厉，我们必须平衡这一点。我们认为他们得分的唯一手段是定位球时的头球。他们最后确实进了一个头球，但却是通过一个四十米的长传：没人能预想到这一点。

克鲁斯上场后一分钟，由米夏埃尔·巴拉克传中，蒂姆·博罗夫斯基头球摆渡，米罗斯拉夫·克洛泽在后门柱头球破门。比赛进行到点球大战，阿根廷队崩溃了：他们每一次罚球前，德国门将延斯·莱曼都会从球袜里掏出一张酒店便条纸看一下，这一举动似乎吓坏了阿根廷人。纸条是德国守门员教练安德烈亚斯·科普克帮莱曼准备的，名单上写着七个阿根廷球员通常罚点球的方向。后来发现，七人中只有两人真正出场主罚，不过他们射门的方向都被科普克说准。虽然其余五人只是参考，但已足以让对手产生错觉——莱曼似乎知道他们罚点球的习惯！这引起了阿根廷队的恐慌。阿亚拉和坎比亚索双双射失，德国队则连进四球，进入了半决赛。

这场比赛波澜壮阔，惊心动魄，结局却丢人现眼。赛后中圈弧内发生了大规模的斗殴，莱安德罗·库弗雷还因为踢了佩尔·默特萨克一脚，被出示红牌。“阿根廷先挑衅的。”德国中场米夏埃尔·巴拉克一直这样说，“我们的队员走向罚球点时，阿根廷人冲他们大喊大叫。他们喊的是西班牙语，我们不知道他们在说什么，但肯定是想影响我们的点球手。蒂姆·博罗夫斯基罚中后，（比分变为4–2，）他把手指放到唇上，示意他们闭嘴。他们因此有点生气。再后来，我没怎么看清楚，只看到有一两个人躺在地上。”视频中却可以看得很清楚，罗德里格斯一拳击中了巴蒂斯安·施魏因施泰格的后脑，托尔斯滕·弗林斯和法夫里西奥·科洛奇尼互相扭打，德国国家队总领队奥利弗·比尔霍夫和胡安·巴勃罗·索林也打作一团。

突然间流言四起，都说国家队内部分裂成几个派系；照例，捅刀子、甩黑锅的乱局席卷而来，佩克尔曼身心俱疲地辞职。他确实正确认识到了德国的威胁所在——阿根廷最后也确实死于空战劣势——但这并不能给带来他任何慰藉。

第63章

喜 夺 金 牌

德国世界杯上的梅西或许只是阿根廷队的边缘人物，但回到巴塞罗那，他却渐渐成为球队的核心。如果说还有人质疑他的伟大，那所有的疑虑也在2006—07赛季烟消云散了。诺坎普主场迎战皇家马德里的比赛中，他上演帽子戏法，帮助巴萨3–3战平对手；国王杯半决赛对阵赫塔费，他又打进精彩一球。即便他不是阿根廷人，这粒进球肯定也会被拿来和马拉多纳的相比。当时梅西在右路中线附近接到哈维的传球，先躲过对方一个飞铲，又穿裆过了另一名防守球员，把球带向中路，紧接着冲刺30码，从两名拦截队员中间闪过，第三名球员终于赶上来，企图拉住他的球衣，却抓了个空，他绕过守门员后小角度射门，球从一名倒地阻挡的后卫身上飞进网窝。就算梅西存心要复制马拉多纳对英格兰队的第二粒进球，他也不可能模仿得如此惟妙惟肖。比拉尔多和马拉多纳都指出，比赛的重要性不可同日而语，而且梅西奔袭途中有30码未遇阻截；他们或许不无道理，但梅西这粒进球与马拉多纳进球的过程何其相似，才是它不同凡响之处。马拉多纳和比拉尔多如此小气地捍卫1986年进球的卓越地位，不由让人想起阿根廷足球早期的一个著名传说：如果有球员在比赛中一路过人后得分，当他走回本队半场开球时，会把先前留下的脚印从尘土中抹去，这样就没人能重复他的杰作了。梅西把进球献给马拉多纳，后者刚刚住进一家精神病院。

复制了马拉多纳对英格兰的过关斩将之后才六个星期，梅西又再现了他的另一粒进球——“上帝之手”：在与西班牙人2–2战平的比赛中，他用手打入一球。“这是迭戈！”阿根廷的解说尖叫道，“谁说这不是？对我来说就是迭戈。是同一个人……是他转世。我不信那种事，但……确实是他转世。不可能有这么多巧合。告诉我为什么两件事都会再次发生，我是说以如此相似的方式再现……”人们本已将梅西和马拉多纳相提并论，这两粒进球似乎证明了他们确有共通之处。

尽管梅西那粒“凌波微步”确立了他的天才地位，2006—07赛季对他和俱乐部来说却依然失意。梅西打入精彩进球的那场半决赛，巴塞罗那以5–2获胜，三个净胜球的优势让球队在第二回合雪藏了梅西，结果少了他的巴萨不可思议地输了个0–4。联赛对阵西班牙人和皇家贝蒂斯，他们又晚节不保，并为最后时刻的失球付出了高昂的代价，巴萨因相互间比赛的比分落后于皇马而痛失冠军[1]。

佩克尔曼辞职后，阿足协邀请阿尔菲奥·“科科”·巴西莱“二进宫”，此前两年，他带领博卡夺得一次春季联赛和一次秋季联赛的冠军。他的头发已经花白，但仍然留得很长，从前额向后梳得溜光，一直聚拢到衣领上。经历了佩克尔曼的学院派作风后，巴西莱至少在形象上更接地气。不过他并没有改变球队的风格，队形也仍然是阿根廷经典的4–3–1–2：哈维尔·马斯切拉诺担纲5号，坎比亚索和贝隆是一对攻守平衡的边前卫，“钩子”里克尔梅则连接起中场与梅西和克雷斯波这对锋线搭档。2007年在委内瑞拉举办的美洲杯上，这支队伍曾惊艳世界十七天，达到的高度远远超过90年代初同样由巴西莱指挥的那两支美洲杯冠军球队。

在马拉开波的首场小组赛，埃迪·约翰逊第九分钟的点球为美国队取得领先，但不到两分钟后阿根廷就扳平了比分。里克尔梅的任意球飞入禁区，凯西·凯勒没能扑到球，混战中克雷斯波伸脚将球捅入球门。第60分钟时，阿根廷反超比分：里克尔梅传球给禁区弧边的梅西，克雷斯波接后者精准的斜传，面对惊慌失措的凯勒，第一脚触球就用一个直射洞穿了大门。教练席上的巴西莱穿了一件怪里怪气的紫色条纹衬衫，胸前半敞着，挥舞双拳庆祝：他挑选的这队球员就应该进这种球！替补上场的艾马尔头球攻入第三球，美国队后防此时已疲惫不堪，被另一名替补球员特维斯接队友传出的身后球把比分变为4–1。

1 2006—07赛季巴塞罗那和皇家马德里同积76分，两队相互间交手的战绩是皇马一胜一平，因此那个赛季的西甲冠军被皇马摘得。——译注第二场比赛，阿根廷队又是开局落后，埃迪森·佩雷亚在禁区边缘接右路回传的任意球破门，让哥伦比亚一球领先。第20分钟时，哥伦比亚对梅西的犯规给了阿根廷一个点球，克雷斯波主罚命中，不过这名射手射门时拉伤大腿肌肉，不得不被迭戈·米利托取代。半场前，里克尔梅先接萨内蒂的传中头球破门，又用一个精彩的任意球把比分变为3–1。下半场海梅·阿尔韦托·卡斯特里隆抢到左路开出的角球，头球攻门得分，带给哥伦比亚一线希望，但伤停补时阶段，米利托的射门打在哥伦比亚后卫身上弹进网内，锁定了4–2的比分。此后大幅调整了阵容的阿根廷又1–0击败巴拉圭，确保以小组头名的身份晋级八强。

面对四分之一决赛的对手秘鲁，阿根廷的表现甚至更加出色。梅西和里克尔梅让人心醉神迷，一个施展“过人”绝技，把秘鲁人过得晕头转向，一个则屡屡使用“休止”大法撕开对手防线。不过到中场休息时，比分仍是0–0。巴西莱换上特维斯，换下了米利托。这次换人的效果几乎立竿见影：下半场开场才两分钟，里克尔梅与特维斯连续两次撞墙配合后，在20码外射出一脚弧线球，球擦着门柱入网。此后特维斯接萨内蒂的传中，头球攻门打中横梁。第60分钟阿根廷又下一城，虽然得分的是梅西，但进球的过程则尽显里克尔梅的风采：他接贝隆的空当传球后，转身、控球，等待梅西跑动到位，再送出恰到好处的一传，一气呵成的动作完全打穿了对手的防线。接下来轮到特维斯和梅西的两次撞墙配合，梅西射门被挡，马斯切拉诺补射中的。最后，特维斯在一次快速突破中狂奔50码，助攻里克尔梅打入第四球。没错，对手只是秘鲁，但下半场阿根廷展示的正是本国足球传统派梦寐以求的那种风格。

梅西离场时还发生了一件事，也许第一次真正表明，对他的崇拜已经变得近乎疯狂。他看见二层看台前排有一个年轻女子正要跳向他这里，赶忙劝她不要，但她还是跳了，居然没有受伤。那女子亲吻了梅西两次，才被保安带走。

半决赛中，阿根廷遭遇墨西哥，墨西哥曾在小组赛击败巴西，四分之一决赛又6–0狂胜巴拉圭。墨西哥开局很好，安德烈斯·瓜尔达多上半场击中门柱，内里·卡斯蒂略下半场开始阶段又打了横梁，但最终他们也败下阵来。中场休息前，高高跃起的加夫列尔·海因策用左脚外脚背将里克尔梅开出的任意球推进网内，阿根廷1–0领先。接下来梅西上演了精彩一幕，与他此前所有进球相比都毫不逊色：海因策的长传落到四外无人的特维斯脚下，他一个斜传，将球交给右路迅速插上的梅西。禁区内的梅西接球时大约在右门柱外五码处，他先用右脚点了一下，紧接着左脚将球挑起，球高高吊过墨西哥门将奥斯瓦尔多·桑切斯头顶，划出一道弧顶比球门横梁高出约六英尺的弧线，然后急剧下降，飞入球门后方，又弹跳了几下。里克尔梅的点球完成了一场3−0的大胜，但梅西的进球才是当晚的主导。至少在巴西莱看来，这个球让他对整个足球的未来都产生了疑问。“我们是不是应该收拾行李离开？”他问道，“我们还需要什么呢？看到这样的进球后，还有必要再踢下去吗？”

但是无论多么精彩的进球，都不等同于奖杯本身，而阿根廷队要想捧得第十五座美洲杯，还必须战胜邓加的巴西队。虽然首场负于墨西哥，巴西队却证明球员和他们的主教练一样顽强，他们在四分之一决赛中大败智利，半决赛又以点球淘汰乌拉圭。对阿根廷的决赛，开场仅四分钟，埃拉诺的长传就找到了儒利奥·巴普蒂斯塔，后者切换到右脚，随即一脚重炮轰进球门顶角。半场结束前五分钟，阿亚拉将达尼·阿尔维斯的传中捅入自家大门，阿根廷已回天无力。第69分钟，又是右后卫阿尔维斯接瓦格纳·洛夫的传球，为巴西3−0的大胜进了最后一球。阿根廷再次在国际大赛中展现出绝世才华，但也再次证明，仅有才华是不够的。

巴塞罗那的2006—07赛季很不理想，接下来那个赛季甚至更糟。罗纳尔迪尼奥正走下坡路，而且俱乐部视其为球队的害群之马，赛季结束后就把他出售给AC米兰。里杰卡尔德也离开了，令人吃惊的是，他的继任者是初出茅庐的佩普·瓜迪奥拉。瓜迪奥拉上任后最初几个重大决定之一便是允许梅西去北京参加奥运会，借此减轻委内瑞拉美洲杯带给他的打击。这个决定当时引起争议，因为俱乐部持反对意见，但最终证明完全正确，不仅对梅西和阿根廷来说是如此，从俱乐部层面来说，它也确保了球员此后的绝对忠诚。

阿根廷国奥队异常强大，包括梅西在内的大部分队员获得过2005年世青赛冠军，此外还有里克尔梅，已回博卡踢球的他作为三名超龄球员之一参赛。[1]小组赛首场，正是里克尔梅和梅西的配合撕开了科特迪瓦的防线，为阿

1 另外两名是马斯切拉诺和安德莱赫特后卫尼古拉斯·帕雷哈，他们也都只超龄一岁而已。

根廷首开纪录，最终阿根廷2–1取胜。此后他们击败澳大利亚和塞尔维亚，进军四分之一决赛，对手是荷兰。梅西抓住对方防守上的一个失误让阿根廷取得领先，而当奥特曼·巴克卡尔扳平比分后，又是他在加时赛中的妙传助攻安赫尔·迪马利亚打入制胜一球。

半决赛的对手巴西完全没有表现出上一年成年国家队的那种顽强，几乎是溃不成军。下半场第七分钟，阿根廷发起进攻，一连串流畅的配合给迪马利亚制造出空间，塞尔希奥·阿圭罗将他的传中挡入球门。很快，阿圭罗又梅开二度，最后，里克尔梅点球得分，至少从比分上报了马拉开波的一箭之仇。金牌争夺战重演了1996年奥运会的决赛，当时阿根廷两度领先尼日利亚，结果却2–3饮恨；这一次有所不同，当带球疾奔的迪马利亚以一个灵巧的吊射领先比分后，阿根廷没有再犯上次的错误，1–0的胜利让他们成功卫冕。

这是梅西个人黄金时期的发端。在瓜迪奥拉带领下，巴塞罗那进入了俱乐部历史上最辉煌的几年，梅西成为关键人物，他给球队有时完美得近乎死板的*tiki-taka*增添了几分个性和变化。2009年巴萨6–2击溃拜仁慕尼黑的那场欧冠四分之一决赛，梅西第一次打中路，扮演伪9号的角色。他很快会赋予这个位置全新的定义。那个赛季的欧冠决赛，巴萨在罗马对阵曼联，开场时他在右路活动，十分钟后转移到中路，一举打乱了曼联的部署。这场比赛巴萨2–0轻取，梅西打入第二球，这是一个对他来说不常见的头球；当球划着弧线从埃德温·范德萨尔身边飞进网内时，梅西的球鞋也掉了下来，简直就像肌肉发力把鞋都震松了似的。

其他精彩的表演包括：2010年11月在若泽·穆里尼奥执教的第一场西班牙德比中5–0羞辱皇马，2011—12赛季曾经九场比赛刷了21个进球，其中7–1狂胜勒沃库森的那场欧冠八分之一决赛，他独中五元。这个赛季他共打进50个联赛进球，下一赛季，他又进了46个。对他来说，出神入化很快就变得司空见惯，但是无论梅西在俱乐部取得何等成就，阿根廷国内却总有人吹毛求疵，一个萦回不去的问题是：他能为国家队做到这些吗？他能在巴塞罗那以外的地方做到这些吗？毕竟，成就了他的俱乐部现在看来似乎已经在围绕着他踢。

第64章

巨 星 反 目

胡安·罗曼·里克尔梅和马丁·帕勒莫，一个无怨无悔地追求他的艺术足球，一个则集力量、勇气与实用精神为一身，两人曾珠联璧合地打造了一支伟大的博卡，并同时成为球队的象征，最终也是他们导致了俱乐部的分裂。到合作的最后阶段，他们已经水火不相容。2010年，帕勒莫承认："捍卫博卡的旗帜是唯一把我们俩捏在一起的因素。"此时正值俱乐部三年无冠期的第二年，三年内教练倒如走马灯般换了六个。

帕勒莫在西班牙度过了三个半郁郁寡欢的赛季，2004年，他回到博卡，与特维斯组成了一对相当出色的搭档。博卡延续着辉煌，不但连续两年捧得南美杯，2005—06赛季还一口气夺得春季联赛和秋季联赛的双冠。2006年8月，帕勒莫刚出生的儿子斯特凡诺夭折。四天后就是新赛季第一轮，帕勒莫坚持上场，在3−0战胜班菲尔德的比赛中梅开二度。他哭着下场，看台上的观众也大多热泪盈眶。毫无疑问，当时帕勒莫是球迷心目中的英雄。

里克尔梅于2007年1月回归。他在巴塞罗那很不如意，被主教练范加尔束之高阁。2002年范加尔再获任命之时，里克尔梅的转会协议已经达成。范加尔立刻就看出里克尔梅这样的个性化球员在他的整体足球观中没有一席之地：据说里克尔梅见到他时，范加尔送给他儿子一件巴塞罗那儿童球衣，并说："拿去吧：他穿这件球衣的机会比你多。"里克尔梅一直说不是他自己想走，但他被告知如果对俱乐部是真爱，就应该答应转会，好让他们收取1 100万欧元的转会费。到了比利亚雷亚尔，里克尔梅大放异彩。曼努埃尔·佩列格里尼的球队以他为核心，在2005—06赛季出乎所有人的期望，获得西甲季军——只是他也射失了欧冠半决赛对阿森纳的一粒关键点球。现在回看这粒点球的电视转播，你会意识到导播的惊人功力——镜头在里克尔梅的双眼和门将延斯·莱曼的双眼之间反复切换，宛如塞尔焦·莱昂内[1]某部西部片大结局中的枪战场面。当他终于罚出点球时，射失似乎已成定局。两个多月后，莱曼将在世界杯四分之一决赛中令里克尔梅再度饮恨，不过当时里克尔梅已被替换下场，不会再有主罚点球的机会。那段时间对里克尔梅来说，不管实际是不是他的错，最后总会怪罪到他头上，他上场是错，不上场也是错，既然为博卡进了那么多完美无瑕的点球，却在一场对比利亚雷亚尔如此重要的比赛中心慌胆怯，更是错上加错。

下一个赛季，魔法消失了。里克尔梅只踢了十三场联赛，没有入选国王杯阵容，与董事会和佩列格里尼的关系也全面恶化。他被租借回博卡。

里克尔梅的回归恰逢米格尔·安赫尔·鲁索出任球队主教练。这位前大学生中场曾带领拉努斯和老东家夺得过乙级联赛冠军，也曾指挥萨斯菲尔德登顶秋季联赛；他和比安奇一样是个实用主义者，愿意接受一名经典10号的加盟。博卡虽然在2007年的秋季联赛中屈居亚军，但解放者杯再次成为他们——尤其是里克尔梅的——舞台。

博卡本来可能小组赛就出局，除非最后一轮主场击败玻利瓦尔队，结果他们7–0狂胜。第二阶段的第一个对手就是一块难啃的骨头——里卡多·拉沃尔佩麾下的萨斯菲尔德。里克尔梅最大的天赋（至少除了射失点球的时候）是他能在周遭一片混乱时依然保持冷静，好像他的新陈代谢速度都比别人要慢一样——反过来说，这也意味着一旦局面不利，他就免不了饱受指责，说他未尽全力。罗德里戈·帕拉西奥的第一个进球被判无效，第九分钟时他再次突入禁区射门，球被挡出，博卡队员认为对方手球而提出点球申请，与此同时，球在双方脚下弹来弹去，直到被帕勒莫传给里克尔梅。里克尔梅此前一直远离争议中心，在禁区另一端优哉游哉，接球后未加停顿便是一脚扫射，球直挂大门顶角。比赛进行了半个小时后，萨斯菲尔德又自毁长城：帕拉西奥追着一个过顶长传进了禁区，其实他只是追追而已，因为门将

1 意大利著名“意式”西部片制作、编剧、导演，对世界影坛的动作片有巨大的影响。——译注

加斯东·塞萨几乎肯定能先抢到球。塞萨确实稳稳地摘下了皮球，但却附加了一个可笑的动作——伸腿踹向帕拉西奥，后者额头顿时皮破血流。裁判做出公正的判罚：塞萨被罚下，博卡获得点球。帕勒莫的点球飞出横梁，好在这位射手在第60分钟时进了一个他拿手的头球。终场前一分钟，后卫克莱门特·罗德里格斯长途奔袭后打进一个低射，把比分变为3–0。这粒最后时刻的进球至关重要，因为回到利涅尔斯主场的萨斯菲尔德3–1获胜。

逆境中咬牙苦战在很大程度上是博卡的取胜之道。四分之一决赛中，他们主场1–1战平巴拉圭自由队。到亚松森客场，他们顶住了对方一个小时的狂攻，此时里克尔梅在中场附近拿到球，他转身带球疾奔至禁区线处，避开对手三次阻截，一脚低射将球打进球门下角。十分钟后，帕拉西奥又近距离施射，攻入第二球，把博卡带入四强。

半决赛的对手是哥伦比亚的库库塔体育队，虽然首回合1–3失利，但回到主场的博卡由里克尔梅打入一个任意球，帕勒莫和塞瓦斯蒂安·巴塔利亚也各进一球，实现了逆转。对格雷米奥的决赛，博卡第一回合已将冠军预定。首开纪录的一球遵循了他们熟悉的套路：里克尔梅发出任意球，帕勒莫——其实他有那么一点点越位——将球传到球门另一侧，小辫子上下飞舞的帕拉西奥射门得分。下半场开始不久，桑德罗·戈伊亚诺五分钟内连吃两张黄牌，此后博卡充分发挥了多一人的优势：里克尔梅先轰进一粒漂亮的任意球，帕特里西奥又自摆乌龙，与莱德斯马争抢时把球顶入自家大门，比分变成3–0。

这是里克尔梅的封圣之战。经历了一波三折的欧洲之旅后，他又回到南美，尽显中场阴谋家的风采，步步为营地引领博卡登上解放者杯的巅峰。他在本届杯赛中进的第七球可谓技惊四座：那是对格雷米奥的决赛第二回合，下半场近半时，他在禁区一角得球，大多数人预计他会传中，结果他却直接射门得分。从某种意义上说，这是一个典型的里克尔梅式进球，要求他对场上形势、球员分布和所处空间做出几乎是即时的判断，然后，当他拿到球后，没有抡圆了腿发力的动作，却依然既猛又准地将球踢出，在大多数人会选择简单地把球传到后门柱的情况下凭空创造出一个射门的机会。他的第八粒进球相对比较平淡——一记补射打进空门，但这粒进球锁定了他本人第三个，也是博卡七年内第四个解放者杯冠军。鉴于七年中他有四个半赛季在欧洲度过，这一成就更显难能可贵。无怪乎他的队友会把他扛上肩头庆祝。里克尔梅很快签下了阿根廷联赛历史上金额最高的一份合同，合同规定最后一个赛季他将免费效力。

然而不出一年，博卡已分崩离析，两名最大牌的球星反目成仇，俱乐部也随之分裂。究竟他们的关系从哪一刻开始变味，又是如何急转直下的，这些都很难确定，况且两人可能也不是一直针锋相对，或许其中经历过缓和期。但毫无疑问的是，到2008年解放者杯半决赛对阵弗卢米嫩塞时，他们已经彻底决裂。在巧克力盒的第一回合比赛，里克尔梅表现非常抢眼，他掌控全局并独进两球，然而两次都被弗卢米嫩塞扳平，客队的第二球——蒂亚戈·内维斯的远射——直接打穿了巴勃罗·米廖雷的十指关。终场哨响后，里克尔梅对守门员大发雷霆；帕勒莫则认为考虑到球队的气氛，他应该给予队友支持。

他们的分歧并没有立即产生影响。博卡依旧夺得了2008年春季联赛冠军，虽然由于积分相同，冠军归属通过与圣洛伦索和蒂格雷的三方附加赛决出。然而，衰落随即降临。他们在秋季联赛中掉到第十四名，2009年的解放者杯，他们未能进入八强，这一年的春季联赛又仅排名第十一。俱乐部陷入全面危机之中，此时里克尔梅提醒球迷："我爱博卡，否则也不会免费为它踢球。我是唯一一个不拿工资踢球的傻瓜，因此我想没人有权来教我明白我的职责所在。"

然而球队糟糕的状态并没有起色，博卡在2010年的秋季联赛中排名第十六，不过至少那一赛季帕勒莫成为队史上的最佳射手，打破纪录的那场比赛博卡4–0大胜萨兰迪阿森纳，帕勒莫梅开二度。这本该是一个偶像加冕的时刻，结果却凸显了俱乐部面临的问题。里克尔梅和尼古拉斯·盖坦打了个二过一，甩开了对方整条后卫线，面对门将，他用外脚背横传球门另一侧的帕勒莫，后者打入他在俱乐部的第219个进球。创造了历史的帕勒莫开始庆祝，却意识到里克尔梅已经跑开。他想追上去，随即放弃了，脸上的表情也从困惑转为轻蔑。其他球员则分为两派，一派和里克尔梅一起庆祝，一派和帕勒莫一起庆祝。

“这种球谁都能进。”里克尔梅后来开玩笑地说，但这句戏言实在显得很多余。

“我不想谈论这件事。”一次接受电台采访时，帕勒莫对里克尔梅的玩笑如此回应，“那天发生了什么，大家都可以看到。我不是（里克尔梅的）朋友，我和他没有来往。”冲突究竟因何而起，至今仍然是个谜：也许并没有矛盾爆发的那一刻，只是两个性格迥异的人合作太久后，渐渐起了一山不容二虎之心。

博卡的联赛战绩依然惨不忍睹。2010—11赛季，他们在春季联赛中掉到第十二名，幸亏秋季联赛升至第七，总算免除了降级之虞。事实证明，排名的回升也预示着在胡利奥·塞萨尔·法尔西奥尼手下，一支有争冠实力的球队正慢慢成形。

2010年12月走马上任的法尔西奥尼曾经一口气输掉了前六场比赛中的四场。他的脸颊看上去更加凹陷，嘴边尖锐的法令纹也更深了，这让他的神情更显得满腹牢骚。第六场比赛，他把里克尔梅排除在阵容之外。他说此举并非出于战术考虑，是因为里克尔梅有伤。里克尔梅却坚持说他很健康，于是舆论一片哗然。法尔西奥尼的决定至少表明他敢作敢当，愿意做出哪怕是抗拒民意的艰难选择，但这也意味着，只要有一丁点的失误，都会让愤怒的球迷和部分媒体将矛头指向他。联赛休战期间，法尔西奥尼还做出了一个大胆得近乎冒失的举措：从老男孩队签来了38岁的中后卫罗兰多·斯基亚维。2001至2005年间，博卡曾夺得七项重大赛事的冠军，当时斯基亚维是球队的英雄人物之一。此后他的职业生涯开始飘忽不定，但奇异的是，他曾被短暂租借到大学生队，结果又拿了一次解放者杯；36岁高龄的时候还首次入选国家队。[1]以斯基亚维为中坚的博卡后防在十九场比赛中仅失六球，博卡整个赛季保持不败，重夺联赛桂冠。

然而，到了第二年，紧张的局面已让人无法忍受。博卡几番苦战后杀入

1 传言说他曾在度假时和桑德拉·布洛克有过一段情，结果证明这是斯基亚维自己伙同一个朋友编造的玩笑，目的是为了暴露媒体的愚蠢轻信，他们果然忙不迭地把此事当成真的来报道。

解放者杯决赛，主场先以1–1战平科林蒂安，却在圣保罗客场输了个0–2，几乎毫无还手之力。终场哨响过许久之后，里克尔梅才流着泪走出博卡更衣室，他的脸色阴沉，眼神一片空白，只有泪水在眼眶中闪烁，与往常不同的是，这次他停下脚步，开始向等着他的媒体发言。他说："我已经告诉主席，我不会再踢下去了。我爱俱乐部，并永远感激它，但我感觉已被掏空，无法再为球队贡献更多。"

他不停地清着嗓子，重心从一只脚转移到另一只脚，视线始终不曾和任何记者的接触。他接着说道："我对俱乐部的投入极深，因此不能在力有不逮的情况下踢球。我踢了十六年职业足球，已经为俱乐部做到了极致。现在我只想回家，拥抱我的孩子，和朋友们一起吃烤肉。没能赢得奖杯，我要向我的儿子道歉。"里克尔梅讲话时，博卡主席丹尼尔·安杰利奇瞥了他一眼，眼神中显示的不是愤怒就是气恼，却没有对一位行将告别的传奇人物的同情。在有些人看来，里克尔梅速度越来越慢，给球队制造的争端也越来越多，已经不值得再去费力挽留。2月客场0–0战平萨莫拉后，法尔西奥尼曾与里克尔梅发生冲突，教练威胁要辞职。由于里克尔梅明确表示他希望球队的打法更重进攻，整个赛季队内气氛都很紧张。球队尝试过放开了打，结果在解放者杯中主场负于弗卢米嫩塞，联赛又4–5输给独立。这两场比赛似乎证明了法尔西奥尼战术的老到之处，却也将俱乐部内部的矛盾暴露无遗。但即便回到防守反击的老路上，博卡的状态还是在赛季末崩盘。圣诞节前，法尔西奥尼走人；2013年2月，里克尔梅复出。

他打进解放者杯十六强赛中的关键一球，帮助博卡淘汰了科林蒂安队，但到了四分之一决赛，博卡在点球大战中不敌老男孩出局。一年后，里克尔梅离开了博卡，这一次是永久转会去了阿根廷青年人队，那是他孩提时代就支持的俱乐部。

第65章

梅西与弥赛亚[1]

一场对厄瓜多尔球队埃梅莱克的友谊赛是马拉多纳在纽维尔老男孩的首次亮相，中场休息时，时年六岁的梅西曾出场为观众表演颠球，这是他和马拉多纳人生的第一次交集，尽管梅西已记不清此事的细节。2005年世青赛期间，马拉多纳给梅西打过一次电话，2005—06赛季，梅西在对阿尔瓦塞特的比赛中首次为巴塞罗那进球，马拉多纳又打了一次电话。很长一段时间内，他们的关系即使不算亲密，至少互相尊重。但是，从2008年起，情况发生了变化。那年9月，国家队赴秘鲁打了一场世界杯预选赛，结果和主队1–1战平，马拉多纳对梅西大为不满。“有时候梅西是为自己踢球。”他说，“就像梅西一个人的俱乐部。如果他能与阿圭罗和里克尔梅多做配合，对方的防守球员会遇到更大的麻烦。不是每次拿球都非得发起进攻不可的，比赛不是这样赢的，你必须知道如何有效地进攻。”马拉多纳后来又追加了一通批评，指责梅西“性格软弱”，说他对参加奥运会争取得不够努力。天地良心，梅西争取得足够努力了，因为他不但最后参加了奥运会，还拿到了金牌。

马拉多纳确实有乱开炮的习惯，但即便如此，故意和梅西过不去却有些奇怪，现在回想，他似乎存心要搅得巴西莱的国家队不得安宁，以便自己可以上位。他甚至可能还想借此讨好里克尔梅，梅西在巴塞罗那的熠熠星光已令里克尔梅的国家队偶像地位岌岌可危。如果这是马拉多纳的目的，那他得手了。

---

1 Messiah，犹太教与基督教传说中的救世主。——译注

阿根廷以对智利、委内瑞拉和玻利维亚的三连胜开始了世界杯预选赛，但客场输给哥伦比亚后，球队一连收获了四场平局。2008年10月11日，他们终于击败乌拉圭，可是三天后又以0–1负于贝尔萨领军的智利。这是阿根廷自1973年以来第一次输给他们的西方紧邻，历史上他们一共也就输过六次，前五次还都是无关紧要的比赛。一片抗议声中，巴西莱辞了职。阿根廷又走上了他们面临危机时习惯走的老路——向马拉多纳求救。1993年，马拉多纳仓促回归国家队，最终因吸毒被禁赛，给国家队生涯画上了不光彩的句号，但当时作为球员，他至少还有可能用自己的灵感激发全队。现在他将带领国家队参加2010年世界杯！考虑到他前两次执教一共只取得三场胜绩，对他的任命不得不说是基于一种盲目的信念。但他的幕后活动奏效了，里克尔梅承认了这一点，他说马拉多纳鼓动一批核心球员挖巴西莱的墙角。马拉多纳很快开始批评里克尔梅的身体状态，两人之间的关系明显变得紧张。

2009年3月，马拉多纳指挥的第一场正式比赛给人们带来了几分虚幻的希望。梅西身披10号球衣——一旦主教练职位到手，马拉多纳马上就开始重修旧好——阿根廷在纪念碑球场4–0轻松击败委内瑞拉，但这场比赛打得毫无章法，纯粹凭借球员的个人能力取胜，而且对手看起来被阿根廷队员的名气吓得不轻。果然，四天后的第二场比赛场面截然不同。虽然拉巴斯的高原赛场对阿根廷球队来说一向是个挑战，但从未有哪位教练像马拉多纳这样狼狈。阿根廷踢得一团糟，最后1–6惨败，追平了国家队在赫尔辛堡之辱中创下的失球纪录。

此后阿根廷虽然战胜哥伦比亚，但又输给了厄瓜多尔、巴西和巴拉圭。到预选赛还剩两轮的时候，巴西、智利和巴拉圭已肯定出线，厄瓜多尔积23分，阿根廷22分，乌拉圭和委内瑞拉21分，哥伦比亚20分，这五支球队将争夺南美赛区最后一个直接出线的名额，排名第二的球队则不得不参加附加赛。阿根廷必须在主场击败秘鲁。

半场结束前不久，伊瓜因接巴勃罗·艾马尔的妙传，跑动几步后射门成功，阿根廷取得领先，看起来一切顺利，但比赛的走向却出人意料。终场前几分钟，大雨倾盆而下，场上已满是积水。比赛还剩一分钟时，阿根廷队两次解围未果，球回到中路，无人盯防的埃尔南·伦希福近距离头球破门。当天四场预选赛中，阿根廷这场开球最晚，因此他们知道如果比赛就这么结束，他们的积分将与厄瓜多尔和哥伦比亚持平，落后最后一轮的对手乌拉圭队一分。他们必须进球。当时当地，只有一个人有可能挺身而出：马丁·帕勒莫——马拉多纳把这员老将重新召回国家队时，他只差一个月将满36岁，为此马拉多纳引来一片非议，但说真的，除了他，还有谁能进这样一个球呢？伤停补时进入第三分钟，帕勒莫在瓢泼大雨中现身球门前，不可思议的是，秘鲁队居然完全漏过了他，被他一脚将一个折射球捅进大门。

但阿根廷仍需战胜乌拉圭才能确保出线，他们做到了这点，马里奥·博拉蒂终场前六分钟的近距离攻门为阿根廷拿到了世界杯的门票。球场边的马拉多纳裹着训练服，红色围巾像斗篷一样在他身前身后飞舞，乐得蹦蹦跳跳，最后摔倒在地。他让媒体“滚他妈的蛋，一直滚，不要停”。对一个在13场比赛中试用了55名球员，直到最后关头才勉强出线的主教练来说，发出这样的胜利宣言着实荒谬。梅西也因为没有热情洋溢地庆祝博拉蒂的进球而饱受批评。当人们深信不疑某件事的时候，他们可以找出任何证据来支持自己的观点，对梅西的批评似乎就是这方面一个典型的例子。其实反过来也完全可以说，梅西相对比较克制是因为他想要集中注意力，打完最后一段比赛。

确实总有人怀疑梅西对国家队的热诚，虽然这种怀疑毫无根据：minutouno.com网站甚至请来一位心理分析师，此人分析后认为，离乡背井的经历让梅西对故国心怀不满。马拉多纳或许记起自己从前得肝炎的时候，比拉尔多曾去看望他，因此也去巴塞罗那见了梅西，问他想要（国家队）怎么踢。梅西提出两个阵型：3–4–1–2或4–3–1–2，他在伊瓜因和特维斯两人身后策应。后来成为一个变数的阿圭罗当时才21岁。

事后看来，阿根廷在2010年世界杯上的战绩不算太差，只是从一开始就踢得很乱。首场对尼日利亚的比赛，特维斯和伊瓜因担纲锋线，他们身后是梅西；此外，由马斯切拉诺、贝隆和迪马利亚组成的中场也说得过去。奇怪的是用霍纳斯·古铁雷斯打右后卫，而其他三名后卫——马丁·德米凯利斯、瓦尔特·萨穆埃尔和加夫列尔·海因策则速度奇慢，严重拖累了全队。当然这也是不得已之举，队中缺少边后卫人选——阿根廷高水准的边后卫本来就不多，哈维尔·萨内蒂还被莫名其妙地弃用。开场不久，海因策接队友角球后一个有力的冲顶，打入了本场比赛唯一进球，但尽管获胜，阿根廷依然给人动作迟缓、进攻滞涩的感觉。4–1战胜韩国那场更令人信服，此后，大幅调整了阵容的阿根廷又2–0击败希腊，以三战全胜结束了小组阶段的比赛。

十六强对墨西哥，阿根廷乘胜追击，但他们进的第一球却是个越位球：墨西哥门将奥斯卡·佩雷斯扑出特维斯的脚下球后，梅西补射又被挡，处于越位位置的特维斯头球将球点进。中场休息前，伊瓜因利用对方后防的失误再下一城，下半时开始不久，特维斯的一个大力猛射锁定胜局，墨西哥仅由哈维尔·埃尔南德斯在比赛的最后阶段扳回一分。

这意味着四分之一决赛中，阿根廷将遭遇德国，对他们那条老爷车防线来说，或许没有比德国更糟糕的对手了。阿根廷人晋级的希望在开场三分钟后即化为泡影：当托马斯·穆勒将巴斯蒂安·施魏因施泰格的任意球顶进阿根廷大门时，他们就走上了不归路，每一次全力出击都只会进一步暴露自己的软肋，引来德国人得心应手的反击。阿根廷0–4惨败。作为球员，马拉多纳是一位组织大师，不断引导指挥队友实施自己的战术，这点远较梅西出色；但作为教练，到最后他看起来幼稚得无可救药。

赛后回到更衣室，梅西瘫坐在两张长凳之间，靠着墙号啕大哭。《号角报》评论说："球员们发现圣诞老人并不存在——马拉多纳也不是他们想象中的那样神奇。"恍然大悟并倍感震惊的不仅仅是球员，只是公众对马拉多纳的反应依然百味杂陈。还是有人拒绝把责任归到马拉多纳头上，但要是老救世主不可冒犯，那么矛头不可避免地转向了新救世主。"我们阿根廷人无法摆脱对迭戈的追忆，可这不是梅西的错。"小说家爱德华多·萨切里一针见血地指出。

第66章
信任缺失与急功近利

内斯托尔·基什内尔决定不参加2007年的总统竞选，但在妻子继任以后，他积极参与了政府活动，直到2010年去世。基什内尔夫妇执政的前九年，阿根廷国内生产总值每年都有增长，失业率也从超过20%下降到略高于6%；中产阶级人数增加，大部分工人的生活得到改善。然而，这份答卷到底有多出色，依然值得怀疑。甚至在2014年阿根廷债务违约之前，批评人士就指出，经历了梅内姆政府与经济危机之后，由于底子实在太差，复苏不可避免；他们认为，为了振兴出口，比索被故意贬值，带来了通胀的风险；他们也质疑，实行保护主义的经济政策，管控外汇，是否只是为未来埋下了隐患——这种事在庇隆的第一个总统任期内已经发生过。

不过，就像有人把问题归罪于庇隆和基什内尔的短视政策，同样也有许多人认为，阿根廷的财政危机之所以屡治不绝，源于庇隆被推翻后，经济突然面向世界市场开放。但真正的原因可能复杂得多，毕竟阿根廷经济已经衰退了整整一个世纪。正如学者拉斐尔·迪特利亚所言："如果一个人身中70万发子弹，很难确定究竟哪一发要了他的命。"

从某种意义上说，阿根廷只是运气不佳，它总是和其他国家步调不一（让人想起经济学家西蒙·库兹涅茨的说法，即世界上有四种国家类型：发达国家、不发达国家、日本与阿根廷）。其出口驱动型增长模式曾受过三次打击：一战、大萧条，及英国决定与英联邦成员国签署贸易特惠协定。第二次世界大战后，当其他世界强国通过1947年的关税及贸易总协定开放全球市场，开始复苏经济时，阿根廷却走向了闭关锁国。究其部分原因，是阿根廷社会内部固有的贫富不均造成的。开放市场便要求生产小麦以供出口，这意味着一边是地主的收益增加，一边粮价对工人来说也会升高，但工人才是庇隆的票仓，更何况阿根廷土地兼并严重，大量耕地集中在少数人手里。克里斯蒂娜·基什内尔对小麦征收高额出口税，为国家创造了急需的外汇储备，而限制出口还能压低国内物价。然而，种种约束也打击了农场主提高产量或扩大生产的积极性，结果阿根廷的小麦产量从2006年的世界第四下滑到2013年的全球第十。[1]

另一个事实是，阿根廷政府机构几乎没有什么公信力。即使民主已经实行了三十年，腐败仍然是一个大问题。官方数据被普遍认为不可靠，加剧了民众的不安情绪：2015年3月，官方公布的年度通胀率为16.54%，但许多人估计，真实数字可能还要翻一个倍。2011年，阿根廷政府将西班牙国家石油公司（Repsol）持有的51%国家油田股份收归国有[2]——既然政府随时准备强制推行国有化，谁还愿意在阿根廷投资？对克里斯蒂娜·基什内尔的信任也很难建立：她的个人财产自丈夫当选总统后便快速增长，从2003年的700万美元升至2012年的8 200万美元；此外，她还被牵扯进检察官阿尔韦托·尼斯曼之死的丑闻中——1994年，布宜诺斯艾利斯一家犹太人中心发生炸弹袭击，尼斯曼称爆炸受伊朗人指示，而阿根廷政府涉嫌掩盖了真相，在向国会作证的前夜，他离奇死亡，死因是谋杀还是自杀未定。公信力的缺失，导致政府每每以饮鸩止渴的方式应对危机。

在这方面，足球至少与其他行业一样难辞其咎。联赛被腰斩成两段，俱乐部便只需做出六个月的规划：拿下冠军，卖掉一些球员，再从头来过……2007年，阿足协获得一份更加丰厚的电视转播合同，但也无济于事。到2009年，俱乐部的财政危机已经严重得无以复加，很多球队连工资都发不出来，球员罢工的威胁迫在眉睫。足协于是与自1991年以来就拥有甲级联赛转播权的加密卫星电视网（TSC）接洽，要他们预付7.2亿比索，帮俱乐部渡过难关。这家公司一半产权归号角报业集团所有，此前一直在有线电视频道

1《经济学人》援引美国农业部的数据。

2 双方打了两年官司，最终于2014年2月达成协议，阿根廷政府向得到美国和欧盟支持的Repsol支付了价值50亿美元的债券。

TyC上播放大部分比赛。问题是，他们已经支付了2.3亿比索，因此拒绝了足协的要求。此时政府插手了，向足协提出一份每年6亿比索——比现有合同高出23%——并与物价指数挂钩[1]的报价。尽管阿足协与TSC的协议签到2014年，他们还是毁约将转播权交给政府，推出了“全民足球”（*Fútbol para Todos*）电视节目。

8月20日，克里斯蒂娜·基什内尔出现在电视上，左右分别站着足协主席胡利奥·格隆多纳和迭戈·马拉多纳。她宣布，即日起，阿根廷所有顶级赛事都将由免费频道现场直播。“我们不要再挟持进球了。”她说。这句话的意思是，那些没有购买TyC频道的人要想看到周末的比赛，最快只能通过周日晚上的一个集锦节目。“你们将进球扣在自己手上，一直到星期天，同样也挟持了比赛图像和解说。就好像他们（军政府）绑架了三万阿根廷人一样。我希望这不再是一个充斥着绑架的社会。我希望这个社会每天都变得更加自由。”这番冠冕堂皇的言论不但令人惊诧，而且格调无比低下：电视转播交易在全世界各地都是惯例，怎能与政府纵容的酷刑和谋杀相提并论？

“报纸上有人这样写，国家将出钱补贴足球。”基什内尔又说，“但是那些写文章的人想必知道，足球是一项超级产业，不需要补贴，完全可以自给自足。”这就是睁着眼睛说瞎话了：虽然不少人认可免费播放体育节目能让大众获益，但还没有哪个民选政府为此出过钱，更没有哪个政府直接慷慨解囊，以便足球能继续运转。也许足球最好能做到自给自足，但这种情况已经几十年都没有发生过了，而现在它穷途末路，急需财政补贴，证明自给自足只是一句空话——尽管转会费本可带来巨额利润。

基什内尔的演说迎来掌声一片，公众普遍赞同她的政策。也有人不以为然。博卡主席、现任共和国总统毛里西奥·马克里就说：“足球和政治应该分开，但很明显，他们（政府）把足球当成了宣传工具。应该做的是降低电视制作成本，开放私人企业赞助，这样钱就不会像今天这样被白白浪费。”这是从商业角度反对“全民足球”计划，此外还有道义上的呼声。“如果政

1 根据《国民报》的说法，政府向阿足协支付的款项本应随有线电视平均月费的上涨而逐年增长，但尽管通货膨胀严重，金额却似乎只上调过一次，到2015年年中，政府每年支付足协8.23亿比索。

府对足球感兴趣，想要免费播放比赛，我一点都不反对。”胡安·塞瓦斯蒂安·贝隆在成为大学生俱乐部主席后说，“但我不同意不惜代价地扶植足球。他们很可以拿一部分钱出来投资学校和医院。”

然而，从基什内尔的角度出发，扶植足球这一举措虽然在法理上不一定站得住脚，却能取悦大众，而且简单易行，同时还打击了新闻界反政府的主力——号角报业集团，何乐而不为呢？自20世纪三四十年代俱乐部获得修建体育场的优惠贷款以来，国家还不曾这样大动干戈地给予足球特殊补贴。虽然现在赛前和中场休息时播放的都是政府出资的基建项目广告，但即便是作为一种简单的宣传工具，足球对国家稳定是如此重要，以至于花那么大一笔钱为其埋单也在所不惜，实在令人叹为观止。或许足球真正的价值在于它能够分散民众的注意力。正如博尔赫斯和比奥伊·卡萨雷斯1967年的小说《存在即是被感知》所指出的那样，如果“人类舒舒服服坐在家中，专心盯着电视屏幕”，对政府来说，比让他们思考或从事政治活动要安全得多。

小麦价格得到控制，足球也向所有人开放：这不是“面包与马戏”[1]的经典案例吗？但即便我们不去讥笑这一民粹主义举措的低级趣味，“全民足球”还是带来了一个出乎所有人预料的恶果。足球或许是一种举世通用的麻醉品，但并不像阿道司·赫胥黎在《美丽新世界》中写到的唆麻[2]那样，具有“基督教和酒精的所有好处，（却）没有两者的坏处”。相反，足球在世界各地都为暴力所苦，在阿根廷尤甚。新资金的流入重燃了犯罪组织的兴趣。

因为收益有限，一些老牌的“匪帮”本已逐渐退出足球圈。但是2007年的新电视交易意味着又有利可图了（尽管俱乐部花钱花得很不得法），而“全民足球”更让收入成倍增加。老“匪帮”卷土重来，却发现新“匪帮”已经占据了他们的地盘。“拯救足球”组织的一项调查发现，同一俱乐部不同“匪帮”之间的争斗越来越多，超过了敌对俱乐部“匪帮”之间的争斗。这导致了三大后果：首先，死亡人数增加；其次，暴力不再局限于球场与

1 来源于罗马诗人尤维纳利斯的作品（公元100年左右），讽刺罗马政治家向穷人提供廉价的食品和简单的娱乐来获得政治权利。现用来比喻一种肤浅的绥靖手段和愚民政策。——译注

2《美丽新世界》中一种除了上瘾外没有副作用的麻醉品。——译注

周边地区；第三，足协曾坚持在看台上留出部分空位，用以隔离主客场球迷——阿根廷人称之为“肺”——也失去了效果。形势已演变为纯粹的帮派斗争，无论如何不能再用足球暴力来定义，只不过追逐的利益恰好与某个足球俱乐部有关而已。

例如，调查记者卡洛斯·德尔弗拉德2007年出版了一本书，研究球迷“匪帮”对罗萨里奥市的影响[1]，书中曝光了一个阴森恐怖的世界：曾在中央队踢球，后来成为俱乐部青训教练的奥雷利奥·帕斯库蒂尼因为拒绝让“匪帮”从新秀的转会费中抽头，家中便遭枪击，不得不逃离该市；同时，一名老男孩的教练也承认，尽管老男孩在培养人才上有着骄人的记录，害怕惹上“匪帮”的家长们还是开始把孩子带去别的地方（训练）。

甚至在踩到电视转播权这个金矿之前，转会费也已经值得为之大打出手。例如，河床足球流氓组织“醉鬼大鼓队”（*Los Borrachos del Tablón*）的首领路易斯·佩雷拉以谋杀罪入狱后，领导权落到阿德里安·鲁索和阿兰·施伦克尔手上，但他们很快反目成仇。2007年秋季联赛的开赛日，两个敌对黑帮在洛斯金乔斯发生争斗，这里邻近纪念碑球场，是球迷们赛前聚会吃烤肉的地方。歹徒们刀枪并用，一时间人心惶惶。此事后来被称为“洛斯金乔斯大战”。过了几个月，在一场河床对独立的比赛前，又爆发了“普拉永大战”。那年8月，鲁索最得力的助手贡萨洛·阿克罗一天午夜时分上完自由搏击课后走出健身房，遭到四名枪手袭击，腿上先中了一枪，头部又被开了两枪，两天后死亡。鲁索指控施伦克尔为幕后策划，后者予以否认，指出枪案发生时他正在其他地方滑雪，但是大多数人相信，这起谋杀案的背景是河床将贡萨洛·伊瓜因出售给皇家马德里，获得了一大笔转会费，两大帮派的火并因分赃不均而起。

2011年8月，埃内斯托·奇里诺带着他的京巴犬在利涅尔斯散步。小狗靠着一幢房子的墙撒了一泡尿，算奇里诺倒霉，房子的主人古斯塔沃·彼得里内利有个内弟[2]马克西米利亚诺·马扎罗，是博卡最大的匪帮“第十二人”

1《中央，老男孩：千疮百孔的城市。足球与洗钱》（*Central, Ñuls: la ciudad goleada. Fútbol y lavado de dinero*）。

2 也可能是内兄、姐夫或妹夫。——译注

的头子毛罗·马丁的左膀右臂。奇里诺和房子里的人吵了起来，结果遭到毒打，两天后在医院不治身亡。马丁、彼得里内利和马扎罗被控谋杀，经过审判后却都被无罪释放。但是，对奇里诺之死的调查显示，球迷“匪帮”不但与俱乐部高层沆瀣一气，在行政和司法机关中也有内线。尽管许多线索已指向了这些内线的身份，大多数证据依然处于法院的一项封口令下。

马丁遇到的麻烦还不止于此。2011—12年度的春季联赛接近尾声时，蹲了四年大牢的“第十二人”前首领拉斐尔·迪泽奥获释，他试图从马丁手中收回控制权。此时博卡内部即将进行选举，董事们害怕选举前几周闹出大乱子，为每个帮派提供了单独的看台，帮派成员就这样隔着看台骂来骂去，高唱不同的球迷歌来支持球队。

2013年，客队球迷甚至被禁止入场，但这只解决了部分问题。暴力仍在蔓延，似乎已无药可救。

第67章
主 场 失 守

烟雾从烤肉肠[1]的摊位上腾腾升起，夹杂着低低飘浮的冬日薄霭，将圣菲市埃斯塔尼斯劳·洛佩斯准将球场的入口处笼罩在一片淡淡的朦胧之中。球场外的公园里，宽阔的人行道两边路灯成行，圆形灯泡发出的光芒此刻也显得晦暗不明。熟铁栏杆旁，小贩们叫卖着盗版阿根廷球衣，背面印有“11号特维斯”字样的球衣数量上至少不比印有“10号梅西”的少：阿根廷在美洲杯首场1–1战平玻利维亚后，梅西和特维斯的互动便成为球迷讨论的焦点。他们能一起上场吗？（或者，更确切一点说，他们曾在2007年的美洲杯上配合如此默契，为什么现在不行了？）他们是不是老想着进入对方的区域？如果必须牺牲掉一个的话，应该拿下谁？事后回想，或甚至从当时欧洲人的角度看这个问题，可能觉得其本身就十足荒谬，但阿根廷人不同，他们的足球观几乎总是与意识形态联系在一起。

奇怪的是，虽然第一场比赛都打完了，人们却还有一种2011年美洲杯并没有真正开始的感觉。盖因那年河床不幸降级，此时阿根廷举国上下还不曾走出错愕——甚至是哀悼——的情绪，相形之下，国家队对玻利维亚那场组织凌乱、乏善可陈的比赛只引来了几声抱怨；换到别的时候，球迷可能早就炸了锅。毕竟，这应该是一届属于阿根廷的锦标赛：他们是东道主，队内汇集了一批出色的进攻型人才，而那届巴西的实力则让人大打问号，在球员选

1 原文“chori”是chorizo的缩写，阿根廷人用来指各种粗肉香肠，一般是猪肉香肠。在体育场外烧烤chori很常见，夹在两片面包里，就是一份*choripán*——夹肉面包。

择上，巴西队似乎部分着眼于培养内马尔和甘索这样的年轻球员，为2014年世界杯做准备；阿根廷有机会结束已经延续了十八年的奖杯荒。

但是，面对历史上首次降级的河床，谁还有心情去想什么美洲杯？生活中又一项曾经坚定不移的信念被毁于一旦，此事的重要性压倒了其他一切。阿拉巴塞斯在2002年世界杯之后就曾指出的狭隘地域主义苗头，如今让人无暇顾及正为新的荣誉拼杀的国家队。河床与贝尔格拉诺踢保级附加赛第二回合的那天，距离他们击败卡利美洲，捧得第二座解放者杯刚好15周年。他们已经在科尔多瓦输掉了第一回合，比赛中戴着面具的足球“匪帮”甚至冲上球场，痛骂本方球员。第二回合依然不见起色。离终场只剩几分钟了，比分还是1–1，塑料座椅开始从看台上如雨落下。球员们由警察围护着躲进中圈弧内。骚乱蔓延到球场周边街区，暴徒们打砸窗户、汽车和其他财物。有人开了枪，警用直升机飞速降临。一切都极其可悲，但也完全不出预料。

有人怪罪于主教练J·J·洛佩斯。面对越来越强烈的恐慌，他束手无策，阵容安排变化无常，而且很可能过于保守。具有讽刺意味的是，河床实际上在那年的秋季联赛中排名第九，在春季联赛中排名第四。如果阿根廷联赛像以前一样每年只有一季，每季实行双循环制，河床的实际排名应该是第五。但最终置河床于死地的却正是当初为了免除巨头们降级之耻而采用的平均分制度。2007—08赛季，迭戈·西梅奥内曾带领河床夺得秋季联赛冠军，没想到第二年的春季联赛，他们就在积分榜垫了底。直到两个赛季以后，他们才真正意识到大事不好，此时俱乐部上下皆已吓瘫，结果最后七轮比赛他们非负即平，一场也没有拿下。

圣菲市位于罗萨里奥以南约一百英里，因此这场比赛实际上是在梅西的家乡省举办，也是美洲杯迄今为止离他老家最近的一场比赛。然而，即便在这里，公众似乎也更支持特维斯。赛前播报球队首发时，场上播音员是这么说的：“*Con el 10, el mejor del mundo, Lionel Messi*”——“10号，世界最佳球员，利昂内尔·梅西。”观众礼貌地鼓掌致意。“*Y con el 11, el jugador del pueblo, Carlos Tévez*”——“和11号，人民球员，卡洛斯·特维斯。”全场欢声雷动。要说阿根廷人不喜欢梅西，那是夸大其词，但他们对他确实将信将疑：他没有在国内踢过球，没有效力过河床或博卡，他算半个加泰罗尼亚人吗？他们的疑虑可以理解——毕竟梅西十一年前就离开了阿根廷——但反过来说也不很公平：梅西从未改变过其作为阿根廷人的本色。他的确不习惯大声高唱国歌，但这样的球员多的是，尤其是那些和他一样怕羞的人。马拉多纳曾经对此煽风点火，说他的前国脚队友，世界杯后接任国家队主教练一职的塞尔希奥·巴蒂斯塔“要想梅西开心，得打扮成死飞（阿根廷一个很火的小丑演员）[1]的样子”。梅西真的大提条件吗？他坚持要球队围绕他打吗？照巴蒂斯塔的说法，并不是，而且恰恰相反。“马拉多纳有着不同的个性。”他说，“他富有感染力，让人难以抗拒；在梅西身上我看不到这样的特性。”

但梅西的遭遇并不罕见，很多在海外成名的阿根廷人——从切·格瓦拉到博尔赫斯——都曾引起家乡父老的猜疑，真正发人深思的倒是特维斯的巨大人望。博罗科多描述的“*pibe*”形象与迭戈·马拉多纳惊人地吻合，但同样也适用于特维斯。特维斯出身贫寒，身材敦实，长着一头乱蓬蓬的黑发，脖子上被开水烫伤后留下了明显的疤痕：他也是一个典型的“*pibe*”，对阿根廷球迷来说，这一点似乎最能打动他们。梅西却有所不同。尽管他一样身量不足，体型瘦小，但相比之下，他的家庭条件更好，发型也更合乎常规；他不完全符合公众心目中固有的“*pibe*”形象，况且他十几岁就去国外发展，更加深了人们的疑虑。特维斯能够入选国家队，全仗着他的人气：他曾以“肌肉有伤”为理由退出了一场对巴西的友谊赛，却几乎马上为曼城出战，此后巴蒂斯塔已经决定弃用他，但布宜诺斯艾利斯州州长丹尼尔·肖利公开呼吁特维斯入选国家队，巴蒂斯塔只能又将其召回，后来他称当时受到了“政治压力”。

对哥伦比亚的比赛收获一场0-0的平局，客队几乎没有受到多少威胁。几天后，我去门多萨的一家葡萄园参观，最后却与经理聊起了梅西和特维斯这个话题。我们一致认为他俩跑位重叠，不能同时上场。我问她会排除谁。“对弱队的比赛，用梅西。”她说，“他技术更出色，也更有创造力。但对强队，比如巴西或乌拉圭……”她用指节敲打着心脏部位。“特维斯有锐气，

1 真名法比安·戈麦斯，“死飞”这个艺名来自固定齿轮自行车，这种车又叫死飞车。——译注

有‘利爪’作风。他会拼命。”我曾经揣测，特维斯的情况是否主要基于阶级意识：他是“人民”的英雄，而“人民”特指劳苦大众？其实对他的感情超越了阶级。特维斯之所以受到偏爱，不是因为他的出身更贫苦，而是因为他更有阿根廷“范儿”。

小组赛最后一场的对手是损兵折将的哥斯达黎加，特维斯没有上场，阿根廷排出一个4–2–3–1阵型，梅西、阿圭罗和迪马利亚在单箭头伊瓜因身后策应，球队的平衡保持得很好，最终3–0大胜。但因为哥伦比亚2–0击败玻利维亚，阿根廷仅获得小组第二，这意味着他们在四分之一决赛中面对的将不是两支成绩最好的小组第三之一，而是乌拉圭。

巴蒂斯塔选择了同一套阵容，但是比赛刚过五分钟，迭戈·弗兰开出任意球后，阿尔瓦罗·佩雷拉头球摆渡，迭戈·佩雷斯将球捅入大门。12分钟后，阿根廷扳平了比分，梅西在右路送出一个吊传，伊瓜因头球破门。半场结束前七分钟，佩雷斯拦截加戈犯规，领到一张黄牌，由于此前他已经因为冲撞马斯切拉诺而被警告，两黄变成了一红，形势非常明显地向有利于阿根廷的方向发展。乌拉圭主教练奥斯卡·华盛顿·塔瓦雷斯将阿尔瓦罗·佩雷拉转移到中路，把阵型转换成4–3–2，留下了中场左侧的空当。乍一看，这似乎不合情理，因为梅西现在无人防守，但塔瓦雷斯已经看出，阿根廷的套路实在太僵化了，总是由梅西内切。果然，梅西不断内切，也不断陷入防守队员的包围之中。乌拉圭连打两次门柱，阿根廷却还在苦苦找寻射门机会。第83分钟，特维斯替下阿圭罗，但他看上去三心二意，脾气很大。东道主踢得越来越急躁，比赛还剩四分钟时，马斯切拉诺终于也吃到第二张黄牌。

比赛进入点球大战，特维斯的罚球被费尔南多·穆斯莱拉扑出，乌拉圭获胜。阿根廷出局后，人们开始把矛头转向特维斯。对他的指责不是罚失点球这么简单，确切地说，公众将此事大而化之，认为特维斯被国家队放逐又召回后，没有尽全力去争回属于自己的位置，反而选择了赌气。这可不符合“*pibe*”应有的感召力，不是公地出身的孩子理应表现出的那种坚韧不拔。四年后，特维斯承认自己根本不该入选。“2011年，我并没有做好准备，不应该去踢美洲杯。”他说，“但他们最后一秒钟打电话给我，我还是加入了球队。”

那年秋天，在曼城客场挑战拜仁慕尼黑的欧冠比赛中，主教练罗伯托·曼奇尼要求特维斯热身，被他拒绝。教练将他踢出球队，俱乐部也罚他停赛。回到阿根廷后，他大打高尔夫球，还在皇家莱瑟姆与圣安妮公开赛的最后一轮中为安德烈斯·罗梅罗[1]做起了球童。这正好给了美洲杯后接任巴蒂斯塔的亚历杭德罗·萨维利亚一个弃用他的理由。等特维斯又踢上球，阿根廷队的打法已经成形，而且卓有成效，在世界杯南美区预选赛中名列榜首。直到2015年，赫拉尔多·马蒂诺接替了萨维利亚后，他才再度入选国家队。

1 阿根廷一名职业高尔夫选手。——译注

第68章
小巫婆、教皇，小鸡喜洋洋

或许当代阿根廷足球最奇怪的地方是，尽管问题成堆，但其俱乐部在南美大陆依然保持着优势。哪怕其他一切都乱糟糟，解放者杯他们还是拿到手软。不过有一点显而易见：这是一个群雄混战的时代，没有哪支球队能长期称霸，像70年代的独立那样蝉联四届解放者杯冠军，更是想都不要想。阿根廷俱乐部急需现金，一边还有欧洲俱乐部虎视眈眈，球员流动极快，急功近利成了足球界的主流。

以大学生队为例。2006年，在欧洲闯荡了十年的胡安·塞瓦斯蒂安·贝隆返回俱乐部。“我希望帮助球队重振雄风，再次赢得国际比赛的桂冠。”他说。这一目标听上去过于宏大，尽管俱乐部确实处于上升期，兢兢业业的贝隆也确实还能用精准的直传撕开对手的防线。但接下来迭戈·西梅奥内被任命为主教练。卡洛斯·比拉尔多2004年离职前曾从青年队上调了一批年轻球员，以此为基础，西梅奥内带出一支体现了大学生优秀传统的球队，在2006—07春季联赛的19场比赛中只丢了12球，最后通过附加赛拿到俱乐部23年来的第一个冠军。

西梅奥内后来在马德里竞技的成功有些不可思议，但真正代表了他足球理念的是那支大学生队。“不要忘记大学生。”他说，“他们仍是一支最接近我足球观的球队，拥有一切我最认可的因素：实用、献身、协作、天赋与朴实。”话虽这么说，他很快跳槽去了河床。

这算大学生队的起点，而将球队带上一个新高度的是2009年上任的亚历杭德罗·萨维利亚。他曾为大学生俱乐部踢过球（球员时代被戏称为

“*Pachorra*”——“慢性子”——因为都觉得他速度不够快），但直到54岁，他的教练生涯主要还是给丹尼尔·帕萨雷拉打下手，从来没有自立过门户，因此对他的任命出人意料。尽管如此，只用了两年时间，萨维利亚就成为继苏韦尔迪亚之后大学生队最成功的教练。

萨维利亚很清楚，能出成绩多亏了他手下最大牌的球员。

> 贝隆是大学生历史上最重量级的球星。他决定回来踢球，并在每一次训练中都以身作则，实在难能可贵。他把球队的标准提得极高，如果年轻队友看到他训练，马上会想：“他是贝隆，赢得过一切荣誉，但连他也坚持训练，我怎么能不努力看齐呢？”他在更衣室有着巨大的影响力。这是他成长的地方，他还没出生就与俱乐部有了渊源，但他闯出了自己的路，现在“有其父必有其子”的说法已经变成了“雏凤清于老凤声”。他的比赛质量和大局观都不可多得。在我国足球史上，他这样的球员凤毛麟角，但除此以外，我还必须夸赞他的心灵，是他高贵的灵魂激励队友舍身忘我，超常发挥。

稳固的防守——十二场比赛只失五球——让大学生队晋级决赛，将与克鲁塞罗争夺解放者杯。第一回合在拉普拉塔，两队都无建树；到了贝洛奥里藏特，恩里克下半场第七分钟时进了一个折射球，克鲁塞罗1−0领先。仅仅五分钟后，贝隆从后方带球推进，并把球分给右路套边插上的后卫克里斯蒂安·塞雷。塞雷一脚低平球传到门前，惊慌失措的门将法比奥没有扑到球，加斯东·费尔南德斯将球轻轻推入近在咫尺的大门。16分钟后，毛罗·博塞利又接贝隆的角球，以一个大力头球破门。贝隆实现了他的誓言，和父亲一样带领大学生队走上解放者杯的领奖台。“我儿子2006年回来时，有一个简单但似乎不可能实现的目标，那就是帮助球队再拿一项国际比赛的冠军。”胡安·拉蒙·贝隆说，“好几家俱乐部出价请他，但他选择为自己的俱乐部，为他从未忘记的球队踢球。他实现了每个球迷的梦想。”

2010年，春季联赛冠军也落入大学生囊中，但球员抛售很快开始。成功没有任何可持续性，还要再等五年才会再次轮到阿根廷球队举起解放者杯。

教皇方济各当然是圣洛伦索的球迷。除此以外，他还能支持谁？他1936年12月出生于弗洛雷斯区，东边紧挨着的阿尔马格罗就是三十年前洛伦索神父创立这家俱乐部的地方。他父亲曾在圣洛伦索的篮球队打球，小时候他会和母亲一起去看父亲比赛。公众人物自称支持某家足球俱乐部时总让人怀疑他们是在做表面文章，方济各却不然。如果他看到圣伯多禄广场的会众中有人穿着圣洛伦索球衣或举着圣洛伦索旗帜，他定会向他们致意。如果圣洛伦索前一场比赛赢了球，他通常还会用手指比出比分。在他的公开接见仪式上，总有人披着阿根廷国旗，看上去不像朝圣者，倒更像足球场的观众。那些经常与方济各共事的人要是被问起教皇对足球的热爱，往往会翻翻白眼——显然教皇聊起足球来滔滔不绝。[1]

方济各2013年当选教皇时，圣洛伦索已经六年一无所获了，上一个头衔还是2007年的秋季联赛冠军。但他们马上在春季联赛中夺冠，[2]考虑到上个赛季他们通过附加赛才勉强保级，而且俱乐部还被1 200多万英镑的债务压得喘不过气来，这个成绩尤显难得。新主席玛蒂亚斯·拉芒稳定了俱乐部的财政，主教练胡安·安东尼奥·皮齐则找到了适当的打法。

夺冠后不久，皮齐就去了巴伦西亚，把解放者杯的任务交给曾在2008年率领基多大学体育联盟获得过此项锦标的埃德加多·鲍萨。解放者杯对圣洛伦索的意义可能比对大多数俱乐部都要重大，已经成为他们孜孜以求的目标。其他俱乐部的球迷常常讥笑他们队徽上的字母“CALdeA”代表的不是Club Atlético San Lorenzo de Almagro（阿尔马格罗圣洛伦索竞技俱乐部），而是*Club Atlético Sin Libertadores de América*（拿不到美洲解放者杯的竞技俱乐部），圣洛伦索的拥趸听得耳朵都要起茧了。

最后一场小组赛是人们第一次感觉到这次可能有戏。智利的西班牙联合队已经肯定晋级十六强，博塔弗戈队则领先圣洛伦索和厄瓜多尔的山谷独立

1 总的来说，他热爱体育运动。我是作家板球队的一员，2015年曾随队去罗马与梵蒂冈队比赛，赛前他接受了我队的球帽，比赛中还为梵蒂冈队加油。

2 被方济各施以积极影响的球队不只是圣洛伦索一家。2013年10月底，在联赛中已六个月未尝胜绩的桑德兰派俱乐部的教士带着队服前往罗马，为下一场比赛——对纽卡斯尔的德比大战——向方济各祈福。他施以祝福，结果桑德兰2–1获胜，终场前不久，法比奥·博里尼攻入制胜一球。巧的是，他正是从罗马俱乐部转会英格兰的。

队两分。这意味着主场作战的圣洛伦索如能击败博塔弗戈，将以小组第二的身份出线，除非独立队客场获胜，那样的话，他们的净胜球必须比厄瓜多尔人多两个以上。

上半场，圣洛伦索控制了局面。他们凭借埃克托尔·比利亚尔瓦的进球取得领先，而联合和独立的比分则是1–1。伊格纳西奥·皮亚蒂梅开二度，圣洛伦索以3–0结束了战斗，但智利的赛场上仍一波三折。完成了自己任务的圣洛伦索球员在球场上等待另一场比赛的结果：最终独立队5–4获胜，阿根廷人出线了。“他们都以为我们完了，但他们忘了彻底终结我们。”皮亚蒂说，“这支球队经历了很多曲折，但我们证明了自己是斗士。我们可能踢得不好，但永远不会停止战斗。”

十六强赛中，圣洛伦索凭点球大战淘汰了格雷米奥，四分之一决赛中又以总比分2–1击败克鲁塞罗。半决赛抽签形势不错，对手是玻利瓦尔俱乐部。这支球队的客场战绩一塌糊涂，但一回拉巴斯的高原主场就生龙活虎。第一回合圣洛伦索在主场即5–0大胜，确保对手的高原优势失去了作用。客场0–1的小负已无关紧要：圣洛伦索历史上第一次打入解放者杯决赛！

但是此时的圣洛伦索与解放者杯开战之初已不可同日而语。前途无量的年轻前锋安赫尔·科雷亚被卖到马德里竞技，体检的时候发现心脏有毛病，需要动手术；而小组赛阶段的英雄皮亚蒂则被卖到蒙特利尔冲击队，不得不在决赛的两个回合之间离队。这就是当代阿根廷足球的可悲现实：没有哪家俱乐部能长期留住人才。

决赛第一回合，他们做客巴拉圭，1–1逼平了民族队。第二回合是一场神经紧绷、失误不断的比赛，但唯一的进球属于圣洛伦索——矮胖身材的内斯托尔·奥蒂戈萨罚进一粒点球。那个夜晚，比赛场面相对于最终的结果已不再重要；那个夜晚，圣洛伦索在解放者杯中六十年的夙愿终于得偿。

或许对胜利体会最深的要算莱安德罗·罗马尼奥利。他是一名古典派球员，像他这样善于盘带、过人的选手总能唤醒阿根廷人对黄金时代的怀念；事实上，圣洛伦索本身就代表了一种比较古旧的足球流派，与已经开始风靡阿根廷的贝尔萨派相比，圣洛伦索的风格不那么强调向前，节奏也更舒缓。罗马尼奥利从小就是圣洛伦索的球迷，曾向母亲承诺他会创造俱乐部历史。

首次代表圣洛伦索登场时，他才17岁。

拿了十五个联赛冠军以后，圣洛伦索终于成为阿根廷第八家捧起解放者杯的俱乐部，没人再能拿它们队史上的空白来说事。“进入我脑海的是球迷的喜悦。”罗马尼奥利说，“是赢得奖杯对俱乐部的意义。圣洛伦索历史上从未打入过（解放者杯）决赛，但我们做到了。很多球迷都已经八九十岁了：他们等了一辈子。”

夺冠后第二天，一队球员代表带着奖杯飞赴罗马会见教皇，前一年12月他们赢得联赛冠军后也这样做过。“我对此非常高兴，不过，不，这不能说是个奇迹。”自豪感溢于言表的方济各一边说，一边紧紧抓住奖杯。一个月后，俱乐部宣布，将于2018年搬回老家伯多区，因为他们已经与家乐福达成协议，双方可以分享1979年圣洛伦索被迫放弃的土地，届时新体育场将以教皇的名字命名。

圣洛伦索欣喜若狂，解放者杯的成功对他们来说如此重要，它有助于恢复因流离失所而备受打击的自尊心，但除此以外，这次胜利还有着更广泛的意义：尽管阿根廷足球前景黯淡，尽管经济下滑明显，但他们的俱乐部依然能够称雄南美。《图库曼报》以“国家的骄傲”为标题兴高采烈地写道：“阿根廷球队再度捧起阔别五年的解放者杯。”

自豪归自豪，大学生和圣洛伦索在世俱杯上的表现却反映了阿根廷乃至南美足球的真实水平。这项赛事已经取代了洲际杯，参赛球队除欧洲和南美外，还扩大到非洲、亚洲、大洋洲以及中北美洲冠军。2009年的决赛，大学生队至少把巴塞罗那拖入加时赛后才一球小负，2014年的圣洛伦索却需要通过加时才勉强击败半决赛的对手奥克兰城队，最后还在决赛中被皇家马德里干净利索地收拾。

不过，下一个赛季，解放者杯的赢家又是一支阿根廷球队。

纪念碑球场内，成年人都在淌眼抹泪。方尖碑下，他们冒雨欢笑雀跃。距恩索·弗朗西斯科利引领球队夺得俱乐部历史上第二个解放者杯已经十九年了，河床终于第三次举起这座奖杯，并成为第一支同时加冕南美杯、南美优胜者杯与解放者杯的三冠王球队。经历了夺冠过程中的所有波折，经历了降级之耻，最终的胜利却来得如此轻而易举，与此前的艰难困苦几乎形成鲜明的对照——决赛第一回合客场0-0逼平墨西哥的新莱昂自治大学老虎队已基本锁定了冠军，主场3-0大胜更是确认了河床的优势。对河床人来说，最艰难的一战事实上是四分之一决赛，当时他们主场0-1负于克鲁塞罗，但凭着客场的三球大胜成功翻盘；尽管如此，夺冠后的喜悦与激动依然是真情流露。

过去一年内，马塞洛·加利亚多治下的河床时有惊艳表现，但当他们从解放者杯小组出线时，积分之低却创下了赛事的纪录：一共只赢了一场比赛，落后（小组头名）老虎队七分。十六强抽签偏偏又和博卡冤家路窄。结果河床赢下这场德比大战的方式令人遗憾：第一回合他们主场1-0小胜；到了巧克力盒，上半场双方互交白卷，下半场开始前，就在球员即将登场时，博卡球迷往通道里喷洒辣椒水，比赛被叫停，河床得以晋级八强。“俱乐部的历史就是一部重大赛事的奋斗史。”中场球员莱奥纳尔多·蓬齐奥说，但事实并非如此。这不是用俱乐部最引以为豪的传统风格赢得的胜利，其根源不是漂亮的进攻型打法，而只是咬牙苦战。虽然只有最原教旨主义的球迷才会在意胜利的姿态，但河床这个冠军的性质充分说明了解放者杯的现状。欧洲报道南美足球的最高权威提姆·维克里写道：“这场比赛（指决赛）质量低得让人丧气，传球失误频频（上半场就有70余次），铲球不干不净，两者交相辉映。这本该是一个展现南美俱乐部风采的机会，但对比欧冠决赛，却成为一个悲哀的例证，揭示了当下南美足球与欧洲之间的差距。”

河床像圣洛伦索和大学生一样欢庆胜利，但没人能自欺欺人地相信，这些冠军的分量与60年代的大学生、70年代的博卡或独立所获冠军的分量一样重，甚至比起包括河床自身在内的众多阿根廷俱乐部在80年代的成就来，也差之甚远，那时候解放者杯和欧洲冠军杯尚能分庭抗礼。除了欧洲顶级俱乐部之外，足球界的现状便是如此：零星的成功将球员与教练的才华昭示天下，他们旋即离开，于是球队不可避免地状态下滑，回复平庸。规律不可见，思路不清晰，更没有为未来建构的想法。

从本质上讲，阿根廷俱乐部近年来的成绩无非说明了一点：阿根廷足球再千疮百孔，其管理还是要比巴西足球强一些。

第69章

延续冠军荒

汽车、小巴和野营车首尾相连，沿着科帕卡巴纳滨海公路停成了一条长龙，蓝白色的旗帜与彩带四处飘扬。清晨，太阳从大西洋上冉冉升起，车里的人也齐齐醒来，开始了一天的活动。数百名阿根廷球迷用小煤油炉烧煮开水，冲泡马黛茶。有人干脆睡在沙滩或长椅上，占据了当地流浪汉的地盘。海滩的另一头是国际足联组织的球迷联欢区，但那里令人生畏：往脸上画点油彩就要8英镑，一瓶带着官方标志的葡萄酒则开价126英镑；此地的感觉才是世界杯真正的活动中心，一个喧嚣混乱的球迷集散地，这里可以聚会喝酒，调情吵嘴，观看大屏幕上的比赛——各国球迷都有，但主要还是阿根廷人。随之而来的还有他们挂在嘴边的一首歌，本来巴西人最可怕的噩梦就是死敌在马拉卡纳举起大力神杯，如今他们更是惊恐地发现，这首歌俨然已成为本届大赛的主题曲，让他们躲不开，避不过。这首根据“Bad Moon Rising”重新填词的歌曲唱道：

巴西，你爸爸[1]已来你家。
告诉我，你感觉还好吗？
我相信，虽然时隔多年，
我们永远都不会忘记，
迭戈如何过掉你，

1 如果阿根廷人说某人是你“老爸”，意思是他总是胜过你，这一说法在足球上尤其常见。

卡尼[1]射了你一脸：
你从意大利一直哭泣到今天。
梅西会让你看到，
奖杯他要带回家。
马拉多纳就是比贝利更伟大！

世界杯期间，巴西到处都能听到这首歌；一段视频记录了两三百阿根廷球迷在阿雷格里港一家购物中心唱个不停，放上YouTube后立刻被传疯。[2]但这首歌值得关注的地方并非其流传之广，而是它唱出了最让阿根廷人心心念念的事情。歌中提到1990年的意大利可能只是因为当年他们在十六强赛中淘汰了（眼下的东道主）巴西，但似乎也反映出，阿根廷人对那届世界杯上国家队的表现相当认可，远远超过其他国家的球迷，而更能揭示阿根廷人心态的则是把梅西隐隐比作马拉多纳。阿根廷人相信，正如1986年世界杯属于马拉多纳一样，这届比赛也可以属于梅西；然而事实证明，巴西世界杯上的梅西或许更接近意大利之夏的马拉多纳。

2014年世界杯被视为梅西的世界杯几乎已有十年；复制马拉多纳的轨迹是人们对他的期望。2005年秋天，18岁的梅西第一次作为成年球员与巴塞罗那签约，那也是他上调一线队后踢的第一个完整的赛季。双方都希望签一个长约，但在一个关键细节上存在着分歧：俱乐部希望梅西签到2014年，梅西的父亲则希望签到2013年——最终还是俱乐部得偿所愿（其后双方又曾无数次续约，无数次重谈新约）。梅西父亲的想法是，如果梅西在巴塞罗那出了问题，比如受伤或者与教练闹翻，他希望儿子可以在2014年世界杯开赛前一年离队，这样他还有一个赛季的时间恢复状态。后来，参加过2005年世青赛决赛的球员中确实有六名进入了阿根廷2014年世界杯的阵容（以及后卫加夫列尔·帕莱塔，不过他转投了意大利）。

但是纵观整届杯赛，梅西并未像1986年的马拉多纳一样掌控全局，从体

1 “卡尼”是克劳迪奥·卡尼吉亚，这件事指的是1990年意大利世界杯的十六强赛，当时马拉多纳助攻卡尼吉亚，1-0战胜了巴西。
2 译者当时就在这个购物中心。——译注

力上看就不行。他带给阿根廷的，只是一次又一次决定胜负的灵光一现，似乎每次他都意识到没有其他人能撼动战局了，于是“拉长了脸”（借用格里吉尼的话），挺身而出搞定比赛，一如多年前在青年队踢球时那样。

阿根廷队的预选赛踢得赏心悦目，十六场比赛只输了两场（其中包括最后一场对乌拉圭，当时他们早已出线），总共打进35球，积分排名南美第一。不过，更重要的是，他们似乎找到了一位足够务实，也足够强硬的主教练——亚历杭德罗·萨维利亚。在球员选择上，他可以忽略政治上的考虑，也无视球员的个人声望，只根据实际效果搭建团队。最明显的一点就是，他从未征召过特维斯，对此，特维斯酸溜溜地发话：“为阿根廷队踢球掉价。”当然，这样说等于自绝门路，而且此话还提醒了公众，2003年，当他在竞技球场庆祝博卡夺冠时，[1]曾经和球迷一起唱歌侮辱国家队。

萨维利亚一开始排出一个4–4–1–1的阵型，梅西在伊瓜因身后，后来换成4–3–3，阿圭罗与梅西分列伊瓜因的左右，但梅西会内切，和伊瓜因交叉换位。有传言说，这一变化是梅西的意思，因为他希望他在国家队长期的室友（阿圭罗）能回到首发，不过原因暂且不论，结果却很不错，球队的平衡保持得非常好。左路的迪马利亚可以向前突进，因为有左后卫马科斯·罗霍的保护，哈维尔·马斯切拉诺坐镇两名中后卫之前，中场右路的费尔南多·加戈位置靠后，以便在右后卫帕勃罗·萨瓦莱塔助攻时提供掩护。

然而，伤情打乱了萨维利亚的排兵布阵。加戈膝伤严重，不得不暂别赛场，虽然最后赶上了世界杯，但状态远未恢复（甚至伤退前一段时间他在博卡的表现就已经乏善可陈了）。阿圭罗小腿和腿筋的伤势反反复复，而直到开赛前几天，伊瓜因的踝伤还没有好。尽管如此，阿根廷首场在马拉卡纳对阵波斯尼亚和黑塞哥维那，萨维利亚的首发选择依然很让人费解，诡异得引出了一连串阴谋论的猜想：4–3–3被弃用，取而代之的是5–3–2，这个阵型他只在预选赛中用过三次，分别是客场对委内瑞拉、玻利维亚和厄瓜多尔，结果一负二平。

最后真相大白，出任双前锋之一并不是梅西自己的要求，当然其他猜想

1 这场比赛借用了竞技的球场，博卡的对手是阿森纳。——译注

就更不着边际了，其实是因为萨维利亚受到球队伤情的困扰，不愿意冒险让手下三名健康的前锋（这还是把状态远不在巅峰的阿圭罗也算了进去）一起上场。于是梅西出现在阿圭罗身后，中场马斯切拉诺的两边分别辅以迪马利亚和马克西·罗德里格斯。第三分钟，阿根廷队幸运地领先了：梅西开出任意球，罗霍头球回蹭，球打在塞亚德·科拉希纳茨腿上弹进球门。但此后他们进攻乏力，上半场大部分时间退守后场，虽然扛住了波黑的攻势，但自己也未能创造出扩大比分的机会。据说中场休息时，梅西要求回到4–3–3——当然不可能只有他一个人意识到必须改变阵型，否则阿根廷在剩下的比赛中将继续死守，同时指望米拉莱姆·皮亚尼奇或兹维耶兹丹·米西莫维奇的传球都失去准头。下半场换上加戈和伊瓜因后，阿根廷马上踢得得心应手起来。梅西一直没有表现，直到第65分钟，他们打出了一个预选赛中多次出现的配合：伊瓜因拉到左路，给梅西制造出内切的空间，梅西向中路挺进，两名防守球员追赶不及，撞作一团，成功摆脱追逐的梅西随即一脚漂亮的低射，球擦着左门柱入网。韦达德·伊比舍维奇终场前不久扳回一球，但阿根廷最终以2–1取得首胜。

这场比赛在当时看来不过是开局不顺而已，人们以为，一旦回到4–3–3阵型，球员的伤势好转，阿根廷队就会找到自己的节奏。事实上，整届大赛他们都延续了首场比赛的模式。伊朗队的防守几乎无懈可击，让阿根廷的进攻严重受挫，甚至还有过几次进球机会——包括一个疑似点球，直到进入伤停补时阶段。梅西在右路禁区外约十码处拿到球，除守门员外，十名伊朗外场球员全体退守到他和球门之间，但他抬头看了看，将球转移到左脚，随即撩起一脚，球绕过礼萨·古昌内贾德，又越过阿米尔·萨迪吉头顶，从飞身扑救的门将与门柱之间蹿入网内。在任何情况下，这都是惊艳一球，此刻则显得尤其不简单，要知道，人们已经明显怀疑阿根廷将以平局收场，马拉多纳甚至很不高兴地拂袖而去，但梅西站了出来，表示如果其他人都不行，那就由他来承担终结比赛的任务。

二连胜意味着阿根廷已肯定出线，最后一场对尼日利亚的小组赛不过是争小组头名而已，而他们只要保平就可以做到这点。但他们最终3–2获胜，梅西梅开二度：第一球是在迪马利亚的射门被守门员挡了一下，又撞门柱弹出后，梅西迎球便是一脚猛射；第二球是一个技惊四座的任意球。

作为小组头名，阿根廷的十六强对手是瑞士，比赛在圣保罗进行。瑞士人的防线退得很深，他们的全部战术就是不给梅西空间。主教练奥特马尔·希茨菲尔德说："只有我们全队协防，用三四名球员紧紧包围梅西，才能遏制住他。"他们确实达到了目的。整场比赛，身穿红色球衣的瑞士球员对梅西围追堵截。阿根廷队踢得很费力，阿圭罗的腿筋又出了问题，被埃塞基耶尔·拉维奇换下。梅西位于两名前锋身后，担任经典的前腰一职，他毫不掩饰自己的进攻意图，几乎总是从右路发起冲击，这也许让瑞士队的防守变得更加简单。但到那一刻，通常用来衡量比赛的参数似乎发生了变化。这已不再事关阿根廷，或能否晋级下一轮；从某种意义上说，这是梅西在勉力完成自己的使命。

预选赛中，大家谈的是阵容平衡与整体配合，此时却被一种非常古旧的足球观取代。"我们知道他是我们的主力、队长，世界最佳。"萨瓦莱塔后来说，"这支球队围绕梅西踢，因为我们知道他对球队的重要性。我们很幸运，梅西是阿根廷人。每次我们夺回球权，都会传给他，因为他是队里最好的球员，他会进球。"记者肯·厄尔利曾有这样的评论：在巴塞罗那，梅西接到队友的传球，会传出去，然后往空当跑，准备接队友的下一次传球。在阿根廷，他拿到球后，每个人都站着不动，等着看他的表演。场上似乎出现了三支球队：一边是瑞士队，一边是阿根廷队和梅西，后二者组成某种松散的联盟，一起对抗瑞士。

比赛中有过一个瞬间，那是离90分钟结束还有两三分钟时，梅西在左边线附近拿球。他抬头看了看，表情明显坚毅起来，显然下定了决心，开始带球过人。进攻无功而返，但梅西的意图很清楚：他又一次试图单枪匹马赢下比赛。90分钟过去了，比分依然是0-0。两支球队聚集到各自的教练席前。梅西是阿根廷队队长，这一任命充满了感情色彩，无非要让他尽可能接近1986年的马拉多纳，但此刻他却是最后一个走向队友的人。他站在他们身后，举起一瓶水从头上浇下。萨维利亚先说话，然后是马斯切拉诺。梅西一言不发。这就是他从前的老师和教练提起过的那种沉默的领导力吗？还是说这个安静的天才只是名义上的队长？

梅西拥有超一流的脚下技术，但他另一项能力也很强，那就是用尽可能简洁的动作达到预想的效果；他从不炫技耍花活；这种极简主义踢法引人入胜，而且长期以来在各项赛事中都有所体现。问题是，本届世界杯上又出现了一种新情况——跑动减少。不但他的跑动距离比其他外场球员都少——120分钟内只跑了10.7公里，而且投入到国际足联认为是中等至高强度的活动中的时间也最少，只有9分钟。他一共做了31次全速跑，只比中后卫费德里科·费尔南德斯和法比安·沙尔多。巴西队在这一轮中通过点球大战淘汰了智利，当时内马尔比梅西的跑动距离多了近3公里，完成了21分钟的中高强度比赛，全速跑更是多达57次。不过梅西仍然成为阿根廷本场的救主。最后三分钟时，阿根廷掷界外球，瑞士队一直高度集中的注意力终于有所松弛。梅西突然看到了空间，他以每小时27.58公里的速度——整场比赛中他最快的一个速度——开始加速（数据来自国际足联）[1]。惊慌失措的后卫纷纷扑向梅西，于是他将球传到快速插上的迪马利亚脚下，这脚传球让人想起1990年对巴西的比赛，当年马拉多纳给卡尼吉亚的妙传至今仍令阿根廷球迷回味不已。迪马利亚迎球便射，虽然不像卡尼吉亚那般从容华美，但同样一脚定乾坤。领先后的阿根廷队反而乱了阵脚，几乎被布莱里姆·哲马伊利把比分扳平，幸好他近在咫尺的头球击中了门柱，弹回后又打到他的膝盖，才擦着球门飞出场外。阿根廷队终于守住了阵地，挺进四分之一决赛。

说到底，1986年的马拉多纳不也是从八强赛开始才大展神威的吗？梅西要谱写自己的世界杯传奇，他还有时间。但期待中的爆发从未降临。阿根廷队击败四分之一决赛的对手比利时，靠的是伊瓜因开场不久的一粒进球，梅西的表现并不抢眼，更糟的是，迪马利亚还拉伤了大腿肌肉，将缺阵半决赛对荷兰的比赛，少了他，阿根廷的前场攻击力大减。

半决赛笼罩着一种悲凉的气氛。为了纪念一周前去世的阿尔弗雷多·迪斯蒂法诺，阿根廷球员戴着黑色袖标上场，但比赛当天凌晨发生的一起事故给黑纱增添了一层新的含义：有人驾着一辆偷来的汽车逃避警察追捕时撞上了阿根廷记者豪尔赫·洛佩斯乘坐的出租车，洛佩斯当场身亡。洛佩斯被人

---

1 数据均来自肯·厄尔利在slate.com上发表的文章。

亲切地称作“鼹鼠”，他的妻子也在巴西报道世界杯，还是看到迭戈·西梅奥内发了一条表达惊恐和悲伤的推特时，方才得知丈夫的死讯。

与洛佩斯关系很好的梅西这场比赛表现不够稳定，时而隐身，时而闪光，不过最后几秒钟的一次突破和传中几乎制造了一个绝杀。阿根廷队赢下了点球大战——梅西立即将胜利献给已故的记者。大多数人心目中的本场之星是马斯切拉诺。坐镇后腰位置的他斗志昂扬而又沉着冷静。终场前不久，是他如神兵天降，用一记滑铲瓦解了阿尔扬·罗本的射门。据他自己说，这一下让“(他的)肛门都裂了”。

德国队在半决赛中7–1击溃了东道主巴西，如果对阵德国时，梅西有绝佳的表现，这依然会是属于他的一届世界杯。哪怕只是进一个制胜球，加上小组赛的四粒进球以及对瑞士的一传，也足以创造传奇，让后世铭记这届梅西的世界杯。可惜他错失良机，下半场开始阶段的一记射门滑门而出。阿根廷队还有其他几次机会：前锋伊瓜因大失水准地浪费了一次单刀，他的一个进球被吹掉——虽然确实越位，但只在毫厘之间，而德国门将曼努埃尔·诺伊尔一次笨手笨脚的跳起解围重重撞到了伊瓜因，换个裁判也许会被红牌罚下。

下半场，萨维利亚用阿圭罗换下了拉维奇，把宝押在曼城前锋能够恢复状态上，但并未收效，反而可能拱手让出了主动权。最终，马里奥·格策第113分钟的一脚凌空抽射决定了比赛的胜负。纵观整届大赛，德国这个冠军或许当之无愧，但阿根廷较之实在也不相伯仲。梅西最后一次值得一提的行动出现在终场前一分钟，阿根廷获得一个禁区外的任意球。对瑞士的比赛已经显示，触手可及的荣誉会让防守球员的头脑突然抽风，因此梅西最好的选择可能是把球吊进禁区，由埃塞基耶尔·加拉伊头球攻门，德国队将不得不进行解围，这至少对他们的性格与心态是一个考验。但是梅西选择了直接射门，结果球踢得又高又偏。当然，马后炮式的批评不费吹灰之力，况且，如果此球进了，势必成为又一个他“拉长了脸”，挺身而出，单骑救主的例子而博得喝彩声一片。事实上，他似乎只是被“梅西必须以一己之力拿下世界杯”的思维定式束缚住了手脚。2005年世青赛冠军最好的一次机会就这样与他们失之交臂，战胜他们的德国队中有五名球员捧得过2009年欧青赛的桂冠。[1]

终场哨响后，国际足联先宣布本届世界杯的最佳球员，然后再向德国队颁发奖杯。梅西当选，金球被塞到他手里的时候，他的脸色阴沉至极。没有人责怪他，也没有人觉得他辜负了谁，人们反而开始担心：如果梅西跑动不足不是为了节省体力，而是出了其他更严重的问题呢？决赛前一周，有人引用他父亲的话，说他感觉自己两条腿都有“200斤重”——不过他父亲很快否认说过此话。近两年，他常常在球场上呕吐，是否与此有关？下一个赛季，回到巴塞罗那的他又光芒四射，似乎更说明世界杯时有些地方不太对劲，但究竟是什么并无令人满意的解释，即便梅西自己最终承认，2014年的大部分时间他都感觉身体不适。

一支球队刚刚杀入世界杯决赛，甚至有好几个机会赢下那场比赛，此时再言及失败未免苛刻得不近人情，况且大多数阿根廷人对萨维利亚和他的球队心怀感激：他们不但打进了决赛，还终结了一项让人一听就烦的纪录——自1990年以来，如果不算点球大战，阿根廷在淘汰赛阶段只战胜过墨西哥。因此，梅西不得不哭丧着脸，被各种人士公开接见，当克里斯蒂娜·基什内尔夸赞球队的表现时，他郁郁不乐地退立众人身后。阿根廷队没能在一届为他量身定做的世界杯上夺冠，2005年的世青赛冠军球队不曾功德圆满，又一个恢宏的阿根廷之梦化为泡影，谁还能对梅西入骨的伤痛视而不见呢？

1 如果萨米·赫迪拉没有在热身中受伤的话，那就是六个人。那支德国U21青年队还包括阿什坎·德贾加和法比安·约翰逊，分别代表伊朗和美国参加了2014年世界杯，以及波兰国脚塞巴斯蒂安·伯尼施。德青队的六名球员最终举起了世界杯，而那届欧青赛亚军英格兰队却有七名球员沦落到效力桑德兰，这似乎预示了两个国家在足球上不同的命运。

第70章

永恒的桂冠

世界杯决赛18天后，82岁的胡利奥·格隆多纳去世。他担任AFA主席已长达35年，尽管到最后是孤家寡人一个，但其在位期间的影响力无可置疑。他的离世绝对意味着一个时代——一个阿根廷国内足球水平急剧下降的时代——落下了帷幕。也许像许多阿根廷领导人一样，他发现自己无力对抗更广泛的社会经济因素；梅诺蒂曾经指出，格隆多纳认识到国家队才是财源，这一点上他肯定是明智的——尽管把国家队比赛的转播权卖给通信公司[1]曾引起普遍的担忧，因为该公司操作的足球比赛项目引来FBI的调查，最终导致2015年5月七名国际足联高官在苏黎世被捕。鉴于调查结果还包括多名南美足球联合会的领导人遭到起诉，我们有理由假设，如果格隆多纳没有死，估计也逃不过追究；但是，不管格隆多纳被认为有多腐败，无法改变的事实是——阿根廷经济的根源性问题必然会影响到阿根廷足球。格隆多纳去世后第二天，阿根廷政府再次债务违约。

漫长的经济复苏还是以失败告终。高度依赖出口的阿根廷受到全球经济下滑的持续冲击，2012年和2014年曾两度进入衰退。比索汇率被人为压低，通货膨胀的上升便不可避免：2014年7月，官方的通胀数据为10.9%，但人们普遍认为，实际数字可能高达三倍。7月31日，危机达到了顶点：阿根廷付不出5.39亿美元的债券利息。这些债券还是2001年政府破产前发行的，后

1 Traffic Group，一家从事体育赛事组织与转播的巴西公司，在美国和欧洲都有分部，拥有美洲多项足球赛事的转播权，包括美洲杯、解放者杯、南美杯、南美青年锦标赛、南美洲奥运足球预选赛等。——译注

被美国对冲基金低价收购（基什内尔称这些基金为“秃鹫”[1]），基金的管理者拒绝了大多数债券持有人已经同意的重组计划。或许，正如政府所言，这只是“技术违约”，与2001年那场灾难有本质区别——与其说政府无力支付，不如说他们不愿意支付，因此后果远不如上一次那样严重。银行没有发生挤兑，街头也没有出现抗议，对大多数人来说，生活一如既往。但违约仍是阿根廷经济疲软的一个迹象，而且政府来势汹汹，存心赖账，以此为手段逼迫各方重启债务谈判，只会进一步降低投资者对基什内尔的信任度。

没人能否认，格隆多纳这个足协主席面对的是一个艰难的时势，但他身后留下了一个烂摊子，而且生前未能控制足球暴力，一任国家队基础建设崩溃，都是无法推卸的责任。当他在阿韦利亚内达的公墓（也就是他童年卧室窗口俯瞰的地方）下葬之时，金融犯罪的调查员扫荡了AFA办公室——足协贪腐的气息就是如此挥之不去。而格隆多纳最该受谴责的地方或许还是他任期后半段浪费掉的一连串机会。

阿根廷在十二年内五次加冕世青赛冠军，但青年队的成功从未转化为成年国家队的荣誉。2015年的智利美洲杯带来的仍是失意。阿根廷首场比赛先以2–0领先，结果却被巴拉圭2–2追平，好在后来他们以两个1–0击败乌拉圭和牙买加，仍然进入了八强。八强赛中，他们完全占据上风，但就是没能攻破对手哥伦比亚的大门，最后凭借点球大战才涉险过关。

到了康塞普西翁的半决赛，阿根廷终于光芒四射。恢复了状态并帮助巴塞罗那拿下又一座欧冠奖杯的梅西表现非凡，同样抢眼的还有哈维尔·帕斯托雷，阿根廷6–1大胜曾在小组赛中交过手的巴拉圭。尽管梅西没有进球，但他直接助攻三球，另外三球也由他提供了两次倒数第二传和一次倒数第三传。阿根廷所进第四球中，他用精妙绝顶的过人让两名巴拉圭后卫同时倒地，叠起了罗汉。另外具有重要意义的是，由于巴拉圭在上半场结束前把比分扳成1–2，中场休息后球员从通道出来的时候，梅西招呼队友停下，对他们说了一番话。他的意思很明确：这次不要重蹈覆辙。梅西不再是世界杯上

1 金融领域中，“秃鹫”指那些低价投资经济困难的项目，期望其会转亏为盈的风险投资人。——译注

那个大部分时间沉默寡言的队长，他开始承担更多的责任，敢于作为领导者发声。

算上2005年负于巴西的那次联合会杯决赛，阿根廷已经在最近八届大赛中五次打入决赛。结果却与前四次一样。阿根廷开场颇有威胁，但东道主智利队攒了99年的努力，终于有可能在家门口第一次举起美洲杯，这一使命感激发了他们的斗志。他们阵型严密，顽强奋战。半个小时后，迪马利亚因伤退场，阿根廷的威胁渐渐消失。到最后，梅西已经越踢越泄气，越踢越郁闷，不过即便如此，伤停补时阶段，他还是差点制造出一次绝杀：他的斜传穿透了智利的防线，拉维奇接球后横传伊瓜因，球传得有点过，但那不勒斯前锋本可以处理得更好一点，而不是把球直接削到边网上。

点球大战的结局似乎早已注定。伊瓜因和埃韦尔·巴内加双双射失，智利如愿夺冠。阿根廷队全体成员可怜兮兮地聚到一起，唯有梅西茕茕孑立，面如死灰，他的天才与对他天才的巨大期望在他和队友之间划下了一道鸿沟。回到更衣室，他哭了起来；大巴抵达旅馆时，他还在哭泣。不出所料，批评和辱骂如炮火般接二连三向他袭来，然而它们找错了对象。没错，他在世界杯和美洲杯决赛中的发挥都不理想，但如果对手倾巢而出，只求看死梅西，其他人便必须时不时地接过指挥棒。再说，要是伊瓜因能把那两个送到他脚下的完美机会转化为进球，阿根廷就是世界杯与美洲杯的双料冠军，而梅西也将会是带来胜利的关键人物。

事实上，反反复复的功亏一篑才符合规律：壮志难酬的国家队可谓阿根廷历史的一个缩影。2007年，国青队夺得加拿大世青赛冠军，托卡利在国家队的工作也画上了句号。佩克尔曼已经从成年队主帅的职位上退了下来，足协又逼着托卡利撤换手下的工作人员，于是他也提出辞职，很快成为萨斯菲尔德的主教练，后来还曾去科洛科洛和基尔梅斯短暂执教，最后出任阿根廷青年人俱乐部的青训总管。2013年我见到他时，他第二天就要出发前往圣地亚哥，担任智利青训项目的负责人。

托卡利离开后的三届世青赛，有两届阿根廷都未能从南美洲出线，2011年那届则在四分之一决赛中被淘汰。他告诉我他认为哪里出了问题。

> 我们负责了十四年的国青队。最后几年中，我们发现很难再发掘出像以前那样与众不同的球员。当我开始到甲级队工作的时候，时常怀疑会不会面对这样一个结局：阿根廷已经无人可用。是否我们在俱乐部层面的工作犯了拔苗助长的错误？等我接手青年人队的青训时才明白，需要对此负责的正是我们自己，是我们这些培养青少年球员的人。十年前，我们还有公地，而现在，公地几乎都消失了。原来他们可以在公地自发学到的那些技术，现在都得靠我们教练一点点教起来。

虽然U20国青队的战绩天下无敌，但是成年队的上一个大赛奖杯还要追溯到二十年前。“没人能说阿根廷缺少（好）球员。”托卡利说，“我们每届都不乏球星：2002、2006、2010……但要赢得世界杯还是不容易。”

也许阿根廷人开始相信他们拥有无穷无尽的人才储备，因此变得不思进取。托卡利当然把近年来青年队成绩的下滑归咎于足协领导。“我支持长期的规划。”他说，“这样能出成果：看看西班牙，就是从青年队开始的……还有德国的（于尔根·）克林斯曼和他的助手约吉·勒夫。阿根廷则跟疯了似的，计划变来变去，没有任何稳定性。”

那么阿根廷足球还剩下什么？曾经气度不凡的老球场倾圮了，比赛的质量较之以往已不可同日而语，唯有昔日荣耀的幽灵仍徘徊不去。或许对那些浸淫其中的人来说，阿根廷联赛的衰落是一个温水煮青蛙的过程，漫长得让他们不再有任何知觉，局外人却不能不感慨今非昔比。暴力的威胁无所不在，哪怕有层层叠叠的防暴警察过于热切地维持着秩序，也难以让人安心。球员连发角球的时候都得有人防护，不然会被看台上飞下的异物砸中。在萨斯菲尔德球场，我曾经看到球迷把一名警察从楼梯上赶下去，几分钟后回来时手中挥舞着警盾，好像是什么了不起的战利品。在纪念碑球场的一场超级德比中，我还目睹博卡球迷袭击服务员的暴行，就因为一名服务员看到河床进球后捏紧了拳头。球迷把服务员拖到台阶顶端，从那里将他们推下去，再按倒在地拳脚相加。任何看过阿根廷联赛的人都能讲出类似的经历，有些甚至还要糟糕得多。为了应对此类麻烦而采取的措施更是大煞风景：一度主队球迷得等客队球迷先散去才能离场，后来客队球迷干脆被禁止入场。

足球的经济规律意味着最好的球员都不在阿根廷踢球。比如梅西，这位史上最佳之一就从来没有为阿根廷俱乐部踢过球，而他不过是一个最明显的例子。青年才俊很快被送去能挣大钱的外国联赛。虽然从20世纪70年代以来这已成为惯例，但至少那时离开的还是少数，而且他们去的是西欧的顶级联赛。如今，每年都有几十名球员循着金钱的足迹流向俄罗斯、乌克兰、中东、日本、中国，甚至巴西，十年后赚够了钱，再回国为本土俱乐部踢上最后一两个赛季的感情球。球队如果夺得联赛冠军，他们最好的球员肯定会转去更有钱的俱乐部：这就是当代金融体系的运作方式。阿根廷俱乐部需要钱，外国俱乐部出得起价。双方俱乐部都受益，球员也是受益人，国外的薪水更高，当然经纪人也从中受益。唯一的输家是阿根廷联赛的观众。

强队失去他们最优秀的球员，这与美国体育界使用的选秀法正好相反：美国是实力最弱的球队可以优先选择新秀，为下一赛季充血。但两者效果倒异曲同工，阿根廷联赛变得异常激烈，因为参赛球队实力非常平均。屈指数来，从班菲尔德获得2009—10赛季的春季冠军到河床在2014年下半程夺冠，11个赛季共产生了10支不同的冠军球队，这与职业化初始阶段形成鲜明的对比，那时候五巨头曾垄断冠军36年。一般而言，竞争是一件好事，欧洲有些球迷甚至还会艳羡不已——他们自己国家的联赛冠军经年累月地花落一家，或被某两家俱乐部承包。但你仍不免感觉阿根廷在这条道上走得也太远了，以至于冠军的含金量大大不足。销售一轮接一轮，长得最高的韭菜很快被收割，质量却极其有限，结果一支球队似乎只要在联赛里撑得足够久，就几乎总有撞上大运或来了状态的那一天，轮也能轮到他们夺冠。

2015年初，阿根廷有1 869名球员效力于外国职业联赛，这是一个惊人的数字。“人才断层”一说由此而来：还在本土踢球的要么不到二十，但颇具潜力，要么年逾三十，曾有过辉煌的过往，而那些二十多岁，正值当打之龄的球员，不是水平非常一般，就是有什么特殊的理由非得留下不可。

另一种意见认为，阿根廷足球曾有过一项强大的优势，现在反而开始拖了后腿。贝尔萨的传承不像原本想象的那么简单。他近乎疯狂的压迫式打法，强调向前推进的攻势足球风格，对球场空间做出的全新解读，这些激进理念至少在短期内效果惊人，并启发了整整一代教练：比如公开师承他的豪尔赫·桑保利，曾带领智利大学队捧得南美杯，并三度蝉联联赛冠军，成为智利国家队主教练后又领军在2015年美洲杯决赛中战胜阿根廷；比如佩普·瓜迪奥拉和毛里西奥·波切蒂诺，他们采纳了贝尔萨的想法，并进行了修改或完善。但阿足协内部也有人怀疑，他给阿根廷国内联赛带来了消极影响。他们认为，快速激烈的贝尔萨派足球对具有技术天赋的人来说不成问题，但如果平庸的球员也希望以同样的节奏踢球，结果会是一团混乱，各种传球失误，糟糕的第一脚处理，没头苍蝇般地往前开大脚：所谓无目的的向前。细数2015年美洲杯，八强中有五支球队由阿根廷人执教，四强更是清一色阿根廷主教练，虽然这算不上什么安慰，但至少说明，内部的哲学思辨尽可继续，阿根廷依然是南美足球的智识中心。

而且，尽管比赛质量不高，赛场治安堪忧，观赛存在种种限制，阿根廷顶级联赛的观众人数却高居世界第七，[1]仅次于德甲、英超、西甲、印度超级联赛、意甲和墨西哥联赛（平均每场只落后墨西哥联赛两人）。阿根廷联赛就是能抓人眼球。

“悍匪帮”是阿根廷足球的一大毒瘤，但同时也是吸引观众的一大景观。标语、横幅和旗帜的展示，漫天飞扬的碎纸片，从头唱到尾的球迷歌，进球时疯狂扑向站席区前排的人群……这一切都吸引着众多游客去现场观看阿根廷联赛。有时，空落落的看台上只簇拥着几十名球迷，一个手持大喇叭的男人吊在铁丝网上，试图把他们鼓动起来，造出一阵大声势，这种坚守足球赛应有“仪式”的决心可怜甚至可悲。不过最大的几场“德比”仍属盛况，能直击哪怕是中立球迷的内心。如果阿根廷足球降低了“匪帮”的影响力，那么它必须同时面对一个问题：多姿多彩、激情澎湃的阿根廷赛场由他们造就，是否也会随他们消失？但是，话说回来，当阿根廷足球整体走向衰败腐朽，靠政府补贴苦苦支撑之时，即使“景观”完好无损，与一件披在残躯上的毛皮大衣又有何异？

其他争议话题骨子里隐藏着同样根本的两难困境。纪念碑这座宏伟壮观

1 数据取自2013年。

的老球场，甚至能给联赛中某些毫无意义的场次带来一丝庄严感。1978年世界杯以后，它已经被粉刷过两三次，广告牌也换了，但依然不难想象帕萨雷拉、卢克和肯佩斯们在草皮上昂首阔步的情景。一位阿根廷记者评论说："这里一直深受外国球迷的喜爱，但他们不必每周来此工作。"他的话确实没错：许多布宜诺斯艾利斯的大球场几乎已成为追忆某一特定年代的主题公园，但布市本身也大抵如是；这构成了它的动人之处。

这是吸引外来者的原因——他们的人数如此之多，以至于在最近一次博卡主席选举中，某一位候选人的主要政策就是减少观看联赛的游客数量，因为他们损害了球场气氛（或许这正是马克里与他的全球格局大获成功的明证）；此人的支持者向球迷分发印有"欢迎会员，游客免入！"的传单，但很快这些传单也被撕成碎屑，抛撒到空中，化身为又一道吸引游客的景观，呼吁解决问题的手段变成了产生问题的根源之一。

本地人看重联赛的什么，倒不太好说，但足球的流行程度不可否认。即便体育场的上座人数自50年代初的鼎盛时期以来已有所下降，数以百万计的电视观众也足以弥补其中的差数。"全民足球"或许是一项确保国民能看上比赛的慈善义举，或许是麻醉大众的功利主义行为，但无论你怎么看，都证明了足球运动本身的重要性。

从2015年起，联赛又蒙上了一层新的耻辱。2011年河床降级，整个阿根廷足坛为之震骇。博卡球迷出言奚落，但免不了也有兔死狐悲之感。如果河床都能降级，那谁不能降级呢？圣洛伦索或者竞技降级是一回事，河床降级却是另一回事：他们是"百万富翁"，阿根廷历史上最成功的俱乐部。况且，联赛带来的收益虽然已经少得可怜，河床仍贡献了其中的大头。河床只花了一个赛季就升甲成功，最后一轮主场2–0击败布朗海军上将队让他们拿下了乙级联赛的冠军（比赛当天纪念碑球场的一个看台被关闭，做出这一惩罚的原因是两个星期前河床对阵博卡联合时发生骚乱，一名球迷死于非命，因此连累河床的这个冠军头衔都带上了污点）。即便如此，阿根廷足坛意见高度统一，决心再也不允许豪门降级这种事发生。

联赛结构进行了初步改革，方案却与原来大同小异：只不过玩了个文字游戏，用"上半程"和"下半程"分别取代了"春季"和"秋季"。此外，2012—13赛季还决出了第三个冠军头衔，上半程冠军萨斯菲尔德与下半程冠军老男孩打了一场总决赛，萨斯菲尔德1–0胜出。接下来那个赛季，即2013—14赛季，取消了总决赛；到2014—15赛季，“上半程”也被取消，取而代之的是一项临时性的冠军赛，实际上算半个赛季的联赛，旨在将赛季时间从每年的8月至第二年5月恢复到原来的2月至12月。

新赛程的首个赛季始于2015年2月，其形式之荒谬在阿根廷足球史上只怕前无古人——真是难为了足协的老爷们。这届贻笑大方的赛事以胡利奥·格隆多纳的名字命名，算是对他统治阿根廷足坛35年的一个适当纪念。面对比赛质量低下和资金极度短缺的局面，AFA反将联赛规模从20支球队扩大到30支，比赛场次从38场减少到30场，结果不但进一步降低了联赛的质量，还影响了俱乐部在比赛日的收入。

另一项决议甚至更加荒唐，将赛事仅存的一点竞技上的意义也一笔勾销：AFA决定，联赛实行单循环，但每支球队要和他们的死敌交手两次，实质上是为了确保每赛季都有两次“超级德比”，因为唯有“超级德比”才能保证上座率。且不说那些“德比”对手较强的球队会因此吃亏，还有一个大问题——有些球队根本没有“德比”对手，必须被拉郎配一个。于是阿尔多希维俱乐部的球迷被告知，他们不共戴天的死敌是北克鲁塞罗队，但阿尔多希维位于布宜诺斯艾利斯市以南250英里处的海滨城市马德普拉塔，而北克鲁塞罗俱乐部在北部米西奥内斯省的加鲁帕，两者相距720英里！还有比这更让人啼笑皆非的事吗？这就是格隆多纳的遗产：一个臃肿笨拙的联赛架构，既求能保护既得利益者，又希望唤起对往昔的回忆。不能没有巨头们，他们是历史的一部分。

122年前，亚历山大·沃森·赫顿创立了AFA的前身，正式将足球运动引入阿根廷，122年后，它依然是人们茶余饭后最津津乐道的话题，恐怕连赫顿自己都会觉得不可思议；不过1936年他去世前，当已目睹职业足球的肇始，职业化后球场汹涌的人流，收音机前的海量听众，挂在有轨电车尾巴上穿越都市的球迷，他想必也见到过吧。

他在世的时候，还发生了阿根廷首次军事政变，此后一连串的同类事件给这个国家造成巨大的伤害。当我们穿越数十载的光阴回顾，政治与足球之间的呼应相当惊人：1912年是男性公民获得普选权前的最后一次大选，也是英裔俱乐部最后一次夺得阿根廷联赛冠军；1930年，民主政治第一次遭受重大打击，同年决出了业余足球时代的最后一届联赛冠军。当然，两者并非简单的一一对应关系，其中不乏事与愿违的讽刺和万不得已的变通，但足球对社会变迁的反映一点不比政治少。

一个世纪前，足球在阿根廷民族意识形成的过程中扮演了一个角色，如果这个角色能延续至今，如果足球仍像当年一样是国家局势的晴雨表，那么它展现出的前景堪忧。年久失修的体育场，不知所以的联赛质量，场上球员老的老，小的小，平庸的平庸，而观众居然还那么多！与此同时，阿根廷足球的精华人物却在其他国家的联赛中大显身手。阿根廷是一个移民国家，移民理想中美好的新世界是其立国之本，足球在塑造阿根廷国家形象和身份定位的过程中起到了核心的作用，然而眼下，这个国家最好的球员——哪怕是稍微好一些的球员——都纷纷移居他乡，被迫放弃这一片白银之地，回归旧大陆的怀抱。足球是阿根廷又一个已随风而逝的梦想。阿根廷人要想看到他们国家最优秀的球星，只能回顾往昔，或将眼光投向海外。阿根廷足球，已反认他乡是故乡。

附　录

历届阿根廷联赛冠军

1891		圣安德鲁
1893		洛马斯
1894		洛马斯
1895		洛马斯
1896		洛马斯学士
1897		洛马斯
1898		洛马斯
1899		贝尔格拉诺体育会
1900		英国高中竞技队（后改名校友队）
1901		校友队
1902		校友队
1903		校友队
1904		贝尔格拉诺体育会
1905		校友队
1906		校友队
1907		校友队
1908		贝尔格拉诺体育会
1909		校友队
1910		校友队
1911		校友队
1912	AAF	基尔梅斯
	FAF	布宜诺斯艾利斯人
1913	AAF	竞技
	FAF	拉普拉塔大学生
1914	AAF	竞技

	FAF	布宜诺斯艾利斯人
1915		竞技
1916		竞技
1917		竞技
1918		竞技
1919	AAF	博卡青年
	Ama	竞技
1920	AAF	博卡青年
	Ama	竞技
1921	AAF	飓风
	Ama	河床
1922	AAF	飓风
	Ama	独立
1923	AAF	博卡青年
	Ama	圣洛伦索
1924	AAF	博卡青年
	Ama	圣洛伦索
1925	AAF	飓风
	Ama	竞技
1926	AAF	博卡青年
	Ama	独立
1927		圣洛伦索
1928		飓风
1929		拉普拉塔体操与击剑
1930		博卡青年
1931	AAF	港口学生队
	Pro	博卡青年
1932	AAF	巴拉卡斯体育
	Pro	河床
1933	AAF	南码头体育会
	Pro	圣洛伦索

1934	AAF	港口学生队
	Pro	博卡青年
1935		博卡青年
1936	CdH	圣洛伦索
	Cam	河床
	CdO	河床
1937		河床
1938		独立
1939		独立
1940		博卡青年
1941		河床
1942		河床
1943		博卡青年
1944		博卡青年
1945		河床
1946		圣洛伦索
1947		河床
1948		独立
1949		竞技
1950		竞技
1951		竞技
1952		河床
1953		河床
1954		博卡青年
1955		河床
1956		河床
1957		河床
1958		竞技
1959		圣洛伦索
1960		独立
1961		竞技

1962		博卡青年
1963		独立
1964		博卡青年
1965		博卡青年
1966		竞技
1967	Met	拉普拉塔大学生
	Nac	独立
1968	Met	圣洛伦索
	Nac	贝莱斯萨斯菲尔德
1969	Met	查卡里塔青年
	Nac	博卡青年
1970	Met	独立
	Nac	博卡青年
1971	Met	独立
	Nac	罗萨里奥中央
1972	Met	圣洛伦索
	Nac	圣洛伦索
1973	Met	飓风
	Nac	罗萨里奥中央
1974	Met	纽维尔老男孩
	Nac	圣洛伦索
1975	Met	河床
	Nac	河床
1976	Met	博卡青年
	Nac	博卡青年
1977	Met	河床
	Nac	独立
1978	Met	基尔梅斯
	Nac	独立
1979	Met	河床
	Nac	河床

1980	Cam	河床
	Nac	罗萨里奥中央
1981	Cam	博卡青年
	Nac	河床
1982	Nac	西部铁路
	Cam	拉普拉塔大学生
1983	Nac	拉普拉塔大学生
	Cam	独立
1984	Nac	西部铁路
	Cam	阿根廷青年人
1985—86		河床
1986—87		罗萨里奥中央
1987—88	Cam	纽维尔老男孩
1988—89		独立
1989—90		河床
1990—91		纽维尔老男孩
1991—92	Ap	河床
1991—92	Cl	纽维尔老男孩
1992—93	Ap	博卡青年
1992—93	Cl	贝莱斯萨斯菲尔德
1993—94	Ap	河床
1993—94	Cl	独立
1994—95	Ap	河床
1994—95	Cl	圣洛伦索
1995—96	Ap	贝莱斯萨斯菲尔德
1995—96	Cl	贝莱斯萨斯菲尔德
1996—97	Ap	河床
1996—97	Cl	河床
1997—98	Ap	河床
1997—98	Cl	贝莱斯萨斯菲尔德
1998—99	Ap	博卡青年

1998—99	Cl	博卡青年
1999—00	Ap	河床
1999—00	Cl	河床
2000—01	Ap	博卡青年
2000—01	Cl	圣洛伦索
2001—02	Ap	博卡青年
2001—02	Cl	河床
2002—03	Ap	独立
2002—03	Cl	河床
2003—04	Ap	博卡青年
2003—04	Cl	河床
2004—05	Ap	纽维尔老男孩
2004—05	Cl	贝莱斯萨斯菲尔德
2005—06	Ap	博卡青年
2005—06	Cl	博卡青年
2006—07	Ap	拉普拉塔大学生
2006—07	Cl	圣洛伦索
2007—08	Ap	拉努斯
2007—08	Cl	河床
2008—09	Ap	博卡青年
2008—09	Cl	贝莱斯萨斯菲尔德
2009—10	Ap	班菲尔德
2009—10	Cl	阿根廷青年人
2010—11	Ap	拉普拉塔大学生
2010—11	Cl	贝莱斯萨斯菲尔德
2011—12	Ap	博卡青年
2011—12	Cl	阿森纳
2012—13	In	萨斯菲尔德

2012—13	Fi	纽维尔老男孩
2012—13	Cam	萨斯菲尔德
2013—14	In	圣洛伦索
2013—14	Fi	河床
2014		竞技
2015		博卡青年
2016		拉努斯
2016—17		博卡青年
2017—18		博卡青年

1912至1914年间，阿根廷足球协会（AAF）与阿根廷足球联合会（FAF）分别举办了自己的联赛。

1919至1926年间，从阿根廷足球协会（AAF）中又分裂出了业余足球协会（Ama）。

1931年，阿根廷成立职业联赛（Pro），此后四年一直与业余性质的AAF联赛并驾齐驱。

1936年共产生三个冠军：荣誉杯（CdH），又称布宜诺斯艾利斯市政府杯；传统联赛冠军（Cam）；以及由前两者角逐的金杯（CdO）。

1967至1979年间，阿根廷每年有两次甲级联赛：大都会联赛/锦标赛（Met）和全国锦标赛/联赛（Nac），前者的参赛队为布宜诺斯艾利斯市及邻近地区的球队；后者的参赛队除布市周边球队外，还包括外省俱乐部。1980年，科尔多瓦的塔耶雷斯队受邀加入大都会联赛，此后大都会联赛被简称为冠军赛（CaM），直到1985—86赛季，阿甲联赛才恢复一个赛季产生一个冠军的模式。

1990—91赛季，联赛又被一分为二：分别叫春季联赛（Ap）和秋季联赛（Cl）。起初，春季第一名与秋季第一名争夺总冠军，但从1991—92赛季开始，春季第一名与秋季第一名均享有冠军称号。

2012—13赛季，春季联赛与秋季联赛被改名为“上半程”（In）与“下半程”（Fi），两个半程的获胜者争夺第三个冠军头衔（Cam）。

到2013—14赛季，“上半程”冠军与“下半程”冠军不再对决，此后联赛再次恢复到每年单赛季的结构。

历届美洲杯东道主与冠亚军

年份	东道主	冠军	亚军
*1916	阿根廷	乌拉圭	阿根廷
1917	乌拉圭	乌拉圭	阿根廷
1919	巴西	巴西	乌拉圭
1920	智利	乌拉圭	阿根廷
1921	阿根廷	阿根廷	巴西
1922	巴西	巴西	巴拉圭
1923	乌拉圭	乌拉圭	阿根廷
1924	乌拉圭	乌拉圭	阿根廷
1925	阿根廷	阿根廷	巴西
1926	智利	乌拉圭	阿根廷
1927	秘鲁	阿根廷	乌拉圭
1929	阿根廷	阿根廷	巴拉圭
*1935	秘鲁	乌拉圭	阿根廷
1937	阿根廷	阿根廷	巴西
1939	秘鲁	秘鲁	乌拉圭
*1941	智利	阿根廷	乌拉圭
1942	乌拉圭	乌拉圭	阿根廷
*1945	智利	阿根廷	巴西
*1946	阿根廷	阿根廷	巴西
1947	厄瓜多尔	阿根廷	巴拉圭
1949	巴西	巴西	巴拉圭
1953	秘鲁	巴拉圭	巴西

1955	智利	阿根廷	智利
*1956	乌拉圭	乌拉圭	智利
1957	秘鲁	阿根廷	巴西
1959	阿根廷	阿根廷	巴西
*1959	厄瓜多尔	乌拉圭	阿根廷
1963	玻利维亚	玻利维亚	巴拉圭
1967	乌拉圭	乌拉圭	阿根廷
1975	—	秘鲁	哥伦比亚
1979	—	巴拉圭	智利
1983	—	乌拉圭	巴西
1987	阿根廷	乌拉圭	智利
1989	巴西	巴西	乌拉圭
1991	智利	阿根廷	巴西
1993	厄瓜多尔	阿根廷	墨西哥
1995	乌拉圭	乌拉圭	巴西
1997	玻利维亚	巴西	玻利维亚
1999	巴拉圭	巴西	乌拉圭
2001	哥伦比亚	哥伦比亚	墨西哥
2004	秘鲁	巴西	阿根廷
2007	委内瑞拉	巴西	阿根廷
2011	阿根廷	乌拉圭	巴拉圭
2015	智利	智利	阿根廷
2016	美国	智利	阿根廷

*这几届美洲杯被认为不够“正式”。

1975至1983年间，美洲杯为主客场制，无固定东道主。

历届南美解放者杯冠军

1960	佩那罗尔（乌拉圭）
1961	佩那罗尔（乌拉圭）
1962	桑托斯（巴西）
1963	桑托斯（巴西）
1964	独立（阿根廷）
1965	独立（阿根廷）
1966	佩那罗尔（乌拉圭）
1967	竞技（阿根廷）
1968	拉普拉塔大学生（阿根廷）
1969	拉普拉塔大学生（阿根廷）
1970	拉普拉塔大学生（阿根廷）
1971	民族（乌拉圭）
1972	独立（阿根廷）
1973	独立（阿根廷）
1974	独立（阿根廷）
1975	独立（阿根廷）
1976	克鲁塞罗（巴西）
1977	博卡青年（阿根廷）
1978	博卡青年（阿根廷）
1979	奥林匹亚（巴拉圭）
1980	民族（乌拉圭）
1981	弗拉门戈（巴西）
1982	佩那罗尔（乌拉圭）
1983	格雷米奥（巴西）
1984	独立（阿根廷）
1985	阿根廷青年人（阿根廷）

1986	河床（阿根廷）
1987	佩那罗尔（乌拉圭）
1988	民族（乌拉圭）
1989	麦德林民族竞技（哥伦比亚）
1990	奥林匹亚（巴拉圭）
1991	科洛科洛（智利）
1992	圣保罗（巴西）
1993	圣保罗（巴西）
1994	贝莱斯萨斯菲尔德（阿根廷）
1995	格雷米奥（巴西）
1996	河床（阿根廷）
1997	克鲁塞罗（巴西）
1998	瓦斯科达伽马（巴西）
1999	帕尔梅拉斯（巴西）
2000	博卡青年（阿根廷）
2001	博卡青年（阿根廷）
2002	奥林匹亚（巴拉圭）
2003	博卡青年（阿根廷）
2004	卡尔达斯十一人（哥伦比亚）
2005	圣保罗（巴西）
2006	国际（巴西）
2007	博卡青年（阿根廷）
2008	基多大学体育联盟（厄瓜多尔）
2009	拉普拉塔大学生（阿根廷）
2010	国际（巴西）
2011	桑托斯（巴西）
2012	科林蒂安（巴西）
2013	米内罗竞技（巴西）
2014	圣洛伦索（阿根廷）
2015	河床（阿根廷）
2016	麦德林民族竞技（哥伦比亚）
2017	格雷米奥（巴西）
2018	河床（阿根廷）

参考文献

Alabarces, Pablo, 'Football and Patria. Sports, National Narratives and Identities in Argentina, 1920–1998 (doctoral dissertation, University of Brighton, 2001)

Alabarces, Pablo, Ramiro Coelho and Juan Sanguinetti, 'Treacheries and Traditions in Argentinian Football Styles: the Story of Estudiantes de la Plata', in Armstrong and Giulanotti (eds), *Fear and Loathing in World Football*

Alberdi, Juan Bautista, *Bases y puntos de partida para la oragnización polítca de la República Argentina* (La Cultara Argentine, 1915)

Amez de Paz, Eduardo, *La vida por el fútbol* (self-published, 2002)

Archetti, Eduardo P, *Masculinities: Football, Polo and the Tango in Argentina* (Global Issues, 1999) 'Masculinity and Football: The Formation of National Identity in Argentina', in Giulianotti and Williams (eds), *Game Without Frontiers*

Ardiles, Ossie, *Ossie's Dream* (Bantam, 2009)

Arlt, Roberto, *Nuevas aguafuertes porteñas* (Librería Hachette, 1960)

Armstrong, Gary and Richard Giulanotti (eds), *Entering the Field: New Perspectives on World Football* (Berg, 1997)

Fear and Loathing in World Football(Berg, 2001)

Assaf, Roberto and Clóvis Martins, *Almanaque do Flamengo* (Abril, 2001)

Campeonato Carioca: 96 Anos de História, 1902–1997 (Irradiação Cultural, 1997)

Auyero, Javier, *Poor People's Politics: Peronist Survival Networks and the Legacy of Evita* (Duke University Press, 2001)

Balagué, Guillem, *Messi* (Orion, 2013)

Barnade, Oscar and Waldemar Iglesias, *Mitos y Creencias del Fútbol Argentino* (Al Arco, 2006)

Bayer, Osvaldo, *Fútbol argentino* [*Argentinian Football*] (Editorial Sudamericana, 1990)

Ben-Ghiat, Ruth, *Fascist Modernities: Italy 1922–45* (University of California Press, 2001)

Bionda, Miguel, *Historia del Fútbol Platense* (Laboratorio Pincharrata, 1944)

Borges, Jorge Luis, *Labyrinths* (Penguin, 1970)

On Argentina (Penguin, 2010)

Borges, Jorge Luis, with Adolfo Bioy Casares, *Crónicas de Bustis Domecq* (Editorial Losada, 1967)

Borges, Jorge Luis, with Margarita Guerrero, *El 'Martín Fierro'* (Editoral Columba, 1965)

Bottenburg, Maarten van and Beverley Jackson, *Global Games* (University of Illinois Press, 2001)

Bowler, Dave, *Winning isn't Everything: A Biography of Sir Alf Ramsey* (Victor Gollancz,

1998)
Brera, Gianni, *Storia critica del calico Italiano* (Tascaballi Bompiani, 1978)
Herrera e Moratti (Limina, 1997)
Brest, Enrique C. Romero, Alberto R. Dallo and Simón Silvestrini, *'Los Deportes y la Educación Fisica en la Republica Argentina' in Geschichte der Leibesübungen*, ed. Horst Überhorst (Bartels & Wernitz, 1971–89) 6: 847–8
Burns, Jimmy, *The Land that Lost its Heroes* (Bloomsbury, 1987)
Hand of God: the Life of Diego Maradona (Bloomsbury, 1996)
Barça: A People's Passion (Bloomsbury, 1999)
Campomar, Andreas, *Golazo! A History of Latin American Football* (Quercus, 2014)
Castro, Ruy, Garrincha: *The Triumph and Tragedy of Brazil's Forgotten Footballing Hero* (Yellow Jersey, 2005)
Chaine, Federico, *Matador: Biografía de Mario Alberto Kempes* (Carena, 2003)
Charlton, Bobby, *The Autobiography: My England Years* (Headline, 2008)
Chatwin, Bruce, *In Patagonia* (Vintage, 1998)
Ciria, Alberto, 'From Soccer to War in Argentina: Preliminary Notes on Sport-as-Politics under a Military Regime (1976–82)', in Arch R.M. Ritter (ed.), *Latin America and the Caribbean: Geopolitics, Development and Culture* (Canadian Association of Latin American and Caribbean Studies, 1984)
Clack, Neil, *Animals! The Story of England v Argentina* (Pitch, 2011)
Colasimone, Daniel, 'The Grand Griguol', in *The Blizzard*, Issue 9 (June, 2013)
Collier, Simon, *Tango! The Dance, the Song, the Story* (Thames & Hudson, 1997)
Cortázar, Julio, *End of the game and Other Stories* (Pantheon, 1963)
Craig, Jim, *A Lion Looks Back* (John Donald, 1998)
Crassweller, Robert D., *Perón and the Enigmas of Argentina* (Norton, 1987)
Crawley, Eduardo, *A House Divided: Argentina, 1880–1980* (St. Martin's Press, 1985)
Crerand, Paddy, *Never Turn the Other Cheek* (HarperSport, 2007)
Crow, John A., *The Epic of Latin America* (University of California Press, 1992)
Csaknády, Jenö, *Die Béla Guttmann Story: Hinter den Kulissen des Weltfussballs* (Verlag Blintz-Dohány, 1964)
Darío, Ruben, *Prosa política* (Mundo Latino, 1911)
De Bonafini, Hebe and Matilde Sánchez, *Historias de vida* (Fraterna, 1985)
Del Frade, Carlos, *Central, Ñuls, la ciudad goleada, fútbol y lavado de dinero* (self-published, 2007)
Dénes, Tamás, Pál Peterdi, Zoltán Rochy and József Selmeci (eds), *Kalandozó magyar labdarúgók* (Aréna, 1999)
Diéguez, Luis and Ariel Scher, *El libro de oro del mundial* (Clarín, 1998)
Di Giano, Roberto, *Fútbol y cultura política en la Argentina: identidades en crisis* (Leviatán, 2005)
El fútbol y transformaciones del peronismo (Leviatán, 2006)
Di Salvo, Alfred Luis, *Anécdotas del Superclásico* (Proa Amerian, 2011)
Downing, David, *England v Argentina: World Cups and Other Small Wars* (Portrait, 2003)

Fabbri, Alejandro, *El nacimiento de una passion: Historia de los clubes de fútbol* (Capital Intelectual, 2006)
Nuevas historias negras del fútbol Argentino 1 (Capital Intelectual, 2008)
Nuevas historias negras del fútbol Argentino 2 (Capital Intelectual, 2010)
Feitlowitz, Marguerite, *A Lexicon of Terror: Argentina and the Legacies of Torture* (Oxford University Press, 1998)
Ferns, H.S., *The Argentine Republic, 1516–1971* (Barnes & Noble, 1973)
Foot, John, *Calcio: A History of Italian Football* (Fourth Estate, 2006)
Foster, Kevin, *Lost Worlds: Latin America and the Imagining of the West* (Pluto, 2009)
Freddi, Cris, *Complete Book of the World Cup 2002* (CollinsWillow, 2002)
Freud, Sigmund, *Civlisation and its Discontents* (Martino, 2010)
Frydenberg, Julio, *Historia social del fútbol: Del amateurismo a la profesionalización* (Siglo XXI, 2011)
Galeano, Eduardo, *Football in Sun and Shadow* (Fourth Estate, 1997)
Gillespie, Richard, *Soldiers of Perón: Argentina's Montoneros* (Oxford University Press, 1982)
Giulianotti, Richard, *Football: A Sociology of the Global Game* (Polity, 1999)
Giulianotti, Richard and John Williams (eds), *Game Without Frontiers: Football, Identity and Modernity* (Arena, 1994)
Glanville, Brian, *The Story of the World Cup* (Faber & Faber, 2001)
Goldblatt David, *The Ball is Round: A Global History of Football* (Viking, 2006)
Güiraldes, Ricardo, *Don Segundo Sombra* (Letras Hispanicas, 1988, first published 1926)
Hámori, Tibor, *Régi gólok, edzösorsok: Orth György nyomában. Guttman Béla emlékei* (Lapkiadó, 1984)
Hennessy, Alistair and John K. King (eds), *The Land that England Lost: Argentina and Britain, a Special Relationship* (British Academic Press, 1992)
Hernández, José, *Martín Fierro* (Clasicos Universales, 2001), first published as *El Gaucho Martín Fierro* (1872) and *La Vuelta de Martín Fierro* (1879)
Herrera, Helenio, *La Mia Vita* (Mondo Sport, 1964)
Hunter, Graham, *Barça: The Making of the Greatest Team in the World* (BackPage Press, 2011)
Huxley, Aldous, *Brave New World* (Vintage, 2007)
Iwanczuk, Jorge, *Historia del fútbol amateur en la Argentina* (Autores Editores,1995)
Jones, Charles A., 'British Capital in Argentine History: Structures, Rhetoric and Change' in Hennessy and King (eds), *The Land that England Lost* (British Academic Press, 1992)
Kelly, David, *The Ruling Few: The Human Background to Diplomacy* (Hollis & Carter, 1952)
Kelly, Sir Robert, *Celtic* (Hay, Nisbet and Miller, 1971)
Knoll, Guillermo, *Historias Seleccionadas* (Al Arco, 2006)
Kuper, Simon, *Football against the Enemy* (Orion, 1994)
Kuper, Simon and Marcela Mora y Araujo (eds), *Perfect Pitch: Dirt* (Headline, 1999)
Levinsky, Sergio, 'The Cult of the Pibe', in *The Blizzard*, Issue Twelve (March 2014)

Lorente, Rafael, *Di Stefano: Cuenta di su vida . . .* (Imprenta Sáez, 1954)
Lorenzo, Ricardo (Borocotó),*25 Años en el Deporte* (Atlántida, 1946)
Lowenthal, Abraham F. and J. Samuel Fitch, *Armies and Politics in Latin America* (Holmes and Meier, 1986)
Lugones, Leopoldo, *El Payador* (Otero & Co., 1916)
Lynch, John, *Argentina Dictator: Juan Manuel de Rosas 1829–51* (Oxford University Press, 1981)
Mangan, J.A., *Athleticism in the victorian and Edwardian School: The Emergence and Consolidation of an Educational Ideology* (Cambridge University Press, 1981)
Maradona, Diego, with Daniel Arcucci and Ernesto Cherquis Bialo, *El Diego* (Yellow Jersey, 2005, trans. Marcela Mora y Araujo)
Martin, Simon, *Football and Fascism: The National Game under Mussolini* (Berg, 2004)
Martínez, Tomás Eloy, *Santa Evita* (Alfred A. Knopf, 1996)
Martínez Estrada, Ezequiel, *X-Ray of the Pampa* (University of Texas Press, 1977)
Mason, Tony, *Passion of the People? Football in South America* (Verso, 1995)
Mazzoni, Tomás, *História do Futebol no Brasil 1894–1950* (Leia, 1950)
McKinstry, Leo, *Sir Alf* (HarperSport, 2006)
Melhuus, Marit and Kristi Anne Stolen (eds), *Machos, Mistresses, Madonnas* (Verso, 1996)
Mendelevich, Pablo, *El Final* (Ediciones B, 2010)
Menéndez, Eugenio, *Almirante Lacoste ¿quien mató al general Actis?* (El Cid, 1984)
Menotti, César Luis, *Como Ganamos la Copa del Mundo* (El Gráfi co, 1978)
Menotti, César Luis and Ángel Cappa, *Fútbol sin trampa* (Muchnik, 1986)
Mill, John Stuart, *On Liberty* (Longman, 2007, first published 1859)
Miller, Rory and Liz Crolley (eds), *Football in the Americas: Fútbol, Futebol, Soccer* (Institute for the Study of the Americas, 2007)
Moores, Ezequiel Fernández, *Breve Historia del Deporte Argentino* (El Ateneo, 2010)
Morales, víctor Hugo and Roberto Perfumo, *Hablemos de fútbol* (Booket, Planeta, 2007)
Mosse, G.L., *The Image of Man: The Creation of Modern Masculinity* (Oxford University Press 1996)
Naipaul, V.S., *The Return of Eva Perón* (Knopf, 1980)
Newton, Ronald C., *German Buenos Aires 1900–1932* (Texas University Press, 1977)
Nohlen, Dieter, *Elections in the Americas* (Oxford University Press, 2005)
O'Donnell, Guillermo, 'Modernisation and Military Coups', in Lowenthal and Fitch, *Armies and Politics in Latin America*
Oliver, Scott, 'The Other Rival, Another Way', in *The Blizzard*, Issue Four (March 2012)
Olivera, Eduardo A, *Origenes de los Deportes Britanicos en el Rió de la Plata* (L.J. Rosso, 1932)
Oliveira Santos, Newton César de, *Brasil x Argentina* (Scortecci, 2009)
Pagani, Horacio, *El fútbol que le gusta a la gente* (Al Arco, 2006)
Page, Joseph A., *Perón: A Biography* (Random House, 1988)
Palermo, vicente and Marcos Novaro, *Política y poder en el gobierno de Menem* (Editorial Normal, 1996)

Panzeri, Dante, *Fútbol, dinámica de lo impensado* (Paidós, 1967)
Burguesía y gangsters en el deporte (Libera, 1974)
Papa, Antonio and Guido Panico, *Storia sociale del calcio in Italia* (Il Mulino, 2002)
Perdigço, Paulo, *Anatomia de una Derrota* (L.&P.M., 1986)
Pereyra, Enrique Pavon, *Perón 1895–1942: Preparación de una vida para el mando* (Espiño, 1952)
Persson, Gunnar, *Stjärnor påfl ykt. Historien om Hakoah Wien* (Norstedts, 2004)
Peucelle, Carlos, *Fútbol Todotiempo e Historia de La Máquina* (Axioma, 1975)
Potash, Robert, *The Army and Politics in Argentina* (Stanford University Press, 1996)
Raffo, víctor, *El Origen Británico del Deporte Argentino* (Gráfi ca MPS, 2004)
Ritter, Arch R.M. (ed.), *Latin America and the Caribbean: Geopolitics, Development and Culture* (Canadian Association of Latin American and Caribbean Studies, 1984)
Rock, David, *Argentina: 1516–1982* (University of California Press, 1987)
Politics in Argentina, 1870–1930: The Rise and Fall of Radicalism (Cambridge University Press, 1975)
Romero, Amílcar, 'Muerte en la cancha', in *Todo es Historia*, vol. 209, Sept. 1984
Romero, José Luis, *Argentina: imágenes y perspectivas* (Editorial Raigal, 1956)
Sábato, Ernesto, *Sobre Héroes y Tumbas* (Súdamericana, 1961)
Sarmiento, Domingo Faustino, *Facundo: Civilización y barbarie en las pampas argentinas* (Rarebooksclub, 2012)
Sasturain, Juan, *La Patria Transpirada: Argentina en los Mundiales 1930–2010* (Sudamericana, 2010)
Scher, Ariel, *La passion según valdano* (Capital Intellectual, 2006)
Scher, Ariel and Héctor Palomino, *Fútbol: Pasión de Multitudes y de Elites* (CISEA, 1988)
Scobie, James, *Buenos Aires: Plaza to Suburb 1870–1919* (Oxford University Press, 1978)
Sebreli, Juan José, *La Era del Fútbol* (Debolsillo, 2005)
Sharpe, Ivan,*40 Years in Football* (Hutchinson, 1952)
Simpson, John and Jana Bennett, *The Disappeared* (Robson, 1985)
Smith, B.L., 'The Argentinian Junta and the Press in the Run-Up to the 1978 World Cup,' *Soccer and Society*, 3:1, 69–78
Smith, Joseph, *Illusions of Conflict: Anglo-American Diplomacy Toward Latin America 1865–1896* (University of Pittsburgh, 2009)
Smith, William C., *Authoritarianism and the Crisis of the Argentina Political Economy* (Stanford University Press, 1989)
Tamburrini, Claudio, *Pase libre – la fuga de la Mansion Seré* (Continente, 2002)
Überhorst, Horst (ed.), *Geschichte der Leibesübungen*, (Bartels & Wernitz, 1971–89)
Udenio, Enrico, *La hipocresía argentina* (Ensayo, 2007)
Varela, Mirta, *Los hombres ilustres del Billiken. Heroes de los mediosy la escuela* (Colihue, 1994)
Vargas, Walter, *Fútbol Delivery* (Al Arco, 2007)
Vickery, Tim, 'The Rise of the Technocrats', in *The Blizzard*, Issue Six (September 2012)
Viñas, David, *Indios, ejército y frontera* (Siglo XXI, 1982)

Wagg, Stephen, *The Football World* (Harvester, 1984)
Walsh, Rodolfo, *Operación Massacre* (Ediciones de la Flor, 1972)
Wilson, Jason, *Buenos Aires: A Cultural History* (Interlink, 2012)
Wilson, Jonathan, *The Anatomy of England: A History in Ten Matches* (Orion, 2011)
The Outsider: A History of the Goalkeeper (Orion, 2012)
Inverting the Pyramid: The History of Football Tactics (Orion, 2013)
Winner, David, *Those Feet: A Sensual History of English Football* (Bloomsbury, 2005)
Wirth, John, *The Oil Business in Latin America: The Early Years* (Beard, 2001)
Worswick, Carl, 'The Ball and the Gun', in *The Blizzard*, Issue Seven (December 2012)
Zubeldía, Osvaldo and Geronazzo, Argentino, *Tactics and Strategy of Football* (Jorge Álvarez, 1965)

报纸杂志

Alumni	*Buenos Aires Herald*	*La Capital*	*Clarín*
Confirmado	*Corriere della Sera*	*Crítica*	*La Crónica*
Daily Express	*Daily Mail*	*Daily Mirror*	*Daily Record*
El Diario	*The Economist*	*Efdesportes*	*La Época*
L'Equipe	*Evening Standard*	*La Gazeta de Tucumán*	*Gazzetta dello Sport*
El Gráfico	*Guardian*	*Herald*	*Imparcial*
Independent	*Management Depotivo*	*La Mañana*	*Manchester Evening News*
Il Mattino	*Miroir des Sports*	*El Mundo*	*La Nación (Argentina)*
El Nacional	*New Statesman*	*Página/12*	*El País*
Perfil	*La Prensa*	*La Razón*	*Scotsman*
Sporting Chronicle	*Standard*	*Sunday Telegraph*	*Sunday Times*
El Tiempo	*The Times*	*La Tribuna*	*World Soccer*

人名对照

Abbatángelo, Pablo　巴勃罗・阿巴坦杰洛
Abbondanzieri, Roberto　罗伯托・阿邦丹齐耶里
Abraham, Tomás　托马斯・阿夫拉姆
Acosta, Jorge　豪尔赫・阿科斯塔
Acro, Gonzalo　贡萨洛・阿克罗
Actis, Omar　奥马尔・阿克蒂斯
Aertez, Carlos　卡洛斯・阿埃特茨
Agnelli, Umberto　翁贝托・阿涅利
Agüero, Sergio　塞尔希奥・阿圭罗
Aguirre Suárez, Ramón　拉蒙・阿吉雷・苏亚雷斯
Ahlner, Sten　斯滕・阿尔纳
Aimar, Carlos　卡洛斯・艾马尔
Aimar, Pablo　巴勃罗・艾马尔
Alabarces, Pablo　巴勃罗・阿拉巴塞斯
Alberto, Carlos　卡洛斯・阿尔贝托
Albrecht, Rafael　拉斐尔・阿尔布雷赫特
Alcántara, Paulino　保利诺・阿尔坎塔拉
Aldabe, Carlos ‘Cacho’　卡洛斯・“卡乔”・阿尔达韦
Aldao, Richard　理查德・阿尔道
Alegre, Antonio　安东尼奥・阿莱格雷
Alemann, Juan　胡安・阿莱曼
Alemão　阿莱芒
Alexandre　亚历山大
Alfaro, Roque　罗克・阿尔法罗
Alfonsín, Raúl　劳尔・阿方辛
Allemandi, Luigi　路易吉・阿勒芒蒂
Allen, Sam　山姆・艾伦
Allende, Salvador　萨尔瓦多・阿连德
Allendes, Miguel Ángel　米格尔・安赫尔・阿连德斯
Alles, Mario　马里奥・阿列斯
Almeida, Ever　埃韦尔・阿尔梅达
Almeida Rêgo, Gilberto de　吉尔贝托・德・阿尔梅达・雷戈
Alonso, Norberto ‘Beto’　诺韦尔托・“韦托”・阿隆索
Alsogaray, Julio　胡利奥・阿尔索加赖
Altamirano, Ricardo　里卡多・阿尔塔米拉诺
Altgeld, John Peter　约翰・彼得・奥尔特盖尔德
Altobelli, Alessandro　亚历山德罗・阿尔托贝利
Álvarez, Leonel　莱昂内尔・阿尔瓦雷斯
Alvear, Marcelo Torcuato de　马塞洛・托尔夸托・德・阿尔韦亚尔
Alves, Dani　达尼・阿尔维斯
Alves, Luis Roberto　路易斯・罗伯托・阿尔维斯
Alzamendi, Antonio　安东尼奥・阿尔萨门迪
Amalfitani, José　何塞・阿马尔菲塔尼
Anastasi, Pietro　彼得罗・阿纳斯塔西
Anatol, Manuel　曼努埃尔・阿纳托尔
Andersson, Andreas　安德烈亚斯・安德松
Andrade, José　何塞・安德拉德
Andreuchi, Luis　路易斯・安德烈乌齐
Ángel, Juan Pablo　胡安・巴勃罗・安赫尔
Angelici, Daniel　丹尼尔・安杰利奇
Angelillo, Antonio　安东尼奥・安杰利洛
Angelis, Vicente de　比森特・德安杰利斯
Anselmo, Maximiliano　马克西米利亚诺・安塞尔莫
Antognioni, Giancarlo　贾恩卡洛・安托尼奥尼

Aparicio, Salvador Ricardo　萨尔瓦多·里卡多·阿帕里西奥
Apold, Raúl　劳尔·阿波尔德
Aramburu, Pedro　佩德罗·阿兰布鲁
Arangua, Rodrigo　罗德里戈·阿兰瓜
Arca, Julio　胡利奥·阿尔卡
Archetti, Eduardo　爱德华多·阿尔凯蒂
Ardiles, Osvaldo 'Ossie'　奥斯瓦尔多·"奥西"·阿迪莱斯
Ardizzone, Osvaldo　奥斯瓦尔多·阿尔迪佐内
Arellano, Cintia　钦蒂亚·阿雷利亚诺
Ares, Carlos　卡洛斯·阿雷斯
Arias, Gabriel　加夫列尔·阿里亚斯
Ariño, Emilio　埃米利奥·阿里尼奥
Arispe, Héctor　埃克托尔·阿里斯佩
Arispe, Pedro　佩德罗·阿里斯佩
Aristizábal, Víctor　维克多·阿尔斯蒂萨瓦尔
Arlt, Roberto　罗伯托·阿尔特
Armando, Alberto J.　阿尔韦托·J·阿尔曼多
Arppi Filho, Romualdo　罗穆阿尔多·阿尔皮·菲柳
Arregui, Carlos　卡洛斯·阿雷吉
Artime, Luis　路易斯·阿蒂梅
Asch, Hugo　乌戈·阿施
Asprilla, Faustino　福斯蒂诺·阿斯普里拉
Aston, Ken　肯·阿斯顿
Astrada, Leonardo　莱奥纳尔多·阿斯特拉达
Auld, Bertie　伯迪·奥尔德
Auyero, Javier　哈维尔·奥耶罗
Ávila, Ántony de　安东尼·德阿维拉
Avio, Ludovico　卢多维科·阿维奥
Ayala, Roberto　罗伯托·阿亚拉

Babangida, Haruna　哈鲁纳·巴班吉达
Babington, Carlos　卡洛斯·巴宾顿
Babunski, Boban　博班·巴本斯基
Baggio, Roberto　罗伯托·巴乔
Bagnato, Luis　路易斯·巴尼亚托
Bagni, Salvatore　萨尔瓦托雷·巴尼
Bakkal, Otman　奥特曼·巴克卡尔
Balague, Guillem　吉列姆·巴拉格
Balbín, Ricardo　里卡多·巴尔文
Balbo, Abel　阿韦尔·巴尔博
Baley, Héctor　埃克托尔·巴莱
Balint, Gavril　加夫里尔·巴林特
Ballack, Michael　米夏埃尔·巴拉克
Balza, Martín　马丁·巴尔萨
Banega, Ever　埃韦尔·巴内加
Banks, Tony　托尼·班克斯
Baptista, Julio　儒利奥·巴普蒂斯塔
Barbas, Juan　胡安·巴尔瓦斯
Barberón, Alejandro　亚历杭德罗·巴伯龙
Baresi, Franco　弗朗科·巴雷西
Barge, H. J.　H·J·巴奇
Barisio, Carlos　卡洛斯·巴里肖
Barnes, John　约翰·巴恩斯
Barrass, Malcolm　马尔科姆·巴拉斯
Barreau, Gaston　加斯东·巴罗
Barreiro, José　何塞·巴雷罗
Barrita, José　何塞·巴里塔
Barros Schelotto, Guillermo　吉列尔莫·巴罗斯·谢洛托
Barros Schelotto, Gustavo　古斯塔沃·巴罗斯·谢洛托
Barticciotto, Marcelo　马塞洛·巴尔蒂乔托
Basile, Alfio 'Coco'　阿尔菲奥·"科科"·巴西莱
Basualdo, José　何塞·巴苏阿尔多
Batagliero, José Pedro　何塞·佩德罗·巴塔列罗
Batista, Fulgencio　富尔亨西奥·巴蒂斯塔
Batista, José　何塞·巴蒂斯塔
Batista, Sergio　塞尔希奥·巴蒂斯塔
Batistuta, Gabriel　加夫列尔·巴蒂斯图塔
Battaglia, Sebastián　塞瓦斯蒂安·巴塔利亚
Batty, David　大卫·巴蒂
Bauza, Edgardo　埃德加多·鲍萨

Beardsley, Peter　彼得·比尔兹利
Bebeto　贝贝托
Beckenbauer, Franz　弗朗茨·贝肯鲍尔
Beckham, David　大卫·贝克汉姆
Belén, Raúl　劳尔·贝伦
Bell, Joseph-Antoine　约瑟夫-安托万·贝尔
Bello, Fernando　费尔南多·贝洛
Benetti, Claudio　克劳迪奥·贝内蒂
Benetti, Romeo　罗密欧·贝内蒂
Bennett, Jana　哈娜·贝内特
Benítez, Guillermo　吉列尔莫·贝尼特斯
Benítez, Jorge　豪尔赫·贝尼特斯
Bergkamp, Dennis　丹尼斯·博格坎普
Bergman, Ingmar　英格玛·伯格曼
Bermúdez, Alfredo　阿尔弗雷多·贝穆德斯
Bernao, Raúl　劳尔·贝尔瑙
Berthold, Thomas　托马斯·贝特霍尔德
Bertoni, Daniel　丹尼尔·贝尔托尼
Best, George　乔治·贝斯特
Bettega, Roberto　罗伯托·贝泰加
Bianchi, Carlos　卡洛斯·比安奇
Bianchi, Ottavio　奥塔维奥·比安基
Bianco, María Eugenia　玛丽亚·欧亨尼娅·比安科
Bidegain, Pedro　佩德罗·比德加因
Bidoglio, Ludovico　卢多维科·比多格里奥
Bielsa, Marcelo　马塞洛·贝尔萨
Bielsa, María Eugenia　玛丽亚·欧亨尼娅·贝尔萨
Bielsa, Rafael　拉斐尔·贝尔萨
Bierhoff, Oliver　奥利弗·比尔霍夫
Biglia, Lucas　卢卡斯·比格利亚
Bignone, Reynaldo　雷纳尔多·比尼奥内
Bigon, Alberto　阿尔贝托·比贡
Bilardo, Carlos　卡洛斯·比拉尔多
Bingham, Billy　比利·宾厄姆
Bioy Casares, Adolfo　阿道夫·比奥伊·卡萨雷斯
Blanchflower, Danny　丹尼·布兰奇弗劳尔
Blatter, Sepp　泽普·布拉特
Blažević, Ćiro　契罗·布拉热维奇
Bó, Armando　阿尔曼多·博
Boban, Zvonimir　兹沃尼米尔·博班
Bocanelli, Ángel　安赫尔·博卡内利
Bochini, Ricardo　里卡多·博奇尼
Boenisch, Sebastian　塞巴斯蒂安·伯尼施
Boer, Frank de　弗兰克·德波尔
Boer, Ronald de　罗纳德·德波尔
Bogart, Humphrey　亨弗莱·鲍嘉
Boiadeiro, Marco Antônio　马尔科·安东尼奥·博亚德罗
Boksić, Alen　阿伦·博克西奇
Bolatti, Mario　马里奥·博拉蒂
Bond, James　詹姆斯·邦德
Bonfiglio, Oscar　奥斯卡·邦菲利奥
Bonini, Luis María　路易斯·玛丽亚·博尼尼
Boniperti, Giampiero　詹皮耶罗·博尼佩尔蒂
Bonora, Justo Pablo　胡斯托·巴勃罗·博诺拉
Bonzo, Héctor　埃克托尔·邦佐
Borelli, Jorge　豪尔赫·博雷利
Borello, José　何塞·博雷洛
Borges, Jorge Luis　豪尔赫·路易斯·博尔赫斯
Borghi, Claudio　克劳迪奥·博尔吉
Borini, Fabio　法比奥·博里尼
'Borocotó'　"博罗科多"
Borowski, Tim　蒂姆·博罗夫斯基
Borrelli, Juan José　胡安·何塞·博雷利
Boschetti, William　威廉·博斯凯蒂
Bosell, Mauro　毛罗·博塞利
Botasso, Juan　胡安·博塔索
Boyé, Mario　马里奥·博耶
Braine, Raymond　雷蒙德·布雷纳
Branco　布兰科
Bravo, Rubén　鲁文·布拉沃
Brehme, Andreas　安德烈亚斯·布雷默
Breitner, Paul　保罗·布赖特纳

Brera, Gianni　詹尼・布雷拉
Bridge, Wayne　韦恩・布里奇
Briegel, Hans-Peter　汉斯-彼得・布里格尔
Brindisi, Miguel Ángel　米格尔・安赫尔・布林迪西
Brnović, Dragoljub　德拉戈柳布・布尔诺维奇
Brown, Alfredo　阿尔弗雷多・布朗
Brown, Carlos Carr　卡洛斯・卡尔・布朗
Brown, Eliseo　埃利塞奥・布朗
Brown, Ernesto　埃内斯托・布朗
Brown, James　詹姆斯・布朗
Brown, Jim　吉姆・布朗
Brown, Jorge Gibson　豪尔赫・吉布森・布朗
Brown, José Luis　何塞・路易斯・布朗
Brown, Tomás　托马斯・布朗
Brown, Diego Hope　迭戈・霍普・布朗
Budge, Margaret　玛格丽特・巴奇
Bullock, Sandra　桑德拉・布洛克
Burdisso, Nicolás　尼古拉斯・布尔迪索
Burgos, Germán　赫尔曼・布尔戈斯
Burns, Jimmy　吉米・伯恩斯
Burruchaga, Jorge　豪尔赫・布鲁查加
Busby, Matt　马特・巴斯比
Butcher, Terry　泰里・布彻

Caballero, Rubén　鲁文・卡瓦列罗
Caballero, Willy　维利・卡瓦列罗
Cabañas, Roberto　罗伯托・卡瓦尼亚斯
Cabezas, José Luis　何塞・路易斯・卡韦萨斯
Cabral, Juan José　胡安・何塞・卡夫拉尔
Cabrera, Juan Domingo　胡安・多明戈・卡夫雷拉
Cabrini, Antonio　安东尼奥・卡布里尼
Cacciatore, Osvaldo　奥斯瓦尔多・卡恰托雷
Caetano, Israel Adrián　以色列・亚德里安・卡泰诺
Cafu　卡富
Cagney, Jimmy　吉米・卡格尼
Calder, Colin Bain　科林・贝因・考尔德
Calderón, Gabriel　加夫列尔・卡尔德龙
Cambiasso, Esteban　埃斯特万・坎比亚索
Campanella, Juan José　胡安・何塞・坎帕内拉
Campbell, Sol　索尔・坎贝尔
Campomar, Andres　安德烈斯・坎波马尔
Cámpora, Héctor　埃克托尔・坎波拉
Campos, Eloy　埃洛伊・坎波斯
Canavery, Zoilo　佐伊洛・卡纳瓦里
Cañete, Adolfino　阿道菲诺・卡涅特
Caniggia, Claudio　克劳迪奥・卡尼吉亚
Cantoni, Aldo　阿尔多・坎托尼
Cap, Vladislao　弗拉迪斯劳・卡普
Capdevila, Elvio　埃尔维奥・卡德维拉
Capello, Fabio　法比奥・卡佩罗
Cappa, Ángel　安赫尔・卡帕
Capurro, Armando　阿尔曼多・卡普罗
Carballo Serantes, Joaquín　华金・卡瓦略・塞兰特斯
Cárdenas, Juan Carlos　胡安・卡洛斯・卡德纳斯
Cardoso, João　若昂・卡多佐
Cardoso, Neri　内里・卡多索
Careaga, Esther　埃丝特・卡雷亚加
Careca　卡雷卡
Carlos, Roberto　罗伯托・卡洛斯
Carlotto, Estela　埃斯特拉・卡洛托
Carlovich, Tomás Felipe　托马斯・费利佩・卡洛维奇
Carnevale, Andrea　安德烈亚・卡尔内瓦莱
Carnevali, Daniel　丹尼尔・卡尔内瓦利
Carrasco, Lobo　洛沃・卡拉斯科
Carrascosa, Jorge　豪尔赫・卡拉斯科萨
Carrizo, Amadeo　阿马德奥・卡里索
Carter, Arturo Brizio　阿图罗・布里西奥・卡特
Casillas, Iker　伊凯尔・卡西利亚斯
Castelli, Jorge　豪尔赫・卡斯泰利
Castillo, Jairo　杰罗・卡斯蒂略

Castillo, Montero　蒙特罗・卡斯蒂略
Castillo, Nery　内里・卡斯蒂略
Castillo, Ramón　拉蒙・卡斯蒂略
Castillo, Sergio　塞尔希奥・卡斯蒂略
Castrilli, Javier　哈维尔・卡斯特里利
Castrillón, Jaime Alberto　海梅・阿尔韦托・卡斯特里隆
Castro, Arturo　阿图罗・卡斯特罗
Castro, Fidel　菲德尔・卡斯特罗
Castro, Héctor　埃克托尔・卡斯特罗
Castro, Ruy　鲁伊・卡斯特罗
Caswell, Isaac　艾萨克・卡斯韦尔
Caszely, Carlos　卡洛斯・卡泽利
Cavallero, Pablo　巴勃罗・卡瓦莱罗
Cavan, Harry　哈里・卡文
Cavenaghi, Fernando　费尔南多・卡维纳吉
Cea, Pedro　佩德罗・塞亚
Cecconato, Carlos　卡洛斯・切科纳托
Cejas, Agustín　阿古斯丁・塞哈斯
Cellay, Christian　克里斯蒂安・塞雷
Celli, Adolfo　阿道夫・切利
Cereijo, Ramón　拉蒙・塞雷霍
Cerrini, Daniel　丹尼尔・切里尼
Cerro, Felipe　费利佩・塞罗
Cerro, Roberto "Cherro"　罗伯托・"切罗"・塞罗
Cesarini, Renato　雷纳托・切萨里尼
Chadwick, Arthur　阿瑟・查德威克
Chamot, José　何塞・查莫特
Chantecler　尚特克莱尔
Chantrel, Augustin　奥古斯丁・尚特雷尔
Chapman, Herbert　赫伯特・查普曼
Charlton, Bobby　博比・查尔顿
Chatwin, Bruce　布鲁斯・查特温
Che Guevara　切・格瓦拉
Chilavert, José Luis　何塞・路易斯・奇拉维特
Chinaglia, Giorgio　乔治・基纳利亚
Chividini, Alberto　阿尔韦托・基维迪尼
Chumpitaz, Héctor　埃克托尔・琼皮塔斯
Cirino, Ernesto　埃内斯托・奇里诺
Clack, Neil　尼尔・克拉克
Clemente, Javier　哈维尔・克莱门特
Clodoaldo　克洛多瓦尔多
Codesal, Edgardo　埃德加多・科德萨尔
Cohen, George　乔治・科恩
Coll, Jack　杰克・科尔
Coloccini, Fabricio　法夫里西奥・科洛奇尼
Combin, Néstor　内斯托尔・孔班
Conde, Norberto　诺韦尔托・孔德
Conigliaro, Marcos　马科斯・科尼利亚罗
Connery, Sean　肖恩・康纳利
Consoli, Prospero　普罗斯佩罗・孔索利
Conti, Bruno　布鲁诺・孔蒂
Converti, Miguel　米格尔・孔维尔蒂
Coppola, Guillermo　吉列尔莫・科波拉
Corazzo, Juan Carlos　胡安・卡洛斯・科拉佐
Corbatta, Omar Orestes　奥马尔・奥雷斯特斯・科巴塔
Córdoba, Óscar　奥斯卡・科尔多瓦
Coria, Adrián　阿德里安・科里亚
Cornejo, Francisco　弗朗西斯科・科尔内霍
Correa, Ángel　安赫尔・科雷亚
Cortázar, Julio　胡利奥・科塔萨尔
Costacurta, Alessandro　亚历山德罗・科斯塔库塔
Coutinho　科蒂尼奥
Coyle, Fay　费伊・科伊尔
Craig, Jim　吉姆・克雷格
Crassweller, Robert D.　罗伯特・D・克拉斯韦勒
Craviotto, Néstor　内斯托尔・克拉维奥托
Crerand, Paddy　帕迪・克雷兰德
Crespo, Hernán　埃尔南・克雷斯波
Crisp, Charles　查尔斯・克里斯普
Cristante, Hernán　埃尔南・克里斯坦特
Crocco, Claudio　克劳迪奥・克罗科
Cruyff, Johan　约翰・克鲁伊夫
Cruz, Julio　胡利奥・克鲁斯
Cruz, Osvaldo　奥斯瓦尔多・克鲁斯

Csapó, Károly 卡罗利・乔波
Cubilla, Luis 路易斯・库维利亚
Cuccureddu, Antonello 安东内洛・库库雷杜
Cuciuffo, José Luis 何塞・路易斯・库丘福
Cufré, Leandro 莱安德罗・库弗雷
Cúper, Héctor 埃克托尔・库珀
Cush, Wilbur 威尔伯・库什
Cuzzani, Agustín 阿古斯丁・库扎尼
Cyterszpiler, Jorge 豪尔赫・希特兹皮莱尔
Cyterszpiler, Juan Eduardo 胡安・爱德华多・希特兹皮莱尔

D'Alessandro, Andrés 安德烈斯・达历山德罗
Dalton, Roberto Tomás 罗伯托・托马斯・达尔顿
D'Amico, José 何塞・达米科
Darín, Ricardo 里卡多・达林
Darío, Rúben 鲁文・达里奥
Davies, Barry 巴里・戴维斯
De Agostini, Luigi 路易吉・德阿戈斯蒂尼
Deambrossi, Aristóbulo 阿里斯托伏洛・德安布罗西
Dejagah, Ashkan 阿什坎・德贾加
De la Rúa, Fernando 费尔南多・德拉鲁阿
Delaunay, Henri 亨利・德劳内
Delgado, Eduardo 爱德华多・德尔加多
Delgado, José Ramos 何塞・拉莫斯・德尔加多
Delgado, Marcelo 马塞洛・德尔加多
Dellacha, Pedro 佩德罗・德拉查
Della Torre, José 何塞・德拉托雷
Demby, Pedro 佩德罗・登比
Demichelis, Martín 马丁・德米凯利斯
De Napoli, Fernando 费尔南多・德纳波利
Desailly, Marcel 马塞尔・德萨伊
Devincenzi, Alfredo 阿尔弗雷多・德文森西
Devoto, Roberto 罗伯托・德沃托
Deyna, Kazimierz 卡齐米日・德厄纳
Dezotti, Gustavo 古斯塔沃・德索蒂
Díaz, Eduardo 爱德华多・迪亚斯
Díaz, Ramón 拉蒙・迪亚斯
Díaz, Rubén 鲁文・迪亚斯
Didi (Waldyr Pereira) 迪迪（瓦尔迪尔・佩雷拉）
Diev, Todor 托多尔・迪耶夫
Diez, Osvaldo 奥斯瓦尔多・迭斯
Di Lorenzo, Miguel 米格尔・迪洛伦索
Di Maria, Ángel 安赫尔・迪马利亚
Di Stéfano, Alfredo 阿尔弗雷多・迪斯蒂法诺
Ditão 迪唐
Ditchburn, Ted 泰德・迪奇伯恩
Di Zeo, Rafael 拉斐尔・迪泽奥
Domenech, Adrian 阿德里安・多梅内奇
Domínguez, Eduardo 爱德华多・多明格斯
Domínguez, Quique 基克・多明格斯
Domizzi, Cristian 克里斯蒂安・多米齐
Donadoni, Roberto 罗伯托・多纳多尼
Dorado, Pablo 巴勃罗・多拉多
Đorđević, Aleksandar 亚历山大・乔尔杰维奇
Douglas, Jim 吉姆・道格拉斯
Downing, David 大卫・唐宁
Duarte, Juan 胡安・杜阿尔特
Dubach, Jean 让・迪巴克
Duchini, Ernesto 埃内斯托・杜奇尼
Ducó, Tomás Adolfo 托马斯・阿道夫・杜科
Duhalde, Eduardo 爱德华多・杜阿尔德
Dunga 邓加
Dvořák, Milan 米兰・德沃夏克
Džemaili, Blerim 布莱里姆・哲马伊利

Early, Ken 肯・厄尔利
Ebwellé, Bertin 贝尔坦・埃布维莱
Éder 埃德
Edmundo 埃德蒙多

Elano　埃拉诺
Eliécer Gaitán, Jorge　豪尔赫·埃列塞尔·盖坦
Ellis, Arthur　阿瑟·埃利斯
Enrique, Hector　埃克托尔·恩里克
Enrique, José　何塞·恩里克
Erico, Arsenio　阿塞尼奥·埃里科
Escartín, Pedro　佩德罗·埃斯卡廷
Escudero, Osvaldo 'Pichi'　奥斯瓦尔多·"皮齐"·埃斯库德罗
Esposito, Franco　佛朗哥·埃斯波西托
Espósito, Gabriel　加夫列尔·埃斯波西托
Estrada, Martínez　马丁内斯·埃斯特拉达
Eto'o, Samuel　萨穆埃尔·埃托奥
Eusébio　尤西比奥
Evaristo　埃瓦里斯托
Evaristo, Juan　胡安·埃瓦里斯托

Fabbri, Néstor　内斯托尔·法夫里
Fàbregas , Cesc　塞斯克·法布雷加斯
Facchetti, Giacinto　贾钦托·法切蒂
Facundo, Héctor　埃克托尔·法昆多
Falcão　法尔考
Falcioni, Julio César　胡利奥·塞萨尔·法尔乔尼
Fallon, John　约翰·法伦
Faraone, Carmelo　卡梅洛·法劳内
Farro, Armando　阿尔曼多·法罗
Fazio, Federico　费德里科·法西奥
Felman, Dario　达里奥·费尔曼
Fenwick, Terry　泰里·芬威克
Feola, Vicente　维森特·费奥拉
Ferlaino, Conrado　科拉多·弗莱诺
Fernández, Federico　费德里科·费尔南德斯
Fernández, Gastón　加斯东·费尔南德斯
Fernández, Lorenzo　洛伦索·费尔南德斯
Ferrara, Ciro　奇罗·费拉拉
Ferraro, Juan José　胡安·何塞·费拉罗
Ferraro, Pancho　潘乔·费拉罗
Ferreira, Nolo　诺洛·费雷拉
Ferreira, Roberto　罗伯托·费雷拉
Ferreti, Marco　马尔科·费雷蒂
Ferreyra, Bernabé　贝尔纳韦·费雷拉
Feuereisl, Jiří　伊日·福伊尔艾斯尔
Fierro, Martín　马丁·菲耶罗
Figo, Luís　路易斯·菲戈
Figueroa Alcorta, José　何塞·菲格罗亚·阿尔科塔
Fillol, Ubaldo　乌瓦尔多·菲略尔
Finney, Jim　吉姆·芬尼
Finney, Tom　汤姆·芬尼
'Fioravanti'　"菲奥拉万蒂"
Firmenich, Mario　马里奥·菲尔梅尼奇
Fontanarrosa, Carlos　卡洛斯·丰塔纳罗萨
Forlán, Diego　迭戈·弗兰
Forlán, Pablo　巴勃罗·弗兰
Frade, Carlos del　卡洛斯·德尔弗拉德
Francescoli, Enzo　恩索·弗朗西斯科利
Franchi, Artemio　阿特米奥·弗兰基
Francis　方济各
Franco, Dario　达里奥·佛朗哥
Franco, Leo　利奥·佛朗哥
Franklin, Neil　尼尔·富兰克林
Freitas, Heleno de　埃莱诺·德弗雷塔斯
Fren, Carlos　卡洛斯·弗伦
Frigerio, Rogelio　罗赫略·弗里赫里奥
Frings, Torsten　托尔斯滕·弗林斯
Froggatt, Jack　杰克·弗罗加特
Frondizi, Arturo　阿图罗·弗朗迪西
Frydenberg, Julio　胡利奥·弗里登博格
Funes, Juan Gilberto　胡安·希尔韦托·富内斯

Gaggioli, Horacio　奥拉西奥·加焦利
Gago, Fernando　费尔南多·加戈
Gaitán, Nicolás　尼古拉斯·盖坦
Gaitán, Walter　瓦尔特·盖坦
Galán, Alejandro　亚历杭德罗·加兰
Galateo, Alberto　阿尔韦托·加拉泰奥
Galeano, Eduardo　爱德华多·加莱亚诺
Galindo, Benjamín　本哈明·加林多
Gallardo, Alberto　阿尔韦托·加利亚多
Gallardo, Marcelo　马塞洛·加利亚多

Gallego, Américo　阿梅里科·加列戈
Galtieri, Leopoldo　莱奥波尔多·加尔铁里
Galván, Rubén　鲁文·加尔万
Gamboa, Fernando　费尔南多·甘博亚
Gámez, Raúl　劳尔·加梅斯
Gandulla, Bernardo　贝尔纳多·甘杜利亚
Garabal, Antonio　安东尼奥·加拉巴尔
Garay, Ezequiel　埃塞基耶尔·加拉伊
Garay, Juan de　胡安·德·加拉伊
García, Alex　亚历克斯·加西亚
García, Horacio González　奥拉西奥·冈萨雷斯·加西亚
García, José Maria　何塞·玛丽亚·加西亚
Gardel, Carlos　卡洛斯·加德尔
Gardes, Berthe　贝尔特·加尔德
Gareca, Ricardo　里卡多·加雷卡
Garella, Claudio　克劳迪奥·加雷拉
Garibaldi　加里波第
Garré, Oscar　奥斯卡·加雷
Garrett, Tommy　汤米·加勒特
Garrido, António　安东尼奥·加里多
Gáspari, Jorge　豪尔赫·加斯帕里
Gatti, Hugo　乌戈·加蒂
Gay, Carlos　卡洛斯·加伊
Gemmel, Tommy　汤米·格默尔
Gentile, Claudio　克劳迪奥·詹蒂莱
Geremi　格雷米
Gerets, Eric　埃里克·格雷茨
Gestido, Álvaro　阿尔瓦罗·赫斯蒂多
Ghoochannejhad, Reza　礼萨·古昌内贾德
Giachello, Miguel Ángel　米格尔·安赫尔·贾凯洛
Gilmar　基尔马
Giordano, Bruno　布鲁诺·焦尔达诺
Giúdice, Manuel　曼努埃尔·朱迪切
Giuliano, Carmine　卡尔米内·朱利亚诺
Giunta, Blas　布拉斯·琼塔
Giusti, Ricardo　里卡多·朱斯蒂
Glanville, Brian　布赖恩·格兰维尔
Glória, Otto　奥托·格洛利亚
Goiano, Sandro　桑德罗·戈伊亚诺
Goikoetxea, Andoni　安多尼·戈伊科切亚
Goldblatt, David　大卫·戈德布拉特
Gomes, Ricardo　里卡多·戈麦斯
Gómez, Héctor R　埃克托尔·R·戈麦斯
Gómez, Omar　奥马尔·戈麦斯
Gómez, Roberto Carlos Mario　罗伯托·卡洛斯·马里奥·戈麦斯
Gómez, Walter　瓦尔特·戈麦斯
Gonella, Sergio　塞尔焦·戈内拉
González, Alberto　阿尔韦托·冈萨雷斯
González García, Horacio　奥拉西奥·冈萨雷斯·加西亚
González, Jorge　豪尔赫·冈萨雷斯
González, Lucho　卢乔·冈萨雷斯
Gorin, Natalio　纳塔略·高林
Göröcs, János　亚诺什·格勒奇
Gorostiza, Carlos　卡洛斯·戈罗斯蒂萨
Götze, Mario　马里奥·格策
Gould, Stephen J.　斯蒂芬·J·古尔德
Goycochea, Sergio　塞尔希奥·戈耶切亚
Graciani, Alfredo　阿尔弗雷多·格拉西亚尼
Green, Geoffrey　杰弗里·格林
Griffa, Jorge　豪尔赫·格里法
Grighini, Gerardo　赫拉尔多·格里吉尼
Griguol, Carlos　卡洛斯·格里戈尔
Grillo, Ernesto　埃内斯托·格里略
Grondona, Julio　胡利奥·格隆多纳
Guaita, Enrique　恩里克·瓜伊塔
Gualco, Sebastián　塞瓦斯蒂安·瓜尔科
Guardado, Andrés　安德烈斯·瓜尔达多
Guardiola, Pep　佩普·瓜迪奥拉
Guerrico, José　何塞·格里科
Guglielmone, Julio　胡利奥·古列尔莫内
Guido, José María　何塞·玛丽亚·吉多
Gujdár, Sándor　尚多尔·古伊达尔
Gutiérrez, Ernesto　埃内斯托·古铁雷斯
Gutiérrez, Jonás　霍纳斯·古铁雷斯
Gutiérrez, Nélson　内尔松·古铁雷斯
Guttmann, Béla　贝洛·古特曼
Haan, Arie　阿里·哈恩
Hackett, Desmond　德斯蒙德·哈克特

Hadžibegić, Faruk　法鲁克·哈吉贝吉奇
Haig, Alexander　亚历山大·黑格
Hámori, Tibor　蒂博尔·哈莫里
Hanot, Gabriel　加布里埃尔·阿诺
Hassall, Harold　哈罗德·哈索尔
Havelange, João　若昂·阿维兰热
Haynes, Johnny　约翰尼·海恩斯
Heald, William　威廉·希尔德
Heinze, Gabriel　加夫列尔·海因策
Heller, Carlos　卡洛斯·埃莱尔
Heredia, Ramón　拉蒙·埃雷迪亚
Herkenrath, Fritz　弗里茨·赫肯拉特
Hernández, Javier　哈维尔·埃尔南德斯
Hernández, José　何塞·埃尔南德斯
Herrera, Atilio　阿蒂略·埃雷拉
Herrera, Helenio　埃莱尼奥·埃雷拉
Hierro, Fernando　费尔南多·耶罗
Higuaín, Gonzalo　贡萨洛·伊瓜因
Hirschl, Emérico (Imre)　埃梅里科（伊姆雷）·希施尔
Hitzfeld, Ottmar　奥特马尔·希茨菲尔德
Hodge, Steve　斯蒂夫·霍奇
Hoeneß, Dieter　迪特尔·赫内斯
Hogg, Thomas (Tomás)　托马斯·霍格
Hoover, Herbert　赫伯特·胡佛
Horno, Asier del　阿西尔·德尔奥尔诺
Houseman, René　勒内·豪斯曼
Houssay, Bernardo　贝尔纳多·奥赛
Hovorka, Václav　瓦茨拉夫·霍沃尔卡
Hughes, John　约翰·休斯
Hugo, Victor　维克多·雨果
Hurban, Ignacio　伊格纳西奥·乌尔班
Hurst, Geoff　杰夫·赫斯特
Huxley, Aldous　阿道司·赫胥黎

Ibarra, Hugo　乌戈·伊瓦拉
Ibišević, Vedad　韦达德·伊比舍维奇
Iliev, Hristo　赫里斯托·伊利耶夫
Illia, Arturo　阿图罗·伊利亚
Ince, Paul　保罗·因斯
Iriarte, Santos　桑托斯·伊里亚特
Islas, Luis　路易斯·伊斯拉
Iturralde, Arturo　阿图罗·伊图拉尔德

Jack, Bob　鲍勃·杰克
Jair　雅尔
James, Brian　布赖恩·詹姆斯
Jarni, Robert　罗伯特·亚尔尼
Jimenez, Julio César　胡利奥·塞萨尔·希门尼斯
Joãozinho　若昂西尼奥
Johnson, Ben　本·约翰逊
Johnson, Eddie　埃迪·约翰逊
Johnson, Fabian　法比安·约翰逊
Johnson, Glen　格伦·约翰逊
Johnstone, Jimmy　吉米·约翰斯顿
Jones, Charles A.　查尔斯·A·琼斯
Jongbloed, Jan　扬·容布勒德
Jorginho　若日尼奥
Jozić, Mirko　米尔科·约齐奇
Juárez, Miguel Ángel　米格尔·安赫尔·胡亚雷斯
Juárez, Miguel Antonio　米格尔·安东尼奥·胡亚雷斯
Jude, Raúl　劳尔·祖德
Jugović, Vladimir　弗拉迪米尔·尤戈维奇
Júnior　儒尼奥尔
Júnior, Fábio　法比奥·儒尼奥尔
Justo, Agustín Pedro　阿古斯丁·佩德罗·胡斯托
Juvenal　胡维纳尔

Kana-Biyik, André　安德烈·卡纳-比耶克
Karanka, Aitor　阿伊托尔·卡兰卡
Kawaguchi, Yoshikatsu　川口能活
Keith, Dick　迪克·基思
Keller, Kasey　凯西·凯勒
Kelly, Robert　罗伯特·凯利
Kempes, Mario　马里奥·肯佩斯
Kennedy, John F.　约翰·F·肯尼迪
Kereki, Zoltán　佐尔坦·凯赖基
Kĕzman, Mateja　马泰亚·凯日曼
Khedira, Sami　萨米·赫迪拉

Kim, Pyung-seok　金平锡
King, John　约翰・金
Kirchner, Cristina Fernández　克里斯蒂娜・费尔南德斯・基什内尔
Kirchner, Néstor　内斯托尔・基什内尔
Kissinger, Henry　亨利・基辛格
Klein, Abraham　亚伯拉罕・克莱因
Klinsmann, Jürgen　于尔根・克林斯曼
Klose, Miroslav　米罗斯拉夫・克洛泽
Kluivert, Patrick　帕特里克・克鲁伊维特
Koeman, Ronald　罗纳德・科曼
Kohler, Jürgen　于尔根・科勒
Kolašinac, Sead　塞亚德・科拉希纳茨
Kolev, Ivan　伊万・科列夫
Köpke, Andreas　安德烈亚斯・科普克
Kovács, Ştefan　斯特凡・科瓦奇
Krause, Karl Christian Friedrich　卡尔・克里斯蒂安・弗里德里希・克劳泽
Kreitlein, Rudolf　鲁道夫・克赖特莱因
Krkić, Bojan　博扬・克尔基奇
Krol, Ruud　吕德・克罗尔
Kuffour, Sammy　萨米・库福尔
Kundé, Emmanuel　埃马纽埃尔・孔德
Kuznets, Simon　西蒙・库兹涅茨
Kuznetsov, Oleh　奥列・库兹涅佐夫

Labruna, Ángel　安赫尔・拉布鲁纳
Labruna, Omar　奥马尔・拉布鲁纳
Lacasia, Carlos　卡洛斯・拉卡西亚
Lacoste, Carlos Alberto　卡洛斯・阿尔韦托・拉科斯特
Lalín, Alberto　阿尔韦托・拉林
Lammens, Matías　玛蒂亚斯・拉芒
Lamont, Alec　亚历克・拉蒙特
Langenus, John　约翰・兰格努斯
Lanusse, Alejandro　亚历杭德罗・拉努塞
Larrivey, Joaquín　华金・拉里维
Larrosa, Omar　奥马尔・拉罗萨
Lastiri, Raúl　劳尔・拉斯蒂里
Lato, Grzegorz　格热戈日・拉托
Latorre, Diego　迭戈・拉托雷
Lattek, Udo　乌多・拉特克
Laurent, Lucien　吕西安・洛朗
Lavezzi, Ezequiel　埃塞基耶尔・拉维奇
La Volpe, Ricardo　里卡多・拉沃尔佩
Lázaro Rodríguez, José Pedro　何塞・佩德罗・拉萨罗・罗德里格斯
Lazzatti, Ernesto　埃内斯托・拉扎蒂
Ledesma, Genaro　赫纳罗・莱德斯马
Lehmann, Jens　延斯・莱曼
Lennon, John　约翰・列侬
Lennox, Bobby　博比・伦诺克斯
Leone, Carlos　卡洛斯・莱奥内
Leopardi, Giacomo　贾科莫・莱奥帕尔迪
Leslie, A.　A・莱斯利
Leumann, Eduardo Bergara　爱德华多・贝尔加拉・莱乌曼
Levingston, Roberto　罗伯托・莱温斯顿
Levinsky, Sergio　塞尔希奥・莱温斯基
Leyden, Santiago　圣地亚哥・莱登
Libonatti, Julio　胡利奥・里博纳蒂
Lineker, Gary　加里・莱因克尔
Lipton, Thomas　托马斯・立普顿
Liu, Guo Cheng　刘国成
Llop, Juan Manuel　胡安・曼努埃尔・略普
Llorente, Fernando　费尔南多・略伦特
Lloveras, Bartolomé　巴托洛梅・略韦拉斯
Lonardi, Eduardo　爱德华多・洛纳尔迪
Longobucco, Silvio　西尔维奥・隆戈布科
Lopes, Jim　吉姆・洛佩斯
López, Arcadio　阿尔卡迪奥・洛佩斯
López, Claudio　克劳迪奥・洛佩斯
López, Estanislao　埃斯塔尼斯劳・洛佩斯
López, Gustavo　古斯塔沃・洛佩斯
López, Jorge　豪尔赫・洛佩斯
López, Juan José ‘JJ’　胡安・何塞・“J・J”・洛佩斯
López, Lisandro　利桑德罗・洛佩
López, Mauricio　毛里西奥・洛佩斯
López, Maxi　马克西・洛佩斯
López Rega, José　何塞・洛佩斯・雷加
López, Rodrigo　罗德里戈・洛佩斯
Lorenzo, Juan Carlos ‘Toto’　胡安・卡洛

斯·“托托”·洛伦索
Lorenzo, Néstor　内斯托尔·洛伦索
Loustau, Félix　费利克斯·洛斯陶
Love, Vágner　瓦格纳·洛夫
Löw, Jogi　约吉·勒夫
Lúder, Ítalo　伊塔洛·卢德尔
Lugones, Leopoldo　莱奥波尔多·卢戈内斯
Lugones, Polo　波罗·卢戈内斯
Lugones, Susana ‘Pirí’　苏珊娜·“皮丽”·卢戈内斯
Luizinho　路易西尼奥
Luque, Leopoldo　莱奥波尔多·卢克

Macri, Mauricio　毛里西奥·马克里
Maculewicz, Henryk　亨里克·马库莱维奇
Madero, Raúl　劳尔·马德罗
Magath, Felix　费利克斯·马加特
Maier, Sepp　泽普·迈尔
Makanaky, Cyrille　西里尔·马卡纳基
Malbernat, Oscar　奥斯卡·马尔贝纳特
Maldini, Paolo　保罗·马尔蒂尼
Maldonado, Jorge Alberto　豪尔赫·阿尔韦托·马尔多纳多
Mancini, Roberto　罗伯托·曼奇尼
Manera, Eduardo　爱德华多·马内拉
Manfredini, Pedro　佩德罗·曼弗雷迪尼
Maradona, Diego　迭戈·马拉多纳
Maradona, Raúl　劳尔·马拉多纳
Marangoni, Claudio　克劳迪奥·马兰戈尼
Marchesi, Rino　里诺·马尔凯西
Marchi, Antonio de　安东尼奥·德·马尔基
Márcico, Alberto ‘Beto’　阿尔韦托·“韦托”·马西科
Mariani, Roberto　罗伯托·马里亚尼
Marini, Hugo　乌戈·马里尼
Maroni, Enrico　恩里科·马罗尼
Márquez, Rafael　拉斐尔·马克斯
Marsiglia, Renato　雷纳托·马尔西利亚
Martín, Mauro　毛罗·马丁
Martín, Oscar　奥斯卡·马丁
Martínez, Rubén　鲁文·马丁内斯
Martino, Gerardo　赫拉尔多·马蒂诺
Martino, Rinaldo　里纳尔多·马蒂诺
Marzolini, Silvio　西尔维奥·马尔佐利尼
Mascherano, Javier　哈维尔·马斯切拉诺
Mascheroni, Ernesto　埃内斯托·马斯凯罗尼
Maschio, Humberto　温贝托·马斯基奥
Maslov, Viktor　维克托·马斯洛夫
Massa, Lorenzo　洛伦索·马萨
Massera, Emilio　埃米利奥·马塞拉
Massing, Benjamin　本杰明·马辛
Mastrángelo, Ernesto　埃内斯托·马斯特兰杰洛
Mata, Vicente de la　比森特·德拉马塔
Matarrese, Antonio　安东尼奥·马塔雷塞
Matellán, Aníbal　阿尼瓦尔·马特利安
Matthäus, Lothar　洛塔尔·马特乌斯
Mattiussi, Tita　蒂塔·马蒂乌西
Maturana, Orlando　奥兰多·马图拉纳
Mazali, Andrés　安德烈斯·马扎利
McCarthy, Paddy　帕迪·麦卡锡
McIlroy, Jimmy　吉米·麦基尔罗伊
McMenemy, Lawrie　劳里·麦克梅尼米
McNeil, Billy　比利·麦克尼尔
Medina, José Hugo　何塞·乌戈·梅迪纳
Meléndez, Julio　胡利奥·梅伦德斯
Mellán, Fernando　费尔南多·梅兰
Mena, Máximo　马克西莫·梅纳
Méndez, Norberto ‘Tucho’　诺韦尔托·“图乔”·门德斯
Mendoza, Gabriel　加夫列尔·门多萨
Mendoza, Mario　马里奥·门多萨
Mendoza, Pedro de　佩德罗·德·门多萨
Menem, Carlos　卡洛斯·梅内姆
Menem, Zulema　苏莱玛·梅内姆
Menéndez, Eugenio　欧亨尼奥·梅嫩德斯
Menéndez, Fernando　费尔南多·梅嫩德斯
Menéndez, Norberto　诺韦尔托·梅嫩德斯
Menotti, César Luis　塞萨尔·路易斯·

梅诺蒂
Merk, Markus　马库斯·默克
Merlo, Juan Carlos　胡安·卡洛斯·梅洛
Merlo, Reinaldo　雷纳尔多·梅洛
Mertesacker, Per　佩尔·默特萨克
Mesiano, José　何塞·梅夏诺
Messi, Jorge　豪尔赫·梅西
Messi, Lionel　利昂内尔·梅西
Messi, Matías　马蒂亚斯·梅西
Messina, Bernardo　贝尔纳多·梅西纳
Micheli, Rodolfo　鲁道夫·米凯利
Michels, Rinus　里纳斯·米歇尔斯
Migliore, Pablo　巴勃罗·米廖雷
Miguens, Ángel　安赫尔·米根斯
Mihajlović, Siniša　西尼沙·米哈伊洛维奇
Mijatović, Predrag　普雷德拉格·米亚托维奇
Milburn, Jackie　杰基·米尔本
Milito, Diego　迭戈·米利托
Miller David　大卫·米勒
Minella, José María ‘Pepe’　何塞·玛丽亚·“佩佩”·米内拉
Minguella, Josep María　何塞普·玛丽亚·明格利亚
Misimović, Zvjezdan　兹维耶兹丹·米西莫维奇
Mitre, Bartolomé　巴托洛梅·米特雷
Moeschal, Jacques　雅克·穆沙尔
Mogilevsky, Adolfo　阿道夫·莫吉列夫斯基
Montañez, Oscar　奥斯卡·蒙塔涅斯
Montenegro, Alejandro　亚历杭德罗·蒙特内格罗
Montes, Juan Carlos　胡安·卡洛斯·蒙特斯
Monti, Luis　路易斯·蒙蒂
Montoya, Fernando　费尔南多·蒙托亚
Monzón, Gastón　加斯东·蒙松
Monzón, Pedro　佩德罗·蒙松
Moore, Bobby　博比·穆尔
Moralejo, Abel　阿韦尔·莫拉莱霍
Morales, Bermúdez Francisco　弗朗西斯科·莫拉莱斯·贝穆德斯
Morales, Victor Hugo　维克多·乌戈·莫拉莱斯
Moralez, Maxi　马克西·莫拉莱斯
Moratti, Angelo　安杰洛·莫拉蒂
Moreno, José Manuel　何塞·曼努埃尔·莫雷诺
Moreno, Nicolás Marín　尼古拉斯·马林·莫雷诺
Morgan, Willie　威利·摩根
Mortensen, Stan　斯坦·莫滕森
Mourinho, José　若泽·穆里尼奥
Mugica, René　勒内·穆希卡
Müller　缪勒
Müller, Thomas　托马斯·穆勒
Muñante, Juan　胡安·穆尼安特
Muñoz, José María　何塞·玛丽亚·穆尼奥斯
Muñoz, Juan Carlos　胡安·卡洛斯·穆尼奥斯
Murray, Bill　比尔·默里
Murray, Scott　斯科特·默里
Murzi, Diego　迭戈·穆尔齐
Muslera, Fernando　费尔南多·穆斯莱拉

Naipaul, V. S.　V·S·奈保尔
Najnudel, León　莱昂·奈努德尔
Nannis, Mariana　玛丽安娜·纳尼斯
Naón, Arturo　阿图罗·纳翁
Nasazzi, José　何塞·纳萨兹
Nasuti, Cristian　克里斯蒂安·纳苏蒂
Navarro Montoya, Carlos　卡洛斯·纳瓦罗·蒙托亚
Neeskens, Johan　约翰·内斯肯斯
Nef, Adolfo　阿道夫·内夫
Neira, Plinio Mendoza　普利尼奥·门多萨·内拉
Nelinho　内利尼奥
Nepomnyashchy, Valery　瓦列里·涅波姆尼亚希
Neuer, Manuel　曼努埃尔·诺伊尔
Neustadt, Bernardo　贝尔纳多·诺伊施

塔特
Neville, Gary　加里·内维尔
Nicola, Cándido De　坎迪多·德尼古拉
Nicolini, Oscar　奥斯卡·尼科利尼
Nielsen, Kim Milton　金·米尔顿·尼尔森
Niembro, Fernando　费尔南多·年博罗
Nisman, Alberto　阿尔韦托·尼斯曼
Nkono, Thomas　托马斯·恩科诺
Nobili, F.　F·诺比里
Noremberg, Hugo Mario　乌戈·马里奥·诺勒姆贝格
Noya, Gregorio　格雷戈里奥·诺亚
Numan, Arthur　阿图尔·努曼
Núñez, José　何塞·努涅斯
Nuñez, Josep Lluís　何塞普·路易·努涅斯
Nyilasi, Tibor　蒂博尔·尼洛希

Oberman, Gustavo　古斯塔沃·奥伯曼
Oblitas, Juan Carlos　胡安·卡洛斯·奥布利塔斯
Ohaco, Alberto　阿尔韦托·奥阿科
Olarticoechea, Julio　胡利奥·奥拉蒂科埃切亚
Olazar, Francisco　弗朗西斯科·奥拉萨尔
Olguín, Jorge　豪尔赫·奥尔京
Oliva, Rubén　鲁文·奥利瓦
Olmedo, Alberto　阿尔韦托·奥尔梅多
Omam-Biyik, François　弗朗索瓦·奥马姆-比耶克
Onega, Ermindo　厄尔明多·奥内加
Onganía, Juan Carlos　胡安·卡洛斯·翁加尼亚
Onzari, Cesáreo　塞萨雷奥·翁扎里
Orsi, Raimundo　莱蒙多·奥尔西
Ortega, Ariel　阿列尔·奥尔特加
Orth, György　哲尔治·奥尔特
Ortigoza, Néstor　内斯托尔·奥蒂戈萨
Ortiz, Alicia Dujovne　阿莉西亚·杜霍夫内·奥尔蒂斯
Ortiz, Roberto María　罗伯托·玛丽亚·奥尔蒂斯
Osorio, Juan de　胡安·德·奥索里奥
Osorio, Rodolfo　鲁道夫·奥索里奥
Outes, Beto　韦托·奥特斯
Owen, Michael　迈克尔·欧文
Oyuela, Calixto　卡利斯托·奥尤埃拉

Pachamé, Carlos　卡洛斯·帕查梅
Pagani, Marcelo　马塞洛·帕加尼
Pagnanini, Rubén　鲁文·帕尼亚尼尼
Paisley, Bob　鲍勃·佩斯利
Palacio, Rodrigo　罗德里戈·帕拉西奥
Palermo, Martín　马丁·帕勒莫
Palermo, Stefano　斯特凡诺·帕勒莫
Paletta, Gabriel　加夫列尔·帕莱塔
Palhinha　帕利尼亚
Palomino, Alberto　阿尔韦托·帕洛米诺
Panzeri, Dante　丹特·潘泽里
Pappier, Ralph　拉尔夫·帕皮耶
Pardo, Pável　帕维尔·帕尔多
Pareja, Nicolás　尼古拉斯·帕雷哈
Parisi, Heather　希瑟·帕里西
Park, Chang-sun　朴昌善
Pasculli, Pablo　巴勃罗·帕斯库利
Pascuttini, Aurelio　奥雷利奥·帕斯库蒂尼
Passarella, Bruno　布鲁诺·帕萨雷拉
Passarella, Daniel　丹尼尔·帕萨雷拉
Pastore, Javier　哈维尔·帕斯托雷
Pastoriza, José　何塞·帕斯托里萨
Patenaude, Bert　伯特·帕特瑙德
Paternoster, Fernando　费尔南多·帕特诺斯特
Patrício　帕特里西奥
Pavoni, Ricardo　里卡多·帕沃尼
Pedernera, Adolfo　阿道夫·佩德内拉
Pedroso, Décio Pacheco　德西奥·帕谢科·佩德罗索
Pékerman, José　何塞·佩克尔曼
Pelé　贝利
Pellegrini, Manuel　曼努埃尔·佩列格里尼
Peña, Roque Sáenz　罗克·萨恩斯·培

尼亚
Percudani, José Alberto　何塞·阿尔韦托·佩尔库达尼
Perea, Edixon　埃迪森·佩雷亚
Pereira, Alvaro　阿尔瓦罗·佩雷拉
Peres, Waldir　瓦尔迪尔·佩雷斯
Pereyra, Luis　路易斯·佩雷拉
Pérez, Diego　迭戈·佩雷斯
Pérez, Óscar　奥斯卡·佩雷斯
Perfumo, Roberto　罗伯托·佩尔富莫
Perón, Eva　爱娃·庇隆
Perón, Isabel, “Isabelita”　伊莎贝尔·“伊莎贝丽塔”·庇隆
Perón, Juan Domingo　胡安·多明戈·庇隆
Perotti, Hugo　乌戈·佩罗蒂
Perrotta, Victor　维克多·佩罗塔
Perry, Grayson　格雷森·佩里
Persson, Gunnar　贡纳尔·佩尔松
Petrinelli, Gustavo　古斯塔沃·彼得里内利
Petrone, Pedro　佩德罗·彼得罗内
Peucelle, Carlos　卡洛斯·佩乌塞莱
Pfaff, Jean-Marie　让-玛丽·普法夫
Piatti, Ignacio　伊格纳西奥·皮亚蒂
Piazza, Osvaldo　奥斯瓦尔多·皮亚扎
Piontek, Sepp　塞普·皮翁特克
Piqué, Gerard　杰拉德·皮克
Pizzi, Juan Antonio　胡安·安东尼奥·皮齐
Pizzuti, Juan José　胡安·何塞·皮祖蒂
Pjanić, Miralem　米拉莱姆·皮亚尼奇
Platini, Michel　米歇尔·普拉蒂尼
Plattkó, Ferenc　费伦茨·普洛特科
Plutarch　普鲁塔克
Porcel, Antonio de　安东尼奥·德·波塞尔
Pochettino, Mauricio　毛里西奥·波切蒂诺
Poggi, Raúl　劳尔·波吉
Poletti, Alberto　阿尔韦托·波莱蒂
Policastro, Pablo　巴勃罗·波利卡斯特罗
Pölöskei, Gábor　加博尔·珀勒什凯伊
Polti, Juan　胡安·波尔蒂
Pontoni, René　勒内·蓬托尼
Ponzio, Leonardo　莱奥纳尔多·蓬齐奥
Porta, Roberto　罗伯托·波尔塔
Porte, Abdón　阿夫东·波特
Portillo, Martín　马丁·波蒂略
Poy, Aldo Pedro　阿尔多·佩德罗·波伊
Pozzo, Vittorio　维托里奥·波佐
Presta, Juan　胡安·普雷斯塔
Prosinečki, Robert　罗伯特·普罗辛内茨基
Puenzo, Luis　路易斯·普恩佐
Pugliese, Piero　皮耶罗·普列塞
Pumpido, Nery　内里·蓬皮多
Puyol, Carles　卡莱斯·普约尔

Quiroga, Horacio　奥拉西奥·基罗加
Quiroga, Ramón　拉蒙·基罗加

Rabanal, Rodolfo　鲁道夫·拉瓦纳尔
Raffo, Norberto　诺韦尔托·拉福
Rahn, Helmut　赫尔穆特·拉恩
Rai　拉伊
Rakewell, Tim　提姆·雷克韦尔
Ramírez, Oswaldo　奥斯瓦尔多·拉米雷斯
Ramírez, Pedro Pablo　佩德罗·巴勃罗·拉米雷斯
Ramírez, Ramón　拉蒙·拉米雷斯
Ramsey, Alf　阿尔夫·拉姆齐
Rappan, Karl　卡尔·拉潘
Rattin, Antonio　安东尼奥·拉廷
Ravaschino, Luis　路易斯·拉瓦斯基诺
Rauch, Enrique　恩里克·劳奇
Rawson, Arturo　阿图罗·罗森
Redondo, Fernando　费尔南多·雷东多
Reid, Peter　彼得·里德
Reinoso, Gerardo　赫拉尔多·雷诺索
Renganeschi, Armando　阿尔曼多·伦加内斯基
Rengifo, Hernán　埃尔南·伦希福

Renica, Alessandro　亚历山德罗・雷尼卡
Rensenbrink, Rob　罗布・伦森布林克
Rep, Johnny　约翰尼・雷普
Rexach, Carles　卡莱斯・雷克萨奇
Ribaudo, Felipe　费利佩・里包多
Ribolzi, Jorge　何塞・里博尔齐
Rienzo, Ricardo De　里卡多・德里恩佐
Riglos, Miguel de　米格尔・德里格洛斯
Rimet, Jules　儒勒・雷米特
Rincón, Freddy　弗雷迪・林孔
Riquelme, Juan Román　胡安・罗曼・里克尔梅
Rithner, Juan José　胡安・何塞・里特纳
Rithner, Pedro　佩德罗・里特纳
Rivarola, Antonio　安东尼奥・里瓦罗拉
Rivas, Nelly　内莉・里瓦斯
Rivera, Gianni　詹尼・里韦拉
Roa, Carlos　卡洛斯・罗亚
Robben, Arjen　阿尔扬・罗本
Robertson, John　约翰・罗伯逊
Robertson, William Parish　威廉・帕里什・罗伯逊
Robson, Bobby　博比・罗布森
Roca, Julio　胡利奥・罗加
Rocchia, Juan Domingo　胡安・多明戈・罗基亚
Rocco, Nereo　内雷奥・罗科
Roccuzzo, Antonella　安东内拉・罗库佐
Rocha, Ricardo　里卡多・罗沙
Rodger, George　乔治・罗杰
Rodrigues, Nelson　内尔松・罗德里格斯
Rodríguez, Carlos　卡洛斯・罗德里格斯
Rodríguez, Clemente　克莱门特・罗德里格斯
Rodríguez, Leonardo　莱奥纳尔多・罗德里格斯
Rodríguez, Mario　马里奥・罗德里格斯
Rodríguez, Maxi　马克西・罗德里格斯
Rodríguez, Ricardo Lorenzo　里卡多・洛伦索・罗德里格斯
Rogel, Roberto　罗伯托・罗赫尔
Rojas, Ángel　安赫尔・罗哈斯
Rojas, Ricardo　里卡多・罗哈斯
Rojo, Marcos　马科斯・罗霍
Roma, Antonio　安东尼奥・罗马
Romagnoli, Leandro　莱安德罗・罗马尼奥利
Romero, Andrés　安德烈斯・罗梅罗
Romero, José Luis　何塞・路易斯・罗梅罗
Romero, Sergio　塞尔希奥・罗梅罗
Ronaldinho　罗纳尔迪尼奥
Rosas, Juan Manuel de　胡安・曼努埃尔・德・罗萨斯
Rossi, Alfredo　阿尔弗雷多・罗西
Rossi, Néstor ‘Pipo’　内斯托尔・“皮波”・罗西
Rossi, Paolo　保罗・罗西
Rossi, Sebastiano　塞巴斯蒂亚诺・罗西
Rous, Stanley　斯坦利・劳斯
Rousseau, Adrian　阿德里安・鲁索
Rúa, Fernando de la　费尔南多・德拉鲁阿
Rudas, Ferenc　费伦茨・鲁达斯
Rufai, Peter　彼得・鲁法伊
Ruggeri, Oscar　奥斯卡・鲁杰里
Rugilo, Miguel　米格尔・鲁希洛
Ruiz Bonilla, Guillermo　吉列尔莫・鲁伊斯・博尼亚
Ruiz, Ramos　拉莫斯・鲁伊斯
Rulli, Juan Carlos　胡安・卡洛斯・鲁利
Rummenigge, Karl-Heinz　卡尔・海因茨・鲁梅尼格
Russell, Moses　摩西・拉塞尔
Russo, Francisco　弗朗西斯科・鲁索
Russo, Miguel Ángel　米格尔・安赫尔・鲁索

Sá, Francisco ‘Pancho’　弗朗西斯科・“潘乔”・萨
Saá, Adolfo Rodríguez　阿道夫・罗德里格斯・萨阿
Sábato, Ernesto　埃内斯托・萨瓦托
Šabanadžović, Refik　雷菲克・萨巴纳佐维奇

Sabella, Alejandro　亚历杭德罗·萨维利亚
Saccardi, Gerónimo　赫罗尼莫·萨卡尔迪
Sacchi, Arrigo　阿里戈·萨基
Saccol, Santiago　圣地亚哥·萨科尔
Sacheri, Eduardo　爱德华多·萨切里
Sadeghi, Amir　阿米尔·萨迪吉
Sadosky, Manuel　曼努埃尔·萨多斯基
Salas, Marcelo　马塞洛·萨拉斯
Saldaña, Julio　胡利奥·萨尔达尼亚
Salina, Teófilo　特奥菲洛·萨利纳
Salinas, Carlos Horacio　卡洛斯·奥拉西奥·萨利纳斯
Salomón, José　何塞·萨洛蒙
Salvadora, Dalma ‘Tota’　达尔玛·“托塔”·萨尔瓦多拉
Salvadore, Sandro　桑德罗·萨尔瓦多雷
Sambueza, Rubens　鲁文斯·桑布埃萨
Sampaio, César　塞萨尔·桑帕约
Sampaoli, Jorge　豪尔赫·桑保利
Samuel, Walter　瓦尔特·萨穆埃尔
Sánchez, Efraín　埃弗拉因·桑切斯
Sánchez, Oswaldo　奥斯瓦尔多·桑切斯
Sánchez Terrero, Eduardo　爱德华多·桑切斯·特雷罗
Sanfilippo, José　何塞·圣菲利波
San Martín, José de　何塞·德·圣马丁
Sansone, Ernesto　埃内斯托·桑索内
Santiago, Juan　胡安·圣地亚哥
Santilli, Hugo　乌戈·圣蒂利
Santoro, Miguel Ángel　米格尔·安赫尔·桑托罗
Santos, Nílton　尼尔顿·桑托斯
Saporiti, Roberto　罗伯托·萨波里蒂
Sarlo, Beatriz　比阿特丽斯·萨洛
Sarmiento, Domingo Faustino　多明戈·福斯蒂诺·萨米恩托
Sasía, Pepe　佩佩·萨西亚
Sastre, Antonio　安东尼奥·萨斯特雷
Sasturain, Juan　胡安·萨斯图拉因
Savićević, Dejan　德扬·萨维切维奇
Saviola, Javier　哈维尔·萨维奥拉
Savoy, Raúl　劳尔·萨沃伊
Scarone, Héctor　埃克托尔·斯卡罗内
Scarone, Roberto　罗伯托·斯卡罗内
Schandlein, Ángel ‘Pocho’　安赫尔·“波乔”·香德莱恩
Schär, Fabian　法比安·沙尔
Schiavi, Rolando　罗兰多·斯基亚维
Schillaci, Totò　托托·斯基拉奇
Schlenker, Alan　阿兰·施伦克尔
Scholes, Paul　保罗·斯科尔斯
Schumacher, Toni　托尼·舒马赫尔
Schuster, Bernd　贝恩德·舒斯特
Schwarzstein, Diego　迭戈·施瓦茨施泰因
Schweinsteiger, Bastian　巴蒂斯安·施魏因施泰格
Scioli, Daniel　丹尼尔·肖利
Scirea, Gaetano　加埃塔诺·希雷亚
Scolari, Luiz Felipe　路易斯·费利佩·斯科拉里
Scopelli, Alejandro　亚历杭德罗·斯科佩利
Scoponi, Norberto　诺韦尔托·斯科波尼
Seaman, David　大卫·西曼
Sebreli, Juan José　胡安·何塞·塞夫雷利
Seeler, Uwe　乌韦·泽勒
Senior, Alfonso　阿方索·塞尼奥尔
Sensini, Néstor　内斯托尔·森西尼
Seoane, Manuel　曼努埃尔·塞瓦内
Serena, Aldo　阿尔多·塞雷纳
Serginho　塞尔吉尼奥
Sessa, Gastón　加斯东·塞萨
Settino, Antonio　安东尼奥·塞蒂诺
Shearer, Alan　艾伦·希勒
Sheringham, Teddy　泰迪·谢林汉姆
Shilton, Peter　彼得·希尔顿
Siasia, Samson　萨姆森·西亚西亚
Signorini, Fernando　费尔南多·西尼奥里尼
Silva, David　大卫·席尔瓦
Simeone, Carmelo ‘Cholo’　卡梅洛·“乔洛”·西梅奥内
Simeone, Diego ‘Cholo’　迭戈·“乔洛”·西梅奥内

Simon, Jacky　雅基・西蒙
Simón, Juan　胡安・西蒙
Simpson, John　约翰・辛普森
Simpson, Ronnie　罗尼・辛普森
Sinagra, Cristiana　克里斯蒂安娜・西纳格拉
Sívori, Omar　奥马尔・西沃里
Smyth, Rob　罗布・史密斯
Sola, Florencio　弗洛伦西奥・索拉
Sola, Miguel Ángel　米格尔・安赫尔・索拉
Solano, Norberto　诺韦尔托・索拉诺
Solari, Indio　因迪奥・索拉里
Solich, Manuel Fleitas　曼努埃尔・弗莱塔斯・索利奇
Soriano, José　何塞・索利亚诺
Soriano, Osvaldo　奥斯瓦尔多・索利亚诺
Sorín, Juan Pablo　胡安・巴勃罗・索林
Sormani, Ángelo　安赫洛・索尔马尼
Sosa, Roberto　罗伯托・索萨
Sosa, Rúben Héctor　鲁文・埃克托尔・索萨
Spalla, Erminio　厄尔米尼奥・斯帕拉
Spinetto, Victorio　维多利奥・斯皮内托
Stábile, Guillermo　吉列尔莫・斯塔维莱
Stam, Jaap　亚普・斯塔姆
Stein, Jock　乔克・斯坦
Steven, Trevor　特雷弗・史蒂文
Stiles, Nobby　诺比・斯泰尔斯
Štimac, Igor　伊戈尔・什蒂马茨
Stojković, Dragan　德拉甘・斯托伊科维奇
Stubbins, Albert　艾伯特・斯塔宾斯
Suárez, Claudio　克劳迪奥・苏亚雷斯
Suárez, Francisco　弗朗西斯科・苏亚雷斯
Suárez, José Martínez　何塞・马丁内斯・苏亚雷斯
Suárez, Luis　路易斯・苏亚雷斯
Suárez Mason, Guillermo　吉列尔莫・苏亚雷斯・马松
Suárez, Ramón Aguirre　拉蒙・阿吉雷・苏亚雷斯
Suárez, Valentin　巴伦丁・苏亚雷斯
Suñé, Rubén　鲁文・苏涅
Svensson, Anders　安德斯・斯文松
Swindin, George　乔治・斯温丁
Sylvinho　西尔维尼奥
Szarmach, Andrzej　安杰伊・沙马赫
Szymanowski, Antoni　安东尼・希马诺夫斯基

Tabárez, Óscar Washington　奥斯卡・华盛顿・塔瓦雷斯
Taffarel, Claudio　克劳迪奥・塔法雷尔
Tamburrini, Claudio　克劳迪奥・坦布里尼
Tarantini, Alberto　阿尔韦托・塔兰蒂尼
Tarasconi, Domingo　多明戈・塔拉斯科尼
Tardelli, Marco　马尔科・塔尔代利
Taverna, Juan　胡安・塔韦尔纳
Taylor, Jack　杰克・泰勒
Taylor, Tommy　汤米・泰勒
Tejada, Alberto　阿尔韦托・特哈达
Telch, Roberto　罗伯托・特尔科
Tesoriere, Américo　阿梅里科・泰索列雷
Tévez, Carlos　卡洛斯・特维斯
Thébaud, François　弗朗索瓦・泰博
Thépot, Alexis　亚历克西斯・泰波
Thomas, Clive　克莱夫・托马斯
Thring, Edward　爱德华・思林
Tizón, Aurelia　奥雷利娅・蒂松
Tobin, Alex　亚历克斯・托宾
Tocalli, Hugo　乌戈・托卡利
Togneri, Néstor　内斯托尔・托涅里
Toranzo Calderón, Samuel　萨穆埃尔・托兰索・卡尔德龙
Töröcsik, András　安德拉什・托勒奇克
Török, Péter　彼得・托勒克
Torre, Orlando de la　奥兰多・德拉托雷
Torres Ríos, Carlos　卡洛斯・托雷斯・里奥斯
Tracey, Ralph　拉尔夫・特雷西
Tramutola, Juan José　胡安・何塞・特拉穆托拉
Traverso, Cristian　克里斯蒂安・特拉韦

尔索
Troglio, Pedro　佩德罗・特罗利奥
Troilo, Aníbal　阿尼瓦尔・特罗伊洛
Trossero, Enzo　恩索・特罗塞洛
Túlio　图利奥
Turner, Bob　鲍勃・特纳

Ubiña, Luis 'Peta'　路易斯・"佩塔"・乌维尼亚
Udenio, Enrico　恩里科・乌代尼奥
Uriburu, José Félix　何塞・费利克斯・乌里武鲁
Urtasún, Eduardo　爱德华多・乌尔塔松

Vairo, Federico　费德里科・瓦伊罗
Valcareggi, Ferruccio　费鲁乔・瓦尔卡雷吉
Valdano, Jorge　豪尔赫・巴尔达诺
Valderrama, Carlos　卡洛斯・巴尔德拉马
Valencia, Adolfo　阿道夫・巴伦西亚
Valencia, José Daniel　何塞・丹尼尔・巴伦西亚
Valentim, Paulo　保罗・瓦伦廷
Vallarino, Ricardo　里卡多・巴利亚里诺
van de Kerkhof, René　勒内・范德柯尔克霍夫
van de Kerkhof, Willy　维利・范德柯尔克霍夫
van der Sar, Edwin　埃德温・范德萨尔
van Gaal, Louis　路易斯・范加尔
Vanczák, Vilmos　维尔莫什・翁察克
Vandenbergh , Erwin　埃尔温・范登堡
Varacka, José　何塞・巴拉卡
Varallo, Pancho　潘乔・瓦拉洛
Varela, Héctor　埃克托尔・瓦雷拉
Varela, Mirta　米尔塔・瓦雷拉
Vargas, Fabián　法比安・巴尔加斯
Vautrot, Michel　米歇尔・沃特罗
Vázquez, Víctor　维克多・巴斯克斯
Vedia, Bartolomé de　巴托洛梅・德贝迪亚
Veglio, Carlos　卡洛斯・韦利奥
Veira, Héctor　埃克托尔・韦拉
Veiga, Nito　尼托・韦加
Velásquez, José　何塞・贝拉斯克斯
Venables, Terry　泰里・维纳布尔斯
Vercauteren, Franky　弗兰基・韦科特朗
Vergara, Jorge　豪尔赫・贝尔加拉
Vernazza, Santiago　圣地亚哥・韦尔纳扎
Verón, Alejandro　亚历杭德罗・贝隆
Verón, Juan Ramón　胡安・拉蒙・贝隆
Verón, Juan Sebastián　胡安・塞瓦斯蒂安・贝隆
Vialli, Gianluca　詹卢卡・维亚利
Viani, Gipo　吉波・维亚尼
Vickery, Tim　提姆・维克里
Vidal, Amelia Berraz de　阿梅莉亚・贝拉斯・德比达尔
Vidallé, Enrique　恩里克・比达列
Vidana, Héctor　埃克托尔・比达纳
Videla, Jorge　豪尔赫・魏地拉
Vidmar, Aurelio　奥雷利奥・维德马
Vieira, Milton　米尔顿・比埃拉
Viera, Ondino　翁迪诺・比埃拉
Vigil, Constancio　康斯坦西奥・比希尔
Vignone, Pablo　巴勃罗・维尼奥内
Villa, Ricardo　里卡多・比利亚
Villafañe, Claudia　克劳迪娅・比利亚法涅
Villaflor, Azucena　阿祖切纳・比利亚弗洛
Villalba, Héctor　埃克托尔・比利亚尔瓦
Villarreal, Javier　哈维尔・比利亚雷亚尔
Viola, Roberto　罗伯托・比奥拉
Vivas, Claudio　克劳迪奥・比瓦斯
Völler, Rudi　鲁迪・沃勒尔
Vukas, Bernard　伯纳德・武卡斯

Waddle, Chris　克里斯・沃德尔
Walsh, Rodolfo　鲁道夫・沃尔什
Waters, William　威廉・沃特斯
Watson Hutton, Alexander　亚历山大・沃森・赫顿
Watson Hutton, Arnoldo　阿诺多・沃森・赫顿
Williams, Bert　伯特・威廉姆斯
Wilson, Andrew　安德鲁・威尔逊

Wilson, Harold 哈罗德·威尔逊
Wilson, Ray 雷·威尔逊
Winner, David 大卫·温纳
Winterbottom, Walter 沃尔特·温特博特姆
Worswick, Carl 卡尔·沃西克
Wright, Billy 比利·赖特

Yácono, Norberto 诺韦尔托·亚科诺
Yáñez, Patricio 帕特里西奥·亚涅斯
Yrigoyen, Hipólito 伊波利托·伊里戈延
Yudica, José 何塞·尤迪卡
Yustrich, Juan 胡安·尤斯特里什

Zabaleta, Pablo 巴勃罗·萨瓦莱塔
Zabica, Robert 罗伯特·萨比卡
Zanabria, Mario 马里奥·扎纳布里亚
Zanetti, Javier 哈维尔·萨内蒂
Zanni, Alfredo 阿尔弗雷多·赞尼
Zapata, Gustavo 古斯塔沃·萨帕塔
Zapata, Víctor 维克多·萨帕塔
Zappa, Frank 弗兰克·扎帕
Zatelli, Ricardo 里卡多·扎泰利
Zečević, Konstantin 康斯坦丁·泽切维奇
Zelada, Héctor 埃克托尔·塞拉达
Zenga, Walter 瓦尔特·曾加
Zhelyazkov, Andrey 安德烈·热利亚兹科夫
Zikán, Zdeněk 兹德涅克·齐坎
Zico 济科
Zito 齐托
Zoff, Dino 迪诺·佐夫
Zombori, Sándor 尚多尔·宗博里
Zubeldía, Osvaldo 奥斯瓦尔多·苏韦尔迪亚
Zumelzú, Adolfo 阿道夫·苏梅尔苏

图书在版编目(CIP)数据

脏脸天使：足球阿根廷史 /（英）乔纳森·威尔逊（Jonathan Wilson）著；蝶歌，童文煦译.— 上海：文汇出版社，2018.7

ISBN 978-7-5496-2601-4

Ⅰ.①脏… Ⅱ.①乔… ②蝶… ③童… Ⅲ.① 足球运动—体育运动史—阿根廷 Ⅳ.①G843.978.3

中国版本图书馆CIP数据核字（2018）第108189号

图字：09-2018-479

脏脸天使：足球阿根廷史

著　　者 /〔英〕乔纳森·威尔逊
译　　者 / 蝶　歌　童文煦
校　　者 / 迪　生
责任编辑 / 徐曙蕾
封面装帧 / 王　翔

出版发行 / 文匯出版社
上海市威海路755号
（邮政编码200041）
经　　销 / 全国新华书店
排　　版 / 南京展望文化发展有限公司
印刷装订 / 启东市人民印刷有限公司
版　　次 / 2018年11月第1版
印　　次 / 2023年1月第3次印刷
开　　本 / 710×1000　1/16
字　　数 / 450千字
印　　张 / 33.75

ISBN 978-7-5496-2601-4
定　　价 / 86.78元